CONTABILIDADE FINANCEIRA

O GEN | Grupo Editorial Nacional – maior plataforma editorial brasileira no segmento científico, técnico e profissional – publica conteúdos nas áreas de ciências sociais aplicadas, exatas, humanas, jurídicas e da saúde, além de prover serviços direcionados à educação continuada e à preparação para concursos.

As editoras que integram o GEN, das mais respeitadas no mercado editorial, construíram catálogos inigualáveis, com obras decisivas para a formação acadêmica e o aperfeiçoamento de várias gerações de profissionais e estudantes, tendo se tornado sinônimo de qualidade e seriedade.

A missão do GEN e dos núcleos de conteúdo que o compõem é prover a melhor informação científica e distribuí-la de maneira flexível e conveniente, a preços justos, gerando benefícios e servindo a autores, docentes, livreiros, funcionários, colaboradores e acionistas.

Nosso comportamento ético incondicional e nossa responsabilidade social e ambiental são reforçados pela natureza educacional de nossa atividade e dão sustentabilidade ao crescimento contínuo e à rentabilidade do grupo.

Sílvio Hiroshi Nakao
Marcelo Botelho C. Moraes
Carlos R. Godoy

CONTABILIDADE FINANCEIRA
INTERPRETAÇÃO E APLICAÇÃO

+ **Exemplos**
+ **Casos**
+ **Exercícios**

gen | atlas

- Os autores deste livro e a editora empenharam seus melhores esforços para assegurar que as informações e os procedimentos apresentados no texto estejam em acordo com os padrões aceitos à época da publicação, *e todos os dados foram atualizados pelos autores até a data de fechamento do livro.* Entretanto, tendo em conta a evolução das ciências, as atualizações legislativas, as mudanças regulamentares governamentais e o constante fluxo de novas informações sobre os temas que constam do livro, recomendamos enfaticamente que os leitores consultem sempre outras fontes fidedignas, de modo a se certificarem de que as informações contidas no texto estão corretas e de que não houve alterações nas recomendações ou na legislação regulamentadora.

- Data do fechamento do livro: 08/02/2021

- Os autores e a editora se empenharam para citar adequadamente e dar o devido crédito a todos os detentores de direitos autorais de qualquer material utilizado neste livro, dispondo-se a possíveis acertos posteriores caso, inadvertida e involuntariamente, a identificação de algum deles tenha sido omitida.

- **Atendimento ao cliente: (11) 5080-0751 | faleconosco@grupogen.com.br**

- Direitos exclusivos para a língua portuguesa
  Copyright © 2021 by
  Editora Atlas Ltda.
  Uma editora integrante do GEN | Grupo Editorial Nacional
  Travessa do Ouvidor, 11
  Rio de Janeiro – RJ – 20040-040
  www.grupogen.com.br

- Reservados todos os direitos. É proibida a duplicação ou reprodução deste volume, no todo ou em parte, em quaisquer formas ou por quaisquer meios (eletrônico, mecânico, gravação, fotocópia, distribuição pela Internet ou outros), sem permissão, por escrito, da Editora Atlas Ltda.

- Capa: Manu | OFÁ Design

- Editoração eletrônica: Set-up Time Artes Gráficas

- Ficha catalográfica

CIP-BRASIL. CATALOGAÇÃO NA PUBLICAÇÃO
SINDICATO NACIONAL DOS EDITORES DE LIVROS, RJ

N153c

Nakao, Sílvio Hiroshi
Contabilidade financeira: interpretação e aplicação / Sílvio Hiroshi Nakao, Marcelo Botelho da Costa Moraes, Carlos Roberto de Godoy. - 1. ed. - São Paulo: Atlas, 2021.

Inclui bibliografia e índice

ISBN: 978-85-97-02452-4

1. Contabilidade. I. Moraes, Marcelo Botelho da Costa. II. Godoy, Carlos Roberto de. III. Título.

20-67755	CDD: 657
	CDU: 657

Meri Gleice Rodrigues de Souza - Bibliotecária - CRB-7/6439

SOBRE OS AUTORES

SÍLVIO HIROSHI NAKAO

Professor-associado do Departamento de Contabilidade da Faculdade de Economia, Administração e Contabilidade de Ribeirão Preto da Universidade de São Paulo (FEA-RP/USP). Possui pós-doutorado (*visiting scholar*) pela University of Sydney. Livre-docente pela FEA-RP/USP, Doutor e Mestre em Controladoria e Contabilidade pela Faculdade de Economia, Administração e Contabilidade da Universidade de São Paulo (FEA/USP). Pesquisador nas áreas de contabilidade financeira e contabilidade tributária. Pesquisador-líder do Grupo de Pesquisa em Informações Contábeis (InCont USP) da FEA-RP/USP.

MARCELO BOTELHO DA COSTA MORAES

Professor Doutor do Departamento de Contabilidade da FEA-RP/USP. Possui pós-doutorado (*visiting scholar*) pela Sloan School of Management do MIT. Doutor em Ciências na área de Economia, Organizações e Gestão do Conhecimento e Mestre em Engenharia de Produção pela Escola de Engenharia de São Carlos da Universidade de São Paulo (EESC/USP). Pesquisador nas áreas de contabilidade financeira, finanças corporativas e *data analytics*. Pesquisador do Grupo de Pesquisa em Informações Contábeis (InCont USP) da FEA-RP/USP.

CARLOS ROBERTO DE GODOY

Professor Doutor do Departamento de Contabilidade da FEA-RP/USP. Possui pós-doutorado (*visiting scholar*) pela McCombs School of Business da University of Texas at Austin. Doutor e Mestre em Controladoria e Contabilidade pela FEA/USP. Pesquisador nas áreas de finanças corporativas e contabilidade financeira. Pesquisador-líder do grupo de pesquisa em Contabilidade e Finanças do Petróleo (CF Petro).

APRESENTAÇÃO

Procuramos escrever um livro sobre contabilidade financeira que fosse útil ao leitor no sentido de ajudá-lo a interpretar melhor e a aplicar adequadamente as normas contábeis internacionais (*International Financial Reporting Standards* – IFRS) e seus pronunciamentos brasileiros congêneres e adicionais editados pelo Comitê de Pronunciamentos Contábeis (CPC).

Temos várias razões para a escolha desse foco na interpretação e na aplicação. A primeira razão é que a própria norma exige interpretação. Não é um conjunto de regras, mas de princípios que demandam avaliar a realidade econômica e operacional da entidade para se escolher o tratamento contábil adequado a ser aplicado. Assim, o preparador das demonstrações financeiras precisa fazer uma série de escolhas contábeis para retratar de maneira fidedigna a realidade da entidade.

A interpretação das normas exige "bagagem" conceitual. A interpretação adequada pressupõe o entendimento das razões econômicas para a existência da norma, baseadas na proteção de investidores, assim como dos diversos conceitos relacionados, como o de relevância da informação e o de representação fidedigna. A interpretação das normas e da própria realidade da entidade, levando em conta os conceitos, ajuda o preparador a escolher, por exemplo, entre a mensuração a valor justo ou a custo amortizado para uma propriedade para investimento. Procuramos dar ênfase no texto aos conceitos que embasam as normas contábeis.

A interpretação é importante não apenas para o preparador. Os usuários das demonstrações financeiras precisam entender melhor o conteúdo de cada conta: o seu significado, o que o montante divulgado representa, quais foram as escolhas contábeis do gestor e quais os riscos atrelados. Por exemplo, ao visualizar a conta de provisão no passivo, o usuário precisa entender que há incerteza atrelada e que é necessário observar atentamente as notas explicativas com as informações escolhidas pelo gestor para avaliar a extensão da incerteza e dos riscos atrelados. Isso é importante para que ele possa fazer suas próprias projeções e tomar suas decisões.

A interpretação é o lado "nobre" da profissão contábil. Na realidade atual de desenvolvimento tecnológico, a capacidade do contador de interpretar as normas e a realidade econômica e fazer as escolhas contábeis adequadas é a habilidade a ser valorizada, assim como as de extrair informações dos bancos de dados e de desenhar modelos para tomadas de decisão.

Este livro não dispensa a leitura das normas contábeis, procura explicá-las de maneira didática e aplicada. Os autores procuraram utilizar uma linguagem simples, permitindo sua utilização desde os primeiros anos da graduação, mas com conteúdo conceitual para ser utilizado em cursos de pós-graduação *lato sensu* e *stricto sensu*.

Na graduação em Ciências Contábeis e de áreas afins, pode ser utilizado como livro-texto em todas as disciplinas da carreira de contabilidade financeira, uma vez que cada disciplina enfoca uma parte dos assuntos abordados nos 30 capítulos do livro. Assim, o professor pode selecionar os capítulos que irá enfocar na disciplina. Na pós-graduação *lato sensu* de Contabilidade, de Auditoria, de Finanças e de Administração, a obra pode ser utilizada como livro-texto ou como material de apoio para auxiliar o aluno na correta interpretação das demonstrações financeiras. Na pós-graduação *stricto sensu*, pode ser utilizada como material complementar, enfocando os aspectos teóricos e conceituais.

Desejamos uma boa leitura e um bom aproveitamento do seu conteúdo!

Os autores

AGRADECIMENTOS

Gostaríamos de agradecer imensamente a todos os que, de alguma forma, colaboraram para a publicação deste livro: às nossas famílias, por compreenderem nossas longas ausências; aos profissionais do GEN | Atlas, por apoiarem a ideia e pelas orientações editoriais; aos alunos do MBA de Contabilidade em IFRS da USP/Fundace, pelos comentários sobre as versões preliminares; e ao Departamento de Contabilidade da Faculdade de Economia, Administração e Contabilidade de Ribeirão Preto da Universidade de São Paulo (FEA-RP/USP), pelo importantíssimo apoio institucional.

RECURSOS DIDÁTICOS

Esta obra conta com vídeos dos autores, que complementam o conteúdo, facilitando o aprendizado. Os vídeos estão indicados nos exercícios com o ícone abaixo.

Assista ao vídeo

O acesso aos vídeos é gratuito para quem adquirir a obra, mediante o código de acesso que acompanha o livro. Basta que o leitor siga as instruções apresentadas na orelha da obra.

Material Suplementar

Este livro conta com os seguintes materiais suplementares:

- Respostas das questões dos capítulos (restrito a docentes cadastrados).
- *Slides* (restrito a docentes cadastrados).

O acesso aos materiais suplementares é gratuito. Basta que o leitor se cadastre e faça seu *login* em nosso *site* (www.grupogen.com.br), clicando em GEN-IO, no *menu* superior do lado direito.

O acesso ao material suplementar online fica disponível até seis meses após a edição do livro ser retirada do mercado.

Caso haja alguma mudança no sistema ou dificuldade de acesso, entre em contato conosco (gendigital@grupogen.com.br).

GEN-IO (GEN | Informação Online) é o ambiente virtual de aprendizagem do GEN | Grupo Editorial Nacional

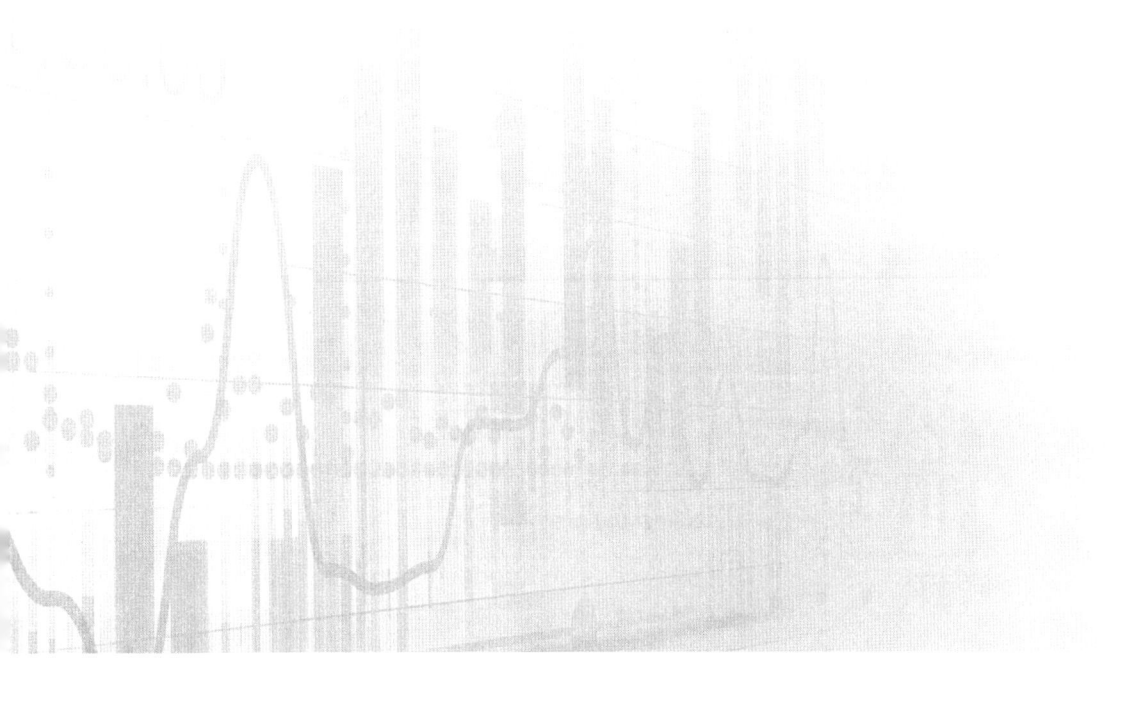

SUMÁRIO

Parte I – Princípios e instrumentos, 1

1. Conceitos contábeis e governança corporativa – Sílvio Hiroshi Nakao, 3
   1. Apresentação, 3
   2. Relações entre *stakeholders* e gestores e a função da informação financeira, 4
   3. Contabilidade, governança corporativa e a função das normas contábeis, 5
   4. Normas contábeis para os investidores, os credores e o fisco, 7
   5. A adoção das normas IFRS no Brasil, 8
   6. Conceitos fundamentais de contabilidade, 9
      6.1 Ativos, 10
      6.2 Passivos, 12
      6.3 Resultados, 13
   7. Lucro *versus* fluxos de caixa, 14

   Destaques finais, 15
   Resumo, 15
   Exercícios propostos, 16
   Bibliografia sugerida, 16

2. Pronunciamento conceitual básico – Marcelo Botelho da Costa Moraes, 17
   1. Apresentação, 17
   2. Objetivo da informação contábil-financeira, 19
   3. Informação acerca dos recursos econômicos da entidade, 20
   4. Características qualitativas da informação contábil-financeira, 21
   5. Demonstrações financeiras e entidade de reporte, 23
   6. Elementos das demonstrações financeiras, 24
   7. Reconhecimento e desreconhecimento, 27
   8. Mensuração, 28

   Destaques finais, 30
   Resumo, 30
   Exercícios propostos, 30
   Bibliografia sugerida, 31

3. Matemática financeira aplicada à mensuração contábil – Marcelo Botelho da Costa Moraes, 33
   1. Apresentação, 33
   2. Juros simples, 35
   3. Juros compostos, 37
   4. Séries de capitais, 40
      4.1 Séries de capitais convencionais, 40
      4.2 Séries de capitais não convencionais, 42
         4.2.1 Período antecipado, 42
         4.2.2 Período diferido, 43
         4.2.3 Duração indeterminada, 43
         4.2.4 Fluxos não periódicos e valores variáveis, 44

   Destaques finais, 44
   Resumo, 44
   Exercícios propostos, 44
   Bibliografia sugerida, 45

4. Valor justo e ajuste a valor presente – Marcelo Botelho da Costa Moraes, 47
   1. Apresentação, 47
   2. Conceitos e definições relevantes, 49
   3. Procedimentos contábeis, 52
      3.1 Procedimentos contábeis do AVP, 52
      3.2 Mensuração do valor justo, 56
         3.2.1 Informações de nível 1, 58
         3.2.2 Informações de nível 2, 58
         3.2.3 Informações de nível 3, 59

Destaques finais, 60
Resumo, 60
Exercícios propostos, 60
Bibliografia sugerida, 61

Parte II – Ativos, 63

5. Ativo imobilizado e propriedade para investimento – Sílvio Hiroshi Nakao, 65
   1. Apresentação, 65
   2. Conceitos e definições relevantes, 67
   3. Procedimentos contábeis, 70

   Destaques finais, 73
   Resumo, 74
   Exercícios propostos, 74
   Bibliografia sugerida, 75

6. Ativo intangível – Sílvio Hiroshi Nakao, 77
   1. Apresentação, 77
   2. Conceitos e definições relevantes, 79
   3. Procedimentos contábeis, 81

   Destaques finais, 85
   Resumo, 85
   Exercícios propostos, 85
   Bibliografia sugerida, 86

7. Ativo biológico e produto agrícola – Sílvio Hiroshi Nakao, 87
   1. Apresentação, 87
   2. Conceitos e definições relevantes, 89
   3. Procedimentos contábeis, 91
      3.1 Reconhecimento de ativo biológico, 91
      3.2 Mensuração de ativo biológico, 91
      3.3 Reconhecimento e mensuração de produto agrícola, 94

   Destaques finais, 96
   Resumo, 96
   Exercícios propostos, 96
   Bibliografia sugerida, 97

8. Redução ao valor recuperável dos ativos – Sílvio Hiroshi Nakao, 99
   1. Apresentação, 99
   2. Conceitos e definições relevantes, 101
   3. Procedimentos contábeis, 102
      3.1 Identificação do ativo, 102
      3.2 Indicações da perda por *impairment*, 103
      3.3 Teste de *impairment*, 104
      3.4 Taxa de desconto, 106
      3.5 Unidade geradora de caixa, 106
      3.6 Reversão da perda por *impairment*, 107

   Destaques finais, 107
   Resumo, 108
   Exercícios propostos, 108
   Bibliografia sugerida, 109

Parte III – Passivo, receitas e despesas, 111

9. Provisões, passivos contingentes e ativos contingentes – Sílvio Hiroshi Nakao, 113
   1. Apresentação, 113
   2. Conceitos e definições relevantes, 114
   3. Procedimentos contábeis, 116
      3.1 Reconhecimento de provisão, 116
      3.2 Passivo contingente, 118
      3.3 Ativo contingente, 118
      3.4 Mensuração de provisão, 118
      3.5 Divulgação, 120

   Destaques finais, 121
   Resumo, 121
   Exercícios propostos, 121
   Bibliografia sugerida, 121

10. Operações de arrendamento e custo de empréstimos – Sílvio Hiroshi Nakao, 123
    1. Apresentação, 123
    2. Conceitos e definições relevantes, 125
       2.1 Arrendamento, 125
       2.2 Custo de empréstimos, 126
    3. Procedimentos contábeis, 126
       3.1 Identificação do contrato de arrendamento, 127
       3.2 Prazo do arrendamento, 128
       3.3 Reconhecimento, mensuração e divulgação no arrendatário, 129
       3.4 Arrendamento financeiro – arrendador, 132
       3.5 Arrendamento operacional – arrendador, 133
       3.6 Venda e *leaseback*, 133
       3.7 Custos de empréstimos, 133

    Destaques finais, 134
    Resumo, 134
    Exercícios propostos, 135
    Bibliografia sugerida, 135

11. Receitas de contratos com clientes – Sílvio Hiroshi Nakao, 137
    1. Apresentação, 137
    2. Conceitos e definições relevantes, 138
    3. Procedimentos contábeis, 139
       3.1 Reconhecimento de receita com clientes, 139
          3.1.1 Identificação do contrato, 140
          3.1.2 Identificação da obrigação de desempenho, 141
          3.1.3 Satisfação de obrigação de desempenho, 142
       3.2 Mensuração das receitas, 144
          3.2.1 Determinação do preço da transação, 144
          3.2.2 Alocação do preço da transação à obrigação de desempenho, 146

    Destaques finais, 147
    Resumo, 147

Exercícios propostos, 147
Bibliografia sugerida, 148

12. Estoques e custos – Sílvio Hiroshi Nakao, 149
    1. Apresentação, 149
    2. Conceitos e definições relevantes, 150
    3. Procedimentos contábeis, 150
        3.1 Reconhecimento e mensuração de estoque, 151
    Destaques finais, 154
    Resumo, 154
    Exercícios propostos, 154
    Bibliografia sugerida, 155

Parte IV – Apresentação de demonstrações financeiras, 157

13. Apresentação das demonstrações financeiras e demonstração do valor adicionado – Marcelo Botelho da Costa Moraes, 159
    1. Apresentação, 159
    2. Conceitos e definições relevantes, 160
        2.1 Apresentação das demonstrações financeiras, 160
            2.1.1 Frequência de apresentação de demonstrações financeiras, 160
            2.1.2 Informação comparativa, 161
            2.1.3 Mudança na política contábil, demonstração retrospectiva ou reclassificação, 161
            2.1.4 Consistência da apresentação, 161
            2.1.5 Estrutura e conteúdo, 161
            2.1.6 Balanço patrimonial, 162
            2.1.7 Ativo circulante, 162
            2.1.8 Ativo não circulante, 162
            2.1.9 Passivo circulante, 163
            2.1.10 Demonstração do resultado do período, 163
            2.1.11 Demonstração do resultado abrangente do período, 165
            2.1.12 Demonstração das mutações do patrimônio líquido (DMPL) do período, 167
            2.1.13 Demonstração dos fluxos de caixa (DFC) do período, 170
            2.1.14 Demonstração do valor adicionado (DVA) do período, 170
            2.1.15 Notas explicativas, 170
        2.2 Demonstração do valor adicionado (DVA), 173
    3. Procedimentos contábeis, 176
    Destaques finais, 178
    Resumo, 178
    Exercícios propostos, 178
    Bibliografia sugerida, 179

14. Demonstração dos fluxos de caixa – Marcelo Botelho da Costa Moraes, 181
    1. Apresentação, 181
    2. Conceitos e definições relevantes, 182
    3. Procedimentos contábeis, 183
        3.1 Estrutura da DFC, 184
        3.2 Elaboração da DFC, 187
        3.3 Fluxo de caixa em moeda estrangeira, 190
    Destaques finais, 190
    Resumo, 190
    Exercícios propostos, 190
    Bibliografia sugerida, 192

15. Demonstração intermediária e evento subsequente – Marcelo Botelho da Costa Moraes, 193
    1. Apresentação, 193
    2. Conceitos e definições relevantes, 194
        2.1 Demonstração intermediária, 194
        2.2 Ajuste das demonstrações em virtude de eventos subsequentes, 196
    3. Procedimentos contábeis, 197
        3.1 Evidenciação em notas explicativas, 197
        3.2 Forma de reconhecimento e mensuração em datas intermediárias, 198
        3.3 Informações evidenciadas sobre os eventos subsequentes após o período contábil, 199
    Destaques finais, 199
    Resumo, 199
    Exercícios propostos, 200
    Bibliografia sugerida, 200

16. Informações por segmento, ativo não circulante mantido para venda e operações descontinuadas – Marcelo Botelho da Costa Moraes, 201
    1. Apresentação, 201
    2. Conceitos e definições relevantes, 203
        2.1 Informações por segmentos, 203
        2.2 Classificação de ativos não circulantes para venda, 204
        2.3 Operações descontinuadas, 205
    3. Procedimentos contábeis, 205
        3.1 Apresentação das informações por segmento, 205
        3.2 Mensuração e apresentação dos ativos classificados como não circulantes para venda, 207
        3.3 Tratamento de operações descontinuadas, 208
    Destaques finais, 209
    Resumo, 209
    Exercícios propostos, 210
    Bibliografia sugerida, 210

Parte V – Contabilidade de grupos empresariais, 211

17. Combinações de negócios – Carlos R. Godoy, 213
    1. Apresentação, 213
    2. Conceitos e definições relevantes, 215
    3. Procedimentos contábeis, 217
        - 3.1 Adquirente e data de aquisição, 218
        - 3.2 Reconhecimento e mensuração de ativos e passivos identificáveis, 218
        - 3.3 Reconhecimento e mensuração do ágio (*goodwill*) ou compra vantajosa, 220
        - 3.4 Aquisição reversa, 223
        - 3.5 Divulgação de informações, 223

    Destaques finais, 228
    Resumo, 228
    Exercícios propostos, 229
    Bibliografia sugerida, 229

18. Investimentos em coligadas, controladas e *joint ventures* – Carlos R. Godoy, 231
    1. Apresentação, 231
    2. Conceitos e definições relevantes, 233
    3. Procedimentos contábeis, 234
        - 3.1 Método de equivalência patrimonial, 235
        - 3.2 Transações comerciais entre as companhias, 238
        - 3.3 Divulgação de informações, 239

    Destaques finais, 240
    Resumo, 241
    Exercícios propostos, 241
    Bibliografia sugerida, 242

19. Demonstrações consolidadas – Carlos R. Godoy, 243
    1. Apresentação, 243
    2. Conceitos e definições relevantes, 247
    3. Procedimentos contábeis, 248
        - 3.1. Controle, 249
        - 3.2 Participação dos não controladores, 250
        - 3.3 Consolidação das demonstrações financeiras, 250
        - 3.4 Transações entre empresas do mesmo grupo empresarial, 251
        - 3.5 Mudança na participação, 257

    Destaques finais, 259
    Resumo, 259
    Exercícios propostos, 259
    Bibliografia sugerida, 261

20. Demonstrações separadas e demonstrações individuais – Carlos R. Godoy, 263
    1. Apresentação, 263
    2. Conceitos e definições relevantes, 265
    3. Procedimentos contábeis, 266
    4. Demonstrações separadas, 268
    5. Demonstrações individuais, 269
    6. Evidenciação, 270

    Destaques finais, 271
    Resumo, 272
    Exercícios propostos, 272
    Bibliografia sugerida, 272

Parte VI – Tributação e instrumentos financeiros, 275

21. Tributação brasileira sobre o lucro – Sílvio Hiroshi Nakao, 277
    1. Apresentação, 277
    2. Modelo de tributação do lucro no Brasil, 278
    3. Lucro na legislação tributária brasileira, 279
        - 3.1 Receitas, 280
        - 3.2 Custos, 280
        - 3.3 Despesas operacionais, 281
        - 3.4 Depreciação, amortização e exaustão, 281
        - 3.5 Provisões, 282
        - 3.6 Resultados não operacionais, 283
    4. Pontos específicos, 283
        - 4.1 Valor justo, 283
        - 4.2 *Impairment*, 283
        - 4.3 Investimentos, 283
        - 4.4 Combinação de negócios, 284
        - 4.5 Distribuição de lucros e juros sobre capital próprio, 284
        - 4.6 Incentivos fiscais, 285

    Destaques finais, 286
    Resumo, 286
    Exercícios propostos, 286
    Bibliografia sugerida, 287

22. Tributos sobre o lucro – Sílvio Hiroshi Nakao, 289
    1. Apresentação, 289
    2. Conceitos e definições relevantes, 290
    3. Procedimentos contábeis, 291
        - 3.1 Despesa tributária corrente, 291
        - 3.2 Despesa tributária diferida, 292
        - 3.3 Reconhecimento de passivos fiscais diferidos, 294
        - 3.4 Reconhecimento de ativos fiscais diferidos, 295
        - 3.5 Diferenças temporárias em agrupamentos de entidades, 297
        - 3.6 Mensuração de ativos e passivos fiscais diferidos, 298
        - 3.7 Reconhecimento do resultado, 298
    4. Apresentação e divulgação, 298

    Destaques finais, 298
    Resumo, 298
    Exercícios propostos, 299
    Bibliografia sugerida, 299

23. Mercados financeiros – Carlos R. Godoy, 301
    1. Apresentação, 301
    2. Conceitos e definições relevantes, 302

3. O papel do Banco Central no mercado financeiro, 304
   3.1 Títulos públicos, 305
   3.2 Tesouro Prefixado (LTN), 305
   3.3 Tesouro Prefixado com juros semestrais (NTN-F), 306
   3.4 Tesouro Selic (LFT), 306
   3.5 Tesouro IPCA (NTN-B Principal), 306
   3.6 Tesouro IPCA com juros semestrais (NTN-B), 306
4. Renda fixa e taxa de juros, 306
5. Renda variável e ações, 309
   5.1 Ações, 309
   5.2 Índice preço/lucro (*P/L*), 310
   5.3 Ibovespa, 310
6. Câmbio, 311
Destaques finais, 312
Resumo, 313
Exercícios propostos, 313
Bibliografia sugerida, 314

24. Instrumentos financeiros – Carlos R. Godoy, 315
    1. Apresentação, 315
    2. Conceitos e definições relevantes, 316
    3. Mercados futuros, 319
    4. Mercado de opções, 321
       4.1 Opção de compra, 321
       4.2 Opção de venda, 322
    5. Operações de *hedge*, 323
    6. Avaliação de derivativos, 324
    Destaques finais, 325
    Resumo, 326
    Exercícios propostos, 326
    Bibliografia sugerida, 327

25. Contabilidade de instrumentos financeiros – reconhecimento e mensuração – Carlos R. Godoy, 329
    1. Apresentação, 329
    2. Conceitos e definições relevantes, 331
       2.1 Modelo (plano) de negócio, 332
       2.2 Contabilidade de *hedge*, 332
    3. Procedimentos contábeis, 333
       3.1 Reconhecimento, 334
       3.2 Desreconhecimento, 334
       3.3 Classificação de ativos financeiros, 334
          3.3.1 Custo amortizado, 334
          3.3.2 Valor justo por outros resultados abrangentes, 335
          3.3.3 Valor justo pelo resultado, 335
       3.4 Classificação de passivos financeiros, 336
       3.5 Classificação de derivativos embutidos, 336
       3.6 Mensuração, 337
       3.7 Reclassificação, 338
       3.8 Tratamento dos ganhos e perdas, 338
    4. Contabilidade de *hedge*, 338
       4.1 Instrumentos de *hedge*, 339
       4.2 Itens objeto de *hedge*, 339
       4.3 Critérios de qualificação para contabilidade de *hedge*, 339
       4.4 Contabilização das relações de proteção, 340
          4.4.1 *Hedge* de valor justo, 340
          4.4.2 *Hedge* de fluxo de caixa, 341
          4.4.3 *Hedge* de investimento líquido em operações no exterior, 343
    5. Pontos complementares da nova norma, 343
    Destaques finais, 343
    Resumo, 343
    Exercícios propostos, 344
    Bibliografia sugerida, 345

26. Contabilidade de instrumentos financeiros: apresentação e evidenciação – Carlos R. Godoy, 347
    1. Apresentação, 347
       1.1 Apresentação de instrumentos financeiros, 349
       1.2 Evidenciação de instrumentos financeiros, 349
    2. Conceitos e definições relevantes, 350
    3. Instrumentos financeiros: apresentação, 350
       3.1 Ativos financeiros, 350
       3.2 Passivos financeiros, 351
       3.3 Instrumentos patrimoniais, 351
          3.3.1 Ações em tesouraria, 351
          3.3.2 Juros, dividendos, perdas e ganhos, 351
          3.3.3 Compensação de ativo e passivo financeiro, 352
    4. Instrumentos financeiros compostos, 352
    5. Instrumentos financeiros: evidenciação, 353
       5.1 Balanço patrimonial, 353
       5.2 Ativos financeiros mensurados pelo valor justo pelo resultado, 353
       5.3 Investimento em instrumento patrimonial designado ao valor justo por outros resultados abrangentes, 354
       5.4 Reclassificação, 354
       5.5 Compensação de ativos financeiros e passivos financeiros, 354
       5.6 Provisão para perda com crédito, 355
       5.7 Demonstração do resultado e do resultado abrangente, 355
       5.8 Valor justo, 355
       5.9 Transferência de ativos financeiros, 355
    6. Contabilidade de *hedge*, 355
       6.1 Riscos, 356
       6.2 Risco de crédito, 356
       6.3 Risco de liquidez, 357
       6.4 Risco de mercado, 357
    Destaques finais, 357
    Resumo, 357
    Exercícios propostos, 357
    Bibliografia sugerida, 358

Parte VII – Outras normas contábeis relevantes, 359

27. Efeitos das mudanças das taxas de câmbio e conversão das demonstrações financeiras – Marcelo Botelho da Cosa Moraes, 361
    1. Apresentação, 361
    2. Conceitos e definições relevantes, 362
        2.1 Definições de moedas, 362
    3. Procedimentos contábeis, 363
        3.1 Elaboração das demonstrações financeiras em moeda funcional, 363
        3.2 Conversão das demonstrações financeiras em moeda de apresentação, 365
        3.3 Variações cambiais de investimentos no exterior, 368
        3.4 Evidenciação dos efeitos das taxas de câmbio e conversão, 369
    Destaques finais, 369
    Resumo, 369
    Exercícios propostos, 370
    Bibliografia sugerida, 370

28. Adoção inicial das normas internacionais de contabilidade e políticas contábeis, mudanças de estimativa e retificação de erro – Marcelo Botelho da Cosa Moraes, 371
    1. Apresentação, 371
    2. Conceitos e definições relevantes, 372
        2.1 Adoção inicial das normas contábeis, 372
        2.2 Políticas contábeis, estimativas e erros, 373
    3. Procedimentos contábeis, 374
        3.1 Procedimentos para a adoção inicial de IFRS, 374
        3.2 Procedimentos relativos às mudanças de políticas contábeis, estimativas e erro, 376
    Destaques finais, 378
    Resumo, 379
    Exercícios propostos, 379
    Bibliografia sugerida, 379

29. Contabilidade para pequenas e médias empresas – Carlos R. Godoy, 381
    1. Apresentação, 381
    2. Conceitos e definições relevantes, 382
    3. Procedimentos contábeis, 383
        3.1 Apresentação das demonstrações contábeis, 383
            3.1.1 Balanço patrimonial, 383
            3.1.2 Demonstração do resultado do exercício (DRE), 383
            3.1.3 Demonstração do resultado abrangente (DRA), 384
            3.1.4 Demonstração de lucros e prejuízos acumulados, 384
            3.1.5 Demonstração dos fluxos de caixa (DFC), 384
            3.1.6 Notas explicativas, 385
            3.1.7 Demonstrações consolidadas e separadas, 385
            3.1.8 Demonstrações combinadas, 385
        3.2 Combinações de negócios, 386
        3.3 Conversão das demonstrações contábeis, 386
        3.4 Instrumentos financeiros, 386
            3.4.1 Classificação, 387
            3.4.2 Reconhecimento inicial, 387
            3.4.3 Reconhecimento subsequente, 387
            3.4.4 Contabilidade de *hedge*, 387
        3.5 Ativo intangível, 387
        3.6 *Goodwill*, 388
        3.7 Ativo imobilizado, 388
        3.8 Ativos biológicos, 388
        3.9 Propriedade para investimento, 388
        3.10 Subvenções governamentais, 388
        3.11 Custo de empréstimos, 389
        3.12 Ações ou quotas em tesouraria, 389
        3.13 Benefícios a empregados, 389
    Destaques finais, 389
    Resumo, 389
    Exercícios propostos, 390
    Bibliografia sugerida, 390

30. Pagamento baseado em ações e benefícios a empregados – Marcelo Botelho da Cosa Moraes, 391
    1. Apresentação, 391
    2. Conceitos e definições relevantes, 392
        2.1 Pagamento baseado em ações, 392
        2.2 Benefícios a empregados, 393
    3. Procedimentos contábeis, 393
        3.1 Pagamento baseado em ações liquidadas com entrega de instrumentos patrimoniais, 393
        3.2 Pagamento baseado em ações liquidadas em caixa, 394
        3.3 Pagamento baseado em ações liquidado com a entrega de instrumentos patrimoniais ou caixa, 395
        3.4 Divulgações dos pagamentos baseados em ações, 395
        3.5 Benefícios de curto prazo a empregados, 396
        3.6 Benefícios pós-emprego, 396
            3.6.1 Planos de contribuição definida, 397
            3.6.2 Planos de benefício definido, 397
            3.6.3 Outros benefícios de longo prazo a empregados, 398
        3.7 Benefícios de desligamento, 398
    Destaques finais, 398
    Resumo, 398
    Exercícios propostos, 399
    Bibliografia sugerida, 399

Índice alfabético, 401

PARTE I

PRINCÍPIOS E INSTRUMENTOS

CONCEITOS CONTÁBEIS E GOVERNANÇA CORPORATIVA

Sílvio Hiroshi Nakao

OBJETIVOS DE APRENDIZAGEM

- Compreender o papel da informação contábil.
- Compreender a necessidade de haver normas contábeis tanto para fins de divulgação como para fins de tributação.
- Compreender as razões e o escopo das definições de ativo, passivo, receita e despesa das normas IFRS.

1. APRESENTAÇÃO

Às vezes, pode ficar difícil de acompanhar o noticiário econômico sem ter o domínio dos conceitos contábeis. Veja a manchete da *Revista Exame*: "OGX fechará acordo para converter dívidas em ações da companhia" (EXAME, 2017) na Figura 1.1. Perceba que eu preciso saber primeiro o que são dívidas e o que são ações. Portanto, preciso saber o que é passivo e o que é patrimônio líquido. Segundo, preciso saber que é possível converter uma coisa em outra. Terceiro, preciso saber o que isso representa em termos de avaliação de desempenho da companhia e de risco.

Além disso, ainda preciso saber **por que** decidiram converter dívidas em ações. Esta é uma questão que remete à governança corporativa. A OGX era uma empresa do grupo controlado por Eike Batista e protagonizou uma série de acontecimentos, incluindo problemas com credores e acionistas minoritários. São os problemas abrangidos pelo conjunto de conhecimentos que envolve a governança corporativa.

A informação contábil tem papel importante na tomada de decisões dos investidores e credores. Para que isso aconteça, é preciso que ela transmita dados que sejam úteis ao processo decisório e que não sejam desconsiderados pelos usuários. Para isso, as normas contábeis possuem papel fundamental ao determinar princípios que evitem informações tendenciosas.

Figura 1.1 Manchete sobre OGX e fechamento de acordo

Assim, é preciso entender o meio em que está inserida a informação contábil para tomada de decisão, o papel das normas contábeis e os interesses das diversas partes envolvidas no processo. Além disso, é preciso entender também quais são as bases da informação contábil e os conceitos que determinam o que é informação relevante para os usuários.

Este capítulo trata dos conceitos relacionados às características da informação contábil voltada para a divulgação aos investidores, acionistas e credores, os problemas de governança corporativa relacionados, suas diferenças para a contabilidade elaborada para fins fiscais e os conceitos de identificação, reconhecimento e mensuração de ativos e passivos, receitas e despesas.

2. RELAÇÕES ENTRE *STAKEHOLDERS* E GESTORES E A FUNÇÃO DA INFORMAÇÃO FINANCEIRA

Uma pergunta que talvez você nunca tenha se feito é a seguinte: por que há informação financeira/contábil? É uma pergunta interessante, porque ela norteia tudo o que vamos ver neste capítulo. É preciso entender quais são as motivações e quais são os interesses envolvidos na existência da informação financeira, tanto do ponto de vista de quem está elaborando e divulgando a informação como de quem irá utilizar essa informação para algum fim econômico.

Perceba que a informação só existe porque ela é importante para a tomada de decisão de alguém, e, como ela é parte de um processo de comunicação, é necessário que ao menos dois lados – emissor e receptor – existam e tenham interesse em realizar essa comunicação.

Vamos nos concentrar na informação elaborada por uma entidade (emissora), utilizada por pessoas externas a ela. Uma entidade é o objeto de observação econômica cujo patrimônio é mensurado e reportado, podendo ser representada por uma empresa, um grupo de empresas, uma unidade de negócio, ou mesmo uma pessoa física. Há também a informação financeira que é elaborada para uso interno à entidade, mas vamos nos referir basicamente à informação aos usuários externos (muito embora a lógica econômica seja semelhante para o usuário interno, porém este tem acesso à informação da forma que desejar).

Vamos dar nome a esses usuários externos. É possível agrupá-los em três grupos principais: credores, investidores e governo. Há outros grupos de usuários (*stakeholders*), como colaboradores, fornecedores, clientes, reguladores e outras entidades não governamentais, mas credores, acionistas e governo possuem interesses econômicos que dependem fortemente de informação. Do lado da entidade que emite a informação, vamos também personalizá-lo: o gestor. O gestor é o responsável por emitir informações de caráter financeiro a credores, acionistas e governo.

Os credores são aqueles que concedem crédito à entidade e que precisam da informação contábil para tomar decisões importantes em relação a esse crédito. O credor precisa analisar se a entidade tem condições de devolver o dinheiro no futuro, e para isso ele precisa avaliar a situação econômica atual e fazer projeções a respeito de como ela deve se comportar no futuro. Com base nisso, ele define em quanto tempo o gestor deve devolver o dinheiro, o montante que está disposto a emprestar, o nível de risco que está disposto a aceitar e, em consequência, a taxa de juros do crédito. Isso tudo se ele estiver convicto de que a entidade terá condições de lhe devolver o capital emprestado no futuro.

Para ter essa convicção, o credor precisa se cercar de informações a respeito da entidade, e a informação de natureza contábil é relevante nesse sentido, uma vez que contém elementos que podem revelar a capacidade de liquidação de suas dívidas no futuro.

Já o investidor precisa tomar uma decisão ainda mais difícil, pois o dinheiro que porventura irá investir na empresa não tem garantia de retorno, nem em relação ao tempo nem em relação à taxa de remuneração. Com isso, ele precisa acreditar no futuro da entidade, para que ela possa operar com o uso de seu dinheiro e possa lhe dar um retorno adequado em relação ao nível de risco a que está exposto. Para tomar uma decisão econômica racional, o investidor precisa avaliar uma série de elementos para projetar o futuro da entidade, o que deve passar por informações de natureza financeira/contábil.

Perceba que, em ambos os casos, investidores e credores estão dedicados a avaliar o **futuro** da entidade para tomar decisões delicadas em relação ao seu próprio dinheiro.

Já o governo possui um interesse econômico diferente. Vamos nos ater apenas à faceta do governo como arrecadador de tributos, já que ele pode também ter interesses no desenvolvimento econômico das empresas, na geração de empregos para a população etc. Como agente arrecadador de tributos, o governo precisa de informações para verificar se o volume de tributos que é pago pela entidade está mesmo correto. Se esse tributo depende de uma declaração do contribuinte a respeito do montante que este deve, é necessário que o governo verifique se essa declaração corresponde à realidade. Se estivermos falando de tributo sobre o lucro, o fisco precisa de informações a respeito do lucro tributável obtido no período. Perceba que, nesse caso, o fisco demanda informações a respeito do **passado** da entidade.

O gestor é a figura que comanda a entidade, que pode ser, por exemplo, o proprietário, o principal acionista ou um gestor contratado para dirigir a entidade em nome dos acionistas. O mesmo raciocínio também vale para entidades de outros tipos que não as sociedades por ações. Está sob a responsabilidade do gestor toda a operação da entidade e a geração de dinheiro para investidores, credores e governo, além das demais partes interessadas na entidade. Além disso, o gestor também é responsável pela elaboração e divulgação das informações, incluindo as de caráter financeiro, aos usuários externos.

Se o gestor está no comando das operações da empresa, ele precisa tomar uma série de decisões no sentido de fazer com que a entidade se desenvolva economicamente e satisfaça os diversos interesses econômicos envolvidos. Porém, é preciso lembrar que ele também tem seus próprios interesses econômicos, e essas decisões podem conter certa dose de objetivos pessoais, por exemplo em relação à sua própria remuneração.

Por estar no dia a dia das operações da empresa, o gestor possui todas as informações relevantes sobre a entidade para tomar suas decisões. Entretanto, quem está de fora da entidade, via de regra, não terá acesso às mesmas informações possuídas pelo gestor. O gestor sabe, por exemplo, dos contratos com clientes que estão sendo encerrados, dos problemas de fornecimento que está enfrentando, da pressão dos sindicatos por aumento de salários, dos riscos ambientais que estão sujeitos à reparação e multas. São coisas que podem afetar seriamente o futuro da empresa. Sem amplo acesso a essas informações, os usuários podem ficar sem saber dessas más notícias.

O problema é que investidores e credores dependem das informações fornecidas pelo gestor para tomar suas decisões em relação ao seu próprio dinheiro, assim como o fisco, que depende da informação fornecida para arrecadar.

Esse fenômeno é conhecido na literatura como **assimetria de informação**. Ele ocorre quando uma das partes envolvidas em uma transação econômica detém informações qualitativa ou quantitativamente superiores. Quando isso ocorre, a parte que possui menor informação corre mais riscos nas decisões que toma a respeito dessa transação econômica. Com isso, a assimetria de informação pode gerar falhas momentâneas no comportamento do mercado. Por exemplo, quando uma pessoa vai comprar um carro usado, ela pode não ter todas as informações sobre o estado do carro e seu histórico de manutenção (e eventualmente de acidentes). É até possível que o carro esteja em perfeito estado de conservação, mas como não tem informação completa, o comprador irá ofertar um preço menor do que de fato possa valer o automóvel. Com isso, todo o mercado de automóveis usados tem seus preços nivelados por baixo.

Isso também acontece com as empresas. Imagine um mundo em que não há informação financeira disponível para investidores em ações de empresas nas bolsas de valores: a incerteza a respeito de se estar fazendo ou não um bom negócio com a aquisição de uma ação seria muito grande e com isso o preço que o comprador estaria disposto a pagar seria menor do que de fato a ação estaria valendo.

Assim, respondendo à questão inicial desta seção, as informações financeiras/contábeis, assim como quaisquer outras informações que são prestadas pelos gestores a investidores e credores para suas análises e decisões, bem como para o fisco para fins de arrecadação, servem para reduzir a assimetria informacional e consequentemente reduzir as perdas de valor nas transações econômicas. Isso significa que uma boa informação contábil tem a capacidade de aumentar o interesse de investidores e credores na empresa e de reduzir o seu custo na sua relação com o fisco.

3. CONTABILIDADE, GOVERNANÇA CORPORATIVA E A FUNÇÃO DAS NORMAS CONTÁBEIS

Como apresentado na seção anterior, a informação contábil tem a capacidade de reduzir a assimetria informacional entre gestores e usuários externos e com isso reduzir as possíveis falhas de mercado provocadas pela assimetria. Assim, se qualquer informação contábil divulgada é capaz de reduzir essa assimetria, por que há a necessidade de normas contábeis?

O problema é que nem toda informação divulgada tem a capacidade de reduzir a assimetria informacional. Se a informação for falsa ou contiver algum viés, investidores e credores podem tomar decisões erradas, e, portanto, isso não pode ser considerada uma redução de assimetria informacional.

Sem normas contábeis, cada entidade poderia divulgar suas informações conforme seus próprios critérios e sem ao menos dizer quais seriam esses critérios. Haveria dificuldade em avaliar se os balanços refletem de fato a realidade econômica da entidade, pois é possível que os ativos estejam superavaliados ou os passivos estejam subavaliados, por exemplo, em função de critérios utilizados nessas avaliações.

Mesmo com a existência de normas contábeis, é possível que o gestor não esteja em plena conformidade e adote critérios que produzam efeitos que lhe sejam benéficos, produzindo informação enviesada. Assim, podem existir outros interesses econômicos que podem afetar a capacidade de redução de assimetria informacional que a contabilidade possui.

Para explicar isso, há uma teoria econômica, denominada teoria da agência, cujo principal trabalho foi desenvolvido por Jensen e Meckling (1976), que prediz o que pode acontecer em uma relação contratual entre duas partes. A parte contratante é chamada de principal e a contratada, de agente. O principal contrata o agente para realizar uma tarefa em seu lugar. O agente, encarregado de executar essa tarefa, toma decisões em relação a essa tarefa e age em nome do principal.

Como está na execução da tarefa, o agente detém informações qualitativa e quantitativamente superiores em relação ao principal, e por isso este não consegue ter certeza se o agente está agindo em favor do seu interesse econômico. Esse problema surge porque principal e agente procuram maximizar os seus próprios interesses econômicos, que não necessariamente são os mesmos, e o bem-estar do principal depende das decisões do agente.

Por exemplo, João (agente) é contratado para vender os produtos que José (principal) produz, por um salário fixo. Se João trabalhar pouco, seu salário será o mesmo (com um esforço menor), mas as reduzidas vendas vão afetar o lucro de José, que possui poucas informações sobre por que João trabalhou pouco. Perceba o tamanho do conflito que pode ocorrer nessa relação contratual!

A teoria da agência ainda prediz que o contrato é sempre incompleto e que inexiste agente perfeito. Isso significa que José até pode modificar o contrato com João para estabelecer o número de visitas que devem ser feitas por dia, por exemplo, mas a teoria prevê que João sempre irá buscar uma "brecha" no contrato para maximizar seus interesses econômicos. João, por exemplo, pode até fazer as visitas, mas não se dedica a fechar as vendas. José pode até passar a pagar comissão sobre as vendas, mas João pode acabar encontrando uma maneira de "driblar" a regra, e isso não tem fim.

A teoria explica os problemas econômicos derivados de qualquer relação contratual de emprego. Essa relação pode ser a de um acionista de uma companhia, no papel de principal, e um gestor contratado, no papel de agente. O acionista está interessado na valorização de suas ações e nos dividendos que serão recebidos. Porém, para que isso aconteça, o gestor precisa conduzir a empresa também com esse objetivo. Entretanto, o gestor pode buscar seus próprios interesses pessoais em termos econômicos, como conceder a si mesmo benefícios como carros, viagens etc., realizar operações que tenham conflito de interesse, ou mesmo adotar estratégias que lhe tragam *status* como gestor, privilegiando o crescimento em vez da maximização do retorno dos investimentos.

Apesar de o contrato ser incompleto, isso não impede que ele contenha cláusulas que minimizem os riscos do principal. Essas cláusulas contratuais servem como mecanismos para evitar o chamado "oportunismo" do agente. Um dos objetivos dessas cláusulas pode ser a redução da assimetria informacional. Por exemplo, o principal pode exigir do agente a prestação de contas da gestão e do desempenho econômico-financeiro da entidade.

Do estudo e desenvolvimento desses mecanismos de proteção do principal, surgiu o que se conhece hoje como governança corporativa. Conforme a definição da Organização para a Cooperação e Desenvolvimento Econômico (OCDE), governança corporativa é o sistema segundo o qual as corporações são dirigidas e controladas. Visando proteger os interesses do principal em relação às ações do agente, esse sistema está alicerçado em quatro pilares:

1. Prestação de contas.
2. Equidade.
3. Transparência.
4. Responsabilidade corporativa.

Prestação de contas refere-se ao nível de exigência de reporte de informações do agente ao principal. Equidade refere-se ao tratamento isonômico de todos os sócios e demais partes interessadas. Transparência está relacionada ao nível de fidelidade com que a informação está representando a realidade e a disponibilização de informações que sejam do interesse da parte interessada, mesmo que não obrigatória. Responsabilidade corporativa está relacionada ao zelo por parte dos gestores pela viabilidade econômico-financeira da entidade, incluindo as externalidades negativas.

Uma boa governança corporativa possui esses quatro pilares bem desenvolvidos. Do contrário, os chamados problemas de governança podem surgir. Nos Estados Unidos e em outros países com mercados de capitais mais desenvolvidos, onde a propriedade das companhias é mais pulverizada, com maior número de acionistas minoritários participando do capital, o conflito mais recorrente entre agente e principal ocorre entre executivos contratados e acionistas, e o principal problema é a manipulação dos resultados para aumentar a remuneração dos executivos. No Brasil e em outros países com mercados de capitais menos desenvolvidos, o conflito mais relevante entre agente e principal ocorre entre acionistas controladores e minoritários (não controladores), envolvendo transações com partes relacionadas e outras formas de benefícios aos controladores.

Por melhor ou pior que seja, toda empresa possui um sistema de governança, ao menos implícita. Uma estrutura de governança especifica a distribuição dos direitos e propriedades, regras e procedimentos para tomada de decisões, e as bases para o estabelecimento de objetivos, com a definição dos meios e dos instrumentos de acompanhamento. Uma boa estrutura de governança protege melhor os interesses de investidores e credores.

A partir desse objetivo de proteção dos investidores, principalmente dos minoritários, as empresas têm desenvolvido melhores mecanismos de governança, criando conjuntos de regras, incluindo diretrizes de governança, regras de conformidade, estatutos e código de ética e conduta, para suportar e dirigir o conselho de administração e o conselho fiscal, assim como os comitês consultivos. Essas regras dão as bases para o estabelecimento dos modelos de remuneração, dos sistemas de monitoramento, dos modelos de gestão e o direcionamento estratégico da companhia, que é administrada pelo gestor.

Além dos mecanismos de governança internos à empresa, há também os mecanismos de governança externos, como os das bolsas de valores, a pressão do próprio mercado de capitais, da concorrência e do ativismo dos acionistas e investidores institucionais. Além destes, os padrões contábeis também são entendidos como mecanismos de boa governança corporativa.

A contabilidade é um mecanismo de governança corporativa que auxilia o principal no monitoramento do desempenho do agente. As normas contábeis possuem um conjunto de regras que procura fazer com que a informação represente fielmente o desempenho do agente e também que procura evitar a manipulação da informação.

As estratégias mais comuns de manipulação da informação contábil por parte do agente relatadas na literatura são:

- Evitar divulgação de prejuízos.
- Suavizar os resultados, minimizando sua volatilidade (e aparentar uma empresa menos arriscada).
- Reduzir a carga tributária de imposto de renda.

- Atingir metas de resultados estabelecidas pelos conselhos ou por analistas de mercado.
- O chamado *big bath accounting*, que é "descarregar" todas as perdas quando não é possível evitar a divulgação de prejuízo no período, aumentando a possibilidade de apresentação de lucro a partir do período seguinte.

O mesmo raciocínio se aplica às normas contábeis para fins de tributação. Estas também possuem um conjunto de regras que procuram evitar manipulação da informação por parte do gestor da entidade. Entretanto, como será discutido na próxima seção, os mecanismos de proteção do fisco contidos em suas normas contábeis são diferentes dos mecanismos de proteção de investidores e credores.

Assim, o papel das normas contábeis é definir quais são as informações relevantes, adotar critérios que permitam refletir o real desempenho do agente, reduzir as alternativas de escolha deste e reduzir as possibilidades de manipulação. Com isso, as normas contábeis existem para evitar o oportunismo do agente.

PARA REFLETIR...

As normas contábeis conseguem evitar todas as possibilidades de manipulação da informação financeira por parte do agente?

As normas contábeis não são leis matemáticas, imutáveis. Ao contrário, são derivadas de múltiplas interações sociais, incluindo aí a própria evolução dos negócios ao longo do tempo. Do mesmo modo, há também uma evolução nas relações entre investidores e gestores, o que também inclui a evolução nas formas de manipulação. Isso significa que, como prediz a teoria da agência, não existe contrato completo... Sempre haverá a possibilidade de haver inovação nos meios de manipulação, mas também nos meios de evitá-la, por meio da normatização. É por isso que não se pode esperar que as normas contábeis permaneçam estáticas no tempo.

4. NORMAS CONTÁBEIS PARA OS INVESTIDORES, OS CREDORES E O FISCO

De maneira bastante estilizada, vamos resumir os interesses econômicos do gestor à sua própria remuneração. Vamos também resumir os interesses econômicos dos investidores à obtenção de lucros e valorização das suas participações societárias. Se o gestor quiser utilizar a informação contábil como um meio para aumentar a sua própria remuneração, a teoria econômica prediz que ele irá manipular a informação para apresentar um lucro contábil para divulgação **maior** ao investidor do que de fato é, dada a assimetria de informação entre essas duas partes.

Na relação entre o gestor e o fisco, vamos resumir também os interesses econômicos do gestor à sua própria remuneração e os interesses do fisco à arrecadação tributária. Nessa relação, se o gestor quiser utilizar a informação contábil como um meio para aumentar a sua própria remuneração, a teoria econômica prediz que ele irá manipular a informação para apresentar um lucro tributável **menor** ao fisco do que de fato é, já que o tributo representa uma despesa, o que reduz o lucro contábil para divulgação utilizado para fins de avaliação do seu próprio desempenho.

Perceba que o gestor manipularia o lucro para divulgação ao investidor para que fique **maior**, e ao mesmo tempo manipularia o lucro para divulgação ao fisco para que fique **menor**. Para evitar isso, as normas contábeis para divulgação ao investidor devem conter mecanismos que busquem retratar a realidade econômica da entidade, mas evitando a **superavaliação** do lucro. Por outro lado, as normas contábeis para fins de tributação também devem conter mecanismos que busquem retratar a realidade econômica da entidade, mas evitando a **subavaliação** do lucro.

Perceba que os mecanismos contábeis que visam proteger os interesses de investidores agem em sentido contrário em relação aos mecanismos de proteção dos interesses do fisco. Esses sentidos diferentes de proteção de cada parte interessada sugerem a existência de dois conjuntos diferentes de normas contábeis: uma voltada para investidores e outra para o fisco.

Entretanto, o que havia no Brasil até 2007 era uma forte influência de regras tributárias sobre a contabilidade para divulgação, o que afetava a qualidade da informação voltada para investidores e credores, já que não contava com diversos mecanismos de proteção destes. Com a Lei 11.638/2007, o Brasil adotou as normas internacionais de contabilidade e, para que elas fossem de fato efetivas, também instituiu a chamada neutralidade tributária, que preconiza que todas as diferenças entre o lucro contábil para divulgação e aquele seguindo as regras tributárias passaram a não ter impacto tributário, o que significa a desvinculação entre a contabilidade financeira para divulgação e a contabilidade para tributação.

Com isso, o Brasil possui atualmente normas contábeis para fins de divulgação a acionistas e credores, que são definidas pelo Comitê de Pronunciamentos Contábeis (CPC) e baseadas nas normas internacionais de contabilidade financeira (*International Financial Reporting Standards* – IFRS), e normas contábeis para fins de tributação do lucro definidas pela legislação tributária brasileira. Naturalmente, a aplicação desses dois conjuntos de normas simultaneamente resulta em diferenças nos lucros apurados, mas, com a neutralidade tributária, essas diferenças não possuem efeito tributário. Na prática, o que ocorre é que o lucro apurado conforme as normas contábeis IFRS/CPC é ajustado com adições e exclusões para se calcular o lucro tributável. O que é importante frisar é que essas normas são diferentes e realmente devem ser diferentes, pois cada conjunto procura proteger os interesses de seus usuários da informação.

Vamos a exemplos de diferenças entre os dois conjuntos de normas contábeis. Na norma para divulgação a investidores, a depreciação deve ser calculada a partir da vida útil estimada, que é o tempo que o gestor espera utilizar o ativo imobilizado. Com isso, a despesa de depreciação exerce a função de mostrar efetivamente o quanto foi gasto no período do investimento feito inicialmente no imobilizado, sendo o lucro após a depreciação o resultado de o quanto a entidade efetivamente ganhou além da recuperação do investimento naquele período. Entretanto, a estimativa de vida útil pode não ser relevante para o fisco, já que ele não toma decisões a partir da avaliação do retorno do investimento em imobilizado. Além disso, essa estimativa feita pelo gestor pode ser "perigosa" para fins de dedutibilidade do imposto de renda, pois isso poderia resultar em postergação desse imposto. Com isso, o fisco estabelece taxas fixas de depreciação para cada tipo de imobilizado.

Outro exemplo é o da mensuração de ativos a valor justo (simplificadamente, vamos entendê-lo como o valor de mercado do ativo, pois esse conceito será explorado mais adiante). A norma para divulgação coloca a mensuração a valor justo como obrigatória ou alternativa para determinados ativos. É o caso de propriedades para investimento, como um imóvel colocado para aluguel, em que a mensuração a valor justo é opcional. Essa mensuração traz uma informação a respeito do tamanho do patrimônio da entidade bem mais atualizada e representativa do que se fosse a custo histórico, permitindo uma decisão com menor incerteza. Porém, o fisco não precisa tomar as decisões que os investidores tomam e prefere uma medida menos sujeita a vieses, que é a do custo histórico.

Portanto, as normas contábeis para acionistas e credores devem ser diferentes das normas para o fisco, pois os mecanismos contábeis de proteção de seus interesses econômicos são diferentes.

PARA REFLETIR...

Se as normas contábeis precisam ser diferentes das normas para fins de tributação, a empresa pode produzir dois lucros diferentes?

A ciência contábil não faz parte das ciências exatas, mas sim das ciências sociais aplicadas. A informação é resultado de um conjunto de interações sociais, por exemplo, entre investidores, credores, gestores, fornecedores, clientes, colaboradores etc. Assim, apesar de lidar com números, não há a busca por números exatos, mas números que reflitam o máximo possível uma realidade econômica, sob o prisma dos interesses econômicos de cada parcela da sociedade. Assim, é possível apurar lucros diferentes para decisões diferentes. Em função de critérios diferentes de reconhecimento e mensuração, é possível (e necessário) que uma mesma entidade, em um mesmo período, apresente um lucro para que investidores tomem decisões e outro lucro para que o fisco avalie o montante tributável. Eis a beleza dessa área do conhecimento!

5. A ADOÇÃO DAS NORMAS IFRS NO BRASIL

As normas IFRS foram adotadas pelo Brasil pela Lei 11.638/2007. Até então, o Brasil dispunha de normas próprias contidas na legislação e em normativos da Comissão de Valores Mobiliários (CVM), aplicáveis às companhias abertas.

O principal marco normativo até então era a Lei 6.404/1976, que trouxe uma série de inovações à sua época. Porém, desde 1976, houve poucas mudanças em termos de normas contábeis dadas pela legislação, e as mudanças promovidas pela CVM ficavam restringidas pela legislação, que tinha forte influência da tributação dada principalmente pelo Decreto-lei 1.598/1977.

Entretanto, o mercado de capitais foi evoluindo com o passar do tempo, mais investidores estrangeiros começaram a se interessar por companhias brasileiras e uma maior exigência por melhor governança corporativa e por melhor informação começou a pressionar a ocorrência de mudanças. Ao mesmo tempo, as normas contábeis internacionais começaram a ser adotadas por outros países, e a ideia da adoção das IFRS passou a tomar força no Brasil.

Atualmente, 120 países exigem ou permitem o uso das IFRS no mundo. Há um comitê responsável pela elaboração dessas normas, que é o *International Accounting Standards Board* (Iasb). No Brasil, o responsável pela emissão das normas contábeis é o CPC – entidade independente que realiza a tradução das normas IFRS, as adapta quando for o caso, e elabora suas próprias normas para atender à legislação brasileira. Esse conjunto de normas é validado e tornado mandatório por meio da sua adoção por parte de instituições que regulam as empresas: CVM, Banco Central do Brasil (BCB), Superintendência de Seguros Privados (Susep), Agência Nacional de Saúde Suplementar (ANS), Conselho Federal de Contabilidade (CFC).

Desse modo, as normas IFRS são voltadas apenas para a divulgação de relatórios financeiros a investidores e credores, e possuem mecanismos que procuram aumentar a transparência desses relatórios e proteger os interesses de investidores e credores. Assim, não servem para proteger os interesses do fisco, e é por isso que o lucro conforme as IFRS deve ser ajustado para se calcular o lucro tributável.

A adoção de IFRS por parte dos países tem sido justificada por diversos argumentos: principalmente para agilizar e facilitar o fluxo de capitais em investimentos estrangeiros diretos nos países que as adotam, e ainda pela redução de custos de elaboração de relatórios contábeis, principalmente por empresas multinacionais, redução de riscos e custos nas análises de decisões por parte principalmente de investidores estrangeiros, redução do custo de capital, tanto de terceiros como próprio, e a centralização na emissão de normas contábeis.

Alguns desses argumentos têm sido testados pelas pesquisas científicas na área, e o que se verifica é que há de fato uma redução no custo de capital e um aumento na liquidez das ações (volume de negociação) após a adoção de IFRS. Verificou-se também a promoção de maiores investimentos estrangeiros por parte de investidores individuais. Verificou-se ainda um aumento na qualidade da informação, por meio da observação de maior acurácia dos analistas na projeção de resultados, maior impacto do anúncio dos resultados, maior relevância, transparência e comparabilidade das informações.

Entretanto, a adoção de IFRS não é garantia de sucesso em todos os países, já que é necessária uma "infraestrutura mínima" no país para que realmente produza efeitos. A literatura mostra que é necessária uma infraestrutura legal de proteção de investidores, um monitoramento adequado que tenha poder de coerção (*enforcement*) sobre as empresas, um adequado nível de formação dos profissionais, um mercado de capitais suficientemente maduro e uma cultura de divulgação financeira e de negócios que propicie uma melhor proteção aos investidores por meio de informações contábeis.

As normas IFRS possuem algumas características particulares. Como é um conjunto voltado para a proteção de investidores e credores, há uma série de mecanismos que procuram evitar informação enganosa. Um desses mecanismos é a prevalência da essência econômica sobre a forma jurídica. Isso significa que, na normatização de um evento, prevalece o caráter econômico do evento ou transação e não a forma como está prevista nos contratos relacionados. Por exemplo, para evitar que o gestor deixe de divulgar passivos por meio de um contrato de arrendamento mercantil, em que a entidade não é a proprietária do bem, a norma contábil determina que o ativo seja reconhecido pelo fato de a entidade controlá-lo, e em contrapartida reconhecer também o passivo de seu financiamento. Assim, mesmo não sendo de sua propriedade, em essência é um ativo da entidade, e assim deve ser tratado pela norma.

As normas contábeis IFRS também buscam a representação fidedigna da realidade econômica, evitando que as pessoas usem o termo meramente contábil no dia a dia para representar algo que não acontece na realidade.

As normas IFRS utilizam definições e princípios para determinar a prática contábil aplicável para determinado evento, em vez de regras. Isso significa que as normas direcionam as práticas que devem ser realizadas e restringem as que não devem ser realizadas, mas elas permitem a possibilidade de práticas relativamente diferentes dependendo da situação, o que nem sempre é possível com o uso de regras rígidas. Isso exige interpretação e julgamento do preparador das informações.

A mensuração a valor justo também é uma característica marcante das normas IFRS. Ela permite uma avaliação mais atualizada e mais representativa do valor de ativos e passivos. Ela não é aplicável a todos os ativos nem a todas as situações, mas naquelas em que a medida do valor de mercado é mais representativa do benefício econômico futuro e há menor chance de manipulação da informação.

Com um conjunto de normas que propicia uma melhor qualidade das informações contábeis, pode-se afirmar que o Brasil adotou as normas IFRS para desenvolver a competitividade do seu mercado de capitais, procurando atrair investidores estrangeiros ao mercado de capitais brasileiro, e pequenos investidores brasileiros ao mercado de ações.

6. CONCEITOS FUNDAMENTAIS DE CONTABILIDADE

Nesta seção, discutimos alguns conceitos que são essenciais em contabilidade, principalmente em um ambiente normatizado pelas IFRS.

As informações contábeis buscam revelar os aspectos econômicos de uma entidade, seja ela uma empresa, uma entidade governamental, uma entidade sem fins lucrativos ou mesmo uma pessoa física. Vamos olhar por enquanto do ponto de vista de investidores e credores. Nesse sentido, talvez os primeiros aspectos econômicos que despertam curiosidade no destinatário da informação, e que devem ser revelados, é o tamanho da riqueza da entidade e a sua composição, já que isso dá a dimensão do seu porte e como ele está formado no momento, pois é diferente dizer que possui dinheiro vivo em mãos ou em um imóvel, por exemplo.

Quão rica é uma pessoa? Em geral, nós respondemos a essa pergunta elencando os itens que compõem seu patrimônio: uma casa, um carro, uma empresa etc. Entretanto, por que essas coisas formam a sua riqueza e o que há de comum entre elas? É curioso que nós pensamos em quanto aqueles itens valem, caso fossem vendidos hoje: meu carro está valendo $ 50 mil, diria uma pessoa... Minha casa vale $ 200 mil, diria outra... Porém, esses itens muitas vezes não foram colocados à venda, estão sob o uso da pessoa, o que significa que eles valem mais em uso para ela do que se fossem vendidos. Assim, qual é o valor em uso, ou de maneira mais abrangente, qual é o valor da riqueza da pessoa? Veja que é difícil de responder isso rapidamente! Este é um dos principais desafios da contabilidade: representar com fidelidade e de maneira segura o tamanho da riqueza de uma entidade, assim como a sua evolução no tempo.

O patrimônio é formado pelos ativos, mas deve sempre ser apresentado com os passivos. Afinal, se eu disser que eu tenho uma bela casa de 2 mil metros quadrados, mas não disser que ela está inteiramente financiada, você vai ter a impressão de que eu sou rico, o que não é bem verdade...

Isso corresponde ao que o CPC 00 (R2) – Estrutura Conceitual para Relatório Financeiro define como patrimônio líquido, que é a "participação residual nos ativos da entidade após a dedução de todos os seus passivos". O patrimônio líquido é o chamado capital próprio da entidade, também entendido como o capital que os proprietários/investidores da entidade possuem.

Um segundo aspecto importante é o da evolução da riqueza. É preciso saber como a riqueza está evoluindo para se ter uma perspectiva a respeito de qual deve ser a riqueza da entidade no futuro. Afinal, se o investidor ou o credor estão interessados em conceder dinheiro para a empresa investir, eles precisam fazer uma avaliação do futuro da entidade, e uma das maneiras de se fazer isso é observando a evolução da riqueza da entidade no tempo. A evolução da riqueza pode ser observada pela diferença entre dois patrimônios no tempo.

6.1 Ativos

Em se tratando de informação para divulgação a investidores e credores, o gestor deve divulgar o tamanho e a composição de seu patrimônio, mas pode incluir um viés por conta de seu próprio interesse econômico. Assim, há a tendência de o gestor superavaliar os ativos da entidade e mostrar ativos com maior liquidez do que de fato têm, se o tamanho dos ativos for uma forma de avaliação do desempenho do gestor (e geralmente é). Por outro lado, há a tendência de o gestor subavaliar os ativos da entidade quando estiver fazendo a declaração ao fisco.

Com isso, as normas contábeis para fins de divulgação externa procuram evitar esse viés do gestor de superavaliar artificialmente o ativo, ou mesmo de ser "otimista" em relação ao futuro, na divulgação do valor dos ativos, por meio de mecanismos contábeis que evitam essa superavaliação quando há determinada incerteza a respeito do futuro.

As normas contábeis que tratam de ativos procuram determinar princípios que norteiem as respostas às seguintes perguntas:

- É ativo?
- Deve reconhecer o ativo nas demonstrações financeiras?
- Como mensurar o ativo?
- Como apresentar o ativo nas demonstrações financeiras?

A respeito da primeira pergunta, sobre se determinado item é um ativo, cada norma estabelece suas próprias definições, por exemplo, se um ativo é imobilizado ou não. Porém, há uma norma que traz a estrutura conceitual e que possui uma definição geral sobre ativo. De acordo com o CPC 00 (R2) – Estrutura Conceitual para Relatório Financeiro, ativo é "um recurso econômico presente controlado pela entidade como resultado de eventos passados". Um recurso econômico é definido como "um direito que tem o potencial de produzir benefícios econômicos".

Há uma série de aspectos a serem tratados a respeito dessa definição, mas vamos deixar isso para o capítulo seguinte. Neste capítulo, é importante ressaltar que a norma contábil faz determinadas escolhas para elaborar uma definição sobre se é um ativo ou não. Por exemplo, nesse caso, a norma IFRS/CPC define que somente é um ativo se for um recurso controlado pela entidade. Portanto, se a entidade, por meio de seus empregados, utiliza uma praça pública ao lado de seu estabelecimento, ela não pode dizer que a praça é seu ativo, pois não é possível dizer que está sob seu controle. Por outro lado, ao escolher o conceito de controle em vez de propriedade para definir um ativo, a norma está incluindo, por exemplo, ativos que são financiados por contrato de arrendamento mercantil, em que a entidade não possui a propriedade, mas possui seu controle econômico. Com isso, a norma evita que passivos atrelados não sejam divulgados.

Outro aspecto relevante da definição dada pela Estrutura Conceitual para Relatório Financeiro para ativos é a questão dos benefícios econômicos futuros. Afinal, isso está ligado à essência de o que é um ativo e de qual é o seu valor. Digamos que eu possua um estoque de leite. Esse estoque é meu ativo, porque eu espero poder vendê-lo e receber um determinado dinheiro dos meus clientes. Com isso, é esperado um benefício econômico com esse leite armazenado. Entretanto, se esse leite estocado ultrapassar sua data de validade, eu perco essa possibilidade de obtenção de benefícios econômicos no futuro e deixo de ter um ativo, mesmo que eu esteja vendo uma porção de garrafas de leite à minha frente. Passou a ser apenas uma porção de lixo, que não irá mais gerar dinheiro nenhum para mim.

Assim, um ativo só existe se houver a possibilidade de obtenção de benefícios econômicos no futuro. Esses benefícios podem ser a entrada de dinheiro no futuro, a liquidação de passivos no futuro, ou a possibilidade de economizar dinheiro no futuro com o uso do ativo. Perceba que o benefício econômico não é lucro: eu posso comprar um estoque por $ 1.000, esperando vendê-lo por $ 1.200, mas uma mudança no mercado pode fazer com que eu só consiga vendê-lo por $ 900 – ainda assim, possuo um ativo de $ 900.

Um ativo de contas a receber de clientes pode ter como benefício econômico o seu recebimento. Um estoque irá gerar benefícios econômicos por meio da sua venda e posterior recebimento. Um imobilizado irá gerar benefícios econômicos com o seu uso, que irá contribuir para a venda de produtos e posterior recebimento. Perceba que os benefícios econômicos podem ser traduzidos em fluxos de caixa futuros, mesmo que não haja efetivamente uma entrada de caixa, mas liquidação de passivos ou economias de custos.

É possível que haja um ativo, mas ele não apareça no balanço patrimonial. É a questão do reconhecimento no balanço. De acordo com o CPC 00 (R2) – Estrutura Conceitual para Relatório Financeiro, o reconhecimento é o processo de captura para incluir no balanço patrimonial ou na demonstração de resultados um item que se enquadre na definição do elemento: ativo, passivo, receita ou despesa. Porém, isso pode não ser suficiente para que o elemento seja reconhecido nas demonstrações financeiras. Cada norma específica possui seus próprios princípios de reconhecimento, mas há um critério geral: ser relevante e representar fidedignamente o elemento que se quer representar.

Assim, é possível que a entidade esteja, por exemplo, realizando gastos com pesquisa, e que com isso possa obter no futuro um novo medicamento. Entretanto, pode não ser possível dizer que, a cada gasto que se faça, é provável que se obtenha benefícios econômicos, pois grande parte dos projetos de pesquisa não resulta em um novo conhecimento que propicie de maneira direta a produção de um novo produto. Isso não significa que a intenção do gestor não tenha sido a de gerar benefícios econômicos no futuro. Com isso, se é alta a chance de um investidor desconsiderar a informação de que o gasto é considerado pelo gestor como um ativo, ele não pode ser reconhecido como tal, porque não é relevante e não representa fidedignamente o montante que provavelmente será obtido no futuro.

O terceiro aspecto relevante a respeito de ativos é a questão da mensuração: como mensurar o ativo? As normas contábeis também trazem um conjunto de princípios de mensuração para cada tipo de ativo. Talvez esse seja o tema mais valioso para os normatizadores contábeis, pois envolve uma série de conceitos e sua aplicação envolve diferentes interesses econômicos.

Veja como a definição da mensuração de um ativo pode ser difícil: um mesmo ativo pode ter valores diferentes dependendo da pessoa que o possui e pode até mesmo ter valores diferentes para a mesma pessoa dependendo do uso que ela pode fazer do ativo, pois a mensuração depende dos benefícios econômicos esperados. Uma máquina de escrever pode ter um valor imenso para uma velha escritora, mas pouco valor para uma pintora. Para a velha escritora, a máquina possui grande valor se ela a estiver usando para escrever livros de sucesso, mas pode também ter pequeno valor se resolvesse vendê-la para utilizar um computador.

Portanto, veja que o valor de um ativo pode ser subjetivo, já que cada entidade pode ter benefícios econômicos diferentes com seus ativos e, portanto, valores diferentes. Perceba que pode ser arriscado deixar tanta subjetividade nas mãos do gestor, pois ele tenderia a superavaliar seus ativos, muito embora a avaliação pelos benefícios ou fluxos de caixa futuros representasse melhor a riqueza da entidade.

Assim, para evitar tanta subjetividade e risco de viés por parte do gestor, as normas contábeis utilizam substitutos à mensuração pelos fluxos futuros de caixa, adotando outras bases de mensuração.

Vamos analisar três bases teóricas de mensuração (embora haja, em teoria, outras bases): os próprios fluxos de caixa futuros descontados, o custo amortizado e o valor de mercado.

Digamos que eu compre um ativo por $ 1.000. Sendo um indivíduo racional, eu estou disposto a pagar esse valor se eu vislumbrar a possibilidade de obter um dinheiro maior com o mesmo ativo, seja usando, seja vendendo. Esse dinheiro que eu espero obter com o ativo pode ser mensurado por meio da projeção dos fluxos de caixa que eu espero obter no futuro, descontados a valor presente por uma determinada taxa que reflita o custo de meu capital.

Essa medida de fluxos de caixa descontados é utilizada pelas normas contábeis como uma das formas de mensuração do valor justo, mas dentro de certas restrições a respeito das informações que são utilizadas como premissas nas projeções de fluxos de caixa. Aí está a principal fraqueza dessa base de mensuração: pode haver subjetividade nas premissas utilizadas para se fazer a projeção dos fluxos de caixa. Porém, é a base de mensuração que melhor expressa o real valor de um ativo.

Perceba que o valor dos fluxos de caixa futuros descontados a valor presente deve ser maior no momento da aquisição do que o valor pago de $ 1.000, representados pelas linhas de custo amortizado e de valor de mercado, conforme mostra a Figura 1.2 no momento 0.

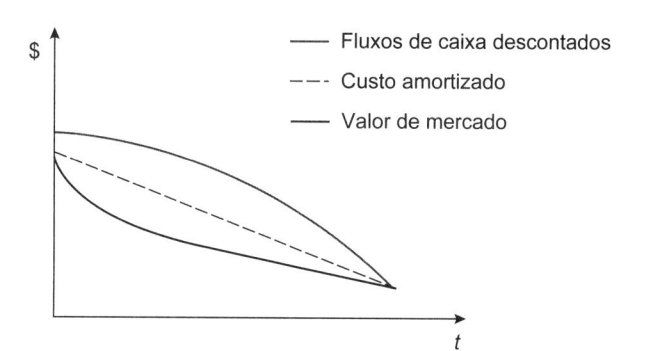

Figura 1.2 Bases de mensuração do ativo

Perceba também que o custo e o valor de mercado possuem o mesmo valor no momento 0, considerando que o ativo tenha sido adquirido em uma transação normal de mercado. Como os fluxos de caixa descontados são estimados com base em premissas subjetivas do gestor, a norma pode escolher uma base de mensuração substituta para atribuir valor ao ativo. O custo e o valor de mercado poderiam ser essas bases. Porém, veja que, nesse caso específico da Figura 1.2, a linha do valor de mercado segue uma tendência diferente ao longo do tempo em relação à linha dos fluxos de caixa descontados, com grande desvalorização nos primeiros períodos, o que promove uma distância grande em relação à linha dos fluxos de caixa descontados. Como substituta, a linha de custo amortizado parece mais adequada, neste caso, em termos de representação da primeira linha.

O custo amortizado, também chamado de custo histórico depreciado ou amortizado, é amplamente utilizado como base de mensuração na contabilidade para divulgação. Ele representa o menor valor que se espera obter de benefícios econômicos no futuro no momento da aquisição e, salvo drásticas mudanças de percurso, também durante o tempo em que o ativo é utilizado, conforme a Figura 1.3. Além disso, o custo histórico tem a vantagem de ser atribuível a ativos individuais, coisa que pode não acontecer com a mensuração por fluxos de caixa descontados, pois em muitos casos a geração de caixa acontece com o uso combinado de mais de um ativo. É uma medida objetiva, pois é observável, já que houve uma transação em que os valores foram combinados entre as partes. O custo histórico é a medida mais comum para ativos em que se espera obter benefícios por meio de uso, e não de venda, como é o caso de ativo imobilizado e intangível.

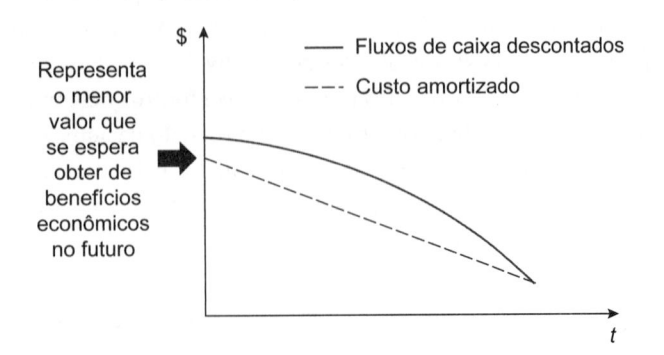

Figura 1.3 Custo amortizado e fluxos de caixa descontados

A medida de valor de mercado também é uma base de mensuração utilizada como medida de valor justo, principalmente quando a linha do valor de mercado está próxima à linha do fluxo de caixa descontado, ou seja, quando a linha do valor de mercado é uma boa aproximação e que permite ser utilizada como substituta da linha de fluxo de caixa descontado. É o caso, por exemplo, de um ativo biológico como o boi de corte, que cresce fisicamente ao longo do tempo e cujo valor de mercado é representativo de o quanto a entidade poderia obter de fluxos de caixa vendendo o boi a qualquer momento, conforme a Figura 1.4.

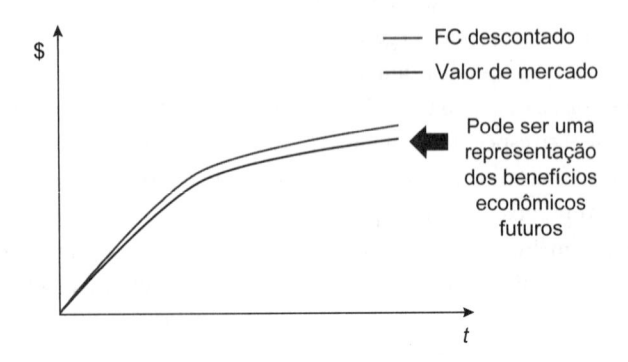

Figura 1.4 Valor de mercado e fluxos de caixa descontados

Assim, a base de mensuração que melhor reflete o valor de um ativo é a de fluxos futuros de caixa descontados. Entretanto, dada a subjetividade que pode haver nessa base de mensuração, a norma contábil pode escolher outra base que seja substituta a esta para cada tipo de ativo. Isso depende de como o valor do ativo se comporta ao longo do tempo, para que a escolha represente da melhor forma o valor dos benefícios econômicos futuros.

A partir do exposto, percebe-se que a mensuração que de fato refletiria (se livre de qualquer viés) o tamanho do ativo seria a mensuração por fluxos de caixa descontados. Porém, em função de diversas razões, as normas contábeis possuem princípios de reconhecimento e mensuração que fazem com que os ativos sejam apresentados com um valor menor do que pela mensuração por fluxos de caixa descontados. Assim, essa diferença refere-se aos ativos não reconhecidos ou mensurados de acordo com outra base, e pode ser entendida como o *goodwill* não adquirido. *Goodwill* é o ativo que surge em função das sinergias entre os demais ativos da entidade.

PARA REFLETIR...

Se as normas IFRS são voltadas para a proteção dos interesses dos credores e investidores, a definição de ativo em si possui elementos que procuram proteger esses interesses. A princípio, o normatizador teria à sua disposição uma série de possibilidades de elaborar a definição, mas escolheu nesse momento a que está nesta versão da Estrutura Conceitual para Relatório Financeiro. Por exemplo, ele poderia escolher usar o conceito de "propriedade" em vez de "controle", mas esta protege melhor os interesses dos investidores, pois possibilita que ativos de arrendamento, por exemplo, sejam abrangidos. Cada palavra da definição foi bem pensada, mas isso não significa que é perfeita ou que não possa ser mudada ao longo do tempo (assim como foi alterada em 2019).

6.2 Passivos

Vamos tratar agora dos passivos. Como colocado anteriormente, o patrimônio deve sempre ser apresentado com os ativos e com os passivos.

Tal como em relação aos ativos, o gestor também pode incluir um viés por conta de seu próprio interesse econômico na divulgação dos passivos. Há a tendência de o gestor subavaliar os passivos da entidade e de divulgá-los com prazos maiores para pagamento do que de fato têm.

Assim, as normas sobre passivos procuram estabelecer princípios que norteiam a resposta às seguintes perguntas:

- É passivo?
- Deve-se reconhecer o passivo no balanço patrimonial?
- Como mensurar o passivo?
- Como apresentar o passivo?

Em termos conceituais, um passivo é uma obrigação que precisa ser paga com ativos, e por isso o patrimônio deve ser apresentado com ativos menos passivos, para que represente de fato o que é riqueza da entidade.

A respeito da questão sobre se é ou não passivo, o CPC 00 (R2) – Estrutura Conceitual para Relatório Financeiro define que "passivo é uma obrigação presente da entidade de transferir um recurso econômico como resultado de eventos passados".

Uma dívida com um fornecedor é um passivo porque é uma obrigação contraída com a aquisição de um estoque e que será liquidada com um pagamento. Da mesma forma, é um passivo a obrigação de pagar por um empréstimo contraído no passado. Tratado antigamente como uma conta redutora do ativo, o desconto de duplicata é entendido como uma operação de financiamento e, consequentemente, como um passivo, pois se trata de uma obrigação da entidade que será liquidada com a entrega de seus recebíveis ou dinheiro, caso o cliente não pague. Também são entendidos como obrigações presentes os contratos de arrendamento mercantil, que são, em essência, uma forma de financiamento de ativos.

Porém, há obrigações que não são passivos, como a "obrigação" de ganhar um jogo de futebol, pois a liquidação dessa obrigação não ocorre com saídas de caixa ou de outro ativo – basta ganhar o jogo!

Outra discussão que pode ocorrer é se a obrigação é presente ou não. É possível, por exemplo, que a entidade entenda que, em uma determinada ação judicial contra ela, esta ainda não está obrigada a pagar o montante em disputa, por eventualmente considerar que dificilmente perderia a disputa judicial.

Os casos envolvendo provisões são os mais complicados, pois envolvem incerteza. A incerteza pode envolver prazos e montantes, e pode ser que, mesmo que sejam considerados passivos, não sejam reconhecidos no balanço patrimonial.

Conforme a Estrutura Conceitual para Relatório Financeiro, um passivo é reconhecido no balanço patrimonial se a sua divulgação no balanço for relevante e representar fidedignamente sua posição de obrigação presente de pagar. Assim, se for provável que uma saída de recursos econômicos futuros seja exigida para liquidação de uma obrigação presente, é relevante que seja apresentado no balanço patrimonial. Do mesmo modo, se o valor da liquidação pode ser determinado em bases confiáveis, há uma boa representação do valor que provavelmente será pago no futuro.

Isso significa que, mesmo que ainda não esteja certo que a entidade deva pagar uma determinada obrigação, o passivo deve ser reconhecido, porque é uma informação relevante dizer que é provável que um determinado montante terá que ser pago no futuro – investidores não iriam ignorar essa informação. Não são reconhecidos no balanço aqueles que apenas possivelmente terão que ser pagos ou mesmo aqueles que, apesar de ser provável que sejam pagos, não se possam medir confiavelmente.

Portanto, as normas contábeis estabelecem definições e princípios que procuram evitar que um passivo não seja divulgado no balanço patrimonial.

6.3 Resultados

Se ativos e passivos formam o patrimônio líquido de uma entidade em um determinado momento, qualquer mudança no patrimônio líquido significa que a entidade ficou mais rica (ou mais pobre), ou também que os proprietários da entidade ficaram mais ricos (ou mais pobres). Se a informação contábil está reportando uma empresa, o patrimônio líquido representa o capital investido pelo proprietário, e a sua variação representa a renda obtida pelo proprietário. A renda é o dinheiro que o proprietário ganhou ao longo do período, é o incremento de sua riqueza.

Porém, perceba que a renda não é necessariamente o dinheiro recebido pelo proprietário – é o quanto ele ficou mais rico. Isso pode ter acontecido, por exemplo, pela valorização de um imóvel que a empresa possui em seus ativos. Portanto, o quanto a pessoa ficou mais rica não é calculado pelo dinheiro em espécie que efetivamente entrou em seu bolso, e sim pelo quanto seu patrimônio ficou maior.

A renda obtida pelo proprietário com a empresa é o lucro que a empresa gera. O lucro é a remuneração do investimento feito pelo proprietário no negócio. Assim, a variação do patrimônio líquido, que não seja por aporte ou distribuição de lucros, é a medida do lucro.

Porém, como a mensuração do lucro depende da variação do patrimônio, que pode ter mensurações diferentes em função do reconhecimento e das bases de mensuração utilizadas nas normas sobre ativos e passivos, é possível que o tamanho do lucro dependa da forma como o patrimônio líquido é mensurado. Se o patrimônio líquido é inteiramente mensurado por fluxos de caixa descontados, é possível que o lucro seja diferente caso o patrimônio líquido fosse mensurado totalmente a custo histórico.

Para descomplicar essa história, isso significa que o lucro contábil para divulgação é calculado com base nas variações de cada item do ativo e do passivo, independentemente da forma como é mensurado. Assim, cada variação em cada item do ativo e do passivo vai resultar em uma receita ou uma despesa.

Uma receita é definida pelo CPC 00 (R2) como um aumento em um ativo (ou uma diminuição em um passivo) e um aumento no patrimônio líquido ao mesmo tempo, desde que não seja por aporte dos proprietários. Por exemplo, se a entidade possui uma aplicação financeira e ao longo do período rendeu juros, esses juros são uma receita. Se uma empresa prestou um serviço e irá receber por isso, ela teve um aumento de ativo (não necessariamente dinheiro) e um aumento de patrimônio líquido, já que ganhou pelo serviço prestado. Esse aumento de ativo não ocorreu pela obtenção de um empréstimo, por exemplo. Do mesmo modo, se um cliente havia adiantado um dinheiro, registrado então como um passivo, e a empresa conseguiu entregar o produto prometido, essa obrigação é liquidada e há ao mesmo tempo um aumento de patrimônio líquido.

Uma despesa é definida pelo CPC 00 (R2) como uma diminuição em um ativo (ou um aumento em um passivo) e uma redução no patrimônio líquido ao mesmo tempo, desde que não seja por distribuição aos proprietários. Por exemplo, se um ativo sofre depreciação, essa redução tem impacto no patrimônio líquido, e por isso é entendida como uma despesa. Da mesma forma, se uma provisão é reconhecida no passivo, a entidade ficou mais pobre porque ela terá que desembolsar esse dinheiro no futuro, e também é entendida como uma despesa.

Perceba que o reconhecimento de uma receita e de uma despesa é dependente da forma como ativos e passivos são reconhecidos e mensurados. Essa, pelo menos, é a forma como as normas IFRS entendem que deve ser feito o processo de apuração do lucro. É assim que as normas IFRS definem a competência de receitas e despesas.

Uma variação de patrimônio líquido pode ser separada em duas partes: uma parte em que o lucro é considerado já obtido, já realizado, e outra parte em que o lucro também é reconhecido, mas considerado ainda não realizado em função de alguma incerteza. A parte em que o lucro é considerado realizado é exibida na demonstração do resultado do exercício (DRE). A outra parte fica no patrimônio líquido, em uma conta chamada **outros resultados abrangentes** ou **ajustes de avaliação patrimonial**. As duas partes somadas formam os resultados abrangentes, que contêm toda a variação de patrimônio líquido que não seja por aporte ou distribuição aos proprietários. Por exemplo, a receita e o custo de uma mercadoria que foi vendida e entregue são considerados parte dos resultados realizados e são exibidos na DRE. Entretanto, se um ativo imobilizado é reavaliado (o que no Brasil não é permitido) com um aumento de valor, esse acréscimo no patrimônio é considerado como uma receita ainda não realizada, cuja realização fica a depender da venda desse imobilizado. Cada norma contábil define se o resultado é considerado realizado ou não.

Se as normas contábeis evitam que os ativos sejam superavaliados e os passivos subavaliados de maneira indevida por parte do gestor, isso deve refletir em um lucro que também não esteja superavaliado. Se o reconhecimento de um novo ativo é postergado para evitar informação enganosa ou a sua mensuração não é realizada por fluxos de caixa descontados, mas por uma base de mensuração substituta, o reconhecimento de receitas fica postergado. Por exemplo, é o caso de um ativo contingente, como uma ação judicial contra outra parte, que é reconhecido apenas quando ela é definitivamente ganha. Se o reconhecimento de uma redução de um ativo ou de um aumento de ativo é feito no momento em que um evento ocorre, e não fica postergado para o momento da realização, o reconhecimento de despesas é feito tempestivamente. Por exemplo, é o que acontece com o reconhecimento de perdas por *impairment*, quando se verifica que o valor do ativo registrado não será mais completamente recuperado. O reconhecimento tempestivo de despesas e a postergação de receitas para um momento mais adequado são um fenômeno conhecido como conservadorismo.

Portanto, as normas procuram estabelecer princípios que façam os relatórios refletirem o momento em que o lucro é obtido, mas sem otimismo.

7. LUCRO *VERSUS* FLUXOS DE CAIXA

Se as receitas obtidas irão entrar em caixa um dia ou já entraram e as despesas já saíram do caixa ou sairão um dia, é possível concluir que o lucro naturalmente passa pelo caixa. Se o lucro passa pelo caixa, não seria mais fácil usar a geração de fluxos de caixa para medir o desempenho da entidade do que usar o lucro, que demanda uma série de normas contábeis para sua mensuração? Seria muito mais fácil, pois não há dúvida a respeito do quanto entrou ou saiu do caixa. Além disso, o que investidores e credores estão realmente interessados em saber da entidade é qual a capacidade que ela tem de gerar fluxos de caixa no futuro, e com estes remunerá-los.

Entretanto, o lucro de um período possui vantagens em relação à geração de caixa do mesmo período. O desempenho financeiro da entidade medido por competência segundo as normas contábeis rastreia de modo mais organizado a ocorrência de transações e outros eventos e circunstâncias que tenham afetado a riqueza da entidade durante o período.

A valorização de uma propriedade para investimento ou de um boi no mercado, por exemplo, e seu reconhecimento como um aumento do patrimônio da entidade, só é demonstrada se for apurado o lucro. Se fosse apurado por geração de caixa, esse aumento de riqueza só seria exibido quando o ativo fosse vendido, o que pode demorar e não permitir a tomada de decisão quando o evento ocorre, de maneira tempestiva, fato que provavelmente afastaria os financiadores de capital dos empreendimentos.

O regime de competência organiza os fluxos de caixa no tempo, uma vez que o fluxo de caixa é suscetível ao processo de negociação do pagamento/recebimento entre as partes: o fluxo de caixa do recebimento de uma venda é reconhecido como uma receita no momento da entrega de uma mercadoria, e o fluxo de caixa do pagamento da mercadoria é também alocado para o mesmo momento da entrega, revelando o quanto a entidade ganhou com a mercadoria. Se fosse apurado por geração de caixa, recebimento e pagamento poderiam ficar desencontrados, prejudicando a análise e a tomada de decisão.

O mesmo acontece com a despesa de depreciação. Ela é a alocação do fluxo de caixa de investimento em imobilizado realizado inicialmente. É como se fosse alocado um "pedaço" do investimento para cada período de vida útil do ativo. Cada "pedaço" é chamado de despesa de depreciação no período e tem a função de mostrar o quanto foi consumido do investimento no período. O lucro que sobra após a despesa de depreciação representa o quanto a entidade ganhou após "pagar" o investimento, na proporção do período. Assim, confronta-se o resultado obtido pelo uso do ativo com o consumo do recurso investido inicialmente.

> **PARA REFLETIR...**
>
> Se receitas e despesas em base competência são mais bem organizadas no tempo do que recebimentos e pagamentos, seria mais adequado fazer projeções de fluxos de caixa futuros com base em receitas e despesas?

Pesquisas científicas comprovam que receitas e despesas em base competência de um período possuem melhor poder de predizer fluxos futuros de caixa do que a própria geração de caixa obtida período. Isso acontece porque os fluxos de caixa estão mais bem organizados no tempo na apuração do lucro. Assim, o lucro é a alocação racional no tempo dos fluxos de caixa gerados.

DESTAQUES FINAIS

É importante destacar alguns pontos que foram discutidos no texto. Em primeiro lugar, é preciso enfatizar que a informação contábil existe para reduzir a assimetria informacional que existe entre os dois lados: o informante e o informado. Se estivermos falando de uma empresa, o gestor (agente) é o informante e que, portanto, possui maiores informações a respeito do desempenho da empresa do que o informado, que pode ser o investidor, o credor ou o fisco (principal). A informação contábil tem o papel de reduzir essa diferença de conhecimento sobre o desempenho da empresa entre as duas partes.

De acordo com a teoria econômica, por possuir maiores informações, o gestor tem a tendência de ser oportunista ao buscar seus próprios interesses econômicos e divulgar informações com viés a investidores, credores e fisco. As normas contábeis existem para evitar o oportunismo do agente.

As normas contábeis para investidores e credores devem ser diferentes das normas voltadas para o fisco, pois os mecanismos de proteção de cada um são diferentes. Normas para investidores e credores buscam evitar a superavaliação do lucro, ao passo que as normas para o fisco buscam evitar a subavaliação do lucro.

Em função da evolução dos negócios no mundo, o Brasil adotou as normas internacionais IFRS para desenvolver a competitividade do seu mercado de capitais, deixando para trás a predominância da influência da tributação sobre a prática contábil de divulgação a investidores e credores.

As normas contábeis IFRS procuram evitar o viés do agente e estabelecem princípios de reconhecimento para ativos e passivos para a divulgação do patrimônio da entidade. Com isso, as normas procuram estabelecer princípios que façam os relatórios refletirem o momento em que o lucro é obtido, mas sem otimismo.

É preciso sempre ter em mente que as normas contábeis não são perfeitas e que as possibilidades de manipulação nunca se esgotam. Do mesmo modo, os negócios evoluem, e a informação precisa acompanhar a evolução. Assim, as normas contábeis estão em contínua evolução e até mesmo as definições mais fundamentais, como a do ativo, devem ser revistas periodicamente.

RESUMO

- Uma informação contábil existe e é divulgada para que seja utilizada por investidores e credores nas suas tomadas de decisão de investir ou não na entidade em função do retorno esperado e dos riscos atrelados.

- O gestor, responsável pela condução dos negócios em nome de investidores e credores, também é responsável por prestar contas por meio da informação contábil, reduzindo assim a assimetria de informação entre as partes.

- As normas contábeis existem para reduzir o conflito de agência entre gestores e investidores/credores por meio da definição de mecanismos que forcem o gestor a produzir informação útil e sem manipulação que possa prejudicar a decisão de investidores/credores.

- Os mecanismos de proteção de investidores contidos nas normas contábeis para divulgação procuram evitar que os lucros sejam superavaliados, ao contrário dos mecanismos de proteção do fisco contidos na legislação tributária, que procuram evitar que os lucros sejam subavaliados.

- As normas contábeis IFRS são atualmente adotadas por muitos países, inclusive o Brasil, e possuem mecanismos que procuram aumentar a transparência dos relatórios financeiros e proteger os interesses de investidores e credores.

- O conceito de ativo está ligado à capacidade de um recurso gerar benefícios econômicos no futuro. As normas contábeis para divulgação procuram evitar que esses ativos sejam reconhecidos ou mensurados de maneira pouco conservadora.

- O conceito de ativo está ligado à obrigação de pagar no futuro. As normas contábeis para divulgação procuram evitar que passivos deixem de ser reconhecidos ou que sejam subavaliados.

- Receitas e despesas e, em consequência, o lucro representam o aumento ou diminuição no patrimônio líquido de um momento a outro. As normas contábeis para divulgação procuram evitar que receitas sejam infladas artificialmente ou que sejam reconhecidas antecipadamente, ou que despesas não sejam reconhecidas ou subavaliadas ou postergadas.

- Receitas e despesas reconhecidas em base competência possuem maior capacidade de predizer fluxos de caixa futuros do que recebimentos e pagamentos.

EXERCÍCIOS PROPOSTOS

QUESTÃO 1: Por que a informação contábil pode ajudar ou mesmo atrapalhar investidores e credores a avaliarem o futuro da entidade na tomada de decisões?

QUESTÃO 2: Os conceitos de boa governança corporativa são aplicáveis apenas às grandes companhias?

QUESTÃO 3: O investidor e o credor poderiam continuar utilizando a contabilidade para apuração do lucro real (lucro tributável para fins de apuração do imposto de renda) para avaliar a situação econômica da empresa, dispensando as demonstrações financeiras de acordo com as normas IFRS?

QUESTÃO 4: O mundo não poderia viver pacificamente sem a existência de normas contábeis?

QUESTÃO 5: Como as normas utilizam o conceito de benefícios econômicos futuros para determinarem princípios de reconhecimento e mensuração de ativos?

BIBLIOGRAFIA SUGERIDA

BRASIL. Presidência da República. Casa Civil. *Decreto-lei 1.598, de 26 de dezembro de 1977*. Altera a legislação do imposto sobre a renda. Brasília, 1977. Disponível em: http://www.planalto.gov.br/ccivil_03/Decreto-Lei/Del1598.htm. Acesso em: 9 jul. 2020.

BRASIL. Presidência da República. Casa Civil. *Lei 11.638, de 28 de dezembro de 2007*. Altera e revoga dispositivos da Lei 6.404, de 15 de dezembro de 1976, e da Lei 6.385, de 7 de dezembro de 1976, e estende às sociedades de grande porte disposições relativas à elaboração e divulgação de demonstrações financeiras. Brasília, 2007. Disponível em: http://www.planalto.gov.br/ccivil_03/_ato2007-2010/2007/lei/l11638.htm. Acesso em: 9 jul. 2020.

BRASIL. Presidência da República. Casa Civil. *Lei 6.404, de 15 de dezembro de 1976*. Dispõe sobre as Sociedades por Ações. Brasília, 1976. Disponível em: http://www.planalto.gov.br/ccivil_03/leis/l6404consol.htm. Acesso em: 9 jul. 2020.

COMITÊ DE PRONUNCIAMENTOS CONTÁBEIS (CPC). *Pronunciamento técnico CPC 00 (R2) – Estrutura Conceitual para Relatório Financeiro*. Brasília: CPC, 2019. Disponível em: http://static.cpc.aatb.com.br/Documentos/573_CPC00(R2).pdf. Acesso em: 9 jul. 2020.

EXAME. *OGX fechará acordo para converter dívidas em ações da companhia*. 10 jan. 2017. Disponível em: https://exame.com/negocios/ogx-fechara-acordo-para-converter-dividas-em-acoes-da-companhia/. Acesso em: 9 jul. 2020.

HENDRIKSEN, E. S.; VAN BREDA, M. F. *Teoria da contabilidade*. São Paulo: Atlas, 1999.

IUDÍCIBUS, S.; LOPES, A. B. (coord.). *Teoria avançada da contabilidade*. São Paulo: Atlas, 2004.

JENSEN, M. C.; MECKLING, W. H. Theory of the firm: managerial behavior, agency costs and ownership structure. *Journal of Financial Economics*, v. 3, n. 4, 1976.

MACKENZIE, B. *et al*. *IFRS 2012*. Porto Alegre: Bookman, 2013.

MARTINS, E. (org.). *Avaliação de empresas*: da mensuração contábil à econômica. São Paulo: Atlas, 2001.

MARTINS, E. *et al*. *Manual de contabilidade societária*: aplicável a todas as sociedades. 2. ed. São Paulo: Atlas, 2013.

2

PRONUNCIAMENTO CONCEITUAL BÁSICO

Marcelo Botelho da Costa Moraes

OBJETIVOS DE APRENDIZAGEM

- Compreender os objetivos da informação contábil-financeira.
- Delimitar o conceito de entidade que reporta a informação.
- Reconhecer as características qualitativas da informação contábil-financeira.
- Compreender conceitualmente os elementos que compõem as demonstrações financeiras.
- Distinguir as etapas de reconhecimento e mensuração no processo contábil.

1. APRESENTAÇÃO

A Estrutura Conceitual para Relatório Financeiro é um documento emitido pelo *International Accounting Standards Board* (Iasb) cujo objetivo é fornecer as bases para o processo contábil de reconhecimento, mensuração e divulgação das informações contábeis e financeiras das organizações, não sendo um pronunciamento técnico. Originalmente, o Iasb trata essa informação por *financial reporting*, tradicionalmente traduzida pelo Comitê de Pronunciamentos Contábeis (CPC) como relatório financeiro, mas que para efeitos deste livro trataremos também por demonstrações financeiras.

A Estrutura Conceitual para Relatório Financeiro deve ser utilizada como um recurso para auxiliar na interpretação dos pronunciamentos técnicos ou quando uma situação específica não está claramente coberta por um pronunciamento técnico.

A atual Estrutura Conceitual para Relatório Financeiro inclui quatro capítulos que o Iasb aprovou como resultado da reestruturação da norma, que entrou em vigor em 1º de janeiro de 2020, após uma revisão anterior em 2011. As modificações realizadas na Estrutura Conceitual para Relatório Financeiro advêm de uma elaboração conjunta entre o Iasb e o *Financial Accounting Standards Board* (Fasb), que regulamenta a contabilidade financeira nos Estados Unidos. Essa ação conjunta é uma iniciativa de colaboração entre essas duas entidades, com objetivo de convergência entre as normas internacionais de contabilidade e aquelas utilizadas nos Estados Unidos.

O documento do Iasb trata do "Objetivo do relatório financeiro para fins gerais" em seu Capítulo 1; das "Características qualitativas de informações financeiras úteis", no Capítulo 2; das "Demonstrações contábeis e a entidade que reporta" (tradução de *reporting entity*), no Capítulo 3; do "Elementos das demonstrações contábeis", no Capítulo 4; do "Reconhecimento e desreconhecimento", no Capítulo 5; da "Mensuração", no Capítulo 6; e da "Apresentação e divulgação", no Capítulo 7.

PARA REFLETIR...

Se não é uma norma contábil em si, qual a finalidade da Estrutura Conceitual para Relatório Financeiro?

A Estrutura Conceitual para Relatório Financeiro é importante por dar o direcionamento das escolhas que envolvem as formas de reconhecimento, mensuração e evidenciação (divulgação) em assuntos que não são abordados pelas normas específicas do IFRS/CPC, ou, ainda, quando a norma específica não dá um tratamento contábil que represente uma visão justa e verdadeira da essência econômica envolvida, sendo recomendada a análise da situação por meio da Estrutura Conceitual para Relatório Financeiro nesses casos.

Por exemplo, uma determinada empresa compra uma mercadoria e tem direito ao crédito de Imposto sobre Circulação de Mercadorias e Serviços (ICMS). Normalmente, esse crédito é utilizado para abater dos débitos de ICMS sobre as vendas. Ao ler as normas IFRS/CPC, você percebe que esse tipo de crédito tributário não tem tratamento específico: não é um crédito de tributos sobre o lucro (CPC 32) e pode ser difícil de se enquadrar como um instrumento financeiro. Nesses casos em que não há um tratamento específico, qual deve ser o procedimento a ser tomado? A resposta é: utilizar a Estrutura Conceitual para Relatório Financeiro para interpretar se é um ativo e se pode ser reconhecido no balanço patrimonial.

Vejamos o caso da criptomoeda Bitcoin. A Bitcoin é uma moeda virtual, não possui emissor nem qualquer tipo de lastro financeiro, seu valor de negociação (cotação) representa a expectativa dos participantes desse mercado (compradores e vendedores) sobre o seu valor. Observe a Figura 2.1 com o gráfico da cotação da Bitcoin de 2015 até meados de 2019.

Note que existe uma grande variabilidade dos preços negociados, especialmente a partir de 2017, e não há qualquer menção a criptomoedas ou criptoativos no conjunto das normas IFRS/CPC. Dessa forma, como analisar se a Bitcoin é um ativo? Nesse caso, o melhor é recorrer para a "Estrutura Conceitual para Relatório Financeiro".

Neste capítulo sobre o "Pronunciamento técnico CPC 00 (R2) – Estrutura Conceitual para Relatório Financeiro", vamos tratar das suas diversas partes, destacando seus principais aspectos e como eles devem ser compreendidos no contexto das normas contábeis IFRS/CPC.

O Quadro 2.1 apresenta os pronunciamentos nacionais e seus congêneres internacionais dos quais se baseiam a norma nacional.

Quadro 2.1 Pronunciamentos sobre Estrutura Conceitual

CPC	IFRS Iasb
CPC 00 (R2) – Estrutura Conceitual para Relatório Financeiro	Iasb – *Conceptual Framework for Financial Reporting*

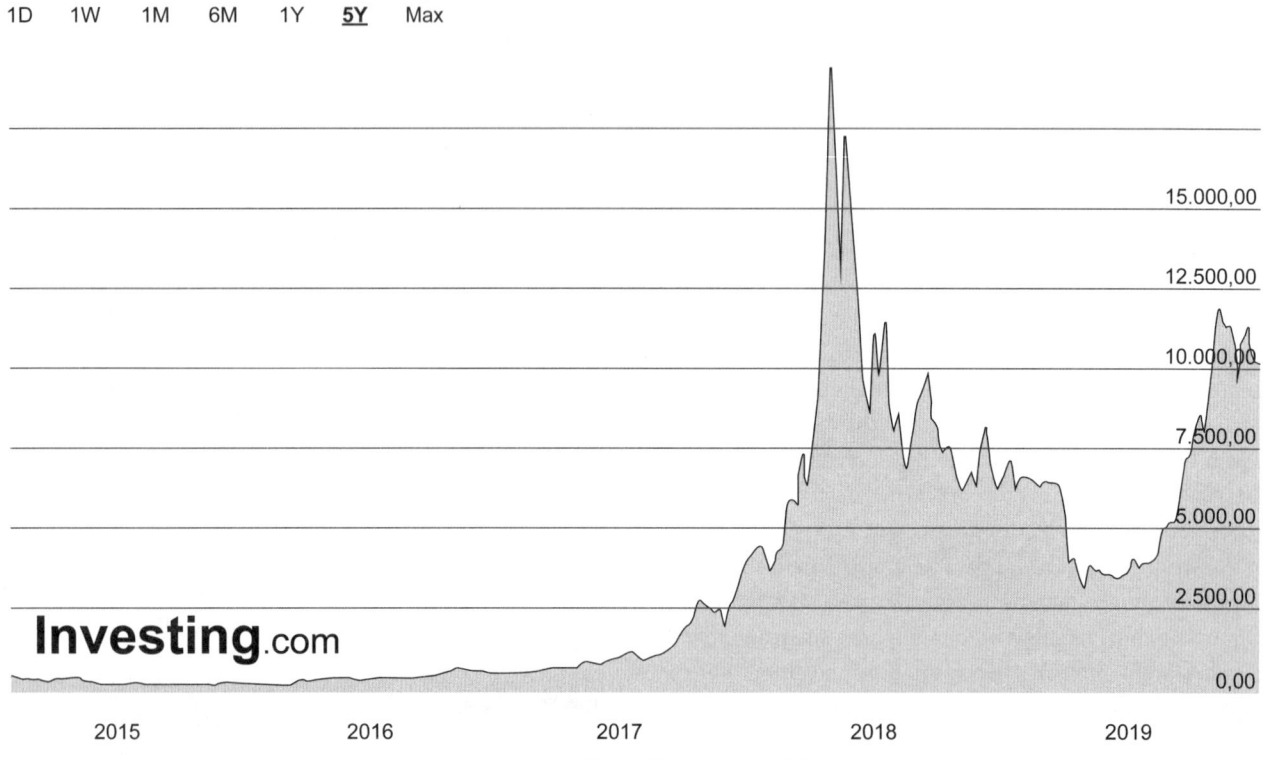

Figura 2.1 Cotação da Bitcoin em US$

Fonte: investing.com.

2. OBJETIVO DA INFORMAÇÃO CONTÁBIL-FINANCEIRA

As demonstrações financeiras são um conjunto de relatórios financeiros elaborados com o objetivo de transmitir informação aos usuários de forma útil para a tomada de decisões econômicas e avaliações, não tendo o propósito de atender finalidade ou necessidade específica de determinados grupos de usuários. Assim, essa necessidade de informação não deve afetar a forma como as demonstrações são elaboradas.

Dessa maneira, o objetivo das demonstrações financeiras é satisfazer a necessidade da maioria de seus usuários na tomada de decisão econômica, com base nas demonstrações divulgadas. Assim, a Estrutura Conceitual para Relatório Financeiro tem como propósitos:

- Dar suporte ao desenvolvimento de novos pronunciamentos técnicos, interpretações e orientações e à revisão dos já existentes, quando necessário, baseada em conceitos consistentes.
- Dar suporte à promoção da harmonização das regulações, das normas contábeis e dos procedimentos relacionados à apresentação das demonstrações contábeis, provendo uma base para a redução do número de tratamentos contábeis alternativos permitidos pelos pronunciamentos, interpretações e orientações.
- Dar suporte aos órgãos reguladores nacionais.
- Auxiliar os responsáveis pela elaboração das demonstrações contábeis na aplicação dos pronunciamentos técnicos, interpretações e orientações e no tratamento de assuntos que ainda não tenham sido objeto desses documentos.
- Auxiliar os auditores independentes a formar sua opinião sobre a conformidade das demonstrações contábeis com os pronunciamentos técnicos, interpretações e orientações.
- Auxiliar os usuários das demonstrações contábeis na interpretação de informações nelas contidas, elaboradas em conformidade com os pronunciamentos técnicos, interpretações e orientações.
- Proporcionar aos interessados informações sobre o enfoque adotado na formulação dos pronunciamentos técnicos, das interpretações e das orientações.

A própria Estrutura Conceitual para Relatório Financeiro prevê a existência de conflito entre esta e os pronunciamentos técnicos, interpretações ou orientações, devendo prevalecer o entendimento dado no texto específico do pronunciamento. Porém, a tendência é que os conflitos sejam cada vez menores, com a revisão das normas, inclusive com esta última revisão da Estrutura Conceitual para Relatório Financeiro.

A partir do propósito geral, apresentado acima, a Estrutura Conceitual para Relatório Financeiro estabelece como objetivo principal fornecer informações contábil-financeiras acerca da entidade que reporta essa informação (*reporting entity*) que sejam úteis a investidores existentes e em potencial, a credores por empréstimos e a outros credores, quando da tomada de decisão ligada ao fornecimento de recursos para a entidade. Essas decisões envolvem comprar, vender ou manter participações em instrumentos patrimoniais e em instrumentos de dívida, a oferecer ou disponibilizar empréstimos ou outras formas de crédito, exercer direitos de votar, ou influenciar, as ações da gerência que afetam o uso dos recursos econômicos da entidade (IFRS, 2018, tradução livre).

Observe que o próprio documento trata do "relatório financeiro" e "elaboração e divulgação de relatório financeiro" como sendo informações contábil-financeiras com propósito geral, ou seja, que atendam a ampla maioria dos usuários dessa informação.

As decisões de investidores existentes e em potencial estão relacionadas com a compra, venda ou manutenção de instrumentos patrimoniais (participação no capital social, como ações e quotas) e de instrumentos de dívida (como dívidas bancárias e títulos de dívidas, como debêntures e *bonds*), que dependem do retorno esperado dos investimentos, como dividendos, do pagamento do principal acrescido dos juros ou dos acréscimos nos preços de negociação no mercado.

De maneira semelhante, as decisões a serem tomadas por credores por empréstimos e por outros credores, sejam eles existentes ou em potencial, estão relacionadas a oferecer ou disponibilizar empréstimos ou outras formas de crédito, e sua análise depende da expectativa do pagamento do valor principal da operação acrescido dos juros ou de outras formas de retorno.

Assim, para tomar essas decisões econômicas, investidores e credores (por empréstimos ou outros, como fornecedores) avaliam a entidade com base no montante envolvido, na tempestividade e incertezas associadas aos fluxos de caixa futuros. Para tal análise, esses investidores e credores necessitam de informação contábil-financeira para desenvolver suas estimativas de maneira consistente.

Essas demonstrações são desenvolvidas para atender à necessidade de informação de certos grupos de usuários, que possuem objetivos diferenciados, mas que dependem da contabilidade para obter essas informações, dentre eles:

- **Investidores**: são sócios ou acionistas, desejam saber qual a situação da empresa, para tomar suas decisões de investimento, ou, ainda, potenciais investidores, antes de realizarem seu investimento, que desejam obter uma expectativa sobre a rentabilidade e os riscos envolvidos no intuito de comparar a entidade com outras opções de investimento existentes.
- **Credores**: são aqueles que emprestam recursos para a empresa, seja por meio de empréstimos e financiamentos no caso dos credores por empréstimos, ou ainda em

vendas a prazo, como fornecedores e demais partes que tenham direitos de cobrar a organização, tratadas como outros credores. Os credores desejam saber se a entidade terá capacidade de pagamento pelos recursos que tomou, podendo ser prejudicados se ela já estiver endividada demais (piorando sua situação), ou mesmo se ela será capaz de obter dinheiro suficiente para pagar suas dívidas.

- **Governo**: seja na esfera municipal, estadual ou federal, o governo tem interesse em saber da situação das empresas tanto no sentido de controle de tributos quanto na mensuração do desenvolvimento econômico proporcionado, como os cálculos de crescimento do produto interno bruto (PIB) ou dos níveis de desemprego.

Assim, uma gama diferenciada de usuários da informação pode dar enfoques diferentes, analisando uma mesma empresa, e mesmo assim podem existir outros usuários dessa informação, como funcionários, sindicatos, clientes, concorrentes, órgãos reguladores e a própria sociedade, pois todos possuem interesses no desempenho da empresa.

Dentre esses usuários da informação, também conhecidos pela expressão *stakeholders* (termo que é uma adaptação de *shareholder*, ou acionista; assim, para efeitos práticos, consideramos que *stakeholder* significa "interessados" nas informações da empresa, em inglês), vemos que grande parte deles está fora da organização, o que dificulta o acesso à informação. Dessa maneira, as demonstrações financeiras são a forma mais fácil de acesso aos dados da organização para que se possam fazer análises a respeito.

PARA REFLETIR...

Não deveriam as demonstrações financeiras ter como foco os gestores/administradores?

Se analisarmos os usuários da informação contábil-financeira, o principal tomador de decisões é o gestor/administrador, pois as decisões tomadas por este afetam todos os demais usuários e a própria organização. Porém, a Estrutura Conceitual para Relatório Financeiro não foca o objetivo desse usuário, por entender que ele possui acesso à informação e poder de controle sobre esta, não necessitando de suporte para garantir a qualidade da informação requerida.

Já os demais usuários da informação não possuem garantias de acesso à informação contábil-financeira, por isso a Estrutura Conceitual para Relatório Financeiro utiliza como premissa a qualidade da informação voltada aos investidores e credores, uma vez que são estes que assumem os maiores riscos, especialmente a figura do investidor, cujo risco assumido não apresenta garantias ao seu investimento. Esses usuários externos são considerados como usuários primários, e, por isso, o foco da Estrutura Conceitual para Relatório Financeiro é atender a necessidade de informação desse grupo.

Assim, o foco das demonstrações financeiras são os usuários primários; os demais usuários, como os *stakeholders*, podem se valer da informação, porém as demonstrações não são orientadas primariamente para esse grupo.

Dessa forma, para avaliar as perspectivas da organização em termos de entrada de fluxos de caixa futuros, investidores existentes e em potencial, credores por empréstimos e outros credores necessitam de informação acerca dos recursos (ativos), das reivindicações contra a entidade (passivo), bem como o quão eficiente e efetivamente a administração e seu conselho têm cumprido seu papel na gestão dos recursos.

O Quadro 2.2 representa os objetivos das demonstrações financeiras (IFRS, 2018).

Quadro 2.2 Objetivos das demonstrações financeiras

As decisões dos usuários envolvem decisões sobre		
Compra, venda ou detenção de instrumentos de capital ou de dívida	Fornecer ou liquidar empréstimos e outras formas de crédito	Votar ou influenciar de alguma forma as ações dos gestores
Para tomar essas decisões, ou usuários avaliam		
Perspectiva para futuras entradas de caixa líquido para a entidade		Administração dos recursos econômicos da entidade
Para fazer essas duas avaliações, os usuários precisam de informações sobre		
Recursos econômicos da entidade, reivindicações contra a entidade e mudanças nesses recursos e reivindicações		
Quão eficiente e efetivamente a gerência cumpriu suas responsabilidades de usar os recursos econômicos da entidade		

Assim, as demonstrações financeiras de propósito geral não são elaboradas para se chegar ao valor da entidade que reporta a informação, apenas fornecem informação para auxiliar investidores e credores, existentes e em potencial, a estimarem o valor da entidade.

3. INFORMAÇÃO ACERCA DOS RECURSOS ECONÔMICOS DA ENTIDADE

Os relatórios financeiros fornecem informação acerca da **posição patrimonial e financeira** da entidade, a qual **representa informação** sobre os **recursos econômicos** da entidade e **reivindicações** contra a entidade.

Assim, os relatórios financeiros também fornecem informação sobre os efeitos de transações e outros eventos que alteram os recursos econômicos da entidade e reivindicações contra ela. Ambos os tipos de informação fornecem dados de entrada úteis para decisões econômicas que envolvem o fornecimento de recursos para a entidade.

A Estrutura Conceitual para Relatório Financeiro se baseia no regime de competência (*accrual basis* ou *accrual accounting*); assim, as demonstrações são preparadas considerando o reconhecimento dos efeitos das transações e dos eventos quando eles ocorrem, independentemente do recebimento ou pagamento de recursos financeiros, ou seja, do seu efeito sobre o caixa. Assim, as operações são registradas contabilmente e reportadas nas demonstrações no período ao qual a transação se refere.

O regime de competência retrata os efeitos de transações e outros eventos ocorridos com a entidade no período em que eles ocorrem, fornecendo melhor base de avaliação do desempenho passado e futuro da entidade do que o regime de caixa, que é mais suscetível a oscilações. Além disso, o regime de competência torna-se útil para avaliar a capacidade passada e futura da entidade na geração de fluxos de caixa líquidos.

É interessante observar que o pronunciamento fala em transações e eventos, e não apenas em transações. Isso significa que os registros contábeis não ocorrem apenas quando da realização de uma transação, como uma compra de mercadoria de um fornecedor, mas também com a queda no preço de mercado do produto adquirido, mesmo sem que uma transação tenha ocorrido ainda, caracterizando-se como um evento.

A Estrutura Conceitual para Relatório Financeiro menciona que as informações sobre os fluxos de caixa da entidade também ajudam os usuários a prever fluxos de caixa futuros e provêm informações sobre a movimentação do caixa no período.

4. CARACTERÍSTICAS QUALITATIVAS DA INFORMAÇÃO CONTÁBIL-FINANCEIRA

Ao considerarmos que a informação contábil-financeira deve ser útil, então há a necessidade de ser relevante e representar de maneira fidedigna a realidade da entidade. Assim, a informação contábil-financeira somente será útil se apresentar as características de ser comparável, verificável, tempestiva e compreensível.

De acordo com a Estrutura Conceitual para Relatório Financeiro, as características qualitativas da informação contábil estão divididas em:

- Características qualitativas fundamentais: relevância, materialidade e representação fidedigna.
- Características qualitativas de melhoria: comparabilidade, capacidade de verificação, tempestividade e compreensibilidade.

Relevância: para que as informações contábeis sejam úteis, elas devem ser relevantes às necessidades dos usuários na tomada de decisões. Assim, devem compreender as seguintes funções:

- Previsão e confirmação das informações são inter-relacionadas, por exemplo informações sobre o nível atual e a estrutura dos ativos têm valor para os usuários na tentativa de prever a capacidade que a entidade tenha de aproveitar oportunidades e a sua capacidade de reagir a situações adversas.
- Confirmar as previsões passadas, com seu valor confirmatório servindo de *feedback* ao processo.

Assim, a informação deve ser importante para a tomada de decisão, de modo a estar disponível no momento certo (oportunidade), ser capaz de proporcionar uma visão futura (valor preditivo) e de propiciar a confirmação ou correção de expectativas anteriores (*feedback*).

Por exemplo, é relevante divulgar a receita de vendas, porque com essa informação é possível projetar as entradas futuras de caixa, assim como verificar se o que havia sido projetado de fato se confirmou ou não. A ausência dessa informação tornaria a tarefa de projetar fluxos de caixa mais difícil.

A relevância da informação está intimamente relacionada ao conceito de materialidade. A informação é material se a sua omissão ou sua divulgação distorcida puder influenciar decisões dos usuários da informação contábil-financeira.

Se a não divulgação dessa informação puder influenciar a forma com a qual o usuário toma uma decisão em comparação com a que ele tomaria caso a empresa a divulgasse, então a informação é material.

Também como exemplo, o não reconhecimento de uma provisão ambiental no passivo, mesmo que de montante relativamente pequeno, pode prejudicar a tomada de decisão dos usuários, tendo em vista que os danos ambientais têm sido cada vez mais prejudiciais à imagem corporativa das entidades, além das penalidades financeiras impostas pelos reguladores, implicando menor geração de fluxos de caixa no futuro.

Materialidade: a informação é material se a omissão ou a declaração errônea puder influenciar as decisões tomadas pelos usuários primários dos relatórios econômico-financeiros. Ou seja, a materialidade é um aspecto de relevância específico da entidade com base na natureza ou magnitude, ou em ambos, dos itens aos quais as informações se relacionam no contexto do relatório financeiro de uma entidade individual. A gestão pode não especificar um valor financeiro para determinar a materialidade.

Representação fidedigna: para que a informação seja útil, ela primeiramente deve ser confiável, ou seja, deve ser completa, neutra e livre de erros, representando adequadamente a entidade:

- Completa: incluir toda a informação necessária.

- Neutra: desprovida de viés, sem manipulação que afete a forma como a informação é percebida.
- Livre de erro: não significa necessariamente uma informação exata, mas sem erros ou omissões nos fatos retratados.

Por exemplo, digamos que o preço do principal produto da entidade tenha caído drasticamente no mercado, implicando a não recuperação dos investimentos feitos para produzi-los. Para evitar uma redução no valor dos ativos e consequente redução dos lucros, o gestor poderia evitar divulgar todas as informações a respeito disso e manipular o valor da perda, fazendo projeções fora da realidade econômica. Isso representa uma informação não fidedigna a respeito da recuperabilidade dos investimentos realizados.

Uma informação pode ser relevante, mas a tal ponto não confiável em sua natureza ou divulgação que o seu reconhecimento pode potencialmente distorcer a análise das demonstrações financeiras. Um exemplo disso é a figura do ativo contingente, em que a organização possui um direito em que considera ser provável seu recebimento no futuro, mas o nível de incerteza associado a esse direito, ainda que seja baixo, apresenta a dificuldade em identificá-lo como sendo um ativo, uma vez que não existe confiabilidade nesse recebimento. Isso acontece com ativos contingentes advindos de créditos tributários em que não existem meios para garantir a confiança no benefício econômico futuro (o conceito de ativo contingente será tratado em capítulo específico).

Existe ainda o problema da informação potencialmente enganosa (conhecida por *misleading*), cujo objetivo de prejudicar a tomada de decisão por parte de investidores e credores é intencional. Nesses casos, temos a figura da gestão da empresa utilizando meios ilícitos para fraude, como nos famosos casos de fraudes contábeis do início dos anos 2000, como a Enron e Worldcom (duas famosas empresas norte-americanas), ou no reconhecimento da perda por redução ao valor recuperável de ativos na Petrobras em função de erros contábeis advindos da gestão e identificados pela empresa.

Além das características qualitativas fundamentais, apresentadas anteriormente, a Estrutura Conceitual para Relatório Financeiro aponta outros aspectos que proporcionam a melhoria das características qualitativas.

Comparabilidade: a informação deve ser comparável, ou seja, deve ocorrer a manutenção dos padrões contábeis ao longo do tempo (consistência) para que a situação da entidade possa ser comparada com seu histórico ao longo do tempo, da seguinte forma:

- Comparar demonstrações contábeis de uma entidade ao longo do tempo, a fim de identificar tendências na sua posição patrimonial e financeira e no seu desempenho.
- Comparar as demonstrações contábeis de diferentes entidades a fim de avaliar, em termos relativos, a sua posição patrimonial e financeira, o desempenho e as mutações na posição financeira. Sendo que a mensuração e apresentação dos efeitos financeiros de transações semelhantes e outros eventos devem ser feitas de modo consistente pela entidade, ao longo dos diversos períodos, e também por entidades diferentes.

Por exemplo, uma mudança no critério de estimativa de vida útil do ativo imobilizado pode dificultar a comparação do desempenho da entidade ao longo do tempo, pois os valores dos investimentos e dos lucros dos períodos têm parâmetros diferentes de mensuração. Por outro lado, se uma empresa tem ativos com vidas úteis diferentes em relação a ativos semelhantes de outra empresa, não há perda de comparabilidade, pois só dessa maneira é possível avaliar as diferenças de desempenho, comparando a capacidade que cada uma tem de retornar os investimentos dentro de cada perspectiva de uso dos respectivos ativos.

A comparabilidade não deve ser confundida com uniformidade e não se deve permitir que seja um impedimento para mudança nas normas contábeis. Uniformidade é o uso de um único critério para as diversas entidades, como usar uma taxa de depreciação padrão para determinado tipo de ativo para todas as entidades. Ter um critério consistente ao longo do tempo não é preponderante em relação à relevância da informação, pois se a mudança significar uma melhor representação da realidade econômica, a mudança é bem-vinda.

Capacidade de verificação: indica que diferentes usuários seriam capazes de obter uma mesma análise, ou uma análise semelhante, embora não seja necessário um consenso total, quanto à realidade econômica da entidade.

Por exemplo, o custo de uma mercadoria em estoque é verificável, pois normalmente há um documento comprovando a aquisição por determinado preço. Entretanto, é possível que o preço de venda dessa mesma mercadoria não seja confiavelmente verificável antes de sua venda a um cliente, por não se tratar de uma *commodity*, por exemplo, que teria preço de venda verificável por cotação. Nesse caso, o custo é preferível ao valor de mercado, em função de sua capacidade de verificação para a mensuração do estoque.

Tempestividade: a informação deve estar disponível no momento adequado para seu uso, caso contrário a demora indevida na divulgação de uma informação pode ocasionar perda da relevância. A gestão da entidade necessita ponderar os méritos relativos entre a tempestividade da divulgação e a confiabilidade da informação fornecida.

Para fornecer uma informação oportuna, pode ser necessário divulgá-la antes que todos os aspectos de uma transação ou evento sejam conhecidos, prejudicando sua confiabilidade. Assim, tempestividade significa ter informação disponível para os tomadores de decisão a tempo de poder influenciá-los em suas decisões.

Por exemplo, se um produto tem uma forte queda de preço no mercado, é possível que os investimentos feitos para a sua produção não sejam mais plenamente recuperáveis. Para ser tempestivo, é necessário que a informação da ocorrência de perda ocorra assim que a queda no preço do produto seja verificada, e não ao longo do tempo de vida útil dos investimentos.

Compreensibilidade: refere-se a uma qualidade essencial das informações apresentadas nas demonstrações contábeis – que elas sejam prontamente entendidas pelos usuários. Uma informação só pode ser utilizada se for compreendida; desse modo, a compreensibilidade, ou seja, a capacidade de o usuário entender a informação é necessária.

> **PARA REFLETIR...**
>
> A informação contábil deve ser compreendida por qualquer pessoa? Mesmo aquelas sem conhecimentos básicos de contabilidade?

A informação deve ser compreensível pelos usuários das informações. Isso não quer dizer que a informação deve ser voltada para leigos. A norma diz que a informação deve ser compreensível por usuários que têm conhecimento sobre negócios e que, portanto, sabem o que significam investimentos, financiamentos e aumentos de riqueza. Assim, a compreensibilidade deve ocorrer no sentido de a informação ser clara e objetiva, permitindo que o usuário compreenda a situação patrimonial e os eventos e circunstâncias que ocorreram ao longo do tempo.

Na prática, é frequentemente necessário um balanceamento entre as características qualitativas. De um modo geral, o objetivo é atingir um equilíbrio entre as características, a fim de satisfazer os objetivos dos relatórios financeiros.

Outro aspecto importante se refere à economia da informação, ou seja, a relação entre o custo de obtenção da informação e o benefício proporcionado por ela torna-se uma limitação de ordem prática, sendo que os benefícios decorrentes da informação devem exceder o custo de produzi-la. A avaliação dos custos e seus benefícios é um exercício de julgamento, sendo que o fornecimento de maiores informações aos credores por empréstimos pode facilitar o acesso a um número maior de fontes de financiamentos e, consequentemente, reduzir os custos financeiros da entidade. Por essas razões, é difícil aplicar o teste de custo-benefício em um caso específico. Não obstante, os órgãos normativos em especial, assim como os elaboradores e usuários das demonstrações contábeis, devem estar conscientes dessa limitação.

5. DEMONSTRAÇÕES FINANCEIRAS E ENTIDADE DE REPORTE

O objetivo das demonstrações financeiras é fornecer informações sobre os ativos, passivos, patrimônio líquido, receitas e despesas da entidade que reporta de maneira útil para os usuários das demonstrações financeiras ao avaliar as perspectivas futuras de entradas líquidas de caixa e ao avaliar a administração dos recursos econômicos da entidade.

A informação deve tratar da posição financeira (ativos, passivos e patrimônio líquido), de desempenho (receitas e despesas) e outras divulgações de ativos, passivos, patrimônio líquido, receitas e despesas já reconhecidas, ou ainda não reconhecidas nos casos de ativos e passivos, bem como as naturezas e riscos em todos estes. Ainda deve informar fluxos de caixa, contribuições e reinvindicações de investidores, além de métodos, pressupostos e julgamentos utilizados em estimativas financeiras e suas modificações.

O reporte dessas informações deve acontecer periodicamente (período de reporte) e com pelo menos um período anterior comparativo, de maneira a fornecer informação útil para a tomada de decisão. Note que a norma não define a periodicidade, podendo esta ser regulada como pelo menos anual (no caso brasileiro, com a Lei 6.404/1976 e suas alterações dadas pelas Leis 11.638/2007 e 11.941/2009), trimestral (como exige a Comissão de Valores Mobiliários (CVM) para as empresas de capital aberto), ou até mesmo semestral, como exigido na Austrália e Europa.

As demonstrações financeiras também devem ser elaboradas sob uma perspectiva geral, não objetivando nenhum grupo específico de usuários e assumindo o princípio da continuidade em um período de tempo futuro previsível, ou seja, não existe necessidade ou intenção de liquidação ou encerramento de suas atividades.

Outro aspecto importante é o conceito de entidade apresentado pelo Iasb nesta revisão. Uma entidade que reporta é uma entidade em que a preparação das demonstrações financeiras é obrigatória ou ela opta pela sua preparação. Assim, uma entidade que reporta pode ser uma entidade única, uma parte de uma entidade ou pode incluir mais do que uma entidade (formando um grupo econômico). O conceito de entidade de reporte não se limita ao conceito de entidade legal em termos jurídicos.

Às vezes, uma entidade (controladora) possui controle sobre outra entidade (subsidiária). Se uma entidade que relata compreender tanto a entidade controladora como as suas subsidiárias, então as demonstrações financeiras da entidade que relata são referidas como demonstrações financeiras consolidadas. Se uma entidade que relata é a controladora sozinha, as demonstrações financeiras da entidade que relata são referidas como demonstrações financeiras não consolidadas. Se uma entidade que relata compreende duas ou mais entidades que não estão todas ligadas por uma relação entre a empresa controladora e a subsidiária, as demonstrações financeiras da entidade que relata são referidas como demonstrações financeiras combinadas.

As informações requeridas nas demonstrações financeiras a respeito de qualquer possibilidade (consolidadas, não consolidadas ou combinadas) são as mesmas, mas entende-se que as demonstrações consolidadas possibilitam uma visão geral do grupo econômico, enquanto as demonstrações não consolidadas (individuais de suas subsidiárias) apresentam a visão sobre cada unidade de negócios (entidade).

Em alguns casos, as demonstrações financeiras da controladora podem apresentar uma informação adicional importante, ao destacar a principal entidade (empresa) do grupo econômico, porém cabe a ressalva de que nunca deve ser analisada isoladamente, sob o risco de não observar a efetiva posição patrimonial, financeira e de desempenho do grupo econômico.

6. ELEMENTOS DAS DEMONSTRAÇÕES FINANCEIRAS

As demonstrações financeiras retratam os efeitos patrimoniais e financeiros das transações e outros eventos, por meio de grupos de classes amplas de acordo com as suas características econômicas. Essas classes são denominadas **elementos das demonstrações financeiras**. Os elementos são diretamente relacionados à mensuração da posição patrimonial e financeira no balanço patrimonial, dentre eles os ativos, os passivos e o patrimônio líquido.

Já os elementos relacionados com a mensuração do desempenho estão presentes na demonstração do resultado, sendo eles as receitas e as despesas. A demonstração das mutações na posição financeira usualmente reflete os elementos da demonstração do resultado e as alterações nos elementos do balanço patrimonial.

A apresentação desses elementos no balanço patrimonial e na demonstração do resultado envolve um processo de subclassificação, como por natureza ou função.

Segundo a Estrutura Conceitual para Relatório Financeiro, os elementos relacionados com a mensuração da posição são definidos como segue:

- **Ativo** é um recurso econômico atual controlado pela entidade como resultado de eventos passados; sendo um recurso econômico, o ativo é um direito que tem o potencial de produzir benefícios econômicos.
- **Passivo** é uma obrigação presente da entidade de transferir um recurso econômico como resultado de eventos passados; sendo uma obrigação, é um dever ou responsabilidade que a entidade não tem capacidade prática para evitar.
- **Patrimônio líquido** é o interesse residual nos ativos da entidade depois de deduzidos todos os seus passivos.

Em relação à versão anterior da Estrutura Conceitual, tivemos mudanças no conceito de ativo, com a definição separada de um recurso econômico – para esclarecer que um ativo é o recurso econômico, não o ingresso final de benefícios econômicos; a exclusão do termo "fluxo esperado", pois não é necessário ter certeza, ou mesmo probabilidade, de benefícios econômicos; e o fato de que uma baixa probabilidade de benefícios econômicos pode afetar as decisões de reconhecimento e a mensuração do ativo.

PARA REFLETIR...

Relembrando o caso da Bitcoin, seria esta criptomoeda um ativo?

Se observarmos a Bitcoin, sim, ela pode ser considerada um ativo, pois ela é controlada pela entidade por meio da criptografia ou da conta em uma corretora (*exchange*), constitui resultado de eventos passados, seja a compra, a mineração ou o recebimento da Bitcoin como meio de pagamento, e se espera que essa Bitcoin tenha o potencial de gerar benefícios econômicos. Então nesse momento é um ativo. Caso, por variações de mercado, perca esse potencial pela excessiva queda de sua cotação, então nesse momento deixará de ser um ativo.

As contas do ativo estão organizadas pela ordem decrescente de liquidez, ou seja, da primeira conta que é a mais próxima de se tornar dinheiro, até a última que é a mais distante de se tornar dinheiro.

De fato, a Estrutura Conceitual para Relatório Financeiro não trata de ordem de liquidez e da separação de curto prazo e longo prazo, circulante e não circulante, respectivamente. Porém, é usual essa organização nas demonstrações financeiras, por isso iremos apresentar essa separação e exemplificar as contas contábeis, apesar de não fazerem parte da Estrutura Conceitual para Relatório Financeiro.

O ativo é subdividido em dois grupos:

1. **Ativo circulante**: onde estão as contas de liquidez imediata, ou que se convertem em dinheiro no curto prazo. Usualmente se considera como curto prazo o período inferior a um exercício social, ou ano fiscal (comumente de 1º de janeiro a 31 de dezembro).
    - **Caixas e equivalentes de caixa**: consistem nos recursos financeiros disponíveis em dinheiro (caixa) e depósitos bancários (bancos), algumas vezes separados em duas contas: caixa e bancos, acrescidos dos equivalentes de caixa, ou seja, recursos investidos em operações financeiras de mínimo risco e liquidez imediata.
    - **Aplicações financeiras**: representam aplicações de curto prazo em bancos ou títulos e valores mobiliários (instrumentos financeiros).
    - **Clientes**: são formados pelos direitos de recebimento relativos a vendas a prazo. Também podem ser chamados de: contas a receber, duplicatas a receber, créditos a receber.
    - **Estoques**: consistem nos estoques de mercadorias para venda; no caso de indústrias também agregam os estoques de matéria-prima.

- **Despesas antecipadas**: direitos a serem utilizados em até um exercício social (usualmente um ano), que já foram pagos, mas ainda não foram utilizados. Normalmente, temos seguros a vencer (pagamento antecipado de um seguro).
2. **Ativo não circulante**: são os demais bens e direitos que se tornarão dinheiro em um período superior a um exercício social, podendo ainda se dividir em:
    - **Ativo realizável em longo prazo**: concentra todos os direitos que serão recebidos, ou seja, se realizarão em prazo superior ao final do próximo exercício social.
    - **Investimentos**: investimentos em outras empresas como participações societárias em que exista controle ou influência significativa; se distinguem dos investimentos financeiros (que por serem de curto prazo estariam no circulante).
    - **Imobilizado**: são os bens de infraestrutura e maquinário que a empresa possui. Não se destinam à venda, mas sim à manutenção da atividade produtiva da empresa.
    - **Intangível**: são ativos que expressam benefícios relativos a direitos incorpores como propriedade intelectual e o valor da marca.
    - **Diferido**: são gastos que a organização teve em determinado momento, mas que irão gerar benefícios por muitos anos, nesses casos sendo considerados como ativos diferidos, pois estes ativos serão consumidos ao longo do tempo, por exemplo, gastos com desenvolvimento de produtos (pela Lei 11.638/2007, essa conta fica *extinta* para novos lançamentos, mas pode ainda aparecer nas empresas, uma vez que essa lei permitiu sua manutenção até sua completa amortização).

A grande característica relativa ao reconhecimento dos ativos é a expectativa de benefício econômico futuro; o benefício econômico futuro incorporado a um ativo é o seu potencial em contribuir, direta ou indiretamente, para o fluxo de caixa ou equivalentes de caixa para a entidade.

De acordo com a Estrutura Conceitual para Relatório Financeiro, os benefícios econômicos futuros incorporados a um ativo podem fluir para a entidade de diversas maneiras. Por exemplo, o ativo pode ser:

- Usado isoladamente ou em conjunto com outros ativos na produção de bens ou na prestação de serviços a serem vendidos pela entidade.
- Trocado por outros ativos.
- Usado para liquidar um passivo.
- Distribuído aos proprietários da entidade.

Existe forte associação entre incorrer em gastos e gerar ativos, mas não existe a necessidade de ambas ocorrerem simultaneamente, como no caso de a entidade ter incorrido em gasto, que pode fornecer uma evidência de busca por benefícios econômicos futuros, mas não é prova conclusiva de que um item que satisfaça a definição de ativo tenha sido obtido. Ou, ainda, um gasto não impede que um item satisfaça a definição de ativo e se qualifique para reconhecimento; por exemplo, itens doados à entidade que possam satisfazer a definição de ativo.

Outra característica importante dessa definição de ativo trazida pela Estrutura Conceitual para Relatório Financeiro é a de que o ativo é um recurso controlado pela entidade. O conceito de controle é mais abrangente do que o de propriedade. Ter a propriedade de um imobilizado, por exemplo, implica a possibilidade de obter benefícios econômicos futuros, impedindo que outras entidades os obtenham. Entretanto, há situações em que a propriedade não é suficiente para retratar a realidade econômica do negócio.

Por exemplo, se a entidade controlar economicamente uma sociedade de propósito específico (SPE), em que nem sequer tenha participação acionária, é possível que dívidas contraídas por meio dessa SPE não sejam divulgadas no balanço, já que a rigor a SPE não é de sua propriedade. Assim, a Estrutura Conceitual para Relatório Financeiro amplia a abrangência da definição, utilizando o conceito de controle, para que o ativo da controlada seja reconhecido como ativo da entidade e que a dívida seja apresentada no balanço patrimonial em contrapartida, representando mais fidedignamente a posição de endividamento da entidade.

O passivo também teve alterações em relação à Estrutura Conceitual anterior, com a definição separada de um recurso econômico, para esclarecer que um passivo é a obrigação de transferir o recurso econômico, não o fluxo final de benefícios econômicos; a exclusão de "fluxo esperado", com as mesmas implicações descritas anteriormente para um ativo; e a introdução do critério de "capacidade prática de evitar" para a definição de obrigação.

As contas do passivo estão organizadas pela ordem decrescente de exigibilidade, ou seja, as contas com vencimento mais próximo estão na parte de cima, e as que devem ser pagas por último, na de baixo. Uma característica essencial para a existência de passivo é que a entidade tenha uma obrigação presente. Uma obrigação é um dever ou responsabilidade de agir ou de desempenhar uma dada tarefa de certa maneira.

O passivo também é subdividido em dois grupos:

1. **Passivo circulante**: onde estão relacionadas todas as dívidas e obrigações de curto prazo da empresa, ou seja, aquelas cujos vencimentos ocorrerão até o final do exercício social (ano) seguinte ao do encerramento do balanço. Normalmente, são as contas que a empresa deve pagar para fornecedores, salários, empréstimos, impostos etc.
    - **Fornecedores**: correspondem aos valores de compras de bens e serviços com pagamento a prazo.
    - **Salários a pagar**: consistem nas obrigações trabalhistas a serem pagas aos empregados.

- **Impostos a pagar (ou a recolher)**: formados pelas obrigações tributárias a serem pagas.
- **Empréstimos e financiamentos**: valores a serem pagos relativos a empréstimos e financiamentos. Nesse caso, consideramos apenas as parcelas de curto prazo (com vencimento até um ano).

2. **Passivo não circulante**: são as demais obrigações de longo prazo.
   - **Empréstimos e financiamentos**: são os mesmos empréstimos e financiamentos anteriores, mas nesse caso são incluídas apenas as parcelas de vencimento superior a um ano.

Deve-se fazer uma distinção entre obrigação presente e compromisso futuro, sendo que a decisão da entidade em adquirir ativos no futuro não gera, por si só, uma obrigação presente. A obrigação normalmente surge somente quando um ativo é entregue ou a entidade ingressa em acordo irrevogável para adquirir o ativo, sendo nesse caso a característica irrevogável do contrato como uma obrigação em favor da outra parte.

Normalmente, a liquidação de uma obrigação presente implica a utilização, pela entidade, de recursos incorporados de benefícios econômicos, a fim de satisfazer a demanda de outra parte, como, por meio de:

- Pagamento em caixa.
- Transferência de outros ativos.
- Prestação de serviços.
- Substituição da obrigação por outra.
- Conversão da obrigação em item do patrimônio líquido.

Pode ocorrer ainda a renúncia do credor ou a perda dos seus direitos, extinguindo a obrigação.

Embora o patrimônio líquido seja algo residual, ele pode ter subclassificações no balanço patrimonial. Assim, o patrimônio líquido corresponde aos recursos próprios da organização, e sua ordem segue a da origem dos recursos, ou seja, primeiro o capital social, que é o capital investido pelos sócios/acionistas, seguido das reservas, sendo no caso brasileiro (Lei 11.638/2007):

- **Capital social**: capital investido pelos sócios/acionistas.
- **Reservas de capital**: destinações específicas do capital social, como ágio na emissão de ações e doações.
- **Ajustes de avaliação patrimonial**: conta de ajuste em função das variações de valor justo em contas de ativo e passivo, até sua realização.
- **Reservas de lucro (destinações do lucro)**:
  - **Reserva legal**: definida em lei como sendo 5% do valor do lucro líquido, para fazer frente a necessidades futuras, limitada a 20% do capital social realizado (capital efetivamente integralizado), ou, a critério da empresa, quando o saldo dessa reserva acrescido das reservas de capital atingir 30% do capital social, obrigatória no Brasil em virtude da Lei 6.404/1976.
  - **Reserva estatutária**: reserva definida em estatuto pela empresa, quando existente.
  - **Reserva para contingências**: definida para fazer frente a necessidades ocorridas em função de contingências incontroláveis, sendo estabelecida pela própria organização.
- **Prejuízos acumulados**: com a alteração da Lei 11.638/2007, apenas a conta prejuízos acumulados pode existir no fechamento do balanço patrimonial, pois os lucros acumulados deverão ser totalmente destinados entre os dividendos (parcela que remunera os acionistas), e as demais reservas, no encerramento do balanço social.

A legislação societária brasileira (formada pela Lei 6.404/1976 e suas alterações, dentre elas as Leis 11.638/2007 e 11.941/2009) proíbe a existência de saldo positivo na conta lucros acumulados (também denominada lucros ou prejuízos acumulados), mantendo-se apenas o saldo negativo (prejuízos acumulados) ou destinando-se os lucros para reservas de lucro e/ou distribuição de dividendos, porém nas normas internacionais de contabilidade (IFRS) não existe esse tipo de restrição.

Além do balanço patrimonial, as demais demonstrações financeiras também são importantes, apontando aspectos específicos da empresa. Outro ponto de destaque são as notas explicativas. Essas notas seguem as demonstrações financeiras e representam detalhamentos considerados relevantes sobre algumas contas. Sempre é válido observar as notas explicativas, elas podem trazer muitos detalhamentos sobre as atividades e operações da empresa.

As notas explicativas compreendem um conjunto de informações sobre o detalhamento de aspectos de reconhecimento e mensuração de ativos e passivos, bem como informações adicionais a respeito das premissas contábeis e dos riscos envolvidos.

Dessa forma, com o maior detalhamento do processo contábil de elaboração dos relatórios financeiros dado pelas normas internacionais de contabilidade, o volume e a importância das notas explicativas cresceram substancialmente. Esse aspecto será aprofundado nos demais pronunciamentos técnicos CPC/IFRS abordados nos capítulos seguintes, em que são detalhados os aspectos de divulgação.

A demonstração do resultado do exercício (DRE) apresenta como a empresa chegou ao resultado em determinado exercício social. Ao contrário do balanço patrimonial que mostra a situação da empresa em determinada data, a DRE mostra como foi formado o resultado no período correspondente ao ano, sendo considerada uma demonstração dinâmica, ou de fluxos.

O resultado da empresa é formado pelas receitas e despesas incorridas no período. Sendo elas:

- Receitas: são aumentos nos ativos, ou reduções no passivo, que resultam em aumentos no patrimônio líquido,

além daqueles relacionados a contribuições de detentores de reivindicações de patrimônio líquido.
- Despesas: são reduções nos ativos, ou aumentos no passivo, que resultam em reduções no patrimônio, além daquelas relativas a distribuições para detentores de reivindicações de patrimônio líquido.

Em relação às receitas, note que ganhos representam outros itens que se enquadram na definição de receita e podem ou não surgir no curso das atividades usuais da entidade; assim, representam aumento nos benefícios econômicos e, como tais, não diferem em natureza das receitas. Por isso, não são considerados como elemento separado na Estrutura Conceitual para Relatório Financeiro.

Observe, também, que a Estrutura Conceitual para Relatório Financeiro não apresenta o conceito de custo, sendo este abrangido pelo conceito de despesa. Assim, o custo da maneira como é utilizado não representa nada diferente da denominação de despesa, podendo o termo despesa ser utilizado em sua menção. Assim, a definição de despesas abrange tanto as perdas quanto as despesas propriamente ditas que surgem no curso das atividades usuais da entidade.

A reavaliação ou a atualização de ativos e passivos dão margem a aumentos ou a diminuições do patrimônio líquido, e, embora tais alterações se enquadrem na definição de receitas ou de despesas, estes não são incluídos na demonstração do resultado. Em vez disso, tais itens são incluídos no patrimônio líquido, como ajustes para manutenção do capital ou reservas de reavaliação. Nesse caso, lembramos que a Lei 11.638/2007 proíbe a utilização dos processos de reavaliação de ativos no Brasil.

7. RECONHECIMENTO E DESRECONHECIMENTO

Reconhecimento é o processo que consiste na incorporação à demonstração de posição financeira (balanço patrimonial) ou à demonstração de desempenho financeiro (demonstração de resultado) de item que se enquadre na definição de elemento e que satisfaça os critérios de reconhecimento, seja ele ativo, passivo, patrimônio líquido, receita ou despesa.

Um item que se enquadre na definição de um elemento só deve ser reconhecido se:

- Proporcionar informações relevantes sobre o ativo ou passivo e sobre quaisquer receitas, despesas ou mudanças resultantes no patrimônio líquido.
- For uma representação fiel do ativo ou passivo e de qualquer receita, despesa ou mudança resultante no patrimônio líquido.

Além disso, o custo de gerar a informação é uma restrição sempre presente, na entidade, no processo de elaboração e divulgação de relatório financeiro.

PARA REFLETIR...

Existe um limite para o custo de se obter uma informação de qualidade?

Os benefícios da divulgação da informação devem superar seus custos para produzi-la (conceito de economia da informação). A análise do custo-benefício da informação é sempre um exercício de julgamento. O caso do CPC PME (R1) – Contabilidade para Pequenas e Médias Empresas com Glossário de Termos, por exemplo, em que as exigências de divulgação são reduzidas, em razão da simplificação das atividades e da necessidade de informação dessas empresas.

Existe ainda a questão da relevância. As informações sobre ativos, passivos, patrimônio, receitas e despesas são relevantes para os usuários das demonstrações financeiras. No entanto, o reconhecimento de um ativo ou passivo específico e qualquer receita, despesa ou mudança de patrimônio resultante nem sempre pode fornecer informações relevantes. Pode ser esse o caso, por exemplo:

- Se é incerto se existe um ativo ou passivo.
- Se existe um ativo ou passivo, mas a probabilidade de entrada ou saída de benefícios econômicos é baixa.

Essa questão ainda se relaciona com a baixa probabilidade de entradas ou saídas de benefícios econômicos, como são os casos de ativos e passivos contingentes, onde existe a incerteza sobre o prazo e/ou valores envolvidos neles.

Assim, o processo de análise dos eventos econômicos para seu reconhecimento na elaboração dos relatórios financeiros é primordial para o adequado procedimento contábil, observando para tal as características qualitativas da informação contábil-financeira, também observando:

- **Probabilidade de futuros benefícios econômicos**: o conceito de probabilidade deve ser adotado nos critérios de reconhecimento, a fim de determinar o grau de incerteza com que os benefícios econômicos futuros venham a fluir **para** a entidade ou a fluir **da** entidade.
- **Confiabilidade da mensuração**: para reconhecimento de um item é necessário que ele possua custo ou valor que possa ser mensurado com confiabilidade. O uso de estimativas razoáveis é parte essencial da elaboração das demonstrações e não prejudica a sua confiabilidade, porém, quando não for possível obter uma estimativa razoável, o item não deve ser reconhecido nas demonstrações contábeis.

Por exemplo, digamos que a entidade esteja gastando com pesquisa para a cura de determinado câncer. Sua expectativa é a de que essa pesquisa possa gerar uma patente de um medicamento no futuro. Entretanto, não é possível dizer que a cada gasto realizado seja provável que a empresa irá obter esse medicamento e assim ganhar dinheiro com isso. Nesse caso, esses gastos devem ser tratados como despesa.

Além disso, é preciso que o custo ou valor possam ser mensurados com confiabilidade. Por exemplo, se um bezerro nasce em uma fazenda controlada pela entidade, é possível que só se tenha condições de reconhecê-lo como ativo individual quando ele for desmamado, pois até então pode não haver valor de mercado para o bezerro sem a vaca.

No caso de passivos, por exemplo, um empréstimo só deve ser reconhecido no passivo assim que o recurso entrar em caixa. Do mesmo modo, uma provisão para contingências trabalhistas deve ser reconhecida quando se julgar que é provável que a entidade tenha que pagar algum dinheiro ao ex-empregado.

Desreconhecimento é a remoção de todo ou parte de um ativo ou passivo reconhecido da demonstração da posição financeira de uma entidade. O desreconhecimento normalmente ocorre quando esse item não atende mais a definição de ativo ou passivo:

- Para um ativo, o desreconhecimento normalmente ocorre quando a entidade perde o controle de todo ou parte do ativo reconhecido.
- Para um passivo, o desreconhecimento normalmente ocorre quando a entidade não possui mais uma obrigação presente por todo ou parte do passivo reconhecido.

Assim, o desreconhecimento acontece quando ativos ou passivos expiram ou são consumidos, coletados, cumpridos ou transferidos e reconhecidas quaisquer receitas e despesas resultantes. Basicamente, o desreconhecimento acontece pela realização do ativo ou passivo, pelo seu consumo ou transformação em dinheiro (ativo) ou pelo pagamento ou transferência da obrigação (passivo), na medida em que o controle é transferido no caso do ativo ou a obrigação deixa de existir no caso do passivo; assim, o desreconhecimento pode ser parcial.

Com isso, o reconhecimento de receitas é dependente do reconhecimento (ou desreconhecimento) e mensuração de ativos e de passivos.

A norma também não distingue receitas de ganhos. Assim, é possível dizer que houve uma receita financeira ou um ganho financeiro, por exemplo.

Os procedimentos normalmente adotados, na prática, para reconhecimento da receita são aplicações dos critérios de reconhecimento definidos na Estrutura Conceitual para Relatório Financeiro. Tais procedimentos são geralmente direcionados para restringir o reconhecimento como receita àqueles itens que possam ser mensurados com confiabilidade e tenham suficiente grau de certeza.

As despesas devem ser reconhecidas com base na associação direta entre elas e as correspondentes receitas (competência). Entretanto, a aplicação do regime de competência não autoriza o reconhecimento de itens no balanço patrimonial que não satisfaçam a definição de ativos ou passivos. Isso significa que a confrontação não é preponderante em relação aos critérios de reconhecimento de ativos e de passivos. Por exemplo, os gastos pré-operacionais devem ser reconhecidos como despesa, mesmo que não haja receitas para confrontar, uma vez que esses gastos não satisfazem os critérios de reconhecimento de ativo, pois não é provável que um gasto de energia elétrica desse período irá gerar benefícios econômicos no futuro.

Quando se espera que os benefícios econômicos ocorram ao longo de vários períodos e a associação com a correspondente receita somente possa ser feita de modo geral e indireto, as despesas devem ser reconhecidas com base em procedimentos de alocação sistemática e racional, como os exemplos de depreciação e amortização.

A despesa deve ser reconhecida imediatamente na demonstração do resultado quando o gasto não produzir benefícios econômicos futuros ou quando, e na extensão em que, os benefícios econômicos futuros não se qualificarem, ou deixarem de se qualificar, para reconhecimento no balanço patrimonial como ativo, conceito normalmente associado a perdas.

A despesa também deve ser reconhecida na demonstração do resultado nos casos em que um passivo é incorrido sem o correspondente reconhecimento de ativo, como no caso de passivo decorrente de garantia de produto, sendo esse exemplo um passivo contingente.

8. MENSURAÇÃO

Mensuração é o processo que consiste em determinar os valores monetários aos quais os elementos das demonstrações financeiras devem ser reconhecidos. Esse processo envolve a seleção da base de mensuração.

Existe um número variado de bases de mensuração, empregados em diferentes graus e em variadas combinações. Conforme a norma IFRS/CPC, essas bases incluem:

- **Custo histórico**: a mensuração ao custo histórico fornece informações monetárias sobre ativos, passivos e respectivas receitas e despesas, utilizando informações derivadas, pelo menos em parte, do preço da transação ou outro evento que deu origem a eles, sem qualquer ajuste, exceto a redução ao valor recuperável quando onerosa. No caso do ativo, representa o valor dos custos incorridos na aquisição ou criação do ativo, compreendendo a contraprestação paga para adquirir ou criar o ativo mais custos de transação, e para o passivo o valor da contraprestação recebida para incorrer ou assumir o passivo menos custos de transação.

- **Valor atual**: fornece informações monetárias sobre ativos, passivos e respectivas receitas e despesas, utilizando informações atualizadas para refletir condições na data de mensuração. Assim, devido a sua atualização, reflete as mudanças no valor em função de estimativas de fluxos de caixa e outros fatores refletidos nesses valores atuais, ocorrendo esse ajuste em cada período. As bases de mensuração do valor atual incluem:
  - **Valor justo**: preço que seria recebido pela venda de ativo ou que seria pago pela transferência de passivo em transação ordenada entre participantes do mercado na data de mensuração, conceito este que será tratado no capítulo que aborda a mensuração ao valor justo, refletindo a perspectiva dos participantes do mercado ao qual a entidade possui acesso.
  - **Valor em uso e valor de cumprimento**: valor em uso é o valor presente dos fluxos de caixa, ou outros benefícios econômicos, que a entidade espera obter do uso de ativo e de sua alienação final. Valor de cumprimento é o valor presente do caixa, ou de outros recursos econômicos, que a entidade espera ser obrigada a transferir para cumprir a obrigação. Esses valores de caixa ou outros recursos econômicos incluem não somente os valores a serem transferidos à contraparte do passivo, mas também os valores que a entidade espera ser obrigada a transferir a outras partes de modo a permitir que ela cumpra a obrigação. Por se basearem em fluxos de caixa, não consideram os custos de transação na aquisição de ativos e passivos, mas os custos de transação futuros serão considerados em seu valor presente.
  - **Custo corrente**: é o custo de ativo equivalente na data de mensuração, compreendendo a contraprestação que seria paga na data de mensuração mais os custos de transação que seriam incorridos nessa data. O custo corrente de passivo é a contraprestação que seria recebida pelo passivo equivalente na data de mensuração menos os custos de transação que seriam incorridos nessa data. Custo corrente, como custo histórico, é o valor de entrada: reflete preços no mercado em que a entidade adquiriria o ativo ou incorreria no passivo. Assim, é diferente do valor justo, valor em uso e valor de cumprimento, que são valores de saída. Contudo, diferentemente de custo histórico, custo corrente reflete condições na data de mensuração. Em alguns casos, custo corrente não pode ser determinado diretamente observando preços em mercado ativo e deve ser determinado indiretamente por outros meios. Por exemplo, se os preços estão disponíveis somente para novos ativos, o custo corrente de ativo usado pode precisar ser estimado, ajustando o preço corrente de novo ativo para refletir a idade atual e condição do ativo mantido pela entidade.

A base de mensuração mais comum na elaboração das demonstrações financeiras é o custo histórico. Normalmente, o custo histórico é combinado com outras bases de mensuração, por exemplo, os estoques são geralmente mantidos pelo menor valor entre o custo e o valor realizável líquido, os títulos e valores mobiliários negociáveis podem em determinadas circunstâncias ser mantidos a valor justo (valor de mercado) e os passivos decorrentes de pensões são mantidos pelo seu valor de cumprimento (valor presente).

Em algumas circunstâncias, determinadas entidades usam a base de custo corrente como resposta à incapacidade do custo histórico em promover uma informação útil, confiável e relevante na presença de efeitos das mudanças de preços dos ativos não monetários, porém essa é uma prática pontual em casos de hiperinflação, por exemplo.

Em essência, o valor de um ativo é o valor presente dos benefícios econômicos futuros esperados. Assim, o valor de um estoque seria o quanto a entidade espera receber pela venda do item. Entretanto, essa medida pode não ser confiável, pois esse valor pode conter subjetividade que comprometa a confiabilidade da informação – o gestor poderia querer superavaliar o estoque e gerar lucros acima do que de fato iria obter. Com isso, a contabilidade usa de medidas substitutas, adotando outras bases de mensuração, como a do custo histórico. Esta substitui bem o valor presente dos benefícios econômicos futuros esperados porque é uma medida verificável e não se espera um benefício menor do que o custo – afinal, o gestor não adquiriu um ativo para vendê-lo por menos... O mesmo ocorre com as demais bases de mensuração, que são utilizadas pelas normas específicas conforme a informação seja confiável.

Dessa forma, a mensuração deve observar os aspectos da relevância e da representação fidedigna, ou seja, buscar balancear a informação de maneira a proporcionar o melhor equilíbrio entre essas duas características.

No caso da criptomoeda Bitcoin, não há dúvida de que o valor justo representa adequadamente seu valor, sendo relevante para a tomada de decisão, porém há de se esperar que o valor justo também proporcione uma representação fiel da característica desse ativo.

Também é importante destacar que o valor de mensuração está associado à variabilidade dos fluxos de caixa que esse ativo ou passivo irá gerar. Assim, o valor de mensuração representa a expectativa desse fluxo de caixa trazido a valor presente. Esse conceito será discutido em maior profundidade no capítulo que trata da norma de valor justo, sendo importante compreender que, por isso, o valor dos ativos e passivos é sensível ao valor de mercado e outros riscos que o afetam, uma vez que essas variações promovem mudanças diretamente em seus fluxos de caixa esperados.

Eventualmente, pode ocorrer o que se conhece por *accounting mismatch*, em que não há essa confrontação pela competência (*accrual*), por exemplo quando uma empresa adquire um estoque de café e o reconhece em ativo ao seu valor de custo, porém a dívida é reconhecida pelo valor justo da saca do café.

DESTAQUES FINAIS

O desenvolvimento dos relatórios financeiros apresenta grande importância para o processo de tomada de decisão, necessário aos usuários dessa informação. Dessa forma, a utilização de uma base de conceitos consistente e tecnicamente viável é fundamental para a elaboração de um conjunto de normas contábeis que proporcionem uma lógica econômica.

Além disso, é fundamental que esse conjunto de normas tenha como base uma Estrutura Conceitual bem elaborada, com conceitos bem sedimentados e aceitos, de maneira a reduzir possíveis problemas de inconsistência e falta de entendimento.

Claro que os conceitos proporcionados pela Estrutura Conceitual para Relatório Financeiro são amplos e orientados a princípios, dando maior importância ao poder discricionário daqueles que elaboram as informações contábil-financeiras. Por outro lado, essa maior subjetividade e o poder discricionário sobre o tratamento contábil buscam incrementar a utilidade da informação gerada.

Assim, o arcabouço conceitual proporcionado pela Estrutura Conceitual para Relatório Financeiro visa melhorar a relação entre os participantes do mercado, especialmente os usuários primários dessa informação. Dessa forma, muitos dos conceitos apresentados aqui serão definidos ou aplicados de forma mais prática nas normas específicas que serão tratadas posteriormente.

RESUMO

- A Estrutura Conceitual para Relatório Financeiro tem como finalidade dar suporte ao desenvolvimento de novos pronunciamentos técnicos, interpretações e orientações e à revisão dos já existentes.
- A finalidade das demonstrações financeiras é a de proporcionar informações patrimoniais, financeiras e desempenho da entidade que reporta.
- Essas informações visam proporcionar uma melhor tomada de decisão de investidores atuais e potenciais e de credores.
- A contabilidade se utiliza do regime de competência (*accrual basis*).
- Informação contábil-financeira relevante é aquela capaz de fazer diferença nas decisões que possam ser tomadas pelos usuários.
- A informação contábil-financeira deve ser relevante, material e representar fidedignamente, além de comparável, verificável, tempestiva e compreensível.
- A entidade que reporta é uma entidade em que a preparação das demonstrações financeiras é obrigatória ou ela opta pela sua preparação.
- Ativo é um recurso econômico atual controlado pela entidade como resultado de eventos passados, e um recurso econômico é um direito que tem o potencial de produzir benefícios econômicos.
- Passivo é uma obrigação presente da entidade de transferir um recurso econômico como resultado de eventos passados, e uma obrigação é um dever ou responsabilidade que a entidade não tem capacidade prática para evitar.
- Receitas são aumentos nos ativos, ou reduções no passivo, que resultam em aumentos no patrimônio líquido, além daqueles relacionados a contribuições de detentores de reivindicações de patrimônio líquido.
- Despesas são reduções nos ativos, ou aumentos no passivo, que resultam em reduções no patrimônio, além daquelas relativas a distribuições para detentores de reivindicações de patrimônio líquido.

EXERCÍCIOS PROPOSTOS

QUESTÃO 1: "A Estrutura Conceitual estabelece como objetivo principal fornecer informações contábil-financeiras acerca da entidade que reporta essa informação (*reporting entity*) que sejam úteis a investidores existentes e em potencial, a credores por empréstimos e a outros credores, quando da tomada de decisão ligada ao fornecimento de recursos para a entidade. Essas decisões envolvem comprar, vender ou manter participações em instrumentos patrimoniais e em instrumentos de dívida, a oferecer ou disponibilizar empréstimos ou outras formas de crédito, exercer direitos de votar, ou influenciar, as ações da gerência que afetam o uso dos recursos econômicos da entidade" (IFRS, 2018, tradução livre).

A partir do objetivo estabelecido para os relatórios financeiros, quais são os potenciais usos dessa informação para seus usuários?

QUESTÃO 2: A partir da Estrutura Conceitual para Relatório Financeiro, explique as características da informação contábil-financeira de maneira a torná-la útil.

QUESTÃO 3: A Estrutura Conceitual Básica para Relatório Financeiro possui um propósito claramente estabelecido pelo órgão normatizador. Assim, quais são esses propósitos? Discorra sobre sua aplicabilidade na realidade brasileira.

> **Assista ao vídeo**
>
> **QUESTÃO 4:** Quais os aspectos envolvidos no reconhecimento contábil dos elementos que compõem as demonstrações financeiras?
>
> **QUESTÃO 5:** Existe uma forte associação entre incorrer em gastos e gerar ativos. Discuta essa afirmativa relacionando-a com as características de reconhecimento dos ativos e a geração de benefícios futuros.

BIBLIOGRAFIA SUGERIDA

BRASIL. Presidência da República. Casa Civil. *Lei 6.404, de 15 de dezembro de 1976*. Dispõe sobre as Sociedades por Ações. Brasília, 1976. Disponível em: http://www.planalto.gov.br/ccivil_03/leis/l6404consol.htm. Acesso em: 9 jul. 2020.

BRASIL. Presidência da República. Casa Civil. *Lei 11.638, de 28 de dezembro de 2007*. Altera e revoga dispositivos da Lei 6.404, de 15 de dezembro de 1976, e da Lei 6.385, de 7 de dezembro de 1976, e estende às sociedades de grande porte disposições relativas à elaboração e divulgação de demonstrações financeiras. Brasília, 2007. Disponível em: http://www.planalto.gov.br/ccivil_03/_ato2007-2010/2007/lei/l11638.htm. Acesso em: 9 jul. 2020.

BRASIL. Presidência da República. Casa Civil. *Lei 11.941, de 27 de maio de 2009*. Brasília, 2009. Disponível em: http://www.planalto.gov.br/ccivil_03/_ato2007-2010/2009/lei/l11941.htm. Acesso em: 9 jul. 2020.

COMITÊ DE PRONUNCIAMENTOS CONTÁBEIS (CPC). *Pronunciamento técnico CPC 00 (R2) – Estrutura Conceitual para Relatório Financeiro*. Brasília: CPC, 2019. Disponível em: http://static.cpc.aatb.com.br/Documentos/573_CPC00(R2).pdf. Acesso em: 9 jul. 2020.

INTERNATIONAL ACCOUNTING STANDARDS BOARD (Iasb). *Conceptual Framework for Financial Reporting*. 2018. 88 p.

INVESTING.COM. Disponível em: https://www.investing.com/crypto/bitcoin/btc-usd. Acesso em: 30 out. 2020.

3

MATEMÁTICA FINANCEIRA APLICADA À MENSURAÇÃO CONTÁBIL

Marcelo Botelho da Costa Moraes

OBJETIVOS DE APRENDIZAGEM

- Entender as mudanças do valor do dinheiro no tempo.
- Compreender as formas de cálculo de juros com os efeitos das taxas de juros simples e de juros compostos.
- Proceder no cálculo das séries de capitais, considerando fluxos de caixa em momentos diferentes no tempo.
- Compreender os efeitos das taxas de juros sobre os valores monetários ao longo do tempo.

1. APRESENTAÇÃO

A matemática financeira é uma área de conhecimento muito importante e necessária ao ambiente econômico e, consequentemente, para a mensuração contábil, devido ao uso de cálculos matemáticos que buscam mensurar o valor do dinheiro ao longo do tempo. Essa é uma necessidade universal, uma vez que existem componentes econômicos que dificultam a analogia do valor e do poder de compra do dinheiro – juros e a inflação. O objetivo deste capítulo é familiarizá-lo com a matemática financeira, demonstrando sua aplicação prática.

O uso da matemática financeira como ferramenta de mensuração na contabilidade é extremamente comum e desejável, uma vez que não podemos comparar os efeitos financeiros em momentos distintos no tempo. Isso ocorre nos financiamentos passivos com a incidência de juros, no reconhecimento da parcela das receitas a prazo em que existe a figura dos juros ainda que não apresentada formalmente, e em qualquer situação em que exista diferença de valores entre o valor presente e o valor futuro.

Com isso, situações em que as empresas realizam financiamento para aquisição de ativos, por exemplo, um veículo cujo valor à vista seja de $ 85.000,00 e o pagamento seja parcelado em 72 meses a uma taxa de juros compostos de 1,50% ao mês terá como resultado uma parcela de $ 1.938,66. Sem o ferramental da matemática financeira, esses casos não seriam adequadamente calculados.

Observe o caso da Totvs (2018) na Tabela 3.1, na qual são apresentados os financiamentos que a empresa possui e sua decomposição no pagamento do principal (quitação da dívida) e dos juros pagos em função dos financiamentos.

Além disso, a matemática financeira é uma das principais ferramentas para a mensuração contábil, auxiliando no cálculo do valor de ativos e passivos. Assim, o uso da matemática financeira é essencialmente uma questão de tratamento dos juros. Os juros são taxas que incidem sobre os valores de operações financeiras, tanto em empréstimos como em aplicações, no intuito de remunerar os seguintes fatores:

- **Risco**: a probabilidade de o tomador do recurso não efetuar sua obrigação, normalmente o pagamento em dinheiro, na data e condições estabelecidas, dos juros e do principal.

Tabela 3.1 Financiamentos Totvs (2018)

	2016	Fluxo de caixa de financiamento			Itens que não afetam o caixa		2017
		Fluxo de caixa	Juros pagos	Novos arrendamentos	Juros incorridos	Outros (i)	
Empréstimos e financiamentos	517.729	(182.354)	(30.178)	–	33.906	–	339.103
Arrendamento mercantil	44.012	(18.321)	(8.209)	37.767	8.204	–	63.453
Debêntures	90.661	170.039	(5.334)	–	13.772	–	269.138
Dividendos a pagar e outros	41.561	(76.427)	–	–	–	53.353	18.487
Total	**693.963**	**(107.063)**	**(43.721)**	**37.767**	**55.882**	**53.353**	**690.181**

- **Despesas**: todas as despesas operacionais, contratuais e tributárias para a formalização da operação e sua cobrança efetiva.
- **Inflação**: consiste na perda do valor da moeda, nesse caso, o índice de desvalorização do poder aquisitivo da moeda previsto para o prazo da operação. Assim, quanto maior a expectativa de inflação futura, maior tende a ser a taxa de juros.
- **Ganho (ou lucro)**: fixado em função das demais oportunidades de investimentos (**custo de oportunidade**), justificando-se pela opção em poupar ao invés de utilizar esse capital, sendo a remuneração (lucro) do proprietário do capital (emprestador do recurso).

Note que a operação financeira que incorre juros pode ser observada por duas visões:

- **Poupador de recursos**: aquele que dispõe de determinado recurso financeiro em dado momento e o investe (aplica), de maneira que deseja obter ganhos com a rentabilidade proporcionada pelos juros.
- **Tomador de recursos**: aquele que em determinado momento toma recursos emprestados e pelo período de tempo que utiliza esses recursos paga juros pelo recurso financeiro, até mesmo por isso podemos considerar os juros como sendo o "aluguel" do dinheiro no tempo.

> **PARA REFLETIR...**
>
> Operações financeiras com riscos e garantias diferentes, mas com prazos iguais, deveriam possuir taxas de juros diferentes?

Para obtenção de operações financeiras com menores taxas de juros, o ideal é apresentar um menor risco, seja pelo fato de o tomador de recursos apresentar menores chances de não pagar, seja pela existência de garantias que possibilitem a cobrança dos valores devidos em caso de não pagamento.

Normalmente, os juros são apresentados sob forma de taxa percentual (20%, por exemplo), mas a taxa também pode ser apresentada de forma unitária (0,20 nesse mesmo exemplo), e sua incidência ocorre em função do tempo.

Nesse ponto, é interessante ressaltar que os juros incidem em uma base temporal, que pode ser infinitamente pequena. Nesse caso, temos o que se chama de capitalização contínua, que possui uma série de fórmulas, mas com pouca aplicação prática. Neste capítulo, trataremos apenas da capitalização descontínua, quando a incidência dos juros ocorre em uma base de tempo definida, como diária, mensal, anual, entre outras.

Para entendermos melhor a variação do valor do dinheiro no tempo, é interessante conhecer primeiro o diagrama do fluxo de caixa. O fluxo de caixa representa graficamente as entradas e saídas de caixa, com setas para cima (entradas, portanto positivas) e setas para baixo (saídas, negativas nesse caso), como na Figura 3.1.

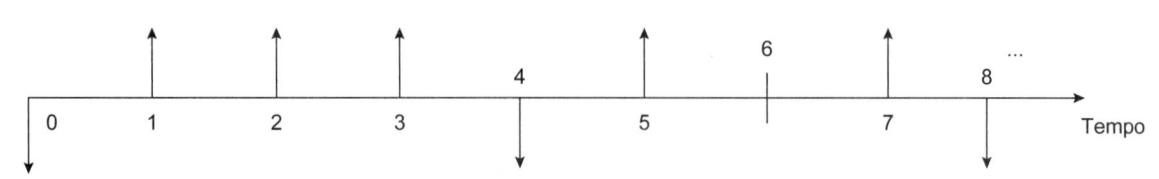

Figura 3.1 Representação do fluxo de caixa

Os juros podem ser capitalizados, ou seja, apurados, de maneiras distintas, de acordo com as formas de incidência.

2. JUROS SIMPLES

O regime de capitalização simples, conhecido por juros simples, ocorre onde a taxa de juros é aplicada somente sobre o valor do principal. O principal, também chamado de capital, é o valor total da operação financeira, seja ele emprestado ou aplicado.

Dessa maneira, se tivermos um capital de $ 100 e uma taxa de juros de 10% ao mês, o valor mensal de juros será de $ 10 (10% de $ 100), e esse valor não será incorporado ao capital de $ 100 para efeito de cálculo dos juros do próximo mês (ou período de tempo definido). Fica claro que os juros serão sempre de $ 10 por mês nesse caso.

Portanto, podemos chegar às seguintes conclusões:

- O valor dos juros será sempre o mesmo.
- O valor total dos juros é dado pela multiplicação dos juros mensais pelo número de períodos (n) em que este irá incorrer, ou, mais detalhadamente, que o total de:

Juros = Capital × Taxa de juros × Número de períodos

- Sendo assim, o valor final é chamado de montante:

Montante = Capital + Total dos juros

Dessa forma, temos que o valor dos juros é calculado pela seguinte expressão:

$$J = C \times i \times n$$

Em que:

- J = valor dos juros, expresso em unidades monetárias.
- C = capital, é o valor em moeda disponível na operação em determinado momento.
- i = taxa de juros, expressa de forma unitária (valor percentual dividido por 100).
- n = prazo, ou seja, período de tempo em unidades de tempo como dias, meses, anos, etc.

Note que a taxa de juros incorre sempre sobre uma determinada periodicidade; dessa forma, podemos ter como exemplo de taxas de juros:

- 10% ao ano → 10% a.a. = 0,10 (valor unitário).
- 2% ao mês → 2% a.m. = 0,02 (valor unitário).
- 0,50% ao dia → 0,50% a.d. = 0,0050 (valor unitário).

Assim, observem que a periodicidade dada na taxa de juros (i) deve corresponder à periodicidade no prazo (n), por exemplo:

- Taxa de juros (i) de 10% a.a. e prazo (n) de 3 anos.
- Taxa de juros (i) de 2% a.m. e prazo (n) de 36 meses.
- Taxa de juros (i) de 0,50% a.d. e prazo (n) de 348 dias.

A fórmula apresentada anteriormente serve tanto para o cálculo dos juros como dos outros valores financeiros, basta o rearranjo por dedução algébrica:

$$C = \frac{J}{i \times n} \qquad i = \frac{J}{C \times n} \qquad n = \frac{J}{C \times i}$$

Vamos agora ver alguns exemplos de aplicação prática de juros simples:

1. Qual o valor dos juros simples correspondentes a um empréstimo de $ 20.000, pelo prazo de 5 meses, sabendo-se que a taxa cobrada é de 2% ao mês?

   C = 20.000
   n = 5 meses
   i = 2% a.m. = 0,02
   J = ?

   Solução:

   $J = C \times i \times n$
   $J = 20.000 \times 0,02 \times 5 = \$ 2.000,00$

2. Um capital de $ 35.000, aplicado durante 7 meses, rende juros de $ 7.875. Determine a taxa de juros simples correspondente.

   C = 35.000
   J = 7.875
   n = 7 meses
   i = ?

   Solução:

   $J = C \times i \times n$
   $7.875 = 35.000 \times i \times 7$
   $7.875 = 245.000 \times i$
   $i = 7.875 / 245.000$ → $i = 0,0321$ ou 3,21% a.m.

3. Sabendo-se que os juros simples de $ 7.600 foram obtidos com a aplicação de $ 9.500, à taxa de juros de 8% ao trimestre, qual o prazo envolvido na operação?

   C = 9.500
   J = 7.600
   i = 8% a.t. = 0,08
   n = ?

   Solução:

   $J = C \times i \times n$
   $7.600 = 9.500 \times 0,08 \times n$

7.600 = 760 × n
n = 7.600 / 760 → n = 10 trimestres ou, dividindo-se por 4, temos 2,5 anos

4. Qual o capital que, à taxa de 2% ao mês, rende juros simples de $ 9.000 em um ano?

J = 9.000
i = 2% a.m. = 0,02
n = 1 ano = 12 meses
C = ?

Solução:

J = C × i × n
9.000 = C × 0,02 × 12
9.000 = C × 0,24
C = 9.000 / 0,24 → C = $ 37.500,00

Além do capital (C) e dos juros (J) incorridos, teremos ao final do período (n) o valor do montante (M). Dessa forma, temos que:

$$M = X + J$$

Como sabemos que:

$$J = X \times i \times n$$

Basta substituir o J na fórmula do montante, que obtemos:

$$M = X + C \times i \times n$$

Colocando o capital (C) em evidência, chegamos à fórmula:

$$M = C + (1 + i \times n)$$

Lembre-se de que, nesse caso, pelas regras matemáticas, devemos primeiro realizar a multiplicação de "$i \times n$" para só então somar 1. Analogamente, para o cálculo do capital, basta transformar algebricamente:

$$C = \frac{M}{(1 + i \times n)}$$

Novamente, vamos observar alguns exemplos de aplicação prática dessas fórmulas:

5. Calcule o montante da aplicação de um capital de $ 8.000 pelo prazo de 12 meses, à taxa de juros simples 1,5% ao mês.

C = 8.000
n = 12 meses
i = 1,50% a.m. = 0,0150
M = ?

Solução:

M = C × (1 + i × n)
M = 8.000 × (1 + 0,0150 × 12)
M = 8.000 × (1 + 0,18)
M = 8.000 × (1,18) → M = $ 9.440,00

6. Sabendo-se que certo capital, aplicado durante 10 semestres à taxa de 30% ao ano, rende $ 72.000 de juros simples, determinar o montante.

J = 72.000
n = 10 semestres
i = 30% a.a. = 15% ao semestre = 0,15
M = ?

Solução:

Nesse caso, é impossível calcular diretamente o montante, necessitando antes calcular os juros (J):

J = C × i × n
72.000 = C × 0,15 × 10
72.000 = C × 1,5
C = 72.000 / 1,5 → C = $ 48.000,00

Montante:

$$M = C + J$$

M = 48.000 + 72.000 → M = $ 120.000,00 (A outra fórmula de cálculo do montante também pode ser utilizada, porém esta é mais simples.)

Lembramos aqui que a taxa de juros (i) e o número de períodos (n) devem estar na mesma base de tempo (conforme visto anteriormente). Isso significa que, caso a taxa de juros seja ao ano e o número de períodos seja em dias, temos que efetuar transformação (ou na taxa ou no número de períodos) para obtermos os valores corretos.

No caso dos juros simples, temos taxas que, mudando a periodicidade, serão *taxas proporcionais*, por exemplo:

Para uma taxa de 10% ao mês com aplicação de $ 100:

- 1 mês = $ 110 – taxa de 10% a.m.
- 2 meses = $ 120 – taxa de 20% a.b.
- 3 meses = $ 130 – taxa de 30% a.t.

As taxas de 10% a.m., 20% a.b. e 30% a.t. são proporcionais. Assim, podemos transformar uma taxa aumentando a sua periodicidade, por exemplo:

- 1% ao dia para 1 mês = 1% × 30 dias = 30% ao mês.
- 30% ao mês para 1 ano = 30% × 12 meses = 360% ao ano.
- Ou mesmo 1%% ao dia para 1 ano = 1% × 360 dias = 360% ao ano.

Note que, em matemática financeira, utilizamos o conceito de mês comercial (com 30 dias) e ano comercial (com 360 dias).

Já para transformar uma taxa de juros simples, reduzindo a sua periodicidade, temos, por exemplo:

- 180% ao ano para 1 mês = 180% / 12 meses = 15% ao mês.
- 15% ao mês para 1 dia = 15% / 30 dias = 0,5% ao dia.
- Ou mesmo 180% ao ano para 1 dia = 180% / 360 dias = 0,5% ao dia.

No caso dos juros simples, também podemos modificar o número de períodos (n) para que fique na mesma base de tempo da taxa de juros, por exemplo:

- 45 dias para meses = 45 / 30 dias = 1,5 mês.
- 1,5 mês para anos = 1,5 / 12 meses = 0,125 ano.
- 45 dias para anos = 45 / 360 dias = 0,125 ano.
- 1,5 ano para meses = 1,5 × 12 = 18 meses.
- 18 meses para dias = 18 × 30 = 540 dias.
- 1,5 ano para dias = 1,5 × 360 = 540 dias.

Assim, podemos observar os exemplos:

- 1,8% a.m. é proporcional a 21,6% a.a.
- 2,3% a.b. é proporcional a 13,8% a.a.
- 4,5% a.t. é proporcional a 18% a.a.

PARA REFLETIR...

Será que, atualmente, ainda existe espaço para operações que utilizem juros simples?

Apesar de apresentar pouco uso no cotidiano, usualmente, operações internacionais envolvendo tomadores e credores em lugares distintos se utilizam dos juros simples por dias corridos; assim, não há efeitos de calendários de dias úteis diferentes entre países.

Vamos ver mais dois exemplos:

7. Calcular a taxa de juros simples mensal proporcional em relação a:

   a) 15% ao ano.
   b) 7,8% ao quadrimestre.
   c) 61,4% ao biênio.

Solução:

a) Devemos simplesmente dividir a taxa de 15% a.a. por 12 meses: 15 / 12 = 1,25% a.m.
b) Devemos dividir a taxa de 7,8% a.q. por 4 meses: 7,8 / 4 = 1,95% a.m.
c) Devemos dividir a taxa de 61,4% ao biênio por 24 (24 meses em um biênio) = 2,56% a.m.

8. Calcular a taxa de juros simples semestral proporcional correspondente a:

   a) 73,80% ao triênio.
   b) 2,34% ao mês.

Solução:

a) Devemos dividir a taxa de 73,80% ao triênio por 6 (6 semestres em um triênio): 73,80 / 6 = 12,3% a.s.
b) Devemos multiplicar a taxa de 2,34% a.m. por 6 (6 meses em um semestre): 14,04% a.s.

3. JUROS COMPOSTOS

O regime de capitalização composto, também conhecido por juros compostos, parte do pressuposto de que os juros devem ser cobrados sobre o montante, acrescidos dos juros incorridos até o momento.

Isso acontece com a maioria das aplicações financeiras. Imagine que você depositou na poupança $ 100,00 esse mês, e o rendimento depois de 1 mês foi de 10%, o seu saldo na poupança será de $ 110,00 ($ 100 de montante + $ 10 de juros, ou seja, $ 100 × 0,10). No mês seguinte, supondo o mesmo rendimento de 10%, o valor a ser considerado é o de $ 110,00, e não mais $ 100,00. Nesse caso, o saldo final será de $ 121,00 ($ 110 de montante + $ 11 de juros, ou seja, $ 110 × 0,10).

Observe que nesse regime de juros compostos temos uma taxa mensal de 10% ao mês, mas se formos observar no período de 2 meses a taxa é de $ 21 / $ 100 = 21% e não 20%, que seria da multiplicação da taxa mensal vezes os 2 meses. Isso se dá pelo fato de que houve uma capitalização no meio desse fluxo, ao mês, aumentando o valor do montante.

Vejamos na Tabela 3.2 esse exemplo, seguindo os valores por quatro meses.

Tabela 3.2 Cálculo de valor futuro com juros compostos

Valor presente (PV)	Juros	Valor futuro (FV)
$ 100	$ 100 × 0,10 = $ 10	$ 100 + $ 10 = $ 110
$ 110 ($ 100 + $ 10)	$ 110 × 0,10 = $ 11	$ 110 + $ 11 = $ 121
$ 121 ($ 100 + $ 10 + $ 11)	$ 121 × 0,10 = $ 12,10	$ 121 + $ 12,10 = $ 133,10
$ 133,10 ($ 100 + $ 10 + $ 11 + $ 12,10)	$ 133,10 × 0,10 = $ 13,31	$ 133,10 + $ 13,31 = $ 146,41

Assim, podemos observar que em um fluxo de caixa contínuo e regular, o valor futuro (*future value – FV*) do montante não será simplesmente o valor presente (*present value – PV*) deste multiplicado pela taxa (*i*) e multiplicado pelo número de períodos (*n*), como ocorria nos juros simples.

Por uma questão de terminologia, para o cálculo de juros compostos, iremos utilizar a nomenclatura da calculadora financeira HP 12C, para facilitar a exemplificação e o uso na prática, pois se trata da calculadora financeira padrão no mercado.

Repare também que o *FV* no primeiro caso é de $ 110,00, o mesmo que se eu calculasse $FV = PV + (PV \times i)$. Nesse caso, poderia simplificar para $FV = PV (1 + i)$. O problema dessa formulação é que no segundo momento o *PV* não seria mais $ 100 e sim $ 110 – nesse caso, poderíamos observar o disposto na Tabela 3.3.

Note que se eleva o valor capital acumulado, por meio do cálculo de exponenciação, ao número de períodos (*n*), devido ao fato de a cada capitalização existir a necessidade de novamente se multiplicar por $(1 + i)$.

Assim, o *FV* é calculado com base no *PV*; na verdade, com a aplicação dessa fórmula, qualquer uma das variáveis (*PV*, *FV*, *n* e *i*) pode ser calculada, desde que se disponha das três demais, pela seguinte fórmula:

$$FV = PV (1 + i)^n$$

Em que:

- *FV* = valor futuro (*future value*).
- *PV* = valor presente (*present value*).
- *i* = taxa de juros (unitária).
- *n* = prazo (número de períodos).

Para os cálculos dos demais fatores, são necessários ajustes algébricos. Para o cálculo do valor presente, basta colocar o PV em destaque:

$$PV = \frac{FV}{(1+i)^n}$$

No caso do cálculo da taxa de juros compostos (*i*), temos:

$$i = \left(\frac{FV}{PV}\right)^{\frac{1}{n}} - 1$$

Já para o cálculo do número de períodos (*n*), por se tratar de um expoente na fórmula, devemos recorrer ao cálculo de logaritmos, usualmente utilizamos o **logaritmo neperiano** (*LN*), também chamado de **logaritmo natural**, por estar presente na calculadora HP 12C, mas poderia ser qualquer logaritmo:

$$n = \frac{LN\left(\dfrac{FV}{PV}\right)}{LN(1+i)}$$

Não é necessária a demonstração desse cálculo, por não ser o objetivo do estudo, mas é importante ressaltar que o cálculo de *n* por meio do logaritmo neperiano pode ser facilmente realizado em calculadoras científicas e financeiras como a HP 12C.

O cálculo do *LN* é feito diretamente pela calculadora, no caso da HP 12C, basta apertar a tecla *g* (azul) para ativar as funções na cor azul, seguida da tecla *LN* (escrito em azul). Também podem ser utilizados logaritmos em outras bases, como na base 10. Isso depende do modelo de calculadora.

Em geral, a HP 12C apresenta a formulação para todos esses cálculos por meio das teclas de atalho:

- *PV* = valor presente.
- *FV* = valor futuro.
- *n* = número de períodos.
- *i* = taxa de juros ou desconto em % (a HP 12C já efetua a divisão do valor por 100).

Lembre-se que, por se tratar de fluxos de caixa inversos, o *PV* e o *FV* devem receber sinais (positivo e negativo) diferenciados na HP 12C; como usualmente o valor presente é uma saída do fluxo de caixa de investimento, fica convencionado que o *PV* é negativo (para mudar o sinal, use a tecla *CHS – change signal*) na HP 12C.

Para efeito de cálculo, basta digitar três variáveis conhecidas e pressionar o botão referente à variável que se deseja calcular, para que a HP 12C efetue o cálculo.

Vamos ver alguns exemplos de juros compostos:

Tabela 3.3 Cálculo de juros compostos

Período	Cálculo	Fórmula
1	FV = $ 100 × 1,10 = $ 110	FV = PV × (1 + i)
2	FV = ($ 100 × 1,10) × (1,10) = $ 121	FV = PV × (1 + i) × (1 + i)
3	FV = [($ 100 × 1,10) × 1,10] × 1,10 = $ 133,10	FV = PV × (1 + i) × (1 + i) × (1 + i)
4	FV = {[($ 100 × 1,10) × 1,10] × 1,10} × 1,10 = $ 146,41	FV = PV × (1 + i) × (1 + i) × (1 + i) × (1 + i)
...	...	...
n	FV = $ 100 × 1,10 × 1,10 × 1,10 × ... × 1,10	FV = PV × (1 + i)^n

1. Qual o valor futuro produzido pelo investimento de um capital de $ 250.000 que ficou aplicado durante 1 ano e 4 meses à taxa de juros compostos de 2,5% ao mês?

   $FV = PV (1 + i)^n$
   $PV = 250.000$
   $n = 12 + 4 = 16$ meses
   $i = 2,5\%$ a.m. $= 0,025$

   Solução:

   $FV = 250.000 (1 + 0,025)^{16}$
   $FV = 250.000 (1,4845)$
   $FV = \$ 371.126,41$

   Resolução na HP 12C: (Não há necessidade de seguir a sequência das variáveis.)

f	REG (em laranja, serve para limpar a memória do registro e evitar erros de cálculo)
250000	CHS PV
16	n
2,5	i
	FV

2. Um investidor realizou uma aplicação financeira de $ 120.000,00 em títulos que lhe proporcionarão um resgate de $ 131.509,53 após 90 dias de aplicação. Qual a taxa de juros compostos mensal dessa aplicação?

   $FV = PV (1 + i)^n$
   $FV = 131.509,53$
   $PV = 120.000,00$
   $n = 90 / 30 = 3$ meses

   Solução:

   $131.509,53 = 120.000,00 (1 + i)^3$
   $(131.509,53 / 120.000,00) = (1 + i)^3$
   $(1,0959)^{1/3} = 1 + i$
   $1,0310 = 1 + i$
   $i = 1,0310 - 1$
   $i = 0,0310 \rightarrow i = 3,10\%$ a.m.

   Resolução na HP 12C:

f	REG
120000	CHS PV
131509,53	FV
3	n
	i

3. Sendo a taxa de juros compostos mensal cobrada pelo fornecedor de 0,7%, após quanto tempo será paga a dívida de uma mercadoria que foi adquirida por $ 15.000 à vista e foi paga a dívida por $ 15.916?

   $FV = PV (1 + i)^n$
   $FV = 15.916$
   $PV = 15.000$
   $i = 0,7\% = 0,007$

   Solução:

   $15.916 = 15.000 \times (1 + 0,0070)^n$
   $(15.916 / 15.000) = (1,0070)^n$
   $n = LN (1,0611) / LN (1,0070)$
   $n = 0,0593 / 0,0070$
   $n = 8,4974$ meses

   Resolução na HP 12C: (Cuidado! A HP 12C arredonda o cálculo do n para cima, pois considera que o número de períodos deve ser inteiro para obter o FV; assim, para a resolução correta, temos que colocar tudo em base diária.)

f	REG	
0,007	Enter	
1	+	
1	Enter	Cálculo na HP 12C para transformação da taxa mensal em taxa ao dia pela fórmula:
30	÷	
	Y^x	$[(1 + 0,007)^{1/30} - 1] \times 100 = 0,0233$
1	-	
100	×	
	i	
15000	CHS PV	
15916	FV	
n → 255,00		
30 ÷ → 8,5 meses		

   Outro ponto importante sobre a transposição entre os valores presentes e futuros no fluxo de caixa é a base de tempo da taxa. Isso porque a taxa deve estar na mesma base que os períodos. Por exemplo, se calculamos os períodos em número de meses, a taxa deve ser mensal, pois a capitalização dos juros será mensal. Os períodos podem ser também trimestrais, quadrimestrais, semestrais e anuais; na realidade, podem ser de qualquer grandeza, mas usualmente se dividem entre os mencionados.

   É preciso ter bastante cuidado com a verificação da taxa, principalmente caso ela não esteja na mesma base que os períodos. Isso porque a taxa informada pode ser tanto efetiva como nominal.

   Usualmente, as empresas trabalham com taxas efetivas, mas para efeito de empréstimos e financiamentos as instituições financeiras podem utilizar taxas nominais (em transações no mercado financeiro brasileiro, atualmente existe a obrigatoriedade da divulgação da taxa efetiva pelo custo efetivo total – CET).

A diferença entre elas está no fato de que a taxa nominal pressupõe que o valor da taxa está capitalizado por juros simples.

Exemplo: a poupança tem uma taxa nominal de 6% ao ano. Transformamos essa taxa em mensal, dividindo-a por 12 (meses), e encontramos 0,5% ao mês; a taxa efetiva já está capitalizada pela fórmula: $(1 + i)^n - 1$, ou seja, nesse mesmo exemplo a taxa efetiva da poupança seria de $(1 + 0,005)^{12} - 1 = (1,005)^{12} - 1 = 6,17\%$ ao ano.

Portanto, podemos observar que:

- Para calcular a taxa efetiva capitalizada = $(1 + i)^n - 1$.
- Para calcular a taxa efetiva descapitalizada = $(1 + i)^{1/n} - 1$.

Normalmente, a taxa é informada em uma base superior à periodicidade de capitalização (taxa anual com capitalização mensal, por exemplo), sendo necessário ajustar a taxa de maneira correta (efetiva ou nominal) e deixando-a na mesma base dos períodos.

Exemplo: taxa nominal de 24% ao ano, com capitalização mensal.

24% / 12 = 2% a.m.
Taxa efetiva = $(1 + 0,02)^{12} - 1$
Taxa efetiva = 26,82% a.a.

Inflação

A inflação é um conceito muito importante na matemática financeira, porque o dinheiro perde seu valor no tempo. Assim, ao verificarmos uma taxa de aplicação em um investimento financeiro, esta já incorpora o valor da inflação. A diferença entre a taxa (i) e a inflação (I) é que determina a taxa real (r) de um investimento.

Mas pelo fato de a taxa de inflação estar embutida na taxa (i) da aplicação financeira, não basta somar as taxas, devemos utilizar a seguinte fórmula para o cálculo:

$$\text{Taxa Real } (r) = \frac{1+i}{1+I} - 1$$

4. SÉRIES DE CAPITAIS

As séries de capitais nada mais são do que fluxos de caixa e consistem em uma série de recebimentos e/ou pagamentos que são esperados em determinado intervalo de tempo.

Dessa forma, segundo o que foi observado anteriormente, os fluxos de caixa podem apresentar diferentes padrões, podendo ser classificados da seguinte forma:

- **Período de ocorrência**: indica o início do fluxo.
  - **Postecipado**:* indica que os fluxos de pagamentos ou recebimentos começam a ocorrer ao final do primeiro intervalo de tempo (data $t = 1$).
  - **Antecipado**: indica que os fluxos de pagamentos ou recebimentos começam a ocorrer no início do fluxo de caixa (data $t = 0$).
  - **Diferido**: os fluxos de pagamentos ou recebimentos terão início em uma data futura, após um período de carência (data $t > 1$).
- **Periodicidade**: indica a frequência do fluxo.
  - **Periódico**:* é quando os intervalos de tempo entre os fluxos são idênticos entre si, por exemplo, fluxos mensais.
  - **Não periódico**: ocorre quando não há padronização de intervalo de tempo entre os fluxos.
- **Duração**: prazo de existência do fluxo.
  - **Limitado**:* o prazo total do fluxo de caixa é conhecido previamente, sendo finito o número de fluxos.
  - **Indeterminado**: não há um conhecimento sobre a quantidade de fluxos futuros que irão existir, podendo ser infinitos.
- **Valor**: indica o valor do fluxo, em moeda (pagamentos ou recebimentos).
  - **Constante**:* os valores dos fluxos são fixos.
  - **Variável**: os valores dos fluxos não são iguais entre si.

As classificações marcadas com "*" são os casos mais recorrentes e que serão tratados como séries de capitais convencionais. Sendo assim, o fluxo de caixa padrão é: postecipado, periódico, limitado e constante. Os demais casos são séries não convencionais.

4.1 Séries de capitais convencionais

Se imaginarmos um fluxo de caixa com um determinado valor periódico (mensalmente, por exemplo), que ocorre por n períodos (finito) com um valor fixo (Figura 3.2), se quisermos saber o valor presente desse fluxo de caixa, teremos que trazer todos os valores dos fluxos até a data inicial ($t = 0$).

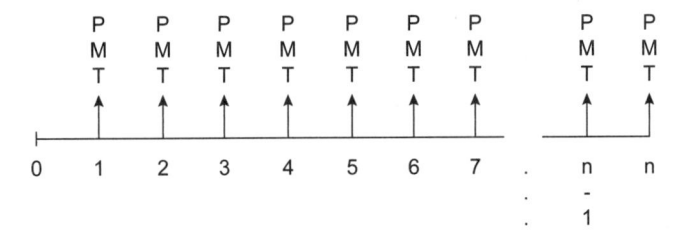

Figura 3.2 Fluxo de caixa com valor mensal

Para esse cálculo, utilizando a fórmula de juros compostos, temos:

$$PV = \frac{PMT}{(1+i)^1} + \frac{PMT}{(1+i)^2} + \frac{PMT}{(1+i)^3} + \frac{PMT}{(1+i)^4} + \ldots + \frac{PMT}{(1+i)^n}$$

Em que:

- PV = valor presente (em $).
- PMT = parcela (*payment*, em $).
- i = taxa de juros efetiva (unitária).

Nesse caso, perceba que a fórmula do PV é a soma de vários "valores presentes", descontados de $t = 1$ até $t = n$ (final do fluxo), onde substituímos o FV pela PMT, um valor de pagamento da parcela igual durante todo o período.

Apesar disso, a operacionalização desse cálculo é complexa, ficando mais difícil conforme aumenta o valor de n. Dessa forma, para facilitar o cálculo desse fluxo regular, podemos utilizar o fator de valor presente (FPV):

$$FPV = \frac{(1+i)^n - 1}{(1+i)^n \times i}$$

Em que:

- FPV = fator de valor presente (é um número quociente, portanto não representa um valor monetário ou uma taxa de juros).
- i = taxa de juros.
- n = prazo.

A partir do FPV, podemos calcular o valor presente (PV) ou a parcela (PMT):

$$PV = PMT \times FPV$$

Vejamos alguns exemplos de séries de capitais convencionais:

1. Um parcelamento em que a empresa adquiriu um equipamento em 7 parcelas iguais, mensais e consecutivas de $ 40.000 cada uma, para uma taxa de juros compostos de 2% ao mês. Qual será seu valor à vista?

PMT = 40.000
i = 2% a.m. = 0,02
n = 7 meses

Solução:

$PV = 40.000 \times FPV$
$PV = 40.000 \times [(1 + 0{,}02)^7 - 1] / [(1 + 0{,}02)^7 \times 0{,}02]$
$PV = 40.000 \times [1{,}1487 - 1] / [1{,}1487 \times 0{,}02]$
$PV = 40.000 \times (0{,}1487 / 0{,}0230)$
$PV = 40.000 \times 6{,}4720$
PV = $ 258.879,64

Resolução na HP 12C:

f	REG
40000	CHS PMT (Lembre-se de que um dos fatores – PV ou PMT – deve ser negativo, caso contrário a calculadora apresentará a mensagem: "Erro 5".)
2	i
7	n
	PV

Se quisermos saber o valor futuro desse mesmo fluxo de caixa, teríamos que calcular:

$$FV = PMT \times (1 + i)^1 + PMT \times (1 + i)^2 + \ldots + PMT \times (1 + i)^n$$

Em que:

- FV = valor futuro (em $).
- PMT = parcela (*payment*, em $).
- i = taxa de juros (unitária).

Também aqui perceba que a fórmula do FV é a soma de vários "valores futuros", capitalizados de $t = 1$ até $t = n$ (final do fluxo), onde substituímos o PV pela PMT, um valor de pagamento da parcela igual durante todo o período.

Mais uma vez podemos simplificar o cálculo desse fluxo regular, utilizando o fator de valor futuro (FFV):

$$FFV = \frac{(1+i)^n - 1}{i}$$

Em que:

- FFV = fator de valor futuro (também um número quociente).
- i = taxa de juros.
- n = prazo.

A partir do FFV, podemos calcular o valor futuro (FV) ou a parcela (PMT).

Atenção! Não confundir o FPV (fator de valor presente) com FFV (fator de valor futuro). Se o fluxo remete ao valor presente, utilizar o FPV; se for referente ao valor futuro, utilizar o FFV.

2. Uma empresa realizou uma aplicação financeira com 7 depósitos iguais, mensais e consecutivos de $ 80.000 cada, em um investimento com taxa de juros compostos de 1,5% ao mês. Qual o valor obtido ao final do sétimo mês?

PMT = 80.000
i = 1,5% a.m. = 0,0150
n = 7 meses

Solução:

$FV = 80.000 \times FFV$
$FV = 80.000 \times [(1 + 0{,}0150)^7 - 1] / [0{,}0150]$
$FV = 80.000 \times [1{,}1098 - 1] / [0{,}0150]$
$FV = 80.000 \times (0{,}1098 / 0{,}0150)$
$FV = 80.000 \times 7{,}3230$
FV = $ 585.839,54

Resolução na HP 12C:

f	REG
80000	CHS PMT

1,5   i
7   n
FV

3. Sua empresa deseja comprar um carro zero quilômetro que custe $ 35.000,00, com a primeira parcela para 30 dias da data da compra e mais 35 parcelas restantes mensais. Considerando uma taxa de juros compostos de 1,86% ao mês, que corresponda a todos os custos inerentes à compra desse veículo, qual seria o valor das parcelas mensais?

$PV = 35.000$
$i = 1,86\%$ a.m. $= 0,0186$
$n = 36$ meses (primeira parcela + 35 restantes)

Solução:

$35.000 = PMT \times FPV$
$35.000 = PMT \times [(1 + 0,0186)^{36} - 1] / [(1 + 0,0186)^{36} \times 0,0186]$
$35.000 = PMT \times (0,9415 / 0,0361)$
$35.000 = PMT \times 26,0714$
$PMT = 35.000 / 26,0714$
$PMT = \$ 1.342,47$

Resolução na HP 12C:

f	REG
35000	CHS PV
1,86	i
36	n
PMT	

4.2 Séries de capitais não convencionais

As séries de capitais não convencionais correspondem a fluxos de caixa não regulares, ou seja, dentre as quatro características observadas quanto aos fluxos, temos pelo menos uma delas fora do esperado.

PARA REFLETIR...

Existem tratamentos distintos para séries que não são regulares como as observadas anteriormente?

Esse tipo de série é comum, porém nem sempre a calculadora financeira está preparada para seu cálculo. Dessa forma, a melhor maneira de resolução é tentar transformar o fluxo irregular em dois ou mais fluxos regulares. Veremos agora alguns dos principais fluxos irregulares.

4.2.1 Período antecipado

É muito comum a existência de parcelamentos em que a primeira parcela seja paga ou recebida no momento inicial da operação (data $t = 0$) nas situações em que o valor da parcela seja igual em todo o fluxo (PMT). Nessas situações, o valor presente tende a ser menor do que no caso do fluxo postecipado, uma vez que todas as parcelas seriam adiantadas em um período.

Para essa situação, temos uma adaptação da fórmula do fator de valor presente antecipado (FPVA):

$$FPVA = \frac{(1+i)^n - 1}{(1+i)^{n-1} \times i}$$

Em que:

- FPVA = fator de valor presente antecipado.
- i = taxa de juros.
- n = prazo.

Observe que a fórmula se difere do FPV apenas no "– 1" existente no expoente do denominador. Isso possibilita um ajuste no cálculo da antecipação, sendo que o cálculo do valor presente continua o mesmo: $PV = PMT \times FPVA$.

Vejamos um exemplo:

1. A empresa possui um parcelamento de uma máquina em 5 vezes de $ 1.000,00, sendo a primeira parcela à vista. Considerando uma taxa de juros compostos de 1,2% ao mês, qual o valor presente dessa máquina?

$PMT = 1.000$
$i = 1,2\%$ a.m. $= 0,0120$
$n = 5$ meses

Solução:

$PV = 1.000 \times FPV$
$PV = 1.000 \times [(1 + 0,0120)^5 - 1] / [(1 + 0,0120)^{5-1} \times 0,0120]$
$PV = 1.000 \times [1,0615 - 1] / [1,0489 \times 0,0120]$
$PV = 1.000 \times (0,0615 / 0,0126)$
$PV = 1.000 \times 4,8828$
$PV = \$ 4.882,82$

Resolução na HP 12C:

A HP 12C possibilita o cálculo dos fluxos antecipados por suas teclas de atalho. Para isso, basta habilitar a série antecipada por meio dos botões g e BEG (em azul). Com isso, irá aparecer a indicação "Begin" na tela e a partir daí os cálculos de séries consideram a série como antecipada.

f	REG
1000	CHS PMT (Um dos fatores – PV ou PMT – deve ser negativo, caso contrário a calculadora apresentará "Erro 5".)
1,2	i
5	n
PV	

Para retornar a HP 12C ao padrão de mercado, postecipado, basta pressionar as teclas g e END (em azul). Com isso, irá desaparecer a indicação "Begin" na tela e a partir daí os cálculos voltam ao padrão postecipado.

4.2.2 Período diferido

Também é comum que exista uma carência para o início do fluxo de caixa, em que a parcela inicial ocorre após o período 1 (data $t > 1$). Nesses casos, o valor presente é calculado normalmente, mas ele não estará na data zero, devendo ser trazido para valor presente (data $t = 0$), descontando-se apenas os juros.

Para isso, precisamos calcular o fator de acúmulo de capital (FAC):

$$FAC = \frac{1}{(1+i)^n}$$

Onde n corresponde ao número de períodos em carência. Com isso, temos:

$$PV = PMT \times FPV \times FAC$$

Vejamos um exemplo:

2. Uma empresa fez uma venda de um fogão em 7 parcelas de $ 100,00 a uma taxa de juros compostos de 2,2% ao mês, com o primeiro recebimento com 2 meses de carência, ou seja, ela receberá no período $t = 3$, conforme o fluxo de caixa representado na Figura 3.3.

Qual o valor à vista da operação de venda?

$PMT = 100$
$i = 2,2\%$ a.m. $= 0,0220$
$n = 7$ meses
Carência = 2 meses

Solução:

$PV = 100 \times FPV \times FAC$
$PV = 100 \times [(1 + 0,0220)^7 - 1] / [(1 + 0,0220)^7 \times 0,0220] \times [1 / (1 + 0,0220)^2]$
$PV = 100 \times [1,1645 - 1 / (1,1645 \times 0,0220)] \times (1 / 1,0445)$
$PV = 100 \times (0,1645 / 0,0256) \times 0,9574$
$PV = 100 \times 6,4225 \times 0,9574$
$PV = \$ 614,90$

Resolução na HP 12C:

Primeiro calculamos o PV na data $t = 2$

f	REG
100	CHS PMT (Um dos fatores – PV ou PMT – deve ser negativo, caso contrário a calculadora apresentará "Erro 5".)
2,2	i
7	n
PV → 642,25	

Com esse valor de $ 642,25, vamos calcular o novo PV na data zero. Então, esse valor de $ 642,25 passa a ser o FV. Para não perder o valor na tela, com suas casas decimais (mesmo que não apareçam), vamos limpar apenas a memória das teclas de atalho. Para isso, utilizamos:

f	FIN	(Essa função limpa apenas a memória das teclas financeiras.)

Note que o 642,25 continua na tela, então seguimos com o cálculo:

CHS FV
2,2   i
2   n
PV

Para retornar a HP 12C ao padrão de mercado, postecipado, basta pressionar as teclas g e END (em azul). Com isso, irá desaparecer a indicação "Begin" na tela e a partir daí os cálculos voltam ao padrão postecipado.

4.2.3 Duração indeterminada

Existe uma situação rara, mas que acontece: os casos de perpetuidade, em que o fluxo de caixa é considerado como de duração infinita. Isso serve para fluxos de recebimentos ou pagamentos que irão ocorrer por um prazo muito longo. Por exemplo, um título de dívida com juros perpétuos, recebimentos de dividendos em uma empresa na qual se tenha investido ou, ainda, a projeção dos fluxos de caixa da própria empresa são comumente tratados como perpetuidade, pois não se sabe ao certo sua duração, mas a expectativa é de que seja de longo prazo.

Dessa forma, em projeções de fluxos de caixa, é normal fazer uma projeção em uma janela de tempo, como cinco ou dez anos, e daí para frente considerar uma perpetuidade.

Para o cálculo da perpetuidade, temos:

$$PV = \frac{PMT}{i}$$

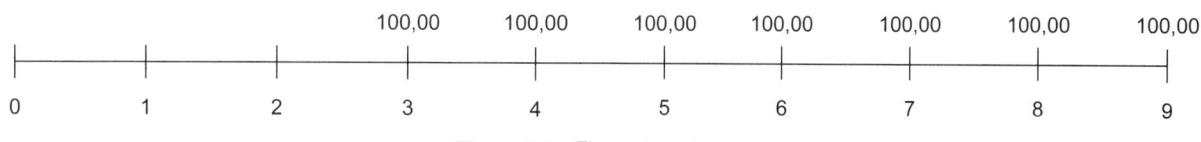

Figura 3.3 Fluxo de caixa

Em que:

- PV = valor presente (em $).
- PMT = parcela (*payment*, em $).
- i = taxa de juros (unitária).

Note que o período (n) não aparece na fórmula, pois ele não afeta o cálculo.

Vejamos um exemplo:

3. Uma empresa tem um direito de recebimento com prazo indefinido relativo a uma propriedade, um terreno, que adquiriu para alugar pelo valor de $ 2.000,00 mensais, e ela deseja registrá-la pelo seu valor justo, estimado por meio de uma perpetuidade, considerando uma taxa de juros de 0,8% ao mês. Assim, qual seu valor presente?

PMT = 2.000
i = 0,8% a.m. = 0,0080

Solução:

PV = 2.000 / 0,0080
PV = $ 250.000,00

Essa é a estimativa do valor presente desse direito de recebimento.

4.2.4 Fluxos não periódicos e valores variáveis

Infelizmente, não há tratamento específico ou fórmulas para os casos de fluxos não periódicos ou fluxos com valores variáveis. Nessas situações, cada fluxo deve ser calculado individualmente e trazido a valor presente.

DESTAQUES FINAIS

A matemática financeira é fundamental para uma mensuração e divulgação das informações contábil-financeiras de maneira efetiva e possibilitando uma informação adequada sobre a organização.

Dessa forma, o suporte matemático é necessário para sua compreensão e uso, proporcionando um correto e verificável estudo do valor do dinheiro no tempo. Além disso, entender os fluxos de caixa, compreendendo sua forma e montagem, acaba por facilitar bastante a aplicação de todo esse ferramental.

Assim, normas contábeis que tratam de aspectos como a mensuração de arrendamento mercantil financeiro, receita de vendas e a mensuração do valor justo, inclusive com aplicações nas normas de ativos biológicos, instrumentos financeiros, propriedades para investimento, dentre outros, utilizam a matemática financeira como forma de estimar o valor presente ou o fluxo de caixa descontado. Além disso, a norma de ajuste a valor presente destaca a importância do reconhecimento dos ativos e passivos pelo seu valor presente, tendo os juros embutidos nessas operações um tratamento adequado.

Outro ponto importante é o reconhecimento de receitas e despesas financeiras, que devem ser realizadas pela competência da operação, ou seja, considerando a taxa de juros efetiva e não a apropriação linear, dividindo o total dos juros pelo período da operação, como é comumente feito.

Por isso, a área contábil deve possuir o devido domínio desse ferramental matemático.

RESUMO

- O dinheiro tem seu valor afetado pela passagem do tempo, então não é possível considerar fluxos em momentos distintos pela simples soma destes.
- Nas operações de juros simples, a taxa de juros incide somente sobre o capital inicialmente utilizado (principal).
- Nas taxas de juros compostos, existe um processo de capitalização, em que os juros de cada período são incorporados ao capital e sobre eles incidem mais juros.
- As séries de pagamento são fluxos de caixa de recebimentos/pagamentos que ocorrem em momentos distintos no tempo.
- As séries regulares são postecipadas, periódicas, limitadas e constantes.
- A melhor maneira de lidar com séries não convencionais é dividi-las em séries convencionais (regulares).

EXERCÍCIOS PROPOSTOS

QUESTÃO 1: As operações financeiras existentes no mercado apresentam uma tendência pela utilização dos juros compostos em detrimento dos juros simples. Nesse sentido, diante dos conceitos estudados, discuta as diferenças entre os dois métodos e os motivos que levam a essa preferência. Aproveite para discutir também as vantagens e desvantagens dos dois métodos e o uso da matemática financeira na mensuração contábil.

QUESTÃO 2: Sua empresa adquiriu um conjunto de três salas comerciais já com contratos de locação existentes. Tal operação foi classificada como propriedade para investimento, e de acordo com o contador-chefe a contabilização deverá ocorrer por valor justo. Para mensurar o valor justo e, consequentemente, sua contabilização, é necessário calcular o valor presente esperado pelos aluguéis das salas, conforme informações abaixo dos contratos:

- Sala 1: aluguel mensal no valor de $ 25.000,00, por um prazo de 60 meses.
- Sala 2: aluguel semestral no valor de $ 120.000,00, por um prazo de 10 anos.

- Sala 3: aluguel mensal no valor de $ 20.000,00, por um prazo restante de 72 meses, acrescido de uma parcela anual no valor de $ 30.000,00.

Para efeito de cálculo, o contador-chefe identificou que o custo de oportunidade desse investimento é estimado em 1,3% ao mês, lembrando a você de não deixar de fazer os ajustes na taxa de juros compostos para as bases semestral e anual.

Dessa forma, calcule o valor presente dos fluxos de caixa apresentados.

Sua resposta pode considerar fórmulas ou as etapas de cálculo na HP 12C. Utilize quatro casas decimais. Não deixe de apresentar o raciocínio para a resolução.

Assista ao vídeo

QUESTÃO 3: Sua empresa financiou um veículo em 24 prestações mensais de $ 2.108,42, a uma taxa de juros compostos de 0,80% ao mês. Determine o valor presente do veículo para efeito de registro da operação.

QUESTÃO 4: Sabendo-se que um financiamento de uma máquina dividido em 60 meses, a uma taxa de juros compostos de 2,10% ao mês, gera parcelas mensais de $ 980,00, indique qual o valor da máquina à vista.

QUESTÃO 5: Em uma operação de aquisição de um determinado equipamento, foi negociado o valor de seu pagamento em 24 prestações, iguais e sucessivas, de $ 12.350,00. Considerando uma taxa de juros compostos de 1,9% ao mês, calcule o valor presente desse equipamento, caso sua compra fosse à vista.

BIBLIOGRAFIA SUGERIDA

ASSAF NETO, A. *Matemática financeira e suas aplicações*. 12. ed. São Paulo: Atlas, 2012.

VIEIRA SOBRINHO, J. D. *Matemática financeira*. 7. ed. São Paulo: Atlas, 2000.

4

VALOR JUSTO E AJUSTE A VALOR PRESENTE

Marcelo Botelho da Costa Moraes

OBJETIVOS DE APRENDIZAGEM

- Compreender os conceitos de valor justo e de ajuste a valor presente.
- Entender a necessidade do ajuste a valor presente em operações com diferença temporal entre a competência e a realização do caixa.
- Aplicar o valor justo em situações práticas, aliando a forma de mensuração e a fonte da informação.
- Utilizar informações adequadas de acordo com a hierarquia do valor justo.

1. APRESENTAÇÃO

Valor justo e ajuste a valor presente (AVP) são dois conceitos que muitas vezes se confundem, não apenas pela nomenclatura como também pela sua aplicação, cuja finalidade é a mensuração de ativos e passivos.

O conceito de valor justo está associado ao uso de medidas de mensuração, sejam elas a valor de mercado ou baseadas em estimativas financeiras, que ocorrem na mensuração de ativos como instrumentos financeiros, tais como ações, nas quais sua mensuração é mais bem representada pelo valor de negociação atual (cotação atual) do que pelo valor de custo histórico em sua aquisição (cotação na data da compra).

Já o AVP representa a mensuração dos ativos e passivos com base na matemática financeira (apresentada no capítulo anterior), como forma de representar o valor contábil sem os efeitos temporais dos juros futuros, como em situações de compra e venda a prazo em que os valores de negociação à vista apresentariam diferenças significativas, ou seja, existe impacto financeiro do efeito dos juros.

A própria norma de AVP (CPC 12 – Ajuste a Valor Presente) busca distinguir os dois conceitos em seu anexo, destacando:

> **Valor justo (*fair value*)** – é o valor pelo qual um ativo pode ser negociado, ou um passivo liquidado, entre partes interessadas, conhecedoras do negócio e independentes entre si, com a ausência de fatores que pressionem para a liquidação da transação ou que caracterizem uma transação compulsória.
>
> **Valor presente (*present value*)** – é a estimativa do valor corrente de um fluxo de caixa futuro, no curso normal das operações da entidade.

Dessa forma, juntamente com o custo histórico, essas formas de mensuração são importantes para o incremento da qualidade da informação contábil-financeira, e conhecê-las é fundamental para sua correta aplicação. Por isso, são tratadas conjuntamente neste capítulo, especialmente pelo fato de que o custo histórico já foi abordado dentro da Estrutura Conceitual para Relatório Financeiro e a operacionalização dos cálculos de AVP e algumas situações de valor justo puderam ser trabalhadas no capítulo de matemática financeira aplicada.

Se observarmos os ativos financeiros mensurados a valor justo em dezembro de 2017 (considerados apenas setores com três ou mais empresas), temos o que mostra a Tabela 4.1.

Note que alguns setores apresentam maior propensão a recursos financeiros disponíveis, usualmente investidos em ativos financeiros (como aplicações financeiras). O caso do setor de educação se explica pela existência de alta soma de recursos financeiros nas três empresas que compõem esse setor no período analisado.

Assim, são relevantes os valores empreendidos com a aplicação do valor justo, como podemos identificar na Tabela 4.2, da Somos Educação, com a indicação das contas mensuradas a valor justo (identificadas como valor de mercado).

Em 31 de dezembro de 2018 e de 2017, o grupo não operou com instrumentos financeiros derivativos.

Tabela 4.1 Ativos financeiros mensurados a valor justo (dez. 2017)

Setor	% ativos financeiros VJ
Abatedouros	6,5%
Administração de empresas e empreendimentos	**37,2%**
Agricultura	4,1%
Água, esgoto e outros sistemas	2,8%
Atividades auxiliares ao transporte rodoviário	2,5%
Construção de edifícios residenciais	5,8%
Editoras de *software*	16,0%
Educação	**20,3%**
Geração, transmissão e distribuição de energia elétrica	11,8%
Indústria de autopeças	6,6%
Indústria de calçados	11,5%
Indústria de papel, celulose e papelão	3,6%
Indústria de roupas de tecido	3,2%
Indústria química	8,5%
Laboratório de exames médicos	3,3%
Locadora de automóveis	4,5%
Locadora de imóveis	8,8%
Outras indústrias de produtos de metal	1,1%
Seguradora	**34,3%**
Serviços financeiros e seguros	**32,8%**
Telecomunicações	0,9%
Transporte ferroviário	1,1%

Fonte: Elaboração própria com base em Economática (2018). Setor acima de três empresas com valor de ativos financeiros a valor justo.

O Quadro 4.1 apresenta os pronunciamentos nacionais e seus congêneres internacionais dos quais se baseiam as normas nacionais, com exceção da norma de AVP, que por questões práticas históricas não possui norma respectiva internacionalmente.

Iniciaremos com o detalhamento da forma de aplicação do AVP e, na sequência, trataremos do valor justo.

Quadro 4.1 Pronunciamentos sobre valor justo e AVP

CPC	IFRS Iasb
CPC 12 – Ajuste a Valor Presente	(Sem correspondente)
CPC 46 – Mensuração do Valor Justo	IFRS 13 – *Fair Value Measurement*

Tabela 4.2 Excerto da nota explicativa de valor justo da Somos Educação de 2018

Nota		Controladora		Consolidado		Hierarquia de valor justo
		Valor contábil	Valor de mercado	Valor contábil	Valor de mercado	
Ativos mensurados pelo valor justo						
Aplicações financeiras	7	77.290	77.290	364.695	364.695	Nível 2
Ativos financeiros	8	–	–	10.572	10.572	Nível 2
		77.290	**77.290**	**375.267**	**375.267**	
Ativos mensurados pelo custo amortizado						
Caixa e equivalentes de caixa	7	229	–	23.849	–	
Contas a receber de clientes	9	77	–	366.197	–	
Demais ativos	12	30.122	–	64.941	–	
		30.428	–	**712.851**	–	
Passivos mensurados pelo custo amortizado						
Fornecedores e demais contas a pagar	17	11.716	–	198.006	–	
Fornecedores – risco sacado	17.1	–	–	343.818	–	
Empréstimos, financiamentos e debêntures	18	–	–	1.993.030	1.994.074	Nível 2
Contas a pagar por aquisição societária	31	–	–	66.173	–	
		11.716	–	**2.601.027**	**1.994.074**	
Passivos mensurados pelo valor justo						
Opções de vendas emitidas	17	–	–	31.972	–	Nível 2
		–	–	**31.972**	–	

2. CONCEITOS E DEFINIÇÕES RELEVANTES

A necessidade de uma norma específica para a mensuração de ativos e passivos ao seu valor presente advém, especificamente, da realidade brasileira, pois anteriormente à adoção das normas IFRS/CPC a parcela relativa aos juros embutidos em ativos e passivos era tratada como parte do valor desses itens, compondo sua mensuração. Dessa forma, surgiu a norma de AVP.

Assim, essa norma (CPC 12 – Ajuste a Valor Presente) não possui equivalente nas normas internacionais do *International Accounting Standards Board* (Iasb), pelo fato de que a prática de mensuração dos ativos já considera seu valor presente. Dessa forma, para adequar a prática contábil das empresas brasileiras, a Lei 11.638/2007, que alterou a Lei 6.404/1976 (Lei das S.A.), em seu art. 183 recomenda que no balanço os elementos do ativo devem ser avaliados por alguns critérios, dentre eles destacamos: "os elementos do ativo decorrentes de operações de longo prazo serão ajustados a valor presente, sendo os demais ajustados quando houver efeito relevante" (inciso VIII do art. 183 da Lei 6.404/1976, incluído pela Lei 11.638/2007).

Em virtude dessa necessidade, no Brasil, foi criada a norma que delimita o tratamento contábil de reconhecimento de ativos e passivos denominada Ajuste a Valor Presente, representada pelo Pronunciamento Técnico CPC 12, no qual é indicado que:

Os elementos integrantes do ativo e do passivo decorrentes de operações de longo prazo, ou de curto prazo quando houver efeito relevante, devem ser ajustados a valor presente com base em taxas de desconto que reflitam as melhores avaliações do mercado quanto ao valor do dinheiro no tempo e os riscos específicos do ativo e do passivo em suas datas originais.

Assim, o objetivo da norma de AVP é estabelecer os requisitos básicos a serem observados quando da apuração de elementos do ativo e do passivo com a finalidade de elaboração de demonstrações financeiras, dirimindo algumas questões controversas advindas desse procedimento, dentre elas:

- Se a adoção do AVP é aplicável somente a fluxos de caixa contratados ou se porventura seria aplicada também a fluxos de caixa estimados ou esperados.
- Em quais situações a adoção do AVP é requerida na mensuração de ativos e passivos, se no momento de registro inicial de ativos e passivos, se na mudança da base de avaliação de ativos e passivos, ou se em ambos os momentos.
- Se a existência de passivos não contratuais, como aqueles decorrentes de obrigações não formalizadas ou legais, é alcançada pela norma de AVP.

- A taxa apropriada de desconto para um ativo ou um passivo e quais os cuidados necessários para se evitarem problemas de viés no processo de cálculo para sua mensuração.
- O método adequado de alocação de descontos (juros).
- Se o AVP deve ser efetivado líquido de efeitos fiscais.

Então, o uso de informações baseadas no valor presente proporciona um incremento no valor preditivo da informação contábil-financeira, permitindo a correção de julgamentos acerca de eventos passados já registrados, e possibilitando a melhoria na forma pela qual eventos presentes são mensurados quando de seu reconhecimento.

Em suma, a norma estabelece os requisitos básicos a serem utilizados no processo de apuração do AVP de elementos do ativo e do passivo quando da elaboração das demonstrações financeiras.

Dentro do processo de convergência para as normas internacionais de contabilidade, e considerando a Estrutura Conceitual para Relatório Financeiro que busca uma informação contábil-financeira útil e relevante, a contabilidade aumentou a busca por critérios de mensuração que possibilitem uma informação que seja mais útil ao processo de tomada de decisão. Dentro desse escopo, o aumento da relevância é acompanhado de um incremento na subjetividade da informação, uma vez que a informação útil contém aspectos nem sempre facilmente mensuráveis. Nesse processo, a mensuração a valor justo ganha importância.

O valor justo é "o preço que seria recebido pela venda de um ativo ou que seria pago pela transferência de um passivo em uma transação não forçada entre participantes do mercado na data de mensuração" (CPC 46, 2012).

Portanto, migrou-se para uma contabilidade baseada em custos para a contabilidade baseada em valor, ao utilizarmos critérios de reconhecimento e mensuração que complementam a informação ao buscar incluir aspectos como riscos e representação fiel do valor das transações e eventos realizados ou a realizar.

Entretanto, é importante perceber que o valor justo não é necessariamente o valor de um ativo ou passivo para a própria entidade, mas um substituto dele. Por exemplo, digamos que a entidade tenha comprado um lote de ações. Sua expectativa é a de que essas ações alcancem um determinado valor no futuro, mas a aplicação da mensuração a valor justo implica a verificação da cotação da ação hoje. Se ela mantém o lote de ações, é porque ela espera que o valor que irá obter no futuro será maior que o valor hoje. Porém, é um substituto muito interessante porque permite a avaliação das decisões do gestor e mostra uma posição mais atual e fidedigna dos ativos mensurados a valor justo.

Os eventos econômicos são observados, analisados, mensurados e evidenciados de uma forma diferente, pois contemplam as seguintes premissas:

- Riscos e benefícios.
- Interpretação e julgamento.
- Lucro econômico.

A utilização do valor justo legitima uma das funções da contabilidade, que não é só informar, mas também medir a riqueza produzida pelas empresas, até então focada apenas no lucro realizado para tal, numa perspectiva de que a função da contabilidade é a produção de informações aos seus credores e investidores sobre o processo de reconhecimento das transações realizadas e o estoque de riqueza potencial, mensuração do lucro e a comunicação aos seus *stakeholders*.

Assim, o CPC 46 – Mensuração do Valor Justo define:

> O valor justo é uma mensuração baseada em mercado e não uma mensuração específica da entidade. Para alguns ativos e passivos, pode haver informações de mercado ou transações de mercado observáveis disponíveis e para outros pode não haver. Contudo, o objetivo da mensuração do valor justo em ambos os casos é o mesmo – estimar o preço pelo qual uma transação não forçada para vender o ativo ou para transferir o passivo ocorreria entre participantes do mercado na data de mensuração sob condições correntes de mercado (ou seja, um preço de saída na data de mensuração do ponto de vista de participante do mercado que detenha o ativo ou o passivo).

A definição de valor justo foca principalmente em ativos e passivos, mas podemos aplicá-la também aos instrumentos patrimoniais próprios da entidade, que se recomenda que sejam mensurados a valor justo.

Dessa forma, o pronunciamento técnico é uma base conceitual importante, pois o valor justo será aplicável quando outro pronunciamento requerer ou permitir mensurações do valor justo ou divulgações sobre mensurações do valor justo (e mensurações tais como valor justo menos custos para vender, baseadas no valor justo, ou divulgações sobre essas mensurações). É o caso de ativo biológico e produto agrícola (CPC 29) e propriedade para investimento (CPC 28), por exemplo.

No entanto, os requisitos relacionados à mensuração e divulgação do valor justo não se aplicam quanto à mensuração e divulgação ao pagamento baseado em ações (CPC 10), operações de arrendamento mercantil (CPC 06), estoques (CPC 16), bem como a divulgações de valor recuperável de ativos (CPC 01) e benefícios a empregados (CPC 33), uma vez que existem normas específicas para tal.

A mensuração do valor justo trata de uma conta de ativo ou passivo em particular. A entidade deve levar em consideração as características do ativo ou do passivo se os participantes do mercado, ao precificar o ativo ou passivo na data de mensuração, considerarem as seguintes características, por exemplo:

- A condição e a localização do ativo.
- Restrições, se houver, sobre a venda ou uso do ativo.

Esse processo de avaliação dos ativos e passivos deve considerar as características definidas anteriormente, mesmo que for um ativo ou passivo individual (por exemplo, um instrumento financeiro ou um ativo não financeiro); ou um grupo de ativos, um grupo de passivos ou um grupo de ativos e passivos (por exemplo uma unidade geradora de caixa ou um negócio).

A unidade de contabilização para o ativo ou passivo será determinada de acordo com o pronunciamento técnico específico que exigir ou permitir a mensuração do valor justo, salvo conforme previsto nessa norma.

O processo de mensuração a valor justo é composto de três componentes: transação, preço e participantes de mercado.

> A mensuração do valor justo presume que o ativo ou o passivo é trocado em uma transação não forçada entre participantes do mercado para a venda do ativo ou a transferência do passivo na data de mensuração nas condições atuais de mercado.
>
> A mensuração do valor justo presume que a transação para a venda do ativo ou transferência do passivo ocorre:
>
> (a) no mercado principal para o ativo ou passivo; ou
> (b) na ausência de mercado principal, no mercado mais vantajoso para o ativo ou passivo.
>
> A entidade não necessita empreender uma busca exaustiva de todos os possíveis mercados para identificar o mercado principal ou, na ausência de mercado principal, o mercado mais vantajoso, mas ela deve levar em consideração todas as informações que estejam disponíveis. [...]
>
> A entidade deve mensurar o valor justo de um ativo ou passivo utilizando as premissas que os participantes do mercado utilizariam ao precificar o ativo ou o passivo, presumindo-se que os participantes do mercado ajam em seu melhor interesse econômico.
>
> Ao desenvolver essas premissas, a entidade não precisa identificar participantes do mercado específicos. Em vez disso, a entidade deve identificar características que distinguem os participantes do mercado de modo geral, considerando fatores específicos para todos os itens seguintes:
>
> (a) ativo ou passivo;
> (b) mercado principal (ou mais vantajoso) para o ativo ou passivo; e
> (c) participantes do mercado com os quais a entidade realizaria uma transação nesse mercado.
>
> [...]
>
> Valor justo é o preço que seria recebido pela venda de um ativo ou pago pela transferência de um passivo em uma transação não forçada no mercado principal (ou mais vantajoso) na data de mensuração nas condições atuais de mercado (ou seja, um preço de saída), independentemente de esse preço ser diretamente observável ou estimado utilizando-se outra técnica de avaliação.
>
> O preço no mercado principal (ou mais vantajoso) utilizado para mensurar o valor justo do ativo ou passivo não deve ser ajustado para refletir custos de transação. Os custos de transação devem ser contabilizados de acordo com outros Pronunciamentos. Os custos de transação não são uma característica de um ativo ou passivo; em vez disso, são específicos de uma transação e podem diferir dependendo de como a entidade realizar a transação para o ativo ou passivo.
>
> Os custos de transação não incluem custos de transporte. Se a localização for uma característica do ativo (como pode ser o caso para, por exemplo, uma *commodity*), o preço no mercado principal (ou mais vantajoso) deve ser ajustado para refletir os custos, se houver, que seriam incorridos para transportar o ativo de seu local atual para esse mercado. (CPC 46, 2012)

No processo de mensuração de ativos não financeiros, é recomendado que a avaliação por valor justo deva considerar a capacidade do participante do mercado em gerar benefícios econômicos, utilizando o ativo em seu melhor uso possível (conceito de *highest and best use*) ou comercializando-o a outro participante do mercado que utilizaria o ativo em seu melhor uso.

Assim, o CPC 46 define como o melhor uso possível de um ativo não financeiro considerar que o uso do ativo seja fisicamente possível, legalmente permitido e financeiramente viável:

> (a) Um uso que seja fisicamente possível leva em conta as características físicas do ativo que os participantes do mercado levariam em conta ao precificar o ativo (por exemplo, a localização ou o tamanho de um imóvel).
> (b) Um uso que seja legalmente permitido leva em conta quaisquer restrições legais sobre o uso do ativo que os participantes do mercado levariam em conta ao precificá-lo (por exemplo, as regras de zoneamento aplicáveis a um imóvel).
> (c) Um uso que seja financeiramente viável leva em conta se o uso do ativo que seja fisicamente possível e legalmente permitido gera receita ou fluxos de caixa adequados (levando em conta os custos para converter o ativo para esse uso) para produzir o retorno do investimento que os participantes do mercado exigiriam do investimento nesse ativo colocado para esse uso.

Por exemplo: uma plantação de eucalipto poderia ser cortada para que o produto agrícola sirva de escora para construção civil, mas é possível que o melhor uso seria manter a plantação por mais tempo e vender o produto agrícola para a indústria de papel. Nesse caso, devem-se considerar as premissas de avaliação a valor justo aplicável ao produto agrícola vendido à indústria de papel.

Também é importante destacar o uso do valor justo na avaliação de passivos e instrumentos patrimoniais próprios da entidade, como as participações patrimoniais emitidas em contraprestação na combinação de negócios. Nesses casos, a mensuração do valor justo também é recomendada desde que seja possível transferir a um participante do mercado, na data de mensuração, considerando as seguintes premissas:

> (a) o passivo permaneceria em aberto e o cessionário participante do mercado ficaria obrigado a satisfazer a obrigação.

O passivo não seria liquidado com a contraparte nem seria, de outro modo, extinto na data de mensuração;

(b) o instrumento patrimonial próprio da entidade permaneceria em aberto e o cessionário participante do mercado assumiria os direitos e responsabilidades a ele associados. O instrumento não seria cancelado nem, de outro modo, extinto na data de mensuração. (CPC 46, 2012)

No processo de avaliação de um passivo, o valor justo deveria refletir o efeito do risco de descumprimento (*non-performance*), que inclui, dentre outros, o risco de crédito próprio da entidade, pois presume-se que o risco de descumprimento (*non-performance*) seja o mesmo antes e depois da transferência do passivo.

Assim, ao mensurar o valor justo de um passivo, a entidade levará em conta o efeito de seu risco de crédito e quaisquer outros fatores que possam influenciar a probabilidade de que a obrigação seja ou não satisfeita. Esse efeito pode diferir dependendo do passivo, por exemplo:

(a) se o passivo é uma obrigação de entregar caixa (um passivo financeiro) ou uma obrigação de entregar bens ou serviços (um passivo não financeiro).

(b) os termos de melhorias de crédito relacionados ao passivo, se houver. (CPC 46, 2012)

No caso de mensurar o valor justo de um passivo ou de um instrumento patrimonial próprio, a entidade não deve incluir uma informação separada ou um ajuste a outras informações relativas à existência de uma restrição que impeça a transferência do item. O efeito de uma restrição que impeça a transferência de um passivo ou de um instrumento patrimonial próprio da entidade é incluído de forma implícita ou explícita nas demais informações da mensuração do valor justo.

PARA REFLETIR...

Como proceder no cálculo do valor justo em contas patrimoniais?

Para a avaliação do valor justo dos elementos patrimoniais, a entidade deve utilizar técnicas de avaliação que sejam aderentes às circunstâncias e para as quais haja dados suficientes disponíveis para mensurar o valor justo, maximizando o uso de dados observáveis relevantes e minimizando o uso de dados não observáveis. Por isso, preferencialmente se utilizam abordagens baseadas em valores de mercado, como cotações de ativos financeiros como ações de empresas adquiridas, porém, quando não for possível, outras abordagens que utilizem informações não observáveis (internas à organização) podem ser utilizadas, como o fluxo de caixa descontado para estimar o valor de uma propriedade adquirida para investimento, por exemplo um *shopping center*.

3. PROCEDIMENTOS CONTÁBEIS

Os procedimentos contábeis pertinentes às normas de AVP e mensuração do valor justo são bastante específicas; dessa forma, são apresentados separadamente.

3.1 Procedimentos contábeis do AVP

O pronunciamento técnico de AVP trata, essencialmente, da mensuração dos efeitos financeiros (juros) embutidos em operações que envolvam recebimentos ou pagamentos diferidos ao longo do tempo, independentemente da apresentação explícita dos juros, basicamente:

- Compras e vendas a prazo.
- Operações de arrendamento mercantil.
- Operações financeiras, como empréstimos e financiamentos (que, nesse caso, também podem envolver compras a prazo).

A norma recomenda que a medida de valor presente seja aplicada como forma de mensuração contábil logo no reconhecimento inicial dos ativos e passivos. Observe que a aplicação do AVP na mensuração de ativos e/ou passivos nem sempre proporciona um resultado igual ou próximo ao seu valor justo, ou seja, valor presente e valor justo não representam a mesma mensuração.

Novamente, destacamos que o AVP é uma forma de ajuste que demonstra o valor presente de um fluxo de caixa futuro, sendo este o valor de um direito ou obrigação descontada pela taxa de juros efetiva da operação, obtendo seu valor presente, no qual os valores relativos aos juros são contabilizados como receitas (direitos) ou despesas (obrigações) financeiras.

Observe que, caso a taxa de juros não esteja explicitamente apresentada na relação negocial, como é usual em contratos de empréstimo, por exemplo, ela deve ser calculada com base na taxa de juros implícita na operação, pela diferença entre o valor de compra ou venda à vista contra os valores relativos ao fluxo de caixa. Se, ainda assim, não for possível obter a taxa de juros implícita da operação, caso em que a contraparte não apresente valores diferentes entre a operação à vista ou a prazo, deve ser utilizada a taxa de juros representativa do mercado em que a operação se insere, ou seja, a taxa de juros para operações similares disponível para a entidade.

Por exemplo, a compra financiada de um equipamento por um cliente cuja avaliação de crédito indique um maior risco. Em virtude disso, fica inviável utilizar a taxa de mercado para esse financiamento, fazendo com que a aplicação do conceito de valor presente com a taxa característica da transação e do risco desse cliente leve o ativo, no comprador, a um valor inferior ao seu valor justo; nesse caso, prevalece contabilmente o valor calculado a valor presente, inferior ao valor justo, por representar melhor o efetivo custo de aquisição para o comprador. Em contrapartida, o vendedor reconhece a contrapartida do AVP do seu recebível como redução da receita, evidenciando que, nesse caso, terá obtido um valor de venda inferior ao praticado no mercado (CPC 12), porém apresentará uma maior receita financeira decorrente dos juros da operação.

Portanto, no reconhecimento das transações, devem-se considerar os aspectos de relevância e confiabilidade na avaliação das transações de ativos e passivos; além disso, recomenda-se que seja avaliada a relação custo-benefício da informação contábil-financeira. Por isso, é usual que se realize o reconhecimento do AVP apenas em transações que apresentem prazos superiores a 90 dias ou um ano.

Assim, a norma indica que

> o julgamento da relevância do ajuste a valor presente de ativos e passivos de curto prazo deve ser exercido por esses indivíduos [contadores e auditores], levando em consideração os efeitos comparativos antes e depois da adoção desse procedimento sobre itens do ativo, do passivo, do patrimônio líquido e do resultado (CPC 12, 2008).

PARA REFLETIR...

Em quais situações existe a necessidade da aplicação do ajuste a valor presente?

O AVP é usualmente aplicado na mensuração de ativos, passivos em situações que apresentarem uma ou mais das características a seguir:

> (a) transação que dá origem a um ativo, a um passivo, a uma receita ou a uma despesa [...] ou outra mutação do patrimônio líquido cuja contrapartida é um ativo ou um passivo com liquidação financeira (recebimento ou pagamento) em data diferente da data do reconhecimento desses elementos;
> (b) reconhecimento periódico de mudanças de valor, utilidade ou substância de ativos ou passivos similares emprega método de alocação de descontos;
> (c) conjunto particular de fluxos de caixa estimados claramente associado a um ativo ou a um passivo. (CPC 12, 2008)

Ao se aplicar o conceito de valor presente, deve-se associar tal procedimento à mensuração de ativos e passivos, levando-se em consideração o valor do dinheiro no tempo e as incertezas a ele associadas.

Assim, o AVP proporciona informações aos usuários de forma a possibilitar sua análise e a tomada de decisões com base em uma avaliação econômica, na qual os agentes possam definir com menor margem de erro os prêmios requeridos em contrapartida aos riscos assumidos.

A norma propicia a mensuração de ativos e passivos monetários pelo seu valor presente quando do seu reconhecimento inicial, independentemente de os juros embutidos serem implícitos ou explícitos, uma vez que estes são reconhecidamente seus custos originais se considerarmos o valor justo.

Já com relação à mensuração inicial de itens não monetários, como a aquisição de ativo imobilizado financiado, o valor de reconhecimento desse ativo não deve ser submetido a ajustes subsequentes no que respeita à figura de juros embutidos. Observe que nem todo ativo ou passivo não monetário está sujeito ao efeito do AVP, por exemplo, um item não monetário que, pela sua natureza, não está sujeito ao AVP é o adiantamento em dinheiro para recebimento ou pagamento em bens e serviços.

A norma de AVP define, ainda, que o imposto de renda diferido, seja ele de caráter ativo ou passivo, conforme o Pronunciamento técnico CPC 32 – Tributos sobre o Lucro (2009) e previsão nas normas internacionais de contabilidade, não é passível de AVP.

Já com relação a empréstimos e financiamentos subsidiados, por questões variadas, não há mercado consolidado de dívidas de longo prazo no Brasil, ficando a oferta de crédito ao mercado em geral com essa característica de longo prazo normalmente limitada a um único ente governamental. Assim, excepcionalmente, até que surja um efetivo mercado competitivo de negociação de créditos de longo prazo no Brasil, passivos e ativos dessa natureza não estão contemplados pelo AVP.

Em operações de longo prazo, quando financiadas por entes governamentais que tenham características de subvenção ou auxílio governamental, tratadas no Pronunciamento técnico CPC 07 – Subvenção e Assistência Governamentais (2010), sua mensuração deve considerar o AVP.

Existe ainda a figura dos passivos não contratuais, sendo essas transações que apresentam maior complexidade para fins de mensuração contábil pelo uso de informações com base no valor presente, pois seus fluxos de caixa possuem elevado nível de incerteza.

Assim, é importante observar as seguintes características:

- Necessidade de aplicação do AVP.
- Maior complexidade de avaliação devido à incerteza nos valores e prazos.
- Uso de cálculos probabilísticos para tal finalidade.
- Considerar as obrigações legais e as não formalizadas contratualmente.
- A taxa de desconto necessariamente deve considerar o risco de crédito da entidade.

Esse tipo de transação requer a participação de uma equipe multidisciplinar de profissionais que apresentem características como senso crítico, sensibilidade e experiência para a execução da tarefa de condução de cálculos probabilísticos. Também no caso do desconto a valor presente tanto para passivos contratuais quanto passivos não contratuais deve-se considerar o risco de crédito da entidade.

Em operações nas quais é necessário o uso do AVP, as taxas de juros podem ser implícitas ou explícitas; assim, na mensuração inicial da operação devemos utilizar uma taxa de desconto que reflita juros compatíveis com a natureza, o prazo e os riscos relacionados à operação. Para tal, devemos levar em consideração as taxas de mercado praticadas na data inicial da transação entre partes conhecedoras do negócio, que tenham a intenção de efetuar a operação e em condições usuais de mercado.

O AVP deverá ser sempre calculado com base na taxa de desconto que reflita a melhor avaliação do mercado quanto ao valor do dinheiro no tempo e os riscos específicos do ativo e do passivo em suas datas originais.

Nos casos em que a taxa de juros é explícita, o processo de mensuração passa por uma comparação entre a taxa de juros da operação e a taxa de juros de mercado, na data da origem da transação. Já nos casos em que a taxa de juros estiver implícita, é necessário estimar a taxa da operação, considerando as taxas de juros de mercado, conforme anteriormente mencionado.

Mesmo nos casos em que as partes afirmem que os valores à vista e a prazo são os mesmos, o AVP deve ser calculado e, se relevante, registrado. Por definição, valor presente "é a estimativa do valor corrente de um fluxo de caixa futuro" (CPC 12, 2008).

A quantificação do AVP deve ser realizada em base exponencial *pro rata*, ou seja, taxa de juros efetiva com base no tempo de competência da operação, a partir da origem de cada transação, sendo os seus efeitos apropriados nas contas a que se vinculam (regime de competência).

Para ilustrar as formas de aplicação dessa norma, vamos tratar duas situações diferentes, com a aplicação da matemática financeira para cálculo do valor presente, bem como o respectivo tratamento contábil da operação.

No exemplo 1, vamos verificar uma operação de venda de mercadorias, cuja operação foi realizada por meio de venda a prazo. Vamos às informações da operação:

- Valor da operação: $ 4.000,00.
- Prazo de recebimento: 4 meses (120 dias).
- Taxa de juros: implícita, consideramos o valor à vista das mercadorias em $ 3.485,77.

Nesse caso, por tratarmos de um período de 120 dias, vamos considerar que o efeito é relevante, e, assim, o valor presente deve ser considerado pelo valor à vista das mercadorias (observar se a taxa de juros está adequada em relação ao mercado – e, nesse caso, vamos considerar que está), bem como a apuração mensal dos efeitos financeiros relativos aos juros. Assim, para isso, o primeiro passo é identificar a taxa de juros efetiva da operação.

Temos, então, na HP 12C (cujos cálculos foram tratados no capítulo sobre matemática financeira):

4.000,00   CHS   FV
3.485,77   PV
4   n
$i \rightarrow$ 3,50% a.m.

Apropriação financeira (pela taxa efetiva de juros):

	Saldo inicial	Juros (3,5%)	Saldo final
Mês 1	3.485,77	122,00	3.607,77
Mês 2	3.607,77	126,27	3.734,04
Mês 3	3.734,04	130,69	3.864,74
Mês 4	3.864,74	135,27	4.000,00

Observe que o valor dos juros ocorre pelo método da taxa efetiva, também chamada de curva da operação, pois considera o efeito dos juros compostos, sendo diferente do método linear, que consistiria em apenas calcular os juros por mês: $ 514,23 / 4 = $ 128,56 por mês.

Após o cálculo do valor presente, dado pelo próprio preço à vista, temos a contabilização no momento inicial:

	Débito	Crédito
Clientes	$ 4.000	
Receita de vendas		$ 4.000
Reconhecimento da venda		

	Débito	Crédito
Receita de vendas	$ 514,23	
AVP juros a apropriar (redutora de ativo)		$ 514,23
Reconhecimento do AVP		

Essa contabilização pode, ainda, ser realizada da maneira direta, porém menos recomendável, por não registrar a movimentação contábil completa:

	Débito	Crédito
Clientes	$ 4.000	
AVP juros a apropriar (redutora de ativo)	$ 514,23	
Receita de vendas		$ 3.485,77
Reconhecimento da venda com AVP		

A seguir, procedemos à contabilização mensal dos efeitos financeiros a receber, que nesse caso são receitas financeiras:

	Débito	Crédito
AVP juros a apropriar	$ 122	
Receita financeira		$ 122
Reconhecimento ao final do mês 1		

	Débito	Crédito
AVP juros a apropriar	$ 126,27	
Receita financeira		$ 126,27
Reconhecimento ao final do mês 2		

	Débito	Crédito
AVP juros a apropriar	$ 130,69	
Receita financeira		$ 130,69
Reconhecimento ao final do mês 3		

	Débito	Crédito
AVP juros a apropriar	$ 135,27	
Receita financeira		$ 135,27
Reconhecimento ao final do mês 4		

Por fim, temos o recebimento de clientes, ao final do mês 4:

	Débito	Crédito
Caixa/bancos (ou disponíveis)	$ 4.000	
Clientes		$ 4.000
Reconhecimento do recebimento de clientes		

Observe que ao final da operação a conta de juros a apropriar, referente ao AVP, possui saldo com valor zero e as receitas estão avaliadas ao seu valor presente. A diferença é reconhecida ao longo do tempo, por sua competência, como receita financeira (quando é recebida, como nesse caso) ou despesa financeira, quando é paga.

No exemplo 2, vamos trabalhar agora com uma aquisição de máquinas e equipamentos, com as seguintes informações da operação:

- Valor da parcela: $ 5.000,00 por mês.
- Prazo de recebimento: 24 meses.
- Taxa de juros: 0,80% a.m. (definida em contrato).

Assim, o primeiro passo é calcular o valor presente, uma vez que a taxa de juros é explícita. Temos, então, na HP 12C (cujos cálculos foram tratados no capítulo sobre matemática financeira):

5.000,00   CHS   PMT
0,80   i
24   n
PV → $ 108.789,01

No reconhecimento inicial, teremos:

	Débito	Crédito
Imobilizado	$ 120.000	
Financiamentos de curto prazo		$ 60.000
Financiamentos de longo prazo		$ 60.000
Reconhecimento da compra = $ 5.000 × 24 parcelas		

Reconhecimento do AVP:

	Débito	Crédito
AVP encargos financeiros a transcorrer	$ 11.210,99	
Imobilizado		$ 11.210,99
Reconhecimento do AVP		

Ou, ainda, da forma direta, menos recomendada:

	Débito	Crédito
Imobilizado	$ 108.789,01	
AVP encargos financeiros a transcorrer	$ 11.210,99	
Financiamentos de curto prazo		$ 60.000
Financiamentos de longo prazo		$ 60.000
Reconhecimento da compra e AVP conjuntamente		

Tabela 4.3 Cálculo do efeito de competência

n	Saldo inicial	Juros (0,8%)	Amortização	Saldo final
1	108.789,01	870,31	4.129,69	104.659,32
2	104.659,32	837,27	4.162,73	100.496,60
3	100.496,60	803,97	4.196,03	96.300,57
4	96.300,57	770,40	4.229,60	92.070,97
5	92.070,97	736,57	4.263,43	87.807,54
6	87.807,54	702,46	4.297,54	83.510,00
7	83.510,00	668,08	4.331,92	79.178,08
8	79.178,08	633,42	4.366,58	74.811,51

(continua)

(continuação)

9	74.811,51	598,49	4.401,51	70.410,00
10	70.410,00	563,28	4.436,72	65.973,28
11	65.973,28	527,79	4.472,21	61.501,07
12	61.501,07	492,01	4.507,99	56.993,07
13	56.993,07	455,94	4.544,06	52.449,02
14	52.449,02	419,59	4.580,41	47.868,61
15	47.868,61	382,95	4.617,05	43.251,56
16	43.251,56	346,01	4.653,99	38.597,57
17	38.597,57	308,78	4.691,22	33.906,35
18	33.906,35	271,25	4.728,75	29.177,60
19	29.177,60	233,42	4.766,58	24.411,02
20	24.411,02	195,29	4.804,71	19.606,31
21	19.606,31	156,85	4.843,15	14.763,16
22	14.763,16	118,11	4.881,89	9.881,27
23	9.881,27	79,05	4.920,95	4.960,32
24	4.960,32	39,68	4.960,32	0,00

Importante observar que a soma do valor dos juros apurados e da amortização representam o valor original da parcela contratada.

Observe que o AVP de encargos financeiros a transcorrer é uma conta redutora de passivo, apresentada no balanço patrimonial abaixo do financiamento, como forma de demonstrar seu valor líquido:

Passivo circulante (12 primeiras parcelas)	
Financiamento curto prazo	($ 60.000,00)
AVP encargos financeiros a transcorrer CP	($ 8.204,06)
Saldo líquido	$ 51.795,94
Passivo não circulante (12 últimas parcelas)	
Financiamento longo prazo	($ 60.000,00)
AVP encargos financeiros a transcorrer LP	($ 3.006,93)
Saldo líquido	$ 56.993,07

A seguir, procedemos à contabilização nos meses inicial e final, dos juros a pagar, que nesse caso são despesas financeiras:

Reconhecimento ao final do mês 1:

	Débito	Crédito
Despesa financeira	$ 870,31	
AVP encargos financeiros a transcorrer		$ 870,31
Financiamentos	$ 5.000	
Caixa/banco (ou disponíveis)		$ 5.000
Reconhecimento das despesas financeiras e pagamento do principal		

Reconhecimento ao final do mês 24:

	Débito	Crédito
Despesa financeira	$ 39,68	
AVP encargos financeiros a transcorrer		$ 39,68
Financiamentos	$ 5.000	
Caixa/banco (ou disponíveis)		$ 5.000
Reconhecimento das despesas financeiras e pagamento do principal		

Ao final do período, foram pagos os $ 120.000,00 para fornecedores, e a conta de AVP encargos financeiros a transcorrer, que é redutora do passivo, tem seu saldo igual a zero.

Com relação à divulgação do AVP em notas explicativas, a norma recomenda apresentar informações que permitam aos usuários das demonstrações financeiras obter entendimento inequívoco das mensurações a valor presente para mensuração de ativos e passivos, compreendendo o seguinte rol não exaustivo:

(a) descrição pormenorizada do item objeto da mensuração a valor presente, natureza de seus fluxos de caixa (contratuais ou não) e, se aplicável, o seu valor de entrada cotado a mercado;
(b) premissas utilizadas pela administração, taxas de juros decompostas por prêmios incorporados e por fatores de risco (risk-free, risco de crédito etc.), montantes dos fluxos de caixa estimados ou séries de montantes dos fluxos de caixa estimados, horizonte temporal estimado ou esperado, expectativas em termos de montante e temporalidade dos fluxos (probabilidades associadas);
(c) modelos utilizados para cálculo de riscos e inputs dos modelos;
(d) breve descrição do método de alocação dos descontos e do procedimento adotado para acomodar mudanças de premissas da administração;
(e) propósito da mensuração a valor presente, se para reconhecimento inicial ou nova medição e motivação da administração para levar a efeito tal procedimento;
(f) outras informações consideradas relevantes. (CPC 12, 2008)

3.2 Mensuração do valor justo

Na mensuração do valor justo, é necessário utilizar uma técnica de avaliação para estimar o preço pelo qual uma transação ordenada para a venda do ativo ou para a transferência do passivo ocorreria entre participantes do mercado na data de mensuração sob condições atuais de mercado. Três técnicas de avaliação amplamente utilizadas são: a abordagem de mercado; a abordagem de custo; e a abordagem de receita, que veremos na sequência.

Na *abordagem de mercado*, são utilizadas informações de preços e outras que sejam relevantes, geradas por transações de mercado envolvendo ativos, passivos ou grupo de ativos e passivos (por exemplo um negócio) idêntico ou comparável, ou seja, similar.

Por exemplo, técnicas de avaliação consistentes com a abordagem de mercado frequentemente utilizam múltiplos de mercado obtidos a partir de um conjunto de elementos de comparação, por meio do qual se estabelece o valor de um ativo (ou conjunto de ativos) com base na proporção que estes representam em outras empresas do mesmo setor. Por exemplo, o mercado fornece cotação para a arroba do boi gordo, que serve de informação para a mensuração das cabeças de boi detidas pela entidade. Os múltiplos devem estar em faixas, com um múltiplo diferente para cada elemento de comparação. A escolha do múltiplo apropriado dentro da faixa exige julgamento, considerando-se fatores qualitativos e quantitativos específicos da mensuração.

Nas técnicas de avaliação consistentes com a abordagem de mercado, estão inclusas a precificação por matriz, sendo esta uma técnica matemática utilizada principalmente para avaliar alguns tipos de instrumentos financeiros, tais como títulos de dívida, sem se basear exclusivamente em preços cotados para os títulos específicos, mas sim baseando-se na relação dos títulos com outros títulos cotados de referência.

Na **abordagem de custo**, o valor se baseia no que seria necessário, atualmente, para substituir a capacidade de serviço de ativo, normalmente referido como custo de substituição/reposição atual.

Do ponto de vista de vendedor participante do mercado, o preço que seria recebido pelo ativo baseia-se no custo para um comprador participante do mercado, para este adquirir ou construir um ativo substituto de utilidade comparável, ajustado para refletir a obsolescência. Isso pelo fato de que um comprador participante do mercado não pagaria mais por um ativo do que o valor pelo qual poderia substituir a capacidade de serviço desse ativo.

Portanto, a abordagem de custo não é exatamente o uso de custo corrente. A mudança mais recente na definição de valor justo não permite mais o uso de valores de entrada para a mensuração do valor justo, apenas valores de saída.

Ainda devemos observar a questão da obsolescência, que compreende deterioração física, obsolescência funcional (tecnológica) e obsolescência econômica (externa), sendo mais ampla que a depreciação para fins das demonstrações contábeis (alocação do custo histórico) ou para fins tributários (utilizando as vidas úteis especificadas).

Em várias situações, o método de custo é utilizado para mensurar o valor justo de ativos tangíveis que sejam utilizados em combinação com outros ativos ou com outros ativos e passivos.

Na **abordagem de receita ou lucros futuros** (por exemplo, fluxos de caixa ou receitas e despesas), os fluxos futuros são convertidos em um valor único atual, ou seja, descontado. Quando a abordagem de receita é utilizada, a mensuração do valor justo reflete as expectativas de mercado atuais em relação a esses valores futuros, com base nos fluxos esperados, sejam estes de receita ou lucro. Muitas vezes, a base de avaliação é obtida pelo fluxo de caixa.

Essas técnicas de avaliação incluem, por exemplo:

(a) *técnicas de valor presente* [...];
(b) *modelos de precificação de opções, como a fórmula de Black-Scholes-Merton ou modelo binomial (ou seja, modelo de árvore), que incorporem técnicas de valor presente e reflitam tanto o valor temporal quanto o valor intrínseco da opção;* e
(c) *o método de ganhos excedentes em múltiplos períodos, que é utilizado para mensurar o valor justo de alguns ativos intangíveis.* (CPC 46, 2012)

A entidade deve utilizar técnicas de avaliação consistentes com uma ou mais dessas abordagens para mensurar o valor justo, buscando obter a informação mais útil e verdadeira, sem viés.

A norma define ainda que, se o preço da transação for o valor justo no reconhecimento inicial e se uma técnica de avaliação com base em dados não observáveis for utilizada para mensurar o valor justo em períodos subsequentes, a técnica de avaliação será calibrada de modo que, no reconhecimento inicial, o resultado da técnica de avaliação seja igual ao preço da transação.

Assim, a escolha da técnica a ser utilizada depende se há ou não dados suficientes no mercado para mensuração do valor justo. Em alguns casos, podemos utilizar uma única técnica; em outros, será necessária a composição de várias técnicas. Portanto, as técnicas devem ser aplicadas de forma consistente e adequada.

Para aumentar a consistência e comparabilidade na mensuração do valor justo e sua divulgação, são definidos três níveis conhecidos como **hierarquia do valor justo**, os *inputs* disponíveis no mercado. Tais *inputs* de mercado podem ser observáveis ou não.

- **Dados observáveis**: é recomendado basear-se em informações obtidas de fontes independentes da entidade.
- **Dados não observáveis**: nos quais são utilizadas informações próprias da organização sobre o mercado.

A técnica escolhida deve buscar a máxima utilização de *inputs* observáveis e minimizar a de não observáveis. Por isso, a hierarquia de valor justo dá a mais alta prioridade a preços cotados (não ajustados) em mercados ativos para ativos ou passivos idênticos (informações de nível 1) e a mais baixa prioridade a dados não observáveis (informações de nível 3).

A disponibilidade de informações relevantes e sua relativa subjetividade pode afetar a escolha de técnicas de avaliação apropriadas. A mensuração a valor justo prioriza as informações das técnicas de avaliação e não as técnicas de avaliação utilizadas para mensurar o valor justo.

3.2.1 Informações de nível 1

As informações de nível 1 consistem em preços cotados (não ajustados) em mercados ativos para ativos ou passivos idênticos aos quais a entidade possa ter acesso na data de mensuração. O preço cotado em mercado ativo oferece a evidência mais confiável do valor justo e deve ser utilizado sem ajuste para mensurar o valor justo sempre que disponível, exceto nas exceções em que a entidade pode efetuar ajustes na informação de nível 1.

A informação de nível 1 está disponível para muitos ativos financeiros e passivos financeiros, alguns dos quais podem ser trocados em múltiplos mercados ativos (por exemplo, em diferentes bolsas). Portanto, a ênfase no nível 1 está em determinar ambas as opções:

- O mercado principal para o ativo ou passivo ou, na ausência de um mercado principal, o mercado mais vantajoso para o ativo ou passivo.
- Se a entidade pode realizar uma transação com o ativo ou passivo pelo preço nesse mercado na data de mensuração.

A entidade não deve efetuar ajuste em informação (*input*) de nível 1, exceto nas seguintes circunstâncias:

(a) quando a entidade detiver grande número de ativos ou passivos similares (mas não idênticos) (por exemplo, títulos de dívida) que forem mensurados ao valor justo, e o preço cotado em mercado ativo estiver disponível, mas não prontamente acessível para cada um desses ativos ou passivos individualmente (ou seja, dado o grande número de ativos ou passivos similares mantidos pela entidade, seria difícil obter informações de precificação para cada ativo ou passivo individual na data de mensuração). Nesse caso, como expediente prático, a entidade pode mensurar o valor justo utilizando método de precificação alternativo que não se baseie exclusivamente em preços cotados (por exemplo, precificação por matriz). Contudo, o uso de um método de precificação alternativo resulta na mensuração do valor justo classificada em nível mais baixo na hierarquia de valor justo;

(b) quando o preço cotado em mercado ativo não representar o valor justo na data de mensuração. Esse pode ser o caso se, por exemplo, eventos significativos (tais como transações em mercado não intermediado, negociações em mercado intermediado ou anúncios) ocorrerem após o fechamento de mercado, mas antes da data de mensuração. A entidade deve estabelecer e aplicar de forma consistente uma política para a identificação dos eventos que possam afetar mensurações do valor justo. Contudo, se o preço cotado for ajustado para refletir novas informações, o ajuste resulta na mensuração do valor justo classificada em nível mais baixo na hierarquia de valor justo.

(c) ao mensurar o valor justo de um passivo ou de instrumento patrimonial próprio da entidade utilizando o preço cotado para o item idêntico negociado como um ativo em mercado ativo, e esse preço precisar ser ajustado para refletir fatores específicos do item ou ativo [...]. Se nenhum ajuste ao preço cotado do ativo for necessário, o resultado da mensuração do valor justo é classificado no Nível 1 da hierarquia de valor justo. Contudo, qualquer ajuste no preço cotado do ativo resulta na mensuração do valor justo classificada em nível mais baixo na hierarquia de valor justo. (CPC 46, 2012)

Caso a entidade detenha uma posição em um único ativo ou passivo, incluindo uma posição que compreenda um grande número de ativos ou passivos idênticos, por exemplo, a detenção de instrumentos financeiros, e esse ativo ou passivo forem negociados em mercado ativo, o valor justo do ativo ou passivo é mensurado no nível 1 como o produto entre o preço cotado para o ativo ou passivo individual e a quantidade detida pela entidade. Esse é o caso mesmo quando o volume de negociação diária normal do mercado não seja suficiente para absorver a quantidade que a empresa possui, e a venda da posição em uma única transação possa afetar o preço cotado.

É a informação mais confiável e verificável, por isso deve ser privilegiada em relação às demais. Os melhores exemplos de informação de nível 1 são títulos e valores mobiliários, como ações, debêntures e derivativos, como contratos futuros, sendo este nível formado apenas por aqueles negociados em mercado de bolsa.

3.2.2 Informações de nível 2

As informações de nível 2 são aquelas observáveis para o ativo ou passivo, seja direta ou indiretamente, exceto preços cotados incluídos no nível 1. Se o ativo ou o passivo tiver prazo determinado (contratual), a informação de nível 2 deve ser observável substancialmente pelo prazo integral do ativo ou passivo.

Assim, as informações de nível 2 incluem:

(a) preços cotados para ativos ou passivos similares em mercados ativos;
(b) preços cotados para ativos ou passivos idênticos ou similares em mercados que não sejam ativos;
(c) informações, exceto preços cotados, que sejam observáveis para o ativo ou passivo, como, por exemplo:
  (i) taxas de juros e curvas de rendimento observáveis em intervalos comumente cotados;
  (ii) volatilidades implícitas; e
  (iii) *spreads* de crédito;
(d) informações corroboradas pelo mercado. (CPC 46, 2012)

Os ajustes em informações (*inputs*) de nível 2 podem variar, dependendo de fatores específicos do ativo ou passivo, que incluem:

(a) a condição ou localização do ativo;
(b) em que medida as informações estão relacionadas a itens que são comparáveis ao ativo ou passivo [...]; e
(c) o volume ou nível de atividade nos mercados em que as informações são observadas. (CPC 46, 2012)

Exemplos de informação de nível 2 são os estoques de produtos de venda de varejo em que existe um valor relativamente estável para o mercado, seja ele de varejo ou atacado, estando ajustado para refletir diferenças entre a condição e a localização do estoque com seus comparáveis, ou, ainda, em ativos imobilizados como imóveis, em que existe o valor por metro quadrado para a edificação a partir de dados de mercado observáveis em locais similares.

Um ajuste na informação (*input*) de nível 2 que seja significativa para a mensuração como um todo pode resultar na mensuração do valor justo classificada no nível 3 da hierarquia de valor justo, caso esse ajuste utilize dados não observáveis significativos.

3.2.3 Informações de nível 3

A principal característica das informações de nível 3 é o fato de que elas se baseiam em dados não observáveis (sobre ativos ou passivos) para mensurar o valor justo, na medida em que dados observáveis relevantes não estejam disponíveis, admitindo assim situações em que há pouca ou nenhuma atividade de mercado para o ativo ou passivo na data de mensuração.

A mensuração a valor justo com informações de nível 3 considera que os dados não observáveis deverão refletir as premissas que os participantes do mercado utilizariam ao precificar o ativo ou passivo, incluindo premissas sobre risco, sendo este risco inerente à técnica de avaliação específica utilizada (por exemplo, um modelo de precificação) e às informações utilizadas na técnica de avaliação.

Assim, a entidade deve desenvolver dados não observáveis, utilizando as melhores informações disponíveis nas circunstâncias, que podem incluir dados próprios da entidade. Ao desenvolver esse tipo de dados não observáveis, a entidade pode começar com seus próprios dados, mas deve ajustá-los se informações razoavelmente disponíveis indicarem que outros participantes do mercado utilizariam dados diferentes, ou se houver algo específico para a entidade que não estiver disponível para outros participantes do mercado.

A entidade não precisa empreender esforços exaustivos para obter informações sobre premissas de participantes do mercado, entretanto deve levar em conta todas as informações sobre premissas de participantes do mercado que estiverem razoavelmente disponíveis.

Por fim, com relação à divulgação, a entidade deve proporcionar informações que auxiliem os usuários de suas demonstrações a avaliar:

- Ativos e passivos que sejam mensurados ao valor justo de forma recorrente ou não recorrente no balanço patrimonial após o reconhecimento inicial, as técnicas de avaliação e informações utilizadas para desenvolver essas mensurações.
- Mensurações do valor justo recorrentes que utilizem dados não observáveis significativos (nível 3), o efeito das mensurações sobre o resultado do período ou outros resultados abrangentes para o período.

A Tabela 4.4 apresenta um exemplo prático da divulgação para a BRF.

Tabela 4.4 Excerto da nota explicativa da BRF de 2018

	Consolidado					
	31/12/18			31/12/17		
	Nível 1	Nível 2	Total	Nível 1	Nível 2	Total
Ativos financeiros						
Valor justo por meio de outros resultados abrangentes						
Credit liked notes	16.398	–	16.398	15.447	–	15.447
Ações	139.469	–	139.469	328.816	–	328.816
Valor justo pelo resultado						
Conta remunerada e *overnight*	401.145	–	401.145	649.618	–	649.618
Depósito a prazo	21.150	–	21.150	157.974	–	157.974
Certificado de depósito bancário	–	3.720.708	3.720.708	–	3.527.786	3.527.786
Letras financeiras do tesouro	295.699	–	295.699	166.322	–	166.322
Fundos de investimento	3.721	–	3.721	35.006	–	35.006
Derivativos	–	182.339	182.339	–	90.536	90.536
Passivos financeiros						
Valor justo pelo resultado						
Derivativos	–	(235.035)	(235.035)	–	(299.491)	(299.491)
	877.582	**3.668.012**	**4.545.594**	1.353.183	3.318.831	4.672.014

A entidade deve, ainda, divulgar informações que permitam aos usuários obter informações sobre como o valor justo foi mensurado, considerando as técnicas de mensuração, dados utilizados, dentre outros. Além disso, para cada categoria de ativo e passivo, deve divulgar:

- Valor justo na data de divulgação.
- Segregação das informações sobre valor justo por nível hierárquico (1, 2 e 3).
- Técnicas de avaliação utilizadas (mercado, custo ou lucro).

Dessa forma, exemplos de informações de nível 3 ocorrem, em geral, quando há o uso de informações internas à organização, como o uso de fluxo de caixa esperado e taxa de juros para desconto que reflita o risco do negócio, de maneira a realizar uma avaliação do valor justo com base em uma estimativa.

DESTAQUES FINAIS

O emprego de técnicas de mensuração, como o uso da avaliação a valor justo e, dentre suas opções, a própria mensuração por meio do AVP, proporciona uma informação com maior qualidade e relevância para os usuários da informação contábil-financeira, como indica a Estrutura Conceitual para Relatório Financeiro. Porém, o uso de tais metodologias de avaliação leva em conta aspectos subjetivos, que utilizam pressupostos, premissas e informações nem sempre amplamente difundidos ou aceitos.

Assim, para não confundir os conceitos apresentados neste capítulo, podemos distinguir AVP de valor justo da seguinte forma, de acordo com a norma CPC 12 (2008):

> **AVP**: tem como objetivo efetuar o ajuste para demonstrar o valor presente de um fluxo de caixa futuro. Esse fluxo de caixa pode estar representado por ingressos ou saídas de recursos (ou montante equivalente; por exemplo, créditos que diminuam a saída de caixa futuro seriam equivalentes a ingressos de recursos). Para determinar o valor presente de um fluxo de caixa, três informações são requeridas: valor do fluxo futuro (considerando todos os termos e as condições contratados), data do referido fluxo financeiro e taxa de desconto aplicável à transação.
>
> **Valor justo**: tem como primeiro objetivo demonstrar o valor de mercado de determinado ativo ou passivo; na impossibilidade disso, demonstrar o provável valor que seria o de mercado por comparação a outros ativos ou passivos que tenham valor de mercado; na impossibilidade dessa alternativa também, demonstrar o provável valor que seria o de mercado por utilização do ajuste a valor presente dos valores estimados futuros de fluxos de caixa vinculados a esse ativo ou passivo; finalmente, na impossibilidade dessas alternativas, pela utilização de fórmulas econométricas reconhecidas pelo mercado.

Vê-se, pois, que em algumas circunstâncias o valor justo e o valor presente podem coincidir.

Veja que o emprego dessas normas melhora a qualidade da informação para o tomador da decisão, porém aumenta consideravelmente a responsabilidade da contabilidade na adequada elaboração das demonstrações contábeis, ampliando a dificuldade e a importância do processo de mensuração contábil.

RESUMO

- Valor justo é o preço que seria recebido pela venda de um ativo ou que seria pago pela transferência de um passivo em uma transação ordenada entre participantes do mercado na data de mensuração.
- Na abordagem de mercado, são utilizados preços observáveis e outras informações relevantes, geradas por transações no mercado, envolvendo ativos idênticos ou comparáveis (ou passivos).
- Na abordagem do lucro, se convertem montantes futuros (caixa ou lucros) em um único valor presente.
- Na abordagem do custo, se utiliza o valor requerido para repor um ativo com igual capacidade de geração de serviços.
- Os *inputs* de mercado podem ser observáveis, baseados em informações obtidas de fontes independentes da entidade, ou não observáveis, baseados em premissas próprias da entidade sobre o mercado.
- Existe uma hierarquia do valor justo, do nível 1 ao nível 3, considerando as informações observáveis em preços (cotações) no nível 1, passando por itens observáveis que não sejam preços no nível 2, até não observáveis no nível 3.
- O ajuste a valor presente (AVP) é um ajuste utilizado para demonstrar o valor presente de um fluxo de caixa futuro de ativos e passivos.
- O AVP tem como objetivo apresentar com maior fidedignidade os elementos patrimoniais das entidades, aumentar o valor preditivo da contabilidade e considerar o valor do dinheiro no tempo e as incertezas a ele associadas.

EXERCÍCIOS PROPOSTOS

Assista ao vídeo

QUESTÃO 1: Conforme a definição do CPC 46:

O valor justo é uma mensuração baseada em mercado e não uma mensuração específica da entidade. Para alguns ativos e passivos, pode haver informações de mercado ou transações de mercado observáveis disponíveis e para outros pode não haver. Contudo, o objetivo da mensuração do valor justo em ambos os casos é o mesmo – estimar o preço pelo qual uma transação não forçada para vender o ativo ou para transferir o passivo ocorreria entre participantes do mercado na data de mensuração sob condições correntes de mercado (ou seja, um preço de saída na data de mensuração do ponto de vista de participante do mercado que detenha o ativo ou passivo).

A partir desse conceito, discuta em que situações a medida de valor justo para ativos pode melhorar a informação voltada para investidores e credores, em relação à mensuração a custo.

QUESTÃO 2: A empresa Delta Gama S.A. realizou uma compra a prazo de mercadorias para estoque no valor de $ 250.000,00 em 31/12/2011, na qual estão embutidos juros no valor de 6% ao ano, cujo vencimento será em 31/12/2013.

Dessa forma, proceda à contabilização da empresa Delta Gama S.A., considerando os efeitos do ajuste a valor presente, nos seguintes momentos:

a) Momento da compra das mercadorias.
b) Fechamento do balanço patrimonial em 31/12/2012 (competência dos juros).
c) Fechamento do balanço patrimonial em 31/12/2013 (pagamento da dívida e competência dos juros).

Para fins de cálculo, considere a taxa de juros efetiva (juros compostos) da operação.

QUESTÃO 3: Explique a abordagem de mercado na determinação do valor justo e discuta sua aplicabilidade na mensuração contábil.

QUESTÃO 4: Uma indústria realizou compra a prazo de estoques de matéria-prima pelo valor de $ 100.000,00 em 01/07/2014 com pagamento para 01/07/2015. Assim, realize a contabilização da operação, considerando os efeitos do ajuste a valor presente e uma taxa de juros efetiva de 0,70% ao mês, nos seguintes momentos:

a) Momento da compra das mercadorias.
b) Fechamento do balanço patrimonial em 31/12/2013 (reconhecimento da competência dos juros).

Apresente a contabilização e os cálculos por meio de fórmulas ou pelos comandos da HP 12C.

QUESTÃO 5: Explique como se aplica a hierarquia do valor justo e seus objetivos. Apresente um exemplo de informação de cada nível.

BIBLIOGRAFIA SUGERIDA

BRASIL. Presidência da República. Casa Civil. *Lei 6.404, de 15 de dezembro de 1976*. Dispõe sobre as Sociedades por Ações. Brasília, 1976. Disponível em: http://www.planalto.gov.br/ccivil_03/leis/l6404consol.htm. Acesso em: 9 jul. 2020.

BRASIL. Presidência da República. Casa Civil. *Lei 11.638, de 28 de dezembro de 2007*. Altera e revoga dispositivos da Lei 6.404, de 15 de dezembro de 1976, e da Lei 6.385, de 7 de dezembro de 1976, e estende às sociedades de grande porte disposições relativas à elaboração e divulgação de demonstrações financeiras. Brasília, 2007. Disponível em: http://www.planalto.gov.br/ccivil_03/_ato2007-2010/2007/lei/l11638.htm. Acesso em: 9 jul. 2020.

COMITÊ DE PRONUNCIAMENTOS CONTÁBEIS (CPC). *Pronunciamento técnico CPC 07 (R1) – Subvenção e Assistência Governamentais*. Brasília: CPC, 2010. Disponível em: http://static.cpc.aatb.com.br/Documentos/167_CPC_07_R1_rev%2012.pdf. Acesso em: 14 jul. 2020.

COMITÊ DE PRONUNCIAMENTOS CONTÁBEIS (CPC). *Pronunciamento técnico CPC 12 – Ajuste a Valor Presente*. Brasília: CPC, 2008. Disponível em: http://static.cpc.aatb.com.br/Documentos/219_CPC_12.pdf. Acesso em: 14 jul. 2020.

COMITÊ DE PRONUNCIAMENTOS CONTÁBEIS (CPC). *Pronunciamento técnico CPC 32 – Tributos sobre o Lucro*. Brasília: CPC, 2009. Disponível em: http://static.cpc.aatb.com.br/Documentos/340_CPC_32_rev%2014.pdf. Acesso em: 14 jul. 2020.

COMITÊ DE PRONUNCIAMENTOS CONTÁBEIS (CPC). *Pronunciamento técnico CPC 46 – Mensuração do Valor Justo*. Brasília: CPC, 2012. Disponível em: http://static.cpc.aatb.com.br/Documentos/395_CPC_46_rev%2014.pdf. Acesso em: 14 jul. 2020.

ECONOMATICA. *Plataforma Economatica*, 2008. Disponível em: https://economatica.com/. Acesso em 16 ago. 2018.

FIPECAFI. *Manual de contabilidade societária*: aplicável a todas as sociedades de acordo com as normas internacionais e do CPC. 2. ed. São Paulo: Atlas, 2013.

PARTE II
ATIVOS

5

ATIVO IMOBILIZADO E PROPRIEDADE PARA INVESTIMENTO

Sílvio Hiroshi Nakao

OBJETIVOS DE APRENDIZAGEM

- Compreender a natureza econômica de um ativo imobilizado e de uma propriedade para investimento.
- Compreender as razões para as escolhas do normatizador a respeito de princípios de reconhecimento e mensuração de imobilizado e propriedade para investimento.
- Compreender as escolhas contábeis que a norma contábil permite que o gestor faça e as suas implicações em termos de informação.

1. APRESENTAÇÃO

Este capítulo trata das questões envolvendo a contabilização e apresentação dos ativos imobilizados e das propriedades para investimento de acordo com as normas IFRS/CPC.

Esses são considerados dois importantes grupos de ativos, pois são genericamente identificados como os principais números representativos dos "investimentos" da entidade. Ou seja, quando se quer avaliar se a entidade está "investindo" no seu negócio, observa-se o comportamento dessas contas ao longo do tempo. Isso não deixa de ser verdade quando pensamos em investimentos no processo produtivo, na aquisição de máquinas, por exemplo, mas obviamente investimentos também podem ocorrer em outros ativos, como estoques.

O que se quer normalmente verificar é a "aposta" que a entidade está fazendo no longo prazo, e essas duas contas – imobilizado e propriedade para investimento – podem ser um "termômetro" disso. O imobilizado é entendido como um tipo de ativo que expressa mais fortemente a noção de capacidade produtiva e geração de riqueza. Do mesmo modo, as propriedades para investimento também possuem essa característica, por serem imóveis destinados à venda ou obtenção de aluguel, como é o caso de *shopping centers*.

A BR Malls é uma empresa que atua nesse ramo e apresentou as demonstrações financeiras de 2015 com expressivos investimentos (e desinvestimentos) em imobilizado e propriedades para investimento, conforme trecho extraído da sua demonstração dos fluxos de caixa (DFC), segundo o Quadro 5.1.

Quadro 5.1 Excerto da DFC da BR Malls de 2015

Fluxo de caixa das atividades de investimentos	58.387
Compra/venda de títulos e valores mobiliários	83.350
Aumento (redução) nos ativos intangíveis/imobilizado	(36.925)
Aquisição e construção de propriedades para investimentos	(389.633)
Venda de propriedade para investimento	401.595

Chamam a atenção o volume de investimentos em *shopping centers*, de quase 400 milhões de reais no ano de 2015, e a avaliação a valor justo dessas propriedades, conforme trecho extraído das notas explicativas na Tabela 5.1.

Os comentários da administração da BR Malls revelam a importância desses ativos para a companhia e a preocupação com os investimentos em tempos de crise econômica, conforme trecho exibido pelo Quadro 5.2.

O objetivo do texto é fazer com que o leitor possa entender como devem ser tratados contabilmente os ativos imobilizados e as propriedades para investimento e compreender os fatores que podem levar a uma melhor apresentação desses ativos para fins de tomada de decisão de investidores e credores.

Os grandes desafios na contabilização do imobilizado são:

- Separar aquilo que o qualifica e o diferencia de outros tipos de ativos.
- Definir se um item deve ser incorporado ao imobilizado.
- Definir a vida útil dos ativos.
- Definir quando o ativo deve sofrer *impairment*.

Já as propriedades para investimento são constituídas exclusivamente por imóveis e podem ser contabilizadas seguindo uma de duas opções:

- Avaliação a custo.
- Avaliação a valor justo.

Na avaliação a custo, os procedimentos e os desafios são semelhantes aos aplicados aos ativos imobilizados. Na avaliação a valor justo, os desafios estão relacionados à questão da mensuração, principalmente quando não há um mercado ativo para os imóveis.

Tabela 5.1 Excerto das notas explicativas da BR Malls de 2015

	Consolidado		
	Em operação	Projetos "Greenfield" em construção (*i*)	Total
Saldos em 31 de dezembro de 2013			
Aquisições/adições	16.363.691	287.311	16.651.002
Alienação	312.635	85.313	397.948
Ajuste para valor justo	(380.968)	–	(380.968)
Saldos em 31 de dezembro de 2014	633.932	–	633.932
Aquisições/adições (ii)	16.929.290	372.624	17.301.914
Alienação (iii)	266.427	150.711	417.138
Ajuste para valor justo (iv)	(401.595)	–	(401.595)
Baixas (v)	381.909	–	381.909
Transferências (vi)	–	(45.654)	(45.654)
Saldos em 31 de dezembro de 2015	77.998	(77.998)	–
	17.254.029	399.683	17.653.712

(i) Os projetos "Greenfield" em construção referem-se aos gastos com a construção dos *Shoppings* Estação Cuiabá, Catuaí Cascavel e expansões dos *Shoppings* Capim Dourado, Campinas, NorteShopping, Independência, Mooca e Estação BH.

(ii) Em 2015, as aquisições de propriedades para investimentos em operação referem-se, principalmente, ao Estacionamento do *Shopping* Paralela, *Shopping* Tijuca, Rio Anil, Capim Dourado e Top Shopping.

(iii) Alienação parcial de 44% do *Shopping* Paralela e alienação total de participação imobiliária dos *Shoppings* Center Rio, West Shopping e Crystal Plaza.

(iv) Montantes reconhecidos no resultado do exercício.

(v) Baixa referente à devolução de aquisição não realizada.

(vi) Inauguramos os projetos de Expansão do *Shopping* Capim Dourado, Campinas e Estação BH, transferindo o saldo para "em operação".

Quadro 5.2 Excerto do relatório anual de 2015 da BR Malls

> Como nos demais trimestres de 2015, as vendas em nossos *shoppings* foram impactadas principalmente por uma *performance* abaixo da média no segmento de eletroeletrônicos. Ao longo do ano, tivemos uma importante contribuição do segmento de lazer que vem se mostrando resiliente mesmo com a desaceleração do varejo. No ano de 2015, essa *performance* demonstrou ainda mais a dominância do nosso portfólio e a competência em atrair pessoas como um destino de lazer e serviços e não somente de compras, sendo esse um grande diferencial dos *shoppings versus* o varejo tradicional de ruas.
>
> Anunciamos a venda de participação em quatro ativos da companhia. Juntas, as participações vendidas contribuíam com 41,8 mil m² de ABL. O valor total da venda foi de mais de R$ 370 milhões, pagos em uma única parcela no momento de fechamento das operações. Os recursos provenientes foram utilizados prioritariamente para otimizar sua estrutura de capital e para futuros investimentos que tragam a companhia maiores níveis de rentabilidade.
>
> Continuamos acreditando em nossa estratégia de crescimento, porém cada vez mais atentos às dificuldades e desafios impostos pelo atual cenário econômico e político brasileiro. Os trabalhos de aprovação dos projetos Greenfield e expansões continuam em andamento, e conforme tivermos sucesso com as aprovações necessárias analisaremos todos os projetos baseados em seu desempenho comercial e no cenário macroeconômico, e apenas assim prosseguiremos com as obras.

A correta mensuração do ativo imobilizado ao longo do tempo proporciona ao investidor e ao credor uma identificação clara do retorno sobre o investimento em ativos imobilizados, que em muitas situações são ativos representativos, principalmente em setores de capital intensivo.

Em relação às propriedades para investimento, a questão mais intrigante é a sua mensuração a valor justo. Se avaliado por esse parâmetro, os ativos são apresentados de maneira a acompanhar as oscilações de mercado. Em determinados casos, os imóveis podem representar o principal foco do negócio da entidade; sendo assim, os ativos a princípio devem possuir maior correlação com o valor de mercado da empresa como um todo, o que significa maior relevância da informação prestada aos acionistas. Um aspecto importante dessa norma é que os resultados reconhecidos em função das oscilações do valor justo são considerados realizados, ou seja, efetivamente ganhos ou perdidos, e são apresentados na demonstração do resultado do exercício (DRE).

Primeiramente, vamos tratar do CPC 27 – Ativo Imobilizado. A norma começa definindo o seu próprio objetivo, em que ela é aplicável e em que ela não é aplicável, seguido das definições dos termos utilizados. Esta é uma parte importante, porque define o escopo da sua aplicação, remetendo o devido tratamento a outras normas quando o CPC 27 não for aplicável e, com isso, separando o que é imobilizado do que é propriedade para investimento, ativo biológico etc. Em seguida, vem a parte principal da norma, constituída dos princípios de reconhecimento, mensuração, baixa e divulgação do imobilizado. A mensuração é dividida em duas partes: no momento do reconhecimento do ativo e após o seu reconhecimento.

O CPC 28 – Propriedade para Investimento possui praticamente a mesma estrutura do CPC 27, definindo inicialmente o objetivo e o alcance da norma, seguido das definições dos termos utilizados. A parte principal da norma é constituída dos princípios de reconhecimento, mensuração e divulgação, mas, da mesma forma, a mensuração é dividida em duas partes: no momento do reconhecimento e após o reconhecimento, destacando a mensuração a valor justo. Ela inclui ainda o tratamento no caso de transferência e alienação.

Este capítulo apresenta primeiramente uma análise dos conceitos envolvidos no CPC 27 e no CPC 28. Posteriormente, são apresentadas as principais determinações das normas contábeis, juntamente com as questões práticas relacionadas ao assunto e os principais pontos em que as normas demandam interpretação.

O Quadro 5.3 apresenta os pronunciamentos nacionais e seus congêneres internacionais dos quais se baseiam a norma nacional.

Quadro 5.3 Pronunciamentos sobre imobilizado e propriedade para investimento

CPC	IFRS Iasb
CPC 27 – Ativo Imobilizado	IAS 16 – *Property, Plant and Equipment*
CPC 28 – Propriedade para Investimento	IAS 40 – *Investment Property*

2. CONCEITOS E DEFINIÇÕES RELEVANTES

Nesta seção, tratamos dos conceitos e definições ligados às normas em questão. O objetivo aqui é discutir e reforçar os conceitos que dão sustentação às normas e as definições colocadas por elas.

Em essência, o que é um imobilizado? Ele está ligado à ideia de um ativo corpóreo que traz benefícios à entidade por meio de seu uso. Imagine uma máquina: a entidade usa a máquina para aumentar a eficiência da sua produção e com isso ganhar mais dinheiro com o volume de produtos produzidos. Esse dinheiro a mais é o benefício econômico da máquina (muito embora possa ser difícil medir exatamente o quanto é esse benefício isoladamente). Se a entidade decidir deixar de usá-lo, em essência o ativo deixa de ser um imobilizado.

O CPC 27 define o ativo imobilizado como o item tangível que é mantido para uso na produção ou fornecimento de mercadorias ou serviços, para aluguel a outros, ou para fins administrativos, e se espera utilizar por mais de um período. Um item tangível é aquele que pode ser tocado – corpóreo; já os intangíveis como *softwares*, por exemplo, têm tratamento dado por outra norma. Perceba que a definição de imobilizado é bastante ampla, pois inclui a utilização física do ativo nas operações, mas também os benefícios obtidos pela locação (como no caso de locação de veículos). A definição também abrange os ativos que trazem benefícios indiretos. Por exemplo, digamos que uma fazenda possua uma área de preservação ambiental, exigida por lei. Essa área também deve fazer parte do imobilizado, apesar de não estar sendo utilizada diretamente para a produção rural. Porém, essa área deve ser mantida para permitir o uso das áreas produtivas – sem ela, o restante não poderia ser usado.

Qual a diferença entre ativo imobilizado (ou propriedade para investimento) e despesas?

Em essência, um ativo deve trazer prováveis benefícios econômicos no futuro e uma despesa traz benefícios no presente ou não é possível dizer que é provável a obtenção de benefícios no futuro. Quando se fala em benefícios econômicos futuros de um item, o que se quer avaliar é se aquele item tem ou não condição de trazer um benefício adicional em relação ao que já se esperava obter inicialmente.

Por exemplo, digamos que eu tenha um carro, que foi adquirido há dois anos. Eu preciso fazer a manutenção normal dele, trocar os pneus, por exemplo. Se a minha expectativa inicial, quando eu comprei, era de usá-lo por cinco anos, é natural assumir que essa troca de pneus faz parte do desgaste decorrente do uso do veículo e, com isso, já fazia parte do meu plano inicial de manter o carro por cinco anos. Portanto, a troca dos pneus não deve afetar em nada a minha expectativa de utilizar o carro por mais três anos, e esse gasto não deve ser incorporado ao ativo, mas sim tratado como uma despesa de manutenção.

Por outro lado, se o motor do carro fundir amanhã, a minha decisão de trocar o motor deve passar também pela decisão de manter o ativo em uso por mais tempo do que o previsto inicialmente. A troca de um motor com dois anos de uso não é algo esperado. Se eu resolver investir em um novo motor, é possível que eu tenha que obter benefícios econômicos adicionais em relação à expectativa inicial, estendendo o prazo de vida útil para poder "pagar" o investimento no novo motor. Assim, esse gasto com o carro pode ser incorporado ao ativo (com o motor velho sendo baixado) porque esse custo deve representar o mínimo de benefícios econômicos adicionais que se espera obter no futuro com o uso do carro.

Qual a diferença entre um ativo imobilizado e uma propriedade para investimento?

Duas coisas separam ativo imobilizado de propriedade para investimento: (1) a forma de obtenção de benefícios econômicos; e (2) a capacidade de representação por meio da mensuração a valor justo. Obtêm-se benefícios econômicos com o ativo imobilizado principalmente por meio de seu uso. Já na propriedade para investimento, os benefícios econômicos ocorrem por meio de fluxos de caixa de venda ou de aluguel, e não pelo uso, o que lhe confere a capacidade de geração de fluxos de caixa de maneira bastante independente dos outros ativos mantidos pela entidade.

No imobilizado, como os benefícios econômicos são obtidos principalmente por meio de uso, a mensuração que melhor representaria esses benefícios seria o fluxo de caixa descontado que é gerado a mais em decorrência do uso do ativo. Porém, dada a subjetividade dessa mensuração, a medida preferida pelo normatizador sempre foi o custo histórico.

O CPC 27 define que o imobilizado deve ser mensurado preferencialmente pelo custo. Porém, é importante lembrar que o custo é uma medida que substitui o valor subjetivo do ativo. O ativo, teoricamente, tem seu valor dado pela expectativa de benefícios econômicos futuros. Toda expectativa é subjetiva e esse é o principal problema de qualquer mensuração. Esses benefícios podem ser entendidos como geração de caixa, mas podem advir do recebimento de uma mercadoria como forma de pagamento, por exemplo. O benefício econômico de um recebível é o seu recebimento; o benefício do estoque é o dinheiro a ser obtido pela sua venda, independentemente de quanto foi pago para adquiri-lo.

A medida de benefícios econômicos para o imobilizado é mais complicada de se obter na prática, porque teríamos que avaliar o quanto de dinheiro ele traz por si só, isoladamente, mas normalmente esses benefícios são obtidos pela interação com outros ativos: uma máquina só funciona com instalações elétricas com pessoas para operá-la, com insumos da produção. O custo é um bom substituto para o valor do ativo, porque no momento em que o gestor decide comprar o imobilizado a sua expectativa é a de que os benefícios, evidentemente, serão maiores do que o custo. Portanto, espera-se que os benefícios econômicos correspondam no mínimo ao próprio valor pago – o custo.

Como a medida preferencial do imobilizado é custo, a norma define que a redução nas expectativas de benefícios futuros ao longo do tempo ocorre por meio do mecanismo de depreciação. Assim, para um determinado ativo, se a expectativa inicial era a de obter benefícios econômicos por cinco anos, essa expectativa de benefícios futuros naturalmente diminui com a passagem do tempo. Com isso, o valor do ativo vai reduzindo ao longo do tempo, e essa redução de valor é feita por meio da depreciação.

A definição de depreciação da norma decorre do método de avaliação do ativo a custo. A depreciação tem por função reconhecer a perda de um valor de ativo pela decorrência do

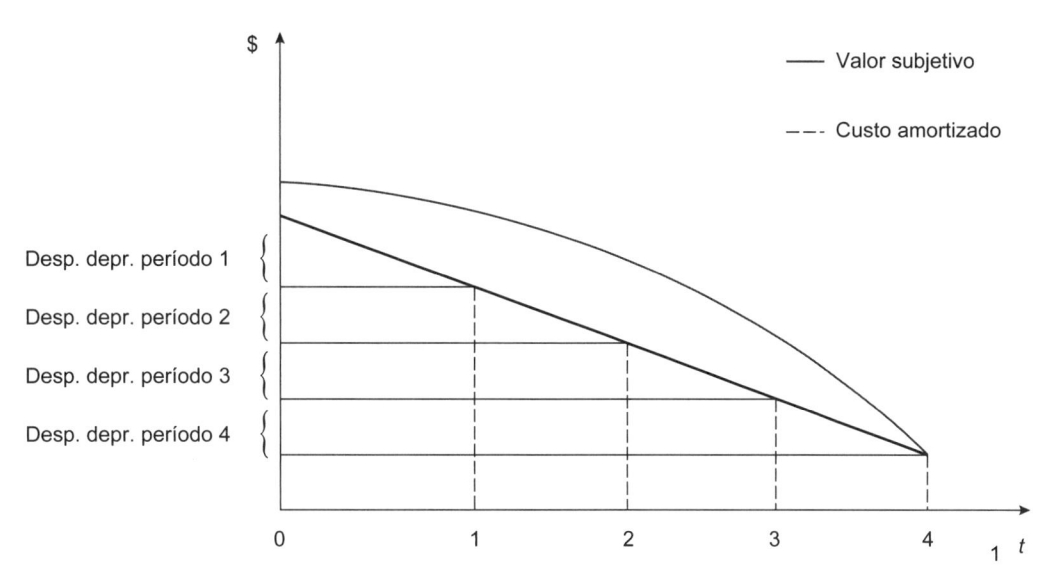

Figura 5.1 Valor do ativo e depreciação periódica

tempo. Em muitas situações, pode ser difícil medir exatamente quanto se perdeu de valor de um período para outro; assim, a depreciação é um método sistemático que simplifica o cálculo de alocação do valor depreciável ao resultado. Se o imobilizado fosse avaliado ao valor de mercado, em vez de custo, as perdas de valor do ativo não ocorreriam por meio da depreciação, mas sim pelas desvalorizações do ativo ao longo do tempo. A desvalorização dada pelo mercado ocorre pelo fato de que eventuais compradores estariam dispostos a pagar apenas pelos benefícios econômicos que o ativo ainda poderia trazer; isso iria reduzindo naturalmente o valor do ativo ao longo do tempo.

Para se obter o valor depreciável de um ativo, é necessário reduzir do valor pago a quantia atribuída como seu valor residual – dinheiro que não será gasto com o uso do ativo; é o valor que se espera ser recuperado por meio da venda ao final do período de vida útil.

O valor depreciável representa o valor investido ao longo do tempo de utilização do ativo. É o valor que efetivamente vai ser gasto ao longo do tempo, e que será alocado ao resultado em cada um dos períodos de utilização por meio da sistemática de depreciação.

A vida útil é o tempo que se espera utilizar o ativo e, portanto, o tempo em que se espera recuperar seu investimento. Ela não é necessariamente o tempo de duração física de um ativo imobilizado. Por exemplo, suponhamos que você tenha adquirido um computador. Provavelmente, o computador duraria muitos e muitos anos em termos físicos; porém, você pode planejar utilizá-lo por apenas três anos, porque outras tecnologias surgirão e você irá querer trocar o computador após esse tempo. Com isso, você vai ter que recuperar o valor depreciável ao longo desses três anos, o que significa que você terá que ganhar dinheiro nesse período suficiente para pagar pelo menos o computador utilizado durante esse tempo. Ao final dos três anos, é possível que você venda esse computador, ou simplesmente faça uma doação a uma instituição de caridade. Se for vender, o valor residual é positivo; se for doar, é zero.

Assim, digamos, por exemplo, que a entidade tenha adquirido um veículo no valor de $ 50.000. Com base em sua experiência de uso de veículos, a entidade estima que o utilize durante três anos, o que define a sua a vida útil. Ao final da vida útil, estima-se que o veículo esteja valendo $ 20.000 no mercado, o que define o valor residual. Com isso, o valor depreciável é de $ 30.000 ($ 50.000 – $ 20.000), que será distribuído ao longo dos três anos de vida útil. Assim, se a entidade escolher o método linear para apurar a depreciação, a despesa de depreciação de cada ano será de $ 10.000 ($ 30.000 / 3). O lançamento contábil será:

	Débito	Crédito
Despesa de depreciação	$ 10.000	
Depreciação acumulada (redutora do ativo imobilizado)		$ 10.000
Despesa de depreciação de veículo ($ 30.000 / 3 anos)		

Se o ativo fizer parte do imobilizado da produção de produtos ou serviços, a depreciação pode fazer parte da composição dos custos dos estoques. Se assim for, o débito será em estoques, com o crédito em depreciação acumulada.

É importante destacar a diferença entre a forma como o imobilizado é depreciado de acordo com a norma CPC 27 e a forma como a depreciação é estabelecida pela legislação tributária brasileira. Pelas regras do imposto de renda brasileiro, a depreciação deve seguir uma tabela que define os percentuais que o fisco aceita como dedutíveis da base de cálculo, que na prática são os percentuais máximos de depreciação anuais que se pode deduzir do lucro. Isso não significa que a depreciação de acordo com o Comitê de Pronunciamentos Contábeis (CPC) deve também seguir a tabela do imposto de renda: pelo contrário, não há nada que exija que as depreciações para fins de divulgação e de tributação sejam iguais. A diferença entre as despesas de depreciação periódicas deve ser ajustada para fins de cômputo do lucro tributável.

No caso da propriedade para investimento, a mensuração pode ser a custo ou a valor justo. Se a opção for a custo, todos os conceitos aqui apresentados sobre ativo imobilizado também são válidos para a propriedade para investimento.

Se a opção for a de valor justo, que aparenta ser a opção preferida pelo *International Accounting Standards Board* (Iasb), é possível que se obtenha uma representação melhor dos benefícios econômicos futuros, pois são ativos mantidos por um prazo mais longo e que sofrem com a desatualização do valor do seu custo, principalmente considerando um ambiente inflacionário. Além disso, os preços de venda dos imóveis e os aluguéis são valores normalmente definidos pelo mercado, o que confere à medida de valor justo um *status* de confiável para a mensuração da propriedade para investimento. Como são imóveis para venda ou para aluguel, também é possível que o valor justo represente o benefício econômico a ser obtido por um ativo individualmente, mesmo que a sua medida seja por fluxos de caixa descontados.

3. PROCEDIMENTOS CONTÁBEIS

Elencamos abaixo os pontos fundamentais sobre a contabilização de ativo imobilizado e propriedade para investimento, incluindo as diferenças entre essas duas categorias de ativo. É importante lembrar que esta seção não tem o objetivo de repetir o que as normas tratam, pois o texto das normas está disponível *on-line* e deve ser sempre preferido. O objetivo aqui é guiar a leitura, reforçar os pontos fundamentais e chamar a atenção para pontos que podem passar despercebidos, mas que são importantes do ponto de vista de interpretação e aplicação prática.

O CPC 27 – Ativo Imobilizado não se aplica a ativos imobilizados mantidos para venda, ativos biológicos, ativos de exploração e avaliação de direitos sobre jazidas e reservas minerais. Para cada um deles há uma norma específica, porque o tratamento contábil, principalmente em relação à sua mensuração, é diferente daquela definida para imobilizado, em geral elas são baseadas em valor justo. No caso de propriedade para investimento, os princípios de mensuração para imobilizado são aplicáveis quando a propriedade for avaliada a custo.

As determinações do CPC 27 são aplicáveis inclusive aos ativos de arrendamento mercantil, quando o objeto desse tipo de contrato for um imobilizado.

A propriedade para investimento até poderia, em essência, ser classificada no imobilizado, mas foi entendida pelo órgão regulador como um tipo especial de ativo, que pode ser mensurado a valor justo – especificamente imóveis para aluguel ou para espera por valorização de mercado.

A diferença entre imobilizado e propriedade para investimento pode não ser muito clara na prática. Imagine um terreno utilizado para estacionamento: o proprietário usa o espaço para obter dinheiro dos clientes que desejam estacionar seus carros ali. O proprietário poderia vender o terreno e receber o dinheiro, mas sua decisão foi a de manter o ativo para ganhar dinheiro com o seu uso. Perceba que ele está efetivamente usando o terreno e, portanto, deve ser classificado como imobilizado. O terreno seria propriedade para investimento se o proprietário alugasse todo o terreno para outra pessoa – perceba que o locatário também poderia usar o terreno para um estacionamento, por exemplo. Quando o proprietário decide vender o terreno, em essência este deve deixar de ser considerado imobilizado ou propriedade para investimento. Se ele cumprir com todas as exigências, ele pode ser classificado como ativo mantido para venda no circulante (*vide* CPC 31).

PARA REFLETIR...

Na prática, é clara a diferença entre ativo e despesa?

O critério de reconhecimento de um ativo imobilizado define se o item pode ser exibido no balanço patrimonial e a partir de qual momento. A norma define que o custo de um ativo imobilizado deve ser reconhecido como ativo se, e somente se, dois princípios forem atendidos:

- Se for provável que benefícios econômicos futuros associados ao item fluirão para a entidade.
- Se o custo do item puder ser mensurado confiavelmente.

É a probabilidade de geração de benefícios no futuro que separa o reconhecimento entre ativo e despesa. O princípio de que o ativo imobilizado só deve ser reconhecido quando for provável que benefícios econômicos fluirão para a entidade é um modo de evitar que se reconheça despesa no imobilizado, inflando o ativo e aumentando o lucro do período artificialmente. Se a empresa adquire uma máquina nova para uso na produção, parece ser provável que ela irá trazer benefícios econômicos no futuro em termos de maior produtividade.

Entretanto, se a empresa adquire uma peça para trocar outra que quebrou, pode não ser provável que essa nova peça em si irá fazer com que a máquina traga benefícios superiores ao que já era esperado – nesse caso, essa peça deverá ser tratada como despesa de manutenção. Por outro lado, se uma parte importante da máquina precisa ser trocada e, dada a importância de seu valor em relação ao valor da máquina, o gestor avaliar que só compensa trocá-la se a máquina for utilizada por um período estendido em relação ao previsto inicialmente, essa parte da máquina pode ser reconhecida como ativo, já que a sua aquisição implicará um aumento da vida útil e, em consequência, um aumento nos benefícios econômicos esperados para esse imobilizado.

A norma prevê que sobressalentes, peças de reposição, ferramentas e equipamentos podem ser reconhecidos como imobilizado quando a entidade espera usá-los por mais de um período, dentro do princípio de que é provável o benefício futuro. Com isso, em vez de ficarem em estoque de almoxarifado ou algo semelhante, devem ficar no imobilizado. Itens com valor individual insignificante, como moldes, ferramentas e bases podem ser agrupados no reconhecimento do imobilizado.

De acordo com o CPC 27, o custo de um item do ativo imobilizado compreende, em primeiro lugar, seu preço de aquisição, acrescido de impostos de importação e impostos não recuperáveis sobre a compra, depois de deduzidos os descontos comerciais e abatimentos. O Imposto sobre Produtos Industrializados (IPI) na aquisição, por exemplo, deve fazer parte do custo, mas o Imposto sobre Circulação de Mercadorias e Serviços (ICMS) destacado, que pode ser recuperado, não deve fazer parte.

Também devem fazer parte do custo quaisquer custos diretamente atribuíveis para colocar o ativo no local e condição necessários para este ser capaz de funcionar da forma pretendida pela administração, o que inclui a mão de obra diretamente aplicada na construção ou aquisição do imobilizado, frete e custos de instalação, por exemplo.

Porém, a capitalização dos custos cessa quando o item está no local e nas condições operacionais pretendidos pela administração, o que significa que, mesmo que o ativo não esteja ainda operando, mas em condições de operar, os custos devem parar de ser incorporados ao ativo.

Além disso, deve também compor o custo do imobilizado a estimativa inicial dos custos de desmontagem e remoção do item e de restauração do local em que está situado. Esses custos se referem à obrigação da entidade que é contraída no momento da aquisição, o que tem uma provisão no passivo como contrapartida.

Assim, atendidos todos os critérios de reconhecimento do ativo imobilizado, o lançamento contábil da aquisição de um equipamento à vista, por exemplo, seria:

	Débito	Crédito
Ativo imobilizado	$ 609.250	
Tributos recuperáveis	$ 190.750	
Caixa		$ 700.000
Provisão para desmontagem de equipamento		$ 100.000
Reconhecimento do equipamento X adquirido à vista e respectivos tributos recuperáveis e da provisão para sua desmontagem ao final da vida útil de 20 anos		

Após o reconhecimento do item no imobilizado, este deve ser apresentado ao custo menos qualquer depreciação e/ou perda por recuperabilidade (*impairment*) acumuladas. Apesar de prevista nas normas IFRS/CPC, a divulgação de novas reavaliações do imobilizado foi proibida no Brasil pela Lei 11.638/2007.

Na adoção inicial de IFRS/CPC, há a opção de mensurar o imobilizado pelo custo atribuído (*deemed cost*), sendo recomendável o uso de valor justo para isso. Essa opção é aplicável apenas na adoção inicial, já que o uso de valor justo nas mensurações posteriores configuraria reavaliação. O custo atribuído tem por função ajustar o valor do imobilizado que possa ter sido objeto de critérios de mensuração diferentes das preconizadas pelo CPC, como o critério de depreciação dado pela legislação tributária.

Um item do ativo imobilizado pode ser separado em componentes, por exemplo a estrutura e os motores de uma aeronave. A depreciação também pode ocorrer separadamente para cada componente, de acordo com a respectiva vida útil.

O valor depreciável de um ativo é o seu custo menos o valor residual, e deve ser apropriado de forma sistemática ao longo da sua vida útil estimada. Frequentemente, o valor residual não é significativo e seu valor pode ser imaterial. Porém, são várias as situações em que o valor residual não é imaterial e às vezes até maior que o valor do custo. Neste último caso, a despesa de depreciação será zero.

Por exemplo, digamos que a entidade adquira caminhões frigoríficos com desconto, por ser considerado "frotista" pelas concessionárias, e que utilize os caminhões por apenas um ano, vendendo-os ao final por um preço maior do que o adquirido. Nesse caso, não há depreciação a ser contabilizada.

A vida útil de um ativo é o tempo que a entidade espera utilizar o ativo. Isso significa que pode ser decorrente de uma política da gestão da entidade, que considera, por exemplo, que irá vender e comprar um novo ativo após um determinado período, fazendo com que a vida útil seja menor que a vida econômica. Portanto, a vida útil não é determinada por regras tributárias ou necessariamente pela duração física do ativo, mas pelo tempo que se espera obter o retorno do ativo investido.

Os princípios para o reconhecimento de perdas por *impairment* são definidos no CPC 01. No que se refere a imobilizado, as perdas podem ser reconhecidas para um ativo individual se houver alguma indicação de que o ativo está desvalorizado, como a ocorrência de um dano físico, ou para uma unidade geradora de caixa, caso o valor recuperável não possa ser determinado para o ativo individual. Para maiores detalhes, leia o capítulo a respeito de redução ao valor recuperável de ativos.

O valor contábil de um item do ativo imobilizado deve ser baixado:

- Por ocasião de sua alienação.
- Quando não há expectativa de benefícios econômicos futuros com a sua utilização ou alienação.

Nesse momento, podem ser reconhecidos ganhos ou perdas, que não devem ser classificados como receita de venda. Um dano físico em um imobilizado que o desabilite a continuar operando, por exemplo, leva a uma baixa do ativo, mesmo que a venda só ocorra meses depois, pois a entidade deixa de ter expectativa de benefícios econômicos futuros. O ganho ou perda com a baixa é determinado pela diferença entre o valor líquido da alienação, se houver, e o valor contábil do item. O ganho ou perda são considerados realizados e devem ser contabilizados na DRE.

Por exemplo, digamos que o mesmo equipamento adquirido anteriormente tenha sido utilizado por 19 anos e tenha sofrido uma avaria que não seja viável economicamente fazer o reparo. Com isso, o ativo deve ser desmontado e descartado e a provisão paga. Supondo que não houve ajustes na provisão em decorrência da passagem do tempo, os lançamentos seriam:

	Débito	Crédito
Depreciação acumulada	$ 578.788	
Perda com ativo imobilizado	$ 30.462	
Ativo imobilizado		$ 609.250
Desreconhecimento do equipamento X		

	Débito	Crédito
Provisão para desmontagem de equipamento	$ 100.000	
Caixa		$ 100.000
Pagamento da provisão para desmontagem do equipamento X		

Se uma parte de um item do imobilizado é substituída, o valor contábil dessa parte deve ser baixado, mesmo que ela não esteja sendo depreciada separadamente. Como nem sempre o valor contábil da parte pode ser apurado na prática, a norma permite o uso do custo de substituição como indicador do custo da parte substituída na época em que foi adquirida ou construída.

A norma CPC 27 estabelece uma série de divulgações em notas explicativas, com o objetivo de esclarecer principalmente as escolhas contábeis de métodos e critérios de mensuração, as estimativas e suas mudanças e os julgamentos da administração em relação à depreciação.

Em termos gerais, os princípios de reconhecimento e mensuração a custo aplicáveis aos itens do imobilizado são também aplicáveis às propriedades para investimento. Entretanto, como os fluxos de caixa provenientes das propriedades para investimento são altamente independentes dos fluxos de caixa gerados pelos outros ativos, a medida preferencial (não obrigatória) é a de valor justo.

A mensuração a valor justo refere-se preferencialmente ao valor pelo qual a entidade poderia obter pela venda do ativo em uma transação com um comprador que estaria motivado a comprá-lo, com informações suficientes sobre a natureza e as características da propriedade, o que leva naturalmente à mensuração pelo valor corrente em mercado ativo de propriedades semelhantes.

Entretanto, nem sempre isso é possível: imagine que a propriedade é um *shopping center*. Nesses casos em que a mensuração pelo valor corrente de mercado não existe, preços recentes de propriedades semelhantes em mercados menos ativos ou projeções de fluxos de caixa descontados em estimativas confiáveis de futuros fluxos de caixa suportados por evidência externa devem ser utilizados.

Há uma série de informações a serem divulgadas em notas explicativas, como os critérios e métodos de mensuração do ativo e da depreciação, as movimentações no período e as mudanças de estimativa contábil.

A propriedade para investimento é definida pelo CPC 28 como a propriedade mantida para auferir aluguel ou para valorização do capital ou para ambas. Uma propriedade é um imóvel – terreno ou edifício, ou parte de edifício, ou ambos.

Com isso, apenas os imóveis podem ser classificados como propriedade para investimento, mesmo que outros ativos também tenham o mesmo propósito de serem alugados, por exemplo. A propriedade para investimento não é mantida para uso na produção ou fornecimento de bens ou serviços ou para finalidades administrativas ou para venda no curso ordinário dos negócios. Se a expectativa é de que a venda não ocorra dessa forma, é possível que seja classificada como estoque ou ativo não circulante mantido para venda, dependendo das circunstâncias.

Terrenos que estejam sendo mantidos para valorização em longo prazo ou que estejam sendo mantidos para uso no futuro, mesmo que indeterminado, são exemplos de propriedade para investimento. Do mesmo modo, um edifício de propriedade da entidade que esteja alugado ou que esteja desocupado, mas com a intenção de que seja alugado no futuro, ou mesmo que ainda esteja em construção, também são classificados como propriedades para investimento.

Um arrendamento operacional pode ser classificado como propriedade para investimento, desde que sejam atendidos os elementos da definição de propriedade para investimento e que o arrendatário utilize o método do valor justo para o ativo reconhecido.

Uma diferenciação importante entre propriedade para investimento e imobilizado é a chamada propriedade ocupada pelo proprietário. Pela definição colocada no CPC 28, essa propriedade é mantida para uso na produção ou fornecimento de bens ou serviços ou para finalidades administrativas. Apesar de parecer clara a definição, ela demanda julgamento.

Por exemplo, o que diferencia um hotel de um edifício comercial em que o proprietário fornece serviços de segurança é o volume de serviços prestados pelo proprietário: os serviços do hotel são bem mais significativos e ele é considerado uma propriedade ocupada pelo proprietário e não propriedade para investimento, como é o edifício comercial. Outras situações podem ser ainda mais difíceis de serem julgadas.

A entidade pode escolher o método do valor justo ou o método do custo para todas as propriedades para investimento, e não para apenas parte delas. A exceção fica por conta das propriedades que suportem passivos que exigem pagamentos diretamente associados ao valor justo, que podem ser mensuradas por um método diferente das demais propriedades.

Se a propriedade para investimento for mensurada a valor justo (sem considerar qualquer dedução de custos de transação), o ganho ou perda proveniente de alteração no seu valor justo deve ser reconhecido no resultado do período em que ocorra. Isso significa que esse resultado é considerado reconhecido e realizado, o que afeta o lucro líquido do período na DRE.

PARA REFLETIR...

Como a escolha contábil de mensurar a propriedade para investimento pelo custo ou pelo valor justo pode fazer com que a informação reflita melhor a realidade de uma entidade?

O normatizador permite a escolha entre dois métodos de mensuração porque há situações em que um método tem capacidade de refletir melhor a realidade em determinada situação do que outro. Veja que isso depende muito da estratégia de negócio da entidade. Se a entidade tem por estratégia investir em imóveis como uma maneira de obter retorno com aluguéis no longo prazo, sem a intenção de vendê-los, a mensuração a custo pode ser a que reflita melhor a sua realidade, uma vez que o lucro representará o retorno sobre o investimento realizado. Entretanto, se a entidade tem por estratégia investir em imóveis para obter retorno no médio prazo por meio de valorização do ativo, com eventuais aluguéis ao longo do tempo, a escolha pelo método de valor justo parecer ser mais apropriada, pois o lucro representará o aumento da riqueza da entidade de acordo com sua estratégia de negócio.

Um imobilizado pode passar a ser classificado como propriedade para investimento e vice-versa, dependendo da decisão de se colocar um imóvel que está no imobilizado para se obter aluguel em vez de continuar usando, por exemplo. Porém, é preciso seguir os procedimentos definidos pela norma para se fazer os ajustes da mensuração, caso o imóvel esteja ou passe a ser mensurado a valor justo.

Os princípios aplicados à baixa de imobilizado são semelhantes aos aplicáveis à baixa e à substituição de parte da propriedade para investimento mensurada a custo e a valor justo.

As divulgações em notas explicativas para propriedade para investimento são semelhantes às divulgações de imobilizado em relação à mensuração a custo. Além de divulgar a escolha do método de mensuração, é necessário realizar uma série de divulgações quando a mensuração escolhida é pelo valor justo, incluindo adições de novas propriedades, transferências para e de estoque e propriedade ocupada pelo proprietário e ganhos e perdas realizados.

Há alguns pontos que devem ser especialmente notados na aplicação prática de aspectos relacionados às exigências e aos julgamentos por parte da administração da entidade.

Um dos pontos são os componentes do custo inicial no momento do reconhecimento do ativo imobilizado e da propriedade para investimento. Há determinados itens que devem compor e que não devem compor o valor do ativo. Muitas vezes, é necessário exercer julgamento, mas é preciso ter em mente que deve fazer parte do custo basicamente o que foi necessário para colocá-lo em condições de operar.

Sobressalentes, peças de reposição, ferramentas e equipamentos de uso interno adquiridos podem ser classificados no imobilizado se houver a expectativa de usá-los por mais de um período. Aqueles que foram substituídos devem ser baixados. Porém, é preciso fazer uma avaliação criteriosa sobre se esses itens de fato irão beneficiar a entidade em períodos futuros. Do mesmo modo, é preciso julgar se se deve agregar itens de valor individual insignificantes, como moldes, ferramentas e bases. É importante também observar a questão da materialidade: como a norma não estabelece um valor, é preciso julgar ou definir critérios para definir itens imateriais.

É fundamental perceber a importância da definição de vida útil, pois esse é o tempo em que se espera obter o retorno do capital investido. O investidor, usuário da informação, pode ter condições de avaliar melhor se a entidade está ou não conseguindo retornar o investimento realizado. Isso não tem nada a ver com o tempo de vida útil estabelecido pela legislação tributária.

A depreciação para fins de divulgação pode ser diferente da depreciação para fins de tributação, o que demanda um controle à parte para fins de dedução do imposto de renda e contribuição social. A depreciação para fins de divulgação tem o propósito de tomada de decisão, ao contrário da mensuração para fins de tributação.

A mensuração a valor justo da propriedade para investimento demanda avaliações periódicas do valor de mercado para mensuração do valor justo. A norma não exige que sejam obtidas avaliações por especialistas externos, mas isso pode ser um recurso para aumentar a verificabilidade da mensuração.

Determinadas situações, como a avaliação de um *shopping center* a valor justo, podem demandar projeções de fluxos de caixa para essa mensuração, o que demanda o uso de pressupostos que possam ser aceitos pela parte que eventualmente estaria interessada em comprar o *shopping center*.

DESTAQUES FINAIS

Em relação a imobilizado, podem-se destacar três pontos relevantes: os critérios para reconhecimento de imobilizado e a diferença para despesa; o valor do custo a ser considerado no reconhecimento do ativo; e a mensuração de depreciação.

É importante notar a relevância desses pontos para a avaliação do imobilizado e seus resultados para a tomada de decisão de investidores e credores. O resultado após a despesa de depreciação, perdas por *impairment* e ganhos ou perdas na alienação do imobilizado representam o lucro ou prejuízo obtido além da recuperação do investimento realizado referente ao período – se for incorretamente mensurado, a avaliação é prejudicada, podendo levar a decisões equivocadas.

Em relação à propriedade para investimento, o destaque fica por conta da mensuração a valor justo, já que o tratamento para a escolha da mensuração a custo é praticamente o mesmo dado para imobilizado. A mensuração a valor justo tem por objetivo melhorar a informação sobre esses ativos, revelando de maneira mais tempestiva o seu valor e suas variações de valor ao longo do tempo. Por isso, é importante que a mensuração expresse o mais próximo possível a realidade econômica. De outro modo, investidores podem não acreditar na avaliação e simplesmente desconsiderar o resultado divulgado.

Apesar de os diversos pontos dessas normas exigirem julgamento por parte da administração, não significa que a informação tende a ser pior – pelo contrário, os julgamentos são necessários para que se obtenha uma informação mais fidedigna, já que são os gestores que possuem mais informação sobre os investimentos realizados e a forma como eles são recuperados. Perceba que seguir a legislação tributária, por exemplo na mensuração da depreciação, pode levar a graves distorções, já que as taxas estipuladas pelo fisco podem não representar o ritmo de recuperação dos investimentos, alocando maiores ou menores despesas ao período do que de fato economicamente ocorre.

RESUMO

■ A natureza do imobilizado é de um ativo corpóreo que traz benefícios à entidade preponderantemente por meio de seu uso. A propriedade para investimento possui natureza semelhante, mas é mais específica, apenas os imóveis mantidos para auferir aluguel ou valorização.

■ Para definir se um item é imobilizado ou despesa (de manutenção, por exemplo) no momento do reconhecimento, é preciso avaliar se o item trará benefícios econômicos superiores ao que já era esperado anteriormente.

■ O imobilizado é mensurado a custo amortizado. Ele pode ser depreciado se houver expectativa de redução do montante de benefícios econômicos futuros ao longo do tempo. A depreciação é feita por meio de alocação do investimento ao resultado de maneira sistemática.

■ A alocação da depreciação é uma escolha contábil que deve produzir uma informação que reflita a recuperação do investimento ao longo do tempo.

■ O gestor pode fazer uma escolha contábil que reflita melhor a realidade econômica do seu negócio na mensuração da propriedade para investimento: custo ou valor justo.

■ Se a mensuração da propriedade para investimento for feita a valor justo, os ajustes no valor do ativo são reconhecidos como realizados na DRE.

EXERCÍCIOS PROPOSTOS

▶ Assista ao **vídeo**

QUESTÃO 1: Em que condições um gasto com manutenção pode ser contabilizado como um ativo imobilizado?

QUESTÃO 2: Uma empresa precisa avaliar se as seguintes situações levam ao reconhecimento de imobilizado:

1. Um equipamento foi adquirido a prazo no valor de $ 120.000 para ser usado acoplado a uma máquina já existente que possibilitará aumentar sua capacidade produtiva.
2. Um prédio vizinho ao depósito da empresa foi alugado. O contrato de aluguel é por 10 anos com valor de $ 150.000 por ano.
3. Foi feita uma reforma no prédio porque não havia condições de uso no estado em que estava. A reforma custou $ 80.000.
4. Foram realizadas manutenções preventivas em todo o sistema elétrico de toda a empresa e o gasto foi de $ 45.000.
5. Foram adquiridas 200 unidades de moldes para fundição de metais, no valor unitário de $ 100, que se espera utilizar durante 2 anos.
6. Foi trocado o motor de um veículo da empresa que está imobilizado há 8 anos. O valor, incluindo a instalação, foi de $ 30.000. Com essa troca, a vida útil deve se estender por pelo menos mais 5 anos.
7. Está prevista uma parada técnica da produção para daqui 5 meses, para se fazer a manutenção e troca de peças. A estimativa de gastos é de $ 40.000.

Avalie essas situações e indique quais itens podem ser reconhecidos como ativo imobilizado, qual é o valor e a razão pela qual eles podem ser reconhecidos. Indique também as razões para o não reconhecimento de determinados itens como ativo imobilizado.

QUESTÃO 3: Em quais situações um imóvel deve ser classificado como imobilizado ou como propriedade para investimento?

QUESTÃO 4: Por que a mensuração a valor justo pode ser adequada para uma propriedade para investimento?

QUESTÃO 5: A Imóbil elaborou um projeto de investimento em uma nova fábrica, envolvendo imóveis, instalações e equipamentos. A estimativa era de que os imóveis e as instalações fossem utilizados durante 25 anos. Os equipamentos seriam utilizados durante 6 anos e depois trocados. O retorno do investimento era esperado para ocorrer no décimo primeiro ano. O total investido em imóveis e instalações foi de $ 2 milhões. Ao final de 25 anos, a estimativa é a de que eles não possam ser aproveitados para outros fins, restando apenas o valor do terreno, que foi estimado em $ 400 mil. Como foi obtido financiamento para a aquisição dos imóveis, o contrato prevê que os juros a incorrer montem em $ 1 milhão ao longo de 10 anos. Os equipamentos foram adquiridos por $ 1,1 milhão, mais gastos de instalações de $ 100 mil. A troca ao final de 6 anos possibilitaria a recuperação de $ 300 mil com a venda dos usados. Durante o primeiro ano de operação, a produção utilizou apenas 50% da capacidade instalada. Entretanto, espera-se que os investimentos sejam recuperados dentro do previsto. Calcule o valor contábil do ativo imobilizado no início da operação e ao final do primeiro ano.

BIBLIOGRAFIA SUGERIDA

BRASIL. Presidência da República. Casa Civil. *Lei 11.638, de 28 de dezembro de 2007*. Altera e revoga dispositivos da Lei 6.404, de 15 de dezembro de 1976, e da Lei 6.385, de 7 de dezembro de 1976, e estende às sociedades de grande porte disposições relativas à elaboração e divulgação de demonstrações financeiras. Brasília, 2007. Disponível em: http://www.planalto.gov.br/ccivil_03/_ato2007-2010/2007/lei/l11638.htm. Acesso em: 15 jul. 2020.

COMITÊ DE PRONUNCIAMENTOS CONTÁBEIS (CPC). *Pronunciamento técnico CPC 01 (R1) – Redução ao Valor Recuperável de Ativos – Correlação às Normas Internacionais de Contabilidade – IAS 36 – Impairment of Assets*. Brasília: CPC, 2010. Disponível em: http://static.cpc.aatb.com.br/Documentos/27_CPC_01_R1_rev%2012.pdf. Acesso em: 15 jul. 2020.

COMITÊ DE PRONUNCIAMENTOS CONTÁBEIS (CPC). *Pronunciamento técnico CPC 06 (R2) – Arrendamentos – Correlação às Normas Internacionais de Contabilidade – IFRS 16 – Leases*. Brasília: CPC, 2017. Disponível em: http://static.cpc.aatb.com.br/Documentos/533_CPC_06_R2_rev%2016.pdf. Acesso em: 15 jul. 2020.

COMITÊ DE PRONUNCIAMENTOS CONTÁBEIS (CPC). *Pronunciamento técnico CPC 27 – Ativo Imobilizado – Correlação às Normas Internacionais de Contabilidade – IAS 16 – Property, Plant and Equipment*. Brasília: CPC, 2009. Disponível em: http://static.cpc.aatb.com.br/Documentos/316_CPC_27_rev%2014.pdf. Acesso em: 15 jul. 2020.

COMITÊ DE PRONUNCIAMENTOS CONTÁBEIS (CPC). *Pronunciamento técnico CPC 28 – Propriedade para Investimento – Correlação às Normas Internacionais de Contabilidade – IAS 40 – Investment Property*. Brasília: CPC, 2009. Disponível em: http://static.cpc.aatb.com.br/Documentos/320_CPC_28_rev%2014.pdf. Acesso em: 15 jul. 2020.

COMITÊ DE PRONUNCIAMENTOS CONTÁBEIS (CPC). *Pronunciamento técnico CPC 31 – Ativo Não Circulante Mantido para Venda e Operação Descontinuada – Correlação às Normas Internacionais de Contabilidade – IFRS 5 – Non-current Assets Held for Sale and Discontinued Operations*. Brasília: CPC, 2009. Disponível em: http://static.cpc.aatb.com.br/Documentos/336_CPC_31_rev%2012.pdf. Acesso em: 15 jul. 2020.

ATIVO INTANGÍVEL

Sílvio Hiroshi Nakao

OBJETIVOS DE APRENDIZAGEM

- Compreender a natureza econômica de um ativo intangível.
- Compreender as razões para as escolhas do normatizador a respeito de princípios de reconhecimento e mensuração de ativos intangíveis.
- Compreender as escolhas contábeis que a norma contábil permite que o gestor faça e as suas implicações em termos de informação.

1. APRESENTAÇÃO

A BRF é uma empresa que surgiu da associação entre a Sadia e a Perdigão em 2009 e são líderes globais na exportação de proteína animal, chegando a mais de 130 países. Contam com mais de 90 mil colaboradores.[1]

Apesar da natureza industrial de suas operações e da importância de investimentos em ativos físicos (o imobilizado totalizava praticamente $ 11 bilhões em 2015), é interessante notar que os intangíveis também representam uma parcela importante de seus ativos, pois apresentavam em 2015 um total de $ 5 bilhões, sendo $ 2,8 bilhões de *goodwill* e $ 2,2 bilhões com os demais intangíveis, como marcas, conforme a Tabela 6.1.

Este capítulo trata das questões envolvendo a contabilização e apresentação dos ativos intangíveis de acordo com as normas IFRS/CPC. O objetivo é fazer com que o leitor possa entender como devem ser tratados contabilmente os ativos intangíveis e compreender os fatores que podem levar a uma melhor apresentação desses ativos para fins de tomada de decisão de investidores e credores.

Os ativos intangíveis representam investimentos considerados de grande potencial de retorno, dada sua natureza, como patentes e marcas. Por outro lado, são também considerados ativos de risco mais elevado, com menor nível de liquidez e maiores incertezas a respeito da capacidade de geração de benefícios econômicos no futuro. Por conta disso, os valores envolvidos são analisados com muito cuidado por investidores e credores.

O intangível é um dos mais interessantes tipos de ativo. Ele poderia ter diferentes definições, pois a princípio qualquer direito poderia ser entendido como um intangível, como uma marca, um ativo financeiro ou o *goodwill*. Entretanto, a norma especifica uma definição e restringe o escopo de abrangência da classificação de um ativo intangível. Além disso, é possível utilizar determinados intangíveis por tempo realmente indeterminado e provavelmente é um dos ativos identificáveis mais difíceis de ser mensurado: imagine que você esteja querendo comprar uma

---
[1] Dados disponíveis em: https://www.brf-global.com/sobre/a-brf/quem-somos/. Acesso em: set. 2020.

Tabela 6.1 Excerto da nota explicativa sobre ativos intangíveis da BRF em 2015

NOTAS EXPLICATIVAS ÀS DEMONSTRAÇÕES FINANCEIRAS
Exercícios findos em 31 de dezembro de 2015 e 2014
(valores expressos em milhares de reais, exceto se expresso de outra forma)

19. INTANGÍVEL
O intangível é composto pelos seguintes itens:

	Controladora				
	Taxa média ponderada (a.a.)	Custo	Amortização acumulada	Saldo em 31/12/2015	Saldo em 31/12/2014
Ágio	–	2.096.587	–	**2.096.587**	2.096.587
Fidelização de integrados	12,50%	14.197	(5.777)	**8.420**	9.727
Marcas	–	1.173.000	–	**1.173.000**	1.173.000
Patentes	16,51%	3.720	(2.092)	**1.628**	2.325
Software	20,00%	404.673	(232.751)	**171.922**	163.451
		3.692.177	**(240.620)**	**3.451.557**	**3.445.090**

	Consolidado				
	Taxa média ponderada (a.a.)	Custo	Amortização acumulada	Saldo em 31/12/2015	Saldo em 31/12/2014
Acordo de não concorrência	2,44%	15.738	(786)	**14.952**	–
Ágio	–	2.778.102	–	**2.778.102**	2.525.343
Cotas de importação	100,00%	62.233	–	**62.233**	–
Fidelização de integrados	12,50%	14.197	(5.777)	**8.420**	9.727
Marcas	–	1.372.018	–	**1.372.018**	1.267.888
Patentes	17,33%	4.870	(3.025)	**1.845**	2.557
Relacionamento com clientes	7,71%	620.853	(49.788)	**571.065**	330.012
Relacionamento com fornecedores	42,00%	9.670	(9.670)	–	2.484
Software	20,00%	462.760	(260.484)	**202.276**	190.632
		5.340.441	**(329.530)**	**5.010.911**	**4.328.643**

marca de outra empresa – quanto você estaria disposto a pagar por ela? Percebeu o desafio?

Um ativo intangível é definido pelo CPC 04 como um ativo não monetário identificável sem substância física. Essa definição restringe o escopo do que deve ser classificado em intangíveis, como veremos a seguir.

De forma análoga aos outros tipos de ativos, a mensuração do ativo intangível é importante para que o investidor/credor possa ter uma perspectiva do retorno sobre o investimento nesses ativos. O curioso é que pode haver ativos intangíveis com vida útil ilimitada, o que projeta, a princípio, benefícios econômicos para a perpetuidade, muito embora possam sofrer perdas desses benefícios (*impairment*). Portanto, o intangível deve ser mensurado a custo quando reconhecido, podendo ser amortizado ao longo do tempo caso tenha vida útil definida.

Vamos tratar principalmente da interpretação e da aplicação do CPC 04 – Ativo Intangível. A norma começa definindo o objetivo nela declarado, qual é o seu alcance, dizendo a quais intangíveis ela não se aplica, seguido das definições dos termos utilizados. Em seguida, vem a parte principal da norma, constituída dos princípios que tratam da identificação de um intangível, dos princípios de reconhecimento e mensuração inicial, de tratamento contábil nos casos de aquisição e geração interna, de mensuração após o reconhecimento, de baixa e divulgação do intangível.

Este capítulo apresenta primeiramente uma análise dos conceitos envolvidos no CPC 04 – Ativo Intangível. Posteriormente, são apresentadas as principais determinações das normas contábeis, juntamente com as questões práticas ligadas ao assunto e os principais pontos em que as normas demandam interpretação.

O Quadro 6.1 apresenta o pronunciamento nacional e seu congênere internacional nos quais se baseia a norma nacional.

Quadro 6.1 Pronunciamentos sobre ativo intangível

CPC	IFRS Iasb
CPC 04 – Ativo Intangível	IAS 38 – *Intangible Assets*

2. CONCEITOS E DEFINIÇÕES RELEVANTES

Nesta seção, tratamos dos conceitos e definições ligados às normas em questão. O objetivo é discutir e reforçar os conceitos que dão sustentação às normas e as definições colocadas por elas.

Um primeiro conceito é o do próprio intangível. Em essência, o que é um intangível? O ativo intangível está ligado à ideia de um ativo incorpóreo que traz benefícios à entidade. O problema é que há diversos tipos de ativos que são incorpóreos – ativos financeiros, patentes, marcas, *goodwill* etc. Devido a isso, o CPC 04 traz uma definição que restringe o escopo dos intangíveis que recebem o tratamento dado a essa norma.

O CPC 04 define o ativo intangível como um ativo não monetário identificável sem substância física. Quando a norma define o intangível como não monetário, ela está tirando de seu escopo todas as disponibilidades e os ativos financeiros, como aplicações e recebíveis. Ao definir que é um ativo identificável, ela também está tirando do escopo o *goodwill*, que contém exatamente tudo aquilo que não pode ser individualizado, separado, e que é entendido como o ágio por expectativa de rentabilidade futura. A essência do intangível também está na definição, pois é um ativo sem substância física.

Como se trata de um ativo, essa definição também exclui a possibilidade de identificar como intangível uma despesa, pois, conforme a Estrutura Conceitual para Relatório Financeiro, um ativo deve trazer benefícios econômicos no futuro, e as despesas trazem apenas benefícios no presente.

O segundo conceito a ser destacado aqui envolve o reconhecimento. Os intangíveis podem ser reconhecidos no balanço patrimonial por meio de sua aquisição ou desenvolvidos internamente. Quando se compra um intangível, como um *software* ou uma marca, surge pouca discussão em termos do tratamento contábil a ser dado em termos de reconhecimento. Afinal, é um procedimento similar ao aplicável a um ativo imobilizado, por exemplo. Se a entidade comprou o ativo, ela acredita que é provável que o investimento seja recuperado no futuro.

Entretanto, a situação é mais complicada quando falamos de um intangível desenvolvido internamente. Veja o "drama": digamos que eu esteja criando uma agência de turismo neste momento e tenha dado um nome a ela – INT Viagens. Digamos também que eu gastei $ 100 em propaganda da INT Viagens, na expectativa de que minha agência se torne conhecida e que ela consiga vender muitos pacotes turísticos. Será que eu estaria enganando investidores e credores caso eu divulgasse um ativo intangível de $ 100, referentes à marca que está sendo desenvolvida internamente? Perceba que pode ser uma informação enganosa sim, pois eu não posso dizer (apesar de haver uma expectativa) que é *provável* que eu obtenha pelo menos $ 100 de dinheiro no futuro com o uso da marca. Além de não ser possível identificar o quanto a marca foi beneficiada com a propaganda de maneira isolada de outros ativos, não há evidência ou histórico de que todo esse gasto com propaganda provavelmente irá ser recuperado, já que depende da reação dos potenciais clientes.

Portanto, nem todos os ativos intangíveis gerados internamente podem ser reconhecidos quando algum gasto é incorrido. A norma estabelece princípios e definições sobre quais são os tipos de ativos que podem ser reconhecidos e em que situações. No caso da marca, o ativo só poderia ser reconhecido no balanço patrimonial caso seja adquirido, incluindo os casos em que é adquirido por meio de combinação de negócios.

PARA REFLETIR...

Em empresas de alta tecnologia, há o entendimento de que a maior parte do valor do negócio não está nos ativos exibidos no balanço, mas sim fora dele, em função de intangíveis desenvolvidos internamente que não podem ser reconhecidos. A norma contábil deveria evoluir no sentido de o balanço chegar mais próximo do valor do negócio?

A norma contábil procura, em princípio, fazer com que as demonstrações financeiras reflitam a realidade econômica da entidade, o que significa exibir um balanço que esteja o mais próximo possível da representação do valor da empresa. Por outro lado, a norma também precisa proteger investidores e credores de possíveis informações enganosas. Entretanto, é possível que o normatizador contábil encontre situações no futuro em que se possa trazer intangíveis "para dentro do balanço" com segurança na informação.

No caso da INT Viagens, essa visão da norma de proteger o investidor pode não coincidir com aquilo que o gestor tem como genuína intenção: a de realizar propaganda como parte do investimento para que a entidade possa efetivamente gerar lucros no futuro. O gestor pode efetivamente estar gerando um ativo com esse gasto, mas diante da subjetividade da associação entre o gasto e os benefícios futuros, a norma não permite o reconhecimento desse "ativo" como critério de proteção contra potencial informação enganosa.

O terceiro conceito a ser destacado refere-se à mensuração do intangível. No caso de uma aquisição, se a empresa decidiu pagar $ 10 por um ativo intangível, é porque ela tinha em seus planos obter um benefício econômico maior que $ 10 no futuro. Do mesmo modo, quem vendeu esse ativo por $ 10 percebeu que este era condizente com o que ela própria esperava obter de benefícios econômicos com esse ativo.

Em teoria, o ativo tem seu valor dado pela expectativa de benefícios econômicos futuros. Isso significa que quem está comprando acredita que poderá ter um total de benefícios econômicos no futuro maior do que $ 10. Esses benefícios podem ser medidos, por exemplo, pelo dinheiro que se espera que entre no futuro. Como essa expectativa pode conter uma série de premissas que podem ser subjetivas, a norma contábil procura proteger o investidor utilizando uma mensuração alternativa que seja mais confiável por parte do investidor.

Falando de um intangível, imagine que eu possua uma patente de um produto: para determinar o seu valor, eu teria que considerar uma série de fatores como demanda pelo produto, marca, propaganda, capacidade de produção, estrutura logística, custo e relações com fornecedores, evolução tecnológica etc., e depois disso fazer projeções de fluxos de caixa, considerando taxas de juros, prazo etc. É uma longa série de fatores e em cada um deles há uma predominância de julgamentos e estimativas pessoais do avaliador.

Assim, por haver alta subjetividade na avaliação de quanto a empresa de fato espera obter de fluxos de caixa no futuro, a norma contábil estabelece que a medida do ativo no momento do reconhecimento deve ser o custo, que é uma medida substituta mais objetiva e representa o mínimo que a entidade deve esperar obter de dinheiro no futuro com o ativo. Assim, a norma escolhe uma medida que pode não representar exatamente o benefício econômico futuro, mas é uma estimativa conservadora e confiável, já que resultou de uma transação efetuada entre duas partes.

Um aspecto particular dos intangíveis é a questão de que ele pode ter ou não vida útil definida. Se for definida, ele é amortizado ao longo do tempo de sua vida útil (de modo semelhante à depreciação de imobilizado). Se a vida útil for indefinida, não há amortização, apenas testes de *impairment*. Digamos que eu compre uma marca de outra entidade. A princípio, ela não tem vida útil definida, pois eu posso usá-la por tempo indeterminado. O interessante é que eu posso, em determinado momento, resolver que a marca só será utilizada por mais três anos, por exemplo, para dar lugar a outra marca – nesse caso, ela passa a ter vida útil definida e sofrer amortização (depois de passar pelo teste de *impairment*).

A definição de amortização para intangíveis de vida útil limitada decorre do método de avaliação do ativo pelo seu custo. A amortização tem por função reconhecer a perda de um valor de ativo pela decorrência do tempo. Tal como a depreciação, a amortização é um método sistemático que simplifica o cálculo de alocação do valor amortizável ao resultado.

O valor amortizável representa o valor investido ao longo do tempo de utilização do ativo, calculado pela diferença entre o valor pago e o valor residual ao final do tempo de vida útil. É o valor que efetivamente será gasto ao longo do tempo, e que será alocado ao resultado em cada um dos períodos de utilização por meio da sistemática de amortização.

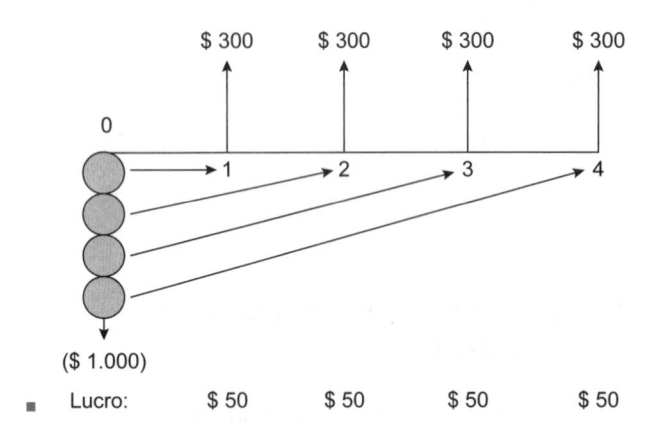

Figura 6.1 Amortização dos gastos com ativos intangíveis

No exemplo da Figura 6.1, supondo a geração de fluxos de caixa de $ 300 em cada período, o projeto produz um fluxo de caixa líquido de $ 200 [$ 300 × 4 − $ 1.000]. Em base competência, o investimento é amortizado em quatro períodos de vida útil, produzindo uma despesa de $ 250 a cada período e, consequentemente, um lucro de $ 50 periodicamente, totalizando os mesmos $ 200 ao final do projeto. A vantagem da base competência é poder avaliar, a cada período, se o investimento foi ou não recuperado.

É importante destacar que a Lei 12.973/2014 trouxe modificações que adaptaram a legislação tributária ao tratamento contábil dado aos intangíveis pelas normas IFRS/CPC. Anteriormente à adoção dessas normas, não havia a nomenclatura "intangível" na legislação brasileira. *Softwares* eram tratados como imobilizado, e marcas e patentes eram classificadas como ativo diferido, por exemplo. Também existiam os gastos pré-operacionais, que eram tratados como ativo, também classificados no ativo diferido. Essas modificações consideram não apenas a nomenclatura, como também o reconhecimento e a mensuração dos intangíveis.

Pelas regras atuais do imposto de renda, se o ativo tiver vida útil limitada por prazo legal ou contratual, a amortização para fins fiscais ocorre de acordo com essa vida útil. Os ativos intangíveis sem vida útil limitada, como uma marca adquirida, não são amortizados contabilmente e também não têm amortização dedutível (e já não era dedutível antes das modificações da Lei 12.973/2014). Entretanto, esses gastos são dedutíveis na alienação ou baixa. Os gastos pré-operacionais eram amortizados em no mínimo cinco anos, e assim continuam, mesmo não sendo reconhecidos como ativo em IFRS/CPC. Esses gastos são adicionados na parte A do livro de apuração do lucro real (Lalur), quando incorridos e controlados na parte B, sendo então excluídos ao longo de cinco anos.

3. PROCEDIMENTOS CONTÁBEIS

Elencamos a seguir os pontos fundamentais sobre a contabilização de ativo intangível. É preciso lembrar que esta seção não tem o objetivo de repetir o que as normas tratam, pois o texto das normas está disponível on-line e deve ser sempre preferido. O objetivo aqui é guiar a leitura, reforçar os pontos fundamentais e chamar a atenção para pontos que podem passar despercebidos, mas que são importantes do ponto de vista de interpretação e aplicação prática.

Como discutido na seção anterior, o CPC 04 – Ativo Intangível não se aplica a instrumentos financeiros (CPC 38) e goodwill (CPC 15), por não estar na abrangência da definição de intangíveis. Também não se aplica a determinados intangíveis que, apesar de estarem sob a abrangência da definição de ativo intangível, são tratados por outras normas, como os direitos de exploração de recursos minerais e naturais não renováveis, ativos intangíveis mantidos para venda (CPC 31), imposto de renda diferido (CPC 32), arrendamentos mercantis (CPC 06), planos de benefícios a empregados (CPC 33) e goodwill (CPC 15).

De acordo com a definição de ativo intangível colocada na seção anterior, o ativo deve ser identificável, o que exclui a possibilidade de contabilizar o goodwill como intangível, já que o goodwill advém da sinergia entre os ativos identificáveis ou que não podem ser reconhecidos separadamente. Assim, um intangível é identificável se puder ser separado da entidade e ser vendido, transferido, licenciado, alugado ou trocado, como é o caso de uma marca ou um software. É também identificável se resultar de direitos contratuais ou outros direitos legais, como é o caso de direitos autorais.

Esse princípio de identificação restringe a possibilidade de se contabilizar um ativo intangível que pode não ser separável, como é o caso de uma carteira de clientes. Em muitos casos, a carteira de clientes é derivada de relações não contratuais, como de bom relacionamento ou localização, e que não poderia ser vendida separadamente dos outros ativos. Entretanto, há casos em que a carteira de clientes pode ser vendida por se tratar de um conjunto de contratos em andamento, o que poderia ser identificado como um ativo intangível no balanço da adquirente.

Para ser identificado como um ativo, é necessário que a entidade o controle, o que significa que ela deve ter o poder de obter benefícios econômicos futuros e de restringir o acesso a terceiros a esses benefícios. Por exemplo, se a entidade possui o direito legal sobre uma patente, ela pode dizer que controla o ativo.

Entretanto, é interessante notar que nem sempre é possível dizer que a entidade possui o controle de um intangível desenvolvido. Digamos que a entidade promova um treinamento para seus colaboradores. Apesar de o conhecimento obtido poder trazer benefícios econômicos futuros para a entidade, não é possível dizer que a entidade controla o intangível do conhecimento ou habilidade que está na mente de seus colaboradores, mesmo que ela espere que essas pessoas continuem trabalhando na entidade e disponibilizando esse conhecimento ou habilidade. Assim, ela não pode identificar o treinamento realizado como um ativo intangível.

Em alguns casos, um ativo intangível pode estar contido em um elemento que possui substância física, como um software contido em um hardware. Nesse caso, é necessário avaliar qual elemento é mais significativo. Se o hardware não funciona sem o software específico, por ser parte integrante dele, tudo deve ser tratado como imobilizado. Entretanto, o software pode estar contido em um CD ou outro meio físico para instalação em qualquer hardware – como o software é mais significativo que o CD, ambos devem ser tratados como intangível.

O critério de reconhecimento de um ativo intangível define se o item pode ser exibido no balanço patrimonial e a partir de qual momento. A norma define que um ativo intangível deve ser reconhecido como ativo apenas se:

- For provável que benefícios econômicos futuros associados ao item serão gerados em favor da entidade.
- O custo do item puder ser mensurado confiavelmente.

A probabilidade de geração de benefícios no futuro separa o reconhecimento entre ativo e despesa. O princípio de que o ativo intangível só deve ser reconhecido quando for provável que benefícios econômicos fluirão para a entidade procura evitar que se reconheça despesa no intangível, inflando o ativo e aumentando o lucro do período artificialmente.

A natureza do intangível é diferente da natureza do imobilizado, por exemplo. É difícil adicionar ou substituir uma parte de um intangível. Não dá para dizer que um gasto com promoção de uma marca é similar ao acoplamento de um novo mecanismo que aumenta a capacidade de uma máquina. Por isso, gastos subsequentes raramente são reconhecidos como ativos intangíveis.

Um ativo intangível deve ser reconhecido inicialmente ao custo. Isso significa, primeiramente, que um intangível só pode ser reconhecido se houver um gasto, seja pela aquisição do ativo de terceiros, seja pelo gasto incorrido no seu desenvolvimento interno. Em segundo lugar, significa que a base de mensuração inicial é o custo, e não o valor dos fluxos de caixa descontados ou outra medida de valor.

De acordo com o CPC 04, o custo de um item do ativo intangível adquirido separadamente compreende o seu preço de compra, acrescido de impostos de importação e impostos não recuperáveis sobre a compra, depois de deduzidos os descontos comerciais e abatimentos, e qualquer custo diretamente atribuível à preparação do ativo para a finalidade proposta. Assemelha-se muito ao tratamento dado à mensuração de um imobilizado adquirido.

Custos diretamente atribuíveis podem ser, por exemplo, custos de mão de obra incorridos diretamente para que o ativo fique em condições operacionais, honorários e custos com testes para verificar se o ativo está funcionando adequadamente, como no caso da aquisição de um *software*. Como se trata de atribuição direta, há gastos que não devem fazer parte do custo, como os administrativos e outros custos indiretos.

O reconhecimento dos custos cessa quando o ativo está nas condições operacionais pretendidas pela administração, mesmo que ainda não esteja sendo utilizado. Com isso, os custos que forem incorridos ou os prejuízos obtidos após o ativo estar em condições operacionais não devem ser somados ao valor do ativo intangível no balanço patrimonial.

Por exemplo, digamos que uma licença básica de um *software* tenha sido adquirida por $ 200.000 e que outros gastos com o próprio fornecedor do *software* tenham sido incorridos ao longo de dois meses para adaptar o *software* às operações específicas da entidade, no valor de $ 50.000. Após essas adaptações, o *software* foi considerado pronto para utilização pela entidade. Com isso, os lançamentos contábeis seriam:

	Débito	Crédito
Ativo intangível (*software*)	$ 200.000	
Caixa		$ 200.000
Reconhecimento de intangível pela aquisição de licença básica de *software* X		

	Débito	Crédito
Ativo intangível (*software*)	$ 50.000	
Caixa		$ 50.000
Serviços de adaptação do *software* X às operações da entidade		

O intangível também pode ser adquirido como parte de uma combinação de negócios. Quando a entidade adquire um negócio de terceiros, ela assume ativos e passivos e entre eles pode haver intangíveis. Imagine que uma entidade do ramo de cosméticos, por exemplo, esteja comprando de uma concorrente um negócio de maquiagens. Entre fábrica, estoques e recebíveis, pode haver uma marca que esteja sendo adquirida. Nesse caso, o custo do ativo intangível deve ser o valor justo na data da aquisição. Esse intangível de marca pode ser reconhecido mesmo que não tenha sido reconhecido anteriormente no balanço patrimonial da empresa que o vendeu. Isso é aplicável a qualquer ativo intangível, desde que seja separável, o que permite a consideração de que a mensuração do seu valor justo possa ser realizada de maneira confiável. Portanto, no caso de intangível adquirido em combinação de negócios, a mensuração ocorre pelo seu valor justo.

Além das situações de aquisição, um ativo intangível gerado internamente também pode ser reconhecido no balanço patrimonial. Perceba que a geração interna é uma situação mais delicada do que a aquisição em termos de reconhecimento, pois reconhecer no ativo um gasto que não representa propriamente um ativo pode gerar uma informação enganosa para investidores e credores, pois ao mesmo tempo que o lucro divulgado ficaria maior do que de fato é, o ativo também ficaria maior, dando a impressão de que os benefícios futuros são maiores do que são de fato. Por conta disso, a norma CPC 04 estabelece uma série de restrições ao reconhecimento de intangíveis gerados internamente.

O pronunciamento vê a geração interna de um intangível como um processo, que é composto por duas fases: a de pesquisa e a de desenvolvimento. Uma dessas fases até pode não existir nesse processo, mas a outra deve necessariamente ocorrer. Se as duas ocorrerem, a fase de desenvolvimento inicia-se após a fase de pesquisa.

De acordo com o CPC 04, pesquisa é "a investigação original e planejada realizada com a expectativa de adquirir novo conhecimento e entendimento científico ou técnico". Destaca-se a questão da aquisição de novo conhecimento. Com isso, a fase de pesquisa só ocorre quando há a busca desse novo conhecimento. Nesse caso, obtido o novo conhecimento, passa-se à fase de desenvolvimento.

Porém, perceba que é possível que a fase de pesquisa não gere um resultado ao seu final, não permitindo o início da fase de desenvolvimento. Na verdade, como se trata da busca de um novo conhecimento, o que é sempre muito difícil, não se considera provável que se obtenha um resultado capaz de gerar benefícios econômicos na fase de pesquisa.

Por causa disso, a norma CPC 04 define que os gastos com pesquisa devem ser reconhecidos como *despesa* quando incorridos, não podendo ser então reconhecidos como ativo. Isso não significa que a intenção da administração não seja a de se obter um benefício econômico no futuro com os gastos com pesquisa. É apenas um mecanismo de proteção de investidores e credores para evitar informação com grande potencial de ser enganosa.

Conforme o CPC 04, desenvolvimento é "a aplicação dos resultados da pesquisa ou de outros conhecimentos em um plano ou projeto visando à produção de materiais, dispositivos, produtos, processos, sistemas ou serviços novos ou substancialmente aprimorados, antes do início da sua produção comercial ou do seu uso". Destaca-se a questão da aplicação de um conhecimento prévio. Perceba que é possível fazer um desenvolvimento de um intangível mesmo que uma fase de pesquisa não tenha existido antes. Por exemplo, é possível desenvolver um *software* internamente, com conhecimentos prévios já existentes, sem que um novo conhecimento tenha que ser obtido para isso.

Diversas atividades podem ser classificadas como projetos em fase de desenvolvimento, como protótipos e modelos, ferramentas, moldes, e matrizes que envolvam nova tecnologia, construção e teste de materiais, dispositivos, produtos, processos, sistemas e serviços novos ou aperfeiçoados.

O CPC 04 define que um intangível resultante da fase de desenvolvimento pode ser reconhecido como ativo, mas coloca uma série de condições para que isso possa ser feito:

(a) viabilidade técnica para concluir o ativo intangível de forma que ele seja disponibilizado para uso ou venda;
(b) sua intenção de concluir o ativo intangível e de usá-lo ou vendê-lo;
(c) sua capacidade para usar ou vender o ativo intangível;
(d) a forma como o ativo intangível deve gerar benefícios econômicos futuros. Entre outros aspectos, a entidade deve demonstrar a existência de mercado para os produtos do ativo intangível ou para o próprio ativo intangível ou, caso este se destine ao uso interno, a sua utilidade;
(e) a disponibilidade de recursos técnicos, financeiros e outros recursos adequados para concluir seu desenvolvimento e usar ou vender o ativo intangível; e
(f) sua capacidade de mensurar com confiabilidade os gastos atribuíveis ao ativo intangível durante seu desenvolvimento.

Perceba que todos esses critérios devem ser atendidos ao mesmo tempo para que o ativo seja reconhecido. Enquanto um dos critérios não é atendido, os gastos devem ser reconhecidos como despesa. Observe que esses critérios procuram restringir o reconhecimento do ativo quando há um fator que impeça a obtenção de benefícios econômicos futuros.

PARA REFLETIR...

Por que o normatizador contábil estabelece tantos critérios para reconhecimento de um ativo gerado internamente?

Perceba que um intangível gerado internamente só pode ser reconhecido caso haja um custo e, além disso, caso atenda a uma série de critérios que, no fundo, servem para restringir o reconhecimento de intangíveis. Essas restrições têm o objetivo claro de evitar que esses intangíveis sejam reconhecidos indevidamente. Por natureza, os intangíveis normalmente são menos líquidos que ativos imobilizados, por exemplo. Imagine o nível de desconfiança de investidores caso os critérios para reconhecimento e mensuração não fossem tão rígidos...

O custo do ativo intangível gerado internamente é a soma dos gastos incorridos a partir do momento em que passou a ser reconhecido, o que significa que os gastos reconhecidos como despesa não podem ser reintegrados ao ativo após o seu reconhecimento. Os gastos podem ser capitalizados até o momento em que o ativo seja capaz de funcionar da forma pretendida pela administração, o que inclui gastos, por exemplo, com materiais e serviços, mão de obra, taxas de registro e amortização de patentes e licenças utilizadas na geração do ativo intangível.

É interessante destacar uma diferença em relação à prática contábil anterior à adoção de *International Financial Reporting Standards* (IFRS) no Brasil: os gastos pré-operacionais, que eram contabilizados como ativo diferido, que deixou de existir no Brasil com as IFRS. Os gastos pré-operacionais eram contabilizados como ativo com o argumento do princípio da confrontação de receitas e despesas – como não há receita nessa fase para confrontar, a despesa deveria ficar no ativo. Entretanto, com as IFRS, esses gastos não podem ser reconhecidos como ativo, pois não atendem à sua definição.

Após o reconhecimento do item no intangível, ele deve ser apresentado ao custo menos qualquer amortização e *impairment* acumulados. A norma original IFRS prevê a opção de apresentar o ativo intangível pelo seu valor reavaliado, em vez da mensuração a custo. Entretanto, o Brasil eliminou essa possibilidade (o que não contraria a norma IFRS, já que é uma opção pelas normas do *International Accounting Standards Board* – Iasb) de se fazer a reavaliação do intangível, por meio da Lei 11.638/2007.

A amortização é aplicável no caso de um intangível com vida útil definida. A entidade deve avaliar se a vida útil do intangível é definida ou não. Para isso, ela deve considerar todos os fatores que se mostrem relevantes, e avaliar se existe ou não limite previsível para o período em que o ativo deverá gerar fluxos de caixa líquidos positivos para a entidade.

O CPC 04 fornece uma lista (não exaustiva) de fatores que devem ser considerados na determinação da vida útil do intangível:

(a) a utilização prevista de um ativo pela entidade e se o ativo pode ser gerenciado eficientemente por outra equipe de administração;
(b) os ciclos de vida típicos dos produtos do ativo e as informações públicas sobre estimativas de vida útil de ativos semelhantes, utilizados de maneira semelhante;
(c) obsolescência técnica, tecnológica, comercial ou de outro tipo;
(d) a estabilidade do setor em que o ativo opera e as mudanças na demanda de mercado para produtos ou serviços gerados pelo ativo;
(e) medidas esperadas da concorrência ou de potenciais concorrentes;
(f) o *nível dos gastos de manutenção requerido para obter os benefícios econômicos futuros do ativo e a capacidade e a intenção da entidade para atingir tal nível*;
(g) o período de controle sobre o ativo e os limites legais ou similares para a sua utilização, tais como datas de vencimento dos arrendamentos/locações relacionados; e
(h) se a vida útil do ativo depende da vida útil de outros ativos da entidade.

O valor amortizável de um ativo é o seu custo menos o valor residual, e deve ser apropriado de forma sistemática ao longo da sua vida útil estimada. A amortização deve começar a partir do momento em que o ativo esteja disponível para uso e pode ser utilizado um método sistemático de alocação da amortização, como o linear.

A vida útil de um ativo é o tempo que a entidade espera utilizar o ativo. Isso significa que pode ser decorrente de uma política da gestão da entidade, que considera, por exemplo, que irá vender e comprar um novo ativo após um determinado período, fazendo com que a vida útil seja menor que a vida econômica. Portanto, a vida útil não é determinada por regras tributárias ou necessariamente pela duração do ativo, mas pelo tempo que se espera obter benefícios com o ativo investido.

A norma presume que o valor residual do intangível com vida útil definida é zero, a não ser que haja compromisso de terceiros para comprar o ativo ao final da vida útil ou exista mercado ativo, com valor determinável e que provavelmente existirá ao final da vida útil do ativo.

Assim, por exemplo, se uma patente foi adquirida por $ 418.000 e há ainda 19 anos de prazo legal para sua exploração, a entidade deve fazer a amortização do intangível ao longo desses 19 anos, por meio do seguinte lançamento a cada ano:

	Débito	Crédito
Despesa de amortização	$ 22.000	
Amortização acumulada (redutora do ativo intangível)		$ 22.000
Despesa de amortização de patente ($ 418.000 / 19 anos)		

Já o ativo intangível com vida útil indefinida não deve ser amortizado. A ideia por trás disso é a de que o ativo deve continuar gerando benefícios econômicos por tempo indeterminado e que qualquer tentativa de alocação de gastos ao resultado por meio de amortização possa ser arbitrária, o que potencialmente poderia trazer algum viés à informação contábil.

Entretanto, isso não quer dizer que o intangível deverá necessariamente permanecer registrado no ativo eternamente com o mesmo valor. No lugar da amortização, o mecanismo utilizado é o do *impairment*. Assim, a entidade deve testar o *impairment* anualmente e sempre que existir indícios de que o ativo intangível pode ter perdido valor.

Os princípios para o reconhecimento de perdas por *impairment* são definidos no CPC 01. No que se refere a intangível, as perdas podem ser reconhecidas para um ativo individual, se houver alguma indicação de que o ativo está desvalorizado, ou para uma unidade geradora de caixa, caso o valor recuperável não possa ser determinado para o ativo individual.

PARA REFLETIR...

É possível que um ativo intangível com vida útil indefinida passe a ter vida útil definida por uma escolha do gestor?

É interessante notar que um ativo intangível com vida útil indefinida, como uma marca, pode passar a ter vida útil definida. É possível que a gestão decida descontinuar o uso de uma marca, por exemplo, depois de três anos, para manter apenas outra marca no mercado. Nesse caso, deve-se fazer um teste de *impairment* daquela marca e eventual saldo remanescente deve ser amortizado ao longo desses três anos.

O valor contábil de um item do ativo intangível deve ser baixado (a) por ocasião de sua alienação; ou (b) quando não há expectativa de benefícios econômicos futuros com a sua utilização ou alienação. Nesse momento, podem ser reconhecidos ganhos ou perdas, que não devem ser classificados como receita de venda. O ganho ou perda com a baixa é determinado pela diferença entre o valor líquido da alienação, se houver, e o valor contábil do item.

A norma CPC 04 estabelece uma série de divulgações em notas explicativas, com o objetivo de esclarecer principalmente as escolhas contábeis de métodos e critérios de mensuração, as estimativas e suas mudanças e os julgamentos da administração em relação à amortização.

Há uma série de informações a serem divulgadas em notas explicativas, como os critérios e métodos de mensuração do ativo e da amortização, as movimentações no período e as mudanças de estimativa contábil.

Devem ser especialmente notados na aplicação prática alguns aspectos relacionados às exigências e aos julgamentos por parte da administração da entidade. O primeiro deles é em relação ao custo de aquisição de um intangível individual, pois se deve atentar ao custo incorrido até o momento de colocá-lo em condições de ser utilizado, mas só até esse momento.

Além disso, o ativo intangível também pode ser adquirido por meio de uma combinação de negócios, quando o custo deve ser medido pelo valor justo. A mensuração a valor justo de ativos intangíveis pode sofrer com problemas de confiabilidade à medida que se necessite utilizar informações de nível 3 da hierarquia de valor justo (ver capítulo sobre valor justo), aqueles que não são observáveis.

Um dilema muito recorrente na prática refere-se à questão do reconhecimento de ativos intangíveis desenvolvidos internamente. A norma CPC 04 fornece princípios para esse reconhecimento, mas em muitos casos é necessário fazer interpretações da situação prática. O cuidado que se deve ter é não capitalizar no ativo intangível gastos que não estejam associados a benefícios futuros à entidade – despesas. Gastos com desenvolvimento de produtos, processos e outros podem gerar dúvidas, enquanto outros, como *softwares*, podem ser mais facilmente resolvidos.

Outra dificuldade pode ocorrer na definição de se o ativo tem vida útil definida ou não. Por exemplo, um *software* adquirido, a princípio, poderia funcionar indefinidamente, mas é provável que haja mudança tecnológica e que o uso do *software* seja interrompido em algum momento no futuro. Essa é uma questão que pode envolver a política da entidade em relação ao nível de atualização tecnológica que está disposta a ter. Se a entidade entende que o *software* tem vida útil definida, é necessário fazer a amortização do investimento no ativo intangível.

Provavelmente, o ponto que pode gerar maiores dificuldades operacionais contábeis é o tratamento a ser dado a um ativo de vida útil indefinida, já que é necessário fazer o teste de *impairment* ao menos uma vez ao ano, o que significa verificar seu valor por meio de projeções de fluxos de caixa do ativo individual ou da unidade geradora de caixa.

É interessante notar que, no Brasil, as empresas têm divulgado o valor de *goodwill* dentro do título ativos intangíveis. Entretanto, como discutido anteriormente, os intangíveis não se confundem com o *goodwill*, pois são identificáveis, ao contrário do *goodwill*, que é exatamente tudo aquilo que não se consegue identificar em um processo de combinação de negócios.

A divulgação de informações sobre intangíveis em notas explicativas também é um aspecto de grande relevância, pois investidores e credores têm interesse em conhecer a natureza e a forma como se espera obter benefícios com esses ativos, como eles serão recuperados ao longo do tempo, e sobre os testes de *impairment* que devem ser realizados anualmente. São ativos que apresentam os maiores riscos de os investimentos não serem recuperados e, portanto, seria natural que as partes interessadas tivessem condições de fazer essas avaliações.

DESTAQUES FINAIS

Em relação a intangível, podem-se destacar três pontos relevantes:

- Os critérios para reconhecimento na aquisição e no desenvolvimento interno.
- O julgamento sobre se o ativo possui vida útil definida ou não.
- Os critérios de mensuração em cada caso.

É importante notar a relevância desses pontos para a avaliação do intangível e seus resultados para a tomada de decisão de investidores e credores. O resultado após a despesa de amortização, perdas por *impairment* e ganhos ou perdas na alienação do intangível representam o lucro ou prejuízo obtido além da recuperação do investimento realizado referente ao período – se for incorretamente mensurado, a avaliação é prejudicada, podendo levar a decisões equivocadas.

Apesar de os diversos pontos dessas normas exigirem julgamento por parte da administração, não significa que a informação tenda a ser pior – pelo contrário, os julgamentos são necessários para que se obtenha uma informação mais fidedigna, já que são os gestores que possuem mais informação sobre os investimentos realizados e a forma como eles são recuperados. Entretanto, é preciso estar atento e ter a consciência de que o ativo intangível é um grupo de ativos interpretado pelo mercado como um todo como uma informação com um nível relevante de subjetividade, o que sempre pode gerar desconfiança.

RESUMO

- Um ativo intangível é um ativo não monetário identificável sem substância física. Guarda semelhanças com imobilizado, no sentido de que pode ser utilizado ao longo do tempo, mas não abrange *goodwill*.
- Um intangível pode ser adquirido de terceiros ou desenvolvido internamente. Nem todos os intangíveis desenvolvidos internamente podem ser reconhecidos.
- Há duas fases para os intangíveis desenvolvidos internamente: a pesquisa e o desenvolvimento. Gastos com pesquisa são tratados como despesa e gastos com desenvolvimento podem ser ativos, dependendo da capacidade de obtenção de benefícios econômicos no futuro.
- A mensuração é a custo amortizado para os ativos com vida útil limitada e com testes anuais obrigatórios de *impairment* para os ativos sem vida útil definida.

EXERCÍCIOS PROPOSTOS

QUESTÃO 1: Por que uma marca criada pela própria entidade não pode ser reconhecida no balanço patrimonial?

QUESTÃO 2: Por que gastos com pesquisa não podem ser capitalizados no ativo intangível?

QUESTÃO 3: Como você faria para definir se um gasto foi realizado na fase de pesquisa ou na fase de desenvolvimento de um intangível gerado internamente, por exemplo uma patente de medicamento?

QUESTÃO 4: Uma empresa da área de tecnologia está com um projeto de desenvolvimento de um novo *software*. Foram realizados os seguintes gastos ao longo do projeto:

a) Licenças de outros *softwares* necessárias para a utilização no processo de desenvolvimento do novo *software*, pagas à vista – $ 80.000.

b) Custos de mão de obra da equipe integralmente dedicada ao desenvolvimento do novo *software*, já pagos – $ 600.000.

c) Depreciação dos equipamentos de informática que foram utilizados pela equipe de desenvolvimento – $ 28.000.

d) Energia elétrica utilizada no processo, já paga. Para seu cálculo, foram utilizados critérios de rateio da energia elétrica da empresa baseados no número de pessoas e de equipamentos utilizados – $ 14.000.

e) Custos de mão de obra da equipe própria de manutenção dos equipamentos, já pagos, que foram avaliados por um preço de transferência interno dos serviços prestados baseados em valores de mercado – $ 22.000.

f) Custos de treinamento para a equipe de vendas do *software*, dado pela própria equipe de desenvolvimento, ocorrido após a primeira versão do *software* ter sido considerada finalizada – $ 30.000. Nesses custos não estão computados os custos com mão de obra das equipes e estes já foram pagos.

Pede-se:

1. Verifique quais desses gastos podem ser reconhecidos como parte do custo do ativo intangível.
2. Diga qual é a razão pela qual eles podem ser reconhecidos ou não.
3. Faça a contabilização de cada um desses gastos (em lançamentos de diário).
4. Com o término do projeto, estimou-se que o *software* ficará no mercado por seis anos. Dois anos antes desse tempo de vida útil, uma nova versão deverá ser lançada e substituirá a primeira gradativamente. Considere que um ano tenha se passado a partir do lançamento da primeira versão e faça o lançamento contábil da amortização desse intangível, supondo valor residual zero.

QUESTÃO 5: Uma entidade é líder de mercado em seu setor de atividade e possui uma marca consolidada há muitos anos. Ela adquiriu uma empresa concorrente, juntamente com a marca dela, e registrou esse intangível pelo valor justo de $ 300.000. Entretanto, os gestores da entidade decidiram que essa marca será descontinuada em 3 anos, para que a marca líder fique ainda mais fortalecida. Qual deve ser o tratamento contábil aplicado após o reconhecimento desse intangível?

BIBLIOGRAFIA SUGERIDA

COMITÊ DE PRONUNCIAMENTOS CONTÁBEIS (CPC). *Pronunciamento técnico CPC 01 (R1) – Redução ao Valor Recuperável de Ativos – Correlação às Normas Internacionais de Contabilidade – IAS 36 – Impairment of Assets*. Brasília: CPC, 2010. Disponível em: http://static.cpc.aatb.com.br/Documentos/27_CPC_01_R1_rev%2012.pdf. Acesso em: 15 jul. 2020.

COMITÊ DE PRONUNCIAMENTOS CONTÁBEIS (CPC). *Pronunciamento técnico CPC 04 (R1) – Ativo Intangível – Correlação às Normas Internacionais de Contabilidade – IAS 38 – Intangible Assets*. Brasília: CPC, 2010. Disponível em: http://static.cpc.aatb.com.br/Documentos/187_CPC_04_R1_rev%2014.pdf. Acesso em: 16 jul. 2020.

COMITÊ DE PRONUNCIAMENTOS CONTÁBEIS (CPC). *Pronunciamento técnico CPC 15 (R1) – Combinação de Negócios – Correlação às Normas Internacionais de Contabilidade – IFRS 3 – Business Combinations*. Brasília: CPC, 2011. Disponível em: http://static.cpc.aatb.com.br/Documentos/235_CPC_15_R1_rev%2014.pdf. Acesso em: 16 jul. 2020.

COMITÊ DE PRONUNCIAMENTOS CONTÁBEIS (CPC). *Pronunciamento técnico CPC 27 – Ativo Imobilizado – Correlação às Normas Internacionais de Contabilidade – IAS 16 – Property, Plant and Equipment*. Brasília: CPC, 2009. Disponível em: http://static.cpc.aatb.com.br/Documentos/316_CPC_27_rev%2014.pdf. Acesso em: 15 jul. 2020.

COMITÊ DE PRONUNCIAMENTOS CONTÁBEIS (CPC). *Pronunciamento técnico CPC 39 – Instrumentos Financeiros: Apresentação – Correlação às Normas Internacionais de Contabilidade – IAS 32 – Financial Instruments: Presentation*. Brasília: CPC, 2009. Disponível em: http://static.cpc.aatb.com.br/Documentos/410_CPC_39_rev%2013.pdf. Acesso em: 16 jul. 2020.

ATIVO BIOLÓGICO E PRODUTO AGRÍCOLA

Sílvio Hiroshi Nakao

OBJETIVOS DE APRENDIZAGEM

- Compreender como a norma contábil observa a natureza econômica de um ativo biológico e de um produto agrícola e procura retratá-los nas demonstrações financeiras.
- Compreender as escolhas do normatizador no reconhecimento e na mensuração do ativo biológico e do produto agrícola.
- Compreender as possibilidades de escolhas contábeis que a norma contábil permite que o gestor faça e as suas implicações em termos de qualidade da informação divulgada.

1. APRESENTAÇÃO

A BRF é uma das maiores empresas mundiais do setor de alimentos e possui uma produção relevante de aves e suínos, mantendo em seus ativos biológicos um montante próximo a $ 2,3 bilhões em 2016, conforme pode ser visto na Tabela 7.1.

De acordo com a nota explicativa sobre ativos biológicos da BRF, a empresa possui criação de aves e suínos. Os valores apresentados na Tabela 7.1 referem-se aos animais vivos que figuram no ativo da empresa. São classificados como imaturos consumíveis aqueles animais que ainda não atingiram o peso adequado para abate e como maduros consumíveis aqueles que são transferidos para abate, dado o curtíssimo intervalo de tempo entre a produção e o abate. São classificados como imaturos para produção as matrizes que ainda não atingiram a idade de reprodução e como maduros para produção aqueles que estão aptos a iniciar o ciclo reprodutivo.

É interessante observar na nota explicativa que a empresa revela utilizar a abordagem de custo como técnica de avaliação mais apropriada para o cálculo do valor justo de seus animais vivos, pois o período de vida dos ativos biológicos é curto e com isso o seu valor justo seria baseado no custo para produzir um animal em mesmo grau de maturidade no seu ciclo de vida. Perceba então que a mensuração dos ativos biológicos deve ocorrer pelo valor justo, mas a BRF nos mostra que nem sempre o valor de venda no mercado pode ser o mais apropriado para essa mensuração.

Assim, este capítulo trata das questões envolvendo o tratamento contábil dos ativos biológicos e dos produtos agrícolas de acordo com as normas IFRS/CPC. O objetivo é fazer com que o leitor possa entender quando devem ser reconhecidos e como devem ser mensurados os ativos biológicos e os produtos agrícolas. Esse tema é interessante porque os ativos biológicos e produtos agrícolas possuem uma natureza diferente dos demais ativos: a geração de benefícios econômicos futuros é dependente da transformação biológica dos animais e das plantas. Além disso, esses ativos possuem, em geral, valores de mercado disponíveis, o que confere confiabilidade à mensuração do valor justo. Assim,

Tabela 7.1 Nota explicativa sobre ativos biológicos do exercício de 2016 da BRF

	Consolidado			
	31/12/2016		31/12/2015	
	Quantidade (mil cabeças)	Valor	Quantidade (mil cabeças)	Valor
Ativos biológicos consumíveis				
Aves imaturas	**202.454**	**770.691**	179.990	595.462
Suínos imaturos	**3.788**	**874.248**	3.545	734.399
Total circulante	**206.242**	**1.644.939**	183.535	1.329.861
Ativos biológicos para produção				
Aves imaturas	**6.735**	**119.912**	6.658	108.837
Aves maduras	**11.670**	**229.190**	11.418	186.093
Suínos imaturos	**195**	**58.934**	184	51.188
Suínos maduros	**427**	**239.341**	385	184.751
Total não circulante	**19.027**	**647.377**	18.645	530.869
	225.269	**2.292.316**	202.180	1.860.730

ativos biológicos e produtos agrícolas são mensurados ao seu valor justo.

A norma CPC 29 – Ativo Biológico e Produto Agrícola trata das definições, dos critérios de reconhecimento, dos princípios de mensuração aplicáveis e da forma de divulgação nas demonstrações contábeis de ativos biológicos e produtos agrícolas.

Uma questão interessante da norma CPC 29 é quanto à mensuração a valor justo desses ativos que apresentam um desenvolvimento orgânico e que geram benefícios econômicos por meio de sua transformação biológica. Por exemplo, um boi de corte que faz parte do ativo da entidade, cujo valor está atrelado à sua engorda ao longo do tempo e às variações do preço da arroba do boi no mercado. Também um pé de eucalipto que cresce até que possa ser cortado e virar madeira para ser vendida no mercado. Perceba que eles sofrem transformação biológica e ao mesmo tempo seu valor depende do comportamento de preços de mercado.

PARA REFLETIR...

O ativo biológico poderia ser mensurado a custo? Qual é o efeito que se quer capturar com a mensuração a valor justo?

O crescimento de um boi, por exemplo, também poderia ser refletido nas demonstrações financeiras por meio do acúmulo de custos. Porém, há que se considerar que em casos como esse pode ser difícil e arbitrário alocar custos e também que os benefícios econômicos futuros estão diretamente relacionados com os preços dos produtos agrícolas, que em geral são *commodities* ou com mercados bastante ativos.

Por conta disso, esses ativos são mensurados ao seu valor justo a cada data de balanço. A mensuração a valor justo nesse caso tende a representar melhor o valor do ativo do que o custo, pois traz uma informação mais atualizada em relação ao que o mercado pagaria pelo ativo. Na existência de mercado ativo, a referência ao valor de mercado pode trazer uma informação com menor possibilidade de viés do que o custo, pois este pode estar sujeito a critérios subjetivos de mensuração, como critérios de rateio escolhidos pela gestão.

Por outro lado, essa norma também tem sido alvo de críticas, pois há situações em que a medida de valor justo estabelecida pela norma pode não representar fidedignamente o valor do ativo biológico, em função de subjetividade na avaliação de valor justo quando é necessário fazer projeções de fluxos de caixa. Além disso, o valor de mercado pode estar sujeito a influências de investidores preocupados em ganhos imediatos e que fazem o preço mudar a cada minuto, drasticamente e sem fundamentação econômica, fazendo com que o relatório financeiro perca sua validade de uma hora para outra.

Esse confronto de pontos de vista em torno da norma CPC 29 é que faz esse assunto ser um dos mais discutidos entre todo o conjunto de normas IFRS.

Este capítulo apresenta primeiramente uma análise dos conceitos relacionados à norma contábil CPC 29 – Ativo Biológico e Produto Agrícola. Posteriormente, são apresentadas as principais determinações da norma contábil, juntamente com as questões práticas relacionadas ao assunto e pontos em que a norma demanda interpretação.

O Quadro 7.1 apresenta o pronunciamento nacional e seu congênere internacional nos quais se baseia a norma nacional.

Quadro 7.1 Pronunciamento sobre ativos biológicos e produtos agrícolas

CPC	IFRS Iasb
CPC 29 – Ativo Biológico e Produto Agrícola	IAS 41 – *Agriculture*

2. CONCEITOS E DEFINIÇÕES RELEVANTES

A primeira definição importante é a de ativo biológico. De acordo com o CPC 29, um "ativo biológico é um animal e/ou uma planta, vivos". Assim, são exemplos de ativos biológicos: bois, porcos, frangos, pés de milho, videiras, cana-de-açúcar etc., enquanto estejam vivos.

Entretanto, não são todos os ativos biológicos que estão sob o escopo do pronunciamento CPC 29. Esse pronunciamento deve ser aplicado apenas a ativos biológicos que estejam relacionados com as atividades agrícolas.

De acordo com a norma, atividade agrícola é "o gerenciamento da transformação biológica e da colheita de ativos biológicos para venda ou para conversão em produtos agrícolas ou em ativos biológicos adicionais, pela entidade". Transformação biológica compreende "o processo de crescimento, degeneração, produção e procriação que causam mudanças qualitativa e quantitativa no ativo biológico". Isso significa que, para receber o tratamento contábil que é dado pelo CPC 29, por exemplo a mensuração a valor justo, é preciso que o ativo biológico esteja sendo gerenciado de modo a gerar riqueza pela transformação biológica e posterior colheita. Por exemplo, um boi de corte pode estar sendo engordado de maneira intensiva em um confinamento. Assim, rações e medicamentos são administrados tendo em vista a eficiência da engorda do boi, que por sua vez tem como objetivo o ganho econômico com esse crescimento. Assim, o confinamento do boi é uma atividade agrícola e o boi é um ativo biológico.

É possível dizer que uma definição também procura afastar aquilo que não pode ser considerado como parte integrante dela. Na interpretação de uma definição, talvez seja difícil dizer o que não faz parte dela. No caso de ativos biológicos que não estão sob uma atividade agrícola, é preciso pensar em animais ou plantas que não são cultivados com o objetivo de ganhar dinheiro com a sua transformação biológica.

Por exemplo, um cavalo que está sendo utilizado pelo pecuarista na criação de gado bovino a pasto – apesar de ser um animal vivo, a intenção da administração da entidade não é a de obter benefícios econômicos com a sua transformação biológica e posterior venda, mas sim com o seu uso. Com isso, o cavalo não deve ser apresentado na conta de ativos biológicos, mas sim na conta de ativo imobilizado. Do mesmo modo, animais silvestres que são expostos para visitação em um zoológico também não devem receber o tratamento do CPC 29, pois os benefícios econômicos não advêm da transformação biológica desses animais, devendo também ser tratados como imobilizado.

Uma atividade agrícola possui algumas características particulares. Animais e plantas vivos são capazes de transformações biológicas, ao contrário de produtos de uma atividade industrial. Essa transformação é facilitada pelo seu gerenciamento, que provê as condições necessárias para que ela ocorra, ao contrário de uma atividade de pesca no oceano, em que a fonte não é gerenciada. Esse gerenciamento inclui a mensuração e o monitoramento da mudança na qualidade e/ou quantidade, ao contrário do que ocorre com o desflorestamento de matas nativas, por exemplo.

Outro aspecto interessante é que um ativo biológico deve primeiramente atender à definição de ativo. Isso significa que a entidade precisa controlá-lo em função de um evento passado e esperar obter benefícios econômicos no futuro. Se a entidade comprou uma vaca leiteira, é possível dizer que a entidade a controla e espera obter benefícios com o leite produzido por ela. Entretanto, há situações em que a questão do controle poderia gerar dúvidas na interpretação. Por exemplo, será que abelhas podem ser um ativo da entidade, considerando que elas voam livremente? Criadores de abelhas vão dizer que é possível controlar as abelhas em uma colmeia por meio de seu manejo, o que traz a possibilidade de classificá-las como ativo.

Desse modo, depreende-se que devem receber o tratamento contábil dado pelo CPC 29 os ativos biológicos que têm sua natureza econômica mais bem representada pela mensuração a valor justo, pois eles são destinados à venda ou seus produtos serão destinados à venda.

A segunda definição importante é a de produto agrícola. De acordo com o CPC 29, "produção agrícola é o produto colhido de ativo biológico da entidade". A colheita é entendida como "a extração do produto de ativo biológico ou a cessação da vida desse ativo biológico". Assim, um produto agrícola pode ser tanto a maçã que é colhida da macieira, que continua plantada e viva, como o milho que é colhido junto com a própria planta, que deixa de ser ativo biológico.

Perceba que o produto agrícola é aquele colhido de um ativo biológico, que deixa de sê-lo se for processado após a colheita. Essa diferenciação é importante porque apenas o produto agrícola deve ser mensurado a valor justo no momento da colheita e o seu valor não pode ser o do produto processado após a colheita. Por exemplo, o leite *in natura* normalmente tem um preço de mercado diferente do preço do leite pasteurizado, o que significa que o preço do pasteurizado não pode ser utilizado como o valor justo do leite *in natura*.

É importante notar que o produto agrícola é o produto colhido de um ativo biológico **da entidade**, o que significa que um produto agrícola colhido de um ativo biológico de outra entidade não pode ser considerado produto agrícola. Por exemplo: digamos que uma indústria compre uma determinada quantidade de soja que acabou de ser colhida na fazenda de seu fornecedor – essa soja não pode ser classificada como produto agrícola da indústria que comprou, mas como estoque, e com isso não poderia ser mensurado a valor justo (é possível que a empresa tenha pago um valor menor que o valor justo e o gestor queira reconhecer um ganho no momento da compra, o que fica impedido por essa definição). Assim, a soja produzida na própria entidade é mensurada de forma diferente da soja adquirida de terceiros, porque a primeira é produto agrícola e a segunda é estoque.

Seguem alguns exemplos de ativos biológicos, produtos agrícolas e produtos resultantes do processamento após a colheita no Quadro 7.2.

Quadro 7.2 Ativos biológicos: exemplos

Ativos biológicos	Produto agrícola	Produtos resultantes do processamento após a colheita ou abate
Boi gordo	Carcaça (em arroba)	Picanha, couro
Suíno vivo	Carcaça (em kg)	Presunto, bacon
Vaca leiteira	Leite *in natura* (em litro)	Leite pasteurizado, queijo
Touro reprodutor	Sêmen coletado	Sêmen envasado em ampola
Pé de milho	Grão de milho (em saca)	Ração de aves e suínos
Pé de fumo	Folha de fumo (em kg)	Cigarro, charuto
Pé de café	Café (em saca)	Café torrado, moído
Macieira	Maçã (em caixa de 18 kg)	Suco de maçã
Pé de eucalipto	Tora de madeira (em m³)	Madeira serrada, celulose
Soqueira	Cana-de-açúcar (em ton.)	Açúcar, álcool

Perceba que a norma especifica tratamento diferente para pelo menos quatro coisas que são relacionadas ou parecidas: ativo biológico, imobilizado, produto agrícola e estoque. É curioso, porque um boi poderia estar classificado em qualquer uma das quatro: se vivo e mantido para engorda (comprado ou nascido na fazenda), seria ativo biológico; se vivo e mantido para uso, seria imobilizado; se abatido quando previamente estava classificado como ativo biológico, seria produto agrícola; se comprado depois de abatido, seria estoque.

Existe ainda outra definição atrelada, que é a de planta portadora, que é aquela planta que tem capacidade de gerar produtos agrícolas por mais de um período, como é o caso de frutíferas e cana-de-açúcar.

De acordo com a definição dada pelo CPC 27 – Ativo Imobilizado e pelo CPC 29 – Ativo Biológico e Produto Agrícola, uma

> Planta portadora é uma planta viva que:
>
> (a) é utilizada na produção ou no fornecimento de produtos agrícolas;
> (b) é cultivada para produzir frutos por mais de um período; e
> (c) tem uma probabilidade remota de ser vendida como produto agrícola, exceto para eventual venda como sucata.

Apesar de serem plantas vivas, e com isso atenderem à definição de ativos biológicos, as plantas portadoras não recebem esse tratamento, são tratadas como ativo imobilizado. Assim, elas não são mensuradas a valor justo, mas a custo. Até 2014, as plantas portadoras recebiam tratamento como ativos biológicos, mas foram "destacadas" desse tratamento e passaram a ser mensuradas conforme a norma de ativo imobilizado.

PARA REFLETIR...

Por que a planta portadora não é tratada como ativo biológico, como as demais plantas e animais?

A razão dessa mudança é de ordem prática, mas também para evitar manipulações. Analistas e outros usuários costumavam ajustar as demonstrações para retirar o efeito da variação de valor justo dessas plantas, pois elas normalmente não têm mercado ativo, o que força a mensuração do valor justo pelo método de projeção de fluxos de caixa, que pode ser carregado de subjetivismo. Contadores também reclamavam de fazer a mensuração a valor justo dessas plantas em função do custo, da complexidade e das dificuldades práticas na ausência de mercado para esses ativos.

É interessante que a planta, fisicamente, é constituída também pelos seus frutos em crescimento, mas contabilmente é separada em duas partes: a planta e a produção em crescimento. A primeira é tratada como ativo imobilizado; a segunda recebe o tratamento de ativo biológico e é mensurada a valor justo.

Na sequência do capítulo, vamos tratar de mais detalhes a respeito das questões de reconhecimento e mensuração das plantas portadoras.

3. PROCEDIMENTOS CONTÁBEIS

Elencamos a seguir os pontos fundamentais sobre a contabilização dos ativos biológicos e dos produtos agrícolas. Precisamos ressaltar que esta seção não tem o objetivo de repetir o que as normas tratam – o objetivo é guiar a leitura, reforçar os pontos fundamentais e chamar a atenção para pontos que podem passar despercebidos, mas que são importantes do ponto de vista de interpretação e aplicação prática.

3.1 Reconhecimento de ativo biológico

O primeiro ponto é o do reconhecimento de um ativo biológico. O CPC 29 traz três critérios que devem ser atendidos para que a entidade possa reconhecer um ativo biológico:

(a) controla o ativo como resultado de eventos passados;
(b) for provável que benefícios econômicos futuros associados com o ativo fluirão para a entidade; e
(c) o valor justo ou o custo do ativo puder ser mensurado confiavelmente.

O primeiro critério talvez nem precisasse ser estabelecido, pois o controle já é parte da própria definição de ativo – se a entidade não controla, não pode ser nem considerado ativo. Entretanto, o aspecto do controle precisa ser ressaltado, para deixar claro que atividades como pesca no oceano e exploração de madeira nativa não podem ter seus peixes e suas árvores reconhecidos como ativos biológicos.

A aquisição de um ativo biológico pode representar a obtenção de seu controle, assim como o nascimento ou o desmame de um bezerro, por exemplo. Em atividades convencionais de cria de bovinos, provavelmente só se pode dizer que o controle é obtido no desmame do bezerro, pois é apenas a partir desse momento que é possível separá-lo da vaca para que ele possa ser vendido. Antes disso, apenas o conjunto de vaca e bezerro é que pode ser vendido, como um único ativo.

O segundo e o terceiro critérios são comuns aos demais ativos em termos de reconhecimento: é necessário que seja provável a obtenção de benefícios econômicos e que o valor seja confiavelmente mensurável.

A aquisição de um ativo biológico, o plantio ou o desmame de uma cria podem ser considerados eventos que podem servir de base para que se diga que é provável a obtenção de benefícios no futuro, mas o que de fato deve ser levado em conta, mais do que a ocorrência do evento, é a expectativa em relação ao mercado do próprio ativo biológico ou dos produtos agrícolas dele advindos.

Perceba que a norma se refere a valor justo ou custo, quando se refere à mensuração confiável para fins de reconhecimento do ativo biológico. A medida "padrão" do ativo biológico é o valor justo, mas se este não for confiável, deve-se utilizar o custo. Só se a medida do custo não for confiável é que não se deve reconhecer o ativo biológico. Situações raras como a permuta de um ativo biológico que não tem valor de mercado é que não poderiam levar ao seu reconhecimento.

Apesar de a norma não especificar os critérios para o desreconhecimento de um ativo biológico, é possível interpretar que, no momento em que um ativo deixa de ter um dos critérios atendidos, deve ser baixado. Por exemplo, se um boi morre, deixa de ser provável a obtenção de benefícios econômicos e todo o valor deve ser baixado.

Como tratado na seção anterior deste capítulo, as plantas portadoras devem ser classificadas e tratadas como imobilizado. Isso significa que elas devem seguir os princípios de reconhecimento de imobilizado: deve ser provável a obtenção de benefícios econômicos no futuro e o custo ser mensurável confiavelmente. As plantas portadoras devem ser tratadas como um imobilizado construído pela própria entidade, o que significa que os custos de plantio devem ser reconhecidos como seu valor de custo inicial.

Entretanto, a produção em crescimento em uma planta portadora deve ser reconhecida como ativo biológico. Assim, a produção em crescimento, que será colhida no final da safra, deverá ser reconhecida no início da safra.

3.2 Mensuração de ativo biológico

De acordo com o CPC 29, o ativo biológico deve ser mensurado a valor justo menos a despesa de venda no momento do reconhecimento inicial e no final de cada período de competência, exceto para os casos em que o valor justo não pode ser mensurado de forma confiável.

Vamos tratar primeiro da questão da mensuração a valor justo do ativo biológico e suas implicações contábeis. Por exemplo, no momento em que um boi magro é comprado, independentemente do valor pago, deve ser mensurado ao valor de sua cotação no mercado, digamos $ 1.500 por cabeça, menos as despesas de venda, que digamos sejam estimadas em 2% referentes à comissão de corretagem do gado, resultando em um valor de $ 1.470 ($ 1.500 – $ 30). Isso pode gerar um ganho ou perda em relação ao valor que foi efetivamente pago. Se o valor pago foi de $ 1.520 por cabeça, deve-se reconhecer imediatamente no resultado uma perda de $ 50 ($ 1.520 – $ 1.470).

Após o reconhecimento inicial, o ativo biológico deve continuar sendo mensurado a valor justo menos despesas de venda. Assim, com o crescimento natural do boi, espera-se o reconhecimento de um ganho (mantido o preço constante). A variação no preço cotado pode resultar em aumento ou redução desse mesmo ganho. No nosso exemplo, digamos que o boi tenha crescido e, na data de fechamento do balanço, esteja com peso equivalente a 17 arrobas, com cotação de $ 130 a arroba. Isso daria $ 2.210, menos despesas de venda de 2%, resultando em $ 2.166. O ganho a ser reconhecido seria de $ 696 ($ 2.166 – $ 1.470). Com isso, o lançamento de ganho seria:

	Débito	Crédito
Ativo biológico	$ 696	
Resultado da avaliação a valor justo de ativos biológicos		$ 696
Ganho na avaliação a valor justo do ativo biológico		

Obviamente, em outras situações, o ajuste a valor justo também poderia resultar em uma perda em função da variação dos preços no mercado, fazendo com que o lançamento seja ao contrário.

O ganho ou perda proveniente da mudança no valor justo menos despesa de venda do ativo biológico deve ser lançado em demonstração do resultado do exercício (DRE). A norma não define um grupo exato de contas da DRE para apresentar esse resultado. As práticas têm variado: alguns colocam esse resultado na receita de vendas, outros no custo dos produtos vendidos, e outros deixam esse resultado destacado, como um terceiro grupo antes do lucro bruto (esta nos parece a prática mais adequada).

Esse ganho com o crescimento do boi equivale à receita obtida, mas obviamente a entidade incorre em custos para obter essas receitas, como ração e medicamentos para os bois. O CPC 29 não trata desses custos, o que significa que eles devem ir a resultado assim que incorridos. Na prática, as empresas estão alocando esses custos junto aos ganhos (ou perdas) provenientes da mudança no valor justo menos despesa de venda. Assim, considerando-se custos de $ 400, o lançamento contábil desses custos seria:

	Débito	Crédito
Resultado da avaliação a valor justo de ativos biológicos	$ 400	
Caixa		$ 400
Custos incorridos com ativos biológicos		

Com isso, o ganho líquido apresentado na DRE seria de $ 296 ($ 696 – $ 400). Perceba que o efeito é o mesmo de se lançar esse custo à própria conta de ativo biológico. Na verdade, é isso que sugere a obrigatoriedade da legislação tributária brasileira (Lei 12.973/2014), ao exigir a separação dos ajustes a valor justo em subconta no ativo. Com isso, os lançamentos ficariam da seguinte forma:

	Débito	Crédito
Ativos biológicos (subconta de custo)	$ 400	
Caixa		$ 400
Custos incorridos com ativos biológicos		

	Débito	Crédito
Ativo biológico (subconta de ajuste a valor justo)	$ 296	
Resultado da avaliação a valor justo de ativos biológicos		$ 296
Ganho na avaliação a valor justo do ativo biológico		

Com isso, o ativo biológico ficaria com os seguintes saldos:

Ativo biológico	$
Subconta de custo	$ 1.520 $ 400
Subconta de ajuste a valor justo	$ (50) $ 296
Total	$ 2.166

Se o ativo biológico fosse vendido neste momento, os lançamentos contábeis seriam, em nosso exemplo:

	Débito	Crédito
Caixa	$ 2.210	
Receita de vendas		$ 2.210
Receita de venda de ativo biológico		

	Débito	Crédito
Custo dos produtos vendidos	$ 2.166	
Ativos biológicos		$ 2.166
Custo da venda de ativo biológico		

	Débito	Crédito
Despesas de venda	$ 44	
Caixa		$ 44
Despesas de venda de ativo biológico		

Perceba que a receita e o custo têm valores iguais, pois todo o ganho já havia sido reconhecido pela engorda por meio da conta resultado da variação de valor justo de ativos biológicos, de $ 296. Poderia haver alguma diferença caso o preço efetivamente negociado fosse diferente do que fora utilizado para mensuração do valor justo.

O CPC 29 adota a premissa de que o valor justo dos ativos biológicos pode ser mensurado de forma confiável, mas essa premissa pode ser rejeitada quando o ativo biológico deveria ser cotado pelo mercado, mas a entidade não possui o valor disponível e as alternativas para mensurá-lo não são, claramente, confiáveis. Nesses casos, o ativo deve ser mensurado ao custo, menos depreciação e *impairment* acumulados. Porém, é preciso ser consistente ao longo do tempo. Se o ativo biológico foi previamente mensurado ao seu valor justo, assim deve continuar sendo ao longo de sua transformação agrícola até a sua venda ou colheita.

Vamos voltar à questão da mensuração a valor justo. Ela é definida pelo CPC 46 – Mensuração do Valor Justo e, portanto, os princípios acerca da mensuração de ativos biológicos e produtos agrícolas também são definidos pelo CPC 46. Essa norma define valor justo como "o preço que seria recebido pela venda de um ativo ou que seria pago pela transferência de um passivo em uma transação não forçada entre participantes do mercado na data de mensuração".

No caso de um ativo biológico, a aplicação mais direta dessa definição é a cotação de mercado do ativo. É o caso de um boi gordo que está mantido para engorda em confinamento e/ou pasto. Há uma cotação para a arroba do boi que, apesar de não ser uma cotação para a cabeça, permite fácil mensuração para cada unidade de boi e para todo o plantel. A cotação em mercados ativos para ativos idênticos é a informação prioritária (nível 1) de acordo com a hierarquia de valor justo do CPC 46.

Há um detalhe interessante nessa mensuração de valor justo, que é a questão do frete. O pronunciamento CPC 46 considera que se a localização for uma característica do ativo, como é o caso da maioria dos ativos biológicos e produtos agrícolas, o preço no mercado principal (ou mais vantajoso) deve ser ajustado para refletir os custos, se houver, que seriam incorridos para transportar o ativo de seu local atual para esse mercado. Assim, os custos de transporte devem ser abatidos do valor da cotação para se mensurar o valor justo. Esses custos de transporte não são considerados despesas de venda (ou custos de transação).

A definição de valor justo não abrange apenas cotações em mercados ativos para ativos idênticos, já que é o preço que seria recebido pela venda do ativo. Assim, é possível que não haja um mercado ativo para determinada espécie de peixe que é criada em uma piscicultura, por exemplo, mas é possível utilizar preços cotados de espécies de peixes similares ou mesmo preços de negociações anteriores dessa mesma espécie, de modo a representar o valor desses ativos biológicos. Essas informações são consideradas de nível 2 na hierarquia de valor justo.

É possível ainda utilizar informações de nível 3 para a mensuração de ativos biológicos, apesar de serem as fontes menos preferidas. Digamos que a entidade possua uma vaca leiteira que venha de uma linhagem genética diferente. Assim, provavelmente não haverá cotação de mercado para essa vaca e cotações de vacas semelhantes talvez não possam representar com fidelidade o valor dela. Assim, seu valor pode ter que ser determinado por estimativas de fluxos de caixa com base em informações de nível 3, como preços e custos diferentes dos padrões de mercado. Entretanto, é preciso priorizar o uso de informações de níveis 1 e 2, em detrimento de informações de nível 3. Caso isso ocorra, é necessário fazer uma divulgação detalhada sobre o uso de informações de nível 3.

PARA REFLETIR...

A mensuração a valor justo dos ativos biológicos por fluxos de caixa descontados pode tornar não fidedigna a informação sobre eles?

O uso da técnica de fluxo de caixa descontado pode usar informações dos três níveis, mas preferencialmente com informações de nível 1, menos subjetivas. Essa abordagem é utilizada na mensuração de ativos biológicos quando não é possível utilizar as abordagens de mercado e de custo previstas no CPC 46. Entretanto, essa técnica, mesmo considerando informações de nível 1, pode conter maiores graus de subjetividade em função da escolha de premissas.

Aqui provavelmente residia o principal problema que havia com a mensuração a valor justo das plantas portadoras antes da mudança em 2014. Normalmente, não há um mercado ativo para a venda das plantas vivas, porque elas tinham que ser negociadas junto com a terra em que estão plantadas. Com isso, a avaliação deveria levar em conta o preço que um eventual comprador estaria disposto a pagar, que seria o menor valor que este espera obter de dinheiro no futuro com a plantação. Como elas são plantas que geram produtos agrícolas por mais de um período, como as frutíferas e a cana-de-açúcar, isso naturalmente exigia a projeção de fluxos de caixa por vários períodos, o que aumentava o risco de viés na avaliação. Com a mudança, as plantas portadoras passaram a ser tratadas como imobilizado, com a avaliação a custo amortizado.

Assim, a soqueira da cana-de-açúcar (que é a raiz sobre a qual brota a cana que posteriormente é cortada), por exemplo, passa a ser mensurada pelo custo. Assim, quando terminado o processo de plantio, o custo acumulado (que equivale ao custo de uma construção, caso fosse um imóvel) passa a ser depreciado ao longo da vida útil do ativo, que é o número esperado de cortes (safras) da planta.

Um ponto interessante surgiu com a mudança das plantas portadoras. A planta passa a ser classificada no imobilizado e mensurada a custo, mas o produto agrícola que cresce nessa planta, antes de ser colhida, deve ser classificado como ativo biológico! Na prática, isso significa que a soqueira da cana-de-açúcar deve ser apresentada no imobilizado, mas a cana que está crescendo sobre a soqueira deve ser apresentada como ativo biológico e mensurada a valor justo.

Para a mensuração a valor justo da produção em crescimento, a entidade deve projetar os fluxos de caixa da próxima safra que será colhida e descontá-la a valor presente. Assim, projetam-se recebimentos pela venda do produto agrícola da próxima safra que será colhida e pagamentos de tratos culturais futuros, descontando-os por uma taxa de juros.

Por exemplo, digamos que uma usina de álcool produza cana-de-açúcar em uma determinada fazenda. Digamos também que a plantação em questão ainda possa proporcionar mais quatro cortes (safras). A soqueira da cana-de-açúcar é tratada como imobilizado e o seu custo de plantio continuará a ser depreciado pelos próximos quatro anos.

Entretanto, a produção em crescimento deve ser tratada como ativo biológico e mensurada a valor justo. As projeções de fluxos de caixa de recebimentos, conforme a produtividade esperada para o próximo corte e os preços da tonelada de cana, assim como dos pagamentos de tratos culturais devem ser descontados a valor presente por uma taxa de desconto. Este é o valor que deve ser apresentado inicialmente no balanço da usina como ativo biológico (supondo não haver despesas de venda). A cada data de balanço, é necessário refazer essas projeções para mensurar o valor justo do ativo biológico.

Perceba que essa é uma forma que o normatizador utilizou de substituir a mensuração do ativo pelo custo, que seria o custo com tratos culturais, pela mensuração a valor justo. Assim, os custos com tratos culturais incorridos podem ser acumulados no ativo biológico e a diferença para o seu valor justo na data do balanço deve ser lançada a resultado (DRE), tal como foi feito no exemplo anterior do boi de corte.

Esse mesmo raciocínio deve ser aplicado aos demais ativos biológicos, como eucaliptos que terão apenas um corte, que demandam o uso de fluxo de caixa descontado para a avaliação do valor justo.

Não deve ser considerada a hipótese de replantio nas projeções de fluxo de caixa. Isso significa que a projeção de fluxos de caixa de uma determinada plantação deve se restringir à colheita esperada para essa plantação existente.

No caso de culturas temporárias, como milho e soja, o mesmo raciocínio pode ser aplicado, mas é possível que a diferença do valor justo para o custo de plantio não seja material no início da safra.

O CPC 29 coloca que os custos podem, algumas vezes, se aproximar do valor justo, particularmente, quando:

(a) uma pequena transformação biológica ocorre desde o momento inicial (por exemplo, mudas plantadas no período imediatamente anterior ao de encerramento das demonstrações contábeis ou gado recém-adquirido); ou
(b) não se espera que o impacto da transformação do ativo biológico sobre o preço seja material (por exemplo, para o crescimento inicial da plantação de pinos cujo ciclo de produção é de 30 anos).

De fato, se a entidade decidisse vender uma plantação em estágio inicial, provavelmente o comprador não estaria disposto a pagar um valor muito acima do custo que o vendedor teve para o plantio. Nesses casos de venda de plantação, como o ativo biológico está implantado na terra, as transações de mercado costumeiramente envolvem plantação e terra nua ao mesmo tempo. O CPC 29 coloca que a entidade pode usar informações sobre ativos combinados para mensurar o valor justo dos ativos biológicos, calculando a diferença para a terra nua.

Esse tratamento de considerar o custo como próximo do valor justo é ratificado pelo CPC 46 na abordagem de custo. Há três abordagens para avaliação do valor justo: abordagem de mercado, abordagem de custo e abordagem de receita.

A abordagem de mercado utiliza preços e outras informações geradas por transações de mercado. A abordagem de receita utiliza fluxo de caixa descontado para refletir as expectativas atuais do mercado em relação aos fluxos futuros de caixa. A abordagem de custo reflete o valor que seria necessário atualmente para substituir a capacidade de serviço do ativo. Assim, no caso dos ativos biológicos, essa abordagem pode se mostrar apropriada no caso em que o valor que um comprador estaria disposto a pagar estaria muito próximo do custo que ele mesmo teria para colocar um frango ou uma plantação de milho, por exemplo, no estágio atual de crescimento na data de fechamento do balanço. O comprador provavelmente não estaria disposto a pagar um valor materialmente diferente do custo porque ele poderia ter esses ativos no mesmo estágio em bem pouco tempo. Um frango de criação em granja costuma ser abatido com 42 dias de vida. É por isso que não há valor de venda de mercado para esses ativos de curto ciclo de vida enquanto ainda estão imaturos. Assim, a abordagem de custo pode ser apropriada nesses casos (como no caso da BRF).

3.3 Reconhecimento e mensuração de produto agrícola

Agora vamos tratar do reconhecimento de um produto agrícola. Os critérios para o reconhecimento são os mesmos de um ativo biológico: a entidade precisa controlá-lo, deve ser provável a obtenção de benefícios econômicos e o valor justo ou custo deve ser mensurado confiavelmente. Assim, se essas condições estiverem presentes no momento da colheita, o produto agrícola deve ser reconhecido. Por exemplo, ao colher maçãs do pomar, é possível dizer que a entidade controla essa produção, que é provável que esses produtos sejam vendidos e o valor justo possa ser levantado no mercado.

No momento da colheita, o produto agrícola colhido de ativos biológicos da entidade deve ser mensurado a valor justo menos as despesas de venda. A mensuração a valor justo de produtos agrícolas normalmente não está cercada de tantas controvérsias, pois os produtos agrícolas normalmente possuem mercado para basear a avaliação. A própria norma assume a premissa de que o valor justo do produto agrícola no momento da colheita pode ser sempre mensurado de forma confiável.

Assim, digamos que maçãs tenham sido colhidas do pé neste momento. Deve-se verificar a cotação das maçãs no mercado no dia e multiplicá-las pela quantidade colhida, descontando das despesas estimadas de venda. Digamos que a cotação seja de $ 1,10 por quilo, as despesas estimadas de venda são de $ 0,10, e se tenha colhido 150 toneladas. O valor dos produtos agrícolas colhidos é de $ 150.000.

De acordo com a norma, o valor justo dos produtos agrícolas passa a representar o custo do estoque. Isso significa que esse valor de $ 150.000 de maçãs colhidas fica "travado", não variando mais conforme a cotação de mercado da maçã. Se essa maçã for utilizada em um processo industrial, como a fabricação de suco de maçã, o valor de $ 150.000 passa a fazer parte do custo do suco, como se a entidade tivesse comprado a maçã de terceiros.

Entretanto, é preciso lembrar que o produto agrícola colhido é aquela produção que estava em crescimento, contabilizado como ativo biológico na etapa anterior. Assim, o valor que estava contabilizado como produção em crescimento deve ser baixado contra o novo ativo de produto agrícola. Digamos que o valor justo dessa produção em crescimento havia sido contabilizado em $ 120.000. Os lançamentos ficariam da seguinte forma:

	Débito	Crédito
Produtos agrícolas colhidos mensurados a valor justo	$ 120.000	
Ativo biológico (produção em crescimento)		$ 120.000
Baixa do ativo biológico da produção em crescimento pela realização da colheita		

	Débito	Crédito
Produtos agrícolas colhidos mensurados a valor justo	$ 30.000	
Resultado da avaliação a valor justo de produtos agrícolas		$ 30.000
Reconhecimento de ganho pela mensuração a valor justo dos produtos agrícolas colhidos mensurados a valor justo		

	Débito	Crédito
Estoque de matéria-prima	$ 150.000	
Produtos agrícolas colhidos mensurados a valor justo		$ 150.000
Transferência interna dos produtos agrícolas colhidos mensurados a valor justo para o estoque de matéria-prima para industrialização		

O produto agrícola colhido também pode ter sido proveniente de um ativo biológico que não seja uma produção em crescimento. Se o produto agrícola é a carcaça de um animal abatido, por exemplo, o ativo biológico também deve ser baixado contra o produto agrícola, como se fosse parte do seu custo. A diferença para o valor justo é reconhecida em contrapartida a resultado.

O estoque de produtos agrícolas pode ser utilizado para processamento, como matéria-prima dos produtos resultantes do processamento após a colheita, ou pode ser vendido *in natura*. Em todos os casos, esse estoque permanece avaliado a custo até que seja vendido ou processado.

Devem ser especialmente notados na aplicação prática alguns aspectos relacionados às exigências e aos julgamentos por parte da administração da entidade.

Um primeiro ponto em que a gestão precisa exercer julgamento é em relação ao controle do ativo. É necessário avaliar em que momento a entidade passa a exercer o controle sobre o ativo, como é o caso do nascimento e desmama do bezerro. Uma maneira prática é verificar no mercado quais são os critérios utilizados para se definir a unidade comercializável e sua forma de mensuração. Por exemplo, nas situações mais comuns, o bezerro é comercializável separadamente após o desmame e seu valor é definido por cabeça.

Um segundo ponto é a própria classificação do item, pois um ativo biológico pode também ser classificado como imobilizado, caso não faça parte de uma atividade agrícola. Assim, o julgamento recai sobre se o ativo biológico está sob uma atividade agrícola ou não.

Em relação à mensuração do ativo biológico, os animais possuem maior facilidade, na prática, de se obter valor de mercado, mesmo que seja em nível 2 da hierarquia de valor justo, por semelhança ou por transações anteriores. Já as plantas vivas possuem maior dificuldade de se obter valor de mercado, justamente porque pode não haver mercado ativo, principalmente para as implantadas na terra. Elas teriam que ser negociadas junto com a terra nua, e normalmente não há transações frequentes desse conjunto.

Assim, as plantas normalmente precisam ter seu valor justo mensurado pelo fluxo de caixa descontado, considerando os preços dos produtos agrícolas que delas serão colhidos, assim como as quantidades e os custos esperados para essa produção futura. Dada a hierarquia do valor justo, a preferência é pelo uso de cotações de mercados ativos para os produtos agrícolas, o que pressupõe que sejam os preços correntes, e não os futuros, para se fazer essas projeções. Isso pode não coincidir com o que a gestão da entidade faria para tomar suas próprias decisões, baseadas em preços futuros. Entretanto, a norma prefere uma informação mais segura em vez de projeções com maior grau de subjetividade.

Um julgamento que se precisa fazer é se o valor justo é mensurável confiavelmente, pois, se não for, a mensuração deve ser realizada a custo. Quem deve sentir confiança na mensuração é o investidor, que usará a informação para tomar suas decisões. Assim, um investidor irá confiar menos, quanto mais a informação utilizada não puder ser verificada ou validada por fontes externas.

A taxa de juros a ser utilizada nesse desconto de fluxos de caixa deve ser aquela que represente os riscos inerentes à atividade. Isso significa que a taxa de juros paga sobre os passivos ou mesmo o custo médio ponderado de capital não deveriam ser utilizados sem nenhum ajuste, muito embora algumas entidades estejam fazendo isso. A prática mais indicada seria a de estimar uma taxa média de retorno da atividade agrícola. Isso pode não ser tão difícil, dado que as entidades do setor agrícola costumam usar produtividades médias, custos médios e preços de mercado como referência para avaliar seu próprio desempenho. Entretanto, se a taxa da atividade se assemelha à da empresa como um todo, taxas médias podem ser apropriadas.

Na mensuração de produtos agrícolas, as cotações normalmente são disponíveis. Entretanto, pode haver mais de uma cotação disponível em função de haver mais de um mercado em que eles possam ser negociados. Deve-se utilizar a cotação do mercado principal, mesmo que a venda efetiva de parte da produção não ocorra nesse mercado. É importante entender que a mensuração do valor justo é uma estimativa do valor do ativo e que, não necessariamente, o produto será negociado a esse valor. Assim, a cotação do mercado principal, onde provavelmente o produto será comercializado, deve ser a base da avaliação de toda a colheita.

É muito comum que as entidades façam contratos para vender seus produtos agrícolas (e ativos biológicos) em data futura, com preço fixado. Esse preço não deve ser, necessariamente, o preço a ser utilizado para a mensuração do valor justo, pois o valor justo deve refletir as condições do mercado na data da mensuração, e não do futuro. Assim, o produto agrícola deve ser mensurado pelo valor justo pelos preços correntes e, quando vendidos pelo preço fixado em contrato, reconhecido o resultado da eventual diferença de preços.

DESTAQUES FINAIS

A avaliação a valor justo de ativos biológicos tem sido cercada de certa controvérsia desde que a norma foi editada. Se, por um lado, a mensuração a valor traz uma posição da situação econômica e financeira mais atualizada da entidade, por outro a subjetividade contida na avaliação de determinados ativos acaba minando a sua relevância.

Antes da emenda no CPC 29 (2015) a respeito das plantas portadoras, essas críticas eram maiores: quase sempre essas plantas precisavam ser mensuradas por meio da projeção de fluxos de caixa, o que tinha o potencial de aumentar o uso de informações apenas de domínio da própria entidade, ou mesmo de aumentar a possibilidade de manipulação da informação. Com a mudança no tratamento para as plantas portadoras, essas críticas reduziram, mas não foram eliminadas, pois a produção em crescimento da planta portadora e os demais ativos biológicos têm mensuração a valor justo que nem sempre pode ser totalmente baseada em preços de mercado.

A possibilidade de manipulação, quando há valores de mercado disponíveis, é reduzida em relação aos valores de custo, pois estes podem sofrer com a subjetividade dos rateios. Ao mesmo tempo, os valores de mercado têm a capacidade de revelar um patrimônio mais próximo da realidade econômica da entidade. Entretanto, quando não há valores de mercado disponíveis, há uma maior possibilidade de manipulação no uso de informações para a projeção de fluxos de caixa. Em casos como o da planta portadora, por exemplo, a informação a custo tende a mostrar uma informação mais segura e que também tem a capacidade de mostrar o mínimo que a entidade espera recuperar com o ativo.

RESUMO

- Um ativo biológico é um animal e/ou uma planta, vivos. O tratamento contábil dado pelo CPC 29 abrange os ativos biológicos que estão em atividade agrícola, em que há um gerenciamento do crescimento ou outra transformação biológica como meio de se obter benefícios econômicos no futuro.
- O ativo biológico é mensurado a valor justo menos despesa de venda a cada data de balanço.
- Uma planta portadora é uma planta que tem capacidade de gerar produtos agrícolas por mais de um período, como frutíferas e cana-de-açúcar, e é tratada como ativo imobilizado, mensurado a custo amortizado.
- A produção em crescimento derivada de uma planta portadora é tratada como ativo biológico, mensurada pelo seu valor justo por meio de fluxos de caixa descontados dos recebimentos e pagamentos relacionados à próxima colheita.
- A produção agrícola é o produto colhido do ativo biológico da entidade e é mensurada a valor justo menos despesa de venda no momento da colheita, passando a ser este o valor do custo do estoque.

EXERCÍCIOS PROPOSTOS

QUESTÃO 1: Uma empresa do setor agropecuário possui uma série de ativos. Classifique os seguintes ativos entre imobilizado, estoque, ativo biológico e intangível:

1. Máquinas colheitadeiras de soja e milho.
2. Bois para engorda em confinamento.
3. Fazendas para produção de soja e milho.

4. Milho armazenado em silos.
5. Plantação de soja.
6. Propriedade de variedade de soja especificamente desenvolvida para sua região.
7. Cavalos para manejo de bovinos.
8. Sementes de milho para plantio.
9. Plantação de laranja em fase de crescimento das plantas.
10. Sacas de fertilizantes para a lavoura de milho.
11. Peças de reposição para máquinas colheitadeiras.
12. Touro para produção de sêmen.

Assista ao vídeo

QUESTÃO 2: Avalie as seguintes situações e argumente sobre se os critérios de reconhecimento de ativo biológico e produto agrícola são atendidos:

1. Nasceu hoje um bezerro.
2. Uma vaca leiteira foi adquirida em leilão.
3. Os pés de café da fazenda floresceram.
4. Foi feita a colheita do milho da fazenda.
5. Foi feito o plantio de mudas de eucaliptos na fazenda, com expectativa para realização de três cortes ao longo de 21 anos.
6. Cabeças de gado foram adquiridas e marcadas, para criação em sistema de pecuária extensiva.
7. Aquisição de colmeias de abelhas para polinização de frutíferas.

QUESTÃO 3: Uma entidade que possui uma fazenda de café em Monte Santo de Minas-MG colheu 200 sacas de café do tipo arábica em junho. É necessário mensurar o valor justo desses produtos agrícolas. Identifique quais dos critérios abaixo são adequados e calcule o valor justo menos despesas de venda das sacas de café colhidas:

1. 120 sacas foram classificadas como da qualidade PP223 (classificação dada por uma cooperativa de café), cujo preço é $ 30 acima da cotação do café tipo 6 (qualidade padrão) da bolsa de valores. As demais 80 sacas foram classificadas como da qualidade PF102, cujo preço é $ 10 abaixo do preço do café tipo 6.
2. A cotação de hoje CEPEA/ESALQ (físico) do café é de $ 260 por saca de 60 kg, bica corrida, tipo 6, bebida dura para melhor (qualidade padrão), posto na cidade de São Paulo. O frete para São Paulo custa $ 5 por saca.
3. A cotação do contrato futuro de café negociado na BM&F para dezembro é de $ 305.
4. São Sebastião do Paraíso e Guaxupé são mercados em que a entidade costuma negociar o café, mas provavelmente desta vez a maior parte será negociada com o primeiro, já que estará armazenada naquela cidade. A cotação nesses dois mercados está coincidindo com a cotação CEPEA/ESALQ nesta data, mas o custo do frete é de $ 2 por saca.
5. Foi firmado previamente um contrato de venda e entrega 3 meses após a colheita de 30 sacas da qualidade PP223, com preço fixado em $ 300 a saca e custo de corretagem de 0,30%.

QUESTÃO 4: Um produtor rural realiza a atividade de engorda de carneiros para abate. Em 30 de abril de 20x1, ele possuía 150 cabeças, cujo custo total de produção somava $ 4.050 e o valor de mercado dos carneiros era de $ 7.020. Em 31 de julho de 20x1, ele continuava com as 150 cabeças e o custo total de produção somava $ 6.750, com valor de mercado de venda de $ 11.700. Faça a contabilização referente à mudança de valores desses ativos biológicos entre 30 de abril e 31 de julho de 20x1.

QUESTÃO 5: Uma usina produz exclusivamente álcool hidratado e possui plantações de cana-de-açúcar. As soqueiras da cana-de-açúcar, que são classificadas como planta portadora, já estão devidamente contabilizadas no ativo imobilizado e sendo depreciadas a cada corte. Porém, ela precisa avaliar a produção em crescimento dessas plantações para fins de divulgação como ativos biológicos.

Para mensurar o ativo biológico representado pela produção em crescimento, ela calcula o valor da cana-de-açúcar, seu produto agrícola, com base no chamado açúcar total recuperável (ATR), que corresponde à quantidade de açúcar disponível na matéria-prima subtraída das perdas no processo industrial, e nos preços do açúcar e etanol vendidos pelas usinas nos mercados interno e externo.

Atualmente, o preço do ATR é de $ 0,45 por kg. Em média, a usina consegue obter 132 kg de ATR por tonelada de cana-de-açúcar. A produção estimada para a próxima safra, considerando o canavial atualmente plantado, com diversas idades, é de 800.000 toneladas, ocupando 11.000 hectares. A usina ainda gasta com corte, carregamento e transporte $ 25 por tonelada de cana e com tratos culturais mais $ 1.100 por hectare. Considerando uma taxa de desconto de 7% ao ano, qual o valor do ativo biológico da usina?

BIBLIOGRAFIA SUGERIDA

COMITÊ DE PRONUNCIAMENTOS CONTÁBEIS (CPC). *Pronunciamento técnico CPC 00 – (R2) – Estrutura Conceitual para Relatório Financeiro – Correlação às Normas Internacionais de Contabilidade – Conceptual Framework for Financial Reporting*. Brasília: CPC, 2019. Disponível em: http://static.cpc.aatb.com.br/Documentos/573_CPC00(R2).pdf. Acesso em: 9 jul. 2020.

COMITÊ DE PRONUNCIAMENTOS CONTÁBEIS (CPC). *Pronunciamento técnico CPC 27 – Ativo Imobilizado – Correlação às Normas Internacionais de Contabilidade – IAS 16 – Property, Plant and Equipment*. Brasília: CPC, 2009. Disponível em: http://

static.cpc.aatb.com.br/Documentos/316_CPC_27_rev%2014.pdf. Acesso em: 15 jul. 2020.

COMITÊ DE PRONUNCIAMENTOS CONTÁBEIS (CPC). *Pronunciamento técnico CPC 29 – Ativo Biológico e Produto Agrícola – Correlação às Normas Internacionais de Contabilidade – IAS 41 – Agriculture.* Brasília: CPC, 2009. Disponível em: http://static.cpc.aatb.com.br/Documentos/324_CPC_29_rev%2014.pdf. Acesso em: 16 jul. 2020.

COMITÊ DE PRONUNCIAMENTOS CONTÁBEIS (CPC). *Pronunciamento técnico CPC 46 – Mensuração do Valor Justo – Correlação às Normas Internacionais de Contabilidade – IFRS 13 – Fair Value Measurement.* Brasília: CPC, 2012. Disponível em: http://static.cpc.aatb.com.br/Documentos/395_CPC_46_rev%2014.pdf. Acesso em: 16 jul. 2020.

8

REDUÇÃO AO VALOR RECUPERÁVEL DOS ATIVOS

Sílvio Hiroshi Nakao

OBJETIVOS DE APRENDIZAGEM

- Compreender o mecanismo de conservadorismo que é representado pela redução ao valor recuperável dos ativos.
- Compreender as escolhas do normatizador na mensuração do valor recuperável dos ativos.
- Compreender as possibilidades de escolhas contábeis que a norma contábil permite que o gestor faça e as suas implicações em termos de qualidade da informação divulgada.

1. APRESENTAÇÃO

A Petrobras protagonizou recentemente aquele que é considerado o maior episódio de corrupção em nosso país – políticos e executivos da empresa desviaram bilhões de dólares em recursos da empresa por meio de operações fraudulentas e de contratos viciados. Consequentemente, as demonstrações financeiras de 2014 da companhia representaram um marco na divulgação contábil, pois evidenciaram em sua demonstração de resultado a baixa que a empresa realizou em função da corrupção ocorrida. Gastos que haviam sido contabilizados no ativo imobilizado da empresa foram baixados com o título "Baixa de gastos adicionais capitalizados indevidamente", em um montante de mais de R$ 6 bilhões, conforme Tabela 8.1. A apresentação de um resultado decorrente dos crimes apontados pelas investigações policiais era cobrada e esperada por investidores e credores.

Porém, a Petrobras divulgou outro número que provavelmente surpreendeu mais que a perda referente à corrupção: a perda por *impairment* reconhecida em 2014 principalmente em função da queda no preço do petróleo, no valor de R$ 44,6 bilhões. Um montante expressivo para qualquer companhia e mais de sete vezes o valor da perda declarada por corrupção. É sobre essa perda por *impairment* que este capítulo trata.

Este capítulo trata das questões envolvendo o tratamento contábil dos ativos na situação em que há necessidade de se reconhecer uma redução ao seu valor recuperável (*impairment*) de acordo com as normas IFRS/CPC.

O objetivo do capítulo é fazer com que o leitor possa entender como devem ser mensurados os ativos nas situações em que o ativo sofre desvalorização e compreender os fatores que devem ser levados em conta para uma melhor apresentação dos ativos para fins de tomada de decisão de investidores e credores. A redução ao valor recuperável de ativos é conhecida em inglês pelo termo *impairment of assets*. Neste capítulo, vamos nos referir a ambos os termos, já que na prática o termo *impairment* já é costumeiramente usado no Brasil.

A norma CPC 01 – Redução ao Valor Recuperável de Ativos trata basicamente de uma questão de mensuração de ativos, mas na ocorrência de um evento adverso que indique que o valor de um ativo ou conjunto de ativos perdeu representatividade. Perceba que ela só trata de situações que envolvem possíveis perdas, e não de ganhos.

Tabela 8.1 Demonstração do resultado do exercício de 2014 da Petrobras

			R$ milhões		
4T-2014	3T-2014	4T-2013		Exercício 2014	2013
85.040	88.377	81.028	**Receita de vendas**	337.260	304.890
(63.025)	(67.936)	(64.445)	Custo dos produtos e serviços vendidos	(256.823)	(234.995)
22.015	20.441	16.583	**Lucro bruto**	80.437	69.895
(3.744)	(6.733)	(2.892)	Vendas	(15.974)	(10.601)
(3.376)	(2.707)	(2.888)	Gerais e administrativas	(11.223)	(10.751)
(1.493)	(2.314)	(1.742)	Custos exploratórios para extração de petróleo e gás	(7.135)	(6.445)
(731)	(665)	(570)	Custos com pesquisa e desenvolvimento tecnológico	(2.589)	(2.428)
(609)	(552)	(1.030)	Tributárias	(1.801)	(1.721)
–	(6.194)	–	Baixa de gastos adicionais capitalizados indevidamente	(6.194)	–
(44.345)	(306)	(1.238)	Reversão/perda no valor de recuperação de ativos – Impairment	(44.636)	(1.238)
(543)	(5.891)	813	Outras receitas (despesas), líquidas	(12.207)	(2.347)
(54.841)	(25.362)	(9.547)		(101.759)	(35.531)
(32.826)	(4.921)	7.036	**Lucro (prejuízo) antes do resultado financeiro, das participações e impostos**	(21.322)	34.364
1.660	1.174	825	Receitas financeiras	4.634	3.911
(2.882)	(2.282)	(2.076)	Despesas financeiras	(9.255)	(5.795)
(592)	136	(1.770)	Var. monetárias e cambiais	721	(4.318)
(1.814)	(972)	(3.021)	Resultado financeiro líquido	(3.900)	(6.202)
(540)	198	56	Resultado de participações em investimentos	451	1.095
(270)	(127)	(225)	Participação nos lucros ou resultados	(1.045)	(1.102)
(35.450)	(5.822)	3.846	**Lucro (prejuízo) antes dos impostos**	(25.816)	28.155
8.488	(117)	2.105	Imposto de renda e contribuição social	3.892	(5.148)
(26.962)	**(5.939)**	**5.951**	**Lucro líquido (prejuízo)**	**(21.924)**	**23.007**
			Atribuível aos:		
(26.600)	(5.339)	6.281	Acionistas da Petrobras	(21.587)	23.570
(362)	(600)	(330)	Acionistas não controladores	(337)	(563)
(26.962)	**(5.939)**	**5.951**		**(21.924)**	**23.007**

Uma das questões mais interessantes da norma CPC 01 é a própria razão da existência da norma. Ela existe porque o registro contábil de um ativo pode apresentar um valor superior à sua avaliação econômica, o que significa que os benefícios econômicos futuros do ativo podem ter se reduzido. Assim, o objetivo é trazer maior fidelidade de representação do valor dos ativos quando estes se desvalorizam. Assim, a norma procura reconhecer as perdas de maneira tempestiva, no momento em que acontecem, evitando a postergação desse reconhecimento.

Há um processo para o reconhecimento de *impairment* de um ativo. Em primeiro lugar, deve-se identificar se um ativo individual ou uma unidade geradora de caixa pode ou não estar desvalorizado. Em seguida, deve-se verificar se o valor recuperável do ativo ou unidade é menor que o seu valor contábil. Sendo menor, deve-se reconhecer a perda estimada no resultado. Ao longo do tempo, é possível que o ativo volte a se valorizar, e a perda seja revertida.

Este capítulo apresenta primeiramente uma análise dos conceitos envolvidos na norma contábil CPC 01 – Redução ao Valor Recuperável de Ativos. Posteriormente, são apresentadas as principais determinações da norma contábil, juntamente com as questões práticas relacionadas ao assunto e os principais pontos em que as normas demandam interpretação.

O Quadro 8.1 apresenta o pronunciamento nacional e seu congênere internacional nos quais se baseia a norma nacional.

Quadro 8.1 Pronunciamento sobre *impairment*

CPC	IFRS Iasb
CPC 01 (R1) – Redução ao Valor Recuperável de Ativos	IAS 36 – *Impairment of Assets*

2. CONCEITOS E DEFINIÇÕES RELEVANTES

Tendo em vista que a norma trata somente de possibilidade de perda, a primeira definição importante é a de valor recuperável.

A norma exige o reconhecimento de uma perda por *impairment* quando a entidade tiver indicação de que recuperará um valor menor do que o valor contábil do ativo avaliado. Para entender o sentido de recuperação, é preciso lembrar como os ativos são mensurados e o que representa essa mensuração.

Cada norma estabelece seus próprios princípios de mensuração. Vamos pegar os ativos mensurados a custo, que são o principal alvo do CPC 01. O que representa o valor do custo? Se o CPC 00 (R2) – Estrutura Conceitual para Relatório Financeiro define que "ativo é um recurso econômico presente controlado pela entidade como resultado de eventos passados" e "recurso econômico é um direito que tem o potencial de produzir benefícios econômicos", o valor do ativo registrado pelo custo deve representar o valor dos benefícios econômicos futuros que a entidade espera obter.

Nesse sentido, o custo tem a capacidade de representar o valor mínimo dos benefícios econômicos futuros, porque, em uma decisão racional, o gestor não iria adquirir um ativo por um determinado valor esperando que os benefícios sejam menores do que está pagando. Por exemplo, o gestor não iria adquirir um estoque por $ 100 esperando vendê-lo por $ 90; no mínimo, ele espera obter $ 100 de volta. Isso significa que ele espera recuperar pelo menos os $ 100 investidos.

Assim, é preciso entender que o valor do ativo que está registrado no balanço patrimonial representa o valor investido, e que esse investimento precisa ser recuperado. Mais do que isso: que ele traga um volume de benefícios econômicos que seja maior do que o valor do investimento, para que o retorno seja positivo. É como se cada ativo ou grupo de ativos fosse um projeto de investimento que precisa gerar um valor presente líquido (VPL) positivo.

Entretanto, nem sempre as coisas ocorrem conforme o planejado. É possível que o projeto de investimento estivesse apontando um VPL positivo, mas o mercado mudou completamente e o investimento não está trazendo o retorno esperado. Ao fazer uma nova projeção de fluxos de caixa, o VPL calculado passou a ser negativo. Isso significa que o investimento não será mais recuperado integralmente.

Nessa linha está a definição de valor recuperável para o cálculo da eventual perda por *impairment*. O CPC 01 exige que uma perda seja reconhecida se o valor recuperável for menor do que o valor contábil.

De acordo com o CPC 01 (R1), o valor recuperável de um ativo ou de uma unidade geradora de caixa é: "o maior montante entre o seu valor justo líquido de despesa de venda e o seu valor em uso". Para entender essa definição de valor recuperável, precisamos primeiramente entender como a norma considera que o ativo pode trazer benefícios futuros.

Como o valor recuperável considera duas medidas em sua definição, valor justo e valor em uso, dá para perceber que há duas formas básicas de obtenção de benefícios econômicos: vendendo ou usando.

A medida de valor justo é aplicável a ativos que preponderantemente irão gerar benefícios econômicos por meio de venda, como é o caso de determinados ativos financeiros e biológicos. Com isso, a avaliação com base no mercado pode ser mais representativa do valor do ativo do que o custo. De acordo com o CPC 46 – Mensuração do Valor Justo, valor justo é "o preço que seria recebido pela venda de um ativo ou que seria pago pela transferência de um passivo em uma transação não forçada entre participantes do mercado na data de mensuração".

A medida do "valor em uso" como mensuração dos ativos é utilizada pelas normas IFRS apenas nas situações de *impairment*. O valor em uso é o valor que se espera obter usando o ativo. O CPC 01 (R1) define que valor em uso é "o valor presente de fluxos de caixa futuros esperados que devem advir de um ativo ou de uma unidade geradora de caixa". A ideia que está por trás da medida de valor em uso é a de que, em vez de vender, a empresa irá manter o ativo sob seu controle, gerando fluxos de caixa ao longo do tempo.

> **PARA REFLETIR...**
>
> O normatizador poderia ter escolhido apenas uma medida para a mensuração da perda por *impairment*, o que facilitaria o processo de avaliação. Porém, uma única medida poderia restringir o retrato da realidade econômica daquele ativo, pois há mais de uma forma de obtenção de benefícios econômicos.

A norma entende que há duas formas básicas de obtenção de benefícios econômicos, por meio de venda e por meio de uso. Entretanto, elas são mutuamente excludentes para fins de definição do valor recuperável, ou seja, ou os benefícios são obtidos por meio de venda, ou são obtidos por meio de uso. Isso significa que a entidade precisa considerar essas duas opções no momento em que o *impairment* deve ser testado – vender ou usar.

É interessante que é provável que essa escolha ou decisão seja mesmo feita em uma situação dessas, em que o ativo sofreu com algum fator que o tenha feito desvalorizar: "e agora, que decisão tomar: vendo ou continuo com o ativo?". Num ambiente econômico racional, o gestor vai escolher a decisão que apresentar maior valor. É por isso que o valor recuperável é o valor justo ou o valor de uso, dos dois, o maior.

Assim, uma perda por *impairment* deve ser reconhecida se o valor de venda ou de uso seja menor que o valor contábil registrado. Perceba que o valor dessa perda é uma estimativa, já que o valor de venda é o que seria obtido se o ativo fosse vendido ou o valor que se espera obter de fluxos de caixa no futuro. Porém, é melhor trabalhar com uma estimativa do que deixar de reconhecer a perda no momento em que o evento adverso de fato ocorrer e postergar o reconhecimento até se obter uma medida mais precisa.

Portanto, veja que o momento da análise e do possível reconhecimento da perda é um aspecto importante nesse processo. Um evento adverso, como uma queda brusca no mercado ou a ocorrência de um fato novo que represente uma "notícia ruim", provavelmente é observado rapidamente pelos investidores, com reflexo muitas vezes imediato no preço das ações. Se esse evento adverso não tem suas consequências refletidas nas demonstrações financeiras do período em que ocorreu, certamente os investidores tendem a desconfiar das informações. Assim, a divulgação de perdas por *impairment* no momento oportuno aumenta a transparência das informações contábeis.

O instituto do *impairment* representa uma prática de conservadorismo do tipo condicional. O conservadorismo contábil pode ser entendido como a não superavaliação dos ativos e a não subavaliação dos passivos. Isso evita que o gestor divulgue lucros "exagerados", o que significa que o conservadorismo representa uma forma de proteção dos investidores e credores contra informação enviesada pelo gestor. Isso pode ocorrer de maneira incondicional, ou sistemática, ou de maneira condicional, conforme a ocorrência de um evento adverso. O conservadorismo condicional traz uma informação mais tempestiva, pois reconhece uma perda no momento em que ela ocorre economicamente.

> **PARA REFLETIR...**
>
> O que aconteceria se a verificação de perda por *impairment* não fosse exigida pelo normatizador?

O conservadorismo incondicional representa uma alocação de perdas no ativo ao longo do tempo de maneira sistemática. É o que acontece com a depreciação de imobilizado, por exemplo. Ao longo do tempo, o ativo tem uma redução no montante de benefícios econômicos futuros e a depreciação procura representar essa redução. Se não houvesse a verificação de perda por *impairment*, o ativo, nesse caso o imobilizado, permaneceria com seu valor sendo reduzido ao longo do tempo e com eventuais ganhos ou perdas sendo reconhecidos quando da baixa ou alienação. Porém, o investidor perderia informação sobre os impactos de eventuais adversidades econômicas, como crises ou escândalos financeiros.

3. PROCEDIMENTOS CONTÁBEIS

Elencamos abaixo os pontos fundamentais sobre a contabilização da redução ao valor recuperável dos ativos. Precisamos ressaltar que esta seção não tem o objetivo de repetir o que as normas tratam – o objetivo é guiar a leitura, reforçar os pontos fundamentais e chamar a atenção para pontos que podem passar despercebidos, mas que são importantes do ponto de vista de interpretação e aplicação prática.

Como colocado no início do capítulo, há um processo para o reconhecimento de uma perda por *impairment*. O primeiro passo é a identificação de um ativo que pode estar desvalorizado.

3.1 Identificação do ativo

Nesse ponto, é importante fazer uma observação. Quando nos referimos a ativo, isso pode também significar um conjunto de ativos. Assim, é possível reconhecer perda por *impairment* em um ativo individual ou em um agrupamento de ativos. O CPC 01 define esse agrupamento como uma unidade geradora de caixa.

Uma unidade geradora de caixa é definida pelo CPC 01 (R1) como "o menor grupo identificável de ativos que gera entradas de caixa, entradas essas que são em grande parte independentes das entradas de caixa de outros ativos ou outros grupos de ativos". Assim, a norma estabelece um critério para agrupar os ativos quando da identificação de desvalorização (ou não): esse agrupamento deve gerar entradas de caixa.

Para compreender melhor a necessidade de se ter uma definição para unidade geradora de caixa na avaliação de *impairment*, é preciso lembrar que uma das medidas do valor recuperável é o valor em uso. O valor em uso é o valor presente dos fluxos futuros de caixa advindos do ativo. Porém, perceba que na prática esse valor não é tão fácil de se calcular. Pegue, por exemplo, uma máquina que está classificada no imobilizado. Isoladamente, a máquina não é capaz de gerar fluxos de caixa por si só. Ela depende de outros recursos para funcionar, como instalações e mão de obra, e para gerar fluxos de caixa advindos de sua produção e posterior comercialização.

Assim, talvez não seja possível calcular fluxos de caixa para ativos isolados, já que esses fluxos só podem ser associados a um conjunto de ativos, que é a unidade geradora de caixa. No mesmo exemplo anterior, a máquina é um ativo isolado que não produz fluxos de caixa por si só, mas a fábrica em que ela está localizada é uma unidade geradora de caixa que permite a projeção dos fluxos de caixa.

3.2 Indicações da perda por *impairment*

A entidade deve avaliar indicações de fontes externas e internas de informações que sinalizem a perda de valor dos ativos. O CPC 01 (R1) traz a seguinte lista de fontes externas de informação (não exaustiva):

(a) há indicações observáveis de que o valor do ativo diminuiu significativamente durante o período, mais do que seria de se esperar como resultado da passagem do tempo ou do uso normal;

(b) mudanças significativas com efeito adverso sobre a entidade ocorreram durante o período, ou ocorrerão em futuro próximo, no ambiente tecnológico, de mercado, econômico ou legal, no qual a entidade opera ou no mercado para o qual o ativo é utilizado;

(c) as taxas de juros de mercado ou outras taxas de mercado de retorno sobre investimentos aumentaram durante o período, e esses aumentos provavelmente afetarão a taxa de desconto utilizada no cálculo do valor em uso de um ativo e diminuirão materialmente o valor recuperável do ativo;

(d) o valor contábil do patrimônio líquido da entidade é maior do que o valor de suas ações no mercado.

O CPC 01 (R1) também lista (não exaustivamente) as fontes internas de informação:

[...]

(e) evidência disponível de obsolescência ou de dano físico de um ativo;

(f) mudanças significativas, com efeito adverso sobre a entidade, ocorreram durante o período, ou devem ocorrer em futuro próximo, na extensão pela qual, ou na maneira na qual, um ativo é ou será utilizado. Essas mudanças incluem o ativo que se torna inativo ou ocioso, planos para descontinuidade ou reestruturação da operação à qual um ativo pertence, planos para baixa de ativo antes da data anteriormente esperada e reavaliação da vida útil de ativo como finita ao invés de indefinida;

(g) evidência disponível, proveniente de relatório interno, que indique que o desempenho econômico de um ativo é ou será pior que o esperado.

Cabem algumas explicações sobre esses itens de fontes externas e internas. Para explicar o item (a), vamos tomar como exemplo um aplicativo para um determinado tipo de celular classificado no intangível. Com a passagem do tempo, é natural que esse ativo tenha perda de valor, porque o horizonte de tempo vai diminuindo a cada instante, restando sempre um volume menor de fluxos de caixa a ser obtido no futuro. Porém, indicadores de mercado trazem evidência de que o número de usuários desse tipo de celular reduziu drasticamente. Como a redução está ocorrendo para o tipo de celular, e não para o aplicativo produzido pela empresa, há uma indicação de uma fonte externa de que o ativo pode estar desvalorizado. Essa indicação ocorreu inesperadamente, pois o que poderia se esperar seria uma redução natural e linear de valor.

Em relação ao item (b), vamos tomar como base uma propriedade para investimento mensurado a custo, por exemplo. É possível que, em determinado momento, o mercado de imóveis tenha uma queda abrupta e importante em função de uma crise econômica severa. Se a propriedade para investimento tem como fluxos de caixa o rendimento de aluguel (e um fluxo da venda ao final), é possível que os aluguéis na próxima renovação contratual também tenham redução de valor em função da queda no mercado, o que pode indicar a necessidade de se testar o *impairment*.

O item (c) tem a ver com a elevação do custo de oportunidade do capital, e é capturado pelas técnicas de matemática financeira: pois se a taxa de juros aumenta, o valor presente diminui, dada a mesma série de fluxos de caixa. Entretanto, a noção de perda é econômica e de fato afeta o negócio. Se as taxas aumentaram, é possível que a mesma série prevista de fluxos de caixa não traga um retorno econômico viável, dado que outros ativos apresentam retorno superior (aumento da taxa de juros), fazendo com que o gestor tenha que rever sua decisão de manter o ativo em uso.

O item (d) tem a ver com os próprios investidores da entidade: se o valor de mercado do patrimônio da empresa (preço da ação × número de ações) caiu para um valor abaixo do valor de seu patrimônio líquido registrado, é porque o conjunto de investidores está atribuindo um valor de mercado à empresa menor do que o patrimônio líquido reconhecido contabilmente. Se as normas contábeis limitam as possibilidades de reconhecimento e mensuração de ativos, seria de se esperar que o patrimônio líquido fosse menor do que o valor de mercado das ações, em situações em que há ativos não reconhecidos ou mensurados de maneira conservadora. Como investidores agem prontamente e, portanto, as ações assimilam essas informações mais rapidamente do que as demonstrações financeiras conseguem refletir, é possível que os ativos da entidade tenham perdido valor em função da conjuntura econômica.

Em relação às fontes internas de informação, o item (e) trata de obsolescência ou dano físico. A obsolescência, além do dano físico, pode ocorrer por motivos tecnológicos ou econômicos. Digamos que uma empresa venda licenças de um *software*, classificado como intangível. Ela acaba de lançar uma nova versão desse *software*. Os atuais usuários do *software* podem migrar ou não para a nova versão e novos usuários poderão adquirir a velha e a nova versão, mas a nova versão possui mais recursos. Com isso, é possível que o ativo da versão antiga possa ter sofrido uma desvalorização. Um dano físico, em um imobilizado, por exemplo, pode não ter sido grave a ponto de impossibilitar o seu uso, mas é possível que o dano tenha implicado uma redução de sua capacidade produtiva. Com isso, é possível que o ativo tenha se desvalorizado.

O item (f) trata de mudança na forma como o ativo está sendo utilizado. Se a empresa decide (e por isso é uma fonte interna de informação), em função de uma crise, por exemplo, suspender as operações de uma fábrica ou colocá-la à venda, ou simplesmente abandonar a operação, há uma indicação de que o ativo possa estar desvalorizado. Do mesmo modo, se a empresa detém uma marca, por exemplo, reconhecida no intangível (por aquisição), e decide descontinuar a marca em dois anos para a entrada de uma nova marca, esse intangível pode passar de vida útil indefinida para vida útil definida, o que também indica que o ativo possa estar desvalorizado. Após o reconhecimento (ou não) da perda por *impairment*, a empresa deve passar a amortizar esse ativo intangível pelo prazo da vida útil definida na descontinuidade.

O item (g) também traz uma fonte interna, que é a de relatórios gerenciais. É possível, por exemplo, que uma determinada filial (unidade geradora de caixa) esteja sofrendo um mau desempenho, por qualquer razão, constatado por meio dos relatórios de desempenho das unidades de negócio da empresa. Assim, é possível que os ativos de toda a unidade geradora de caixa tenham sofrido uma desvalorização, demandando o teste de *impairment*.

Essa lista, não exaustiva, indica que um ativo pode ter se desvalorizado, exigindo que a entidade faça o teste de *impairment*. Entretanto, há dois tipos de ativos que a entidade sequer precisa verificar se há uma indicação de desvalorização: intangível com vida útil indefinida e o *goodwill*. Nesses casos, a entidade deve fazer diretamente o teste de *impairment* todo ano. Isso ocorre em função de as normas IFRS/CPC determinarem que eles não devam ser amortizados e em função do alto grau de subjetividade na avaliação desses ativos.

Dessa maneira, depreende-se que as normas IFRS/CPC entendem que esses dois ativos, por não terem vidas úteis definidas a princípio, mas que podem sofrer reduções de valor ao longo do tempo, devem ter uma avaliação mais rigorosa em termos de *impairment*. De outro modo, como a avaliação de indicações de que esses ativos estão desvalorizados pode ser bastante subjetiva nesses casos, o gestor poderia evitar fazer o teste de *impairment* para evitar o reconhecimento de perdas, de maneira inapropriada.

A interpretação de que há ou não uma indicação de que o ativo está desvalorizado é um ponto que merece muita atenção. É bastante natural que o gestor resista à ideia de que há evidência de que o ativo está desvalorizado, pois isso poderia implicar a redução do lucro divulgado. Entretanto, é preciso avaliar se a argumentação do gestor de fato se contrapõe às indicações de fontes externas e internas. É preciso evitar aquela situação de "todo mundo sabe ou pelo menos desconfia, mas eu nego...".

3.3 Teste de *impairment*

Se houver indicação de que o ativo pode estar desvalorizado, passa-se então para a segunda etapa, que é o teste de *impairment*. Nesse teste, deve-se fazer a mensuração do valor recuperável do ativo ou da unidade geradora de caixa.

Conforme já discutido, a mensuração do valor recuperável demanda a apuração do valor justo líquido de despesas de venda e do seu valor em uso. Há uma "regra de bolso" aqui: se qualquer um desses montantes já for maior que o valor contábil do ativo, não há *impairment* e, portanto, não é preciso estimar o outro montante. Por outro lado, é possível que não se tenha medida confiável para a apuração do valor justo – nesse caso, deve-se utilizar apenas o valor em uso para se mensurar o valor recuperável.

A mensuração do **valor justo menos despesas de venda** segue os princípios definidos no CPC 46 – Mensuração do Valor Justo. O CPC 46 define valor justo como "o preço que seria recebido pela venda de um ativo ou que seria pago pela transferência de um passivo em uma transação não forçada entre participantes do mercado na data de mensuração". No caso da situação de *impairment*, essa definição remete à noção de o quanto um comprador qualquer do mercado estaria disposto a pagar pelo ativo nesse momento em que há uma indicação de desvalorização. Porém, perceba que essa desvalorização pode estar ocorrendo apenas para a própria entidade, não necessariamente para todo o mercado. Para mais detalhes sobre a mensuração a valor justo, consulte o capítulo sobre o tema.

É importante destacar que a mensuração do valor recuperável considera o valor justo menos despesas de venda. De acordo com o CPC 01 (R1), as "despesas de venda ou de baixa são despesas incrementais diretamente atribuíveis à venda ou à baixa de um ativo ou de uma unidade geradora de caixa, excluindo as despesas financeiras e de impostos sobre o resultado gerado". São despesas com comissões de venda e elaboração de contratos, por exemplo, que precisam ser consideradas no cálculo.

Por exemplo, digamos que a entidade possua um imóvel classificado como propriedade para investimento, com o qual obtém rendimentos de aluguel. O ativo está mensurado a custo histórico (não optou por mensurá-lo a valor justo) pelo montante de $ 700.000, já líquido de depreciação acumulada. Entretanto, o mercado de imóveis está passando por uma crise, com desvalorização generalizada dos imóveis. Para apurar o valor justo menos despesas de venda, a entidade deve considerar o quanto obteria pela venda do ativo, utilizando para isso, por exemplo, cotações de preço de imóveis por metro quadrado em sua região (o que corresponderia a uma informação de nível 2 da hierarquia de valor justo), ajustando-as para as características próprias do imóvel em particular. Digamos que isso resulte nesse momento em um valor justo de $ 600.000. Considerando que a comissão do corretor de imóveis é de 6%, a despesa de venda seria de $ 36.000. Assim, o valor justo menos despesas de venda é de $ 564.000. Esse é o valor a ser comparado com o seu valor em uso para a mensuração do valor recuperável.

A mensuração do *valor em uso* de um ativo ocorre por meio de uma projeção de fluxos de caixa. Para isso, é preciso primeiramente estimar as entradas e saídas de caixa futuras que devem ocorrer com o uso do ativo e com a sua baixa ao final. Em seguida, deve-se aplicar uma taxa de desconto que seja apropriada a esses fluxos de caixa futuros. Apesar de ter uma "mecânica" simples, o CPC 01 estabelece uma série de princípios para essa mensuração.

PARA REFLETIR...

A medida de valor em uso, baseada em fluxos de caixa futuros projetados, permite maior discricionariedade do gestor e, portanto, maior chance de viés na informação?

Essa série de princípios para a mensuração do valor em uso tem uma razão de existir. Vamos relembrar o que está acontecendo aqui. Houve alguma indicação por fonte interna ou externa de que o ativo pode estar desvalorizado. Com isso, é necessário testar o *impairment*. Para isso, devemos verificar o valor recuperável, o que depende da avaliação de quanto o ativo vale para a entidade permanecendo em uso.

Entretanto, é preciso lembrar que quem elabora o cálculo do valor em uso é o gestor, o que naturalmente pode conter o viés de seu próprio interesse econômico, que normalmente é o de evitar a divulgação de perdas. Por isso, a norma possui um conjunto de princípios que buscam, basicamente, garantir que a informação seja confiável, isenta de viés. Afinal, é uma projeção de fluxos de caixa em que uma série de variáveis pode ser considerada sob a escolha do gestor.

Assim, a norma exige o uso de premissas que sejam razoáveis e fundamentadas, com peso maior às evidências externas. As projeções devem ser baseadas em previsões ou orçamentos mais recentes aprovados pela administração, o que procura garantir confiabilidade em função de ser uma informação utilizada pela própria gestão em suas decisões internas. A norma limita o uso de orçamentos e previsões referentes a um período de no máximo cinco anos, a menos que se justifique um período mais longo para realizar suas projeções, para evitar previsões pouco realistas. A extrapolação para anos subsequentes deve considerar uma taxa de crescimento estável ou decrescente. Uma taxa crescente pode ser utilizada desde que devidamente justificada.

Essas estimativas de fluxos de caixa devem incluir as projeções de entradas de caixa advindas do uso contínuo do ativo. Por exemplo, retomando o caso da propriedade para investimento em que calculamos o valor justo menos despesas de venda, digamos que a entidade esteja alugando o imóvel por $ 120.000 por ano, mas o contrato vigorará por apenas mais dois anos. Após isso, a entidade estima que terá que reduzir o valor do aluguel em 20%, em função da queda de preços dos imóveis no mercado, para um contrato de três anos. Assim, a projeção de entradas de caixa pelo uso contínuo nos próximos cinco anos ficaria assim:

- Recebimento de aluguel ano 1: + $ 120.000.
- Recebimento de aluguel ano 2: + $ 120.000.
- Recebimento de aluguel ano 3: + $ 96.000.
- Recebimento de aluguel ano 4: + $ 96.000.
- Recebimento de aluguel ano 5: + $ 96.000.

Além das entradas de caixa, é necessário também projetar as saídas de caixa que necessariamente ocorrerão para gerar as entradas de caixa advindas do uso contínuo do ativo, diretamente atribuíveis ou alocadas em base consistente e razoável. Nesse mesmo caso da propriedade para investimento, a manutenção no imóvel é normalmente obrigação do locador. Vamos supor que, com base no histórico, o valor de manutenção seja de $ 10.000 ao ano, em média, e esse valor não deve sofrer alterações ao longo do tempo.

O gestor até poderia considerar um horizonte maior de tempo para suas projeções, mas considerando o limite de cinco anos dado pela norma, digamos que a entidade consiga vender o ativo ao final pelo valor de $ 550.000, menos as despesas de venda de 6%. Com isso, os fluxos de caixa líquidos ficariam assim:

- Fluxo de caixa ano 1: + $ 120.000 – $ 10.000 = + $ 110.000.
- Fluxo de caixa ano 2: + $ 120.000 – $ 10.000 = + $ 110.000.
- Fluxo de caixa ano 3: + $ 96.000 – $ 10.000 = + $ 86.000.
- Fluxo de caixa ano 4: + $ 96.000 – $ 10.000 = + $ 86.000.
- Fluxo de caixa ano 5: + $ 96.000 – $ 10.000 = + $ 86.000.
- Fluxo de caixa venda: + $ 550.000 – $ 33.000 = + $ 517.000.

O CPC 01 não permite a inclusão de entradas ou saídas de caixa provenientes de atividades de financiamento nem de recebimentos ou pagamentos de tributos sobre a renda. Afinal, os fluxos de caixa de financiamento não podem ser misturados aos das operações, já que poderiam anular os valores. Os tributos sobre a renda também não podem ser descontados, pois a eventual perda apresentada na demonstração do resultado do exercício (DRE) é apresentada antes do lucro antes do imposto de renda e, portanto, sem o desconto de tributos sobre a renda. Vale lembrar que apenas os tributos sobre a renda é que não devem ser computados, mas tributos sobre a receita ou valor agregado, como o Imposto sobre Circulação de Mercadorias e Serviços (ICMS), devem ser incluídos no cálculo.

A mensuração do valor em uso também é cercada de subjetividade, e por isso a norma CPC 01 traz uma série de princípios para isso. Em função desses princípios, é possível que a mensuração do valor em uso seja diferente da mensuração que a própria gestão faria para tomar suas decisões internas, pois as normas buscam bases confiáveis de informação, como os dados de mercado, em detrimento de dados não observáveis. É importante que, na avaliação de *impairment*, as normas sejam seguidas adequadamente, pois é uma informação voltada para investidores e credores.

3.4 Taxa de desconto

A norma ainda traz o tratamento para a taxa de desconto que deve ser utilizada para trazer a valor presente os fluxos de caixa projetados. A taxa deve ser aquela antes dos tributos sobre o lucro e deve refletir as avaliações atuais de mercado em relação ao valor do dinheiro no tempo e dos riscos específicos do ativo para os quais as estimativas de fluxos de caixa futuros não tenham sido ajustadas. Sendo assim, essa taxa é o retorno que os investidores exigiriam de um investimento com características de montantes e riscos equivalentes aos da entidade.

Perceba que essa taxa não é a própria taxa interna de retorno do ativo da entidade, mas uma taxa de retorno que o mercado utilizaria para descontar os fluxos de caixa. Entretanto, essa taxa que o mercado utilizaria não é uma taxa livre de risco – ela tem que considerar os riscos específicos associados aos fluxos de caixa estimados do ativo, portanto maior que a taxa livre de risco.

Essa taxa também independe da estrutura de capital da entidade e da forma como a entidade financiou a aquisição do ativo, pois os fluxos de caixa advindos do ativo não dependem da forma como ele foi financiado. Isso significa que o uso da taxa do custo médio ponderado de capital da entidade não é apropriado. Por outro lado, ela pode servir de ponto de partida para a definição da taxa de desconto, com o ajuste dos riscos específicos do ativo.

É preciso também excluir os riscos que não são relevantes para os fluxos de caixa estimados do ativo ou para os quais os fluxos de caixa estimados tenham sido ajustados. Por exemplo, se um ativo de empréstimo a receber já teve considerado em sua projeção de fluxos de caixa o não recebimento por inadimplência, a taxa de juros não deve considerar o risco de inadimplência.

No nosso caso da propriedade para investimento, é possível levantar no setor imobiliário uma taxa de retorno média de rendimentos de aluguel, que pode ser considerada apropriada para o desconto dos fluxos de caixa. Digamos que essa taxa seja de 10% em nosso exemplo. Calculando o valor presente do fluxo de caixa, o montante do valor em uso é de $ 688.677.

Como o valor justo menos despesas de venda nesse momento é de $ 564.000, a melhor decisão que o gestor poderia tomar é a de manter o imóvel em uso, em que obterá um valor de $ 688.677. É por isso que o valor recuperável é o maior dos dois, nesse caso o valor em uso. Para a empresa, o valor recuperável deve ser o decorrente de uma decisão racional entre vender ou usar, aquela que proporcionar o maior benefício econômico.

Comparando o valor recuperável de $ 688.677 com o valor contábil de $ 700.000, a empresa deve reconhecer uma perda por *impairment* de $ 11.323 na DRE do período. Assim, ela deve debitar a despesa no resultado e creditar uma conta redutora da conta de propriedades para investimento nesse valor:

	Débito	Crédito
Despesas de *impairment* (resultado)	$ 11.323	
Impairment acumulado (redutora de prop. investimentos)		$ 11.323
Perda por redução ao valor recuperável de propriedade para investimento		

Perceba que essa perda ocorreu em função de uma mudança nas condições econômicas do setor, o que alterou a expectativa de obtenção de fluxos de caixa no futuro. Se você refizer as contas com a manutenção de $ 120.000 de aluguéis ao longo de cinco anos, irá verificar que o valor presente seria de $ 738.003, um montante maior que o valor contábil, o que não levaria ao reconhecimento de perdas.

Com isso, o novo valor contábil do ativo passa a ser $ 688.677. Esse é o valor que passa a servir de base para se fazer depreciação a partir desse momento. Talvez seja necessário estimar novamente a vida útil e então definir a despesa de depreciação periódica.

A definição da taxa de juros para desconto dos fluxos de caixa na mensuração do valor em uso é também um ponto de grande controvérsia, pois alguns preparadores de demonstrações financeiras vêm utilizando taxas como a Selic ou o custo médio ponderado de capital sem os ajustes necessários para considerar os retornos e os riscos próprios do ativo em questão, conforme a norma determina.

3.5 Unidade geradora de caixa

O exemplo de uma propriedade para investimento é ótimo para mostrar como se calcula uma perda por *impairment*, pois é um ativo isolado que gera por si só fluxos de caixa. A norma determina que o valor recuperável deve ser estimado para o ativo individual. Entretanto, em muitas situações, não é possível projetar fluxos de caixa para ativos individuais, o que só poderia ser feito para a unidade geradora de caixa da qual faz parte o ativo. O CPC 01 (R1) diz que o valor recuperável de um ativo individual não pode ser determinado se:

(a) o valor em uso do ativo não puder ser estimado como sendo próximo de seu valor justo líquido de despesas de venda (por exemplo, quando os fluxos de caixa futuros advindos do uso contínuo do ativo não puderem ser estimados como sendo insignificantes); e

(b) o ativo não gerar entradas de caixa que são em grande parte independentes daquelas provenientes de outros ativos.

Por exemplo, digamos que uma entidade possua uma máquina que foi montada sob encomenda com projeto próprio, sem similar no mercado. Essa máquina faz parte da linha de produção de uma fábrica, juntamente com outras máquinas e instalações. Veja que não é possível estimar um valor em uso para a máquina isoladamente, pois a geração de caixa ocorre para a fábrica como um todo.

Com isso, é preciso estimar os fluxos de caixa para a unidade geradora de caixa. Entretanto, a identificação da unidade geradora de caixa do ativo envolve julgamento, pois é preciso identificar o menor agregado de ativos que gera entradas de caixa em grande parte independentes. A própria norma traz o exemplo de uma empresa de ônibus que opera em um município, cujo contrato exige a prestação de serviços mínima em cada uma das cinco linhas operadas, sendo que uma delas opera com prejuízo significativo. Apesar de cada linha gerar caixa, a entidade não tem a opção de eliminar apenas a linha que apresenta prejuízos. Assim, a unidade geradora de caixa é a empresa de ônibus como um todo.

Digamos que uma empresa possua três fábricas e uma central administrativa separada. Mesmo que as entradas de caixa ocorram de maneira centralizada, provavelmente é possível dizer que os produtos fabricados em cada fábrica tenham mercado ativo e poderiam gerar caixa independentemente. Assim, cada fábrica poderia ser identificada como uma unidade geradora de caixa, mesmo que uma das fábricas forneça internamente para as outras fábricas.

Entretanto, a central administrativa é tratada pela norma como um ativo corporativo, pois eles não geram entradas de caixa por si só, pois depende das fábricas. Nesse caso, se houver indicação de que o ativo corporativo possa ter se desvalorizado, o valor recuperável deve ser determinado para a unidade geradora de caixa ou grupo de unidades à qual o ativo corporativo pertence, nesse caso as três fábricas.

O mesmo raciocínio aplicado à mensuração do valor recuperável de um ativo individual aplica-se à unidade geradora de caixa. Compara-se o valor contábil dos ativos que compõem a unidade e avaliam-se o valor justo líquido das despesas de venda e o valor em uso. Entretanto, é possível que haja a necessidade de se considerar passivos atrelados à unidade, quando se considerar que esses passivos teriam que ser assumidos por eventual comprador.

Além disso, é possível que a unidade geradora de caixa possua *goodwill* adquirido em combinação de negócios. O *goodwill* é um ativo que não gera fluxos de caixa por si e por isso precisa ter seu *impairment* testado sempre para uma unidade geradora de caixa ou um conjunto delas. Como falado anteriormente, o *goodwill* precisa passar pelo teste de *impairment* ao menos uma vez por ano.

É necessário verificar a sua alocação entre as unidades geradoras de caixa, uma vez que o *goodwill* pode abranger mais de uma. Nesse caso, o teste de *impairment* do *goodwill* deve abranger o conjunto de unidades abrangidas, caso este não possa ser alocado em base não arbitrária. Se uma unidade geradora de caixa abrangida por um *goodwill* compartilhado com outras unidades tiver a indicação de *impairment*, o teste é feito para essa unidade sem incluir o *goodwill*.

Caso haja o reconhecimento de uma perda por *impairment* em uma unidade geradora de caixa que possua *goodwill* alocado, é necessário alocar a sua contrapartida para reduzir o valor contábil dos ativos da unidade, anteriormente incorporados a valor justo na combinação (ver capítulo sobre combinação de negócios). Entretanto, há uma ordem nessa distribuição: primeiramente, é preciso reduzir o valor contábil do *goodwill* até zero, para depois distribuir o restante proporcionalmente ao valor contábil de cada ativo da unidade.

Na prática, um ponto em que a gestão precisa exercer julgamento é a definição de unidade geradora de caixa. Em diversas situações, essa definição não é tão clara, pois é possível que, apesar de gerar entradas de caixa, uma unidade não possa ser considerada independente de outras unidades. Além disso, é possível que forneçam produtos ou serviços internamente e a geração de entradas de caixa não seja tão clara.

3.6 Reversão da perda por *impairment*

A perda por *impairment* pode ser revertida. A cada final de período, a entidade deve avaliar se há alguma indicação de que a perda possa não mais existir ou ter diminuído (exceto perdas com *goodwill*). Se existir alguma indicação, a entidade deve estimar o valor recuperável desse ativo.

O aumento do valor contábil em função da eventual reversão de perda não deve exceder o valor contábil que teria sido determinado caso nenhuma perda tivesse sido reconhecida para o ativo em anos anteriores, o que significa que a entidade precisa recalcular o valor contábil líquido de depreciação, amortização ou exaustão para poder fazer a comparação.

DESTAQUES FINAIS

Impairment é um assunto que pode envolver algumas controvérsias. Alguns críticos argumentam que a mensuração do valor recuperável, principalmente do valor em uso, é muito suscetível à subjetividade do gestor, o que pode abrir margem para a manipulação da informação. Por outro lado, outros consideram que é necessário esse poder de julgamento do gestor, pois de outra forma não seria possível determinar princípios mais rígidos sem perda na qualidade da informação.

É preciso considerar que não existe norma perfeita e que sempre há possibilidade de manipulação, qualquer que seja a norma. Essa norma CPC 01 é muito interessante, porque considera não apenas o valor de mercado para se medir o valor recuperável, mas também o valor em uso do ativo, o que faz todo o sentido quando se pensa que o ativo pode continuar sendo mantido pela entidade mesmo com a indicação de desvalorização.

O *impairment* em si é um mecanismo necessário para se garantir uma informação tempestiva, pois de outro modo a perda somente seria reconhecida na realização do ativo, o que refletiria muito pouco a realidade econômica da entidade no momento em que há uma indicação de desvalorização e que o mercado acionário e o mercado de créditos muitas vezes já estão cientes da ocorrência.

RESUMO

- Uma perda por *impairment* é reconhecida quando o valor recuperável de um ativo é menor que o seu valor contábil registrado, em geral pelo seu custo amortizado.
- A redução do valor do ativo ao seu montante recuperável representa um mecanismo de conservadorismo condicional.
- O valor recuperável do ativo é mensurado pelo maior valor entre o valor justo e o valor em uso.
- A perda por *impairment* deve ser reconhecida no resultado, no período em que se verifica por meio de fontes externas ou internas que os ativos podem ter se desvalorizado.
- A perda por *impairment* pode ser revertida, exceto as perdas com *goodwill*.

EXERCÍCIOS PROPOSTOS

Assista ao vídeo

QUESTÃO 1: A empresa SuperCrash S/A quer avaliar se determinados itens do seu ativo devem sofrer teste de *impairment*, em função dos seguintes eventos:

1. A unidade de negócios da empresa localizada na cidade de Prazeres do Norte perdeu seu maior cliente, que representava 60% das vendas mensais.
2. Um carro da empresa sofreu um acidente. Avaliou-se que houve perda total do veículo, mas só será vendido como sucata quando for liberado pela autoridade governamental. O seguro irá cobrir a perda depois de todo o trâmite burocrático.
3. O armazém da unidade de negócios localizada na cidade de Coronel Pinta Brava teve uma grande parte do seu telhado destruído por um vendaval. Aproximadamente 20% do estoque armazenado foram destruídos pelas chuvas. As operações de armazenagem foram interrompidas até a recuperação do telhado. A reforma já foi iniciada e espera-se que seja concluída em três semanas, quando as operações serão retomadas normalmente.
4. O Nosebook, um *software* desenvolvido internamente para fins de venda de licenças, não está tendo um bom desempenho no mercado, pelo menos não conforme o esperado para o período: suas vendas estão 30% abaixo do orçado, mas foram 10% maiores que no período passado.

QUESTÃO 2: Quais são os procedimentos necessários a serem realizados quando é identificado que um ativo pode estar desvalorizado?

QUESTÃO 3: O Sr. Albert Eisbein inventou uma máquina específica para produzir um novo produto, que estava fazendo o maior sucesso no bairro. Esse produto vinha gerando $ 500 por ano. Porém, denúncias anônimas fizeram com que seu produto tivesse uma queda nas vendas, e a expectativa para os próximos 7 anos é que haja uma geração de caixa de $ 300 por ano. Sua máquina, que custou $ 2.500 para ser montada, já está depreciada em 30%. Como o Sr. Eisbein desenhou o próprio projeto da máquina, ela não tem valor de mercado, apenas valor sentimental; pode ser vendida apenas como sucata, com valor próximo a zero. A taxa de juros no mercado é de 12% ao ano.

Verifique se o ativo deve sofrer perda por *impairment*.

QUESTÃO 4: A Kalango Equipamentos possui uma fábrica localizada na capital do estado, entre outras. A fábrica produz um único produto, que nos últimos tempos vinha gerando fluxos regulares de caixa de $ 50.000 líquidos por ano. Porém, uma mudança na concorrência fez com que esse produto tivesse uma queda brusca nas vendas, e a expectativa para os próximos 7 anos é que haja uma geração de caixa de $ 30.000 por ano. A entidade considera que essa mudança no mercado é uma indicação de que o ativo pode estar desvalorizado.

A fábrica pode ser considerada uma unidade geradora de caixa, de acordo com a norma de *impairment*. Ela possui apenas uma máquina como ativo que possa ser identificado como parte dessa unidade geradora de caixa, já que as instalações que ocupa são alugadas de terceiros. O custo inicial da máquina foi de $ 600.000, com estimativa inicial de vida útil de 20 anos, com valor residual zero, e já depreciada linearmente por 13 anos até o presente momento.

O valor justo da máquina é de $ 100.000 nesta data, 31 de dezembro de 20x1. Verificou-se que não há despesas adicionais para se vender a máquina.

Para o cálculo do valor em uso da unidade geradora de caixa, foi estimada uma taxa de juros de 12% ao ano. Considera-se que a projeção de $ 30.000 por ano para os próximos 7 anos está fundamentada nos orçamentos para os próximos 5 anos e que a extrapolação para os 2 anos seguintes não considerou nenhuma taxa de crescimento.

A entidade deve reconhecer uma perda por *impairment* em 31 de dezembro de 20x1? Se for o caso, de qual valor?

QUESTÃO 5: Uma empresa possui um prédio comercial localizado na cidade de Detonápolis que mantém para aluguel e estava classificado como propriedade para investimento em 31 de dezembro de 20x1. Uma crise econômica sem precedentes está fazendo com que o prédio esteja sem inquilino há 2 anos. O valor de mercado dos imóveis caiu assustadoramente na região. Após fazer o teste de *impairment* do prédio, verificou-se que houve uma perda de $ 100.000. Essa propriedade para investimento estava contabilizada pelo custo amortizado e havia sido adquirida inicialmente por $ 800.000. A vida útil estimada era de 40 anos e em 31 de dezembro de 20x1 o prédio já havia sido utilizado por 15 anos. Mesmo com o *impairment*, continua-se com a expectativa de utilização pelos próximos 25 anos. Em 31 de dezembro de 20x2, não houve qualquer modificação nas expectativas relacionadas à propriedade para investimento.

Pede-se:

1. Qual é o valor da propriedade para investimento em 31 de dezembro de 20x1?
2. Qual é o valor da despesa de depreciação em 20x2?
3. Qual é o valor da propriedade para investimento em 31 de dezembro de 20x2?
4. Como contabilizar a perda por *impairment* em 31 de dezembro de 20x1?
5. Como contabilizar a depreciação em 31 de dezembro de 20x2?

BIBLIOGRAFIA SUGERIDA

COMITÊ DE PRONUNCIAMENTOS CONTÁBEIS (CPC). *Pronunciamento técnico CPC 00 – (R2) – Estrutura Conceitual para Relatório Financeiro – Correlação às Normas Internacionais de Contabilidade – Conceptual Framework for Financial Reporting.* Brasília: CPC, 2019. Disponível em: http://static.cpc.aatb.com.br/Documentos/573_CPC00(R2).pdf. Acesso em: 9 jul. 2020.

COMITÊ DE PRONUNCIAMENTOS CONTÁBEIS (CPC). *Pronunciamento técnico CPC 01 (R1) – Redução ao Valor Recuperável de Ativos – Correlação às Normas Internacionais de Contabilidade – IAS 36 – Impairment of Assets.* Brasília: CPC, 2010. Disponível em: http://static.cpc.aatb.com.br/Documentos/27_CPC_01_R1_rev%2012.pdf. Acesso em: 15 jul. 2020.

COMITÊ DE PRONUNCIAMENTOS CONTÁBEIS (CPC). *Pronunciamento técnico CPC 04 (R1) – Ativo Intangível – Correlação às Normas Internacionais de Contabilidade – IAS 38 – Intangible Assets.* Brasília: CPC, 2010. Disponível em: http://static.cpc.aatb.com.br/Documentos/187_CPC_04_R1_rev%2014.pdf. Acesso em: 16 jul. 2020.

COMITÊ DE PRONUNCIAMENTOS CONTÁBEIS (CPC). *Pronunciamento técnico CPC 06 (R2) – Arrendamentos – Correlação às Normas Internacionais de Contabilidade – IFRS 16 – Leases.* Brasília: CPC, 2017. Disponível em: http://static.cpc.aatb.com.br/Documentos/533_CPC_06_R2_rev%2016.pdf. Acesso em: 15 jul. 2020.

COMITÊ DE PRONUNCIAMENTOS CONTÁBEIS (CPC). *Pronunciamento técnico CPC 27 – Ativo Imobilizado – Correlação às Normas Internacionais de Contabilidade – IAS 16 – Property, Plant and Equipment.* Brasília: CPC, 2009. Disponível em: http://static.cpc.aatb.com.br/Documentos/316_CPC_27_rev%2014.pdf. Acesso em: 15 jul. 2020.

COMITÊ DE PRONUNCIAMENTOS CONTÁBEIS (CPC). *Pronunciamento técnico CPC 46 – Mensuração do Valor Justo – Correlação às Normas Internacionais de Contabilidade – IFRS 13 – Fair Value Measurement.* Brasília: CPC, 2012. Disponível em: http://static.cpc.aatb.com.br/Documentos/395_CPC_46_rev%2014.pdf. Acesso em: 16 jul. 2020.

PARTE III
PASSIVO, RECEITAS E DESPESAS

PROVISÕES, PASSIVOS CONTINGENTES E ATIVOS CONTINGENTES

Sílvio Hiroshi Nakao

OBJETIVOS DE APRENDIZAGEM

- Compreender o papel do reconhecimento de provisões no passivo como mecanismo de proteção de credores e investidores.
- Compreender as escolhas do normatizador no reconhecimento, mensuração e divulgação das provisões e passivos contingentes.
- Compreender as possibilidades de escolhas contábeis que a norma contábil permite que o gestor faça e as suas implicações em termos de qualidade da informação divulgada.

1. APRESENTAÇÃO

O jornal *Valor Econômico* de 22 de abril de 2016 trouxe a seguinte reportagem:

> Fraude faz Volks ter prejuízo de 1,58 bilhão de euros em 2015
>
> Por Paula Selmi | Valor São Paulo
>
> A montadora alemã Volkswagen fechou 2015 com prejuízo líquido de 1,58 bilhão de euros, revertendo lucro de 10,84 bilhões de euros apurado no ano anterior, refletindo principalmente os impactos financeiros do escândalo de fraude em testes de emissões de poluentes de motores a diesel.
>
> A forte perda é decorrente de provisões para cobrir os custos do escândalo de emissões, no valor de 16,2 bilhões de euros, montante muito maior que os 6,7 bilhões de euros reservados no primeiro trimestre de 2015, quando a companhia registrou seu primeiro prejuízo para o período em 15 anos.
>
> Deflagradas em setembro do ano passado, a Volkswagen foi alvo de uma série de investigações na Europa e nos Estados Unidos, que descobriram que a montadora vendeu por anos, enganosamente, veículos que chamava de "amigos do meio ambiente" e economizadores de combustível.
>
> A empresa chegou a um acordo ontem com as autoridades americanas sobre um plano de compensação para os consumidores envolvidos no escândalo das manipulações de emissões de poluentes da empresa. [...]

Essa reportagem mostra o quão relevante pode ser uma provisão. Não apenas em função do montante, mas também em razão da informação que está a ela atrelada. Nesse caso, um enorme escândalo envolvendo a produção de veículos da Volkswagen alemã. Perceba como a informação contábil tem a capacidade de dar dimensão quantitativa ao impacto do escândalo sobre a empresa.

Este capítulo trata das questões envolvendo o tratamento contábil dado a provisões, passivos contingentes e ativos contingentes de acordo com as normas IFRS/CPC.

O objetivo do capítulo é fazer com que o leitor possa entender quando devem ser reconhecidas as provisões no balanço patrimonial e como divulgar passivos contingentes e ativos contingentes. Esse tema é importante, porque acredita-se que as provisões são bastante observadas por analistas e outros usuários das informações financeiras, em face das incertezas que as cercam e dos valores envolvidos.

A norma CPC 25 – Provisões, Passivos Contingentes e Ativos Contingentes trata das definições, dos critérios de reconhecimento, dos princípios de mensuração aplicáveis e da forma de divulgação nas demonstrações contábeis de provisões, passivos contingentes e ativos contingentes.

Um aspecto a ser destacado na norma CPC 25 é quanto aos critérios de reconhecimento e mensuração de uma provisão, já que esta é caracterizada pela incerteza em relação ao montante ou ao prazo de liquidação da obrigação. Dada a natureza de incerteza desse tipo específico de passivo, os critérios de reconhecimento e mensuração precisam ser muito bem observados para que este não represente informação enganosa a acionistas e credores.

PARA REFLETIR...

A natureza da provisão exige uma análise diferente por parte de credores e investidores?

Dado o interesse econômico do gestor, a provisão é um dos itens que mais merece atenção no balanço, pois esta pode ser objeto de algum viés da informação contábil. Para evitar a divulgação de um lucro menor e de um passivo mais elevado, o gestor pode evitar o reconhecimento de uma provisão ou mensurá-la por um valor menor do que de fato é, já que a contrapartida é uma despesa.

Se o passivo não atender aos critérios de reconhecimento ou de confiabilidade da mensuração, é definido como passivo contingente e é apenas divulgado em notas explicativas, não impactando o resultado ou o endividamento. O problema é que o atendimento a esses critérios pode estar sob elevadas doses de julgamentos por parte do gestor ou mesmo dos peritos que são incumbidos de fazer esses julgamentos sobre reconhecimento. Por conta disso, a conta de provisão no passivo e suas notas explicativas, assim como as de passivos contingentes, são normalmente alvos de "olhares atentos" de acionistas e credores.

A incerteza que cerca a contabilidade das provisões prevista pela norma CPC 25 é que faz essa informação ser uma das mais observadas na prática por analistas e outros usuários da informação financeira entre todo o conjunto de normas IFRS/CPC.

Este capítulo apresenta primeiramente uma visão geral dos assuntos relacionados e uma análise da norma contábil CPC 25 – Provisões, Passivos Contingentes e Ativos Contingentes. Posteriormente, são apresentados os principais conceitos relacionados e as principais determinações da norma contábil. Depois, o capítulo lida com as questões práticas relacionadas ao assunto e os principais pontos em que a norma demanda interpretação.

O Quadro 9.1 apresenta o pronunciamento nacional e seu congênere internacional nos quais se baseia a norma nacional.

Quadro 9.1 Pronunciamentos sobre provisões, passivos contingentes e ativos contingentes

CPC	IFRS Iasb
CPC 25 – Provisões, Passivos Contingentes e Ativos Contingentes	IAS 37 – *Provisions, Contingent Liabilities and Contingent Assets*

2. CONCEITOS E DEFINIÇÕES RELEVANTES

A primeira definição importante é a de provisão. É uma definição curta, mas de grande alcance: "provisão é um passivo de prazo ou de valor incertos", conforme o CPC 25.

A incerteza em relação a prazo e valor é o fator que diferencia a provisão de outros passivos. Fornecedores, contas a pagar e empréstimos, por exemplo, são diferentes de provisão porque os valores e os prazos foram formalmente acordados com a contraparte, e as incertezas em relação a esses dois fatores são muito pequenas.

Os passivos decorrentes de apropriações por competência, como décimo terceiro salário e férias de empregados, podem até ter seus valores ou prazos sob determinada incerteza, mas ela é muito pequena: talvez não se possa dizer exatamente em que mês determinado empregado irá tirar férias, mas isso provavelmente não passará de um ano. Do mesmo modo, talvez não se saiba qual é exatamente o valor do décimo terceiro salário em função de reajustes e de remunerações variáveis, por exemplo, mas é possível fazer uma estimativa confiável com base em histórico, o que não implica alto grau de incerteza a ponto de classificar esse valor como uma provisão.

Uma provisão precisa estar de acordo com a definição de passivo, que é dada pela Estrutura Conceitual para Relatório Financeiro e repetida pelo CPC 25: "passivo é uma obrigação presente da entidade, derivada de eventos já ocorridos, cuja liquidação se espera que resulte em saída de recursos da entidade capazes de gerar benefícios econômicos".

Isso significa que é preciso que a provisão seja considerada uma obrigação presente da entidade e, para isso, é necessário que a obrigação tenha sido contraída nesse momento ou no passado. Ter uma obrigação presente significa que a obrigação existe nesse momento. Por exemplo, uma indústria oferece garantia aos produtos que vende. No momento em que essa entidade entrega um produto a um cliente, ela passa a ter a obrigação de trocá-lo em caso de defeito. Porém, perceba que há uma incerteza a respeito de quanto terá que ser pago no futuro, já que isso depende de haver um defeito e o cliente reclamar uma troca. É esse nível de incerteza que caracteriza uma provisão. Voltaremos à questão da obrigação presente na próxima seção.

Também é necessário que a obrigação derive de eventos já ocorridos, e não de eventos futuros. Porém, a ocorrência de um evento que cria uma obrigação é objeto de alguns princípios contábeis, que iremos tratar na próxima seção.

Para que uma obrigação seja um passivo, é necessário que a sua liquidação ocorra com a saída de ativos da entidade. Assim, para liquidar uma obrigação de garantia de troca de um produto, será necessária a entrega de uma nova unidade de estoque da entidade, por exemplo. Uma obrigação de uma empresa de tratamento de águas e esgotos de construir uma estação de tratamento de efluentes líquidos, por exemplo, não configura um passivo, pois a liquidação da obrigação (que é construir) só ocorre com a construção da estação e, portanto, com o aumento de um ativo, e não com uma saída de recursos.

É importante notar que uma obrigação não é gerada apenas por razões legais, como é o caso da obrigação que deriva de contratos ou da força da lei. É possível que a entidade se veja obrigada a entregar ativos mesmo que não haja uma obrigação legal e ainda não esteja sendo exigida pela contraparte. Por exemplo, se o presidente de uma empresa declara publicamente que irá indenizar uma comunidade afetada por uma contaminação que ocorreu recentemente, a entidade já está obrigada a fazer o pagamento no futuro, mesmo que a legislação não determine especificamente o pagamento na situação específica ou que a justiça não tenha determinado o pagamento dessas indenizações. É o que o CPC 25 define como obrigação não formalizada:

> é uma obrigação que decorre das ações da entidade em que:
>
> (a) por via de padrão estabelecido de práticas passadas, de políticas publicadas ou de declaração atual suficientemente específica, a entidade tenha indicado a outras partes que aceitará certas responsabilidades; e
> (b) em consequência, a entidade cria uma expectativa válida nessas outras partes de que cumprirá com essas responsabilidades.

Assim, a declaração do presidente foi suficientemente específica e isso criou uma expectativa na comunidade de que o pagamento será realizado. Com isso, passou a existir uma obrigação presente de a entidade ter uma saída de recursos econômicos no futuro.

Perceba que, em nosso exemplo, a declaração do presidente é o evento que criou a obrigação. Esse evento é definido pelo CPC 25 como: "um evento que cria uma obrigação legal ou não formalizada que faça com que a entidade não tenha nenhuma alternativa realista senão liquidar essa obrigação". Nesse caso, a declaração fez com que a entidade não tivesse outra saída senão fazer o pagamento das indenizações.

A norma adota uma distinção importante: uma provisão é um passivo *reconhecido* no balanço patrimonial. Se o passivo não é reconhecido, ele não recebe a nomenclatura "provisão", mas sim "passivo contingente". Isso pode soar estranho, porque o significado mais amplo de contingente é: incerto; que depende das circunstâncias. Nesse entendimento, uma provisão seria também um passivo contingente. De fato, todas as provisões são contingentes, pois há incerteza em relação ao seu prazo ou valor. Entretanto, a norma distingue essas duas coisas, deixando para a nomenclatura "passivo contingente" todo passivo que não satisfaça os critérios de reconhecimento de uma provisão, que veremos adiante.

De acordo com o CPC 25, passivo contingente é:

> (a) uma obrigação possível que resulta de eventos passados e cuja existência será confirmada apenas pela ocorrência ou não de um ou mais eventos futuros incertos não totalmente sob controle da entidade; ou
> (b) uma obrigação presente que resulta de eventos passados, mas que não é reconhecida porque:
> (i) não é provável que uma saída de recursos que incorporam benefícios econômicos seja exigida para liquidar a obrigação; ou
> (ii) o valor da obrigação não pode ser mensurado com suficiente confiabilidade.

Com essa definição, o CPC 25 engloba em um mesmo termo duas situações diferentes. A primeira é aquela em que há uma obrigação que não é provável, mas apenas possível. A segunda é aquela em que a obrigação existe, mas o passivo não é reconhecido porque não atendeu aos critérios de reconhecimento.

Perceba que a primeira situação nem permite dizer que há de fato um passivo, pois a obrigação não é presente, e mesmo assim recebe o nome de passivo. É possível que haja uma obrigação, mas essa existência será confirmada pela ocorrência (ou não) de um ou mais eventos no futuro que não estão totalmente sob o controle da entidade. Essa é uma situação que de fato é característica de uma contingência: a confirmação com um evento futuro. Um processo judicial pode ser um exemplo dessa situação. A existência de um processo judicial pode não implicar a existência de uma obrigação presente, mas é possível que a entidade seja obrigada no futuro a fazer pagamentos. A existência da obrigação poderá ser confirmada por outros eventos, como um acordo entre as partes ou uma sentença em primeira instância.

A segunda situação é aquela em que de fato há um passivo, conforme a sua definição, mas os critérios de reconhecimento no balanço patrimonial não são atingidos. Assim, existe uma obrigação presente, mas não é provável que um ativo tenha que ser entregue para liquidar a obrigação ou não é possível mensurar o valor com confiabilidade. Por exemplo, uma empresa derrama produtos químicos tóxicos em uma área, o que configura a existência de uma obrigação presente de realizar gastos com a recuperação da área, em função da legislação existente. Além disso, é provável ou quase certo que a empresa dispenderá recursos para liquidar a obrigação. Porém, pode não ser possível mensurar com confiabilidade o gasto a ser realizado nesse momento. Assim, o passivo não será reconhecido até que se obtenha uma medida confiável do valor a ser gasto.

Se o passivo contingente não é reconhecido no balanço patrimonial, sua divulgação ocorre apenas por meio de notas explicativas.

O CPC 25 ainda traz a definição de ativo contingente: "é um ativo possível que resulta de eventos passados e cuja existência será confirmada apenas pela ocorrência ou não de um ou mais eventos futuros incertos não totalmente sob controle da entidade". Um exemplo é o lado de quem está exigindo o recebimento de dinheiro em um processo judicial, em que é possível que ele ganhe a ação. Entretanto, os ativos contingentes não são reconhecidos no balanço patrimonial.

3. PROCEDIMENTOS CONTÁBEIS

Elencamos a seguir os pontos fundamentais sobre a contabilização das provisões, passivos contingentes e ativos contingentes. Precisamos ressaltar que esta seção não tem o objetivo de repetir o que as normas tratam – o objetivo é guiar a leitura, reforçar os pontos fundamentais e chamar a atenção para pontos que podem passar despercebidos, mas que são importantes do ponto de vista de interpretação e aplicação prática.

3.1 Reconhecimento de provisão

O primeiro ponto é o do reconhecimento de uma provisão. De acordo com o CPC 25, uma provisão deve ser reconhecida quando:

(a) a entidade tem uma obrigação presente (legal ou não formalizada) como resultado de evento passado;
(b) seja provável que será necessária uma saída de recursos que incorporam benefícios econômicos para liquidar a obrigação; e
(c) possa ser feita uma estimativa confiável do valor da obrigação.

Se essas condições não forem satisfeitas, nenhuma provisão deve ser reconhecida.

Perceba que o primeiro critério de reconhecimento de uma provisão advém da própria definição de provisão: deve ser uma obrigação presente como resultado de evento passado. Essa obrigação pode ser legal ou não formalizada, como vimos na seção anterior.

Na maioria das situações, a existência de uma obrigação presente é clara. Por exemplo, se a entidade provocou um determinado dano ambiental que deva ser recuperado, a obrigação é presente no momento em que o dano é provocado. Se a entidade declarou que indenizará famílias afetadas por um dano ambiental, mesmo que não esteja obrigada pela legislação do país a fazer isso, há uma obrigação não formalizada existente no momento da declaração.

Entretanto, há situações em que a obrigação presente não é clara. Situações como a de processos judiciais, por exemplo, podem ser difíceis de julgar quando a obrigação é presente, pois há uma sequência de eventos que podem começar até antes da petição inicial e há uma contingência que é a decisão do juiz. Para esses casos, a norma coloca um princípio que exige julgamento: deve-se presumir que um evento passado dá origem a uma obrigação presente se for **mais provável que sim do que não** que exista uma obrigação presente. "Mais provável do que não" dá a ideia de 50% de probabilidade, mas talvez seja difícil de determinar um percentual de probabilidade (e talvez nem seja necessário). O importante é ter essa noção ao se fazer esse julgamento a respeito da probabilidade de existir uma obrigação presente.

Isso significa que o evento a ser eleito para fins de definição do momento do reconhecimento da provisão, dentro de uma sequência de eventos, é o primeiro que se possa considerar que provavelmente tenha gerado uma obrigação presente. Esse evento pode ser, por exemplo, a citação da entidade no início do processo judicial.

É preciso levar em consideração toda a evidência disponível para fazer essa avaliação. A evidência disponível pode incluir, por exemplo, a opinião de peritos. Assim, um advogado pode emitir uma opinião sobre se é provável que exista uma obrigação presente na data do balanço. Para emitir essa opinião, o advogado costumeiramente avalia o histórico de processos semelhantes e as circunstâncias envolvidas no processo.

PARA REFLETIR...

A discricionariedade por parte do gestor no processo de reconhecimento de uma provisão pode afetar as decisões de investidores e credores?

Perceba que a avaliação de probabilidade traz a implicação de o gestor ter que dizer que, mesmo que ainda não esteja certo, a empresa já está obrigada a entregar ativos no futuro. É por causa desse julgamento, além dos demais, que a provisão é sempre vista com desconfiança por parte dos usuários da informação, mesmo que não haja histórico desfavorável para a entidade em termos de má qualidade da informação, porque há um incentivo para o gestor julgar (inadequadamente) que não é provável que haja uma obrigação.

A obrigação presente deve existir como resultado de evento passado. A questão do evento passado possui alguns detalhes importantes em relação a qual evento se está referindo (já que é possível que haja uma sequência de eventos).

De acordo com o CPC 25, item 17:

> Um evento passado que conduz a uma obrigação presente é chamado de um evento que cria obrigação. Para um evento ser um evento que cria obrigação, é necessário que a entidade

não tenha qualquer alternativa realista senão liquidar a obrigação criada pelo evento. Esse é o caso somente:

(a) quando a liquidação da obrigação pode ser imposta legalmente; ou

(b) no caso de obrigação não formalizada, quando o evento (que pode ser uma ação da entidade) cria expectativas válidas em terceiros de que a entidade cumprirá a obrigação.

Assim, a venda de um produto com garantia é o evento passado que cria a obrigação de trocar o produto no futuro. A ocorrência de um dano ambiental que terá que ser recuperado por força da lei pode ser entendida como um evento passado. Do mesmo modo, a declaração de que a entidade pagará indenizações também pode ser considerada um evento passado. Porém, no caso de uma ação judicial, o evento passado pode ocorrer desde a citação na petição inicial ou até mesmo antes, quando ocorreram os fatos que originaram o processo, mas é possível que esse evento não crie a obrigação em função da baixa probabilidade de existir uma obrigação presente.

A definição de evento passado é útil para afastar uma eventual necessidade de reconhecer uma provisão sobre eventos que não criam obrigação. Por exemplo, digamos que uma indústria possua um forno com um revestimento que precisa ser substituído a cada cinco anos por razões técnicas. O custo de substituição do revestimento não deve ser reconhecido, pois o evento da decisão de trocar o revestimento não é resultado de uma obrigação legal ou não formalizada da qual a entidade não tenha como evitar a sua liquidação, pois o gestor poderia decidir descontinuar as operações envolvendo o forno em questão, evitando a troca do revestimento. Assim, gastos com manutenção futura não geram provisões. Esses gastos serão reconhecidos quando incorridos, como ativo ou despesa.

Um evento ocorrido, como um dano ambiental, pode não gerar imediatamente uma obrigação, por não haver na lei a obrigação de fazer a recuperação. Entretanto, essa lei pode mudar, exigindo que a entidade recupere todo o dano ambiental. Assim, uma obrigação legal surge quando for praticamente certo que a legislação será promulgada conforme a minuta divulgada.

O segundo critério para o reconhecimento de uma provisão é que deve ser provável que seja necessária uma saída de recursos para liquidar a obrigação. De acordo com o CPC 25, item 23, "uma saída de recursos ou outro evento é considerado como provável se o evento for mais provável que sim do que não de ocorrer, isto é, se a probabilidade de que o evento ocorrerá for maior do que a probabilidade de isso não acontecer". Novamente, isso remete à noção de mais de 50% de chance de ocorrer o evento.

Assim, no caso de produtos em garantia, a obrigação passa a existir no momento da venda e, como é provável que haja troca de produtos no futuro, a provisão deve ser reconhecida.

No caso de um processo judicial, se a entidade provavelmente possui uma obrigação presente na citação como réu, por exemplo, é também provável que ela tenha que pagar o valor no futuro.

Se não for considerado provável que exista uma obrigação presente, mas possível, a entidade deve divulgar a obrigação como um passivo contingente. Caso a probabilidade seja considerada remota, nenhuma divulgação é exigida pelo CPC 25.

O terceiro critério de reconhecimento de provisão é a existência de estimativa confiável da obrigação. A norma contábil considera que os casos em que nenhuma estimativa confiável possa ser feita são extremamente raros. Isso ocorre porque normalmente a entidade é capaz de determinar um conjunto de desfechos possíveis. A partir dessa avaliação de desfechos, é possível fazer uma estimativa da obrigação suficientemente confiável.

Assim, mesmo que haja incerteza em relação a prazo e valor, normalmente é possível fazer estimativas. Por exemplo, no caso da garantia dos produtos, é possível fazer estimativas com base no histórico de troca de produtos, chegando a um percentual, como 3% das vendas. Essa estimativa pode ser considerada confiável porque foi baseada em registros históricos.

No caso de um processo judicial, há desfechos possíveis: por exemplo, é possível que as partes cheguem a um acordo ou é possível que não haja um acordo e o juiz tenha que determinar um valor a ser pago. Em ambos os desfechos, normalmente é possível fazer uma estimativa de quanto é o valor a ser pago, com base em decisões anteriores sobre o mesmo caso ou casos semelhantes, ajustados para as particularidades do caso. Perceba que, para fins de reconhecimento, basta que a estimativa possa ser confiável – a mensuração é outra questão...

Assim, no momento do reconhecimento de uma provisão, o lançamento contábil é:

	Débito	Crédito
Despesa	$	
Provisão		$
Reconhecimento de provisão		

A provisão pode ser reconhecida tanto no passivo circulante como no passivo não circulante. É importante a apresentação da conta com o nome "Provisão", para deixar claro ao leitor da demonstração financeira que se trata de um passivo que contém incerteza em relação a prazo ou montante.

A provisão deve ser reavaliada a cada data de balanço. Se não for mais provável que seja necessária uma saída de recursos para liquidar a obrigação, a provisão deve ser revertida, com um lançamento ao contrário.

Quando se espera que outra parte envolvida com a provisão reconhecida irá reembolsar a entidade, o reembolso deve ser reconhecido quando, e somente quando, for praticamente certo que o reembolso será recebido se a entidade liquidar a obrigação, como um ativo separado.

Devem ser especialmente notados na aplicação prática alguns aspectos relacionados às exigências e aos julgamentos por parte da administração da entidade.

Um ponto relevante refere-se ao julgamento que é necessário fazer a respeito da existência de uma obrigação presente. Na maioria dos casos, esse julgamento é fácil, como no caso de uma venda de produtos com garantia. Porém, é preciso estar munido de evidências para comprovar que não há uma obrigação presente, por exemplo, para dizer quer uma determinada ação, como a emissão de determinado poluente, não se configura como um dano ambiental.

Há um caso específico em que essa questão da existência de uma obrigação presente é mais complexa, que é a de processos judiciais, sejam eles cíveis, trabalhistas ou tributários. É um julgamento de probabilidade de a entidade ter que pagar um valor no futuro, cuja incerteza acabará com a ocorrência de um evento no futuro que confirmará a perda (ou não). Normalmente, esse julgamento é realizado por advogados, que possuem experiência com casos semelhantes e podem avaliar a probabilidade de ganhar ou não a causa. É importante que o advogado tenha as informações necessárias e conheça os impactos de seu julgamento.

Um segundo ponto refere-se ao julgamento da probabilidade de a entidade ter uma saída de recursos para liquidar a obrigação presente. No caso dos processos judiciais, o julgamento já foi feito na avaliação da obrigação presente. Porém, em outros casos, como o de danos ambientais, é possível que o evento que gera a obrigação já tenha sido ocorrido, que é o dano em si, mas a entidade julga que não é provável que tenha que ter uma saída de recursos. Para fazer esse julgamento, é preciso que a entidade esteja munida de evidências.

Como se pode observar, a existência de evidências é uma questão-chave para fazer julgamentos. Essas evidências podem vir do histórico da própria entidade, do histórico de situações anteriores de outras entidades, da legislação vigente ou de opiniões de peritos.

3.2 Passivo contingente

A norma estabelece que a entidade não deve reconhecer um passivo contingente. Afinal, pela própria definição, o passivo contingente é uma obrigação possível (e, portanto, não é provável) ou é uma obrigação presente, mas não atende aos demais critérios de reconhecimento de provisão.

Com isso, a exigência da norma é apenas de divulgação em notas explicativas, a menos que seja remota a possibilidade de uma saída de recursos.

Com o desenvolvimento dos fatos, é possível que eles não ocorram conforme o esperado e aquilo que era considerado possível passa a ser considerado provável. Se passar a ser provável que uma saída de benefícios econômicos futuros será exigida, uma provisão deve ser reconhecida no balanço patrimonial do período em que ocorreu a mudança na estimativa da probabilidade.

PARA REFLETIR...

A divulgação de passivos contingentes é relevante para a avaliação de riscos por parte de investidores e credores?

A informação contida na nota explicativa é importante para acionistas e credores na análise do risco de potenciais perdas futuras, já que os critérios de reconhecimento de provisão podem passar a ser atendidos com o desenvolvimento dos fatos.

A Figura 9.1 representa uma árvore de decisão sobre reconhecimento de provisão e de passivo contingente.

3.3 Ativo contingente

Da mesma forma que um passivo contingente, um ativo contingente também não deve ser reconhecido no balanço patrimonial. Por exemplo, se a entidade entrou com uma ação contra outra entidade, a entidade pode julgar que é possível que ganhe a ação. Nesse caso, momentaneamente a entidade não deve fazer nada, nem mesmo divulgação em nota explicativa.

Entretanto, apesar de definir o ativo contingente como possível, o CPC 25 traz uma gradação de probabilidades e o tratamento a ser dispensado em cada uma delas: possível, provável e praticamente certa.

Com a evolução dos acontecimentos, a entidade pode passar a julgar que é provável que vá ganhar a ação. Nesse caso, ela deve passar a divulgar informações sobre o ativo contingente em notas explicativas.

Quando a realização do ganho é praticamente certa, o ativo deixa de ser contingente e a entidade deve reconhecê-lo. Para isso, é necessário avaliar periodicamente os ativos contingentes.

3.4 Mensuração de provisão

O CPC 25 determina que o valor reconhecido como provisão deve ser a melhor estimativa do desembolso exigido para liquidar a obrigação presente na data do balanço.

Esse princípio de mensuração tem uma série de pressupostos e implicações. Segundo a norma, a melhor estimativa de desembolso necessário para liquidar a obrigação presente é o valor que a entidade racionalmente pagaria para liquidar a obrigação na data do balanço ou para transferi-la para terceiros nesse momento, mesmo que isso seja impossível neste momento.

A palavra "racionalmente" remete à ideia de que a estimativa do desembolso deve ser calculada com base em evidências e premissas razoáveis. Há algumas variáveis que precisam ser

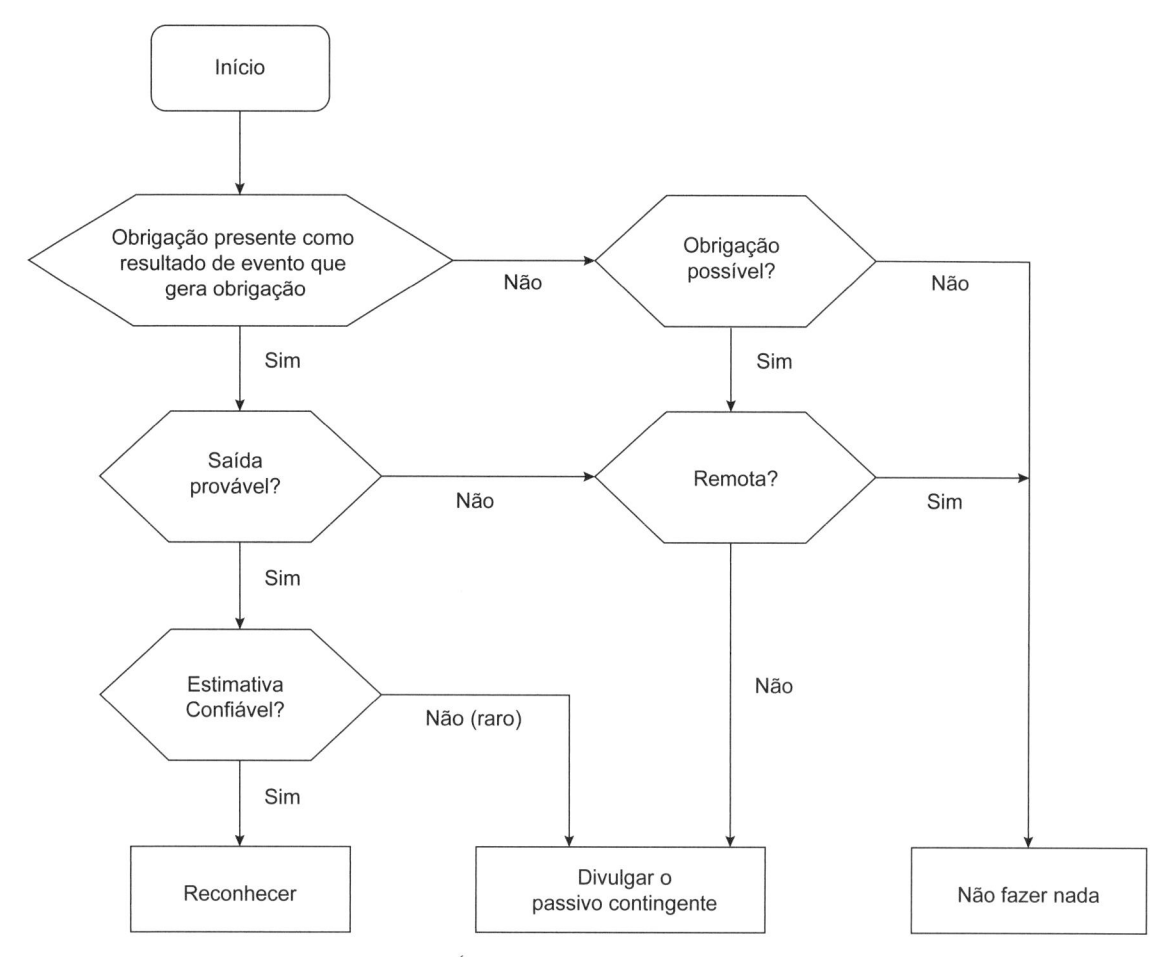

Figura 9.1 Árvore de decisão de reconhecimento

Fonte: Apêndice B do CPC 25.

consideradas nesse cálculo de estimativa de desembolso. A primeira é a estimativa de desfecho. A segunda é a probabilidade de cada desfecho. A terceira é o valor em cada possível desfecho. A quarta é o valor do dinheiro no tempo.

Em relação à estimativa de desfecho, a entidade deve avaliar quais são todos os possíveis desfechos. Por exemplo, é possível que ela verifique por meio do seu histórico que uma parte dos bens vendidos com garantia não terá defeito, que outra parte tenha pequenos defeitos e que uma terceira parte apresente grandes defeitos. Cada um deles é um desfecho diferente, para um conjunto de obrigações geradas para cada venda realizada.

É possível também que uma ação judicial tenha dois ou mais desfechos possíveis, como o acordo com a outra parte ou a decisão do juiz. Como se trata de uma única obrigação, a norma considera que o desfecho mais provável pode ser a melhor estimativa do passivo. Assim, se a entidade considera que o acordo é mais provável que a necessidade de o juiz decidir por uma sentença, o valor estimado do acordo é a medida da provisão.

Se a entidade deve fazer a recuperação de um dano ambiental e ela considera que uma estratégia de recuperação provavelmente irá solucionar o problema, o valor estimado para esse desfecho deve ser utilizado como o valor da provisão. Entretanto, se entidade considera que há uma chance significativa de essa estratégia não dar certo e outra tentativa bem mais cara tenha que ser realizada, a norma diz que uma provisão deve ser mensurada por um valor maior do que a da primeira estratégia.

Em relação à probabilidade de cada desfecho, a entidade deve fazer uma ponderação de cada possível desfecho pelas suas probabilidades associadas. Por exemplo, no caso da provisão para garantia de produtos, a entidade pode verificar em seus registros e estimar que 75% dos bens não terão defeito, 20% terão pequenos defeitos e 5% apresentarão grandes defeitos. Se todos os produtos apresentassem pequenos defeitos, o custo seria de $ 1 milhão, mas se todos os produtos apresentassem grandes defeitos, os custos seriam de $ 4 milhões. Nesse caso, a entidade deve apurar o valor esperado, calculando da seguinte forma: $(75\% \times 0) + (20\% \times \$ 1 \text{ milhão}) + (5\% \times \$ 4 \text{ milhões}) = \$ 400.000$.

Quando houver uma escala contínua de desfechos possíveis, e cada ponto nessa escala é tão provável como qualquer outro, é usado o ponto médio da escala.

Como as normas IFRS/CPC procuram fazer uma representação fiel do fenômeno econômico, ela não exige que as provisões sejam avaliadas de maneira conservadora, resultando em passivos superavaliados, nem deseja que as provisões sejam subavaliadas. Por conta disso, a norma considera que o risco, que descreve a variabilidade de desfechos, deva ser estimado com cuidado.

Em relação ao valor do dinheiro no tempo, a norma determina que o valor da provisão deva ser o valor presente dos desembolsos que se espera que sejam exigidos para liquidar a obrigação, mas apenas quando o efeito do valor do dinheiro no tempo seja material.

A taxa de desconto deve ser a taxa antes dos tributos sobre o lucro que reflita as atuais avaliações de mercado quanto ao valor do dinheiro no tempo e os riscos específicos para o passivo. Essa taxa não deve refletir os riscos já considerados nas estimativas dos próprios fluxos de caixa, para evitar duplicidade.

A cada data de balanço, o valor da provisão deve ser reavaliado. Se for utilizado o desconto a valor presente, o valor contábil da provisão aumenta a cada período e esse aumento deve ser reconhecido como despesa financeira.

É preciso ressaltar questões práticas envolvendo a mensuração de provisões. Primeiramente, é interessante avaliar as obrigações que podem ser agrupadas, como as vendas com garantia, das obrigações que devem ser tratadas individualmente. Depois, é preciso levantar e avaliar os diferentes desfechos, suas probabilidades e valores envolvidos, para se chegar a um valor, no caso das obrigações que podem ser agrupadas. No caso das obrigações individuais, pode-se avaliar qual é o desfecho mais provável e o seu valor.

A divulgação em notas explicativas é um aspecto que deveria receber cada vez mais atenção dos seus preparadores. É uma informação fundamental para a avaliação de riscos envolvidos nas provisões e nos passivos contingentes. É claro que há aqueles que defendem que quanto menos informação melhor, mas a transparência pode ser um fator primordial para a obtenção de maior volume de capital e redução de seu custo, mesmo que a situação possa parecer desfavorável. Na verdade, é nesses casos que os usuários mais requerem informações transparentes. Em muitas ocasiões, a situação já é conhecida pelo mercado e uma informação "escondida" pode ser mal interpretada pelo mercado financeiro.

3.5 Divulgação

A divulgação em nota explicativa é um aspecto relevante das provisões, dos passivos contingentes e dos ativos contingentes, pois as informações de caráter "qualitativo" são tão ou mais importantes que o valor reconhecido no balanço patrimonial e o respectivo valor da perda na demonstração do resultado de exercício (DRE), pois dão a dimensão da incerteza inerente a esses itens.

De acordo com o item 84 do CPC 25, para cada classe de provisão, a entidade deve divulgar:

(a) o valor contábil no início e no fim do período;
(b) provisões adicionais feitas no período, incluindo aumentos nas provisões existentes;
(c) valores utilizados (ou seja, incorridos e baixados contra a provisão) durante o período;
(d) valores não utilizados revertidos durante o período; e
(e) o aumento durante o período no valor descontado a valor presente proveniente da passagem do tempo e o efeito de qualquer mudança na taxa de desconto.

Não é exigida informação comparativa. Essas informações visam mostrar a evolução do valor do "estoque" de provisões ao longo do período.

As informações de natureza "qualitativa" sobre as provisões são exigidas no item 85 do CPC 25. De acordo com esse item, a entidade deve divulgar, para cada classe de provisão:

(a) uma breve descrição da natureza da obrigação e o cronograma esperado de quaisquer saídas de benefícios econômicos resultantes;
(b) uma indicação das incertezas sobre o valor ou o cronograma dessas saídas. Sempre que necessário para fornecer informações adequadas, a entidade deve divulgar as principais premissas adotadas em relação a eventos futuros, conforme tratado no item 48 [que trata de mensuração da provisão quando houver evidência objetiva suficiente de que eventos futuros afetam o valor]; e
(c) o valor de qualquer reembolso esperado, declarando o valor de qualquer ativo que tenha sido reconhecido por conta desse reembolso esperado.

A incerteza pode ser avaliada por meio da descrição da natureza da obrigação, das incertezas sobre o valor e prazo e das premissas adotadas. Assim, é importante que a entidade forneça informações detalhadas sobre esses aspectos.

Em relação aos passivos contingentes, de acordo com o item 86 do CPC 25, a entidade deve divulgar, para cada classe de passivo contingente na data do balanço, uma breve descrição da natureza do passivo contingente e, quando praticável, a estimativa do seu efeito financeiro, a indicação das incertezas relacionadas ao valor ou momento de ocorrência de qualquer saída e a possibilidade de qualquer reembolso. Entende-se que o objetivo da norma é fornecer informações que ajudem investidores e credores a avaliarem os potenciais riscos envolvidos com passivos que ainda não foram reconhecidos.

Em relação a ativos contingentes, a entidade deve elaborar uma nota explicativa apenas quando for provável a entrada de benefícios econômicos. Nesse caso, a entidade deve divulgar breve descrição da natureza dos ativos contingentes na data do balanço e, quando praticável, uma estimativa dos seus efeitos financeiros. Entende-se que o objetivo da norma é evidenciar o valor que provavelmente será reconhecido no futuro no ativo quando um evento futuro confirmar o ganho.

DESTAQUES FINAIS

As provisões e os passivos contingentes são objeto de grande atenção por parte de acionistas e credores. Nada longe do esperado, já que esses usuários estão sempre à busca de avaliar riscos em seus investimentos. Nesse caso, talvez não haja uma linha em todo o balanço que envolva maior incerteza do que a de provisões. Além disso, é também uma linha muito sujeita a julgamentos.

Em virtude da necessidade de julgamentos, entre eles a da própria existência de uma obrigação presente, a conta de provisões e a nota explicativa sobre passivos contingentes são também vistas como muito sujeitas à manipulação.

Por conta desses aspectos, ganha pontos aquela entidade que consegue ser transparente na divulgação de informações que envolvem os julgamentos a respeito da existência da obrigação presente e da probabilidade de saída de recursos para liquidar a obrigação, assim como na mensuração da provisão. Em muitas ocasiões, como é o caso de danos ambientais, os fatos já são conhecidos pelo mercado por outros meios de informação. A divulgação clara e transparente tende a render confiança por parte de investidores e credores, o que pode refletir em maior volume de captação e custos menores de capital.

RESUMO

- Provisão é um passivo de prazo ou de valor incertos. Essa incerteza diferencia a provisão dos demais passivos. Assim, é uma conta do balanço que demanda maior atenção por parte de investidores e credores.

- A provisão deve ser reconhecida quando a entidade tem uma obrigação presente, seja provável o pagamento e o valor possa ser estimado confiavelmente.

- A provisão deve ser mensurada pela melhor estimativa do desembolso necessário para liquidar a obrigação.

- Um passivo contingente é um passivo possível ou um passivo provável que não pode ser reconhecido. Deve ser divulgado em notas explicativas.

- Um ativo contingente não deve ser reconhecido no balanço patrimonial até que a realização do ganho seja praticamente certa.

EXERCÍCIOS PROPOSTOS

QUESTÃO 1: Um ex-empregado entrou com uma ação trabalhista contra a empresa requerendo horas extras, adicionais e outros vencimentos que considera que não foram recebidos enquanto trabalhava na empresa. A assessoria jurídica da empresa considera que é provável que a empresa perca a ação e que o valor mais provável é de $ 100.000. Qual deve ser o tratamento contábil aplicável ao evento e por quê?

QUESTÃO 2: A ocorrência de um dano ambiental pode gerar a obrigação de pagar indenizações à população afetada. Se o valor dessas indenizações ainda não pode ser mensurado confiavelmente, qual deve ser o procedimento a ser realizado? Explique.

QUESTÃO 3: Uma entidade concedeu um aval para um empréstimo tomado por um de seus fornecedores. O valor do empréstimo tomado é de $ 200.000 e deverá ser pago ao longo de 3 anos. A entidade que concedeu o aval considera que não é provável que tenha que fazer pagamentos futuros em função do aval. Nesse caso, a entidade deve reconhecer uma provisão, já que está obrigada a pagar o empréstimo caso a outra entidade não o faça?

QUESTÃO 4: A ProsClean Ltda. fabrica máquinas de lavar roupa e suas vendas atingiram $ 900.000 no último mês de operações. Com base em sua experiência histórica de reclamações de garantia, ela estima gastos com consertos de produtos em garantia de 2% das receitas. Durante o mês seguinte, a ProsClean incorre em $ 6.000 de gastos com mão de obra e $ 4.500 de gastos com materiais para consertar máquinas na garantia que foram vendidas no mês anterior. Pede-se:

a) Avalie a necessidade de reconhecimento da provisão com garantia de um ano do fabricante e, caso necessário, faça a mensuração e a sua contabilização.
b) Como devem ser tratados os gastos com mão de obra e materiais no conserto das máquinas na garantia de um ano do fabricante? Apresente sua resolução contábil ao caso.

QUESTÃO 5: Depois de perder na esfera administrativa, uma empresa entrou com uma ação judicial contra o fisco em função de uma questão tributária controversa, que está envolvendo a cifra de $ 2 milhões. Os advogados continuam otimistas, mas ainda não dá para considerar que seja provável que a empresa ganhe a disputa. Qual deve ser o tratamento contábil para esse evento?

BIBLIOGRAFIA SUGERIDA

COMITÊ DE PRONUNCIAMENTOS CONTÁBEIS (CPC). *Pronunciamento técnico CPC 00 – (R2) – Estrutura Conceitual para Relatório Financeiro – Correlação às Normas Internacionais de Contabilidade – Conceptual Framework for Financial Reporting*. Brasília: CPC, 2019. Disponível em: http://static.cpc.aatb.com.br/Documentos/573_CPC00(R2).pdf. Acesso em: 9 jul. 2020.

COMITÊ DE PRONUNCIAMENTOS CONTÁBEIS (CPC). Pronunciamento técnico CPC 25 – Provisões, Passivos Contingentes e Ativos Contingentes – Correlação às Normas Internacionais de Contabilidade – IAS 37 – *Provisions, Contingent Liabilities and Contingent Assets*. Brasília: CPC, 2009. Disponível em: http://static.cpc.aatb.com.br/Documentos/304_CPC_25_rev%2014.pdf.

SELMI, P. Fraude faz Volks ter prejuízo de 1,58 bilhão de euros em 2015. *Valor Econômico*, São Paulo, 22 abr. 2016.

10
OPERAÇÕES DE ARRENDAMENTO E CUSTO DE EMPRÉSTIMOS

Sílvio Hiroshi Nakao

OBJETIVOS DE APRENDIZAGEM

- Compreender as razões econômicas para a exigência de divulgação de ativos e passivos de contratos de arrendamento.
- Compreender a motivação e as circunstâncias em que custos de empréstimos devem ser reconhecidos no ativo.
- Compreender as escolhas feitas pelo normatizador em termos de reconhecimento e mensuração de ativos e passivos ligados a arrendamento e custo de empréstimo.
- Compreender as escolhas contábeis que as normas contábeis de arrendamento e custo de empréstimo permitem que o gestor faça e as suas implicações em termos de informação.

1. APRESENTAÇÃO

A Gol Linhas Aéreas Inteligentes S/A revelou em seu Relatório da Administração das Demonstrações Financeiras de 2016[1] informações a respeito de suas aeronaves, como podemos ver na Tabela 10.1.

Ao final de 2016, do total da frota de 130 aeronaves Boeing 737-NG, a Gol operava em suas rotas 121 aeronaves. Das nove aeronaves remanescentes, sete estavam em processo de devolução junto ao seus lessores[2] e duas foram subarrendadas para outra companhia aérea.

A Gol possui 96 aeronaves em regime de *leasing* operacional e 34 como *leasing* financeiro. Dessas, um total de 31 possuem opções para compra ao final do contrato.

A idade média da frota foi de 8 anos no final do 4T16. Para manter a média nesse nível baixo, a Companhia possui 120 pedidos firmes para aquisição de aeronaves Boeing para renovação da frota até 2027.

Perceba que a entidade possuía contratos de arrendamento de aeronaves de dois tipos: financeiro e operacional. O valor líquido dessas aeronaves no imobilizado, considerando apenas as que estão sob contrato de arrendamento financeiro, é de mais de $ 2,8 bilhões em 2016, o que representa por volta de 17% do ativo total da companhia, sem contar sobressalentes e demais ativos relacionados. Isso revela que a gestão e o controle do arrendamento podem ser bastante relevantes para muitas empresas e possuem como principais pontos a essência da operação e o tratamento contábil dos arrendamentos mercantis em financeiro e operacional.

---

[1] Extraído das Demonstrações financeiras individuais e consolidadas GOL Linhas Aéreas Inteligentes S.A. de 31 de dezembro de 2016. Disponível em: https://ri.voegol.com.br/conteudo_pt.asp?idioma=0&conta=28&tipo=53858&ano=2016. Acesso em: 15 out. 2020.

[2] Expressão utilizada para "donos de aviões".

Tabela 10.1 Excerto do Relatório da Administração da Gol Linhas Aéreas em 2016

Final	4T16	4T15	Var.	3T16	Var.
Boeing 737-NGs	**130**	**144**	**−14**	**135**	**−5**
737–800 NG	102	107	−5	102	0
737-700 NG	28	37	−9	33	−5
Abertura por tipo de arrendamento	**4T16**	**4T15**	**Var.**	**3T16**	**Var.**
Arrendamento financeiro (737-NG)	34	46	−12	34	0
Arrendamento operacional	96	98	−2	101	−5

Este capítulo trata das questões envolvendo a contabilização e apresentação de contratos de arrendamento e o tratamento de custos de empréstimos de acordo com as normas IFRS/CPC.

O objetivo do texto é fazer com que o leitor possa entender como devem ser tratados contabilmente os contratos de arrendamento e custos de empréstimos e compreender os fatores que podem levar a uma melhor apresentação desses itens para fins de tomada de decisão de investidores e credores.

As normas IFRS 16 e CPC 20 tratam de duas questões que envolvem ativos e passivos simultaneamente: arrendamento e custos de empréstimos, respectivamente. O primeiro trata dos contratos de arrendamento, que essencialmente são contratos típicos de financiamento de ativos. O segundo trata dos juros de empréstimos que podem ser capitalizados no ativo. Portanto, o primeiro envolve o reconhecimento de ativos e passivos no momento da realização do contrato de arrendamento; o segundo trata dos juros que são incorridos com empréstimos e que têm contrapartida no ativo.

Como se pode perceber, os dois assuntos possuem em comum o fato de que ativo e passivo são reconhecidos simultaneamente. Além disso, ambos têm grande relação com o endividamento e os juros. Ao se fechar um contrato de arrendamento, o ativo atrelado é reconhecido ao mesmo tempo que o passivo do financiamento. Ao se incorrer em juros de empréstimos que estão diretamente ligados à aquisição, construção ou produção de certos ativos, esses juros são capitalizados ao mesmo tempo que os juros a pagar são reconhecidos no passivo.

A IFRS 16 – *Leases*, publicada em 2016 e efetivada a partir de 1º de janeiro de 2019, promoveu uma série de mudanças na contabilidade dos contratos de arrendamento. A principal mudança é que todos os arrendamentos, com limitadas exceções, são reconhecidos no balanço patrimonial. A classificação em financeiro ou operacional foi eliminada. Com isso, os ativos arrendados têm que ser reconhecidos pelo arrendatário como ativos de direito de uso e em contrapartida os passivos. As exceções ficam para os arrendamentos de curto prazo e de pequeno valor. Com isso, grande parte dos arrendamentos classificados como operacional passa a ser reconhecida no balanço patrimonial, afetando principalmente a posição de endividamento e de liquidez corrente das empresas. Essa mudança procura evitar que financiamentos por meio de arrendamento fiquem de fora do balanço e foi justificada na própria norma pela estimativa de que, em 2005, US$ 1,25 trilhão em arrendamentos de empresas norte-americanas estavam fora do balanço. Essas mudanças promovidas pela IFRS 16 procuram tornar as demonstrações financeiras mais transparentes.

Como o tratamento contábil passou a abranger determinados aluguéis, já que representam direito de uso, e outras formas de arrendamento, vamos usar o termo "arrendamento" em vez de "arrendamento mercantil", pois este especifica uma espécie de arrendamento regulada no Brasil pelo Banco Central.

O tratamento dado ao arrendamento pelo arrendatário é um assunto interessante, em que fica clara a utilização de um conceito relevante das normas IFRS/CPC: a essência econômica sobre a forma jurídica. Em contratos de arrendamento, a propriedade do ativo que está sendo arrendado fica com o arrendador[3] – essa é a forma jurídica. Entretanto, o ativo pode ser utilizado pelo arrendatário[4] da maneira como ele quiser, o que significa que ele tem o poder de obter os benefícios econômicos decorrentes do seu uso. Além disso, a IFRS 16 trouxe uma novidade, que é a do direito de uso de um recurso sendo reconhecido como um ativo, em vez do controle sobre o recurso em si.

PARA REFLETIR...

Ao focar no direito de uso e não mais no ativo em si, a IFRS 16 passa a abranger mais contratos de arrendamento. Por que é preciso reconhecer mais ativos no balanço patrimonial?

Possuindo o direito de uso, a empresa arrendatária, como a Gol, deve reconhecer o ativo. Porém, o mais importante é que ela deve reconhecer o passivo em contrapartida. Mostrar o passivo é importante, porque isso dá ao investidor e ao credor

---

[3] Aquele que dá o arrendamento, que recebe alguma quantia pelo bem arrendado.
[4] Aquele que toma o arrendamento, que paga alguma quantia para usar um bem.

uma noção mais realística do endividamento da empresa – de outra forma, esse financiamento cedido pela arrendadora ficaria fora do balanço e poderia ser uma operação realizada com o intuito de "esconder" a dívida. Portanto, o tratamento dado ao ativo sob o contrato de arrendamento tem, no fundo, o objetivo de representar de maneira fidedigna principalmente o **passivo** da entidade.

A IFRS 16 também trata do que não se caracteriza como arrendamento e também de como deve ser o tratamento contábil na arrendadora.

Uma das questões relevantes da norma CPC 20 – Custos de Empréstimos é a do entendimento de que os juros incorridos durante o tempo de construção ou produção de um ativo fazem parte do próprio investimento. Provavelmente, é um dos entendimentos mais controversos das normas contábeis internacionais, pois entidades que utilizam capital próprio ao invés de capital de terceiros teriam ativos com valores menores, já que não capitalizariam os juros incorridos nos empréstimos. Isso também poderia distorcer indicadores, como custo de capital de terceiros e retorno sobre investimento.

Por outro lado, a norma procura representar o tamanho do investimento em um ativo considerando todos os custos necessários para concluí-lo, incluindo os custos de juros. Perceba que há bons argumentos tanto a favor como contra a capitalização, o que faz a norma ser tão controversa.

Este capítulo apresenta primeiramente uma análise dos conceitos envolvidos nas normas IFRS 16 – *Leases* e CPC 20 – Custos de Empréstimos. Posteriormente, são apresentadas as principais determinações das normas contábeis, juntamente com as questões práticas relacionadas ao assunto e os principais pontos em que as normas demandam interpretação.

O Quadro 10.1 apresenta os pronunciamentos nacionais e seus congêneres internacionais nos quais se baseiam a norma nacional.

Quadro 10.1 Pronunciamentos sobre arrendamentos e custo de empréstimos

CPC	IFRS Iasb
CPC 06 (R2) – Arrendamentos	IFRS 16 – *Leases*
CPC 20 (R1) – Custos de Empréstimos	IAS 23 – *Borrowing Costs*

2. CONCEITOS E DEFINIÇÕES RELEVANTES

Apesar de ter pontos em comum, para fins didáticos vamos separar os conceitos relacionados à norma sobre arrendamento dos conceitos da norma de custos de empréstimos.

2.1 Arrendamento

A primeira definição importante é a de um contrato de arrendamento. Segundo a IFRS 16, ele é "um contrato, ou parte de um contrato, que prevê o direito de uso de um ativo (o ativo subjacente) por um período de tempo em troca de compensação".

Perceba que essa definição de contrato de arrendamento foca no direito de uso de um ativo, e não no controle do ativo em si. Por exemplo, digamos que eu tenha fechado um contrato de arrendamento de um veículo, para pagar em 36 meses. A propriedade do veículo é da arrendadora, mas eu tenho tanto o controle econômico do ativo em si como o direito de uso do veículo. Eu tenho o poder de usar o ativo da maneira como eu quiser e até mesmo de vendê-lo, transferindo a dívida ou quitando-a. Em outra situação, digamos que eu tenha fechado um contrato de aluguel de dois anos de um salão comercial. Nesse caso, eu não tenho o controle econômico do ativo, pois eu não tenho o poder de vender o salão, mas eu detenho o seu direito de uso por dois anos. A definição da IFRS 16 abrange as duas situações, pois utiliza o direito de uso, que existe em ambas.

A implicação disso é que tanto os contratos que preveem a transferência do controle econômico ao arrendatário, que eram tratados anteriormente como arrendamento mercantil financeiro, como os que dão apenas o direito de uso, tratados anteriormente como arrendamento mercantil operacional, devem ser tratados da mesma maneira, com um ativo e um passivo reconhecidos em ambos os casos. Isso é o que traz o passivo que antes não era reconhecido para dentro do balanço, revelando uma posição mais realística do endividamento da entidade.

Em razão da definição de arrendamento, outra definição importante é a do ativo de direito de uso, que é "um ativo que representa um direito do arrendatário de usar um ativo subjacente pelo período do arrendamento". Se é um ativo, há uma expectativa de obtenção de benefícios econômicos no futuro. Significa então que o arrendatário possui controle sobre o direito de uso durante o período de arrendamento, afastando a possibilidade de outros obterem os benefícios econômicos e tendo o poder de determinar a forma como o ativo subjacente será usado.

O que está por trás do tratamento contábil do arrendamento é um conceito muito importante em contabilidade: o endividamento. A identificação de um arrendamento leva ao reconhecimento de um ativo e de um passivo simultaneamente. Deve-se debitar o ativo e creditar o passivo. Perceba que nenhum resultado é reconhecido nesse momento, o que poderia parecer ser uma informação que não faz diferença. O reconhecimento do ativo parece até ser contraditório, pois em geral as normas evitam o reconhecimento de ativos quando há direitos e obrigações que se compensam, como nas situações em que há um contrato de fornecimento de mercadoria (em que a entidade tem o direito de receber e a obrigação de entregar a mercadoria), mas o produto ainda não foi entregue (o recebível só é reconhecido quando a receita é reconhecida). Portanto, a informação que se quer trazer a investidores e credores é a respeito do **endividamento** da entidade.

A norma de arrendamento procura reconhecer uma dívida que, caso não houvesse essa determinação, poderia deixar de ser reconhecida no balanço patrimonial – seria o chamado financiamento **fora do balanço**. Essa poderia ser uma forma de o gestor obter financiamento sem que ele aparecesse no balanço, mostrando uma saúde financeira melhor do que de fato é.

Em análise de demonstrações financeiras, o endividamento refere-se à divisão entre o total do passivo e o total do patrimônio líquido. Esse índice, às vezes chamado de participação de capital de terceiros, procura refletir a proporção de capital de terceiros em relação à de capital próprio. Se há maior proporção de capital de terceiros financiando os ativos, entende-se que a entidade apresenta maior nível de risco, já que os passivos em geral possuem prazo definido e juros obrigatórios, ao contrário do capital próprio. Nas datas de vencimento, a entidade precisa dispor do dinheiro para pagar o credor. Em situação de insolvência, a entidade não tem dinheiro disponível para pagar suas obrigações. O risco de insolvência pode ser maior se o endividamento for grande e a liquidez for baixa.

Assim, a norma IFRS 16 procura evitar que o gestor deixe de apresentar o nível de endividamento que a entidade efetivamente possui, procurando reconhecer o passivo (e o ativo em contrapartida) do financiamento obtido por meio do contrato de arrendamento.

2.2 Custo de empréstimos

O CPC 20 – Custos de Empréstimos traz algumas definições importantes para fins de determinação de se os custos de empréstimos devem ser capitalizados no ativo ou não.

Basicamente, esses custos podem ser capitalizados se o ativo é qualificável. De acordo com o CPC 20 (R1), um "ativo qualificável é um ativo que, necessariamente, demanda um período de tempo substancial para ficar pronto para seu uso ou venda pretendidos". A norma não especifica quanto é um período de tempo substancial, se são seis meses ou cinco anos, por exemplo. Assim, é necessário julgamento a esse respeito por parte do elaborador das demonstrações financeiras. Porém, é o suficiente para deixar claro que estoques que são produzidos pela entidade ao longo de um curto período de tempo, como é o caso da grande maioria dos produtos produzidos em larga escala e em bases repetitivas, não podem ser ativos qualificáveis. Imóveis e navios podem ser exemplos de ativos qualificáveis. Entretanto, a norma ainda dá alguns exemplos que, dependendo das circunstâncias, podem ser considerados ativos qualificáveis: estoques, plantas industriais para manufatura, usinas de geração de energia, ativos intangíveis e propriedades para investimentos.

Como é um ativo que demora ficar pronto, ativos financeiros ou ativos que estão prontos para seu uso ou venda quando adquiridos, por exemplo, não podem ser entendidos como ativos qualificáveis.

Por exemplo, se a entidade adquirir uma máquina já pronta por meio de um financiamento, não é possível capitalizar os juros.

O CPC 20 (R1) também define o que são custos de empréstimos: "são juros e outros custos que a entidade incorre em conexão com o empréstimo de recursos". Assim, os custos de empréstimos incluem os encargos financeiros de empréstimos, encargos financeiros de arrendamentos mercantis financeiros e variações cambiais decorrentes de empréstimos em moeda estrangeira.

3. PROCEDIMENTOS CONTÁBEIS

Elencamos a seguir os pontos fundamentais sobre a contabilização dos contratos de arrendamento e de custos de empréstimos. Novamente, é preciso ressaltar que esta seção não tem o objetivo de repetir o que as normas tratam – o objetivo é guiar a leitura, reforçar os pontos fundamentais e chamar a atenção para pontos que podem passar despercebidos, mas que são importantes do ponto de vista de interpretação e aplicação prática. Vamos novamente separar a discussão sobre arrendamento e sobre custos de empréstimos, para fins didáticos.

Em relação ao contrato de arrendamento, basicamente, a entidade deve avaliar se um contrato contém ou não um arrendamento. Há um arrendamento quando o contrato transmite o direito de controlar o uso de ativo identificado por um período de tempo em troca de contraprestação. Há o controle do direito de uso quando:

- existe um ativo identificado;
- há direito do cliente de obter substancialmente todos os benefícios do uso do ativo durante o período de uso;
- há o direito de o cliente dirigir o uso;
- há o direito de o cliente operar o ativo sem que o fornecedor tenha o direito de mudar as instruções de operação; e
- o cliente projetou o ativo de modo a predeterminar o seu uso.

Nesse caso, ativo e passivo devem ser reconhecidos no balanço patrimonial.

Entretanto, a norma isenta duas situações em que as determinações da IFRS 16 não são aplicáveis: arrendamentos de curto prazo e de baixo valor. Nesse caso, os pagamentos devem ser tratados como despesa com base no método da linha reta ao longo do período do arrendamento. Apesar de a norma não especificar o que é curto prazo, presume-se que seja por período menor que 12 meses. Porém, a norma fornece diretrizes para definir o que é um arrendamento de baixo valor. O que define se é baixo valor não é o valor da parcela do arrendamento ou o valor total dos pagamentos ao longo do período de arrendamento, mas o valor do ativo subjacente quando novo, mesmo que o ativo que está sendo arrendado não seja. Também não é uma questão de materialidade em termos relativos, pois deve ser considerado em termos de valor absoluto. Assim, o arrendamento de um veículo, por exemplo, não é considerado de baixo valor, porque um veículo novo não tem um valor baixo tal como tem um *tablet* ou um *notebook*.

Em relação ao custo de empréstimo, basicamente, a norma permite que as despesas sejam capitalizadas enquanto o ativo estiver em construção ou produção, mas há detalhes importantes a respeito das condições para essa capitalização.

3.1 Identificação do contrato de arrendamento

A primeira coisa a se fazer em relação ao arrendamento é identificar se existe um arrendamento em um contrato. Conforme a IFRS 16, "no início de um contrato, uma entidade deve avaliar se o contrato é de, ou contém um, arrendamento. Um contrato é de, ou contém um, arrendamento se o contrato prevê o direito de controlar o uso de um ativo identificado por um período de tempo em troca de compensação". Perceba que o termo-chave é o controle do uso do ativo. As diretrizes a respeito da identificação de um arrendamento giram em torno da questão de se a entidade possui o direito de controlar o uso de um ativo identificado. Se ela não possui esse direito, está contratando um serviço de terceiro.

A norma fornece um fluxograma, representado na Figura 10.1, para auxiliar na identificação de se um contrato contém ou não um arrendamento.

O primeiro passo é verificar se existe um ativo identificável. Caso não haja, o contrato não contém um arrendamento e o tratamento contábil descrito aqui não é aplicável. A IFRS 16 (item B13) considera que um ativo é identificável se for explicitamente especificado em um contrato. Porém, um ativo também pode ser identificado se for implicitamente especificado no momento em que o ativo estiver disponível para uso pelo cliente, que pode ser o arrendatário ou o usuário do ativo (no caso de o contrato não conter um arrendamento).

Por exemplo, digamos que uma entidade feche um contrato de arrendamento com uma arrendadora de um veículo por 36 meses. O contrato prevê que o arrendador mantenha a propriedade legal do veículo até que o arrendatário opte por adquiri-lo, o que é feito com o pagamento do valor residual, que corresponderá à 37ª parcela. O veículo é escolhido pelo arrendatário e não pode ser trocado ao longo do período de arrendamento. Durante o período de arrendamento, o arrendatário possui o direito de usar o veículo da maneira como quiser, mas precisa continuar pagando as parcelas caso o veículo seja roubado ou danificado. Nesse caso, o ativo está identificado e há o direito de controlar o uso dele.

Mais um exemplo: uma empresa realiza a colheita de grãos para seus clientes, produtores rurais. Para isso, fechou um

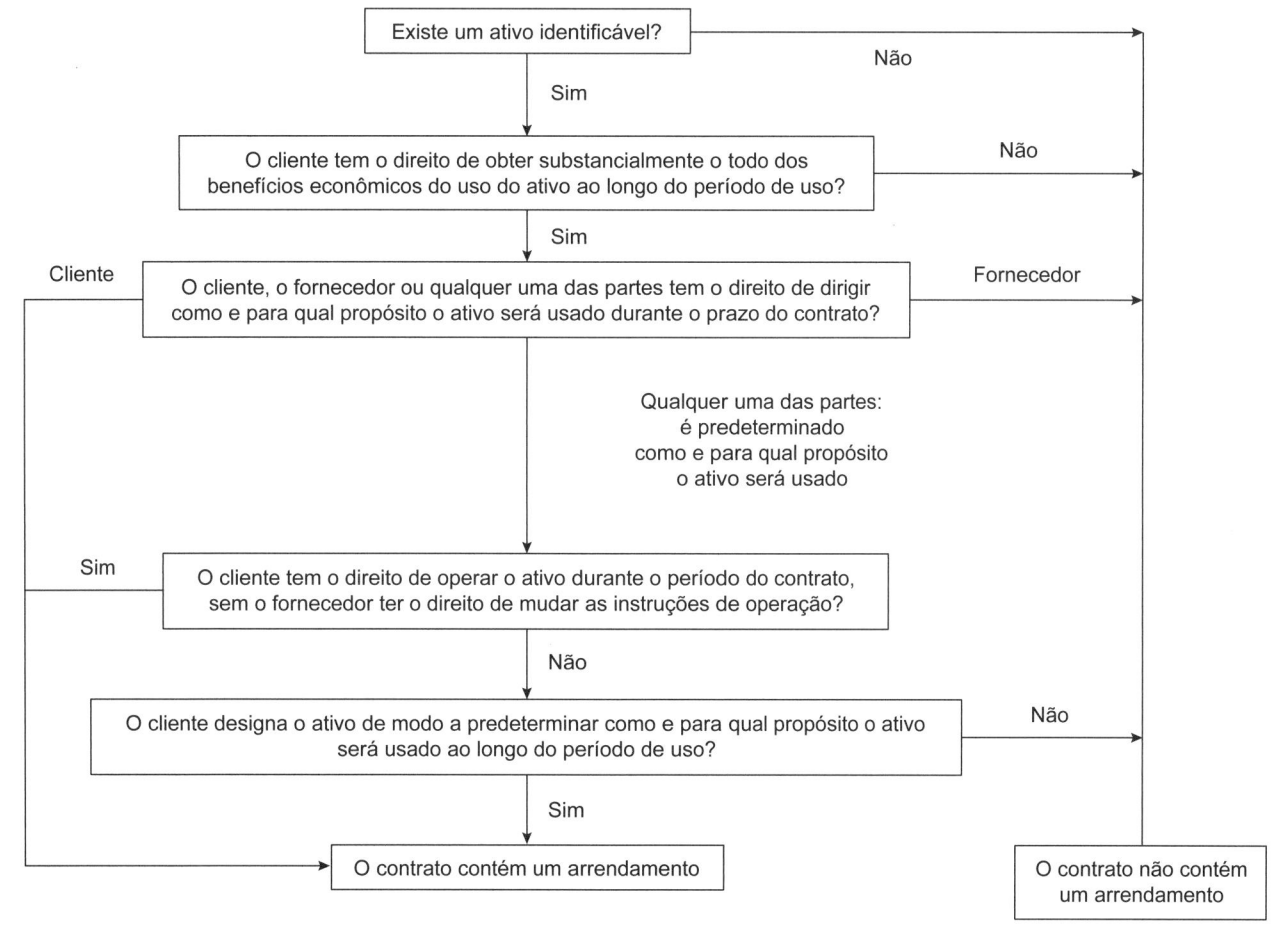

Figura 10.1 Fluxograma de um contrato com ou sem arrendamento

contrato com uma indústria de colheitadeiras, que aluga as máquinas por um período de cinco anos, fornecendo serviço de manutenção e frota de peças, ou até mesmo a troca temporária de máquina com defeito. Ao final dos cinco anos, a empresa tem a opção de adquirir a máquina por um preço próximo ao seu valor de mercado. Nesse caso, a empresa não controla o ativo em si, pois os riscos inerentes à propriedade dos bens permanecem com a indústria. Porém, a empresa possui o direito de uso, o que indica a existência de um arrendamento.

Em outra situação, uma entidade precisa arrendar veículos para sua equipe de manutenção, que precisa se deslocar até as cidades vizinhas quando há necessidade. Para isso, fechou um contrato de dois anos com uma locadora de veículos, em que paga um valor mais reduzido para cada dia de uso de cada veículo. Quando a equipe é chamada, um veículo qualquer da frota da locadora que esteja disponível é retirado e devolvido no dia seguinte. Nesse caso, como o ativo não está identificado, não há um contrato de arrendamento.

Digamos que uma doceria famosa locou um espaço para instalar um quiosque em corredor de um *shopping center*. Entretanto, o contrato prevê que o *shopping* tem a prerrogativa de alterar sua localização, em função de acesso e de *mix*, o que exige que suas instalações sejam móveis. Nesse caso, a doceria não possui controle do uso do ativo, que é o local de instalação de seu ponto de venda. Portanto, não há um arrendamento no contrato.

Em outro exemplo, uma firma de auditoria instalou-se em um prédio comercial, por meio do aluguel de quatro salas, por tempo indeterminado. Realizou toda a reforma para a instalação e faz pagamentos mensais. Nesse caso, apesar de o ativo estar identificado, a auditoria possui apenas o direito de uso por um mês, o que está fora do escopo da norma por ser arrendamento de curto prazo.

A segunda verificação é se o cliente tem o direito de obter substancialmente o todo dos benefícios econômicos do uso do ativo ao longo do período de uso. Veja que isso é feito após verificar que o ativo é identificável. Em geral, se o cliente está pagando pelo direito de usar um ativo, ele tem direito de obter todos os benefícios decorrentes do seu uso, mesmo que isso esteja dentro de certos limites estabelecidos contratualmente. Por exemplo, é possível que o arrendador não permita que o veículo arrendado seja utilizado em outro país, fora dos limites territoriais do Brasil. Isso não significa que o cliente não possa obter todos os benefícios do uso dentro desses limites, atendendo assim a essa condição.

A terceira verificação é se o cliente, o fornecedor ou qualquer um dos dois tem o direito de dirigir como e para qual propósito o ativo será usado durante o prazo do contrato. Se for o fornecedor, o contrato não contém um arrendamento. Por exemplo, digamos que um cliente feche um contrato com uma transportadora para levar uma carga altamente tóxica por um trajeto de mais de mil quilômetros. Em função da especificidade, há apenas um caminhão disponível para essa tarefa, havendo, portanto, um ativo identificado. Entretanto, o fornecedor será responsável por realizar o transporte do material com segurança até o seu destino final, definindo o trajeto, as paradas e as verificações necessárias, assumindo assim os riscos inerentes a esse transporte. Com isso, quem controla a utilização do caminhão é o fornecedor, e, nesse caso, o contrato não contém um arrendamento. É apenas a contratação de um serviço de frete.

Se o cliente tem o direito de definir como o ativo será usado, ele possui o controle do uso e, com isso, o contrato contém um arrendamento.

Caso o contrato preveja que tanto o cliente como o fornecedor têm o direito de direcionar o uso do ativo, por exemplo, com atribuições diferentes para fornecedor e cliente, é preciso fazer a quarta verificação, se o cliente tem direito de operar o ativo sem o fornecedor poder mudar as instruções de operação.

Por exemplo, digamos que um contrato esteja prevendo que o fornecedor irá ceder o direito de uso de um estacionamento com uma série de procedimentos predefinidos, como horários de funcionamento e valores, mas o cliente, ao assumir o estacionamento, terá o direito de operá-lo e, eventualmente, fazer modificações nesse sistema de atendimento, por exemplo. Nesse caso, há um arrendamento do estacionamento.

Entretanto, é possível que o cliente não tenha o direito de operar o ativo. Nesse caso, a quinta verificação é se o cliente designa o ativo de modo a predeterminar como e para qual propósito o ativo será usado.

Por exemplo, digamos que o contrato esteja prevendo que uma empresa de saneamento básico tenha sido contratada por uma prefeitura para construir e operar uma estação de tratamento de esgoto por 30 anos. Entretanto, a prefeitura determina previamente como e onde a estação deve ser construída, sua capacidade etc., mas a empresa de saneamento define os detalhes da operação. Nesse caso, a prefeitura é a arrendatária, pois o contrato possui um arrendamento.

3.2 Prazo do arrendamento

O direito de uso se limita ao período contratado, pois ao seu final o ativo subjacente volta a ficar sob direito de uso do arrendador. Assim, o prazo do arrendamento determina o tempo de obtenção de benefícios econômicos do direito de uso. Além disso, é um ponto fundamental para a contabilidade do arrendamento, pois ajuda a definir se os princípios são aplicáveis, uma vez que não são aplicáveis a arrendamentos de curto prazo (aluguéis, por exemplo, com contrato de um ano não seguem esses princípios), e ajuda a definir até mesmo se há obrigações de pagar o direito de uso.

O prazo de arrendamento é definido pela IFRS 16 como

> o período não cancelável no qual o arrendatário tem o direito de usar o ativo subjacente, juntamente com ambos: a) os períodos cobertos por uma opção de estender o arrendamento se o arrendatário estiver razoavelmente certo em exercer essa opção; e b) os períodos cobertos por uma opção de terminar o arrendamento se o arrendatário estiver razoavelmente certo de não exercer essa opção.

O período não cancelável refere-se à possibilidade de cancelamento do direito de usar o ativo subjacente, tanto por parte do arrendador como do arrendatário. Se ambos não puderem cancelar o contrato, não há dúvida de que existe uma obrigação do arrendatário de pagar e, portanto, um arrendamento a ser reconhecido. Se apenas o arrendador tiver o direito de encerrar o contrato, há também uma obrigação do arrendatário e o prazo do arrendamento corresponde ao previsto no contrato.

De acordo com o item B34 da IFRS 16, um arrendamento deixa de ser exigível quando tanto o arrendatário como o arrendador têm o direito de encerrar o arrendamento sem permissão da outra parte com não mais do que uma multa insignificante. Isso ocorre quando o contrato de arrendamento ou aluguel é definido como de prazo indeterminado. Nesse caso, não há uma obrigação e, portanto, o ativo de direito de uso não é reconhecido.

Contratos de 18 meses de aluguel de imóvel são usuais no Brasil, prevendo multa de três meses no caso de o arrendatário rescindir o contrato, proporcionalmente ao período que restaria para cumprir o contrato. Até o final do contrato, o proprietário não pode solicitar a desocupação do imóvel. Nesse caso, o contrato é considerado cancelável por parte do arrendatário e a norma interpreta que o arrendatário possui a opção de encerrar o contrato. Caso seja razoavelmente certo que o arrendatário não irá exercer a opção de deixar o imóvel, existe um arrendamento de 18 meses. Isso significa que cabe interpretação caso a caso.

Digamos que uma entidade tenha feito um arrendamento de uma máquina por um período de 24 meses, com a opção de estender o seu uso por mais 12 meses e mais a opção de comprar a máquina ao final dos 36 meses, por valor correspondente a uma parcela de contraprestação. Se o contrato é considerado não cancelável, há um arrendamento pelo prazo de pelo menos 24 meses. No início do arrendamento, que é a data em que o arrendador torna o ativo subjacente disponível para uso pelo arrendatário, a entidade deve avaliar se é razoavelmente certo que irá exercer a opção de estender o seu uso. Para isso, ela deve avaliar se vale a pena em relação às condições de mercado. Caso seja razoavelmente certo, o prazo de arrendamento passa a ser de 36 meses, o que implica que a dívida referente aos 12 meses também deve ser reconhecida. Perceba que, quanto menor o prazo não cancelável, maior a probabilidade de exercer a opção de estender o uso, por causa do custo proporcional de repor o ativo em uso. A opção de compra da máquina ao final pode não afetar a definição do prazo do arrendamento, mas pode afetar a mensuração do passivo (e do ativo em contrapartida).

O prazo de arrendamento ainda pode ser definido em função da opção que o arrendatário tem de terminar o contrato antes do estipulado contratualmente, mesmo que haja pagamento de multa. Assim, se o contrato prevê prazo de 60 meses, mas o arrendatário verifica que é conveniente encerrar o contrato com 48 meses por qualquer motivo, este será o prazo do arrendamento.

3.3 Reconhecimento, mensuração e divulgação no arrendatário

A questão do reconhecimento depende basicamente da existência de um contrato de arrendamento a ser pago pelo arrendatário ao longo do seu prazo. Com isso, de acordo com o item 22 da IFRS 16, o arrendatário deve reconhecer um ativo de direito de uso e um passivo de arrendamento na data do seu início, quando o ativo subjacente é disponibilizado pelo arrendador. Como colocado anteriormente, as exceções para reconhecimento são os arrendamentos de curto prazo e aqueles cujo ativo subjacente tenha pequeno valor.

Mas em qual conta eu devo classificar o direito de uso? A IFRS 16 coloca que o direito de uso deve ser apresentado como um ativo de direito de uso mesmo, separado de outros ativos, exceto quando esse direito de uso puder ser definido como uma propriedade para investimento. Entretanto, a norma não impede que o arrendatário utilize as contas em que o ativo subjacente seria classificado, desde que faça a evidenciação em notas explicativas de quais são as contas que contêm ativos de direito de uso.

Assim, é possível que o arrendatário faça o seguinte lançamento de reconhecimento de um ativo de direito de uso decorrente de um contrato de arrendamento de uma máquina que irá utilizar em seu processo produtivo:

	Débito	Crédito
Direitos de uso	$ X	
Arrendamentos a pagar (passivo)		$ X
Reconhecimento inicial de máquina do contrato de arrendamento financeiro n. Z		

Como o ativo subjacente é uma máquina para uso no processo produtivo, o lançamento também poderia ser:

	Débito	Crédito
Imobilizado	$ X	
Arrendamentos a pagar (passivo)		$ X
Reconhecimento inicial de máquina do contrato de arrendamento financeiro n. Z		

Vamos tratar agora da questão da mensuração no arrendatário. De acordo com o item 23 da IFRS 16, no início do arrendamento, o ativo de direito de uso deve ser mensurado pelo custo, o que compreende:

- O montante da mensuração inicial do passivo de arrendamento, que é o valor presente dos pagamentos do arrendamento ainda não pagos.

- Qualquer adiantamento feito antes do início do arrendamento ou pagamento feito após o seu início, menos quaisquer incentivos recebidos.
- Quaisquer custos diretos iniciais incorridos pelo arrendatário, como custos de instalação do ativo no local de uso.
- Uma estimativa de custos a serem incorridos pelo arrendatário de desmontagem e remoção do ativo subjacente, restauração do local ou do ativo subjacente exigidos pelos termos e condições do arrendamento. Nesse caso, há uma obrigação de pagamento desses custos, implicando a necessidade de reconhecimento de um passivo adicional desde o início do contrato ou em função de ter usado o ativo subjacente durante um período particular.

Em relação ao passivo de arrendamento, o arrendatário deve mensurá-lo por meio do uso da taxa de juros implícita no arrendamento, se for prontamente determinável. Se não for, o arrendatário deve usar a taxa incremental de empréstimos.

Os pagamentos do arrendamento incluídos no passivo na sua data de início compreendem:

- Pagamentos fixos, menos quaisquer incentivos recebíveis, como reembolsos ou a assunção de custos por parte do arrendador.
- Pagamentos variáveis que dependam de um índice ou taxa, como inflação ou juros.
- Montantes que se espera pagar de valor residual garantido.
- O preço de exercício de uma opção de compra caso seja razoavelmente certa o exercício dessa opção.
- Pagamentos de multa por rescindir o contrato, caso o prazo de arrendamento contemple o exercício da opção que o arrendatário tem de terminar o arrendamento.

Por exemplo, digamos que a entidade arrendatária tenha fechado um contrato de arrendamento de um veículo. Pelo contrato, ela pagará parcelas mensais no valor de $ 1.700, por 36 meses, com valor residual igual a zero, já que o valor residual garantido foi incorporado ao valor das parcelas. A taxa de juros prevista no contrato é de 1,13% ao mês. Trazendo as parcelas a valor presente, o valor é de $ 50.053. Com isso, o ativo e o passivo devem ser mensurados no início do arrendamento por $ 50.053.

Nesse caso, a contabilização do contrato no início do prazo do arrendamento (momento do reconhecimento inicial) ficaria da seguinte forma:

	Débito	Crédito
Direitos de uso (ativo)	$ 50.053	
Arrendamentos a pagar (passivo)		$ 50.053
Reconhecimento inicial de direito de uso de veículo do contrato de arrendamento n. X		

Alternativamente, a entidade poderia contabilizar o contrato tratando os juros a incorrer separadamente para fins de controle, como uma subconta do passivo de arrendamentos mercantis, considerada a soma das parcelas nominais de $ 1.700, da seguinte forma:

	Débito	Crédito
Direitos de uso (ativo)	$ 50.053	
Juros a apropriar (subconta do passivo)	$ 11.147	
Arrendamentos a pagar (passivo)		$ 61.200
Reconhecimento inicial de direito de uso de veículo do contrato de arrendamento n. X		

Entretanto, há um ponto importante que precisa ser destacado, que é a taxa de juros a ser aplicada no desconto. A norma determina que a taxa de desconto a ser utilizada no cálculo do valor presente deve ser a taxa de juros implícita, que é definida como a taxa de desconto que faz com que o valor presente dos pagamentos mínimos do arrendamento e do valor residual não garantido seja igual à soma do valor justo do ativo arrendado e de quaisquer custos diretos iniciais do arrendador, como custos de negociação.

Após o ativo ter sido disponibilizado para uso para o arrendatário, é possível que o valor do imobilizado incorpore novos custos para deixá-lo em condições de uso, por exemplo: custos de instalação e testes. Assim, no reconhecimento inicial do ativo, a norma coloca que quaisquer custos diretos iniciais do arrendatário devem ser adicionados à quantia reconhecida como ativo.

Uma questão interessante que surge da mensuração de ativos e passivos de arrendamento é a seguinte: se os dois valores são iguais inicialmente, ou o ativo é acrescido de outros custos posteriormente, eu não poderia apresentar os passivos como dedução dos ativos? Perceba que isso não é adequado, justamente porque o objetivo é apresentar o passivo e deixar evidenciado o novo nível de endividamento em relação ao patrimônio líquido que a empresa passa a possuir.

Após o reconhecimento inicial, qual o tratamento a ser dado ao ativo e ao passivo originados do contrato de arrendamento por parte do arrendatário? Em relação ao passivo, a norma diz que a mensuração deve ser feita:

- Aumentando o valor contábil para refletir o efeito dos juros sobre o arrendamento a pagar.
- Reduzindo o valor contábil para refletir os pagamentos feitos.
- Remensurando o valor contábil para refletir quaisquer novas avaliações ou modificações no prazo ou na avaliação da opção de compra ou para refletir a revisão de

pagamentos que sejam, em essência, fixos, como nos casos em que os pagamentos são variáveis até que a variabilidade seja resolvida em algum momento após o início do arrendamento.

Os pagamentos feitos podem ser compostos de duas partes: pagamentos mínimos e pagamentos contingentes. Os pagamentos mínimos são constituídos dos valores obrigatórios a serem pagos, incluindo juros e parcela do montante devido que está sendo amortizado. Os pagamentos contingentes referem-se ao valor que a entidade tem a opção de pagar para deter sua propriedade ao final do contrato de arrendamento e não devem fazer parte do passivo reconhecido.

De acordo com a norma, os pagamentos mínimos devem ser segregados entre encargo financeiro e redução do passivo em aberto. Entretanto, perceba que isso pode não ser tão fácil na prática, pois a prestação do arrendamento pode vir com um único valor. Por conta disso (e também para evitar práticas diversas), a norma determina que o encargo financeiro deva ser apropriado como despesa a cada período de forma a produzir uma taxa de juros periódica constante sobre o saldo remanescente do passivo. Mesmo que a parcela discrimine o valor dos juros cobrados, a contabilização deve seguir esse princípio.

Por exemplo, digamos que uma empresa faça um contrato de arrendamento de seis meses e que o passivo tenha sido reconhecido com o valor de $ 100.000. Supondo que a taxa seja de 1% ao mês, o cálculo de matemática financeira mostra que a parcela será fixa de $ 17.254,84. O pagamento dessa parcela deve ser desmembrado em juros e amortização do principal. Para isso, os juros de 1% devem ser calculados sobre o saldo devedor, conforme Tabela 10.2.

Tabela 10.2 Cálculo dos juros sobre o saldo devedor

Mês	Saldo	Parcela	Juros	Amortiz.
0	100.000,00			
1	83.745,16	17.254,84	1.000,00	16.254,84
2	67.327,78	17.254,84	837,45	16.417,39
3	50.746,22	17.254,84	673,28	16.581,56
4	33.998,84	17.254,84	507,46	16.747,37
5	17.084,00	17.254,84	339,99	16.914,85
6	–	17.254,84	170,84	17.084,00

Perceba que o valor dos juros é sempre de 1% sobre o saldo da dívida. No mês 2, por exemplo, a despesa de juros é de $ 837,45, que corresponde a 1% de $ 83.745,16. O valor de $ 16.417,39 será reduzido do valor do passivo. Esse princípio contábil produz uma despesa de juros decrescente ao longo do tempo e uma amortização crescente da dívida. Com isso, nesse caso, o saldo de dívida que é apresentado no passivo dos primeiros períodos fica relativamente maior do que se a amortização da dívida fosse constante.

PARA REFLETIR...

Por que esta norma contábil determina que a despesa de juros deve ser calculada multiplicando a taxa de juros pelo saldo devedor? Por que não poderia ser de maneira a produzir amortizações constantes ou decrescentes, por exemplo?

A amortização crescente e, em consequência, a despesa de juros decrescente implicam um reconhecimento maior de despesas financeiras e maiores saldos de passivo no início do arrendamento, o que conota conservadorismo no método, evitando a superavaliação do lucro e a subavaliação do passivo.

Voltando ao nosso primeiro exemplo do arrendamento do veículo, o ativo e o passivo foram mensurados inicialmente por $ 50.053. Ao final do primeiro mês, é preciso separar o valor dos juros e da amortização do principal. Aplicando a taxa de juros de 1,13% ao montante de $ 50.053, temos uma despesa financeira de $ 565,59. A diferença para o valor da parcela é de $ 1.134,41, que corresponde ao valor da amortização do arrendamento. Este também é o valor da diferença para o novo valor presente da dívida ao final do primeiro mês, que é de $ 48.918,13.

Com isso, os lançamentos contábeis referentes ao pagamento da primeira parcela ficam da seguinte forma:

	Débito	Crédito
Despesas financeiras (DRE)	$ 565,59	
Juros a apropriar (subconta do passivo)		$ 565,59
Reconhecimento da despesa financeira referente à parcela 01 do contrato de arrendamento n. X		

	Débito	Crédito
Arrendamentos a pagar (passivo)	$ 1.700,00	
Caixa		$ 1.700,00
Pagamento da parcela 01 do contrato de arrendamento n. X		

Os saldos do passivo ao final do primeiro mês ficam com os seguintes valores:

Arrendamentos mercantis ($ 61.200 – $ 1.700)	$ 59.500,00
Juros a apropriar	($ 10.581,41)
Líquido	$ 48.918,59

Do lado do ativo, depois do início do arrendamento, o direito de uso deve ser mensurado ao custo, menos depreciação acumulada e perdas por *impairment* e ajustado em função de eventuais remensurações do passivo. A única exceção é quando o ativo subjacente é classificado como propriedade para investimento e as demais propriedades são avaliadas a valor justo.

Para calcular a depreciação do direito de uso, o arrendatário deve primeiro considerar se será exercida uma opção de compra do ativo ou se o ativo subjacente lhe será transferido ao final do arrendamento, porque nesse caso o período a ser considerado é a vida útil do ativo subjacente. Caso não seja, a depreciação deve ocorrer durante a vida útil do direito de uso ou o fim do prazo de arrendamento.

Novamente no exemplo do arrendamento do veículo, como o ativo subjacente será transferido ao arrendatário ao final do prazo do arrendamento, a vida útil para fins de depreciação é a vida útil do veículo. Assim, digamos que o ativo será utilizado por quatro anos, com valor residual de $ 15.000. Ao final do primeiro mês, a despesa de depreciação será de ($ 50.053 – 15.000) / 48 meses = $ 730,27. Com isso, o lançamento contábil será:

	Débito	Crédito
Despesa de depreciação	$ 730,27	
Depreciação acumulada (redutora do imobilizado)		$ 730,27
Despesa de depreciação do mês do veículo arrendado pelo contrato n. X		

3.4 Arrendamento financeiro – arrendador

Vamos agora tratar do contrato de arrendamento do ponto de vista do arrendador. Do lado do arrendatário, todo o tratamento contábil gira em torno do direito de uso do ativo subjacente, mas do lado do arrendador o tratamento contábil é diferente. É preciso classificar o arrendamento em financeiro e operacional. Vamos começar pelo arrendamento financeiro.

Só para lembrar, o arrendador possui juridicamente a propriedade do bem arrendado, por exemplo, um imobilizado. Entretanto, em essência, ele está financiando o arrendatário em um arrendamento financeiro. Assim, no reconhecimento inicial, os ativos mantidos por arrendamento financeiro devem ser apresentados como contas a receber, e não pela natureza do bem arrendado – imobilizado.

Ainda no reconhecimento inicial, o valor da conta a receber deve ser mensurado pelo valor do investimento líquido. De acordo com a IFRS 16, investimento líquido no arrendamento é o investimento bruto no arrendamento descontado à taxa de juros implícita no arrendamento. Investimento bruto no arrendamento é a soma:

- Dos pagamentos mínimos do arrendamento a receber pelo arrendador, segundo um arrendamento financeiro.
- De qualquer valor residual não garantido atribuído ao arrendador.

Em suma, o valor da conta a receber é o valor presente dos recebimentos futuros, incluindo o valor da opção de compra do arrendatário. Perceba que o valor do investimento líquido do arrendador pode ser diferente do valor do passivo do arrendatário, pois a dívida deste pode não conter a opção de compra.

Além desses valores, devem ser incluídos na conta a receber os custos iniciais, que incluem valores como comissões, honorários legais e custos internos diretamente atribuíveis à negociação e estruturação do contrato.

No nosso exemplo do arrendamento financeiro de veículo para o arrendatário, o valor justo era de $ 50.000, mais custos iniciais de $ 1.000, com pagamentos de $ 1.700 ao longo de 36 meses. Nesse caso, a taxa de juros implícita é de 1,021% a.m. Com isso, o lançamento contábil fica da seguinte forma, considerando que os custos iniciais ainda não foram pagos:

	Débito	Crédito
Contas a receber	$ 51.000	
Contas a pagar		$ 1.000
Caixa		$ 50.000
Reconhecimento inicial de contas a receber do contrato de arrendamento n. X		

Após o reconhecimento inicial, os recebimentos das parcelas precisam ser separados em duas partes: o que é receita financeira e o que é amortização do principal. De acordo com a IFRS 16, o reconhecimento da receita financeira deve basear-se no padrão que reflita a taxa de retorno periódica constante sobre o investimento líquido no arrendamento financeiro.

Nesse exemplo, como o investimento líquido é o fluxo dos pagamentos mínimos a receber descontado a valor presente, a taxa de retorno periódica constante é a própria taxa implícita de 1,021% a.m. Assim, ao final do primeiro mês, a receita financeira será calculada por meio da aplicação dessa taxa ao valor do saldo a receber do período anterior, que é de $ 51.000. Assim, o valor da receita financeira é de $ 520,58. Recalculando o valor presente das parcelas remanescentes, o novo valor de contas a receber é de $ 49.820,58. Com isso, o valor da amortização do principal é de $ 1.179,42. Os lançamentos ficam da seguinte forma:

	Débito	Crédito
Caixa	$ 1.700	
Contas a receber		$ 1.179,42
Receita financeira		$ 520,58
Reconhecimento de receita financeira da parcela 01 do contrato de arrendamento n. X		

A norma ainda trata da situação em que o arrendador também é o fabricante ou comerciante, mas essa não é uma situação permitida no Brasil. Quando é permitido, há dois resultados a serem reconhecidos: os lucros ou prejuízos da venda do ativo e as receitas financeiras. O lucro ou prejuízo da venda deve ser reconhecido com base nos preços de venda normais. A receita de vendas é o valor justo do ativo, ou, se inferior, o valor presente dos pagamentos mínimos do arrendamento devidos ao arrendador, calculado a uma taxa de juros de mercado. O custo da venda é o custo (ou o valor contábil, se diferente do custo) menos o valor presente do valor residual não garantido.

3.5 Arrendamento operacional – arrendador

Como o arrendamento operacional não é uma operação financeira, o arrendador deve apresentar os ativos nos seus balanços de acordo com a sua natureza. Assim, se a empresa estiver arrendando um veículo, por exemplo, este deverá estar classificado no imobilizado.

A receita de arrendamento deve ser reconhecida no resultado de maneira linear ao longo do prazo do contrato, a não ser que outra base sistemática represente melhor o padrão temporal em que o benefício do uso do ativo arrendado é diminuído.

Os gastos para se obter a receita de arrendamento devem ser reconhecidos como despesa, incluindo os de depreciação e amortização, que seguem os princípios do CPC 27 e CPC 04, respectivamente.

3.6 Venda e *leaseback*

A norma ainda traz o tratamento que deve ser dispensado no caso de uma transação de venda e *leaseback*. Nessa operação, uma empresa, proprietária de um determinado bem, vende o seu ativo ao arrendador e posteriormente se torna a arrendatária do mesmo ativo.

Para determinar o tratamento contábil aplicável a cada caso, é preciso verificar primeiramente se a operação foi ou não uma venda. A IFRS 16 remete à IFRS 15 (CPC 47 – Receita de Contrato com Cliente) para essa verificação. Assim, a operação é uma venda se a obrigação de desempenho for satisfeita. De acordo com o item 31 do CPC 47, "a entidade deve reconhecer receitas quando (ou à medida que) a entidade satisfizer à obrigação de *performance* ao transferir o bem ou o serviço (ou seja, um ativo) prometido ao cliente. O ativo é considerado transferido quando (ou à medida que) o cliente obtiver o controle desse ativo". Se o arrendador passar a ter o controle do ativo, a operação é de venda.

Nesse caso, o vendedor-arrendatário deve mensurar o direito de uso do ativo na proporção do valor contábil prévio do ativo que esteja relacionado com o direito de uso retido pelo vendedor-arrendatário, reconhecendo ganhos ou perdas na demonstração do resultado do exercício (DRE). Já o comprador-arrendador deve contabilizar conforme a norma apropriada, por exemplo um imobilizado ou um intangível.

Caso a transferência do ativo não seja uma venda, ou seja, o controle do ativo não passou ao arrendador, o vendedor-arrendatário deve continuar a reconhecer o ativo transferido e reconhecer um passivo igual ao montante obtido. O comprador-arrendador não deve reconhecer o ativo transferido e deve reconhecer um ativo financeiro igual aos recursos transferidos.

3.7 Custos de empréstimos

De acordo com o CPC 20, a entidade deve capitalizar os custos de empréstimos que são diretamente atribuíveis à aquisição, construção ou produção de ativo qualificável como parte do custo do ativo, quando for provável que eles irão resultar em benefícios econômicos futuros para a entidade e que tais custos possam ser mensurados com confiabilidade.

Assim, em vez de debitar despesa quando os encargos financeiros são incorridos, deve-se debitar o ativo qualificável. Por exemplo, digamos que uma usina de cana-de-açúcar esteja sendo montada, o que demanda a construção de instalações civis, a construção de caldeiras e a aquisição de máquinas prontas. As instalações civis e as caldeiras normalmente levam tempo para ficarem prontas e podem ser classificadas como ativos qualificáveis, mas as máquinas prontas provavelmente não podem. As instalações civis e as caldeiras podem ter o acréscimo dos juros de seus financiamentos aos seus custos no imobilizado. Nesse caso, o lançamento contábil do custo de empréstimo seria da seguinte forma:

	Débito	Crédito
Imobilizado	X	
Empréstimos		X
Custos de empréstimos alocados às instalações civis da unidade Y em construção		

Os custos são diretamente atribuíveis quando poderiam ser evitados se os gastos com o ativo qualificável não tivessem sido feitos. Assim, se a entidade tomar um empréstimo especificamente para um determinado ativo qualificável, como um prédio, os encargos podem ser diretamente atribuíveis a esse prédio.

PARA REFLETIR...

Na prática, a atribuição dos encargos financeiros aos ativos qualificáveis é sempre uma tarefa fácil?

Essa questão da alocação dos encargos financeiros pode ser a mais complicada em termos práticos, pois é usual tomar um empréstimo de maneira centralizada para um conjunto de empresas sob controle comum ou tomar um conjunto de empréstimos com taxas de juros variadas e com flutuações nas taxas de câmbio. Nesses casos, é preciso exercer julgamento sobre qual é o custo a ser capitalizado no ativo. No caso de a entidade tomar empréstimos sem destinação específica e utilizar os recursos em um ativo qualificável, pode ser apropriado utilizar a média ponderada dos custos dos empréstimos vigentes durante o período, por exemplo.

A capitalização dos custos de empréstimos inicia-se quando a entidade satisfaz todas as seguintes condições:

- Incorre em gastos com o ativo.
- Incorre em custos de empréstimos.
- Inicia as atividades que são necessárias ao preparo do ativo para seu uso ou venda pretendidos.

As atividades necessárias ao preparo do ativo são abrangentes, pois incluem trabalhos técnicos e administrativos anteriores ao início da construção física, por exemplo, para obter licenças para se iniciarem as obras. Por outro lado, essas atividades não ocorrem quando se mantém o ativo sem nenhuma produção ou nenhum desenvolvimento, por exemplo, manter um terreno para fins de construção parado, sem atividade de preparação.

Se as atividades de desenvolvimento de um ativo qualificável forem suspensas, a capitalização dos custos de empréstimos também deve ser suspensa. A capitalização deve cessar quando substancialmente todas as atividades necessárias ao preparo do ativo qualificável para seu uso ou venda pretendido estiverem concluídas.

Há duas situações interessantes a esse respeito. Na primeira, se uma construção é de um conjunto de edifícios, cada edifício pode estar em condições de ser utilizado enquanto outros edifícios estão em construção. Nesse caso, o término de um edifício deve ter sua capitalização de custos de empréstimos cessada. Na segunda situação, uma planta industrial também pode ser desenvolvida em etapas, mas precisa estar completa antes de qualquer parte poder ser utilizada. Nessa situação, os custos de empréstimos são capitalizados até o final.

Os maiores problemas práticos em relação a custos de empréstimos podem estar ligados à definição de um ativo qualificável e ao valor dos custos de empréstimos. É possível que um mesmo financiamento seja tomado para a aquisição de ativos que sejam qualificáveis ou não. Além disso, é possível tomar um conjunto de empréstimos, com diferentes taxas de juros, sem uma destinação definida *a priori*. Em todas essas situações, é preciso exercer julgamento, tomando sempre como premissa que se trata de uma informação voltada para investidores e credores.

DESTAQUES FINAIS

Arrendamento e custos de empréstimos são dois assuntos sempre cercados de controvérsia. Alguns críticos defendem que ambos ou um deles não deveriam ser reconhecidos como ativos, mas as normas IFRS/CPC definem as circunstâncias em que eles devem ser reconhecidos como ativos.

O arrendamento é talvez o exemplo mais utilizado quando se fala em essência sobre a forma, pois apesar de não ser de propriedade do arrendatário, é reconhecido como seu ativo – em essência, o arrendatário é quem usufrui dos benefícios econômicos. Porém, a essência econômica serve, nesse caso, principalmente para exibir um passivo que poderia ficar escondido se o ativo não fosse reconhecido, prejudicando a tomada de decisões de investidores e credores. Os gestores, por preferirem não exibir endividamentos, não costumam gostar desses princípios contábeis.

Por outro lado, os gestores costumam defender os princípios contábeis que definem a capitalização dos custos de empréstimos. De fato, provavelmente os encargos financeiros dos empréstimos fizeram parte de suas decisões de investimento. Entretanto, alguns críticos defendem que a capitalização desses juros pode distorcer a informação contábil, por reduzir o índice de custo de capital de terceiros (despesas financeiras/passivo oneroso) durante o período de construção do ativo, além de distorcer o índice de retorno sobre o investimento. De fato, a contabilidade é uma ciência social.

RESUMO

- Os contratos de arrendamento devem ter seus ativos de direito de uso e passivos atrelados exibidos no balanço patrimonial em função da possibilidade de esses contratos servirem como meio de financiamento fora do balanço caso não recebessem o tratamento contábil atual.
- Há um arrendamento em um contrato quando a entidade possui o controle do direito de uso do ativo subjacente pelo tempo estipulado. Nesse caso, o ativo de direito de uso deve ser reconhecido na arrendatária, assim como seu financiamento correspondente.
- O direito de uso do ativo subjacente deve ser mensurado pelo valor presente dos pagamentos futuros do arrendamento.
- No arrendador, é preciso classificar o arrendamento como financeiro ou operacional.

- Os custos de empréstimos podem ser capitalizados no ativo, juntamente com ativos qualificáveis, sob a justificativa de que os encargos financeiros fazem parte de suas decisões de investimento.

EXERCÍCIOS PROPOSTOS

QUESTÃO 1: Em quais aspectos você concorda ou discorda da posição das normas IFRS/CPC de que os custos de empréstimos devem ser capitalizados para os ativos qualificáveis?

QUESTÃO 2: Em um país distante, uma empresa fechou um contrato com uma construtora com as seguintes condições:

- A construtora irá construir um prédio para a área administrativa da empresa.
- A construtora obterá o financiamento em bancos para a construção do prédio.
- A empresa começará a pagar as parcelas do arrendamento quando a obra for entregue e estiver pronta para uso.
- O projeto da construção deverá ser aprovado pela empresa antes do seu início. Uma das exigências para o projeto que consta do contrato é que o prédio deve permitir o uso por pelo menos 20 anos, considerando as projeções de crescimento da empresa para esse período.
- A construtora irá arrendar o prédio para a empresa pelo prazo de 120 meses, com uma opção de compra por parte da empresa equivalente a 5% do valor presente das parcelas na data zero.
- A construtora irá fornecer serviços de manutenção e de vigilância ao longo da vigência do contrato, podendo ser renovado após o seu final.
- A empresa tem a prerrogativa de alocar seus funcionários às respectivas salas e de determinar as regras de utilização do espaço do prédio.
- A empresa é a responsável por contratar o seguro do prédio.
- A empresa não poderá efetuar reformas no prédio que não sejam realizadas pela construtora durante o prazo do arrendamento.
- A empresa poderá negociar o prédio com terceiros antes do término do prazo do arrendamento, repassando as parcelas remanescentes do arrendamento ao comprador ou quitando essas parcelas.

Analise as condições contratuais e avalie se o contrato é de, ou contém, um arrendamento, para fins de contabilização do evento.

QUESTÃO 3: Uma empresa realizou em 01/01/20x2 uma operação de arrendamento para obtenção de um veículo para seu uso, com vida útil estimada de 3 anos e valor residual de $ 22.000. À vista, o veículo custa $ 52.000. O arrendamento será pago em 24 parcelas mensais de $ 2.600, com o valor residual já diluído ao longo das parcelas. A taxa de juros explicitada no contrato é de 1,5% a.m. Faça o lançamento de contabilização do evento, incluindo a mensuração do valor a ser reconhecido, no momento inicial da operação.

QUESTÃO 4: Uma empresa realizou uma operação de arrendamento para obtenção de uma máquina. À vista, ela custa $ 35.000. O valor será pago em 36 parcelas mensais de $ 1.360, com o valor residual já diluído ao longo das parcelas. A taxa de juros explicitada no contrato é de 1,9% a.m. Apesar do prazo de arrendamento, a empresa espera utilizar o ativo ao longo de 60 meses, sem valor residual material. Faça o lançamento de contabilização no momento do reconhecimento do ativo e os devidos lançamentos ao final do primeiro mês.

QUESTÃO 5: Uma empresa iniciou a construção das instalações de uma fábrica e tomou empréstimos em três bancos diferentes, em diferentes montantes e diferentes taxas de juros. Além disso, esses recursos captados foram aplicados também em outros ativos da empresa. Na aplicação do CPC 20 – Custos de Empréstimos, como você faria para alocar os custos de empréstimos à construção?

BIBLIOGRAFIA SUGERIDA

COMITÊ DE PRONUNCIAMENTOS CONTÁBEIS (CPC). *Pronunciamento técnico CPC 04 (R1) – Ativo Intangível – Correlação às Normas Internacionais de Contabilidade – IAS 38 – Intangible Assets*. Brasília: CPC, 2010. Disponível em: http://static.cpc.aatb.com.br/Documentos/187_CPC_04_R1_rev%2014.pdf. Acesso em: 16 jul. 2020.

COMITÊ DE PRONUNCIAMENTOS CONTÁBEIS (CPC). *Pronunciamento técnico CPC 06 (R2) – Arrendamentos – Correlação às Normas Internacionais de Contabilidade – IFRS 16 – Leases*. Brasília: CPC, 2017. Disponível em: http://static.cpc.aatb.com.br/Documentos/533_CPC_06_R2_rev%2016.pdf. Acesso em: 15 jul. 2020.

COMITÊ DE PRONUNCIAMENTOS CONTÁBEIS (CPC). *Pronunciamento técnico CPC 20 (R1) – Custos de Empréstimos – Correlação às Normas Internacionais de Contabilidade – IAS 23 – Borrowing Costs*. Brasília: CPC, 2011. Disponível em: http://static.cpc.aatb.com.br/Documentos/281_CPC_20_R1_rev%2014.pdf. Acesso em: 26 jul. 2020.

IFRS FOUNDATION. *International Financial Reporting Standard (IFRS) 16 – Leases*. 2016.

11

RECEITAS DE CONTRATOS COM CLIENTES

Sílvio Hiroshi Nakao

OBJETIVOS DE APRENDIZAGEM

- Compreender a necessidade de haver normatização sobre receitas com clientes.
- Compreender quais são os mecanismos utilizados pelo normatizador nas normas sobre receitas com clientes para gerar uma informação mais fidedigna e evitar viés de interesses do gestor.
- Compreender as escolhas contábeis permitidas ao gestor e como essas escolhas podem melhorar a qualidade da informação divulgada.

1. APRESENTAÇÃO

Uma reportagem do jornal *O Estado de S. Paulo*, de 31 de julho de 2016, trata das vendas pelo crediário:

> O velho carnê está ganhando força neste ano como meio de pagamento para impulsionar as vendas no varejo. Com a crise, os bancos que operam os cartões ficaram mais seletivos na aprovação do crédito. O avanço do desemprego, com fechamento de mais de meio milhão de vagas formais só no primeiro semestre, também piorou o quadro. Sem ter como comprovar a renda, o trabalhador informal tem dificuldade para obter crédito bancário.
>
> [...]
>
> O aumento do uso do carnê ficou nítido no final do primeiro semestre. Em junho, cresceram 24% as vendas parceladas no carnê ou boleto em relação ao mesmo mês de 2015 entre os varejistas clientes da MultiCrédito, empresa que faz análise de crédito para cerca de mil estabelecimentos.

Talvez isso possa não lhe ter passado pela cabeça, mas há uma pergunta interessante em relação à informação contábil: a empresa ganha mais vendendo o produto ao cliente ou concedendo o crédito a ele por meio de crediário? Veja que, se a empresa considerar o crediário como uma venda a prazo e não segregar o montante de juros obtidos com a venda, dificilmente nós iríamos conseguir responder a essa pergunta. Poderíamos ir ainda além: a receita com juros foi reconhecida integralmente no momento da venda ou ao longo do tempo em que foi recebendo as parcelas do crediário? Essas são questões relacionadas com o tratamento contábil sobre receitas de vendas.

Este capítulo trata das questões envolvendo o tratamento contábil dado a receitas com clientes de acordo com as normas IFRS/CPC.

O objetivo do capítulo é fazer com que o leitor possa entender os princípios contábeis que regem a elaboração da informação a respeito de receitas com clientes. Esses temas são importantes porque provavelmente são os que envolvem o maior volume de lançamentos contábeis em uma empresa. Apesar de disciplinarem o tratamento contábil de um grande volume de operações recorrentes, há alguns detalhes que precisam ser observados, principalmente quando há situações que podem fugir do convencional.

Receita com cliente é um assunto corriqueiro em qualquer empresa. Entretanto, é possível que o conteúdo da norma CPC 47 lhe surpreenda em função de alguns princípios contábeis que podem ser aplicáveis à sua situação e que não são tão corriqueiros assim. É o caso dos princípios relacionados à mensuração a valor presente de receitas, por exemplo.

Dado o interesse econômico do gestor, é importante lembrar que o CPC 47 procura fazer com que a informação reflita a realidade e evitar informação enganosa a respeito de receitas. Assim, procura evitar que as receitas fiquem superavaliadas. O objetivo é divulgar um lucro que represente a realidade econômica da entidade, mas evitando viés de superavaliação. Dessa forma, os princípios contábeis para fins de divulgação possuem mecanismos que funcionam "ao contrário" dos mecanismos adotados pela legislação tributária, que visam evitar a subavaliação do lucro tributável.

> **PARA REFLETIR...**
>
> Por que as receitas com clientes não podem ser reconhecidas com base no que determina a legislação tributária? Não seria mais fácil?

A legislação tributária estabelece como instrumento de controle a nota fiscal. Para fins fiscais, o reconhecimento da receita tributável ocorre em geral na emissão da nota fiscal de venda de um produto ou de prestação de serviço. Essa base pode não ser adequada quando se considera, por exemplo, a venda para entrega futura, pois isso abriria a possibilidade de o gestor reconhecer a receita antes que a sua obrigação de entregar o produto seja satisfeita, ou seja, antes de poder dizer que já ganhou de fato o dinheiro daquela receita. Isso é exatamente o contrário dos mecanismos que precisam ser adotados pela norma contábil para proteger acionistas e credores.

No caso específico da norma CPC 47, há ainda uma particularidade em relação a evitar a ação discricionária do gestor. Esta é a única norma que foca especificamente uma conta de resultado – todas as demais tratam de ativos e passivos ou da forma de apresentação e divulgação das demonstrações financeiras. Isso ocorre porque é possível que o gestor apresente na primeira linha da demonstração de resultados um valor de receita que não representa de fato aquilo que a entidade "ganhou" no período. É por isso que a definição de receita constante da Estrutura Conceitual não é suficiente para lidar com todos os problemas relacionados.

É possível que o gestor faça uma permuta de serviços de publicidade pela internet, por exemplo, e reconheça uma receita ao mesmo tempo que um custo de mesmo valor, que não terá um consequente ingresso de dinheiro. Apesar de não existir lucro nessa operação, o gestor está apresentando uma receita maior do que fato ele ganhou, podendo causar a impressão enganosa para os acionistas e credores de que a empresa seja maior do que de fato é.

Este capítulo apresenta primeiramente esta visão geral dos assuntos relacionados e uma análise das normas contábeis. Posteriormente, são apresentados os principais conceitos relacionados e as principais determinações da norma contábil, juntamente com as questões práticas relacionadas ao assunto e os principais pontos em que a norma demanda interpretação.

O Quadro 11.1 apresenta o pronunciamento nacional e seu congênere internacional no qual se baseia.

Quadro 11.1 Pronunciamentos sobre receitas com clientes

CPC	IFRS Iasb
CPC 47 – Receita de Contrato com Cliente	IFRS 15 – *Revenue from Contracts with Customers*

O CPC 47 foi aprovado no final de 2016 para ter efeitos a partir de 2018. Ele revogou o CPC 30 e demais pronunciamentos que tratavam de receitas, como o CPC 17 – Contratos de Construção. Todo o texto foi reformulado, trazendo novas abordagens para a questão. Entretanto, grande parte das determinações da norma continua como era anteriormente, mas com novo texto, mais detalhado em certos aspectos. Porém, podemos apontar pelo menos quatro "novidades" trazidas pelo CPC 47, todas a respeito de mensuração, que não tinham tratamento anterior e serão discutidas neste capítulo:

- A contraprestação a pagar ao cliente.
- A contraprestação variável.
- Os custos incrementais.
- As alterações no preço da transação.

2. CONCEITOS E DEFINIÇÕES RELEVANTES

O CPC 47 trata de receitas, mas apenas aquelas obtidas com clientes. A definição de cliente é "a parte que contratou com a entidade para obter bens ou serviços que constituem um produto das atividades normais da entidade em troca de contraprestação".

Não estão nesse escopo eventos como a venda de imobilizado, por exemplo, uma vez que vender imobilizado não é parte das atividades normais – o normal é utilizá-lo em suas operações. Do mesmo modo, uma receita decorrente, por exemplo, da simples valorização da arroba do boi ao seu valor justo não pode ser considerada uma receita obtida com clientes, pois ainda não houve um contrato de venda com um cliente. De acordo com o CPC 47, um contrato é um "acordo entre duas ou mais partes que cria direitos e obrigações exigíveis". Também não é receita obtida com cliente aquela decorrente de um contrato em que um parceiro irá fazer pagamentos à entidade para a construção de instalações e o desenvolvimento de intangíveis que se espera obter retornos no futuro de maneira compartilhada.

Assim, o CPC 47 limita-se a tratar apenas da receita que é apresentada principalmente na primeira linha da demonstração de resultados. É preciso lembrar que há empresas de todos os tipos de atividades e que a primeira linha da demonstração do resultado do exercício (DRE) pode conter receitas de diferentes naturezas. Por exemplo, mercadorias e produtos produzidos pela entidade e serviços prestados fazem parte dessa primeira linha da DRE. Abrange a venda de uma simples mercadoria ao consumidor final até a construção de uma ponte para um cliente governamental, entre tantas outras coisas. Porém, é preciso lembrar que nem toda receita obtida com clientes será apresentada na primeira linha da DRE, como no caso das receitas financeiras obtidas em vendas a prazo.

Por outro lado, o CPC 47 não trata das receitas com clientes provenientes de:

- Contratos de arrendamento mercantil.
- Contratos de seguro.
- Instrumentos financeiros e outros direitos ou obrigações contratuais com entidades relacionadas, como controladas ou coligadas.
- Permutas não monetárias entre entidades na mesma linha de negócios, como permuta de estoques de petróleo entre petrolíferas para atender a demandas específicas. Nesses casos, o ativo permutado não é avaliado a valor justo.

Esses tipos de receita são tratados pelas respectivas normas contábeis.

Assim, o CPC 47 define receita da seguinte maneira:

> aumento nos benefícios econômicos durante o período contábil, originado no curso das atividades usuais da entidade, na forma de fluxos de entrada ou aumentos nos ativos ou redução nos passivos que resultam em aumento no patrimônio líquido, e que não sejam provenientes de aportes dos participantes do patrimônio.

É importante lembrar que o CPC 00 – Estrutura Conceitual para Relatório Financeiro traz em seu item 4.68 uma definição bastante semelhante de receitas, mas o CPC 47 acrescenta a frase "originado no curso das atividades usuais da entidade". Essa frase restringe o tratamento dado por este pronunciamento apenas às receitas dessa natureza, não abrangendo receitas não usuais como as obtidas com ativos contingentes, por exemplo.

Nessa definição, o CPC 47 fala de aumento nos benefícios econômicos na forma de fluxos de entrada. Precisamos entender o que isso significa. Por exemplo, se uma mercadoria que custou $ 70 é vendida à vista por $ 100, é preciso separar a transação em duas partes, a entrada do dinheiro e a entrega do estoque. A entrega do estoque de $ 70 é uma redução dos benefícios econômicos desse ativo. Por outro lado, há um fluxo de entrada de dinheiro, gerando um aumento de benefício econômico de $ 100 (receitas). Assim, o aumento nos benefícios econômicos não é a diferença entre a entrada e a saída, $ 30 ($ 100 – $ 70).

Porém, o CPC 47 diz que o aumento nos benefícios econômicos pode ser também na forma de aumentos de ativos ou redução de passivos. Por exemplo, digamos que uma venda de mercadoria tenha ocorrido a prazo, mas que os juros estejam sendo reconhecidos ao longo do prazo. Digamos que o valor atual de contas a receber é de $ 100 e que os juros incorridos no período a receber sejam de $ 12. Nesse caso, houve um aumento no ativo de contas a receber, no montante de $ 12, que representa a receita a ser reconhecida.

Outro aspecto da definição do CPC 47 é que o aumento de benefícios econômicos deve resultar no aumento do patrimônio líquido. Basicamente, a ideia é que nem todo aumento de benefícios seja reconhecido como receita: por exemplo, uma tomada de empréstimo resulta em aumento no caixa, mas também em aumento de passivo. Isso, portanto, não é uma receita.

3. PROCEDIMENTOS CONTÁBEIS

Elencamos a seguir os pontos fundamentais sobre receitas com clientes. Precisamos ressaltar que esta seção não tem o objetivo de repetir o que as normas tratam – o objetivo é guiar a leitura, reforçar os pontos fundamentais e chamar a atenção para pontos que podem passar despercebidos, mas que são importantes do ponto de vista de interpretação e aplicação prática.

3.1 Reconhecimento de receita com clientes

O CPC 47 fornece princípios para o reconhecimento de receitas com clientes. Os critérios são aplicáveis a cada contrato. Porém, é possível que uma única transação inclua a venda de produtos e a prestação de serviços ao longo de um período, por exemplo, a venda de celular e a prestação de serviços de telefonia ao longo de dois anos. Nesses casos, a transação deve ser separada nessas duas partes: a venda do produto tem sua receita reconhecida no primeiro momento e a receita de serviços é reconhecida quando vierem a ser executados.

No sentido contrário, é possível que duas ou mais transações tenham que ser consideradas conjuntamente para fins de reconhecimento de receitas. Por exemplo, se a entidade vende um ativo e, ao mesmo tempo, firma um contrato separado para recomprá-lo em data posterior, a receita não deve ser reconhecida, pois o segundo contrato descaracteriza a essência econômica de uma transação de venda do primeiro.

A ideia geral é que a entidade deve reconhecer receitas de maneira que descreva a transferência de bens ou serviços prometidos e o valor que reflita a contraprestação à qual a entidade espera ter direito em troca desses bens ou serviços. Isso significa que o reconhecimento da receita deve ocorrer no momento em que os bens ou serviços prometidos sejam transferidos ao cliente, pelo valor esperado da contraprestação paga pelo cliente.

Existe um elemento fundamental para esse reconhecimento, que é a **satisfação da obrigação de desempenho**. Basicamente, a receita é reconhecida quando a transferência do bem ou serviço satisfaz a obrigação de desempenho. A norma sobre o reconhecimento está toda estruturada sobre esse elemento, mas separada em três partes, ou etapas:

- Identificação do contrato.
- Identificação de obrigação de desempenho.
- Satisfação de obrigação de desempenho.

3.1.1 Identificação do contrato

Nesse processo de reconhecimento da receita com clientes, a primeira etapa é definir se existe um contrato. Essa etapa é necessária, porque ele pode não existir, como no caso de uma doação. Um contrato com cliente existe quando todos os critérios a seguir forem atendidos (CPC 47, item 9):

(a) quando as partes do contrato aprovarem o contrato (por escrito, verbalmente ou de acordo com outras práticas usuais de negócios) e estiverem comprometidas em cumprir suas respectivas obrigações;

(b) quando a entidade puder identificar os direitos de cada parte em relação aos bens ou serviços a serem transferidos;

(c) quando a entidade puder identificar os termos de pagamento para os bens ou serviços a serem transferidos;

(d) quando o contrato possuir substância comercial (ou seja, espera-se que o risco, a época ou o valor dos fluxos de caixa futuros da entidade se modifiquem como resultado do contrato); e

(e) quando for provável que a entidade receberá a contraprestação à qual terá direito em troca dos bens ou serviços que serão transferidos ao cliente. Ao avaliar se a possibilidade de recebimento do valor da contraprestação é provável, a entidade deve considerar apenas a capacidade e a intenção do cliente de pagar esse valor da contraprestação quando devido. O valor da contraprestação à qual a entidade tem direito pode ser inferior ao preço declarado no contrato se a contraprestação for variável, pois a entidade pode oferecer ao cliente uma redução de preço [...].

Vamos tratar cada critério separadamente. Em relação ao item (a), para poder dizer que um contrato existe, é necessário que as partes envolvidas aprovem o contrato. Isso pode ser simples como comprar uma cerveja num bar, mas pode ser um processo complexo, como fechar um contrato de construção de uma plataforma de petróleo. A questão mais importante aqui é a existência de um acordo entre as partes, o que demonstra a existência de um contrato. Como colocado anteriormente, a existência de um contrato separa a receita com cliente de outros tipos de receita, como uma valorização de um ativo biológico mensurado a valor justo.

No item (b), a entidade precisa identificar os direitos de cada parte para poder dizer que há um contrato. Então, o cliente tem o direito de receber um serviço a ser prestado e a entidade tem o direito de receber dinheiro em contraprestação após a prestação do serviço, por exemplo. Entretanto, é preciso entender a palavra "identificar" não no sentido de apenas apontar a previsão contratual dos direitos, mas no sentido de poder mostrar que os direitos já existem. Assim, no momento em que o cliente fez o pedido, mas o produto ainda não foi entregue, a norma considera que não há um contrato ainda, pois ainda há o direito incondicional do cliente de rescindir o pedido sem compensar a entidade. Na maioria dos casos, a entidade só pode dizer que possui um direito de receber a contraprestação quando entrega o que tinha prometido. De acordo com o CPC 47, item 12, o contrato está inteiramente não cumprido se ambos os critérios a seguir forem atendidos:

(a) a entidade ainda não transferiu nenhum bem ou serviço prometido ao cliente; e

(b) a entidade ainda não recebeu e ainda não tem o direito de receber qualquer contraprestação em troca dos bens ou serviços.

O item (c) define o critério sobre a identificação dos termos de pagamento. Isso significa que o valor, a definição dos ativos que serão recebidos (dinheiro ou outro ativo), o prazo de pagamento e demais condições precisam ser conhecidos. Na maioria das vezes, essa questão é bastante simples pelo fato de o preço de venda estar definido, mas há situações em que o valor ou o prazo podem variar conforme condições previstas em contrato. Por exemplo, um contrato pode prever que a entidade, que é um *site* de vendas *on-line*, receba um determinado percentual dos recebimentos das vendas que o cliente fizer por meio do *site*. Nesse caso, a receita só pode ser reconhecida quando a entidade identificar o valor recebido, que pode ser diferente do valor da venda em função de acréscimos ou outros valores ou simplesmente zero, caso não receba.

O item (d) está relacionado principalmente às situações de permuta com outros ativos. O contrato possui naturalmente substância comercial quando prevê a entrega de uma mercadoria e o recebimento de dinheiro, mas isso pode não ficar bem claro quando há a entrega de uma mercadoria e o recebimento de outra, por exemplo. Se a entidade entregar bananas e em troca obter títulos recebíveis, houve uma mudança na forma como os benefícios econômicos serão obtidos, o que é entendido como a existência de substância comercial. Entretanto, se a entidade entregar bananas e em troca receber também bananas, a permuta pode não ser configurada como de substância comercial se isso não modificar o risco, a época ou o valor dos fluxos de caixa futuros, não permitindo o reconhecimento da receita.

O item (e) está relacionado com a probabilidade de a entidade receber a contraprestação. Em uma venda normal a prazo, é usual a avaliação do risco de crédito, o que torna provável o seu recebimento. Entretanto, é possível que o contrato seja de longa duração e que a situação financeira do cliente se deteriore ao longo do tempo. Caso passe a não ser mais provável o recebimento da contraprestação, mas a entidade continue cumprindo o contrato de fornecimento ao cliente, a entidade deve baixar o seu estoque, mas não reconhecer a receita.

Normalmente, caso a entidade receba contraprestações do cliente, mas ainda não atenda aos critérios de identificação do contrato, deve reconhecer essas contraprestações como um adiantamento de clientes no passivo. Ela só poderia reconhecer a contraprestação recebida como receita caso ocorra qualquer uma das seguintes hipóteses, conforme CPC 47, item 15:

> (a) a entidade não possui obrigações restantes de transferir bens ou serviços ao cliente, e a totalidade, ou praticamente a totalidade, da contraprestação prometida pelo cliente foi recebida pela entidade e não é restituível; ou
> (b) o contrato foi rescindido e a contraprestação recebida do cliente não é restituível.

3.1.2 Identificação da obrigação de desempenho

Como colocado anteriormente, o reconhecimento de receita com clientes pelo CPC 47 está alicerçado sobre a satisfação da obrigação de desempenho. Após a identificação do contrato, o segundo passo é a identificação da obrigação de desempenho.

O item 22 do CPC 47 estabelece o seguinte:

> No início do contrato, a entidade deve avaliar os bens ou serviços prometidos em contrato com o cliente e deve identificar como obrigação de *performance* cada promessa de transferir ao cliente:
> (a) bem ou serviço (ou grupo de bens ou serviços) que seja distinto; ou
> (b) série de bens ou serviços distintos que sejam substancialmente os mesmos e que tenham o mesmo padrão de transferência para o cliente [...].

Assim, no início da execução do contrato com o cliente, é preciso separar todas as promessas de transferência de bens e serviços, quando houver mais de uma. Se uma empresa comercial fechou um contrato de venda de uma geladeira, por exemplo, há uma promessa de entrega dessa mercadoria ao cliente. Se uma agência de propaganda fecha um contrato de elaboração de uma peça publicitária, há a promessa de entrega do serviço ao cliente.

Entretanto, em vários casos, o contrato pode prever a promessa de produtos e serviços conjuntamente. O problema é que, em termos econômicos, a receita de cada um pode ser obtida em tempos diferentes e a norma precisa regular essa questão, pois o gestor poderia querer antecipar o reconhecimento de todas as receitas, distorcendo a informação.

Por exemplo, digamos que uma empresa produtora de *softwares* tenha fechado um contrato com um cliente de fornecer um *software* em determinado momento e o serviço de suporte ao cliente ao longo de um prazo de 48 meses. Podemos identificar claramente duas obrigações de desempenho distintas, a entrega do *software* e o serviço de suporte, que terão suas receitas reconhecidas em momentos diferentes. O primeiro é um serviço distinto e o segundo é uma série de serviços.

A promessa de entrega do *software* terá sua receita reconhecida quando houver a efetiva entrega. O serviço de suporte não pode ter toda sua receita reconhecida no início do contrato, mas é preciso haver a norma para evitar que o gestor faça isso. O argumento dele poderia ser algo como "Fechei o contrato, o dinheiro já está ganho; vamos reconhecer toda a receita". Para evitar isso, a separação dos serviços é parte importante desse processo de reconhecimento da receita.

Do mesmo modo, uma empresa de telefonia pode oferecer pacotes aos seus clientes com contratos de 24 meses, incluindo um desconto de 70% na aquisição de um aparelho celular. Nesse caso, é preciso distinguir a promessa de transferir o produto celular da série de serviços de telefonia. Perceba que pode parecer uma tarefa fácil, mas poderíamos levantar a princípio ao menos três possibilidades aqui: reconhecer a receita de tudo no início do contrato, reconhecer a receita de tudo ao longo do tempo e reconhecer a receita do produto na entrega do produto e o serviço ao longo do tempo. Os princípios contábeis sobre a identificação da obrigação de desempenho são importantes para clarificar a questão. Nesse caso, a terceira possibilidade é a que a norma entende ser apropriada, tal como no caso da produtora de *softwares*, mas a segunda possibilidade foi amplamente utilizada no passado, porque o valor do celular se confunde com o valor do serviço no contrato.

A identificação da obrigação de desempenho pode ser ainda mais tênue. Imagine um fabricante de computadores que vende seus produtos a varejistas e que informa que irá fornecer garantia de 12 meses aos consumidores finais contra defeitos de fabricação. No contrato, ela firmou um compromisso de reparar ou trocar produtos no futuro se o produto não estiver conforme o especificado. Nesse caso, a indústria deve separar uma parte da receita para ser reconhecida ao longo do tempo? Perceba que nem o cliente varejista e nem o consumidor final escolheram comprar essa garantia separadamente. A indústria sabe que existe uma probabilidade de ter que reparar ou trocar produtos, mas não oferece esse serviço separadamente. Com isso, a norma orienta que, nesse caso, a indústria deve contabilizar a garantia conforme o CPC 25 – Provisões, Passivos Contingentes e Ativos Contingentes. Porém, se o varejista oferece uma garantia estendida, este deve identificá-la como um serviço distinto da venda do computador.

O CPC 47 esclarece, no item 27, quais são os dois critérios que definem se um bem ou serviço prometido ao cliente é distinto:

(a) o cliente pode se beneficiar do bem ou serviço, seja isoladamente ou em conjunto com outros recursos que estejam prontamente disponíveis ao cliente (ou seja, o bem ou o serviço é capaz de ser distinto); e

(b) a promessa da entidade de transferir o bem ou o serviço ao cliente é separadamente identificável de outras promessas contidas no contrato (ou seja, compromisso para transferir o bem ou o serviço é distinto dentro do contexto do contrato).

A identificação da obrigação de desempenho está também relacionada à identificação da natureza do compromisso da entidade, se ela irá fornecer os próprios bens ou serviços ou irá organizar para que esses bens ou serviços sejam fornecidos por outra parte. Essa é a questão da relação principal-agente no reconhecimento de receita. Nessa relação, como a de uma agência de turismo com a operadora de turismo, as entradas de caixa da agência são os valores pagos pelos turistas, mas há controvérsia a respeito da receita.

Se uma agência recebe do cliente o valor de $ 10.000 pelo pacote de turismo vendido, sua receita é de $ 10.000 ou apenas a sua comissão, digamos de 10%? A norma contábil evita que a receita de vendas em uma relação de agenciamento fique superavaliada e represente uma informação enganosa. A receita de vendas poderia ser apresentada pelo valor de $ 10.000, com um custo de $ 9.000, gerando um lucro de $ 1.000. O lucro seria o mesmo, mas a receita seria apresentada na DRE em dez vezes mais do que de fato é, o que poderia ludibriar investidores e credores a respeito do tamanho da empresa.

A norma define que a entidade é principal se ela controlar o bem ou serviço especificado antes que o bem ou o serviço seja transferido ao cliente, conforme item B35 do CPC 47. Nesse caso, a agência de turismo não controla os serviços de hospedagem e transporte, porque ela não adquire esses serviços antes que o cliente decida o pacote que irá querer. Assim, ela é considerada agente na transação e a natureza da sua obrigação de desempenho é apenas a organização do fornecimento desses serviços por outra parte aos clientes. Sua receita seria apresentada apenas com o valor de sua comissão.

Como se pode perceber, há uma série de tipos de bens e serviços prometidos aos clientes que precisam ser identificados separadamente para receberem o tratamento correspondente, desde a revenda de mercadorias até a disponibilização de vídeos ou músicas por transmissão instantânea pela rede (*streaming*) para quando o cliente decidir usar.

Nesse rol, também entra a construção de ativos em nome do cliente, que antes do CPC 47 tinha uma norma própria, a de contrato de construção. É interessante, porque a entidade realiza o serviço de construção, mas entrega um bem ao cliente, muito embora essa distinção entre bem ou serviço não seja relevante.

Nesse caso, a questão mais marcante é: a construção é uma série de bens ou serviços distintos, com receitas reconhecidas ao longo do tempo? Ou a receita deve ser reconhecida apenas na "entrega das chaves" da construção? Essa questão será tratada na próxima subseção, mas o importante aqui é que a receita proveniente da construção seja separada das demais receitas que eventualmente estejam previstas no mesmo contrato.

3.1.3 Satisfação de obrigação de desempenho

Esta é a terceira e última etapa do processo de reconhecimento da receita. Primeiro, é preciso dizer que existe um contrato. Segundo, separar as obrigações de desempenho; e, agora, verificar quando a obrigação de desempenho é satisfeita. Basicamente, a ideia é que a obrigação é satisfeita quando o controle do bem ou serviço passar para o cliente.

De acordo com o item 31 do CPC 47, "a entidade deve reconhecer receitas quando (ou à medida que) a entidade satisfizer à obrigação de *performance* ao transferir o bem ou o serviço (ou seja, um ativo) prometido ao cliente. O ativo é considerado transferido quando (ou à medida que) o cliente obtiver o controle desse ativo".

Perceba que a norma não define que a receita deve ser reconhecida no momento da venda, mas sim no momento da transferência do bem ou serviço. Isso evita algumas formas de manipulação da receita, como a venda para entrega futura simulada, feita apenas para se computar receitas sem que de fato tenham ocorrido.

Então, se uma loja vende uma geladeira ao seu cliente, só pode reconhecer a respectiva receita quando fizer a entrega. Entretanto, mesmo nesse exemplo simples, cabe interpretação, dependendo da situação. Se um casal de noivos vai à loja comprar a geladeira e solicita que ela fique guardada até que seu apartamento fique pronto, a loja pode reconhecer a receita antes mesmo da entrega?

Para avaliar essa questão, precisamos aprofundar no aspecto do controle do ativo, porque é ele que determina até que ponto a loja mantém o controle da geladeira. De acordo com o item 33 do CPC 47:

> o controle do ativo refere-se à capacidade de determinar o uso do ativo e de obter substancialmente a totalidade dos benefícios restantes provenientes do ativo. O controle inclui a capacidade de evitar que outras entidades direcionem o uso do ativo e obtenham benefícios desse ativo.

Desse modo, se a loja tem a capacidade de pegar aquela unidade de geladeira escolhida pelo casal de noivos e entregar para outro cliente e, posteriormente, repô-la, a loja não pode reconhecer a receita no momento da venda aos noivos. Porém, se a loja identificou aquela unidade de estoque com o nome dos noivos, impedindo que seja vendida a outro cliente, o controle dessa unidade passou aos noivos, pois isso evitou que outras entidades além dos noivos obtenham benefícios desse ativo, incluindo a própria loja. Isso permitiria o reconhecimento da receita mesmo antes da efetiva entrega.

Outra situação em que a questão do controle é relevante é a de venda em consignação. Imagine que uma entidade faça entregas de seus produtos a varejistas em regime de consignação. Nesse caso, a entrega não define o momento do reconhecimento da receita, pois ela permanece com o controle das unidades em estoque, mesmo que estejam fisicamente nos estabelecimentos de seus clientes. Até que o cliente venda ao consumidor final, a entidade permanece com a prerrogativa de retirar a mercadoria e não pode exigir o pagamento da contraprestação até que o cliente faça a sua venda. Assim, a receita só pode ser reconhecida quando deixar de ter o controle dos produtos.

Voltando ao exemplo da empresa produtora de *softwares* da subseção anterior, a receita referente à elaboração de *software* só pode ser reconhecida quando houver a sua efetiva entrega, pois o serviço prometido ao cliente era de um *software* em funcionamento. O momento em que o *software* passa a estar sob controle do cliente pode depender de interpretação, pois pode ser necessária a realização de testes e modificações até que o cliente considere que o *software* está em condições de ser utilizado e, portanto, de o cliente obter substancialmente a totalidade dos benefícios restantes provenientes do ativo. Assim, mesmo que o cliente pague pelo *software* ao longo de 48 meses, juntamente com o valor do serviço de suporte, a receita deve ser reconhecida no momento da sua entrega.

O serviço de suporte deve ter sua receita reconhecida à medida que o suporte ao cliente seja realizado pela entidade, porque nesse caso o cliente recebe e consome simultaneamente os benefícios gerados pelo desempenho por parte da entidade à medida que a entidade efetiva o desempenho, conforme item 35 (a) do CPC 47. Portanto, essa receita não pode ser reconhecida juntamente com a entrega do *software*.

O mesmo ocorre no exemplo da empresa de telefonia, que vende pacotes de celulares e planos de telefonia em um mesmo contrato. Cada obrigação de desempenho deve ter sua receita reconhecida conforme é satisfeita: a obrigação de entrega do celular no momento em que o cliente recebe o aparelho e a obrigação de prestar serviço de telefonia à medida que o cliente consome o serviço no tempo.

O reconhecimento de receitas ao longo do tempo também é aplicável no caso dos contratos de construção em nome do cliente. Como colocado na subseção anterior, a questão maior é se o reconhecimento se dá ao longo do tempo ou apenas na "entrega das chaves". Mais uma vez, o critério central é o controle por parte do cliente. O item 35 (b) do CPC 47 coloca que a entidade transfere o controle ao longo do tempo se o seguinte critério for atendido: "o desempenho por parte da entidade cria ou melhora o ativo (por exemplo, produtos em elaboração) que o cliente controla à medida que o ativo é criado ou melhorado".

Digamos que seja um contrato para que a entidade construa uma ponte em uma via pública. A construção por parte da entidade (que é o seu desempenho) cria um ativo que o cliente controla à medida que o ativo é criado, pois a ponte, desde a primeira etapa de construção, está sob o domínio do cliente. Se o contrato com a entidade for rescindido no meio da obra, o cliente terá condições de contratar um novo fornecedor para continuar a obra a partir do ponto em que estiver. Com isso, o reconhecimento da receita pode ocorrer à medida que a ponte for sendo construída.

Para isso, é preciso fazer a mensuração do progresso, que deve ter como objetivo descrever o quanto a entidade desempenhou até o momento em termos de transferência do controle dos bens ou serviços prometidos. No caso de uma ponte em construção, é preciso fazer uma medição de quanto da ponte ficou pronta a cada período, digamos a cada mês. Isso é feito rotineiramente pelos engenheiros da obra.

Entretanto, a norma prevê dois tipos de método para a mensuração do progresso: os métodos de produto e os métodos de insumo. A escolha do tipo de método depende da natureza do bem ou serviço prometido. Os métodos de produto são baseados na mensuração do valor transferido ao cliente, a partir de avaliações de resultados atingidos, marcos alcançados, tempo transcorrido e unidades produzidas ou entregues. Esse tipo é melhor aplicável a situações como uma consultoria em que o cliente paga por hora de serviço prestado, ou seja, em situações em que é possível observar diretamente o produto que está sendo entregue ao cliente.

Os métodos de insumos são baseados nos esforços ou insumos da entidade para a satisfação da obrigação de desempenho. Por exemplo, no caso da ponte em construção, a mensuração pode ocorrer com base nos custos incorridos até o momento em relação ao custo total esperado. Outras bases também podem ser utilizadas, como recursos consumidos, horas de trabalho despendidas, tempo transcorrido ou horas de máquinas utilizadas, por exemplo.

Nesses contratos de construção, ou em contratos em geral com execução ao longo do tempo, é comum que haja modificações ou aditivos nos contratos, em função de necessidades de novos serviços ou modificações não previstas inicialmente. Por exemplo, na construção de uma ponte, digamos que logo no início da obra a entidade tenha identificado que seria necessário explodir uma pedra que não havia sido detectada inicialmente. Como isso demanda procedimentos adicionais e pode impactar o cronograma de obras, uma modificação no contrato pode ser necessária, implicando receita adicional. Dependendo da natureza da obrigação de desempenho, a modificação pode ser tratada como um contrato separado, como a rescisão do contrato anterior e a criação de um novo ou como parte do contrato existente, conforme itens 20 e 21 do CPC 47. Isso pode impactar a forma como a receita deve ser reconhecida, se no momento da entrega ou ao longo do tempo.

Entretanto, nem toda construção permite o reconhecimento de receita à medida que a obra é realizada. Digamos que uma construtora inicie a construção de uma casa sem que ainda tenha fechado um contrato com o cliente, mas com a intenção de vendê-la assim que a obra terminar. Nesse caso, a receita só poderia ser reconhecida após a entrega da casa ao cliente, mesmo que o contrato tenha sido fechado antes. É o mesmo raciocínio aplicável a um produto fabricado por uma indústria.

Por outro lado, é possível também que a receita de fabricação de um equipamento de grande porte, por exemplo, seja reconhecida à medida que é fabricada, se estiver de acordo com o mesmo critério de controle por parte do cliente.

Existe uma controvérsia a respeito das incorporações imobiliárias. Na incorporação, a construtora adquire o terreno, elabora o projeto, formaliza a incorporação e dá início às obras de construção de um condomínio de casas, por exemplo. A venda das unidades ocorre ao longo do período de construção e mesmo após o término da construção. A Orientação OCPC 01 (R1) – Entidades de Incorporação Imobiliária, de 2008, defende em seu item 34 (e) que a receita deve passar a ser reconhecida com base na medida em que a construção é realizada, a partir do momento em que é vendida a um cliente ainda em fase de construção. Assim, enquanto a unidade não é vendida, os custos de construção são capitalizados no ativo. A partir do momento em que um contrato com cliente é fechado, passa a reconhecer a receita com base no percentual dos custos incorridos até o momento. Como o CPC 47 foi editado após a OCPC 01, fica a controvérsia a respeito de se o cliente possui o controle da unidade a partir do momento do fechamento do contrato com a incorporadora, permitindo o reconhecimento da receita à medida da construção, ou se a receita deveria ser reconhecida apenas com a "entrega das chaves" ao cliente.

3.2 Mensuração das receitas

O CPC 47 traz um conjunto de princípios para a mensuração da receita com clientes. A ideia geral é que o preço da transação seja alocado a cada obrigação de desempenho que for satisfeita. Assim, temos dois elementos importantes a serem definidos: o preço de transação e a sua alocação. O preço de transação é baseado no valor da contraprestação esperada por parte do cliente.

Isso significa que é preciso que haja uma contraprestação por parte do cliente. Esse critério de mensuração de receita, além de trazer informação relevante, evita que determinadas manipulações de informação ocorram. É o caso de permuta de propaganda em *sites* de internet. Nesses acordos, um *site* publica sua propaganda em outro *site* e vice-versa. Nada é cobrado de ninguém, mas uma receita com base em um preço irreal poderia ser reconhecida pela publicação e visualização da propaganda, assim como um custo de mesmo valor, gerando um lucro zero. Entretanto, a receita é um indicador de tamanho, o que pode dar a falsa impressão de ser uma empresa maior do que de fato é.

A alocação do preço de transação a cada obrigação de desempenho é o objetivo final da separação de cada obrigação. Isso é importante, porque permite que o usuário da informação avalie as naturezas das receitas que a entidade obtém, aumentando sua capacidade de projetar fluxos de caixa futuros. Por exemplo, um analista poderia projetar melhor as receitas de vendas de uma empresa de telefonia com a informação sobre as vendas de aparelhos de celular separadamente da receita com serviços de telefonia, que têm comportamentos diferentes.

Porém, isso também representa um desafio, pois nem sempre fica claro em um contrato qual é o valor de cada obrigação de desempenho que está contido no valor da contraprestação paga ou a ser paga pelo cliente. Por conta disso, o CPC 47 estabelece uma série de princípios para essa alocação.

Vamos separar esta seção de mensuração em duas partes:

- Determinação do preço da transação.
- Alocação do preço da transação.

3.2.1 Determinação do preço da transação

Segundo o item 47 do CPC 47, o preço da transação é "o valor da contraprestação à qual a entidade espera ter direito em troca da transferência dos bens ou serviços prometidos ao cliente, excluindo quantias cobradas em nome de terceiros (por exemplo, alguns impostos sobre vendas)".

Em transações corriqueiras, como a venda de um produto ao consumidor final ou a prestação pontual de um serviço, o preço da transação é determinável com facilidade, pois é o próprio preço acordado entre as partes. Por exemplo, uma loja vende uma geladeira por $ 2.000; esse é o próprio preço da transação. Entretanto, há situações em que essa determinação pode ser mais complicada. A norma até especifica princípios para essas situações, nem sempre frequentes. Vamos comentar algumas delas.

Ainda em relação à definição do preço de transação, há a questão das quantias cobradas em nome de terceiros, como é o caso dos tributos incidentes sobre as receitas e valor agregado. A norma CPC 47 entende que esses tributos, tais como Imposto sobre Circulação de Mercadorias e Serviços (ICMS), Imposto sobre Serviços (ISS), Programa de Integração Social (PIS) e Contribuição para o Financiamento da Seguridade Social (Cofins), não são benefícios econômicos que fluam para a entidade e não resultam em aumento do patrimônio líquido. Assim, são entendidos como repasse do cliente para o governo. Com isso, esses tributos são excluídos da mensuração da receita.

Por exemplo, se uma venda de um produto por $ 1.000 continha ICMS de 18% sobre o preço, o valor da receita é de $ 820. Isso é o que prevê a norma original IFRS. Entretanto, o CPC incluiu um parágrafo (112A) para que o valor de $ 1.000 seja divulgado em notas explicativas como receita bruta tributável, conforme segue:

Receita bruta tributável	$ 1.000
(–) Tributos incidentes sobre receita	($ 180)
= Receita de vendas	$ 820

Uma situação especificada pela norma é a da contraprestação variável. Digamos que a entidade tenha sido contratada para construir uma ponte e que esteja previsto no contrato um bônus de desempenho, em que a entidade pode ganhar 10% de bônus caso entregue a obra em até sete meses, por exemplo. A questão é: quando essa receita variável deve ser reconhecida? Na realidade, quanto dessa receita pode ser reconhecida no tempo? A norma diz que a entidade deve estimar o valor da contraprestação variável pelo valor esperado ou pelo valor mais provável. Nesse caso em específico da ponte, pode ser feita uma estimativa do valor mais provável, considerando dois possíveis resultados: obter ou não o bônus. Assim, o valor mais provável considera a probabilidade de se obter o bônus, dentro de uma faixa entre 0 e 1. Porém, conforme o item 56 do CPC 47, esse valor deve ser incluído no preço da transação apenas se for altamente provável que não será revertido quando a incerteza for resolvida.

Outra situação importante em relação à determinação do preço da transação é a questão do financiamento do cliente. O CPC 47 traz uma abordagem que procura fazer com que a receita reflita o valor do dinheiro no tempo. Para isso, o objetivo da mensuração é identificar o preço que o cliente teria pago à vista pelos bens ou serviços. A ideia é que a receita financeira decorrente do financiamento do cliente seja reconhecida ao longo do prazo de recebimento. Com isso, é como se a receita fosse separada em duas partes, a que se refere ao preço do produto ou serviço e a que se refere ao componente de financiamento.

Por exemplo, digamos que uma loja tenha vendido uma geladeira em seis parcelas de $ 407 mensais. Se tivesse vendido à vista, o valor seria $ 2.000. No momento em que a loja passa o controle da geladeira ao cliente, o valor da receita deve ser de $ 2.000. O lançamento contábil seria:

	Débito	Crédito
Contas a receber	$ 2.000	
Receita com clientes		$ 2.000
Reconhecimento de receita com cliente X		

Ao final do primeiro mês, o valor presente das parcelas remanescentes é de $ 1.713, fazendo com que o valor dos juros seja de $ 120 [$ 407 – ($ 2.000 – $ 1.713)]. O lançamento contábil seria:

	Débito	Crédito
Contas a receber	$ 120	
Receita financeira com clientes		$ 120
Reconhecimento de receita financeira com clientes		

> **PARA REFLETIR...**
>
> O efeito de ajustar a receita a valor presente é reconhecer em um primeiro momento o correspondente ao valor à vista do produto ou serviço e a receita financeira da venda a prazo ao longo do tempo. Por que esse princípio melhora a qualidade da informação contábil?

A separação da receita com clientes em duas partes, uma referente ao valor do produto ou serviço pelo preço à vista e outra referente à receita financeira decorrente da concessão de crédito ao cliente, permite ao usuário da informação avaliar o resultado que se obtém com a operação de vender o produto ou serviço separadamente do resultado da operação financeira, o que melhora a capacidade de projeção de resultados. Além disso, evita que a receita financeira seja reconhecida antecipadamente, o que poderia gerar informação enganosa.

A norma considera que é preciso que o componente de financiamento seja significativo para o contrato. Para isso, é preciso considerar a diferença entre o valor da contraprestação e o valor à vista do produto ou serviço. Mesmo que a prática da empresa ou do setor seja a de não vender à vista, mas sempre com prazo de 60 dias para pagar, pode haver um componente significativo de financiamento, porque é preciso considerar também o prazo e a taxa de juros de mercado nessa avaliação. Para isso, é preciso considerar uma taxa de juros que o cliente poderia obter em uma transação de financiamento separada.

Porém, pode ser difícil julgar se o componente de financiamento é significativo. Perceba que a norma utilizou o termo "significativo", que é diferente do termo "material", mas, talvez, no sentido de separar o que é a receita financeira obtida com cliente, o julgamento seja semelhante ao de materialidade em relação à avaliação do seu montante. Talvez, o uso de sinônimos para "significativo" possa ajudar: do valor total da contraprestação, a parcela da receita financeira é "expressiva", "claramente importante"?

Vamos tentar usar exemplos para diferenciar, mesmo com chances de errar no julgamento. Digamos que o valor de uma mercadoria à vista seja de $ 5.000, mas o prazo concedido ao cliente é de 30 dias, seguindo a prática do setor, com taxa de juros de 6% ao ano, compatível com a taxa vigente no mercado atualmente. O valor dos juros seria de $ 24, aproximadamente, o que representa 0,48% do valor do total da contraprestação. Esse componente não parece ser significativo, expressivo, em relação ao valor da contraprestação total. Assim, nesse exemplo, a receita de $ 5.024 poderia ser reconhecida no momento da entrega da mercadoria. Em outro exemplo, uma mercadoria é vendida à vista por $ 5.000, com prazo de 12 meses e taxa de juros de 12% ao ano. Nesse caso, o valor total dos juros é de $ 314, representando quase 6% do valor total das contraprestações do cliente. Considerando que o prazo é relativamente longo, a taxa de juros é relativamente alta e que 6% da receita pode ser até maior que o lucro da empresa em algumas situações, podemos considerar que o componente é significativo. Nesse caso, a receita de $ 5.000 deve ser reconhecida no momento da entrega da mercadoria e o valor dos juros como receita financeira com clientes ao longo dos 12 meses.

É claro que o julgamento a respeito da significância do componente de financiamento deve ser feito caso a caso. Para isso, é importante ressaltar que o objetivo é representar o mais fielmente possível a forma como a entidade obtém as receitas com seus clientes e evitar que a receita financeira com clientes seja reconhecida antes da hora, quando for expressiva, significativa.

Uma situação possivelmente rara, mas que está prevista na norma, é a permuta, talvez mais pela possibilidade de manipulação com esse tipo de operação, como colocado anteriormente no exemplo de *sites* de internet, do que exatamente pela frequência com que ocorre. Nesse caso, o item 66 do CPC 47 determina que a entidade deve mensurar a contraprestação não monetária (ou promessa de contraprestação não monetária) pelo valor justo. Assim, se a entidade fechou um contrato com um cliente em que vai receber mercadorias como contraprestação de um serviço a ser prestado, essas mercadorias precisam ser mensuradas a valor justo, que provavelmente será o valor de venda à vista dessas mercadorias. Perceba que não é o valor do custo que está em estoque no cliente.

Do mesmo modo, se um *site* de internet faz uma permuta de propaganda com outro *site*, sua receita deve ser calculada com base no valor justo do serviço que irá receber. Isso evita que a entidade e seu cliente inflem artificialmente suas receitas com preços irreais.

Se a entidade não puder estimar razoavelmente o valor justo do que irá receber como contraprestação, ela deve mensurar indiretamente pelo valor dos bens ou serviços prometidos ao cliente, no pressuposto de que são valores equivalentes. Se a entidade que possui o *site* fez uma permuta com outro *site*, que está iniciando suas atividades e não é possível estimar o valor justo da contraprestação, a entidade deve estimar o valor justo da sua própria receita.

Agora, outra situação: digamos que uma companhia aérea tenha vendido uma passagem, mas a viagem do cliente, por algum motivo, não ocorreu como esperado e a companhia vai reembolsá-lo em dinheiro ou em crédito para reservar um novo voo. Essa é uma situação que é tratada pela norma como uma contraprestação a pagar ao cliente. A entidade deve contabilizá-la como redução do preço da transação, a menos que o pagamento ao cliente se dê em troca de bem ou serviço distinto. Nesse caso, como o cliente já havia realizado o voo, a receita já havia sido reconhecida e é preciso então reduzir o seu valor, conforme lançamento a seguir:

	Débito	Crédito
Redução da receita por reembolso a cliente (R)	$	
Contraprestação a pagar ao cliente		$
Desreconhecimento de receita com cliente X		

3.2.2 Alocação do preço da transação à obrigação de desempenho

Uma vez tendo sido definido o preço da transação, é preciso alocá-lo a cada obrigação de desempenho. Imagine a seguinte situação: a entidade fechou um contrato com o cliente para entregar a licença de uso de um *software* e dar suporte ao longo de 48 meses. Digamos que o valor definido no contrato é de $ 2,4 milhões, com pagamentos de $ 50 mil por mês. Como vimos anteriormente, há duas obrigações de desempenho em um mesmo contrato e é preciso alocar esse valor único às duas obrigações.

O item 73 do CPC 47 diz que o objetivo é alocar o preço da transação a cada obrigação de desempenho distinto pelo valor da contraprestação esperada. Assim, no nosso exemplo, é preciso alocar o valor do contrato de *software* à licença de uso e ao serviço de suporte separadamente, uma vez que são obrigações de desempenho distintas.

Para isso, a norma define que essa alocação deve ser feita com base no preço de venda individual, que é o preço pelo qual a entidade venderia o bem ou o serviço prometido separadamente ao cliente. Mesmo que esse preço não seja diretamente observável, talvez em função de a entidade não realizar a venda da licença de uso ou do suporte separadamente, é preciso fazer uma estimativa com base no item 73, de modo que reflita o valor da contraprestação a que a entidade espera ter direito em troca da transferência desses serviços.

Perceba que a norma não definiu que deveria ser o valor justo do bem ou serviço individual. Talvez porque a forma definida de mensuração do valor justo pelo CPC 46 possa mais dificultar do que auxiliar a entidade a fazer essa alocação. A norma define três abordagens adequadas para estimar o preço de venda individual: avaliação de mercado ajustada, custo esperado mais margem, e residual, que é o preço de transação total menos a soma dos preços individuais dos demais bens ou serviços prometidos no contrato. Entretanto, a norma prevê a possibilidade de haver desconto, que ocorre quando a soma dos preços individuais é maior que o preço da transação. Nesse caso, o desconto deve ser alocado proporcionalmente a cada bem ou serviço, exceto quando houver evidência de que o desconto se refere a uma ou mais obrigações de desempenho.

Voltando ao nosso exemplo do *software*, digamos que a entidade tenha identificado que o valor da licença corresponda a $ 1,8 milhão e que o valor do suporte corresponda a $ 600 mil (vamos desconsiderar o componente financeiro para fins de simplificação, mas provavelmente deveria ser considerado). No momento em que a entidade concluir a transferência do controle do *software*, após instalação e testes, por exemplo, pode ser feito o reconhecimento de receita com clientes no valor de $ 1,8 milhão. À medida que o serviço de suporte seja realizado ao longo do tempo, $ 12.500 de receita com clientes podem ser reconhecidos mensalmente.

Entretanto, é possível que haja alterações no preço da transação após o início do contrato. Digamos que, no mesmo exemplo do *software*, o cliente tenha solicitado uma redução de 10% no valor das contraprestações após a entrega da licença de uso e a empresa tenha atendido à solicitação. Nesse caso, a norma determina em seu item 88 que as alterações devem ser alocadas da mesma forma que no início do contrato. Isso implica a revisão da receita que já havia sido reconhecida referente à licença de uso. Assim, no nosso exemplo, no momento em que a alteração no preço foi acordada, é preciso reconhecer uma redução da receita no valor de $ 180 mil referente à receita da licença de uso que havia sido reconhecida e uma redução de $ 1.250 em cada parcela de receita que já havia sido reconhecida referente ao suporte ao cliente. Assim, essas alterações devem retroagir. O desconto total de $ 240.000 não pode ser distribuído nas parcelas de receita que ainda não foram reconhecidas.

Digamos que a nossa empresa de *software* tenha incorrido em custos como gastos com viagens para negociar a proposta e com comissões de vendas para seu vendedor. De acordo com o CPC 47, item 91, os custos com comissões de vendas podem ser reconhecidos como ativo, pois são considerados custos incrementais aqueles em que a entidade incorre para obter o contrato e que ela não teria incorrido se o contrato não tivesse sido obtido. Porém, os gastos com viagens foram incorridos mesmo que o contrato não tivesse sido obtido, devendo ser lançados como despesa quando incorridos. Faz sentido os custos incrementais serem reconhecidos como ativo quando se trata de um contrato cuja receita é reconhecida em prazo longo, maior que um ano; de outro modo, devem ser lançados como despesa quando incorridos.

DESTAQUES FINAIS

Os princípios de reconhecimento de receitas procuram representar o quanto de fato a entidade ganhou com seus clientes, mas ao mesmo tempo procuram evitar que elas sejam superavaliadas, por meio de mecanismos como a definição das figuras de principal e agente e os critérios que evitam o reconhecimento de receita por permuta de propaganda, por exemplo.

Isso evita tanto a superavaliação do lucro como a divulgação de uma receita, que é entendida como um indicador de tamanho, maior do que de fato é.

RESUMO

- A normatização dos eventos relacionados ao reconhecimento de receitas com clientes procura fazer com que a informação reflita a realidade e evite certos tipos de manipulação.
- O reconhecimento de receita com clientes segue um processo de três etapas: a identificação do contrato, a identificação de desempenho e a satisfação da obrigação de desempenho.
- Na mensuração da receita com clientes, é preciso verificar o preço da transação e fazer a alocação a cada obrigação de desempenho.

EXERCÍCIOS PROPOSTOS

QUESTÃO 1: De acordo com os critérios de reconhecimento de receitas, por que uma transação de venda consignada pode não ter sua reconhecida no momento da transferência da mercadoria para o cliente?

QUESTÃO 2: Na prática, como você avaliaria se o estágio de execução de um serviço prestado é mensurado com confiabilidade?

QUESTÃO 3: Foi realizada uma operação de venda de um produto em um arranjo financeiro não usual na empresa. O produto é normalmente vendido à vista por $ 200.000, mas a operação foi realizada em 15 parcelas de $ 15.565. A receita de juros na operação foi considerada significativa. Como a operação deve ser contabilizada no momento da entrega da mercadoria e ao final do primeiro mês, quando a primeira parcela for paga?

QUESTÃO 4: Uma empresa fornece serviços e produtos de automação industrial. Ela fechou um contrato com um cliente a quem irá fornecer uma máquina e serviços de manutenção por 5 anos. A máquina será cedida gratuitamente, com serviços de $ 4.000 faturados mensalmente. Caso o contrato seja quebrado unilateralmente pelo cliente ao longo dos 5 anos, a multa a ser paga pelo cliente é de $ 60.000. Esse valor corresponde ao preço de venda à vista da máquina. Analise a identificação das obrigações de desempenho contidas no referido contrato para fins de reconhecimento de receita.

QUESTÃO 5: Um *site* de *e-commerce* tem um acordo comercial em que oferta os produtos de seus parceiros. O *site* é responsável por receber os pedidos dos consumidores,

> controlar os produtos disponíveis em estoque dos parceiros, receber dos consumidores, fazer a recepção dos produtos vendidos e realizar a entrega aos consumidores. O *site* tem uma participação de 16% nas vendas realizadas, que é cobrada do parceiro após a realização da entrega ao cliente. Entretanto, eventuais devoluções e trocas são realizadas diretamente pelo parceiro. Em uma operação hipotética de venda de um produto de $ 1.000, como a receita deve ser reconhecida pelo *site*?

BIBLIOGRAFIA SUGERIDA

CHIARA, M. Carnê de loja ganha força com a crise. *O Estado de S. Paulo*, 31 jul. 2016.

COMITÊ DE PRONUNCIAMENTOS CONTÁBEIS (CPC). *Pronunciamento técnico CPC 00 – (R2) – Estrutura Conceitual para Relatório Financeiro – Correlação às Normas Internacionais de Contabilidade – Conceptual Framework for Financial Reporting*. Brasília: CPC, 2019. Disponível em: http://static.cpc.aatb.com.br/Documentos/573_CPC00(R2).pdf. Acesso em: 9 jul. 2020.

COMITÊ DE PRONUNCIAMENTOS CONTÁBEIS (CPC). *Pronunciamento técnico CPC 47 – Receita de Contrato com Cliente – Correlação às Normas Internacionais de Contabilidade – IFRS 15 – Revenue from Contracts with Customers*. Brasília: CPC, 2016. Disponível em: http://static.cpc.aatb.com.br/Documentos/527_CPC_47_Rev%2014.pdf. Acesso em: 26 jul. 2020.

12

ESTOQUES E CUSTOS

Sílvio Hiroshi Nakao

OBJETIVOS DE APRENDIZAGEM

- Compreender a necessidade de haver normatização sobre estoques e custos.
- Compreender quais são os mecanismos utilizados pelo normatizador nas normas sobre estoques para gerar uma informação mais fidedigna e evitar viés de interesses do gestor.
- Compreender as escolhas contábeis permitidas ao gestor e como essas escolhas podem melhorar a qualidade da informação divulgada.

1. APRESENTAÇÃO

Nas demonstrações financeiras de 2018 da empresa Magazine Luiza S.A., a nota explicativa de informações gerais traz a seguinte informação:

> Em 31 de dezembro de 2018 a Companhia possuía 954 lojas (858 lojas em 31 de dezembro de 2017) e 12 centros de distribuição (10 centros de distribuição em 31 de dezembro de 2017) localizados nas regiões Sul, Sudeste, Centro-Oeste e Nordeste do País e atuava nos sites de comércio eletrônico www.magazineluiza.com.br e www.epocacosmeticos.com.br.

Isso significa um aumento de 11,2% no número de lojas e de 20% no número de centros de distribuição. Ligado a isso, o balanço patrimonial da empresa revela que houve um aumento de 32,6% no imobilizado (R$ 569.027 em 2017 para R$ 754.253 em 2018), mas um aumento de 42,7% nos estoques (R$ 1.969.333 em 2017 para R$ 2.810.248 em 2018).

Sem examinar outros detalhes dessa forte expansão da empresa, esse aumento mais do que proporcional dos estoques em relação ao imobilizado pode sugerir uma expansão do comércio eletrônico, que demanda maior disponibilidade de estoques sem exigir investimentos em lojas físicas. Isso é confirmado pelo relatório da administração da companhia, que revela um aumento de 60,1% nas vendas de *e-commerce*, ante um aumento de 25,8% das lojas físicas.

Este é um exemplo que destaca a importância da informação sobre estoques existentes nos balanços patrimoniais das empresas.

Este capítulo trata das questões envolvendo o tratamento contábil dado a estoques e, por tabela, dos custos, de acordo com as normas IFRS/CPC.

O objetivo do capítulo é fazer com que o leitor possa entender os princípios contábeis que regem a elaboração da informação a respeito de estoques e custos. Esses temas são importantes, porque provavelmente são os que envolvem o maior volume de lançamentos contábeis em uma empresa. Apesar de disciplinarem o tratamento contábil de um grande volume de operações recorrentes, há alguns detalhes que precisam ser observados, principalmente quando há situações que podem fugir do convencional.

Um produto ou um serviço devem ser reconhecidos no estoque de uma entidade quando atende aos critérios de reconhecimento, assim como os custos que são incorridos para elaborá-los. Há critérios também para definir quais são os custos que podem ou não ser incorporados ao estoque e como mensurá-lo ao longo do tempo. Quando o produto ou serviço prometido é entregue ao cliente e essa entrega satisfaz a obrigação de desempenho, uma receita pode ser reconhecida, ao mesmo tempo que há a baixa do estoque e o reconhecimento do custo do produto ou serviço.

Dado o interesse econômico do gestor, é importante lembrar que a norma CPC 16 trata de estoques de produtos e procura fazer com que a informação reflita a realidade e evite informação enganosa a respeito de estoques e custos. Assim, ela procura evitar que os estoques fiquem superavaliados, com consequente subavaliação dos custos. O objetivo é divulgar um lucro que represente a realidade econômica da entidade, mas evitando viés de superavaliação.

Uma alteração promovida pelo CPC 47 – Receita de Contrato com Cliente retirou do texto do CPC 16 uma parte referente a estoques de serviços. Por isso, também vamos tratar desse aspecto neste capítulo, trazendo os princípios contábeis relacionados constantes do CPC 47.

Este capítulo apresenta primeiramente esta visão geral dos assuntos relacionados e uma análise das normas contábeis. Posteriormente, são apresentados os principais conceitos relacionados e as principais determinações das normas contábeis, juntamente com as questões práticas relacionadas ao assunto e os principais pontos em que a norma demanda interpretação.

O Quadro 12.1 apresenta os pronunciamentos nacionais e seus congêneres internacionais nos quais se baseiam.

Quadro 12.1 Pronunciamentos sobre estoques e receitas

CPC	IFRS Iasb
CPC 16 – Estoques	IAS 2 – *Inventories*
CPC 47 – Receita de Contrato com Cliente	IFRS 15 – *Revenue from Contracts with Customers*

2. CONCEITOS E DEFINIÇÕES RELEVANTES

A primeira definição importante é a de estoques. De acordo com o CPC 16 (R1):

Estoques são ativos:

(a) mantidos para venda no curso normal dos negócios;
(b) em processo de produção para venda; ou
(c) na forma de materiais ou suprimentos a serem consumidos ou transformados no processo de produção ou na prestação de serviços.

Essa definição traz três tipos de estoques, mas o que há de comum entre eles é que existe a intenção da entidade de vender o ativo como um processo corrente dos negócios por ela empreendidos. Isso diferencia estoque de outros ativos, como o imobilizado. Outros ativos poderiam estar em conformidade com essa definição de estoque, mas o item 2 do CPC 16 diz expressamente que ele não se aplica a instrumentos financeiros, ativos biológicos e produtos agrícolas no momento da colheita (nesse caso, logo após o momento da colheita, o produto passa a ser tratado como estoque).

São exemplos de estoques mantidos para venda no curso normal dos negócios as mercadorias adquiridas para revenda, como alimentos, bebidas, roupas, carros etc. Se um imóvel é adquirido com a intenção de venda no curso normal dos negócios, será também classificado como estoque. É diferente de uma propriedade para investimento, em que um imóvel é adquirido para valorização ou obter renda de aluguel, mas cuja venda não seja no curso ordinário dos negócios, apenas eventual. Se o imóvel for adquirido para uso, deve ser classificado como imobilizado, e não como estoque. Os estoques incluem também os produtos acabados que foram fabricados pela entidade e que aguardam a venda e entrega ao cliente.

Ativos que estão em processo de produção para venda ou na forma de materiais ou suprimentos a serem consumidos ou transformados no processo de produção ou na prestação de serviços abrangem as matérias-primas, mão de obra, depreciação e outros gastos incorridos para produzir um produto ou um serviço que será entregue no futuro.

Com o advento do CPC 47, não existe mais estoque de serviços conforme o CPC 16, mas há o tratamento de **custo para cumprir o contrato**. Esses custos podem ser reconhecidos como ativo caso estejam relacionados diretamente ao contrato, gerem ou aumentem recursos da entidade que serão usados para satisfazer a obrigação de desempenho no futuro e que se espera que sejam recuperados. Custos gerais e administrativos, perdas, ou que não possam ser identificados diretamente, devem ser reconhecidos como despesa quando incorridos. Assim, funciona como um estoque: os custos vão sendo acumulados no ativo até que esteja pronto para ser transferido e a receita seja reconhecida.

3. PROCEDIMENTOS CONTÁBEIS

Elencamos a seguir os pontos fundamentais sobre estoques e custos. Precisamos ressaltar que esta seção não tem o objetivo de repetir o que as normas tratam – o objetivo é guiar a leitura, reforçar os pontos fundamentais e chamar a atenção para pontos que podem passar despercebidos, mas que são importantes do ponto de vista de interpretação e aplicação prática.

3.1 Reconhecimento e mensuração de estoque

O CPC 16 não traz princípios de reconhecimento de estoques, o que remete ao princípio geral dado pelo CPC 00 – Estrutura Conceitual para Relatório Financeiro. O item deve ser reconhecido se prover os usuários das demonstrações financeiras com informação que seja útil, isto é, com informação relevante e representação fidedigna.

No caso de estoques, o reconhecimento a custo é entendido como uma informação relevante, porque o custo reflete a probabilidade de uma entrada de benefícios econômicos. Se deixasse de ser reconhecido como ativo e fosse lançado a resultado, poderia não ser uma representação fidedigna.

Assim, o reconhecimento de estoques normalmente não é cercado de grandes problemas, pois em geral ocorre com a sua aquisição. Ao adquirir um item de estoque, o gestor tomou a decisão de compra considerando que é provável a obtenção de benefícios econômicos futuros, inclusive em valor maior que o da aquisição. Por conta disso, o custo é uma boa forma de representação dos fluxos de caixa futuros que serão obtidos pela venda, já que provavelmente estes não serão menores que o custo. Além disso, o custo pode ser mensurado com confiabilidade. Assim, a aquisição permite o reconhecimento do estoque.

O problema maior está na mensuração dos estoques. De acordo com o CPC 16 (R1), item 10, "o valor de custo do estoque deve incluir todos os custos de aquisição e de transformação, bem como outros custos incorridos para trazer os estoques à sua condição e localização atuais". Esse princípio precisa ser desmembrado em várias partes para clarificar o que de fato representa.

Em primeiro lugar, o custo de aquisição dos estoques é aplicável a mercadorias, matérias-primas e outros materiais adquiridos. O custo de aquisição compreende o preço de compra, os impostos de importação e outros tributos não recuperáveis, assim como os custos de transporte, seguro, manuseio e outros diretamente atribuíveis à aquisição. A ideia é que todo o gasto que foi efetuado para colocar os estoques na condição e localização atuais seja incorporado aos seus custos.

Os tributos recuperáveis não devem fazer parte do custo do estoque. Eles representam um ativo de natureza diferente, pois seus benefícios econômicos devem ocorrer pela redução do passivo de tributos a pagar ou pelo ressarcimento em dinheiro do governo, dependendo da legislação aplicável.

Assim, no momento do reconhecimento do estoque, o lançamento contábil da aquisição de um estoque a prazo no valor de $ 1.000 e tributos recuperáveis de 25% seria:

	Débito	Crédito
Estoques	$ 750	
Tributos a recuperar	$ 250	
Fornecedores		$ 1.000
Aquisição de estoques a prazo e tributos a recuperar		

Gastos adicionais com transporte, seguro e outros podem ser incorporados ao valor do estoque, tendo ou não tributos a recuperar. Se a mercadoria for importada, o imposto de importação, assim como outras taxas, não é recuperável, e também deve compor o custo do estoque.

Os custos de transformação de estoques, no caso de uma indústria, incluem os diretos e indiretos de produção. Os custos diretos são aqueles relacionados diretamente com as unidades produzidas ou com as linhas de produção. Por exemplo, fazem parte do custo direto de fabricação de um carro as chapas de aço empregadas em cada unidade produzida. Os custos diretos são também considerados custos variáveis, pois variam conforme o volume produzido.

Os custos indiretos de produção são também incorridos para transformar os materiais em produtos acabados, mas não podem ser atribuídos diretamente a cada unidade produzida. Os custos indiretos podem ser fixos ou variáveis. Os custos indiretos variáveis são aqueles que variam diretamente, ou quase diretamente, com volume de produção. Por exemplo, óleos lubrificantes de máquinas utilizadas na produção são mais utilizados se a produção for maior, mas não é possível fazer uma atribuição direta a cada unidade produzida.

Os custos indiretos de produção fixos são aqueles que não variam conforme a quantidade produzida, permanecendo relativamente constantes independentemente do volume de produção. É o caso de depreciação e gastos de administração da fábrica. Nesse caso, é preciso definir e utilizar um critério de rateio dos custos indiretos para fazer a alocação dos custos a cada unidade produzida.

Por exemplo, digamos que haja depreciação de máquinas e equipamentos no período no valor de $ 20.000. Por ser um custo fixo, a alocação desse custo aos produtos é feita por meio de rateio, que digamos nesse caso foi estabelecido por unidade de produção. Com a produção de 4 mil unidades no período, $ 5 são alocados de depreciação para cada unidade de produto.

Como há a alocação de custos fixos aos produtos, entende-se que é utilizado o chamado custeio por absorção, em que os custos, diretos ou indiretos, são absorvidos pelos produtos. É um método diferente do custeio variável (ou direto), em que apenas os custos e despesas variáveis são alocados aos produtos, ficando os custos e despesas fixos fora da avaliação dos estoques.

PARA REFLETIR...

O método de custeio variável é entendido como útil para a tomada de decisão dos gestores em relação a produtos, pois a diferença entre receitas e custos variáveis, a chamada margem de contribuição, permite avaliar se o produto é lucrativo e se a quantidade de produtos vendidos é suficiente para cobrir os custos fixos da empresa. Se é útil para gestores, por que o método de custeio variável não pode ser utilizado para a mensuração dos estoques em IFRS/CPC?

Apesar de o método de custeio variável ser amplamente utilizado para fins gerenciais, de tomada de decisão sobre produtos, seu uso não é permitido para a mensuração dos estoques. A justificativa está na própria forma de alocação desse método. Para se calcular a margem de contribuição de um produto, é preciso considerar os custos e despesas variáveis. Isso inclui custos com matéria-prima, mas também despesas de comissão de vendas, por exemplo. A alocação aos produtos de despesas não relacionadas à produção não é considerada apropriada em IFRS/CPC, pois o objetivo é avaliar o custo do ativo, ou seja, o quanto custa para que o produto seja produzido. Isso não inclui a despesa incorrida ou a incorrer para se vender o ativo.

A alocação de custos fixos indiretos às unidades produzidas deve ser baseada na capacidade normal de produção. A norma define que a capacidade normal é a produção média que se espera atingir ao longo de vários períodos em circunstâncias normais. Esse princípio contábil procura evitar a superavaliação do estoque, pois a norma diz que o valor do custo fixo alocado a cada unidade produzida não pode ser aumentado por causa de um baixo volume de produção ou ociosidade.

Em números, digamos que a capacidade normal da empresa do nosso exemplo anterior seja de 4 mil unidades e que o custo de depreciação seja constante de $ 20.000 ao longo do tempo. Se a produção caísse para mil unidades em outro período, o custo fixo alocado para cada unidade produzida seria de $ 20, a princípio. O que a norma determina é que o custo alocado a cada unidade continue sendo de $ 5 [$ 20.000 / 4.000 unidades]. Com isso, o valor de custo fixo alocado ao estoque seria de $ 5.000 [$ 5 × 1.000 unidades]. A diferença de $ 15.000 precisa ser lançada a resultado, debitando custo do produto vendido (CPV) e creditando depreciação acumulada.

Outro problema que existe em relação à alocação de custos é o de custos conjuntos, em que mais de um produto é fabricado simultaneamente no mesmo processo de produção. Por exemplo, ao esmagar soja, surgem dois produtos: o óleo de soja e o farelo de soja. O problema é alocar o custo dos grãos de soja aos dois produtos. A norma diz que os custos devem ser atribuídos aos produtos em base racional e consistente, por exemplo com base no valor relativo da receita de venda de cada produto. Entretanto, é possível que um subproduto resulte desse processo e seja imaterial. Nesse caso, ele deve ser mensurado pelo seu valor realizável líquido e esse valor deve ser deduzido do custo do produto principal.

A norma deixa claro que a superavaliação dos estoques, e consequente redução do lucro do período, não deve ocorrer. Ela fornece exemplos de itens que não devem ser incluídos no custo dos estoques, mas reconhecidos como despesa do período em que são incorridos:

(a) valor anormal de desperdício de materiais, mão de obra ou outros insumos de produção;

(b) gastos com armazenamento, a menos que sejam necessários ao processo produtivo entre uma e outra fase de produção;
(c) despesas administrativas que não contribuem para trazer o estoque ao seu local e condição atuais; e
(d) despesas de comercialização, incluindo a venda e a entrega dos bens e serviços aos clientes.

É muito comum as entidades comprarem estoques a prazo, com pagamento para 30 dias, por exemplo. Entretanto, é possível que uma determinada aquisição tenha uma condição de pagamento que não seja usual, por um prazo muito mais extenso. Se esse negócio com o fornecedor fugir das condições normais de pagamento, é possível que seja interpretado como um financiamento por parte do fornecedor. Nesse caso, a diferença entre o preço de aquisição em condição normal de pagamento e o valor pago deve ser reconhecida como despesa de juros durante o período de financiamento.

Assim, o valor do estoque no ativo e a obrigação com o fornecedor são trazidos a valor presente. Com o passar do tempo, as despesas de juros são incorridas, com o seguinte lançamento:

	Débito	Crédito
Despesas de juros	$	
Fornecedores	$	
Caixa		$
Pagamento de parcela ref. aquisição do fornecedor X		

Prestadores de serviço também podem acumular estoques de serviços em andamento. Os estoques podem conter mão de obra, direta e indireta, materiais utilizados e outros custos indiretos atribuíveis. Porém, não podem conter despesas de vendas e administrativas nem margens de lucro. Assim, os estoques de serviços são mensurados pelos custos da sua produção.

Outro aspecto da mensuração é a atribuição de custos aos produtos. A norma CPC 16 separa dois tipos de tratamento contábil: um para itens específicos e outro para itens intercambiáveis.

Os custos de itens específicos, como projetos encomendados pelos clientes de produtos ou serviços, devem ser atribuídos por meio da identificação específica dos seus custos individuais. Isso significa que, se para um determinado projeto houve o custo com peças, esse custo deve ser alocado a esse projeto, assim como todos os custos ligados direta ou indiretamente a ele. Assim, quando o projeto é finalizado e entregue, todo o custo atribuído a ele é baixado, em confrontação com a receita obtida com ele.

Entretanto, imagine uma indústria que produza grandes quantidades de um mesmo produto (provavelmente é o caso da maioria das indústrias). Pode não ter muito sentido fazer identificação específica dos custos de cada unidade produzida, pois os custos são praticamente os mesmos para cada unidade, podendo variar apenas em função dos preços dos insumos no tempo ou em função dos volumes produzidos em cada período.

Assim, há dois métodos permitidos para se fazer a atribuição de custos: o Primeiro a Entrar, Primeiro a Sair (PEPS) e o custo médio ponderado. O método deve ser utilizado consistentemente ao longo do tempo e para todos os estoques que tenham natureza e uso semelhantes para a entidade.

Pelo método PEPS, pressupõe-se que os itens de estoque que foram comprados ou produzidos primeiro sejam vendidos primeiro, restando em estoque os que foram adquiridos ou produzidos mais recentemente.

Por exemplo, digamos que o estoque inicial de uma entidade possua 20 unidades com custo unitário de $ 100, adquiridas primeiro, e mais 40 unidades com custo unitário de $ 120. Se 25 unidades forem vendidas, o custo dos produtos vendidos pelo método PEPS é de $ 2.600 [(20 × $ 100) + (5 × $ 120)]. Assim, restam em estoque 35 unidades que foram adquiridas por último, totalizando $ 4.200 [35 × $ 120].

Pelo método de custo médio ponderado, o custo de cada item é determinado a partir da média ponderada do custo do estoque inicial e dos custos dos itens comprados ou produzidos durante o período.

No mesmo exemplo anterior, o custo total das 20 unidades ($ 2.000) adquiridas primeiro é somado ao custo das 40 unidades adquiridas posteriormente ($ 4.800), totalizando $ 6.800. O custo médio ponderado é de $ 113,33 [$ 6.800 / 60]. Com isso, o custo das 25 unidades vendidas pelo método do custo médio ponderado é de $ 2.833 [25 × $ 113,33]. Restam em estoque 35 unidades que totalizam $ 3.967 [35 × $ 113,33].

Perceba que os métodos levam a um custo dos produtos vendidos diferente. Entretanto, é uma diferença apenas temporária, pois quando as 35 unidades forem vendidas, todos os $ 6.800 terão ido para resultado.

PARA REFLETIR...

Por que o CPC 16 permite a atribuição de custos apenas pelos métodos PEPS e custo médio ponderado?

O método Último a Entrar, Primeiro a Sair (UEPS) não é aceito em *International Financial Reporting Standards* (IFRS). Você até poderia achar estranho, pois é um método que levaria ao reconhecimento de um lucro menor na suposição de inflação durante o período, pois o último item a entrar teria um custo maior, resultando em custo de mercadoria vendida (CMV) maior quando vendido. Entretanto, é bastante improvável que alguma entidade opere na realidade usando UEPS em seu controle físico de estoques. Como a norma procura, em primeiro lugar, o retrato fiel da realidade econômica, o UEPS não é aceito.

Um princípio relevante da norma CPC 16 é a mensuração dos estoques a valor realizável líquido. Seu objetivo é semelhante ao do *impairment* (Capítulo 8): reduzir o valor dos estoques quando os custos não forem mais recuperáveis. Entretanto, não é exatamente a figura do *impairment*, pois os mecanismos de reconhecimento da perda são ligeiramente diferentes, mais direcionados às características do estoque.

De acordo com o CPC 16 (R1), "valor realizável líquido é o preço de venda estimado no curso normal dos negócios deduzido dos custos estimados para sua conclusão e dos gastos estimados necessários para se concretizar a venda". Perceba que preço, custos e despesas de venda são todos estimados. Isso ocorre porque é possível que o produto ou serviço ainda não tenha terminado de ser elaborado. Esta é uma diferença em relação ao *impairment*, pois o valor recuperável é comparado ao valor contábil naquele momento, e não ao valor estimado.

O custo dos estoques pode não ser recuperável em caso de dano físico, de obsolescência ou de redução dos preços de venda. É possível também que os custos para finalizar o produto ou serviço ou os gastos para vendê-lo tenham aumentado. Como o custo é uma representação do valor dos benefícios econômicos a serem obtidos com o ativo, e não o próprio valor em si, quando o custo está mais alto que o valor que será realizado com a venda do estoque, deve-se reduzi-lo. De outro modo, o estoque e o lucro ficariam superavaliados.

Caso tenha ocorrido algum desses motivos, é necessário fazer a estimativa do valor realizável líquido no mesmo momento. Essa estimativa deve ser baseada nas evidências mais confiáveis disponíveis nesse momento. Assim, se houve um dano físico no estoque, por exemplo, é preciso verificar quais são os preços de venda de estoques nessa condição. Se os custos de produção superaram os preços de venda, é preciso levantar as evidências dos custos alocados e dos preços de venda que estão sendo praticados no mercado.

O valor realizável líquido não se confunde com valor justo, pois se trata de um valor que é particular para a entidade, e isso pode não ser o mesmo que o valor de mercado – é possível que haja um contrato de venda já estabelecido para o item que está sendo elaborado e este seria a base para o valor realizável líquido, o que não seria para a mensuração do valor justo. Já se o contrato de venda estabelece uma quantidade inferior à quantidade existente em estoque, o valor realizável líquido do excedente deve basear-se em preços gerais de venda, o que se aproximaria do valor justo menos despesas de venda.

No caso de matérias-primas e outros bens de consumo que ainda não foram utilizados na produção, seus valores devem ser reduzidos para seus valores realizáveis líquidos caso a diminuição no preço dos produtos acabados ou serviços prestados indique que o custo de elaboração desses produtos ou serviços excederá seu valor realizável líquido. Nesse caso, o custo de reposição dessas matérias-primas e outros pode ser a melhor medida disponível do seu valor realizável líquido.

Em cada período subsequente, deve ser feita uma nova avaliação do valor realizável líquido dos estoques que sofreram redução de valor, podendo a perda ser revertida, de modo que o novo valor represente o menor entre o custo e o valor realizável líquido, reversão esta limitada à quantia da redução original.

Devem ser especialmente notados na aplicação prática alguns aspectos relacionados às exigências e aos julgamentos e escolhas por parte da administração da entidade.

O método de mensuração de estoques intercambiáveis é uma escolha que a administração precisa fazer. Isso pode depender da forma como os controles internos estão estruturados. Se a empresa opera fisicamente por PEPS e seus controles internos são elaborados conforme PEPS, a escolha desse método pode trazer melhor representação da realidade operacional da entidade.

A administração precisa fazer alguns julgamentos em relação à mensuração dos estoques a valor realizável líquido, pois esta depende da interpretação da ocorrência de algum fator que possa ter reduzido o valor dos estoques, como a obsolescência. Além disso, é necessário fazer estimativas de valor para se calcular a eventual perda.

A norma não especifica o tipo de despesa, mas toda baixa de estoque é tradicionalmente lançada como CPV na demonstração do resultado do exercício (DRE). Como ela não especifica, é possível que seja em uma conta com nome diferente. O CPV é também entendido como um grupo de contas que recebe, além do valor da baixa do estoque vendido, toda redução de valor em função de custos que não podem ser alocados e de perdas pelo ajuste ao valor realizável líquido.

DESTAQUES FINAIS

Os princípios de reconhecimento e mensuração de estoques procuram trazer a representação da realidade, mas evitando a sua superavaliação e consequente superavaliação do lucro. Assim, são utilizados mecanismos de ajuste como a alocação de custos fixos às unidades produzidas e os ajustes a valor realizável líquido.

A mensuração do estoque a custo traz a ideia de que a norma é conservadora para reconhecer ganhos com estoques antes que a receita com clientes seja reconhecida. Isso ocorre porque não é possível ter a medida de valor justo para todos os produtos que são produzidos e vendidos pela empresa e porque a avaliação ao valor realizável líquido por um valor maior do que o custo poderia ser temerária, tendo em vista a possibilidade de o gestor "exagerar" na expectativa desse valor.

Do ponto de vista do gestor, é possível fazer escolhas que representem mais fidedignamente o valor dos seus estoques. O gestor pode escolher entre fazer a avaliação pelo PEPS ou pelo custo médio, assim como escolher os critérios de rateio dos custos indiretos aos produtos. Porém, há certa capacidade discricionária na avaliação do valor realizável líquido dos estoques, pois é necessário fazer projeções de preços e custos.

RESUMO

- Os estoques devem ser mensurados ao seu custo ou pelo valor realizável líquido, se este for menor.
- Custos diretos e indiretos devem ser alocados aos produtos diretamente e por meio de rateio.
- Os custos devem ser atribuídos para cada item específico ou por meio dos métodos PEPS e custo médio ponderado para itens intercambiáveis.
- A alocação de custos fixos às unidades produzidas deve ser baseada na capacidade normal de produção, para evitar a superavaliação dos estoques.

EXERCÍCIOS PROPOSTOS

QUESTÃO 1: O CPC 16 utiliza o método de custeio por absorção para a avaliação de estoques. Por que esse método é considerado adequado para a finalidade de divulgação externa? Existem outros métodos de custeio?

QUESTÃO 2: A Empresa Stok Ltda. produz e vende o produto A e revende a mercadoria B. A empresa utiliza o método de custo médio ponderado na avaliação de seus estoques. No mês de julho de 20x4, a empresa tinha a seguinte composição de seus estoques:

- Estoque inicial de matéria-prima: zero.
- Estoque inicial de produtos acabados: 500 unidades a $ 22 por unidade (já líquidos de ICMS).
- Estoque inicial de produtos em processo: zero.

No mês de agosto, ocorreram os seguintes eventos:

- Adquiriu ao longo do mês 200 unidades de matéria-prima para o produto no valor de $ 16 por unidade, incluso ICMS de 18% (considere apenas ICMS). Uma unidade de matéria-prima é utilizada para cada unidade de produto.
- 200 unidades de matéria-prima foram utilizadas na produção do produto no mês.
- Custos fixos no valor de $ 1.600 foram gastos na produção do produto no mês.
- Todos os produtos em processo foram finalizados dentro do próprio mês.
- Foram vendidas 420 unidades do produto ao longo do mês pelo preço de $ 28 a unidade, com ICMS incluso de 18%.
- Um concorrente entrou no mercado com um produto novo e mais barato, fazendo a Empresa Stok ter que baixar o preço de venda do produto no final do mês para $ 24 (incluso ICMS de 18%), exigindo a verificação do valor realizável líquido do saldo de estoques de produtos.

Apure os saldos de estoque no final do mês de agosto de 20x4 da Empresa Stok, assim como as receitas obtidas e o custo dos produtos vendidos. Adicionalmente, elabore as informações que devem ser apresentadas nas notas explicativas a respeito de receita bruta tributável, da classificação de estoques e da apresentação do grupo do custo dos produtos vendidos. Considere apenas ICMS como tributo incidente.

QUESTÃO 3: Faça a contabilização dos seguintes eventos ocorridos em setembro de 20x1 na empresa Le Lost Ltda.:

- Foram adquiridas mercadorias a prazo no valor de $ 60.000, com tributos recuperáveis inclusos de 18%.
- Parte da mercadoria no estoque adquirida foi inutilizada, devido à ação de roedores no estoque, cujo valor de aquisição era de $ 2.000, inclusos tributos de 18%. Esses tributos deixam de ser recuperáveis.
- Parte do estoque inicial, contabilizado pelo valor de $ 3.000 (líquido de tributos recuperáveis), sofreu uma desvalorização em relação ao mercado e seu valor realizável líquido (também líquido de tributos recuperáveis) passou a ser de $ 2.700.

QUESTÃO 4: Por que razão o CPC 16 – Estoques exige que os custos fixos sejam alocados aos estoques de acordo com a capacidade normal de produção?

QUESTÃO 5: O valor realizável líquido, utilizado na mensuração dos estoques, é equivalente ao valor justo?

BIBLIOGRAFIA SUGERIDA

COMITÊ DE PRONUNCIAMENTOS CONTÁBEIS (CPC). *Pronunciamento técnico CPC 00 – (R2) – Estrutura Conceitual para Relatório Financeiro – Correlação às Normas Internacionais de Contabilidade – Conceptual Framework for Financial Reporting*. Brasília: CPC, 2019. Disponível em: http://static.cpc.aatb.com.br/Documentos/573_CPC00(R2).pdf. Acesso em: 9 jul. 2020.

COMITÊ DE PRONUNCIAMENTOS CONTÁBEIS (CPC). *Pronunciamento técnico CPC 16 (R1) – Estoques – Correlação às Normas Internacionais de Contabilidade – IAS 2 – Inventories*. Brasília: CPC, 2009. Disponível em: http://static.cpc.aatb.com.br/Documentos/243_CPC_16_R1_rev%2013.pdf. Acesso em: 29 jul. 2020.

COMITÊ DE PRONUNCIAMENTOS CONTÁBEIS (CPC). *Pronunciamento técnico CPC 47 – Receita de Contrato com Cliente – Correlação às Normas Internacionais de Contabilidade – IFRS 15 – Revenue from Contracts with Customers*. Brasília: CPC, 2016. Disponível em: http://static.cpc.aatb.com.br/Documentos/527_CPC_47_Rev%2014.pdf. Acesso em: 26 jul. 2020.

MAGAZINE LUIZA S.A. *Demonstrações contábeis*: 31 de dezembro de 2018 e 2017. Disponível em: https://ri.magazineluiza.com.br/Download.aspx?Arquivo=Tp4bxceKH46nJfI7OQiGCg==. Acesso em: 28 abr. 2020.

PARTE IV
APRESENTAÇÃO DE DEMONSTRAÇÕES FINANCEIRAS

13

APRESENTAÇÃO DAS DEMONSTRAÇÕES FINANCEIRAS E DEMONSTRAÇÃO DO VALOR ADICIONADO

Marcelo Botelho da Costa Moraes

OBJETIVOS DE APRENDIZAGEM

- Conhecer as principais demonstrações financeiras.
- Identificar os componentes que formam as demonstrações financeiras.
- Elaborar a demonstração do valor adicionado (DVA).
- Entender as relações entre as diferentes demonstrações financeiras no conjunto de apresentação das demonstrações.

1. APRESENTAÇÃO

Resgatando conceitos e discussões realizadas anteriormente, podemos definir o objetivo das demonstrações financeiras como sendo o fornecimento de informações a respeito da posição patrimonial e financeira, do desempenho e das alterações ocorridas nessas posições para a entidade, que sejam úteis a um grande número de usuários (investidores, empregados, credores por empréstimos, fornecedores e outros credores comerciais, clientes, governos e suas agências e o público em geral) em seu processo de tomada de decisão econômico-financeira.

Para isso, é bom destacar que as normas do Comitê de Pronunciamentos Contábeis (CPC) tratam o conjunto de relatórios obrigatórios com o termo "demonstrações contábeis". Já vimos na Estrutura Conceitual a denominação "relatório financeiro". Porém, para ficar de acordo com a denominação utilizada neste livro, conforme o tratamento usual em língua inglesa do *International Accounting Standards Board* (Iasb)/*International Financial Reporting Standards* (IFRS) (*financial statements*), continuaremos com o uso da terminologia "demonstrações financeiras".

Assim, o conjunto completo de demonstrações financeiras corresponde a:

- Balanço patrimonial ao final do período.
- Demonstração do resultado do período.
- Demonstração do resultado abrangente do período.
- Demonstração das mutações do patrimônio líquido (DMPL) do período.
- Demonstração dos fluxos de caixa (DFC) do período.
- Demonstração do valor adicionado (DVA) (não obrigatória, segundo as IFRS, mas recomendada pelo CPC 09, sendo obrigatória para as sociedades anônimas e empresas de grande porte no caso brasileiro, em virtude da Lei 11.638/2007).
- Notas explicativas, compreendendo um resumo das políticas contábeis significativas e outras informações elucidativas.

Dessa forma, as demonstrações financeiras auxiliam no processo de tomada de decisões econômicas, que requerem uma avaliação da capacidade que a entidade tem para gerar caixa e equivalentes de caixa, do momento e do grau de certeza dessa geração; se a entidade poderá pagar seus empregados e fornecedores, os juros e amortizações dos seus empréstimos e fazer distribuições de lucros aos seus acionistas.

Se analisarmos o conjunto das demonstrações financeiras e demais itens que são considerados relevantes para sua divulgação, temos uma grande quantidade de informação, como mostra o Quadro 13.1 da BRF.

Quadro 13.1 Excerto do índice das demonstrações financeiras da BRF de 2018

DEMONSTRAÇÕES FINANCEIRAS 31 de dezembro de 2018 e 2017	
Índice	
Relatório dos auditores independentes	3
Balanço patrimonial	9
Demonstrações do resultado	11
Demonstrações do resultado abrangente	12
Demonstrações das mutações do patrimônio líquido	13
Demonstrações do fluxo de caixa	14
Demonstrações do valor adicionado	15
Relatório da administração	16
Notas explicativas às demonstrações financeiras	44
Parecer do conselho fiscal	168
Relatório anual resumido do comitê de auditoria	169
Declaração dos diretores	172

Muitas entidades apresentam, fora das demonstrações financeiras, comentários da administração sobre as características principais do desempenho e da posição financeira e patrimonial da entidade e as principais incertezas às quais está sujeita.

Esse tipo de relatório pode incluir a análise:

- Dos principais fatores e influências que determinam o desempenho, incluindo alterações no ambiente em que a entidade opera, a resposta da entidade a essas alterações e o seu efeito e a política de investimento da entidade para manter e melhorar o desempenho, incluindo a sua política de dividendos.
- Das fontes de financiamento da entidade e a respectiva relação pretendida entre passivos e o patrimônio líquido.
- Dos recursos da entidade não reconhecidos nas demonstrações financeiras de acordo com os pronunciamentos técnicos, interpretações e orientações do CPC.

Em relação às informações suplementares, que devem ser produzidas pelas organizações, recomenda-se que os gestores elaborem: quadros e informações suplementares baseados ou originados de demonstrações financeiras; informações financeiras sobre segmentos ou divisões industriais ou divisões situadas em diferentes locais e divulgações sobre os efeitos das mudanças de preços. As demonstrações financeiras não incluem itens como relatórios da administração, relatórios do presidente da entidade, comentários e análises gerenciais e itens semelhantes que possam ser incluídos em um relatório anual ou financeiro.

Como o conjunto de demonstrações financeiras completo, compreendido nas normas IFRS, não contempla a DVA, que existe apenas nas normas CPC, iremos tratar em tópicos separados essa demonstração.

O Quadro 13.2 apresenta os pronunciamentos nacionais e seus congêneres internacionais nos quais se baseia a norma nacional.

Quadro 13.2 Pronunciamentos sobre apresentação das demonstrações contábeis e DVA

CPC	IFRS Iasb
CPC 26 (R1) – Apresentação das Demonstrações Contábeis	IAS 1 – *Presentation of Financial Statements*
CPC 09 – Demonstração do Valor Adicionado	(Sem correspondente)

2. CONCEITOS E DEFINIÇÕES RELEVANTES

2.1 Apresentação das demonstrações financeiras

O conjunto de demonstrações financeiras deve ser apresentado de acordo com algumas normatizações, que veremos agora.

2.1.1 Frequência de apresentação de demonstrações financeiras

O conjunto completo das demonstrações financeiras deve ser apresentado, pelo menos, anualmente (inclusive informação comparativa), porém, cabe destacar que no Brasil as empresas de capital aberto devem apresentar suas demonstrações trimestralmente, enquanto as empresas de capital fechado no mínimo anualmente.

Quando se altera a data de encerramento das demonstrações financeiras da entidade, estas são apresentadas para um período mais longo ou mais curto do que um exercício social. A entidade deve divulgar, além do período abrangido pelas demonstrações:

- A razão para usar um período mais longo ou mais curto.
- O fato de que não são inteiramente comparáveis os montantes apresentados nessas demonstrações.

PARA REFLETIR...

Será que uma frequência maior das demonstrações financeiras implica melhor tomada de decisão?

Pesquisas científicas[1] demonstram que o excesso de informação pode gerar dificuldade na tomada de decisões, por isso a União Europeia exige a publicação semestral para as sociedades anônimas, e os Estados Unidos vêm discutindo reduzir a obrigação trimestral para anual. Isso pode parecer uma incoerência do ponto de vista contábil, mas devemos lembrar que a informação gera custos e existem outras fontes de tomada de decisão de curto prazo para investidores e credores que vão além da própria contabilidade.

2.1.2 Informação comparativa

Deve ser divulgada informação referente a pelo menos dois últimos exercícios sociais, para todos os valores apresentados nas demonstrações financeiras. Ao divulgar informação comparativa, a entidade deve apresentar, no mínimo, dois balanços patrimoniais, duas demonstrações do resultado e do resultado abrangente, duas demonstrações do resultado (se apresentadas separadamente), duas DFCs, e duas DMPLs, bem como as respectivas notas explicativas.

No Brasil, usualmente, a informação comparativa apresentada corresponde aos dois últimos anos, ou ao mesmo período do ano anterior nos casos das demonstrações trimestrais. Porém, existem casos da apresentação dos últimos três anos.

2.1.3 Mudança na política contábil, demonstração retrospectiva ou reclassificação

A empresa deve apresentar um terceiro balanço patrimonial do início do período anterior, adicional aos comparativos mínimos das demonstrações financeiras exigidos, se:

- Aplicar uma política contábil retrospectivamente, fizer uma reapresentação retrospectiva de itens nas suas demonstrações financeiras ou reclassificar itens de suas demonstrações financeiras.
- A aplicação retrospectiva, a reapresentação retrospectiva ou reclassificação tiver efeito material sobre as informações do balanço patrimonial no início do período anterior.

Nesses casos, a entidade deve apresentar três balanços patrimoniais: referentes ao final do período corrente; ao final do período anterior; e do início do período precedente.

Quando a apresentação ou a classificação de itens nas demonstrações financeiras forem modificadas, os montantes apresentados para fins comparativos devem ser reclassificados, a menos que a reclassificação seja impraticável. Quando os montantes apresentados para fins comparativos são reclassificados, devem ser divulgados:

- A natureza da reclassificação.
- O montante de cada item ou classe de itens que foi reclassificado.
- A razão para a reclassificação.

2.1.4 Consistência da apresentação

A apresentação e a classificação de itens nas demonstrações financeiras devem ser mantidas de um período para outro, salvo se:

- For evidente, após uma alteração significativa na natureza das operações da entidade ou uma revisão das respectivas demonstrações financeiras, que outra apresentação ou classificação seja mais apropriada, tendo em vista os critérios para a seleção e aplicação de políticas contábeis contidos no CPC 23.
- Outro pronunciamento, interpretação ou orientação requerer alteração na apresentação.

A falta de consistência nos critérios de apresentação e classificação de itens prejudica os usuários da informação contábil ao dificultar a comparação de demonstrações que utilizam critérios diferentes entre si, reduzindo sua comparabilidade.

2.1.5 Estrutura e conteúdo

O CPC 26 apresenta uma série de princípios relacionados à estrutura e ao conteúdo das demonstrações financeiras, como segue:

1. Identificação das demonstrações financeiras:
   - As práticas contábeis brasileiras aplicam-se, apenas, às demonstrações financeiras, e não, necessariamente, à informação apresentada em outro relatório anual, relatório regulatório ou qualquer outro documento.
2. Cada demonstração financeira e respectivas notas explicativas devem ser identificadas claramente. As seguintes informações devem ser divulgadas de forma destacada e repetida:
   - O nome da entidade às quais as demonstrações financeiras dizem respeito ou outro meio que permita

---

[1] *Vide*: LAMBERT, E. Should companies report annually instead of quarterly? *Chicago Booth Review*, 8 fev. 2019. Disponível em: https://review.chicagobooth.edu/finance/2019/article/should-companies-report-annually-instead-quarterly. Acesso em: 31 jul. 2020.

sua identificação, bem como qualquer alteração que possa ter ocorrido nessa identificação desde o término do período anterior.
- Se as demonstrações financeiras se referem a uma entidade individual ou a um grupo de entidades.
- A data-base das demonstrações financeiras e notas explicativas e o respectivo período abrangido.
- A moeda de apresentação, tal como definido no CPC 02.
- O nível de arredondamento usado na apresentação dos valores nas demonstrações financeiras.

2.1.6 Balanço patrimonial

De acordo com o CPC 26, o balanço patrimonial deve apresentar, no mínimo, as seguintes contas:

(a) caixa e equivalentes de caixa;
(b) clientes e outros recebíveis;
(c) estoques;
(d) ativos financeiros (exceto os mencionados nas alíneas "a", "b" e "g");
(e) total de ativos classificados como disponíveis para venda e ativos à disposição para venda de acordo com o CPC 31 – Ativo Não Circulante Mantido para Venda e Operação Descontinuada;
(f) ativos biológicos dentro do alcance do CPC 29;
(g) investimentos avaliados pelo método da equivalência patrimonial;
(h) propriedades para investimento;
(i) imobilizado;
(j) intangível;
(k) contas a pagar comerciais e outras;
(l) provisões;
(m) obrigações financeiras (exceto as referidas nas alíneas "k" e "l");
(n) obrigações e ativos relativos à tributação corrente, conforme definido no Pronunciamento Técnico CPC 32 – Tributos sobre o Lucro;
(o) impostos diferidos ativos e passivos, como definido no Pronunciamento Técnico CPC 32;
(p) obrigações associadas a ativos à disposição para venda de acordo com o Pronunciamento Técnico CPC 31;
(q) participação de não controladores apresentada de forma destacada dentro do patrimônio líquido; e
(r) capital integralizado e reservas e outras contas atribuíveis aos proprietários da entidade.

O CPC 26 ainda permite que contas adicionais sejam apresentadas, pela desagregação dessas contas listadas, além de cabeçalhos e subtotais que sejam relevantes para o entendimento da posição financeira e patrimonial da entidade. Isso significa que essas contas adicionais e subtotais devem seguir o tratamento dado pelos pronunciamentos existentes.

A entidade deve apresentar ativos circulantes e não circulantes, e passivos circulantes e não circulantes, como grupos de contas separados no balanço patrimonial, exceto quando uma apresentação baseada na liquidez proporcionar informação confiável e mais relevante. Quando essa exceção for aplicável, todos os ativos e passivos devem ser apresentados por ordem de liquidez. Qualquer que seja o método de apresentação adotado, a entidade deve evidenciar o montante esperado a ser recuperado ou liquidado em até 12 meses ou mais do que 12 meses para cada item de ativo e passivo.

2.1.7 Ativo circulante

Os ativos devem ser classificados como circulante quando satisfizer qualquer dos seguintes critérios:

- Espera-se que seja realizado, ou pretende-se que seja vendido ou consumido no decurso normal do ciclo operacional da entidade.
- Está mantido essencialmente com o propósito de ser negociado.
- Espera-se que seja realizado até 12 meses após a data do balanço (exercício social).
- É caixa ou equivalente de caixa (CPC 03), a menos que sua troca ou uso para liquidação de passivo se encontre vedada durante pelo menos 12 meses após a data do balanço.

Destaca-se também que o ciclo operacional é o tempo entre a aquisição de ativos para processamento e sua realização em caixa ou seus equivalentes. Quando o ciclo operacional normal da entidade não for claramente identificável, pressupõe-se que sua duração seja de 12 meses (CPC 26). Na prática, o ciclo operacional está associado ao ciclo completo de atividades, o que em maior abrangência envolve o período da sazonalidade anual, como no caso da safra agropecuária.

Podem existir atividades em que o ciclo operacional seja superior a 12 meses, como na construção de navios ou aviões, porém, nesses casos, também se adotam regras para o reconhecimento de receitas e despesas por considerarmos que uma informação com periodicidade acima da anual não representa a tempestividade necessária para a tomada de decisão.

2.1.8 Ativo não circulante

Todos os demais ativos devem ser classificados como não circulante, sendo que o termo "não circulante" inclui: ativos tangíveis, intangíveis e ativos financeiros de natureza associada a longo prazo. Não se proíbe o uso de descrições alternativas desde que seu sentido seja claro.

Em seu item 67A, o CPC 26 incluiu a determinação de que o ativo não circulante deve ser subdividido em realizável a longo prazo, investimentos, imobilizado e intangível. Essa determinação não existe no pronunciamento original do Iasb. Essa subdivisão pode trazer confusão em relação à apresentação mínima de contas exigida. Uma das confusões que se costuma fazer é em relação à classificação do *goodwill*, que muitas empresas brasileiras estão classificando no intangível, apesar de não atender à definição de intangível.

2.1.9 Passivo circulante

Os passivos devem ser classificados como circulantes quando satisfizerem qualquer dos seguintes critérios:

- Espera-se que seja liquidado durante o ciclo operacional normal da entidade.
- Está mantido essencialmente para a finalidade de ser negociado.
- Deve ser liquidado no período de até 12 meses após a data do balanço (exercício social), de acordo com sua obrigação contratual.
- A entidade não tem direito incondicional de diferir a liquidação do passivo durante pelo menos 12 meses após a data do balanço.

Alguns passivos circulantes, tais como contas a pagar comerciais e algumas apropriações por competência relativas a gastos com empregados e outros custos operacionais, são parte do capital circulante usado no ciclo operacional normal da entidade.

A entidade deverá classificar os seus passivos financeiros no grupo circulante quando a sua liquidação estiver prevista para o período de até 12 meses após a data do balanço, mesmo que:

- O prazo original para sua liquidação tenha sido por período superior a 12 meses.
- Um acordo de refinanciamento, ou de reescalonamento de pagamento a longo prazo, seja completado após a data do balanço e antes de as demonstrações financeiras serem autorizadas para sua publicação. Esse tratamento de classificação dos passivos financeiros como circulante busca evitar a manipulação na classificação dos passivos, como forma de alongar o perfil de sua dívida e mudar a análise dos usuários da informação.

Todos os outros passivos devem ser classificados como não circulantes.

Para fins de elucidar a aplicação das normas, apresentamos na Tabela 13.1 um exemplo prático de cada demonstração tratada.

2.1.10 Demonstração do resultado do período

A entidade deve apresentar todos os itens de receita e despesa, reconhecidos no período, na demonstração do resultado do período. A demonstração do resultado deve, no mínimo, incluir as seguintes rubricas:

(a) receitas, apresentando separadamente receita de juros calculada utilizando o método de juros efetivos;
  (aa) ganhos e perdas decorrentes do desreconhecimento de ativos financeiros mensurados pelo custo amortizado;
(b) custos de financiamento;
  (ba) perda por redução ao valor recuperável (incluindo reversões de perdas por redução ao valor recuperável ou ganhos na redução ao valor recuperável), determinado de acordo com a Seção 5.5 do CPC 48;
(c) parcela dos resultados de empresas investidas, reconhecida por meio do método da equivalência patrimonial;
  (ca) se o ativo financeiro for reclassificado da categoria de mensuração ao custo amortizado de modo que seja mensurado ao valor justo por meio do resultado, qualquer ganho ou perda decorrente da diferença entre o custo amortizado anterior do ativo financeiro e seu valor justo na data da reclassificação (conforme definido no CPC 48);
  (cb) se o ativo financeiro for reclassificado da categoria de mensuração ao valor justo por meio de outros resultados abrangentes de modo que seja mensurado ao valor justo por meio do resultado, qualquer ganho ou perda acumulado reconhecido anteriormente em outros resultados abrangentes que sejam reclassificados para o resultado;
(d) tributos sobre o lucro;
(e) (eliminada);
  (ea) um único valor para o total de operações descontinuadas (ver Pronunciamento Técnico CPC 31);
(f) em atendimento à legislação societária brasileira vigente na data da emissão deste Pronunciamento, a demonstração do resultado deve incluir ainda as seguintes rubricas:
  (i) custo dos produtos, das mercadorias e dos serviços vendidos;
  (ii) lucro bruto;
  (iii) despesas com vendas, gerais, administrativas e outras despesas e receitas operacionais;
  (iv) resultado antes das receitas e despesas financeiras;
  (v) resultado antes dos tributos sobre o lucro;
  (vi) resultado líquido do período.

As despesas devem ser subclassificadas de maneira a proporcionar uma maior previsibilidade sobre o desempenho organizacional de ganhos ou perdas, podendo ser essa apresentação da demonstração do resultado do exercício (DRE) por natureza ou função.

Na DRE por natureza da despesa, as despesas são agregadas de acordo com a sua natureza, por exemplo, depreciações, materiais, despesas com transporte, benefícios aos empregados e despesas de publicidade. Essa forma de apresentação das despesas tende a permitir maior capacidade de os usuários projetarem fluxos de caixa a partir da DRE, pois pode ser mais fácil estabelecer critérios de crescimento das despesas no futuro, por exemplo, manter fixa a depreciação e variar a despesa com materiais conforme a variação projetada de receita.

Tabela 13.1 Exemplo de balanço patrimonial – Natura Cosméticos S.A.

NATURA COSMÉTICOS S.A.

BALANÇOS PATRIMONIAIS LEVANTADOS EM 31 DE DEZEMBRO DE 2015 E 31 DE DEZEMBRO DE 2014

(em milhares de reais = R$)

ATIVOS	Nota explicativa	Controladora		Consolidado	
		2015	2014	2015	2014
CIRCULANTES					
Caixa e equivalentes de caixa	5	53.127	53.648	1.591.843	1.164.174
Títulos e valores mobiliários	6	1.808.328	1.258.196	1.191.836	531.812
Contas a receber de clientes	7	677.117	690.557	909.013	847.487
Estoques	8	208.113	202.145	963.675	889.977
Impostos a recuperar	9	124.953	73.733	320.392	240.329
Partes relacionadas	28.1	9.026	6.995	–	–
Instrumentos financeiros derivativos	4.2	697.761	316.377	734.497	317.023
Outros ativos circulantes	12	202.780	177.396	307.450	248.482
Total dos ativos circulantes		3.781.205	2.779.047	6.018.706	4.239.284
NÃO CIRCULANTES					
Impostos a recuperar	9	31.055	19.884	289.437	182.706
Impostos de renda e contribuição social diferidos	10.a)	48.525	6.222	212.608	147.763
Depósitos judiciais	11	238.498	218.131	287.795	263.324
Outros ativos não circulantes	12	7.500	60.673	17.604	85.655
Investimentos	13	2.001.232	1.631.882	–	–
Imobilizado	14	558.105	540.933	1.752.350	1.672.147
Intangível	14	500.491	396.672	816.481	609.204
Total dos ativos não circulantes		3.3385.406	2.874.397	3.376.275	2.960.799
TOTAL DOS ATIVOS		**7.166.611**	**5.653.444**	**9.394.981**	**7.200.083**

PASSIVOS E PATRIMÔNIOS LÍQUIDOS	Nota explicativa	Controladora		Consolidado	
		2015	2014	2015	2014
CIRCULANTES					
Empréstimos e financiamentos	15	1.624.686	1.294.241	2.161.383	1.466.599
Fornecedores e outras contas a pagar	16	230.100	237.965	802.887	599.621
Fornecedores = partes relacionadas	28.1	149.393	304.105	–	–
Salários, participações nos resultados e encargos sociais		95.580	101.628	201.200	210.515
Obrigações tributárias	17	629.374	391.396	1.047.961	715.468
Provisão para aquisição de participação de não controladores	19.a)	190.658	48.221	190.658	48.221
Outras obrigações		94.230	50.881	168.831	78.572
Total dos passivos circulantes		3.014.021	2.428.437	4.572.920	3.118.996

(continua)

(continuação)

NÃO CIRCULANTES					
Empréstimos e financiamentos	15	2.922.983	1.834.195	3.374.497	2.514.611
Obrigações tributárias	17	78.501	63.324	87.744	98.992
Impostos de renda e contribuição social diferidos	10.a)	–	–	34.073	–
Provisão para perda com investimentos em controladas	13	21.519	–	–	–
Provisão para riscos tributários, cíveis e trabalhistas	18	51.035	54.418	77.858	75.763
Provisão para aquisição de participação de não controladores	19.a)	–	97.244	–	97.244
Outros passivos não circulantes	19.b)	50.366	52.126	170.122	145.798
Total dos passivos não circulantes		3.124.404	2.101.307	3.744.294	2.932.408
PATRIMÔNIO LÍQUIDO					
Capital social	20.a)	427.073	427.073	427.073	427.073
Ações em tesouraria	20.c)	(37.851)	(37.851)	(37.851)	(37.851)
Reservas de capital		134.706	137.278	134.706	137.278
Reservas de lucros		409.472	189.277	409.472	189.277
Dividendo adicional proposto	20.b)	123.133	449.273	123.133	449.273
Ajustes de avaliação patrimonial		(28.347)	(41.350)	(28.347)	(41.350)
Patrimônio líquido atribuído aos acionistas controladores da Sociedade		1.028.186	1.123.700	1.028.186	1.123.700
Participação dos acionistas não controladores no patrimônio líquido das controladas		–	–	49.581	24.979
Total do patrimônio líquido		1.028.186	1.123.700	1.077.767	1.148.679
TOTAL DOS PASSIVOS E PATRIMÔNIO LÍQUIDO		**7.166.611**	**5.653.444**	**9.394.981**	**7.200.083**

Outra forma é a DRE por função da despesa, mais tradicional, com a apresentação do "custo dos produtos e serviços vendidos", classificando as despesas de acordo com a sua função como parte do custo, por exemplo, das despesas de distribuição ou das despesas administrativas, sendo obrigadas a divulgar o custo dos produtos e serviços vendidos.

Caso optem pela DRE por função, deverá informar adicionalmente as contas da DRE por natureza (na prática, isso ocorre em notas explicativas). No Brasil, a opção por função acaba sendo a mais utilizada, em razão do atendimento à legislação societária.

2.1.11 Demonstração do resultado abrangente do período

A demonstração do resultado abrangente do período abrange os resultados realizados e não realizados no período. Os resultados realizados são demonstrados na DRE e o lucro líquido do exercício representa a parcela realizada de todo o resultado abrangente do período. Os outros resultados abrangentes compõem os resultados ainda não realizados e também incluem receitas e despesas e outras mutações que afetam o patrimônio líquido, mas que não são ou ainda não foram reconhecidas na DRE:

- Ajuste de avaliação patrimonial relativo a ganhos e perdas na mensuração de ativos financeiros disponíveis para venda.
- Alguns ganhos e perdas provenientes da conversão de demonstrações financeiras de operação no exterior.
- Alguns ganhos e perdas atuariais.

PARA REFLETIR...

Os resultados abrangentes do período procuram representar toda a variação de riqueza da entidade?

Tabela 13.2 Exemplo de demonstração do resultado do período – Natura Cosméticos S.A.

NATURA COSMÉTICOS S.A.
DEMONSTRAÇÕES DO RESULTADO
PARA OS EXERCÍCIOS FINDOS EM 31 DE DEZEMBRO DE 2015 E DE 2014
(em milhares de reais = R$, exceto o lucro líquido do período por ação)

	Nota explicativa	Controladora 2015	Controladora 2014	Consolidado 2015	Consolidado 2014
RECEITA LÍQUIDA	22	5.929.000	6.374.138	7.899.002	7.408.422
Custo dos produtos vendidos	23	(2.294.896)	(2.377.727)	(2.415.990)	(2.250.120)
LUCRO BRUTO		3.634.104	3.996.411	5.483.012	5.158.302
(DESPESAS) RECEITAS OPERACIONAIS					
Despesas com vendas, marketing e logística	23	(2.081.047)	(2.076.516)	(2.998.825)	(2.680.091)
Despesas administrativas, P&D, TI e projetos	23	(732.241)	(785.107)	(1.293.208)	(1.133.346)
Resultado de equivalência patrimonial	13	235.603	84.637	–	–
Outras receitas (despesas) operacionais, líquidas	26	6.594	(12.285)	65.790	19.807
LUCRO OPERACIONAL ANTES DO RESULTADO FINANCEIRO		1.063.013	1.207.140	1.256.769	1.364.672
Receitas financeiras	25	1.692.298	627.804	1.927.228	703.805
Despesas financeiras	25	(2.065.692)	(843.429)	(2.308.627)	(972.084)
LUCRO ANTES DO IMPOSTO DE RENDA E DA CONTRIBUIÇÃO SOCIAL		689.619	991.515	875.370	1.096.393
Imposto de renda e contribuição social	10.b)	(176.106)	(258.697)	(352.638)	(355.172)
LUCRO LÍQUIDO DO EXERCÍCIO		513.513	732.818	522.732	741.221
ATRIBUÍVEL A					
Acionistas controladores da Sociedade		513.513	732.818	513.513	732.818
Não controladores		–	–	9.219	8.403
		513.513	732.818	522.732	741.221
LUCRO LÍQUIDO DO EXERCÍCIO POR AÇÃO – R$					
Básico	27.1.	1,1934	1,7064	1,1934	1,7064
Diluído	27.2.	1,1928	1,7057	1,1928	1,7057

Se a demonstração de resultados abrangentes apresenta os resultados realizados e não realizados do período, toda a variação do patrimônio líquido, exceto as movimentações com proprietários (por exemplo, aumentos de capital ou distribuição de dividendos), está representada nessa demonstração. Essa informação é útil para se avaliar os aumentos e diminuições nos ativos e passivos no tempo, permitindo a observação dos resultados já reconhecidos que podem se realizar no futuro. Esse resultado também é apresentado na DMPL, pois representa uma conta integrante do patrimônio líquido.

Os outros resultados abrangentes devem apresentar contas específicas para valores de outros resultados abrangentes no período, classificadas por natureza e agrupadas naquelas que, de acordo com outros pronunciamentos do CPC:

- Não serão reclassificadas subsequentemente para o resultado do período.
- Serão reclassificadas subsequentemente para o resultado do período quando condições específicas forem atendidas.

Tabela 13.3 Exemplo de demonstração do resultado abrangente do período – Natura Cosméticos S.A.

NATURA COSMÉTICOS S.A.
DEMONSTRAÇÕES DO RESULTADO ABRANGENTE
PARA OS EXERCÍCIOS FINDOS EM 31 DE DEZEMBRO DE 2015 E DE 2014
(em milhares de reais = R$)

	Nota explicativa	Controladora		Consolidado	
		2015	2014	2015	2014
LUCRO LÍQUIDO DO EXERCÍCIO		513.513	732.818	522.732	741.221
Outros resultados abrangentes a serem reclassificados para o resultado do exercício em exercícios subsequentes:					
Ganho (perda) na conversão das demonstrações financeiras de controladas no exterior	13	56.433	(6.013)	45.178	(6.013)
Ganho (perda) em operações de *hedge* de fluxo de caixa	4.2	1.383	(9.808)	3.390	(11.942)
Efeitos tributários sobre o ganho (perda) em operações de *hedge* de fluxo de caixa	10	(470)	3.334	(1.153)	4.060
Equivalência sobre ganho (perda) em operação de *hedge* de fluxo de caixa	4.2	2.007	(2.134)	–	–
Equivalência sobre os efeitos tributários de ganho (perda) em operação de *hedge* de fluxo de caixa	10	(682)	726	–	–
Outros resultados abrangentes não reclassificados para o resultado do exercício em exercícios subsequentes:					
Ganho (perda) atuarial	19	2.352	(1.792)	(446)	(619)
Equivalência sobre ganho (perda) atuarial	19	(2.798)	1.173	–	–
Resultado abrangente para o exercício líquido dos efeitos tributários		571.738	718.304	569.701	726.707
ATRIBUÍVEL A					
Acionistas controladores da Sociedade		571.738	718.304	571.738	718.304
Não controladores		–	–	(2.037)	8.403
		571.738	718.304	569.701	726.707

2.1.12 Demonstração das mutações do patrimônio líquido (DMPL) do período

A entidade deve apresentar na DMPL:

- O resultado abrangente do período, apresentando separadamente o montante total atribuível aos proprietários da entidade controladora e o montante correspondente à participação de não controladores.
- Para cada componente do patrimônio líquido, os efeitos das alterações nas políticas contábeis e as correções de erros reconhecidas de acordo com o CPC 23.
- Para cada componente do patrimônio líquido, a conciliação do saldo no início e no final do período, demonstrando-se separadamente as mutações decorrentes:
  - Do resultado líquido.
- De cada item dos outros resultados abrangentes.
- De transações com os proprietários realizadas na condição de proprietário, demonstrando separadamente suas integralizações e as distribuições realizadas, bem como modificações nas participações em controladas que não implicaram perda do controle.

2.1.13 Demonstração dos fluxos de caixa (DFC) do período

Antes de apresentar a estrutura desta demonstração, lembramos que sua elaboração e detalhamento serão temas do Capítulo 14 – Demonstração dos Fluxos de Caixa.

A DFC deve apresentar:

Tabela 13.4 Exemplo de DMPL do período – Natura Cosméticos S.A.

NATURA COSMÉTICOS S.A.
DEMONSTRAÇÕES DAS MUTAÇÕES DO PATRIMÔNIO LÍQUIDO
PARA OS EXERCÍCIOS FINDOS EM 31 DE DEZEMBRO DE 2015 E DE 2014
(em milhares de reais = R$)

					Reserva de capital		Reserva de lucros	
	Nota explicativa	Capital social	Ações em tesouraria	Ágio na venda de ações	Reserva de incentivo fiscal Subvenção para investimentos	Capital adicional integralizado	Legal	Incentivos fiscais
SALDOS EM 31 DE DEZEMBRO DE 2013		427.073	(83.984)	90.580	17.378	44.061	18.650	20.957
Lucro líquido do exercício		-	-	-	-	-	-	-
Outros resultados abrangentes		-	-	-	-	-	-	-
Total do resultado abrangente do exercício		-	-	-	-	-	-	-
Movimentação dos planos de opção de compra de ações:								
Outorga de opções de compra	24.1.	-	-	-	-	2.448	-	-
Exercício de opções de compra	24.1.	-	-	-	-	(4.840)	-	-
Venda de ações em tesouraria pelo período de opções de compra de ações	20.c)	-	46.133	(12.349)	-	-	-	-
Efeito de alterações de participação em controladas		-	-	-	-	-	-	-
Reserva para aquisição de participação de não controladores	19.a)	-	-	-	-	-	-	-
Reserva de retenção de lucros		-	-	-	-	-	-	-
Participação dos acionistas não controladores no patrimônio líquido das controladas		-	-	-	-	-	-	-
Dividendos e juros sobre o capital próprio referentes ao exercício de 2013		-	-	-	-	-	-	-
Dividendos declarados em 11 de fevereiro de 2015		-	-	-	-	-	-	-
Juros sobre o capital próprio declarados em 11 de fevereiro de 2015		-	-	-	-	-	-	-
Antecipação de dividendos e juros sobre o capital próprio		-	-	-	-	-	-	-
SALDOS EM 31 DE DEZEMBRO DE 2014		427.073	(37.851)	78.231	17.378	41.669	18.650	20.957
Lucro líquido do exercício		-	-	-	-	-	-	-
Outros resultados abrangentes		-	-	-	-	-	-	-
Total do resultado abrangente do exercício		-	-	-	-	-	-	-
Movimentação dos planos de opção de compra de ações e ações restritas:								
(Reversão) com planos de outorga de opções de compra de ações e ações restritas	24.1.	-	-	-	-	(2.572)	-	-
Efeito de alteração de participação da Sociedade no valor justo dos ativos líquidos adquiridos da Emeis Holdings Pty Ltd.	13	-	-	-	-	-	-	-
Efeito de alterações de participação em controladas no exterior	13	-	-	-	-	-	-	-
Realização da reserva para aquisição de participação de não controladores pela compra de ações de controlada no exterior		-	-	-	-	-	-	-
Participação dos acionistas não controladores no patrimônio líquido das controladas		-	-	-	-	-	-	-
Dividendos e juros sobre o capital próprio referentes ao período de 2014 aprovados na AGO de 14 de abril de 2015	20.b)	-	-	-	-	-	-	-
Dividendos declarados e ainda não distribuídos	20.b)	-	-	-	-	-	-	-
Juros sobre o capital próprio declarados e ainda não distribuídos	20.b)	-	-	-	-	-	-	-
Reserva de retenção de lucros	20.i)	-	-	-	-	-	-	-
Antecipação de dividendos e juros sobre o capital próprio	20.b)	-	-	-	-	-	-	-
SALDOS EM 31 DE DEZEMBRO DE 2015		427.073	(37.851)	78.231	17.378	39.097	18.650	20.957

Apresentação das demonstrações financeiras e demonstração do valor adicionado

	Reserva de lucros				Ajustes de avaliação patrimonial				
Reserva para aquisição de participação de não controladores	Retenção de lucros	Lucros acumulados	Dividendo adicional proposto	Resultado de operações com acionistas não controladores	Outros resultados abrangentes	Patrimônio líquido dos acionistas controladores	Participação dos acionistas não controladores no patrimônio líquido das controladas	Patrimônio líquido total
(141.640)	263.068	-	496.393	-	(6.899)	1.145.637	22.613	1.168.250
-	-	732.818	-	-	-	732.818	8.403	741.221
-	-	-	-	-	(14.514)	(14.514)	-	(14.514)
-	-	732.818	-	-	(14.514)	718.304	8.403	726.707
-	-	-	-	-	-	2.448	-	2.448
-	4.840	-	-	-	-	-	-	-
-	-	-	-	-	-	33.784	-	33.784
-	-	-	-	(19.937)	-	(19.937)	-	(19.937)
(3.825)	-	3.825	-	-	-	-	-	-
-	27.227	(27.227)	-	-	-	-	-	-
-	-	-	-	-	-	-	(6.037)	(6.037)
-	-	-	(496.393)	-	-	(496.393)	-	(496.393)
-	-	(428.956)	428.956	-	-	-	-	-
-	-	(20.317)	20.317	-	-	-	-	-
-	-	(260.143)	-	-	-	(260.143)	-	(260.143)
(145.465)	295.135	-	449.273	(19.937)	(21.413)	1.123.700	24.979	1.148.679
-	-	513.513	-	-	-	513.513	9.219	522.732
-	-	-	-	-	58.225	58.225	(11.256)	46.969
-	-	513.513	-	-	58.225	571.738	(2.037)	569.701
-	-	-	-	-	-	(2.572)	-	(2.572)
-	-	-	-	8.651	-	8.651	(8.651)	-
-	-	-	-	(53.873)	-	(53.873)	-	(53.873)
66.141	-	-	-	-	-	66.141	-	66.141
-	-	-	-	-	-	-	35.290	35.290
-	-	-	(449.273)	-	-	(449.273)	-	(449.273)
-	-	(105.733)	105.733	-	-	-	-	-
-	-	(17.400)	17.400	-	-	-	-	-
-	154.054	(154.054)	-	-	-	-	-	-
-	-	(236.326)	-	-	-	(236.326)	-	(236.326)
(79.324)	449.189	-	123.133	(65.159)	36.812	1.028.186	49.581	1.077.767

- O fluxo de caixa gerado ou consumido pelas atividades operacionais: que são as principais atividades geradoras de receita da entidade e outras atividades que sejam diferentes das de investimento e de financiamento.
- O fluxo de caixa gerado ou consumido pelas atividades de investimento: que são referentes à aquisição e venda de ativos de longo prazo e investimentos não incluídos nos equivalentes de caixa.
- O fluxo de caixa gerado ou consumido pelas atividades de financiamento: que são aquelas que resultam em mudanças no tamanho e na composição do capital próprio e no endividamento da entidade.
- A variação líquida de caixa.
- Os saldos inicial e final do caixa e equivalentes ao caixa.

O CPC 03 – Demonstração dos Fluxos de Caixa permite a utilização de dois modelos para que as entidades divulguem os fluxos de caixa das atividades operacionais:

- O método direto, segundo o qual as principais classes de recebimentos brutos e pagamentos brutos são divulgadas.
- O método indireto, segundo o qual o lucro líquido ou prejuízo é ajustado pelos efeitos:
  - Das transações que não envolvem caixa.
  - De quaisquer deferimentos ou outras apropriações por competência sobre recebimentos ou pagamentos operacionais passados ou futuros.
  - De itens de receita ou despesa associados com fluxos de caixa das atividades de investimento ou de financiamento.

O detalhamento e as formas de elaboração da DFC nos dois métodos serão abordados no Capítulo 14 – Demonstração dos Fluxos de Caixa.

2.1.14 Demonstração do valor adicionado (DVA) do período

A partir da alteração proporcionada pela Lei 11.638/2007, a DVA passou a ser obrigatória a partir de 2008 para as sociedades anônimas e empresas de grande porte. Por meio da DVA, a entidade divulga: o valor da riqueza gerada pela companhia; e a sua distribuição entre os elementos que contribuíram para a geração dessa riqueza, tais como empregados, financiadores, acionistas, governo e outros, bem como a parcela da riqueza não distribuída.

O detalhamento da estrutura e elaboração da DVA será detalhado posteriormente, neste mesmo capítulo.

2.1.15 Notas explicativas

As demonstrações financeiras também englobam notas explicativas, outras demonstrações, quadros suplementares, além de outras informações. As notas explicativas e outras demonstrações representam material explicativo que são parte integrante das demonstrações financeiras. Ou seja, informações adicionais que sejam relevantes às necessidades dos usuários sobre itens constantes do balanço patrimonial e da demonstração do resultado.

Os gestores podem também incluir quadros e informações suplementares baseados ou originados de demonstrações financeiras que esperam que sejam lidos em conjunto com as demonstrações publicadas.

O conteúdo de tais quadros e informações suplementares pode conter, por exemplo, informações financeiras sobre segmentos ou divisões industriais ou divisões situadas em diferentes locais. Divulgações sobre os efeitos das mudanças de preços sobre a entidade podem também ser fornecidas sob a forma de informações suplementares.

Os gestores poderão incluir divulgações sobre os riscos e incertezas que afetem a entidade e quaisquer recursos e/ou obrigações para os quais não exista obrigatoriedade de serem reconhecidos no balanço patrimonial (tais como reservas minerais).

ESTRUTURA

Basicamente, nas notas explicativas, a entidade deve:

- Apresentar informação sobre a base de elaboração das demonstrações financeiras e das políticas contábeis específicas.
- Divulgar a informação requerida por outros CPCs.
- Prover informações adicionais na divulgação da demonstração financeira que sejam relevantes, tais como: declaração de conformidade (CPC 26); resumo das políticas contábeis significativas aplicadas; informação de suporte de itens apresentados nas demonstrações financeiras pela ordem de cada demonstração e rubrica; e outras divulgações, tais como passivos contingentes (CPC 25) e compromissos contratuais não reconhecidos, e divulgações não financeiras (os objetivos e políticas de gestão do risco financeiro da entidade) (CPC 40).

DIVULGAÇÃO DE POLÍTICAS CONTÁBEIS

A entidade deve divulgar um resumo de políticas contábeis significativas, tais como: a base (ou bases) de mensuração utilizada na elaboração das demonstrações financeiras; e outras políticas contábeis utilizadas que sejam relevantes para a compreensão das demonstrações financeiras.

É importante que os usuários estejam informados sobre a base (ou bases) de mensuração utilizada nas demonstrações financeiras (por exemplo, custo histórico, custo corrente, valor realizável líquido, valor justo ou valor recuperável), porque a base sobre a qual as demonstrações financeiras são elaboradas afeta significativamente a análise dos usuários.

Tabela 13.5 Exemplo de DFC do período – Natura Cosméticos S.A.

NATURA COSMÉTICOS S.A.
DEMONSTRAÇÕES DO FLUXO DE CAIXA
PARA OS EXERCÍCIOS FINDOS EM 31 DE DEZEMBRO DE 2015 E DE 2014
(em milhares de reais = R$)

	Nota explicativa	Controladora		Consolidado	
		2015	2014	2015	2014
FLUXO DE CAIXA DAS ATIVIDADES OPERACIONAIS					
Lucro líquido do exercício		513.513	732.818	522.732	741.221
Ajustes para reconciliar o lucro líquido do exercício com o caixa líquido gerado pelas atividades operacionais:					
Depreciações e amortizações	14	86.392	84.098	239.197	189.811
Reversão decorrente dos contratos de operações com derivativos *swap* e *forward*	25	(685.877)	(48.037)	(737.956)	(53.632)
Provisão para riscos tributários, cíveis e trabalhistas	18	5.574	12.295	15.020	10.183
Atualização monetária de depósitos judiciais		(16.516)	(22.405)	(21.194)	(28.616)
Imposto de renda e contribuição social	10.b)	176.106	258.697	352.638	355.172
Resultado na venda e baixa de ativo imobilizado e intangível		(17.959)	22.141	(18.538)	28.355
Resultado de equivalência patrimonial	13	(235.603)	(84.637)	–	–
Juros e variação cambial sobre empréstimos e financiamentos		1.095.978	263.545	1.199.217	276.774
Variação cambial sobre outros ativos e passivos		(5.034)	(1.363)	(14.096)	7.173
Provisão (reversão) para perdas com imobilizado		(217)	4.526	6.323	6.794
Provisão (reversão) com planos de outorga de opções de compra de ações		(4.325)	(816)	(2.572)	2.448
Provisão para créditos de liquidação duvidosa líquida de reversões	7	8.262	8.761	6.416	17.423
Provisão (reversão) para perdas nos estoques líquidos	8	(2.452)	(1.412)	14.269	(13.147)
Provisão (reversão) com plano de assistência médica e outras		5.403	(3.459)	6.846	984
Resultado líquido de exercício atribuível a não controladores		–	–	(9.219)	(8.403)
Reconhecimento de crédito tributário extemporâneo		–	(3.822)	–	(13.454)
Provisão para aquisição de participação de não controladores		111.334	3.825	111.334	3.825
		1.034.579	1.224.755	1.670.417	1.522.911
(AUMENTO) REDUÇÃO DOS ATIVOS					
Contas a receber de clientes		5.178	(30.415)	(67.942)	(57.909)
Estoques		(3.516)	(38.443)	(87.967)	(77.309)
Impostos a recuperar		(62.391)	(41.335)	(186.794)	(53.415)
Outros ativos		21.346	(44.395)	(13.082)	(46.548)
Subtotal		(39.383)	(154.588)	(355.785)	(235.181)
AUMENTO (REDUÇÃO) DOS PASSIVOS					
Fornecedores nacionais e estrangeiros		(5.019)	(32.394)	207.918	(105.627)
Salários, participação nos resultados e encargos sociais, líquidos		(6.048)	2.381	(9.315)	32.879
Obrigações tributárias		44.600	(58.969)	(5.064)	(114.382)
Outros passivos		(113.302)	23.933	89.332	(11.408)
Pagamentos relacionados a processos tributários, cíveis e trabalhistas	18	(8.957)	(8.735)	(12.925)	(8.249)
Subtotal		(88.726)	(73.784)	269.946	(206.787)

(continua)

(continuação)

CAIXA GERADO PELAS ATIVIDADES OPERACIONAIS		906.470	996.383	1.584.578	1.080.943
OUTROS FLUXOS DE CAIXA DAS ATIVIDADES OPERACIONAIS					
Pagamentos de imposto de renda e contribuição social		(10.324)	(235.136)	(70.251)	(254.229)
Levantamento (pagamentos) de depósitos judiciais		(3.851)	125.788	(3.277)	177.696
Recebimentos (pagamentos) de recursos por liquidação de operações com derivativos		305.876	(104.607)	323.872	(109.758)
Pagamento de juros sobre empréstimos e financiamentos		(209.216)	(93.372)	(256.897)	(137.194)
CAIXA LÍQUIDO GERADO PELAS ATIVIDADES OPERACIONAIS		988.955	689.056	1.578.025	757.458
FLUXO DE CAIXA DAS ATIVIDADES DE INVESTIMENTO					
Adições de imobilizados e intangível	14	(139.630)	(184.658)	(382.894)	(505.703)
Recebimento pela venda de ativos imobilizado e intangível		37.880	–	77.940	–
Aplicação em título e valores mobiliários		(4.369.795)	(3.483.173)	(5.868.563)	(4.760.507)
Resgate de títulos e valores mobiliários		3.819.663	3.165.517	5.208.540	4.535.048
Recebimento de dividendos de controladas		–	17.000	–	–
Investimentos em controladas	13	(100.737)	(67.829)	–	–
CAIXA LÍQUIDO UTILIZADO NAS ATIVIDADES DE INVESTIMENTO		(752.619)	(553.143)	(964.977)	(731.162)
FLUXO DE CAIXA DAS ATIVIDADES DE FINANCIAMENTO					
Amortização de empréstimos e financiamentos – principal		(1.539.523)	(583.869)	(1.709.474)	(732.721)
Captações de empréstimos e financiamentos		1.988.265	1.138.159	2.258.925	1.620.103
Aquisição adicional de ações da Emeis		–	–	(66.141)	(27.751)
Utilização de ações em tesouraria pelo exercício de opções de compra de ações		–	33.784	–	33.784
Pagamentos de dividendos e juros sobre capital próprio referentes ao exercício anterior e antecipação do exercício corrente		(685.599)	(756.536)	(685.599)	(756.536)
CAIXA LÍQUIDO GERADO PELAS (UTILIZADO NAS) ATIVIDADES DE FINANCIAMENTO		(236.857)	(168.462)	(202.289)	136.879
Efeito de variação cambial sobre o caixa e equivalentes de caixa		–	–	16.910	(1.956)
AUMENTO (REDUÇÃO) NO CAIXA E EQUIVALENTES DE CAIXA		(521)	(32.549)	427.669	161.219
Saldo inicial do caixa e equivalentes de caixa		53.648	86.197	1.164.174	1.002.955
Saldo final do caixa e equivalentes de caixa		53.127	53.648	1.591.843	1.164.174
AUMENTO (REDUÇÃO) NO CAIXA E EQUIVALENTES DE CAIXA		(521)	(32.549)	427.669	161.219
INFORMAÇÕES ADICIONAIS ÀS DEMONSTRAÇÕES DOS FLUXOS DE CAIXA					
Itens não caixa:					
Capitalização de *leasing* financeiro		80.856	8.150	80.856	83.618
Hedge accounting		8.552	11.942	8.552	11.942
Efeito da alteração de participação da Sociedade em controladas no exterior		20.919	19.937	–	–
Dividendos e juros sobre o capital próprio declarados e ainda não distribuídos		123.133	449.273	123.133	449.273

PRINCIPAIS FONTES DA INCERTEZA DAS ESTIMATIVAS

A entidade deve divulgar nas notas explicativas informação das principais incertezas das estimativas à data do balanço, que devem incluir detalhes informativos acerca: da sua natureza; e do seu valor contábil à data do balanço. Por exemplo, na ausência de preços de mercado recentemente observados, passam a ser necessárias estimativas orientadas para o futuro para mensurar o valor recuperável. Exemplos de tipos de divulgação são:

- A natureza dos pressupostos ou de outras incertezas nas estimativas.
- A sensibilidade dos valores contábeis aos métodos, pressupostos e estimativas subjacentes ao respectivo cálculo, incluindo as razões para essa sensibilidade.
- A solução esperada de incerteza e a variedade de desfechos razoavelmente possíveis durante o próximo período em relação aos valores contábeis dos ativos e passivos impactados.
- Uma explicação de alterações feitas nos pressupostos adotados no passado no tocante a esses ativos e passivos, caso a incerteza continuar pendente de solução.

O pronunciamento não requer a divulgação de previsões ou orçamentos.

CAPITAL

Segundo o CPC 26 (R1), as entidades devem divulgar informações que permitam aos usuários das demonstrações financeiras avaliarem seus objetivos, políticas e processos de gestão de capital, tais como:

(a) informações qualitativas sobre os seus objetivos, políticas e processos de gestão do capital, incluindo, sem a elas se limitar, as seguintes:
  (i) descrição dos elementos abrangidos pela gestão do capital;
  (ii) caso a entidade esteja sujeita a requisitos de capital impostos externamente, a natureza desses requisitos e a forma como são integrados na gestão de capital;
  (iii) como está cumprindo os seus objetivos em matéria de gestão de capital.

INSTRUMENTOS FINANCEIROS COM OPÇÃO DE VENDA CLASSIFICADOS NO PATRIMÔNIO LÍQUIDO

No caso de instrumentos financeiros com opção de venda (*puttable*) classificados como instrumentos patrimoniais, a entidade deve divulgar (na extensão em que não tiver divulgado em outro lugar nas demonstrações financeiras): dados quantitativos resumidos sobre os valores classificados no patrimônio líquido; seus objetivos, políticas e os processos de gerenciamento de sua obrigação de recompra ou resgate dos instrumentos, quando requerida a fazer pelos detentores desses instrumentos, incluindo quaisquer alterações em relação ao período anterior.

Quadro 13.3 Exemplo de notas explicativas – Natura Cosméticos S.A.

NATURA COSMÉTICOS S.A.
NOTAS EXPLICATIVAS ÀS DEMONSTRAÇÕES FINANCEIRAS INDIVIDUAIS E CONSOLIDADAS
PARA O EXERCÍCIO FINDO EM 31 DE DEZEMBRO DE 2015
(valores expressos em milhares de reais – R$, exceto se de outra forma indicado)

INFORMAÇÕES GERAIS

A Natura Cosméticos S.A. ("Sociedade") é uma sociedade anônima de capital aberto listada no segmento especial denominado Novo Mercado da B3 – Bolsa de Valores, Mercadorias e Futuros, sob o código "NATU3", com sede no Brasil, na Cidade de São Paulo, Estado de São Paulo, na Avenida Alexandre Colares, n. 1188, Vila Jaguara, CEP 05106-000.

Suas atividades e as de suas controladas (doravante denominadas "Sociedades") compreendem o desenvolvimento, a industrialização, a distribuição e a comercialização e a exploração de modelos de comércio de cosméticos, fragrâncias em geral e produtos de higiene pessoal, substancialmente por meio de vendas diretas realizadas pelos(as) Consultores(as) Natura, bem como a participação como sócia ou acionista em outras sociedades no Brasil e no exterior.

2.2 Demonstração do valor adicionado (DVA)

A DVA procura evidenciar para quem a empresa está direcionando a renda obtida. Tendo um caráter profundamente social, essa demonstração indica as formas de adição de valor pela organização, bem como as destinações que são dadas a esse valor adicionado.

PARA REFLETIR...

Qual o conceito de valor adicionado?

A DVA tem uma função muito importante na medida em que fornece aos seus usuários a informação sobre a riqueza criada pela empresa e a forma como essa riqueza foi aplicada.

Assim, a DVA não deve ser confundida com a DRE, pois esta tem suas informações voltadas quase exclusivamente para os sócios e acionistas, enquanto a DVA está dirigida para a geração de riquezas e sua respectiva distribuição pelos fatores de produção (capital e trabalho) e ao governo, sendo que várias empresas já a divulgavam voluntariamente, mesmo antes da sua obrigatoriedade.

As características básicas da DVA são:

- Fornecer informações que demonstrem a geração de riqueza da empresa e seus efeitos sobre a sociedade em que está inserida.
- Demonstrar o valor adicionado em cada um dos fatores de produção e seu destino, conforme:
    - Dispêndio na remuneração dos empregados.
    - Geração de tributos ao governo (municipal, estadual e federal).
    - Remuneração do capital de terceiros por meio de juros.
    - Remuneração dos acionistas por meio da distribuição de lucros.

O somatório dos valores obtidos nas DVAs apresentados pelas unidades produtivas dos mais variados níveis de atividades econômicas que são classificados pelo Instituto Brasileiro de Geografia e Estatística (IBGE), excluídas as duplas contagens, pode ser considerado como o próprio produto interno bruto (PIB) do país.

Pode-se efetuar análise vertical/horizontal dessa demonstração, com a comparação da participação de cada item da demonstração em sucessivos exercícios sociais, enfatizando sua evolução.

ELABORAÇÃO DA DVA

O Quadro 13.4 mostra o modelo apresentado, correspondente ao Pronunciamento Técnico CPC 09.

Quadro 13.4 Modelo de DVA

DESCRIÇÃO	em milhares de reais	
	20x1	20x0
1 – RECEITAS		
1.1) Vendas de mercadorias, produtos e serviços		
1.2) Outras receitas		
1.3) Receitas relativas à construção de ativos próprios		
1.4) Perdas estimadas em créditos de liquidação duvidosa – Reversão/(Constituição)		
2 – INSUMOS ADQUIRIDOS DE TERCEIROS (inclui os valores dos impostos – ICMS e IPI)		
2.1) Custo dos produtos, das mercadorias e dos serviços vendidos		
2.2) Materiais, energia, serviços de terceiros e outros		
2.3) Perda/Recuperação de valores ativos		
2.4) Outras (especificar)		
3 – VALOR ADICIONADO BRUTO (1 – 2)		
4 – DEPRECIAÇÃO, AMORTIZAÇÃO E EXAUSTÃO		
5 – VALOR ADICIONADO LÍQUIDO PRODUZIDO PELA ENTIDADE (3 – 4)		
6 – VALOR ADICIONADO RECEBIDO EM TRANSFERÊNCIA		
6.1) Resultado de equivalência patrimonial		
6.2) Receitas financeiras		
6.3) Outras		
7 – VALOR ADICIONADO TOTAL A DISTRIBUIR (5 + 6)		
8 – DISTRIBUIÇÃO DO VALOR ADICIONADO(*)		
8.1) Pessoal		
8.1.1 – Remuneração direta		
8.1.2 – Benefícios		

(continua)

(continuação)

8.1.3 – FGTS		
8.2) Impostos, taxas e contribuições		
8.2.1 – Federais		
8.2.2 – Estaduais		
8.2.3 – Municipais		
8.3) Remuneração de capitais de terceiros		
8.3.1 – Juros		
8.3.2 – Aluguéis		
8.3.3 – Outras		
8.4) Remuneração de capitais próprios		
8.4.1 – Juros sobre o capital próprio		
8.4.2 – Dividendos		
8.4.3 – Lucros retidos/Prejuízo do exercício		
8.4.4 – Participação dos não controladores nos lucros retidos (só para os casos de demonstrações consolidadas)		

(*) O total do item 8 deve ser exatamente igual ao total do item 7.

O CPC 09 aponta as formas de preenchimento (CPC, 2008):

1 – RECEITAS

1.1) Vendas de mercadorias, produtos e serviços: inclui os valores dos tributos incidentes sobre essas receitas (por exemplo, ICMS, IPI, PIS e Cofins), ou seja, corresponde ao ingresso bruto ou faturamento bruto, mesmo quando na demonstração do resultado tais tributos estejam fora do cômputo dessas receitas.

1.2) Outras receitas: da mesma forma que o item anterior, inclui os tributos incidentes sobre essas receitas.

1.3) Receitas relativas à construção de ativos próprios: considera valores como materiais, mão de obra, aluguéis, serviços terceirizados etc. utilizados na construção de ativos próprios.

1.4) Perdas estimadas em créditos de liquidação duvidosa – Reversão/(Constituição): inclui os valores relativos à constituição e reversão dessa provisão.

2 – INSUMOS ADQUIRIDOS DE TERCEIROS

2.1) Custos dos produtos, das mercadorias e dos serviços vendidos: inclui os valores das matérias-primas adquiridas junto a terceiros e contidas no custo do produto vendido, das mercadorias e dos serviços vendidos adquiridos de terceiros; não inclui gastos com pessoal próprio.

2.2) Materiais, energia, serviços de terceiros e outros: inclui valores relativos às despesas originadas da utilização desses bens, utilidades e serviços adquiridos junto a terceiros.

2.3) Perda/Recuperação de valores ativos: inclui valores relativos a ajustes por avaliação a valor de mercado de estoques, imobilizados, investimentos etc. Também devem ser incluídos os valores reconhecidos no resultado do período, tanto na constituição quanto na reversão de provisão para perdas por desvalorização de ativos, conforme aplicação do CPC 01 – Redução ao Valor Recuperável de Ativos (se no período o valor líquido for positivo, deve ser somado).

3 – VALOR ADICIONADO BRUTO

4 – DEPRECIAÇÃO, AMORTIZAÇÃO E EXAUSTÃO: inclui a despesa ou o custo contabilizado no período.

5 – VALOR ADICIONADO LÍQUIDO PRODUZIDO PELA ENTIDADE

6 – VALOR ADICIONADO RECEBIDO EM TRANSFERÊNCIA

6.1) Resultado de equivalência patrimonial: o resultado da equivalência pode representar receita ou despesa; se despesa, deve ser considerado como redução ou valor negativo.

6.2) Receitas financeiras: inclui todas as receitas financeiras, inclusive as variações cambiais ativas, independentemente de sua origem.

6.3) Outras

7 – VALOR ADICIONADO TOTAL A DISTRIBUIR

8 – DISTRIBUIÇÃO DO VALOR ADICIONADO

8.1) Pessoal: valores apropriados ao custo e ao resultado do exercício na forma de:

8.1.1 – Remuneração direta: representada pelos valores relativos a salários, 13º salário, honorários da administração (inclusive os pagamentos baseados em ações), férias, comissões, horas extras, participação de empregados nos resultados etc.

8.1.2 – Benefícios: representados pelos valores relativos a assistência médica, alimentação, transporte, planos de aposentadoria etc.

8.1.3 – FGTS: representado pelos valores depositados em conta vinculada dos empregados.

8.2) Impostos, taxas e contribuições: valores relativos ao imposto de renda, contribuição social sobre o lucro, contribuições ao INSS (incluídos aqui os valores do Seguro de Acidentes do Trabalho) que sejam ônus do empregador, bem como os demais impostos e contribuições a que a empresa esteja sujeita. Para os impostos compensáveis, tais como ICMS, IPI, PIS e Cofins, devem ser considerados apenas os valores devidos ou já recolhidos, e representam a diferença entre os impostos e contribuições incidentes sobre as receitas e os respectivos valores incidentes sobre os itens considerados como "insumos adquiridos de terceiros".

8.2.1 – Federais: inclui os tributos devidos à União, inclusive aqueles que são repassados no todo ou em parte aos estados, municípios, autarquias etc., tais como: IRPJ, CSSL, IPI, Cide, PIS, Cofins. Inclui também a contribuição sindical patronal.

8.2.2 – Estaduais: inclui os tributos devidos aos estados, inclusive aqueles que são repassados no todo ou em parte aos municípios, autarquias etc., tais como o ICMS e o IPVA.

8.2.3 – Municipais: inclui os tributos devidos aos municípios, inclusive aqueles que são repassados no todo ou em parte às autarquias, ou quaisquer outras entidades, tais como o ISS e o IPTU.

8.3) Remuneração de capitais de terceiros: valores pagos ou creditados aos financiadores externos de capital.

8.3.1 – Juros: inclui as despesas financeiras, inclusive as variações cambiais passivas, relativas a quaisquer tipos de empréstimos e financiamentos junto a instituições financeiras, empresas do grupo ou outras formas de obtenção de recursos. Inclui os valores que tenham sido capitalizados no período.

8.3.2 – Aluguéis: inclui os aluguéis (inclusive as despesas com arrendamento operacional) pagos ou creditados a terceiros, inclusive os acrescidos aos ativos.

8.3.3 – Outras: inclui outras remunerações que configurem transferência de riqueza a terceiros, mesmo que originadas em capital intelectual, tais como *royalties*, franquia, direitos autorais etc.

8.4) Remuneração de capitais próprios: valores relativos à remuneração atribuída aos sócios e acionistas.

8.4.1 – Juros sobre o capital próprio (JCP) e **8.4.2 – Dividendos**: incluem os valores pagos ou creditados aos sócios e acionistas por conta do resultado do período, ressalvando-se os valores dos JCP transferidos para conta de reserva de lucros. Devem ser incluídos apenas os valores distribuídos com base no resultado do próprio exercício, desconsiderando-se os dividendos distribuídos com base em lucros acumulados de exercícios anteriores, uma vez que já foram tratados como "lucros retidos" no exercício em que foram gerados.

8.4.3 – Lucros retidos/Prejuízos do exercício: inclui os valores relativos ao lucro do exercício destinados às reservas, inclusive os JCP quando tiverem esse tratamento; nos casos de prejuízo, esse valor deve ser incluído com sinal negativo.

8.4.4 – Participação dos não controladores nos lucros retidos: este item é exclusivo para DVA consolidada e demonstra a parcela da riqueza destinada aos sócios não controladores do grupo econômico.

Informações suplementares às demonstrações do valor adicionado:

Dos valores registrados na rubrica "impostos, taxas e contribuições" em dezembro de 2015 e 2014, os montantes de R$ 788.743 e R$ 735.025, respectivamente, referem-se ao Imposto sobre Circulação de Mercadorias e Serviços – Substituição Tributária (ICMS – ST) incidente sobre a margem de lucro presumida definida pelas Secretarias das Fazendas Estaduais, obtida nas vendas realizadas pelos(as) Consultores(as) Natura para o consumidor final.

Para a análise desse impacto tributário nas demonstrações do valor adicionado, tais valores devem ser deduzidos daqueles registrados na rubrica "Vendas de mercadorias, produtos e serviço" e da própria rubrica "Impostos, taxas e contribuições", uma vez que os valores das receitas de vendas não incluem o lucro presumido dos(as) Consultores(as) Natura na venda dos produtos, nos montantes de R$ 4.166.390 e R$ 4.122.078, em dezembro de 2015 e 2014, respectivamente, considerando-se a margem presumida de lucro de 30%.

A DVA apresenta um caráter social muito importante. Dessa forma, suas informações podem auxiliar os usuários da informação contábil no reconhecimento das formas de geração de valor adicionado e, especialmente, na distribuição do valor gerado, seja sob a forma de remuneração do trabalho, repasse de impostos nas três esferas (federal, estadual e municipal), na remuneração do capital de terceiros (juros) e do capital próprio (distribuição de lucros), como no capital retido para reinvestimento.

3. PROCEDIMENTOS CONTÁBEIS

Os procedimentos contábeis envolvidos na elaboração das demonstrações financeiras estão associados principalmente à forma de classificação.

No balanço patrimonial, a classificação de ativos, passivos e patrimônio líquido é o ponto principal em termos de apresentação. A maior dificuldade está na classificação temporal entre curto e longo prazo, respectivamente entre circulante e não circulante. Essa classificação permite a avaliação no nível de liquidez da entidade e uma estimativa de prazo de realização de ativos e passivos. Nessa classificação, é preciso ter em mente que é preciso representar no balanço patrimonial como se espera que os ativos trarão benefícios econômicos futuros e os passivos serão pagos.

Tabela 13.6 Exemplo de DVA – Natura Cosméticos S.A.

NATURA COSMÉTICOS S.A.
DEMONSTRAÇÕES DO VALOR ADICIONADO
PARA OS EXERCÍCIOS FINDOS EM 31 DE DEZEMBRO DE 2015 E DE 2014
(em milhares de reais = R$)

	Nota explicativa	Controladora 2015	Controladora 2014	Consolidado 2015	Consolidado 2014
RECEITAS		7.976.443	8.153.968	10.958.857	9.975.051
Vendas de mercadorias, produtos e serviços		7.976.111	8.331.145	10.899.483	10.120.589
Constituição de provisão para créditos de liquidação duvidosa, líquida das reversões	7	(8.262)	(164.892)	(6.416)	(165.345)
Outras receitas (despesas) operacionais, líquidas	26	6.594	(12.285)	65.790	19.807
INSUMOS ADQUIRIDOS DE TERCEIROS		(4.950.232)	(5.065.127)	(6.374.417)	(5.924.598)
Custo dos produtos vendidos e dos serviços prestados		(2.682.515)	(2.830.936)	(3.220.425)	(3.157.765)
Materiais, energia, serviços de terceiros e outros		(2.267.717)	(2.234.191)	(3.153.992)	(2.766.833)
VALOR ADICIONADO BRUTO		3.024.211	3.088.841	4.584.440	4.050.453
RETENÇÕES		(86.392)	(84.098)	(239.197)	(189.811)
Depreciações e amortizações	14	(86.392)	(84.098)	(239.197)	(189.811)
VALOR ADICIONADO PRODUZIDO PELA SOCIEDADE		2.937.819	3.004.743	4.345.243	3.860.642
VALOR ADICIONADO RECEBIDO EM TRANSFERÊNCIA		1.927.901	712.441	1.927.228	703.805
Resultado de equivalência patrimonial	13	235.603	84.637	–	–
Receitas financeiras – incluem variações monetárias e cambiais	25	1.692.298	627.804	1.927.228	703.805
VALOR ADICIONADO TOTAL A DISTRIBUIR		4.865.720	3.717.184	6.272.471	4.564.447
DISTRIBUIÇÃO DO VALOR ADICIONADO		(4.865.720) 100%	(3.717.184) 100%	(6.272.471) 100%	(4.564.447) 100%
Pessoal e encargos sociais	24	(452.205) 9%	(432.511) 12%	(1.244.978) 20%	(1.074.786) 24%
Impostos, taxas e contribuições		(1.806.871) 37%	(1.681.035) 45%	(2.148.891) 34%	(1.724.433) 38%
Despesas financeiras e aluguéis		(2.093.131) 43%	(870.820) 23%	(2.355.870) 38%	(1.024.007) 22%
Dividendos	20.b)	(207.290) 4%	(232.321) 6%	(207.290) 3%	(232.321) 5%
Juros sobre o capital próprio	20.b)	(29.036) 1%	(27.822) 1%	(29.036) 1%	(27.822) 1%
Dividendos e juros sobre o capital próprio declarados e ainda não distribuídos	20.b)	(123.133) 6%	(449.273) 12%	(123.133) 4%	(449.273) 10%
Participação de acionistas não controladores		– 0%	– 0%	(9.219) 0%	(8.403) 0%
Lucros retidos	20.f)	(154.054) 0%	(23.402) 1%	(154.054) 0%	(23.402) 1%

Na DRE, com a adoção das normas IFRS/CPC, a dificuldade maior está associada à classificação das contas de maneira a possibilitar maior previsibilidade dos resultados futuros. A apresentação das despesas por natureza e por função tem papel importante nesse sentido, mas é preciso também permitir que o usuário avalie se os resultados irão persistir no futuro ou não, como é o caso da evidenciação na DRE de uma perda por *impairment*, que não tende a continuar no futuro.

Antes das normas internacionais, a segregação dos itens de resultado entre "operacionais" e "não operacionais" era bastante comum, no intuito de apresentar claramente o que estava dentro do escopo de atividades da organização. Porém, com a mudança nas normas, o entendimento atual segue no sentido de que todas as atividades em continuidade fazem parte da operação organizacional, caso contrário, seriam descontinuadas. Isso permite maior capacidade de projeção dos fluxos de caixa que provavelmente irão continuar no futuro.

O mesmo problema ocorre na DFC, na dificuldade em classificar as movimentações financeiras entre os caixas das atividades operacionais, de financiamento e de investimento, como será apresentado no próximo capítulo.

DESTAQUES FINAIS

A correta elaboração e divulgação dessas demonstrações financeiras proporciona uma melhora na qualidade da informação disponível e consequentemente uma tomada de decisão mais coerente e concisa. Assim, entender os componentes que formam a estrutura dessas demonstrações facilita em sua análise e interpretação.

Com isso, o objetivo dessas demonstrações deve ser analisado em conjunto, pois elas são extremamente complementares em sua elaboração, divulgação e, principalmente, análise pelos usuários da informação (investidores, credores e demais).

Por fim, a adequada apresentação não depende apenas desses pronunciamentos técnicos, uma vez que o correto procedimento contábil de reconhecimento, mensuração e divulgação permeia todo o conjunto de normas contábeis IFRS/CPC.

RESUMO

- O conjunto das demonstrações financeiras compreende o balanço patrimonial, demonstração do resultado, demonstração do resultado abrangente, DMPL, DFC, DVA e notas explicativas.
- A DVA é obrigatória no Brasil em função da Lei 11.638/2007 e não existe no conjunto de normas IFRS.
- Além das demonstrações financeiras, muitas empresas divulgam comentários da administração sobre as características principais do desempenho e da posição financeira e patrimonial da entidade e as principais incertezas às quais está sujeita.
- As demonstrações devem ser divulgadas pelo menos anualmente (mas as empresas de capital aberto têm obrigação trimestral), com a informação comparativa do período anterior.
- A DVA demonstra a geração e distribuição de riqueza da empresa.

EXERCÍCIOS PROPOSTOS

QUESTÃO 1: Considerando o conjunto de demonstrações contábeis existentes, discuta as informações disponíveis nessas demonstrações e de que forma essas informações podem ser úteis ao mercado.

QUESTÃO 2: As notas explicativas também fazem parte das demonstrações contábeis. Dessa maneira, qual a finalidade desse conjunto de informações e sua utilidade?

QUESTÃO 3: Elabore a demonstração do valor adicionado (DVA) da empresa a seguir. Para fins didáticos, a demonstração a seguir não corresponde a uma demonstração do resultado do exercício (DRE) publicada, mas uma DRE com informações detalhadas de caráter interno à empresa, com as informações detalhadas necessárias.

Demonstração do resultado do exercício	
Receita bruta de venda	1.600.000
(–) Deduções da receita	
(–) Impostos sobre venda	
(–) IPI sobre vendas	(90.000,00)
(–) ICMS sobre vendas	(120.000,00)
(–) Devolução de vendas	(70.000,00)
Receita líquida de vendas	**1.320.000,00**
(–) CPV	
(–) Matéria-prima	(240.000,00)
(–) Mão de obra	(400.000,00)
(–) Depreciação	(60.000,00)
(–) Insumos em geral (energia, água e afins)	(40.000,00)
Lucro bruto	**580.000,00**
Despesas	
Desp. gerais e administrativas	
Despesas de aluguel	(10.000)
(continua)	

(continuação)

Despesas com pessoal	(60.000)
Despesas com depreciação	(40.000)
Despesas com material de escritório	(20.000)
Desp. vendas	
Comissões de vendedores	(80.000)
Provisão para créditos de liquidação duvidosa	(4.000)
Propaganda e publicidade	(10.000)
Desp. financeiras	
Receitas financeiras	100.000
Despesas financeiras	(20.000)
Juros sobre o capital próprio	(16.000)
REP	140.000
Resultado antes dos tributos	560.000
(–) IR/CS	(210.000)
Resultado antes da reversão dos juros sobre capital próprio	**350.000**
Reversão dos juros sobre capital próprio	16.000
Resultado antes da participação dos administradores	**366.000**
(–) Participação dos gestores no lucro do período	(36.000)
Lucro líquido	**330.000**

Informações adicionais:

A matéria-prima adquirida e consumida no período gerou $ 14.000 de IPI e $ 20.000 de ICMS.

Cada uma das informações sobre pagamento de funcionários contém 30% de encargos com INSS, exceto participação nos resultados.

50% do lucro líquido será distribuído aos acionistas e o restante será retido como reservas de lucros.

QUESTÃO 4: Explique em que a demonstração do resultado abrangente (DRA) do período é diferente da demonstração do resultado do período (DRE) e explique a importância dessa diferenciação.

QUESTÃO 5: Quais informações devem constar na demonstração dos fluxos de caixa (DFC)? Apresente a diferença de métodos possíveis nessa demonstração.

BIBLIOGRAFIA SUGERIDA

COMITÊ DE PRONUNCIAMENTOS CONTÁBEIS (CPC). *Pronunciamento técnico CPC 09 – Demonstração do Valor Adicionado*. Brasília: CPC, 2008. Disponível em: http://static.cpc.aatb.com.br/Documentos/175_CPC_09_rev%2014.pdf. Acesso em: 31 jul. 2020.

COMITÊ DE PRONUNCIAMENTOS CONTÁBEIS (CPC). *Pronunciamento técnico CPC 26 (R1) – Apresentação das Demonstrações Contábeis*. Brasília: CPC, 2011. Disponível em: http://static.cpc.aatb.com.br/Documentos/312_CPC_26_R1_rev%2014.pdf. Acesso em: 31 jul. 2020.

LAMBERT, E. Should companies report annually instead of quarterly? *Chicago Booth Review*, 8 fev. 2019. Disponível em: https://review.chicagobooth.edu/finance/2019/article/should-companies-report-annually-instead-quarterly. Acesso em: 31 jul. 2020.

NATURA COSMÉTICOS S.A. *Relatório Natura 2015 – versão completa*. 2016. Disponível em: www.natura.com.br.

14

DEMONSTRAÇÃO DOS FLUXOS DE CAIXA

Marcelo Botelho da Costa Moraes

OBJETIVOS DE APRENDIZAGEM

- Conhecer o conceito de fluxos de caixa.
- Compreender as operações que afetam o caixa.
- Distinguir os tipos de fluxo de caixa: operacional, de investimento e de financiamento.
- Elaborar a demonstração dos fluxos de caixa (DFC) pelo método direto e indireto.
- Reconhecer adequadamente os efeitos de fluxos de caixa em moeda estrangeira.

1. APRESENTAÇÃO

A demonstração dos fluxos de caixa (DFC) indica a origem dos recursos financeiros que entraram no caixa, bem como a aplicação de todos os recursos financeiros que saíram do caixa em determinado período para uma entidade, sendo também uma demonstração dinâmica, pois indica a variação do saldo de caixa e equivalentes de caixa de um período para outro. Enquanto a demonstração do resultado do exercício (DRE) demonstra a composição do lucro e a demonstração das mutações do patrimônio líquido (DMPL) demonstra a variação das contas do patrimônio líquido, a DFC foca especificamente na variação do caixa, ou, de maneira mais ampla, nas disponibilidades e outros equivalentes de caixa, formados pelos recursos que estão imediatamente disponíveis.

Vejamos o caso da BRF em 2018, com a variação do saldo da conta de caixa e equivalentes de caixa (Controladora e Consolidado) na Tabela 14.1, que apresenta o recorte de duas partes da DFC.

Note que o final da DFC faz uma conciliação entre o "Saldo de caixa e equivalente de caixa no início do exercício" com o "Saldo de caixa e equivalentes de caixa no final do exercício", indicando o efeito de aumento/decrescimento líquido nesse saldo detalhado no corpo da DFC.

Assim, a DFC, quando analisada em conjunto com as demais demonstrações financeiras, pode permitir que investidores, credores e outros usuários analisem:

- Capacidade de geração de futuros fluxos de caixa e equivalentes de caixa, sejam eles positivos ou negativos.
- Capacidade de pagamentos de dívidas e dividendos para investidores.
- Conversão de lucro em caixa.
- Desempenho operacional, uma vez que o fluxo de caixa é menos suscetível a tratamentos contábeis diferenciados.
- Efeitos de transações de investimentos e financiamentos sobre a posição financeira da empresa.

Tabela 14.1 Trechos da DFC da BRF (2018)

Topo da DFC [...].

DEMONSTRAÇÕES FINANCEIRAS
Exercícios findos em 31 de dezembro de 2018 e 2017
(valores expressos em milhares de reais, exceto se expresso de outra forma)
DEMONSTRAÇÕES DO FLUXO DE CAIXA

	Controladora		Consolidado	
	Reapresentado		Reapresentado	
	31/12/2018	31/12/2017	31/12/2018	31/12/2017
[...] Base da DFC.				
Aumento (decréscimo) líquido no saldo de caixa e equivalentes de caixa	**241.997**	(271.804)	**(974.818)**	(346.090)
Saldo de caixa e equivalentes de caixa no início do exercício	**3.584.701**	3.856.505	**6.010.829**	6.356.919
Saldo de caixa e equivalentes de caixa no final do exercício	**3.826.698**	3.584.701	**5.036.011**	6.010.829

É interessante notar que a DFC apresenta os fluxos de caixa realizados no período, o que permite projetar fluxos de caixa futuros, que é uma necessidade para todos os usuários que precisam tomar decisões a partir das informações contábeis. Entretanto, as pesquisas científicas mostram que as projeções são mais acuradas quando feitas a partir da demonstração de resultados. Por exemplo, em vez de projetar recebimentos futuros de clientes com base nos recebimentos demonstrados na DFC, deve-se projetar recebimentos futuros com base nas receitas de vendas da DRE, para se ter uma projeção mais acurada. Isso ocorre porque a DRE faz uma melhor alocação dos fluxos de caixa no tempo em base competência (*accrual accounting*).

> **PARA REFLETIR...**
>
> Se a DRE apresenta melhor poder preditivo que a DFC, já que a projeção de fluxos de caixa fica melhor com a DRE, qual seria então a principal utilidade da DFC?

A DFC traz informações que não existem em outras demonstrações financeiras, como o valor captado e pago de dívidas no período, o que permite avaliar a capacidade de obtenção de crédito que a empresa tem. Assim, é importante entender a estrutura da DFC, para que se possam extrair informações relevantes para a tomada de decisões.

O Quadro 14.1 apresenta os pronunciamentos nacionais e seus congêneres internacionais nos quais se baseia a norma nacional.

Quadro 14.1 Pronunciamentos sobre a DFC

CPC	IFRS Iasb
CPC 03 (R2) – Demonstração dos Fluxos de Caixa	IAS 7 – *Statement of Cash Flows*

2. CONCEITOS E DEFINIÇÕES RELEVANTES

O fluxo de caixa tem como objetivo demonstrar as entradas e saídas de recursos monetários resultantes dos recebimentos e pagamentos. Diferentemente do lucro na DRE, que utiliza o conceito de competência, a DFC só considera as operações que tiveram impacto no caixa.

Para facilitar a análise do efeito caixa, a DFC é dividida em três partes:

- **Fluxo de caixa operacional (FCO)**: que corresponde aos recebimentos e pagamentos no curso normal das atividades da empresa, privilegiando uma análise da capacidade de geração de caixa em sua atividade operacional.
- **Fluxo de caixa de investimento (FCI)**: são as saídas ocasionadas pela aquisição de investimentos, como compras de imobilizado, intangível e investimentos de longo prazo (não circulante), bem como as entradas de caixa pela venda desses investimentos (também tratadas por desinvestimento).
- **Fluxo de caixa de financiamento (FCF)**: entradas de caixa provenientes da captação de investimentos por parte de capital (investidores) e dívidas (credores) e saídas com o pagamento dessas dívidas (principal e juros) ou da distribuição de lucros e redução do capital para investidores.

Note que movimentações "virtuais" de caixa, como aumento de capital com estoques, não transitam pela DFC, pois ela deve contemplar apenas as movimentações com efeito caixa.

Assim, conforme o CPC 03 (R2), temos:

Caixa compreende numerário em espécie e depósitos bancários disponíveis.

Equivalentes de caixa são aplicações financeiras de curto prazo, de alta liquidez, que são prontamente conversíveis em montante conhecido de caixa e que estão sujeitas a um insignificante risco de mudança de valor.

Os equivalentes de caixa são mantidos pelas entidades no intuito de atender a compromissos de curto prazo sem objetivo de investimentos ou outros propósitos. Para ser considerada como equivalente de caixa, a aplicação financeira precisa ter conversibilidade imediata em valor conhecido e estar sujeita a um insignificante risco de mudança de valor. Geralmente, o equivalente de caixa tem vencimento de curto prazo, por exemplo três meses ou menos, a contar da data da aquisição.

Os investimentos em instrumentos patrimoniais, como ações, não estão contemplados no conceito de equivalentes de caixa, exceto em situações bem específicas, uma vez que instrumentos patrimoniais como ações apresentam riscos inerentes ao mercado de capitais.

No caso dos saldos bancários a descoberto (como cheque especial), estes são incluídos como componente de caixa e equivalentes de caixa, pois frequentemente os saldos flutuam de devedor para credor.

3. PROCEDIMENTOS CONTÁBEIS

Antes de compreender a estrutura da DFC, é importante que entendamos quais as principais transações que afetam o caixa:

a) Transações que aumentam o caixa e seus equivalentes
- Integralização de capital pelos sócios ou acionistas, desde que seja em dinheiro, pois aumenta o caixa, ou equivalentes de caixa.
- Empréstimos bancários e financiamentos, que são os recursos disponibilizados por instituições financeiras. Aqui não deve ser considerada qualquer operação sem efeito caixa, como financiamentos em que se obtém diretamente o ativo (por exemplo, veículos), sem movimentação de caixa por parte da empresa.
- Venda de itens do ativo permanente (o grupo de ativo permanente não existe mais no balanço patrimonial, aqui representa os ativos não circulantes dos grupos investimento, imobilizado e intangível); embora não seja uma operação muito comum, a venda de ativos gera entrada de dinheiro se for realizada à vista.
- Vendas à vista e recebimento de clientes; as entradas proporcionadas pelos recebimentos provenientes de vendas à vista ou do recebimento de vendas feitas anteriormente aos clientes, sendo a principal fonte de recursos de caixa.
- Outras entradas, como juros, dividendos, indenizações etc., efetivamente recebidas pela empresa.

b) Transações que diminuem o caixa e seus equivalentes
- Pagamento de dividendos aos acionistas, sendo que o efetivo pagamento consome recursos do caixa.
- Pagamento de juros e amortizações de dívidas, nesse caso pagando os juros e encargos de empréstimos e financiamentos.
- Aquisição de item do ativo permanente (mesma ressalva feita anteriormente ao grupo de ativo permanente), o pagamento pelas compras de ativos.
- Compras de estoques à vista e pagamento de fornecedores, que são as saídas de numerários referentes à matéria-prima, materiais e mercadorias.
- Pagamentos de despesas/custos, contas a pagar e outros, sendo estes os desembolsos devidos pelos gastos gerais.

c) Transações que não afetam o caixa e seus equivalentes
- Depreciação, amortização e exaustão, sendo meras reduções de ativos pelo seu consumo e não pelo seu pagamento. O pagamento ocorreu na aquisição dos ativos aos quais se está depreciando, amortizando ou exaurindo. Observe que essas contas são efeitos contábeis do reconhecimento da competência ao longo do tempo.
- Perdas esperadas com créditos de liquidação duvidosa (antigo devedores duvidosos); baseada na estimativa de um provável não recebimento, essa conta é redutora da conta clientes, mas não incorre em seu pagamento.
- Reavaliação de ativos; a reavaliação de um ativo implica o aumento do seu valor contábil, sem o recebimento/pagamento por tal. Lembramos que tal prática não é mais permitida no Brasil, pela Lei 11.638/2007, mas não é vedada pelas *International Financial Reporting Standards* (IFRS).
- Investimentos pelo método da equivalência patrimonial; segundo esse método, quando existe o controle sobre outra empresa, o investimento deve ser contabilizado não pelo seu custo histórico, mas pela equivalência dos patrimônios; assim, se a empresa investida apresenta lucros, aumentando seu patrimônio líquido, mesmo que ela não distribua dividendos, a empresa investidora terá um aumento no valor de seu investimento (dentro do ativo não circulante no subgrupo investimentos) em função da valorização desse patrimônio. Mesmo assim, isso não implica entrada de dinheiro em caixa nesse momento, daí o efeito nulo sobre o caixa.
- Aquisição de ativos por financiamento ou arrendamento mercantil, sem a passagem do recurso financeiro pela entidade.

- Conversão de dívidas em instrumentos patrimoniais, trocando, assim, passivos existentes por ações da empresa, de maneira a diminuir o passivo e aumentar o patrimônio líquido, sem qualquer efeito no caixa.

Dessa forma, compreender as transações e o seu impacto no caixa, tanto no tempo quanto em valor financeiro, possibilita à empresa analisar as operações que geram e consomem caixa dentro dos grupos operacional (FCO), de investimento (FCI) e de financiamento (FCF).

3.1 Estrutura da DFC

A DFC deve apresentar:

- O fluxo de caixa gerado ou consumido pelas atividades operacionais, que são as principais atividades geradoras de receita da entidade e outras atividades diferentes das de investimento e de financiamento.
- O fluxo de caixa gerado ou consumido pelas atividades de investimento, que são referentes à aquisição e venda de ativos de longo prazo e investimentos não incluídos nos equivalentes de caixa.
- O fluxo de caixa gerado ou consumido pelas atividades de financiamento, que são aquelas que resultam em mudanças no tamanho e na composição do capital próprio e endividamento da entidade.
- A variação líquida de caixa.
- Os saldos inicial e final de caixa e equivalentes.

Note que o conceito de atividades operacionais é o que não se enquadra em investimento e financiamento. A norma deixa esse conceito abrangente justamente para demonstrar que a atividade operacional representa aquela ocorrida no curso normal dos negócios, divergindo apenas dos investimentos e financiamentos.

A norma permite a utilização de dois modelos para que as entidades divulguem os fluxos de caixa das atividades operacionais:

- O método direto, segundo o qual as principais classes de recebimentos brutos e pagamentos brutos são divulgadas.
- O método indireto, segundo o qual o lucro líquido ou prejuízo é ajustado pelos efeitos:
  - Das transações que não envolvem caixa.
  - De quaisquer diferimentos ou outras apropriações por competência sobre recebimentos ou pagamentos operacionais passados ou futuros.
  - De itens de receita ou despesa associados com fluxos de caixa das atividades de investimento ou de financiamento.

No método direto, o fluxo de caixa das atividades operacionais utiliza as informações sobre as principais classes de recebimentos brutos e de pagamentos brutos que podem ser obtidas:

- Dos registros contábeis da entidade.
- Ajustando as vendas, os custos das vendas (no caso de instituições financeiras, os componentes formadores da margem financeira, juntamente com as receitas com serviços e tarifas) e outros itens da demonstração do resultado referentes a:
  - Mudanças ocorridas no período nos estoques e nas contas operacionais a receber e a pagar.
  - Outros itens que não envolvem caixa.
  - Outros itens cujos efeitos no caixa sejam fluxos de caixa decorrentes das atividades de financiamento e de investimento.

No método indireto, o fluxo de caixa líquido das atividades operacionais é determinado ajustando-se o lucro líquido ou prejuízo, em relação aos efeitos de:

- Mudanças ocorridas no período nos estoques e nas contas operacionais a receber e a pagar.
- Itens que não afetam o caixa, tais como depreciação, provisões, impostos diferidos, variações cambiais não realizadas, resultado de equivalência patrimonial em investimentos e participação de minoritários, quando aplicável.
- Todos os outros itens cujos efeitos sobre o caixa sejam fluxos de caixa decorrentes das atividades de investimento ou de financiamento.

PARA REFLETIR...

Qual método de DFC (direto ou indireto) é preferível?

O método indireto é preferível pelas normas CPC/IFRS (recomendado), uma vez que com o uso do método direto a entidade deve apresentar obrigatoriamente a conciliação entre o lucro líquido e o fluxo de caixa líquido das atividades operacionais. Essa conciliação deve apresentar, por categoria separada, os principais itens a serem conciliados. Basicamente, isso praticamente cria uma obrigação de gerar duas informações no caso de escolha pelo método direto. Por isso, as empresas geralmente apresentam o método indireto, e sua vantagem recai nessa conciliação do lucro líquido com o fluxo de caixa operacional, já que os demais fluxos (investimento e financiamento) não apresentam diferenças.

A estrutura da DFC pode ser dividida em três partes (CPC, 2010):

- **Caixa das atividades operacionais**: relacionadas com a produção e a entrega de bens e serviços:

  (a) recebimentos de caixa pela venda de mercadorias e pela prestação de serviços;

  (b) recebimentos de caixa decorrentes de *royalties*, honorários, comissões e outras receitas;

(c) pagamentos de caixa a fornecedores de mercadorias e serviços;
(d) pagamentos de caixa a empregados ou por conta de empregados;
(e) recebimentos e pagamentos de caixa por seguradora de prêmios e sinistros, anuidades e outros benefícios da apólice;
(f) pagamentos ou restituição de caixa de impostos sobre a renda, a menos que possam ser especificamente identificados com as atividades de financiamento ou de investimento; e
(g) recebimentos e pagamentos de caixa de contratos mantidos para negociação imediata ou disponíveis para venda futura.

Vejamos o exemplo da BRF em 2018, com o FCO na Tabela 14.2.

Tabela 14.2 Fluxo de caixa das operações da BRF (2018)

	Controladora		Consolidado	
		Reapresentado		Reapresentado
	31/12/2018	31/12/2017	31/12/2018	31/12/2017
ATIVIDADES OPERACIONAIS				
Prejuízo líquido	(2.114.968)	(984.245)	(2.114.506)	(966.765)
Ajustes para reconciliar o prejuízo líquido ao caixa gerado				
Depreciação e amortização	767.867	755.260	962.677	895.528
Depreciação e exaustão do ativo biológico	584.414	613.721	784.524	736.768
Perda na alienação e baixas de ativos	50.499	18.958	51.004	8.423
Provisão para perdas nos estoques	258.974	213.739	352.164	224.659
Provisão para riscos tributários, cíveis e trabalhistas	176.922	423.516	214.439	443.318
Programa Especial de Regularização Tributária (PERT)	–	(449.822)	–	(449.822)
Equivalência patrimonial	(69.309)	315.042	(17.715)	(22.383)
Resultado financeiro líquido	2.161.959	1.821.680	2.241.474	1.881.758
Impostos sobre a renda diferidos	(681.757)	(207.555)	(340.144)	(210.582)
Outras provisões	162.030	153.971	176.799	244.852
Fluxo de caixa das atividades operacionais antes do capital de giro	1.296.631	2.674.265	2.310.716	2.785.754
Contas a receber de clientes	3.311.148	1.151.249	992.512	(682.100)
Estoques	10.433	(351.764)	(226.046)	35.173
Ativos biológicos circulantes	(40.433)	195.078	(50.093)	224.854
Fornecedores	(1.482.641)	(499.990)	(1.051.368)	1.085.360
Fornecedores risco sacado	236.869	(686.668)	170.940	(621.242)
Geração de caixa das atividades operacionais	3.332.007	2.482.170	2.146.661	2.827.799
Aplicações em títulos mensurados ao valor justo pelo resultado (VJR)	(273.675)	–	(273.678)	7.609
Resgate de títulos mensurados ao VJR	143.669	53.148	143.669	53.336
Juros recebidos	143.129	362.787	177.299	405.502
Juros sobre o capital próprio recebidos	10.913	40.668	3.606	26.828
Pagamento de provisões para riscos tributários, cíveis e trabalhistas	(329.983)	(497.330)	(355.605)	(509.285)
Pagamento de juros	(772.121)	(1.072.953)	(1.147.351)	(1.323.275)
Pagamento de imposto de renda e contribuição social	–	–	(737)	(37.177)
Outros ativos e passivos operacionais	(1.582.337)	(205.007)	(265.480)	(781.530)
Caixa líquido gerado nas atividades operacionais	671.602	1.163.483	428.384	669.807
Caixa líquido gerado (aplicado) nas atividades operacionais descontinuadas	(3.949)	98.777	(132.699)	(20.451)
Caixa líquido gerado nas atividades operacionais	667.653	1.262.260	295.685	649.356

- **Caixa das atividades de investimento**: compra e venda dos ativos de longo prazo (em geral ativos não circulantes):

  (a) pagamentos em caixa para aquisição de ativo imobilizado, intangíveis e outros ativos de longo prazo. Esses pagamentos incluem aqueles relacionados aos custos de desenvolvimento ativados e aos ativos imobilizados de construção própria;

  (b) recebimentos de caixa resultantes da venda de ativo imobilizado, intangíveis e outros ativos de longo prazo;

  (c) pagamentos em caixa para aquisição de instrumentos patrimoniais ou instrumentos de dívida de outras entidades e participações societárias em *joint ventures* (exceto aqueles pagamentos referentes a títulos considerados como equivalentes de caixa ou aqueles mantidos para negociação imediata ou futura);

  (d) recebimentos de caixa provenientes da venda de instrumentos patrimoniais ou instrumentos de dívida de outras entidades e participações societárias em *joint ventures* (exceto aqueles recebimentos referentes aos títulos considerados como equivalentes de caixa e aqueles mantidos para negociação imediata ou futura);

  (e) adiantamentos em caixa e empréstimos feitos a terceiros (exceto aqueles adiantamentos e empréstimos feitos por instituição financeira);

  (f) recebimentos de caixa pela liquidação de adiantamentos ou amortização de empréstimos concedidos a terceiros (exceto aqueles adiantamentos e empréstimos de instituição financeira);

  (g) pagamentos em caixa por contratos futuros, a termo, de opção e *swap*, exceto quando tais contratos forem mantidos para negociação imediata ou futura, ou os pagamentos forem classificados como atividades de financiamento; e

  (h) recebimentos de caixa por contratos futuros, a termo, de opção e *swap*, exceto quando tais contratos forem mantidos para negociação imediata ou venda futura, ou os recebimentos forem classificados como atividades de financiamento.

Temos também o exemplo do FCI da BRF em 2018 na Tabela 14.3.

- **Caixa das atividades de financiamento**: formas de captação e pagamento de recursos obtidos essencialmente com credores e investidores:

  (a) caixa recebido pela emissão de ações ou outros instrumentos patrimoniais;

  (b) pagamentos em caixa a investidores para adquirir ou resgatar ações da entidade;

Tabela 14.3 Fluxo de caixa de investimento da BRF (2018)

ATIVIDADES DE INVESTIMENTO				
Aplicações em títulos mensurados ao custo amortizado	–	(80.622)	**(213.697)**	(97.552)
Resgate de títulos mensurados ao custo amortizado	–	86.260	**179.667**	118.593
Aplicações em títulos mensurados ao valor justo por outros resultados abrangentes (VJORA)	**(5.194)**	–	**(5.194)**	–
Resgate em títulos mensurados ao VJORA	**140.886**	15.011	**140.886**	238.349
Resgate (aplicação) em caixa restrito	**(248.585)**	2.314	**(249.366)**	74.742
Aplicações no imobilizado	**(459.473)**	(607.492)	**(578.037)**	(681.184)
Aplicações no ativo biológico não circulante	**(569.974)**	(570.844)	**(845.311)**	(681.681)
Recebimento pela venda do imobilizado	**261.576**	150.284	**261.576**	150.284
Aplicações no intangível	**(18.578)**	(48.890)	**(20.535)**	(51.056)
Combinação de negócios, líquido do caixa	–	(59.186)	–	(1.119.651)
Caixa recebido na incorporação de subsidiária	**38.896**	–	–	–
Alienação (aquisição) de participação em empreendimentos controlados em conjunto e coligadas	**3.351**	(1.208)	**3.351**	(1.208)
Aumento de capital em subsidiária	**(125.751)**	(401.519)	–	–
Adiantamento para futuro aumento de capital	–	(1.205)	–	–
Caixa líquido aplicado nas atividades de investimento	**(982.846)**	(1.517.097)	**(1.326.660)**	(2.050.364)
Caixa líquido aplicado nas atividades de investimentos descontinuadas	**(155.868)**	(179.751)	**(89.219)**	(84.149)
Caixa líquido aplicado nas atividades de investimentos	**(1.138.714)**	(1.696.848)	**(1.415.879)**	(2.134.513)

Tabela 14.4 Fluxo de caixa de financiamento da BRF (2018)

ATIVIDADES DE FINANCIAMENTO				
Captações de empréstimos e financiamentos	6.264.830	5.964.332	6.500.102	8.020.243
Pagamento de empréstimos e financiamentos	(5.453.236)	(6.202.397)	(6.223.963)	(7.332.523)
Ações em tesouraria alienadas	–	509.875	–	509.875
Arrendamento mercantil	(99.018)	(144.971)	(102.397)	(149.924)
Caixa líquido gerado nas atividades de financiamento	712.576	126.839	173.742	1.047.671
Caixa líquido gerado (aplicado) nas atividades de financiamento descontinuadas	–	–	(99.818)	9.412
Caixa líquido gerado nas atividades de financiamento	712.576	126.839	73.924	1.057.083

(c) caixa recebido pela emissão de debêntures, empréstimos, notas promissórias, outros títulos de dívida, hipotecas e outros empréstimos de curto e longo prazos;
(d) amortização de empréstimos e financiamentos; e
(e) pagamentos em caixa pelo arrendatário para redução do passivo relativo a arrendamento.

Por fim, o FCF da BRF em 2018 na Tabela 14.4.

Observe que a norma não obriga o tratamento dos juros como sendo da atividade operacional, mas explicitamente faz essa recomendação, por considerar que o pagamento e o recebimento de juros são atividades correntes e normais da entidade. O tratamento alternativo seria considerar os juros pagos como caixa das atividades de financiamento e os juros recebidos como caixa das atividades de investimento; isso considera a visão de que os juros ocorrem em função da captação de recursos de financiamentos. Assim, para ficar de acordo com a recomendação da norma, vamos tratar os juros como sendo de atividades operacionais, uma vez que entendemos que a ocorrência de juros (recebimento ou pagamento) acontece normalmente na atividade de qualquer empresa.

3.2 Elaboração da DFC

A DFC deve ser elaborada segundo um dos métodos (direto ou indireto), a partir de informações constantes no balanço patrimonial, demonstração dos resultados do período e outras informações adicionais (inclusive notas explicativas) para detalhar aspectos relativos aos recebimentos e pagamentos.

Vejamos agora um exemplo de elaboração da DFC na Tabela 14.5.

Tabela 14.5 DFC – Exemplo de elaboração

Ativo	31/12/20x2	31/12/20x1
Caixa e equivalentes de caixa	55	10
Instrumentos financeiros	5	50
Clientes	1.500	1.000
Estoques	700	600
Ativo circulante	**2.260**	**1.660**
Clientes de longo prazo	400	100
Investimentos	1.600	1.000
Máquinas	6.000	5.000
Depreciação acumulada	(3.250)	(2.500)
Ativo não circulante	**4.750**	**3.600**
Ativo total	**7.010**	**5.260**
Passivo	31/12/20x2	31/12/20x1
Salários a pagar	300	400
Fornecedores	400	500

(continua)

(continuação)

Passivo	31/12/20x2	31/12/20x1
Imposto de renda e contribuição social (IR/CS) a recolher	60	50
Contas a pagar	10	40
Juros a pagar	50	200
Empréstimos	1.080	800
Passivo circulante	**1.900**	**1.990**
Provisões trabalhistas	160	100
Empréstimos	2.000	2.500
Passivo não circulante	**2.160**	**2.600**
Patrimônio líquido	**2.950**	**670**
Capital	2.800	300
Reserva de lucros	150	370
Passivo total	**7.010**	**5.260**

DRE do período – ano 20x2	
Vendas líquidas	4.000
Custo das vendas	(2.200)
Lucro bruto	**1.800**
Despesa com depreciação	(750)
Despesas administrativas	(700)
Despesa com provisões trabalhistas	(60)
Resultado de equivalência patrimonial (REP)	200
Resultado antes das receitas e despesas financeiras	**490**
Receitas financeiras	200
Despesas financeiras (Circ.)	(200)
Despesas financeiras (Não circ.)	(600)
Resultado financeiro	**(600)**
Resultado antes do imposto de renda	**(110)**
IR/CS a recolher	40
Resultado líquido (prejuízo)	**(70)**

Informações adicionais:

a) As provisões de longo prazo são transferidas para a conta de "outras contas a pagar".

Resolução pelo método direto, inicialmente pelos cálculos:

Inicialmente o cálculo de clientes (ou qualquer outra conta de direitos a receber) deve considerar o curto prazo (CP) e o longo prazo (LP). Para isso, utilizamos o saldo inicial (saldo do encerramento do ano anterior), acrescido das vendas (vindos da DRE), descontada a despesa de perdas esperadas com créditos de liquidação duvidosa (caso exista), menos o saldo final.

Clientes (CP e LP)	
Saldo inicial	1.100
Vendas do período	4.000
Despesa PCLD*	
Saldo final	(1.900)
Recebimento	**3.200**

*PCLD = perdas esperadas com créditos de liquidação duvidosa.

Em seguida, o cálculo das compras realizadas, a fim de subsidiar o cálculo do pagamento de fornecedores; iniciando com o saldo final do estoque, acrescido do custo dos produtos e serviços vendidos, menos o saldo inicial do estoque (ano anterior).

Compras	
Saldo final do estoque	700
Custo das vendas	2.200
Saldo inicial do estoque	(600)
Compras	**2.300**

Com o cálculo de compras realizadas, é possível obter o pagamento de fornecedores, com o saldo inicial de fornecedores (ano anterior), mais as compras, menos o saldo final de fornecedores, totalizando 2.400 com saldo negativo, pois é um pagamento.

Fornecedores	
Saldo inicial de fornecedores	500
Compras do período	2.300
Saldo final de fornecedores	400
Pagamento	**(2.400)**

Em salários a pagar, com saldo inicial do ano anterior, mais a despesa de salários do ano e o saldo final do ano atual, obtemos o pagamento de salários.

Salários a pagar	
Saldo inicial	400
Despesa de salários	700
Saldo final	300
Pagamento	**(800)**

O imposto de renda e contribuição social (IR/CS) a recolher tem uma situação diferente, pois há um benefício de diferimento, já que o IR/CS a recolher na DRE tem saldo positivo de $ 40, indicando um crédito tributário. Por isso, a conta deve considerar um saldo final de $ 60, mais a compensação de $ 40, menos o saldo inicial de $ 50.

IR/CS a recolher	
Saldo inicial IR/CS	(50)
Compensação IR/CS	40
Saldo final IR/CS	60
Diferimento (não pgto.)	**50**

Por fim, o contas a pagar; considerando a diferença entre saldo inicial e saldo final, obtemos o pagamento. Não esquecer de observar que contas que possuem saldo de curto prazo e longo prazo podem apresentar transferência de longo para curto prazo que não representa pagamento, apenas alocação no quesito temporal.

Contas a pagar	
Saldo inicial	40
Transferência de LP	0
Saldo final	10
Pagamento	**(30)**

Assim, obtemos a montagem da DFC pelo método direto, sem esquecer as atividades de investimento e de financiamento.

DFC – método direto	
Atividades operacionais	
Recebimento de clientes	3.200
Pagamento de salários	(800)
Pagamento a fornecedores	(2.400)
Diferimento de IR/CS	50
Pagamento de contas	(30)
Pagamento de juros	(950)
Recebimento de juros	200
Caixa consumido nas atividades operacionais	**(730)**
Atividades de investimento	
Resgate de aplicações financeiras	45
Aumento de investimentos	(400)
Aquisição de máquinas	(1.000)
Caixa consumido nas atividades de investimento	**(1.355)**
Atividades de financiamento	
Pagamento de empréstimos (CP e LP)	(220)
Aumento de capital	2.500
Pagamento de dividendos	(150)
Caixa gerado nas atividades de financiamento	**2.130**
Variação líquida de caixa e equivalente de caixa	**45**
Saldo inicial de caixa e equivalente de caixa	10
Saldo final de caixa e equivalente de caixa	55

Já pelo método indireto, partimos do lucro do período para ajustar itens que foram reconhecidos na DRE, porém não possuem efeito caixa ou não são operacionais, com isso chegamos ao lucro ajustado. Assim, no nosso exemplo temos três ajustes:

- Despesa de depreciação, por não apresentar efeito caixa, com efeito contrário ao da DRE.
- Despesa com provisões, também por não apresentar efeito caixa.
- Resultado de equivalência patrimonial (REP), também por não possuir impacto no caixa.

Após a obtenção do lucro ajustado, são considerados os efeitos da variação das contas operacionais de ativo e passivo.

Aumentos de ativos implicam uso de caixa para compras, por isso efeito negativo. O contrário (redução de ativos) gera aumento de caixa pela venda. Já o aumento de passivos gera aumento de caixa pela obtenção de dinheiro, ao contrário da redução de passivos, que gera redução do caixa pelo pagamento.

DFC – método indireto	
Atividades operacionais	
Lucro líquido do período	**(70)**
Ajustes	
(+) Despesa com depreciação	750
(+) Despesa com provisões	60
(–) REP	(200)
Lucro ajustado	**540**
Variações nas contas circulantes operacionais	
Aumento em clientes	(500)
Aumento em estoques	(100)
Aumento em clientes LP (Não circ.)	(300)
Redução em salários a pagar	(100)
Redução em fornecedores	(100)
Aumento em IR/CS a recolher	10
Redução em contas a pagar	(30)
Redução juros a pagar	(150)
Caixa consumido nas atividades operacionais	**(730)**
Atividades de investimento	
Resgate de aplicações financeiras	45
Aumento de investimentos	(400)
Aquisição de máquinas	(1.000)
Caixa consumido nas atividades de investimento	**(1.355)**
Atividades de financiamento	
Pagamento de empréstimos (CP e LP)	(220)
Aumento de capital	2.500
Pagamento de dividendos	(150)
Caixa gerado nas atividades de financiamento	**2.130**
Variação líquida de caixa e equivalente de caixa	**45**
Saldo inicial de caixa e equivalente de caixa	10
Saldo final de caixa e equivalente de caixa	55

Observe que no método indireto são consideradas as variações das contas de ativo e passivo (em geral, circulantes) que tenham caráter operacional. Além disso, o efeito das variações considera o efeito proporcionado no caixa:

- **Aumento de ativo**: representa novas aquisições, retirando dinheiro do caixa, por isso tem efeito negativo.
- **Redução de ativo**: representa vendas de ativos, entrando dinheiro em caixa, por isso tem efeito positivo.
- **Aumento de passivo**: representa novas aquisições sem pagamento ou novos empréstimos, ou seja, evitando saída de dinheiro ou aumentando o caixa, por isso tem efeito positivo.
- **Redução de passivo circulante**: representa pagamento de dívidas, diminuindo o dinheiro em caixa, por isso tem efeito negativo.

3.3 Fluxo de caixa em moeda estrangeira

Os fluxos de caixa advindos de transações em moeda estrangeira devem ser registrados na moeda funcional da entidade; assim, ganhos e perdas não realizados resultantes de mudanças nas taxas de câmbio de moedas estrangeiras não são fluxos de caixa.

Entretanto, os efeitos das mudanças nas taxas de câmbio sobre o caixa e equivalentes de caixa, mantidos ou devidos em moeda estrangeira, são apresentados na DFC, a fim de conciliar o caixa e equivalentes de caixa no começo e no fim do período, devendo ser apresentados separadamente dos fluxos de caixa das atividades operacionais, de investimento e de financiamento e incluindo as diferenças, se existirem, caso tais fluxos de caixa tivessem sido divulgados às taxas de câmbio do fim do período.

DESTAQUES FINAIS

Existe uma série de decisões a respeito de como reconhecer e apresentar a DFC, seja pelo uso de operações virtuais de caixa, que não são capturadas pela DFC, seja pela escolha contábil de como reconhecer os recebimentos e pagamentos de juros (operacional ou financiamento), ou ainda a forma de apresentação pelo método direto ou indireto.

Na prática, acaba existindo uma preferência pelas empresas em utilizar o método indireto, por ser de cálculo mais fácil e de menor divulgação de detalhes operacionais, uma vez que o caixa das atividades operacionais pode ser obtido a partir das demais demonstrações financeiras, como balanço patrimonial e demonstração do resultado.

Assim, a DFC ganhou muita importância após sua adoção no Brasil, assim como já é considerada nos países que adotam as IFRS. Isso decorre do fato de que a análise da capacidade de as empresas gerarem fluxos de caixa, especialmente observado o fluxo de caixa operacional, é extremamente importante para identificar os riscos e potenciais retornos gerados pelas entidades.

Dessa maneira, a correta apresentação da DFC é necessária, pois a demonstração se torna parte importante do conjunto de demonstrações financeiras visando atender aos usuários da informação contábil, especialmente investidores e credores.

Portanto, elaborar esta, que é considerada uma das mais complexas demonstrações, deve ser foco de um trabalho cuidadoso e fundamentado, para que não apresente informações erradas ao mercado.

RESUMO

- A DFC detalha a variação da conta caixa e equivalentes de caixa de um período para o outro.
- A DFC registra apenas as operações que efetivamente geram mudanças no caixa.
- A estrutura da DFC é dividida em fluxo de caixa operacional, com as atividades normais da empresa, fluxo de caixa de investimento, com as atividades de aquisição e venda de investimento em ativos de longo prazo, e fluxo de caixa das atividades de financiamento, com as captações e pagamento dos recursos obtidos.
- Existem dois métodos de elaboração da DFC, o método indireto (mais utilizado) e o método direto.
- Enquanto o método indireto parte do lucro líquido, ajustando os itens não operacionais ou que não tenham efeito no caixa e depois considerando as variações dos ativos e passivos operacionais, o método direto obedece a uma sequência de recebimento de clientes, pagamento de fornecedores e pagamento das demais obrigações operacionais.
- A DFC apresenta grande importância para a análise da geração e uso de caixa nas entidades.

EXERCÍCIOS PROPOSTOS

Assista ao vídeo

QUESTÃO 1: Observando a estrutura da DFC, discuta as diferenças entre o método direto e o método indireto na elaboração da DFC.

QUESTÃO 2: As atividades de investimento e financiamento são importantes no fluxo de caixa das empresas. Assim, a partir da estrutura da DFC, apresente exemplos de operações que afetam o caixa dessas atividades e suas dificuldades na elaboração da DFC.

QUESTÃO 3: Com relação às demonstrações financeiras a seguir, pede-se:

1. Elaborar o fluxo de caixa pelo método indireto para o ano de 2020 (conforme CPC 03).

2. Elaborar o fluxo de caixa pelo método direto para o ano de 2020 (conforme CPC 03).

Obs.: Considerar as informações adicionais.

Ativo	31/12/2019	31/12/2020
Caixa	5	50
Contas a receber	50	60
Estoques	35	40
Ativo circulante	**90**	**150**
Recebíveis	30	30
Máquinas	200	230
Depreciação acumulada	(60)	(80)
Ativo não circulante	**170**	**180**
Ativo total	**260**	**330**

Passivo	31/12/2019	31/12/2020
Fornecedores	40	30
Despesas a pagar	10	5
Empréstimos	40	20
Passivo circulante	**90**	**55**
Financiamentos	80	95
Passivo não circulante	**80**	**95**
Patrimônio líquido	**90**	**180**
Capital	60	60
Reserva de lucros	30	120
Passivo total	**260**	**330**

DRE do período – 2020	
Receita de vendas	500
Custo da mercadoria vendida	(275)
Lucro bruto	**225**
Despesas com depreciação	(20)
Despesas administrativas	(15)
Resultado antes das receitas e despesas financeiras	**190**
Despesas financeiras (Circ.)	(10)
Despesas financeiras (Não circ.)	(15)
Resultado financeiro	**(25)**
Lucro líquido	**165**

Informações adicionais:

a) Carência de três anos para pagamento de juros dos financiamentos.

b) Houve pagamento de dividendos.

c) Recebíveis não correntes tratados como investimento.

d) Saldo inicial de máquinas adquiridas à vista em (t – 2).

e) Compra de máquinas no período à vista.

f) Depreciação de compras do período = 5.

QUESTÃO 4: Elabore a DFC pelo método indireto, conforme o CPC 03.

Obs.: Considerar as informações adicionais.

Ativo	20x0	20x1
Caixa	5	35
Aplicações financeiras	5	105
Contas a receber	60	20
Estoques	50	15
Ativo circulante	**120**	**175**
Recebíveis	30	70
Máquinas	300	350
Depreciação acumulada	(200)	(240)
Ativo não circulante	**130**	**180**
Ativo total	**250**	**355**
Passivo	**20x0**	**20x1**
Fornecedores	10	30
Despesas a pagar	5	15
Empréstimos	40	10
Passivo circulante	**55**	**55**
Financiamentos	200	275
Passivo não circulante	**200**	**275**
Patrimônio líquido	**(5)**	**25**
Capital	60	60
Reserva de lucros	(65)	(35)
Passivo total	**250**	**355**

DRE do período 20x1	
Vendas	600
Custo das vendas	(420)
Lucro bruto	**180**
Despesa com depreciação	(40)
Despesas administrativas	(35)
Resultado antes das receitas e despesas financeiras	**105**
Receitas financeiras	35
Despesas financeiras (circ.)	(15)
Despesas financeiras (não circ.)	(25)
Resultado financeiro	**(5)**
Lucro líquido	**100**

Informações adicionais:

a) Carência de três anos para pagamento de juros dos financiamentos.

b) Houve pagamento de dividendos.

c) Recebíveis não circulantes devem ser tratados como investimento.

d) Saldo inicial de máquinas adquiridas à vista em $(t-3)$.

e) Compra de máquinas no período à vista.

f) Depreciação de compras do período = 10.

g) Considere aplicações financeiras como equivalentes de caixa.

QUESTÃO 5: Explique os efeitos dos fluxos de caixa em moeda estrangeira na elaboração da DFC e apresente um exemplo de situação em que isso pode ocorrer.

BIBLIOGRAFIA SUGERIDA

COMITÊ DE PRONUNCIAMENTOS CONTÁBEIS (CPC). *Pronunciamento técnico CPC 03 (R2) – Demonstração dos Fluxos de Caixa*. Brasília: CPC, 2010. Disponível em: http://static.cpc.aatb.com.br/Documentos/183_CPC_03_R2_rev%2014.pdf. Acesso em: 2 ago. 2020.

15

DEMONSTRAÇÃO INTERMEDIÁRIA E EVENTO SUBSEQUENTE

Marcelo Botelho da Costa Moraes

OBJETIVOS DE APRENDIZAGEM

- Compreender a finalidade das demonstrações intermediárias.
- Conhecer a forma de reconhecimento e mensuração em datas intermediárias.
- Proceder nos devidos ajustes com informações em virtude de eventos após o encerramento das demonstrações financeiras.
- Entender como evidenciar as informações subsequentes.

1. APRESENTAÇÃO

O conjunto de demonstrações financeiras, como visto anteriormente, tem por objetivo a apresentação das informações econômico-financeiras para investidores e credores, subsidiando a tomada de decisão por parte dos agentes econômicos com relação à capacidade de a entidade gerar lucros e fluxos de caixa e sua condição financeira e de liquidez. Além disso, essas demonstrações devem ser periódicas e contemplar o conjunto de informações mais recente possível.

Por isso a importância das demonstrações intermediárias que apresentam o conjunto das demonstrações financeiras com uma periodicidade inferior à apuração do resultado, que usualmente segue o ano fiscal. Sem demonstrações intermediárias, a tomada de decisão baseada nas demonstrações financeiras corre o risco de não possuir informações tempestivas. Dessa maneira, obter informações entre as publicações das demonstrações financeiras anuais, que encerram o ciclo de atividade, bem como ser informado dos acontecimentos relevantes após o encerramento das demonstrações é fundamental.

Assim, o mais comum nas demonstrações intermediárias são as demonstrações trimestrais no caso das sociedades anônimas em função da obrigatoriedade dada pela Comissão de Valores Mobiliários (CVM), como podemos ver no recorte das demonstrações financeiras de março de 2018 da BRF no Quadro 15.1.

Também a informação referente a eventos subsequentes deve ser abordada ao possibilitar uma melhor análise dos impactos desses eventos na situação patrimonial, econômica e financeira da organização após o período de reporte. Assim, compreender as informações que devem estar presentes nas demonstrações intermediárias e a forma de identificar e evidenciar os eventos subsequentes é primordial para uma correta elaboração das demonstrações financeiras, bem como sua análise.

Por exemplo, observe informações da BRF sobre os eventos subsequentes ao encerramento das demonstrações financeiras de 2018 no Quadro 15.2.

O Quadro 15.3 apresenta os pronunciamentos nacionais e seus congêneres internacionais nos quais se baseia a norma nacional.

Quadro 15.1 Demonstrações intermediárias de março de 2018 na BRF

---
3. Resumo das principais práticas contábeis

As informações trimestrais foram preparadas de acordo com a Deliberação CVM n. 673/2011, que aprova o CPC 21 (R1), o qual está convergente com o IAS 34, que estabelece o conteúdo mínimo de uma demonstração financeira intermediária e os princípios para reconhecimento e mensuração para demonstrações completas ou condensadas de período intermediário.

As demonstrações financeiras intermediárias, nesse caso, informações trimestrais, têm como objetivo prover atualização com base nas últimas demonstrações financeiras anuais completas. Portanto, elas focam em novas atividades, eventos e circunstâncias e não duplicam informações previamente divulgadas, exceto quando a Administração julga relevante a manutenção de uma determinada informação.

Quadro 15.2 Eventos subsequentes na BRF (2018)

DESTAQUES DO TRIMESTRE E EVENTOS SUBSEQUENTES

Conclusão do Plano de Monetização de R$ 5 bilhões, em fev. 2019, alcançando 81% da meta divulgada em jun. 2018 e totalizando R$ 4,1 bilhões.

Conclusão da definição da nova estrutura organizacional e preenchimento de todas as posições do nível superior de liderança, o Comitê Executivo, sendo a última nomeação a do Sr. Ivan de Souza Monteiro para o cargo de diretor vice-presidente financeiro e de relações com investidores, em substituição ao Sr. Elcio Ito, agregando experiência a uma liderança de alto desempenho e comprometida com o longo prazo.

Unificação da gestão das operações internacionais sob uma única vice-presidência de mercados internacionais, sob a liderança do Sr. Patricio Rohner.

Refinanciamento junto ao banco Santander, nas modalidades "Cédula de Produto Rural Financeira" e "Nota de Crédito Rural", no valor de até R$ 700 milhões.

Revisão do *guidance* de alavancagem financeira de 3,0× para aproximadamente 3,65× ao final de 2019.

Aprovação, em Assembleia Geral Extraordinária do dia 12 de dezembro 2018, da incorporação da SHB Comércio e Indústria de Alimentos S.A. ("SHB") pela BRF S.A., com o objetivo de simplificar a estrutura organizacional e societária do grupo relativas ao negócio de produtos Halal.

Assinatura do mecanismo de *price undertaking*, ou preços mínimos, entre produtores de frango brasileiros e o governo chinês, representando grande avanço na agenda de comércio entre os dois países.

Quadro 15.3 Pronunciamentos sobre a demonstração intermediária e evento subsequente

CPC	IFRS Iasb
CPC 21 (R1) – Demonstração Intermediária	IAS 34 – *Interim Financial Reporting*
CPC 24 – Evento Subsequente	IAS 10 – *Events after the Reporting Period*

2. CONCEITOS E DEFINIÇÕES RELEVANTES

Os conceitos e definições aqui apresentados se referem às duas normas tratadas neste capítulo.

2.1 Demonstração intermediária

O Pronunciamento Técnico CPC 21 (R1) – Demonstração Intermediária não determina quais entidades devem divulgar ou publicar suas demonstrações financeiras intermediárias, ou com qual frequência ou prazo a partir do encerramento do período intermediário. Porém, é comum que órgãos reguladores, governamentais ou de mercado façam exigências para que organizações com títulos de dívida ou patrimoniais (negociados publicamente) divulguem ou publiquem suas demonstrações financeiras intermediárias.

No caso das companhias abertas, quando não por força de lei ou regulação como é o caso do Brasil, são incentivadas a divulgar as demonstrações financeiras intermediárias de acordo com os princípios de reconhecimento, mensuração e de divulgação no Comitê de Pronunciamentos Contábeis (CPC) e normas *International Financial Reporting Standards* (IFRS). Assim, as companhias abertas são encorajadas a:

- Disponibilizar demonstrações financeiras intermediárias pelo menos semestralmente.
- Provê-las em até 60 dias após o fim do período intermediário.

Cada demonstração, seja esta anual ou intermediária, deve ser avaliada individualmente com relação à conformidade. Isso gera a obrigação de auditoria externa nos casos em que devem ser elaboradas. O fato de a entidade não apresentar demonstrações financeiras intermediárias durante um exercício social específico ou de que as demonstrações intermediárias não estejam de acordo com o pronunciamento técnico não implica que as demonstrações financeiras anuais não estejam de acordo com as normas contábeis, ou seja, são independentes.

O Pronunciamento Técnico CPC 26 (R1) – Apresentação das Demonstrações Contábeis define um conjunto completo de demonstrações financeiras, incluindo os seguintes componentes:

(a) balanço patrimonial ao final do período;
(b1) demonstração do resultado do período;
(b2) demonstração do resultado abrangente do período;
(c) demonstração das mutações do patrimônio líquido do período;
(d) demonstração dos fluxos de caixa do período;
(e) notas explicativas, compreendendo as políticas contábeis significativas e outras informações elucidativas;
(ea) informações comparativas com o período anterior, conforme especificado nos itens 38 e 38A [do Pronunciamento Técnico CPC 26 (R1)];
(f) balanço patrimonial do início do período mais antigo, comparativamente apresentado, quando a entidade aplicar uma política contábil retrospectivamente ou proceder à reapresentação retrospectiva de itens das demonstrações contábeis, ou quando proceder à reclassificação de itens de suas demonstrações contábeis de acordo com os itens 40A a 40D [do Pronunciamento Técnico CPC 26 (R1)]; e
(f1) demonstração do valor adicionado do período, conforme Pronunciamento Técnico CPC 09, se exigido legalmente ou por algum órgão regulador ou mesmo se apresentada voluntariamente.

Para simplificar o processo, evitar repetições e reduzir custos, a entidade pode divulgar menos informações nos períodos intermediários do que em suas demonstrações financeiras anuais. Dessa forma, o conteúdo mínimo da demonstração contábil intermediária é formado pelas demonstrações financeiras condensadas e notas explicativas selecionadas.

PARA REFLETIR...

Existe alguma proibição ou obrigatoriedade nas normas CPC/IFRS em divulgar o conjunto completo das demonstrações financeiras nos períodos intermediários?

A norma não proíbe ou desencoraja a divulgação do conjunto completo de demonstrações financeiras nos períodos intermediários, em vez das demonstrações financeiras condensadas e das notas explicativas selecionadas, nem proíbe ou desencoraja as entidades a incluírem nas demonstrações financeiras condensadas mais do que os itens mínimos estabelecidos.

Assim, as demonstrações financeiras intermediárias devem incluir, pelo menos (observe que pode ser mais), os seguintes componentes:

- Balanço patrimonial condensado.
- Demonstração condensada:
    - Do resultado do exercício.
    - Do resultado abrangente.
- Demonstração condensada das mutações do patrimônio líquido.
- Demonstração condensada dos fluxos de caixa.
- Notas explicativas selecionadas.

A demonstração do resultado abrangente (DRA) pode ser apresentada como parte da demonstração das mutações do patrimônio líquido (DMPL).

Demonstrações intermediárias devem, ainda, incluir as demonstrações financeiras (condensadas ou completas) para os seguintes períodos:

- Balanço patrimonial ao fim do período intermediário corrente e o balanço patrimonial comparativo do final do exercício social imediatamente anterior.
- Demonstração do resultado e DRA do período intermediário corrente e acumulado no exercício social corrente, comparadas com as dos períodos intermediários do exercício social anterior (corrente e acumulado no ano). Conforme permitido no Pronunciamento Técnico CPC 26 (R1) – Apresentação das Demonstrações Contábeis, a DRA pode ser apresentada em quadro demonstrativo próprio ou incluída dentro das mutações do patrimônio líquido.
- DMPL acumulada no ano, com demonstração comparativa também acumulada do exercício social anterior.
- Demonstração dos fluxos de caixa (DFC) acumulada no ano, com demonstração comparativa também acumulada do exercício social anterior.

Para empresas cuja atividade seja altamente sazonal, podem ser úteis informações financeiras para os últimos 12 meses terminados no final do período intermediário e para os 12 meses anteriores comparáveis. Por isso, elas são encorajadas a divulgar tais informações adicionais.

Caso a organização divulgue o conjunto completo de demonstrações financeiras no seu período intermediário, a forma e o conteúdo dessas demonstrações devem estar em conformidade com os requisitos do pronunciamento técnico que regulamenta a apresentação das demonstrações contábeis, para o conjunto completo de demonstrações financeiras.

Já se a entidade divulga o conjunto de demonstrações condensadas nos seus relatórios intermediários, estas devem incluir, no mínimo, cada um dos grupos ou subgrupos de contas e seus totais que foram apresentados nas demonstrações financeiras anuais mais recentes e as notas explicativas selecionadas como requeridas. Podem, ainda, ser incluídos itens adicionais caso suas omissões façam com que a demonstração intermediária se torne enganosa.

Também deve ser apresentado o lucro por ação básico e diluído para o respectivo período, conforme a norma de resultado por ação, dentro da demonstração do resultado, para os casos de empresas que emitam ações.

Com relação às demonstrações consolidadas, as demonstrações intermediárias também devem ser apresentadas em bases consolidadas, de maneira análoga às demonstrações financeiras anuais mais recentes; no caso da inclusão das demonstrações separadas ou individuais da controladora, não são requeridas, porém também não são proibidas.

2.2 Ajuste das demonstrações em virtude de eventos subsequentes

Conforme o Pronunciamento Técnico CPC 24:

> **Evento subsequente** ao período a que se referem as demonstrações financeiras é aquele evento, favorável ou desfavorável, que ocorre entre a data final do período a que se referem as demonstrações contábeis e a data na qual é autorizada a emissão dessas demonstrações. Dois tipos de eventos podem ser identificados:
>
> (a) os que evidenciam condições que já existiam na data final do período a que se referem as demonstrações contábeis (evento subsequente ao período contábil a que se referem as demonstrações que originam ajustes);
>
> (b) os que são indicadores de condições que surgiram subsequentemente ao período contábil a que se referem as demonstrações contábeis (evento subsequente ao período contábil a que se referem as demonstrações que não originam ajustes).

O processo envolvido na autorização da emissão das demonstrações financeiras depende da estrutura da administração, das exigências legais e estatutárias, além de procedimentos de preparação e finalização dessas demonstrações. Pode ainda ser necessário submeter as demonstrações financeiras à aprovação de seus acionistas após sua emissão, ou, ainda, ao conselho de administração e/ou conselho fiscal e/ou comitê de auditoria (formados apenas por não executivos), se houver.

A entidade **deve** ajustar os valores reconhecidos em suas demonstrações financeiras para que reflitam os eventos subsequentes que **evidenciem condições que já existiam na data final do período contábil** a que se referem as demonstrações financeiras.

PARA REFLETIR...

Quais eventos podem ocorrer após ao encerramento do período contábil? E que tipos de ajustes devem ser feitos?

Vejamos alguns exemplos de eventos subsequentes ao período contábil a que se referem as demonstrações financeiras que exigem que a entidade ajuste os valores reconhecidos em suas demonstrações ou reconheça itens que não tenham sido previamente reconhecidos (CPC 24, 2009):

(a) decisão ou pagamento em processo judicial após o final do período contábil a que se referem as demonstrações contábeis, confirmando que a entidade já tinha a obrigação presente ao final daquele período contábil. A entidade deve ajustar qualquer provisão relacionada ao processo anteriormente reconhecida de acordo com o CPC 25 – Provisões, Passivos Contingentes e Ativos Contingentes ou registrar nova provisão. A entidade não divulga meramente um passivo contingente porque a decisão proporciona provas adicionais que seriam consideradas de acordo com o item 16 do CPC 25;

(b) obtenção de informação após o período contábil a que se referem as demonstrações contábeis, indicando que um ativo estava desvalorizado ao final daquele período contábil ou que o montante da perda por desvalorização previamente reconhecido em relação àquele ativo precisa ser ajustado. Por exemplo:

  (i) falência de cliente, ocorrida após o período contábil a que se referem as demonstrações contábeis, normalmente confirma que houve perda por redução ao valor recuperável no crédito no final do período de relatório; e

  (ii) venda de estoque após o período contábil a que se referem as demonstrações contábeis pode proporcionar evidência sobre o valor de realização líquido desses estoques ao final daquele período;

(c) determinação, após o período contábil a que se referem as demonstrações contábeis, do custo de ativos comprados ou do valor de ativos recebidos em troca de ativos vendidos antes do final daquele período;

(d) determinação, após o período contábil a que se referem as demonstrações contábeis, do valor referente ao pagamento de participação nos lucros ou referente às gratificações, no caso de a entidade ter, ao final do período a que se referem as demonstrações, uma obrigação presente legal ou construtiva de fazer tais pagamentos em decorrência de eventos ocorridos antes daquela data (ver CPC 33 – Benefícios a Empregados); e

(e) descoberta de fraude ou erros que mostram que as demonstrações contábeis estavam incorretas.

Outros eventos subsequentes não originam ajustes, por exemplo, declínio do valor justo de investimentos ocorrido no período compreendido entre o final do período contábil a que se referem as demonstrações e a data de autorização de emissão dessas demonstrações. O declínio do valor justo não se relaciona normalmente à condição dos investimentos no final do período contábil a que se referem as demonstrações financeiras, refletindo circunstâncias que surgiram no período seguinte, muitas vezes por fatores externos e normais, por isso a entidade não deve ajustar os valores reconhecidos para os investimentos em suas demonstrações financeiras.

No caso de a entidade declarar dividendos após o período contábil a que se referem as demonstrações financeiras, ela não deve reconhecer esses dividendos como passivo ao final daquele período. Já no caso de descontinuidade, a entidade não deve elaborar suas demonstrações financeiras com base no pressuposto de continuidade se sua administração determinar, após o período contábil a que se referem as demonstrações financeiras, que pretende liquidar a entidade, deixar de operá-la ou que não tem alternativa realista a não ser proceder em seu fechamento.

3. PROCEDIMENTOS CONTÁBEIS

Os procedimentos contábeis relacionados a estas duas normas possuem foco na divulgação em notas explicativas e nos procedimentos de reconhecimento e mensuração no caso das demonstrações intermediárias, além da divulgação de eventos subsequentes após o período de reporte.

3.1 Evidenciação em notas explicativas

Grande parte do conjunto de informações das demonstrações financeiras intermediárias está na divulgação em notas explicativas. Assim, a entidade deve divulgar que as demonstrações intermediárias estão em conformidade com o pronunciamento técnico de demonstração intermediária apenas. Para indicar que as demonstrações intermediárias estão de acordo com os pronunciamentos do CPC ou IFRS, a entidade deve cumprir todos os requerimentos dos pronunciamentos técnicos, orientações e interpretações do CPC ou IFRS.

A entidade deve incluir em suas demonstrações financeiras intermediárias uma explicação dos eventos e transações que sejam significativos para a compreensão das mudanças patrimoniais, econômicas e financeiras da organização e de seu desempenho desde o término do último exercício social, atualizando informações relevantes apresentadas nas demonstrações financeiras anuais mais recentes.

Já as notas explicativas da demonstração intermediária, que proporcionem atualizações relativamente insignificantes às informações que já foram divulgadas nas notas explicativas das demonstrações financeiras anuais mais recentes, são desnecessárias.

Conforme o Pronunciamento Técnico CPC 21 (R1), segue uma lista, não exaustiva, de eventos e transações para os quais a divulgação é requerida, caso sejam considerados significativos:

(a) redução de estoques ao valor líquido de realização e reversão desses ajustes;
(b) reconhecimento de perda ao valor recuperável (*impairment*) de ativos financeiros, de ativos imobilizados, de ativos intangíveis, de ativos provenientes de contratos com clientes ou de outros ativos e de reversão dessa perda;
(c) reversão de quaisquer provisões para custos de reestruturação;
(d) aquisições e baixas de itens do ativo imobilizado;
(e) assunção de compromissos para aquisição de itens do ativo imobilizado;
(f) liquidações de processos judiciais ou administrativos;
(g) retificações de erros de períodos anteriores;
(h) alterações nos negócios ou nas circunstâncias econômicas que afetam o valor justo dos ativos financeiros e dos passivos financeiros da entidade, sejam esses ativos e passivos reconhecidos pelo valor justo ou pelo custo amortizado;
(i) qualquer não atendimento de prazos de pagamento de empréstimos ou quebra de contrato de empréstimo que não tenha sido solucionado ao término ou antes do término do período de reporte;
(j) transações com partes relacionadas;
(k) transferências entre níveis hierárquicos de valor justo, utilizados para mensuração a valor justo de instrumentos financeiros;
(l) mudanças na classificação de ativos financeiros como resultado de uma alteração no propósito ou no uso desses ativos; e
(m) mudanças nos passivos contingentes ou ativos contingentes.

Adicionalmente à divulgação de eventos e transações significativos, a entidade deve incluir as seguintes informações nas notas explicativas das demonstrações financeiras intermediárias, caso não sejam evidenciadas em qualquer outro lugar dessas demonstrações. Essas informações devem ser normalmente divulgadas com base no acumulado do ano até a data (*year-to-date basis*):

(a) uma declaração de que as políticas contábeis e os métodos de cálculo são os mesmos nas demonstrações contábeis intermediárias, quando comparados com a demonstração contábil anual mais recente; ou, se tais políticas e métodos foram alterados, uma descrição da natureza e dos efeitos dessa mudança;
(b) comentários explicativos sobre operações intermediárias sazonais ou cíclicas;
(c) a natureza e os montantes dos itens não usuais em função de sua natureza, tamanho ou incidência que afetaram os ativos, os passivos, o patrimônio líquido, o resultado líquido ou os fluxos de caixa;
(d) a natureza e os valores das alterações nas estimativas de montantes divulgados em período intermediário anterior do ano corrente ou alterações das estimativas dos montantes divulgados em períodos anuais anteriores;
(e) emissões, recompras e resgates de títulos de dívida e de títulos patrimoniais;
(f) dividendos pagos (agregados ou por ação) separadamente por ações ordinárias e por outros tipos e classes de ações;

(g) as seguintes informações por segmento [...]:
   (i) receitas de clientes externos, se incluídas na medição do resultado do segmento, revisada pelo principal tomador de decisões operacionais da entidade, ou apresentada regularmente ao principal tomador de decisões operacionais da entidade;
   (ii) receitas intersegmentos, se incluídas na medição do resultado do segmento, revisada pelo principal tomador de decisões operacionais da entidade, ou apresentada regularmente ao principal tomador de decisões operacionais da entidade;
   (iii) mensuração do resultado por segmento;
   (iv) ativos totais para os quais tenha havido mudança significativa dos montantes evidenciados na última demonstração contábil anual;
   (v) descrição das diferenças com relação à última demonstração contábil anual da base de segmentação ou da base de mensuração dos resultados por segmento;
   (vi) conciliação do total dos resultados dos segmentos reportáveis com o resultado antes dos tributos da entidade e antes das operações descontinuadas. Entretanto, se a entidade alocar aos segmentos reportáveis itens tais como despesa de tributo sobre o lucro, a entidade pode conciliar o total dos resultados dos segmentos com o resultado total da entidade após esses itens. Itens de conciliação material devem ser separadamente identificados e descritos em tais conciliações;
(h) eventos subsequentes ao fim do período intermediário que não tenham sido refletidos nas demonstrações do período intermediário;
(i) efeito de mudanças na composição durante o período intermediário, incluindo combinação de negócios, obtenção ou perda de controle de controladas e investimentos de longo prazo, reestruturações e operações descontinuadas. [...];
(j) para instrumentos financeiros, as divulgações sobre valor justo [...];
(k) para entidades que se tornarem ou que deixarem de ser entidades de investimento, conforme definido no CPC 36 – Demonstrações Consolidadas, as divulgações do item 9B do CPC 45;
(l) a desagregação da receita de contratos com clientes, requerida pelos itens 114 e 115 do CPC 47 – Receita de Contrato com Cliente. (CPC 21 [R1], 2011)

3.2 Forma de reconhecimento e mensuração em datas intermediárias

Antes de tratar de reconhecimento e mensuração, é preciso estabelecer um corte em relação à materialidade, como forma de reconhecer adequadamente os efeitos financeiros e patrimoniais. Assim, ao serem feitas avaliações de materialidade, deve ser reconhecido que as mensurações intermediárias podem ser determinadas em estimativas de maneira mais extensa do que as mensurações que são feitas nas demonstrações financeiras anuais.

Enquanto o julgamento é sempre requerido na avaliação de materialidade, as decisões de reconhecimento e divulgação do pronunciamento técnico se baseiam nas informações do próprio período intermediário, assegurando que a demonstração contábil intermediária inclua todas as informações que são relevantes para a compreensão das mudanças patrimoniais, econômicas e financeiras da entidade e seu desempenho durante o período intermediário.

PARA REFLETIR...

Existe alguma diferenciação nas políticas contábeis para efeito das demonstrações financeiras intermediárias?

A organização deve aplicar nas demonstrações intermediárias as mesmas políticas contábeis que são aplicadas nas demonstrações financeiras anuais, com exceção de alterações de políticas contábeis feitas depois da data da mais recente demonstração anual, as quais irão ser refletidas nas próximas demonstrações financeiras anuais.

O reconhecimento é o "processo de captura, para inclusão no balanço patrimonial ou na demonstração do resultado, de item que atende à definição de um dos elementos das demonstrações contábeis" (CPC 21 [R1], 2011). As definições de ativos, passivos, receitas e despesas são fundamentais para o reconhecimento ao término do período de relatório e são as mesmas para os reportes anuais e intermediários.

Com relação à periodicidade do reconhecimento, temos (CPC 21 [R1], 2011):

> 35. A entidade que divulga semestralmente deve usar informações disponíveis no meio do ano, ou logo após, para fazer a mensuração nas suas demonstrações contábeis para o período de seis meses e informações disponíveis no final do ano ou logo após para fazer a mensuração nas suas demonstrações contábeis para o período de doze meses. As mensurações de doze meses vão refletir possíveis alterações nas estimativas de montantes divulgados para o primeiro período de seis meses. [...]
>
> 36. A entidade que divulga mais frequentemente do que semestralmente mensura suas receitas e despesas com base no acumulado do ano até a data (*year-to-date basis*) para cada período intermediário, usando informações disponíveis quando cada conjunto de demonstrações estiver sendo elaborado. Montantes de receitas e despesas divulgados em períodos intermediários correntes vão refletir qualquer alteração de estimativas de montantes divulgados em períodos intermediários anteriores do exercício. [...]

Receitas recebidas sazonal, cíclica ou ocasionalmente dentro do exercício não devem ser antecipadas ou diferidas nos resultados intermediários caso a antecipação ou o diferimento não seja apropriado ao término do exercício da entidade. Dessa forma, também custos que são incorridos de maneira não homogênea durante o exercício da entidade devem ser antecipados ou diferidos se, e somente se, também for apropriado antecipar ou diferir tais tipos de custos ao término do exercício.

3.3 Informações evidenciadas sobre os eventos subsequentes após o período contábil

A organização deve divulgar a data em que foi concedida a autorização para emissão das demonstrações financeiras, dando ciência sobre os eventos posteriores a essa data, e quem forneceu tal autorização. Se alguma parte externa puder alterar as demonstrações financeiras após sua emissão, a entidade deve divulgar esse fato. "Se a entidade, após o período a que se referem as demonstrações contábeis, receber informações sobre condições que existiam até aquela data, deve atualizar a divulgação que se relaciona a essas condições, à luz das novas informações" (CPC 24, 2009).

Em alguns casos, é preciso atualizar a divulgação de suas demonstrações financeiras de modo que reflitam as informações recebidas após o período contábil, mesmo quando as informações não afetem os valores reconhecidos. "Se os eventos subsequentes ao período contábil a que se referem as demonstrações contábeis são significativos, mas não originam ajustes, sua não divulgação pode influenciar as decisões econômicas a serem tomadas pelos usuários com base nessas demonstrações" (CPC 24, 2009).

Consequentemente, a entidade deve divulgar, para cada categoria significativa de eventos subsequentes, ao período contábil a que se referem as demonstrações financeiras que não originam ajustes: "(a) a natureza do evento; (b) a estimativa de seu efeito financeiro ou uma declaração de que tal estimativa não pode ser feita" (CPC 24, 2009).

A seguir, estão relacionados exemplos de eventos subsequentes ao período contábil aos quais se referem as demonstrações financeiras que não originam ajustes, os quais normalmente resultam em divulgação, conforme CPC 24 (2009):

(a) combinação de negócios importante após o período contábil a que se referem as demonstrações contábeis (o Pronunciamento Técnico CPC 15 – Combinação de Negócios exige divulgação específica em tais casos) ou a alienação de uma subsidiária importante;

(b) anúncio de plano para descontinuar uma operação;

(c) compras importantes de ativos, classificação de ativos como mantidos para venda de acordo com o Pronunciamento Técnico CPC 31 – Ativo Não Circulante Mantido para Venda e Operação Descontinuada, outras alienações de ativos ou desapropriações de ativos importantes pelo governo;

(d) destruição por incêndio de instalação de produção importante após o período contábil a que se referem as demonstrações contábeis;

(e) anúncio ou início da implementação de reestruturação importante (ver Pronunciamento Técnico CPC 25 – Provisões, Passivos Contingentes e Ativos Contingentes);

(f) transações importantes, efetivas e potenciais, envolvendo ações ordinárias subsequentes ao período contábil a que se referem as demonstrações contábeis;

(g) alterações extraordinariamente grandes nos preços dos ativos ou nas taxas de câmbio após o período contábil a que se referem as demonstrações contábeis;

(h) alterações nas alíquotas de impostos ou na legislação tributária, promulgadas ou anunciadas após o período contábil a que se referem as demonstrações contábeis que tenham efeito significativo sobre os ativos e passivos fiscais correntes e diferidos (ver Pronunciamento Técnico CPC 32 – Tributos sobre o Lucro);

(i) assunção de compromissos ou de contingência passiva significativa, por exemplo, por meio da concessão de garantias significativas;

(j) início de litígio importante, proveniente exclusivamente de eventos que aconteceram após o período contábil a que se referem as demonstrações contábeis.

DESTAQUES FINAIS

A existência de demonstrações financeiras intermediárias e o tratamento de eventos subsequentes, com ajustes e divulgação por parte da entidade, são aspectos que trazem maior confiabilidade para o conjunto de informações disponíveis aos usuários da informação contábil. Além disso, a maior quantidade de informação, dado seu detalhamento e maior periodicidade, afeta diretamente a percepção de investidores e credores.

Dessa forma, divulgar adequadamente o conjunto de demonstrações financeiras intermediárias, sem redundância de informações já conhecidas, destacando principalmente as mudanças que afetaram a posição patrimonial, financeira e de desempenho da entidade, é papel da contabilidade e foco do conjunto de normas CPC/IFRS.

Especificamente no caso da divulgação de eventos subsequentes, essa norma traz maior transparência ao mercado, uma vez que não dá margem para que as organizações se eximam de suas responsabilidades na informação aos interessados e ao mercado como um todo.

Portanto, conhecer as exigências dessas normas é possibilitar a melhoria da informação disponível, valorizando a empresa e todos os envolvidos em suas relações negociais.

RESUMO

■ Órgãos reguladores, governamentais ou de mercado fazem exigências para que organizações com títulos de dívida ou patrimoniais (negociados publicamente) divulguem ou publiquem suas demonstrações financeiras intermediárias.

- As demonstrações financeiras intermediárias devem incluir pelo menos um conjunto condensado de relatórios, sendo estes: balanço patrimonial, demonstração do resultado do exercício (DRE), DRA, DMPL, DFC e notas explicativas.
- Evento subsequente ao período a que se referem as demonstrações financeiras é um evento que pode ser favorável ou desfavorável, ocorrido entre a data final do período a que se referem as demonstrações financeiras e a data na qual é autorizada a emissão dessas demonstrações.
- A entidade deve ajustar os valores reconhecidos em suas demonstrações financeiras para que reflitam os eventos subsequentes que evidenciem condições que já existiam na data final do período contábil a que se referem as demonstrações financeiras.
- Eventos significativos devem ser detalhados nas demonstrações financeiras intermediárias.
- As demonstrações intermediárias devem utilizar as mesmas políticas contábeis que são aplicadas nas demonstrações financeiras anuais.
- A entidade deve divulgar, para cada categoria significativa de eventos subsequentes, ao período contábil a que se referem as demonstrações financeiras que não originam ajustes, a natureza do evento e a estimativa de seu efeito financeiro.

EXERCÍCIOS PROPOSTOS

QUESTÃO 1: Conforme a definição do CPC 21 (R1), item 23 (2011):

> Ao decidir como reconhecer, mensurar, classificar ou evidenciar um item na demonstração contábil intermediária, a materialidade deve ser avaliada com relação às informações do período intermediário. Ao serem feitas tais avaliações de materialidade, deve ser reconhecido que as mensurações intermediárias podem estar assentadas em estimativas de maneira mais extensa do que as mensurações que são feitas nas demonstrações contábeis anuais.

A partir desse conceito, discuta como podemos estabelecer a materialidade, as dificuldades envolvidas no processo e a relação da materialidade com a demonstração intermediária.

QUESTÃO 2: Os eventos que ocorrem subsequentemente ao período contábil podem ou não originar a necessidade de ajustes. Qual o impacto gerado pela existência desses eventos na informação contábil e sua divulgação ao mercado?

QUESTÃO 3: A partir dos conceitos observados neste capítulo, qual a periodicidade com a qual as demonstrações intermediárias devem ser apresentadas? Justifique sua resposta.

QUESTÃO 4: Discuta os casos em que devem ser realizados ajustes nas demonstrações financeiras em virtude da ocorrência de eventos subsequentes ao encerramento do exercício social.

QUESTÃO 5: Discuta a relação entre a materialidade e a mensuração dos eventos contábeis nas demonstrações financeiras intermediárias.

BIBLIOGRAFIA SUGERIDA

COMITÊ DE PRONUNCIAMENTOS CONTÁBEIS (CPC). *Pronunciamento técnico CPC 21 (R1) – Demonstração Intermediária*. Brasília: CPC, 2011. Disponível em: http://static.cpc.aatb.com.br/Documentos/288_CPC_21_R1_rev%2014.pdf. Acesso em: 2 ago. 2020.

COMITÊ DE PRONUNCIAMENTOS CONTÁBEIS (CPC). *Pronunciamento técnico CPC 24 – Evento Subsequente*. Brasília: CPC, 2009. Disponível em: http://static.cpc.aatb.com.br/Documentos/300_CPC_24%20_rev%2012.pdf. Acesso em: 2 ago. 2020.

COMITÊ DE PRONUNCIAMENTOS CONTÁBEIS (CPC). *Pronunciamento técnico CPC 26 (R1) – Apresentação das Demonstrações Contábeis*. Brasília: CPC, 2011. Disponível em: http://static.cpc.aatb.com.br/Documentos/312_CPC_26_R1_rev%2014.pdf. Acesso em: 31 jul. 2020.

16

INFORMAÇÕES POR SEGMENTO, ATIVO NÃO CIRCULANTE MANTIDO PARA VENDA E OPERAÇÕES DESCONTINUADAS

Marcelo Botelho da Costa Moraes

OBJETIVOS DE APRENDIZAGEM

- Compreender o papel da informação por segmentos na análise de desempenho por parte dos investidores.
- Compreender os mecanismos de proteção do investidor contidos nos princípios contábeis de ativos não circulantes mantidos para venda.
- Compreender a função da separação dos resultados das operações descontinuadas dentro da demonstração de resultados.
- Compreender as escolhas contábeis que as normas contábeis relacionadas permitem que o gestor faça e as suas implicações em termos de informação ao investidor.

1. APRESENTAÇÃO

O Pão de Açúcar (Companhia Brasileira de Distribuição) apresentou, em 2018, uma receita com clientes de R$ 49,4 bilhões, conforme extrato de suas demonstrações financeiras (Quadro 16.1).

Ao final da sua demonstração do resultado do exercício (DRE), a empresa apresenta um resultado negativo líquido de operações descontinuadas de R$ 74 milhões, o que parece relativamente pequeno em relação ao seu lucro líquido do exercício, de R$ 1,18 bilhão, conforme Quadro 16.2.

Esse valor até poderia passar despercebido por um usuário desavisado, mas o exame mais aprofundado dessa rubrica mostra que esse resultado provém de uma operação colocada à venda em 2016, a Via Varejo, que gerou uma receita com clientes de R$ 26,9 bilhões, mais de 50% da receita com clientes apresentada na DRE, conforme sua nota explicativa 32, disponível no Quadro 16.3.

Pode soar estranho: como uma operação que representa quase metade das vendas das demais operações está praticamente fora da DRE do Pão de Açúcar, sendo apresentada em uma única linha? Entretanto, como vamos ver adiante, o objetivo disso é exatamente prover os usuários com informação relevante, permitindo uma maior capacidade preditiva.

Neste capítulo, retomamos normas que são importantes do ponto de vista do conteúdo informacional das demonstrações financeiras. Dessa maneira, as normas que regulamentam as informações por segmentos e os ativos não circulantes mantidos para venda e operações descontinuadas nos permitem apresentar adequadamente as demonstrações para a tomada de decisão de acionistas, credores e demais interessados (stakeholders).

Assim, destacar separadamente as informações de acordo com os segmentos em que a empresa atua, especialmente entidades com diversas atividades diferentes, ou, ainda, conglomerados de empresas que formam um mesmo grupo econômico, geralmente com atividades distintas, possibilita ao mercado

Quadro 16.1 Extrato das demonstrações financeiras do Pão de Açúcar

Companhia Brasileira de Distribuição
Demonstração do resultado
Exercícios findos em 31 de dezembro de 2018 e 2017
(em milhões de reais)

	Notas	Controladora		Consolidado	
		31/12/2018	31/12/2017	31/12/2018	31/12/2017
			Reapresentado		Reapresentado
Receita de venda de bens e serviços	25	26.197	25.990	49.388	44.634
Custo das mercadorias vendidas e/ou serviços	26	(18.854)	(18.016)	(37.834)	(33.646)
Lucro bruto		7.343	7.974	11.554	10.988

Quadro 16.2 Extrato das demonstrações financeiras do Pão de Açúcar

Lucro antes do imposto de renda e da contribuição social		**1.196**	669	**1.703**	752
Imposto de renda e contribuição social	20	**26**	(57)	**(449)**	(297)
Resultado líquido das operações continuadas		**1.222**	612	**1.254**	455
Resultado líquido de operações descontinuadas		**(29)**	(32)	**(74)**	356
Lucro líquido do exercício		**1.193**	580	**1.180**	811

Quadro 16.3 Nota explicativa 32 da Via Varejo

Demonstração do resultado (*)	31/12/2018	31/12/2017
		Reapresentado
Receita de venda de bens e serviços	**26.928**	25.690
Custo das mercadorias vendidas e/ou serviços	**(18.963)**	(17.343)
Lucro bruto	**7.965**	8.347

avaliar a rentabilidade, os investimentos e riscos envolvidos em cada segmento de maneira individual. Por isso, a norma destaca seu foco na divulgação de informações que permitam aos usuários das demonstrações financeiras avaliar a natureza e os efeitos financeiros das atividades nas quais estão envolvidos e os ambientes econômicos em que operam.

Isso é válido para demonstrações financeiras separadas ou individuais, bem como uma controladora e suas controladas, que possuam instrumentos de dívidas ou instrumentos patrimoniais negociados em mercado de capitais ou que tenham depositado, ou estejam em vias de depositar, suas respectivas demonstrações financeiras à Comissão de Valores Mobiliários (CVM) para emissão em qualquer categoria de títulos mobiliários em mercado de capitais. Caso seja emitido relatório contendo as demonstrações consolidadas de controladora e suas demonstrações contábeis individuais, a informação por segmentos é exigida apenas da controladora.

A norma de ativos não circulantes mantidos para venda trata daqueles ativos que são reclassificados do ativo não circulante para o circulante. Como é possível perceber, essa reclassificação poderia aumentar o nível de liquidez corrente da empresa de maneira artificial, o que obviamente não é desejável. Assim, essa norma estabelece uma série de condições para que essa reclassificação seja feita.

Essa mesma norma trata das operações descontinuadas, que são aquelas operações que já foram vendidas ou abandonadas ou que ainda serão. O objetivo é deixar nas contas de resultado apresentadas na DRE apenas os resultados que irão permanecer em outros exercícios, resumindo em uma única linha os resultados das operações descontinuadas. Isso permite que os usuários projetem resultados apenas das operações que vão continuar existindo no futuro.

Uma operação descontinuada pode ser caracterizada como um segmento que está sendo vendido ou abandonado. Enquanto a operação ainda não foi descontinuada, provavelmente há ativos e passivos atrelados a essa operação, que devem ser tratados como ativos não circulantes mantidos para venda. Essa é a relação entre os assuntos tratados neste capítulo.

O Quadro 16.4 apresenta os pronunciamentos nacionais e seus congêneres internacionais nos quais se baseia a norma nacional.

Quadro 16.4 Pronunciamentos sobre informações por segmento e ativo não circulante mantido para venda e operação descontinuada

CPC	IFRS Iasb
CPC 22 – Informações por Segmento	IFRS 8 – *Operating Segments*
CPC 31 – Ativo Não Circulante Mantido para Venda e Operação Descontinuada	IFRS 5 – *Non-current Assets Held for Sale and Discontinued Operations*

2. CONCEITOS E DEFINIÇÕES RELEVANTES

2.1 Informações por segmentos

Considere uma demonstração financeira de uma empresa que atua em negócios diversificados ou em diferentes países. Sabemos que cada negócio possui as suas particularidades e, portanto, riscos e retornos diferentes. O mesmo ocorre quando falamos em operações espalhadas territorialmente. Entretanto, como fazer essa avaliação apenas tomando por base a demonstração financeira que agrega todos esses negócios diversificados? Para isso, as normas *International Financial Reporting Standards* (IFRS) exigem a divulgação de informações por segmentos operacionais.

De acordo com o CPC 22, um segmento operacional é um componente da entidade:

(a) que desenvolve atividades de negócio das quais pode obter receitas e incorrer em despesas (incluindo receitas e despesas relacionadas com transações com outros componentes da mesma entidade);
(b) cujos resultados operacionais são regularmente revistos pelo principal gestor das operações da entidade para a tomada de decisões sobre recursos a serem alocados ao segmento e para a avaliação do seu desempenho; e
(c) para o qual haja informação financeira individualizada disponível.

Assim, um segmento operacional pode ser a divisão de lácteos e a divisão de refrigerantes de uma indústria de bebidas; pode ser também a divisão da América Latina e da Ásia de uma empresa de *software*, por exemplo.

É interessante perceber que essa segmentação é definida pela forma como o principal gestor das operações recebe a informação sobre os resultados. Se ele recebe informação contendo tanto segmentos de negócios quanto geográficos para a tomada de suas decisões, assim é definida também a segmentação para fins de reporte aos investidores e credores.

Para apresentar adequadamente as informações, a empresa deve divulgar separadamente informações sobre cada segmento operacional que:

- Tenha sido identificado de acordo com a classificação de segmento dada pela norma ou que resulte da agregação de dois ou mais desses segmentos, conforme critérios de agregação apresentados a seguir.
- Supere os parâmetros quantitativos (também apresentados a seguir). Além de outras situações especiais em que as informações separadas sobre um segmento operacional devem ser apresentadas.

Assim, devem ser divulgadas, separadamente, as informações sobre o segmento operacional que atenda a qualquer um dos seguintes parâmetros, conforme o CPC 22, item 13:

(a) sua receita reconhecida, incluindo tanto as vendas para clientes externos quanto as vendas ou transferências intersegmentos, é igual ou superior a 10% da receita combinada, interna e externa, de todos os segmentos operacionais;
(b) o montante em termos absolutos do lucro ou prejuízo apurado é igual ou superior a 10% do maior, em termos absolutos, dos seguintes montantes:
 (i) lucro apurado combinado de todos os segmentos operacionais que não apresentaram prejuízos; e
 (ii) prejuízo apurado combinado de todos os segmentos operacionais que apresentaram prejuízos;
(c) seus ativos são iguais ou superiores a 10% dos ativos combinados de todos os segmentos operacionais.

Não existe impedimento para a divulgação de segmentos operacionais que não atinjam os parâmetros mínimos quantitativos, caso a administração entenda que essa informação sobre o segmento possa ser útil para os usuários. Também é possível combinar informações sobre segmentos operacionais que não atinjam os parâmetros mínimos com informações sobre outros segmentos operacionais que também não atinjam os parâmetros, para produzir um segmento divulgável, somente se os segmentos operacionais tiverem características econômicas semelhantes e compartilhem a maior parte dos critérios de agregação apresentados anteriormente.

Se o total de receitas externas reconhecidas pelos segmentos operacionais representar menos de 75% do total de receitas da entidade, então segmentos operacionais adicionais devem ser identificados como segmentos divulgáveis, mesmo que não atendam aos critérios anteriores, até que pelo menos 75% das receitas estejam incluídas nos segmentos divulgáveis.

Informações sobre outras atividades e outros segmentos operacionais não divulgáveis devem ser combinadas e apresentadas agregadas em uma categoria de "outros segmentos", devendo ser descritas as fontes das receitas que a compõem.

Caso um determinado segmento operacional seja definido como divulgável no período corrente, as informações anteriores devem ser reapresentadas para fins comparativos. Também podemos definir um limite para o número de segmentos divulgáveis apresentados separadamente pela entidade, para além do qual a informação por segmento poderia se tornar excessivamente detalhada. Apesar de a norma não fixar uma quantidade de limite preciso, se o número de segmentos divulgáveis for superior a dez, a entidade deve ponderar se o limite prático já não foi atingido.

> **PARA REFLETIR...**
>
> Será que uma grande empresa como a Nestlé apresenta seus relatórios por segmentos? E a predominância será de segmentos por atividades ou por área geográfica?

2.2 Classificação de ativos não circulantes para venda

Imagine a seguinte situação: a empresa possui um imobilizado e o gestor decide vendê-lo assim que possível. A questão é: esse ativo deve ser reclassificado para o circulante? A reclassificação poderia permitir que a empresa demonstrasse uma posição mais fidedigna dos fluxos de caixa que se espera obter no curto prazo. Porém, se a norma não estabelecesse critérios para realizar essa reclassificação, seria possível que o gestor se utilizasse dessa possibilidade para modificar artificialmente seu nível de liquidez corrente (ativo circulante menos passivo circulante). Isso poderia representar uma grave forma de manipulação das demonstrações financeiras, pois a liquidez corrente é um indicador importante de capacidade de pagamento das dívidas e, portanto, de predição de insolvência no futuro.

Com isso, a norma CPC 31 estabelece três principais critérios para classificar um ativo não circulante como mantido para venda. Perceba que a intenção é evitar que a reclassificação ocorra sem que haja genuinamente um propósito firme de obter fluxos de caixa por meio de venda no curto prazo com o ativo.

O primeiro critério é: "a entidade deve classificar um ativo não circulante como mantido para venda se o seu valor contábil vai ser recuperado, principalmente, por meio de transação de venda em vez do uso contínuo" (CPC 31).

Veja que a norma não especifica um determinado tipo de ativo: são todos os ativos não circulantes que podem ser objeto de reclassificação para o circulante. Outro aspecto importante desse primeiro critério é que a recuperação do valor contábil deve ocorrer principalmente por meio de venda. Isso significa que até pode continuar sendo utilizado até que seja vendido, mas o principal benefício econômico advindo do ativo é o fluxo de caixa de sua venda.

O segundo principal critério é "o ativo ou o grupo de ativos mantido para venda deve estar disponível para venda imediata em suas condições atuais, sujeito apenas aos termos que sejam habituais e costumeiros para venda de tais ativos mantidos para venda" (CPC 31).

Destaque-se que a norma fala em ativo ou grupo de ativos. Isso significa que esse grupo de ativos pode ser representado até mesmo por todo um segmento operacional que esteja sendo colocado à venda.

Para que esteja disponível para venda imediata em suas condições atuais, é preciso considerar que está pronto para ser entregue caso seja vendido imediatamente. Assim, caso o ativo esteja sendo reformado para aumentar o seu valor de venda, por exemplo, não é possível classificar o ativo como mantido para venda.

O terceiro critério é que a sua venda seja altamente provável. Esse critério é o mais complexo de todos, pois a norma define outros cinco critérios para que se possa considerar que a venda é altamente provável:

- O nível hierárquico de gestão apropriado deve estar comprometido com o plano de venda do ativo. Isso significa que o plano de vender o ativo deve ter sido aprovado pelo gestor competente. Gestores de médio escalão podem, por exemplo, ter alçada para decidir a venda de um imobilizado isolado, mas talvez apenas o conselho de administração possa aprovar a venda de todo um segmento de negócios.
- A entidade deve ter iniciado um programa firme para localizar um comprador e concluir o plano. Por exemplo, pode ser que seja necessário divulgar aos acionistas que a entidade aprovou um plano e que está tomando medidas de publicidade ou de negociação para uma unidade de negócios da entidade que está sendo vendida.
- O ativo mantido para venda deve ser efetivamente colocado à venda por preço que seja razoável em relação ao seu valor justo corrente. Esse critério procura assegurar que é provável que o ativo seja vendido e também evitar que o gestor estabeleça um preço muito alto para a venda como um meio de, na verdade, evitar que o ativo seja vendido, mas que seja reclassificado no circulante.
- Deve-se esperar que a venda se qualifique como concluída em até um ano a partir da data da classificação. Talvez este seja o critério mais duro para se considerar que a venda é altamente provável. Muitas vezes, o processo de conseguir potenciais compradores e toda a negociação de venda de um grupo de ativos, por exemplo um segmento de negócios, pode durar mais de um ano. Porém, deixa claro que o ativo ou grupo de ativos só pode ser reclassificado para o circulante se os benefícios econômicos do ativo se realizarem em um ano. A implicação desse critério é que, se não houver a expectativa de que a negociação será concluída em um ano, o ativo deve permanecer classificado no não circulante.

- As ações necessárias para concluir o plano devem indicar que é improvável que possa haver alterações significativas no plano ou que este possa ser abandonado. Esse critério procura assegurar que a intenção de vender é firme e que não é apenas para aumentar temporariamente o nível de liquidez.

O critério de um ano é atendido com uma previsão. Entretanto, é possível que acontecimentos ou circunstâncias possam estender o período de conclusão para além de um ano. Isso não impede que o ativo seja classificado como mantido para venda se o atraso for causado por acontecimentos ou circunstâncias fora do controle da entidade e se houver evidência suficiente de que a entidade continua comprometida em vender o ativo.

A transação de venda considera também a troca de ativos não circulantes por outros ativos não circulantes quando houver substância comercial na troca. Caso a classificação ocorra após a data do balanço, mas antes de sua autorização para emissão, os ativos devem ser destacados em nota explicativa; já após a autorização, não possibilita a classificação como mantida para venda.

O ativo não circulante (ou grupo de ativos) também pode ser classificado como mantido para distribuição aos sócios quando a entidade está comprometida para distribuir esse ativo aos proprietários e isso for provável, de maneira semelhante ao caso de venda.

2.3 Operações descontinuadas

Conforme abordado anteriormente, a divulgação dos resultados de uma operação descontinuada visa separá-los dos resultados das operações em continuidade, de modo a permitir que os usuários possam analisar e projetar resultados futuros com base no que se espera que vá continuar no futuro.

Conforme a norma CPC 31, item 32, operação descontinuada é o componente da entidade que tenha sido alienado ou esteja classificado como mantido para venda e:

  (a) representa uma importante linha separada de negócios ou área geográfica de operações;
  (b) é parte integrante de um único plano coordenado para venda uma importante linha separada de negócios ou área geográfica de operações; ou
  (c) é uma controlada adquirida exclusivamente com o objetivo da revenda.

Perceba que a operação descontinuada é definida como um componente da entidade. Isso permite que uma ampla gama de partes da empresa possa a princípio ser classificada como operação descontinuada, desde uma unidade produtiva até um segmento de negócios inteiro. Um componente da entidade compreende operações e fluxos de caixa que podem ser claramente distinguidos, operacionalmente e para fins de divulgação nas demonstrações contábeis, do resto da entidade, ou seja, é uma unidade geradora de caixa ou um grupo de unidades geradoras de caixa enquanto for mantido em uso.

Porém, é preciso atender também à característica de ser uma importante linha separada de negócios ou área geográfica. Não há a obrigação de se enquadrar na definição de um segmento operacional, mas este certamente se enquadra na definição de uma operação descontinuada, no caso de sua venda.

Apesar de o termo "descontinuada" referir-se ao passado, é possível que a operação ainda não tenha sido vendida. Assim, se a operação foi colocada à venda, seus ativos e passivos serão apresentados em uma única linha no circulante do balanço patrimonial, como ativos mantidos para venda, assim como seus resultados na DRE, até que sejam efetivamente entregues ao comprador. Por outro lado, é possível que a operação tenha sido vendida antes mesmo de ser apresentada como mantida para venda no balanço, tendo apenas seus resultados apresentados como operações descontinuadas. A operação descontinuada também pode ser assim classificada caso a entidade abandone a operação, como na situação em que a entidade decide paralisar uma fábrica sem intenção de retomar as atividades.

PARA REFLETIR...

Anos atrás uma plataforma de petróleo da Petrobras explodiu na Bacia de Campos. Seria este um evento que justificaria a representação de uma operação descontinuada?

3. PROCEDIMENTOS CONTÁBEIS

3.1 Apresentação das informações por segmento

A ideia da norma de informações por segmentos é melhorar a informação a investidores e credores quando há mais de um segmento operacional, no sentido de permitir que esses usuários façam melhores avaliações de fluxos de caixa futuros e riscos.

Assim, a norma exige a divulgação de uma série de informações sobre os segmentos operacionais, de modo a permitir que os usuários façam suas avaliações. Porém, o que chama a atenção é que a norma toma como base a informação que é utilizada pelo principal gestor das operações da empresa – que normalmente é o *chief executive officer* (CEO), mas que pode ser o diretor de operações ou um grupo de diretores executivos. A ideia é a de, além de facilitar a elaboração das informações, também permitir que os usuários visualizem a informação da mesma forma (com a mesma separação dos segmentos, com os mesmos critérios de custeio etc.) que o gestor utiliza para tomar suas decisões.

Assim, mesmo que o relatório recebido pelo principal gestor seja baseado em informação gerencial, com o uso de custeio variável e apresentação das margens de contribuição de cada segmento, por exemplo, não é obrigatório que se refaça e apresente a informação de acordo com os critérios utilizados em IFRS, com custeio por absorção.

Sobre a informação divulgada, a entidade deve apresentar segregadas por segmento (CPC 22):

- **Informações gerais**: "(a) os fatores utilizados para identificar os segmentos divulgáveis da entidade, incluindo a base da organização (por exemplo, se a administração optou por organizar a entidade em torno das diferenças entre produtos e serviços, áreas geográficas, ambiente regulatório, ou combinação de fatores, e se os segmentos operacionais foram agregados); (aa) os julgamentos feitos pela administração na aplicação dos critérios de agregação [...]. Isto inclui breve descrição dos segmentos operacionais que tenham sido agregados dessa forma e os indicadores econômicos que foram avaliados na determinação de que segmentos operacionais agregados tenham características econômicas semelhantes; e (b) tipos de produtos e serviços a partir dos quais cada segmento divulgável obtém suas receitas".
- **Informações sobre lucro ou prejuízo, ativo e passivo**: "a entidade deve divulgar o valor do lucro ou prejuízo de cada segmento divulgável. A entidade deve divulgar o valor total dos ativos e passivos de cada segmento divulgável se esse valor for apresentado regularmente ao principal gestor das operações. A entidade deve divulgar também as seguintes informações sobre cada segmento se os montantes especificados estiverem incluídos no valor do lucro ou prejuízo do segmento revisado pelo principal gestor das operações, ou for regularmente apresentado a este, ainda que não incluído no valor do lucro ou prejuízo do segmento: (a) receitas provenientes de clientes externos; (b) receitas de transações com outros segmentos operacionais da mesma entidade; (c) receitas financeiras; (d) despesas financeiras; (e) depreciações e amortizações; (f) itens materiais de receita e despesa divulgados de acordo com o item 97 do Pronunciamento Técnico CPC 26 – Apresentação das Demonstrações Contábeis; (g) participação da entidade nos lucros ou prejuízos de coligadas e de empreendimentos sob controle conjunto (*joint ventures*) contabilizados de acordo com o método da equivalência patrimonial; (h) despesa ou receita com imposto de renda e contribuição social; e (i) itens não caixa considerados materiais, exceto depreciações e amortizações".

Se a maioria das receitas do segmento for proveniente de juros e o principal gestor das operações se basear principalmente nas receitas financeiras líquidas para avaliar o desempenho do segmento e tomar decisões sobre os recursos a serem alocados nele, a entidade pode divulgar essas receitas financeiras líquidas de suas despesas financeiras em relação ao segmento e divulgar que ela tenha feito desse modo.

Os valores divulgados devem corresponder ao valor reportado ao principal gestor das operações para fins de tomada de decisão. Ajustes e eliminações efetuados na elaboração das demonstrações e as alocações de receitas, despesas e ganhos ou perdas da entidade devem ser incluídos na determinação do lucro ou prejuízo do segmento divulgado somente se estiverem incluídos no valor dos lucros ou prejuízos utilizados pelo principal gestor.

Assim, deve ser apresentada a explicação das mensurações do lucro ou do prejuízo, dos ativos e dos passivos do segmento para cada segmento divulgável, com, no mínimo, os seguintes elementos, conforme o CPC 22, item 27:

(a) a base de contabilização para quaisquer transações entre os segmentos divulgáveis;

(b) a natureza de quaisquer diferenças entre as mensurações do lucro ou do prejuízo dos segmentos divulgáveis e o lucro ou o prejuízo da entidade antes das despesas (receitas) de imposto de renda e contribuição social e das operações descontinuadas (se não decorrerem das conciliações descritas no item 28). Essas diferenças podem decorrer das políticas contábeis e das políticas de alocação de custos comuns incorridos, que são necessárias para a compreensão da informação por segmentos divulgados;

(c) a natureza de quaisquer diferenças entre as mensurações dos ativos dos segmentos divulgáveis e dos ativos da entidade (se não decorrer das conciliações descritas no item 28). Essas diferenças podem incluir as decorrentes das políticas contábeis e das políticas de alocação de ativos utilizados conjuntamente, necessárias para a compreensão da informação por segmentos divulgados;

(d) a natureza de quaisquer diferenças entre as mensurações dos passivos dos segmentos divulgáveis e dos passivos da entidade (se não decorrer das conciliações descritas no item 28). Essas diferenças podem incluir as decorrentes das políticas contábeis e das políticas de alocação de passivos utilizados conjuntamente, necessárias para a compreensão da informação por segmentos divulgada;

(e) a natureza de quaisquer alterações em períodos anteriores, nos métodos de mensuração utilizados para determinar o lucro ou o prejuízo do segmento divulgado e o eventual efeito dessas alterações na avaliação do lucro ou do prejuízo do segmento;

(f) a natureza e o efeito de quaisquer alocações assimétricas a segmentos divulgáveis. Por exemplo, a entidade pode alocar despesas de depreciação a um segmento sem lhe alocar os correspondentes ativos depreciáveis.

Se a entidade alterar sua estrutura interna de maneira que afete a composição dos seus segmentos divulgáveis, as informações correspondentes a períodos anteriores, incluindo períodos intermediários, devem ser reapresentadas, exceto se as informações não forem disponíveis e seu custo de elaboração seja demasiadamente alto.

Como existem organizações com estruturas diferenciadas, de forma matricial, em que existem diferentes segmentos operacionais em diversas áreas geográficas e atendendo aos clientes concomitantemente, caso não estejam fornecidas junto às informações do segmento divulgável, essas informações devem ser divulgadas conforme determina o CPC 22:

- **Informação sobre produto e serviço**: "a entidade deve divulgar as receitas provenientes dos clientes externos em relação a cada produto e serviço ou a cada grupo de produtos e serviços semelhantes, salvo se as informações necessárias não se encontrarem disponíveis e o custo da sua elaboração for excessivo, devendo tal fato ser divulgado".
- **Informação sobre área geográfica**: "a entidade deve divulgar as seguintes informações geográficas, salvo se as informações necessárias não se encontrarem disponíveis e o custo da sua elaboração for excessivo: (a) receitas provenientes de clientes externos: (i) atribuídos ao país-sede da entidade; e (ii) atribuídos a todos os países estrangeiros de onde a entidade obtém receitas. Se as receitas provenientes de clientes externos atribuídas a determinado país estrangeiro forem materiais, devem ser divulgadas separadamente. A entidade deve divulgar a base de atribuição das receitas provenientes de clientes externos aos diferentes países; (b) ativo não circulante, exceto instrumentos financeiros e imposto de renda e contribuição social diferidos ativos, benefícios de pós-emprego e direitos provenientes de contratos de seguro: (i) localizados no país-sede da entidade; e (ii) localizados em todos os países estrangeiros em que a entidade mantém ativos. Se os ativos em determinado país estrangeiro forem materiais, devem ser divulgados separadamente".

Se as informações por região geográfica do Brasil forem relevantes e utilizadas gerencialmente, as mesmas regras devem ser observadas.

- **Informação sobre os principais clientes**: devem ser divulgadas informações sobre o grau de dependência de seus principais clientes; se as receitas provenientes de um único cliente externo representarem 10% ou mais das receitas totais da entidade, isso deve ser divulgado, bem como o montante total das receitas provenientes de cada um desses clientes e a identidade do segmento ou dos segmentos em que as receitas são divulgadas. A entidade não é obrigada a divulgar a identidade do cliente nem o montante divulgado de receitas provenientes desse cliente. Além disso, um conjunto de entidades, que a entidade divulgadora saiba que está sob controle comum, deve ser considerado como um único cliente, incluindo o governo e suas empresas controladas.

3.2 Mensuração e apresentação dos ativos classificados como não circulantes para venda

O Pronunciamento Técnico CPC 31 exige que os ativos que satisfazem os critérios de classificação como mantidos para venda sejam:

(a) mensurados pelo menor entre o valor contábil até então registrado e o valor justo menos as despesas de venda, e que a depreciação ou a amortização desses ativos cesse;
(b) apresentados separadamente no balanço patrimonial e que os resultados das operações descontinuadas sejam apresentados separadamente na demonstração do resultado.

A exigência de mensuração pelo valor justo menos despesas de venda, caso seja menor que o valor contábil, é semelhante ao *impairment*. Porém, como a intenção é de venda, a ideia é usar apenas a medida de valor justo. Assim, o efeito disso é o reconhecimento de uma perda, se for o caso, no momento da reclassificação para o ativo circulante. É interessante que a norma remete ao CPC 01 – Redução ao Valor Recuperável de Ativos para se aplicar os procedimentos de teste, mas utilizando apenas a medida de valor justo menos despesa de venda, conforme item 20 do CPC 31.

Na mensuração de grupo de ativos mantidos para venda após a reclassificação, seus ativos e passivos devem seguir as respectivas normas, por exemplo Estoques, antes de se fazer novamente a mensuração do valor justo menos despesa de venda. A perda eventualmente reconhecida pode ser revertida.

O ponto mais controverso dessa norma é a cessação da depreciação ou amortização. Como um imobilizado ou um intangível isolados ou contidos em um grupo de ativos podem permanecer sendo utilizados até que a venda e a transferência ao comprador ocorram, alguns defendem que a depreciação não deveria parar de ser reconhecida enquanto utilizada. Porém, a norma prefere manter o entendimento de que o ativo deverá gerar principalmente benefícios econômicos por meio de venda, e não de uso.

A exigência de apresentação separada no balanço patrimonial aplica-se a ativo isolado ou a grupo de ativos. Em geral, as empresas usam o termo "ativos mantidos para venda" para classificá-los no circulante. No caso de grupos de ativos, como um segmento operacional que tenha sido colocado à venda, os ativos do segmento são apresentados no ativo circulante e os passivos são apresentados no passivo circulante, também separadamente dos demais passivos. Esses ativos e passivos não podem ser compensados. Isso evita que o endividamento (relação entre passivo e patrimônio líquido) seja reduzido em função da reclassificação.

Se existe a expectativa de que a venda ocorra após um ano, a entidade deve mensurar as despesas de venda pelo valor presente, conforme a norma específica de ajuste a valor presente (Capítulo 4).

Caso deixem de existir as condições de venda (sejam mercadológicas ou por decisão da organização), a entidade deve deixar de classificar o ativo como mantido para venda, mensurando-o pelo valor mais baixo entre (trecho dado pela revisão do CPC 08):

(a) o seu valor contábil antes de o ativo ou o grupo de ativos ser classificado como mantido para venda (ou como mantido para distribuição aos proprietários), ajustado por qualquer depreciação, amortização ou reavaliação (se permitida legalmente) que teria sido reconhecida se o ativo ou o grupo de ativos não estivesse classificado como mantido para venda (ou como mantido para distribuição aos proprietários); e

(b) o seu montante recuperável à data da decisão posterior de não vender ou distribuir aos proprietários. (*)

(*) Se o ativo não circulante fizer parte de unidade geradora de caixa, o seu montante recuperável é o valor contábil que teria sido reconhecido após a alocação de qualquer perda por redução ao valor recuperável resultante dessa unidade geradora de caixa de acordo com o Pronunciamento Técnico CPC 01 – Redução ao Valor Recuperável de Ativos.

Isso significa que, caso a empresa retorne os ativos à classificação inicial, é preciso refazer a mensuração desses ativos como se não tivessem sido um dia reclassificados para o ativo circulante, além de ter que fazer um teste de *impairment*.

Qualquer ajuste exigido no valor contábil de ativo não circulante que deixe de ser classificado como mantido para venda deve ser lançado a resultado de operações em continuidade no período em que deixar de ser classificado como disponível para venda.

As principais classes de ativos e passivos denominados como mantidos para venda devem ser divulgadas separadamente no balanço patrimonial ou nas notas explicativas, exceto se o grupo de ativos mantido para venda for uma controlada recém-adquirida que satisfaça os critérios de classificação como destinada à venda no momento da aquisição.

A organização deve, ainda, apresentar separadamente qualquer receita ou despesa acumulada que seja relacionada a um ativo não circulante ou a um grupo de ativos classificados como mantido para venda diretamente no patrimônio líquido como "outros resultados abrangentes".

Não é possível reclassificar ou reapresentar valores de ativos não circulantes ou de ativos e passivos de grupos de ativos classificados como mantidos para venda nos balanços de períodos anteriores.

De maneira complementar, devem ser divulgadas as seguintes informações em notas explicativas do período em que o ativo não circulante tenha sido classificado como mantido para venda ou vendido, conforme CPC 31:

(a) descrição do ativo (ou grupo de ativos) não circulante;

(b) descrição dos fatos e das circunstâncias da venda, ou que conduziram à alienação esperada, forma e cronograma esperados para essa alienação;

(c) ganho ou perda reconhecido(a) de acordo com os itens 20 a 22 [perda por redução ao valor recuperável e reversão] e, se não for apresentado(a) separadamente na demonstração do resultado, a linha na demonstração do resultado que inclui esse ganho ou perda;

(d) se aplicável, segmento em que o ativo não circulante ou o grupo de ativos mantido para venda está apresentado de acordo com o Pronunciamento Técnico CPC 22 – Informações por Segmento.

PARA REFLETIR...

Imagine uma única situação envolvendo um segmento, uma operação descontinuada, e a classificação de ativo não circulante mantido para venda.

3.3 Tratamento de operações descontinuadas

O principal objetivo dos princípios contábeis sobre operações descontinuadas é permitir que os usuários possam projetar os resultados das operações que devem continuar no futuro.

Assim, o CPC 31 exige que receitas, custos e despesas, assim como os ganhos ou perdas decorrentes da descontinuidade da operação, sejam apresentados separadamente das operações em continuidade.

Uma vez estabelecida a operação como sendo descontinuada, a organização deve apresentar, conforme o CPC 31, item 33:

(a) um montante único na demonstração do resultado compreendendo:

(i) o resultado total após o imposto de renda das operações descontinuadas; e

(ii) os ganhos ou as perdas após o imposto de renda reconhecidos na mensuração pelo valor justo menos as despesas de venda ou na baixa de ativos ou de grupo de ativos(s) mantidos para venda que constituam a operação descontinuada.

(b) análise da quantia única referida na alínea (a) com:

(i) as receitas, as despesas e o resultado antes dos tributos das operações descontinuadas;

(ii) as despesas com os tributos sobre o lucro relacionadas conforme exigido pelo item 81(h) do Pronunciamento Técnico CPC 32 – Tributos sobre o Lucro;

(iii) os ganhos ou as perdas reconhecidas na mensuração pelo valor justo menos as despesas de venda ou na alienação de ativos ou de grupo de ativos mantidos para venda que constitua a operação descontinuada; e

(iv) as despesas de imposto de renda relacionadas conforme exigido pelo item 81 (h) do Pronunciamento Técnico CPC 32.

A análise pode ser apresentada nas notas explicativas ou na demonstração do resultado. Se for na demonstração do resultado, deve ser apresentada em seção identificada e que esteja relacionada com as operações descontinuadas, isto é, separadamente das operações em continuidade. A análise não é exigida para grupos de ativos mantidos para venda que sejam controladas recém-adquiridas que satisfaçam aos critérios de classificação como destinadas à venda no momento da aquisição (ver item 11).

(c) os fluxos de caixa líquidos atribuíveis às atividades operacionais, de investimento e de financiamento das operações descontinuadas. Essas evidenciações podem ser apresentadas nas notas explicativas ou nos quadros das demonstrações contábeis. Essas evidenciações não são exigidas para grupos de ativos mantidos para venda que sejam controladas recém-adquiridas que satisfaçam aos critérios de classificação como destinadas à venda no momento da aquisição (ver item 11);

(d) o montante do resultado das operações continuadas e o das operações descontinuadas atribuível aos acionistas controladores. Essa evidenciação pode ser apresentada alternativamente em notas explicativas que tratam do resultado.

Assim, os resultados das operações descontinuadas devem aparecer em uma única linha da DRE. Na prática, as empresas separam a DRE em dois grupos: resultados das operações em continuidade e resultados das operações descontinuadas. O detalhamento das informações é feito em notas explicativas.

O resultado total após o imposto de renda das operações descontinuadas refere-se às receitas e despesas que seriam apresentadas normalmente na DRE, mas que ficam resumidas nessa única linha. Os ganhos ou perdas decorrentes da avaliação a valor justo ou da sua baixa devem ser apresentados separadamente, para permitir que os usuários da informação avaliem os resultados da descontinuidade da operação.

Se a entidade apresenta a demonstração do resultado como uma demonstração separada, então uma seção relacionada às operações descontinuadas deve ser apresentada nessa demonstração.

Ajustes efetuados no período atual nos montantes anteriormente apresentados em operações descontinuadas que estejam diretamente relacionados com a baixa de operação descontinuada em período anterior devem ser classificados separadamente, sendo a natureza e o montante desses ajustes divulgados.

Se a entidade deixar de classificar um componente da entidade como mantido para venda, os resultados dessas operações devem ser reclassificados e incluídos no resultado das operações em continuidade em todos os períodos apresentados.

DESTAQUES FINAIS

A apresentação de demonstrações contábeis que representem adequadamente a atividade operacional da organização e sua continuidade possibilitam uma análise mais apurada pelos usuários da informação para a tomada de decisão, pois esta se baseia em expectativas futuras e na análise dos riscos e retornos das operações às quais a organização dedica seus esforços.

Assim, segmentar adequadamente investimentos que não possuem perspectivas futuras dentro das operações da entidade, sejam eles ativos disponíveis para venda ou atividades operacionais que não terão sua continuidade, é uma forma positiva de segregar a informação recorrente das operações em continuidade daquelas que não se espera obter novamente.

Por isso, conhecer os critérios para classificar corretamente esses casos, inclusive nas situações em que podem deixar a classificação, é fundamental para a qualidade da informação contábil, seja ela na posição patrimonial e financeira do balanço patrimonial, ou, ainda, no desempenho econômico apresentado na DRE.

RESUMO

- Uma empresa pode operar em diversos segmentos de atividade, mas investidores e credores podem ter dificuldade de avaliar os retornos e riscos se a informação divulgada for apenas constituída pelas demonstrações financeiras que estejam consolidando esses segmentos.

- Assim, o CPC 22 – Informações por Segmento exige a divulgação dos resultados dos principais segmentos operacionais, de negócios ou geográficos, da empresa, assim como outras informações relevantes. Isso permite que os usuários avaliem quais são os segmentos em que ela atua e são capazes de avaliar, de acordo com a comparação com empresas que também trabalham nesses segmentos, qual é o seu desempenho e quais são os riscos dessas atividades.

- Por vezes, esses segmentos, ou mesmo determinadas partes da empresa, são colocados à venda. Caso não existisse norma específica para esse evento, o gestor poderia reclassificar ativos não circulantes para o ativo circulante sem que de fato ele tenha colocado a operação à venda genuinamente. Porém, o CPC 31 – Ativo Não Circulante Mantido para Venda e Operação Descontinuada traz uma série de critérios para evitar que essa reclassificação não ocorra artificialmente apenas com a intenção de aumentar o nível de liquidez da empresa. O CPC 31 também traz princípios para a divulgação de operações descontinuadas, permitindo que os usuários possam projetar resultados apenas das operações que devem continuar no futuro.

EXERCÍCIOS PROPOSTOS

QUESTÃO 1:

Operação descontinuada é o componente da entidade que tenha sido alienado ou esteja classificado como mantido para venda e:

(a) representa uma importante linha separada de negócios ou área geográfica de operações;
(b) é parte integrante de um único plano coordenado para vender uma importante linha separada de negócios ou área geográfica de operações; ou
(c) é uma controlada adquirida exclusivamente com o objetivo de revenda.

A partir dessa definição contida no CPC 31, como deve ser apresentado o resultado apurado nas operações descontinuadas e, principalmente, a motivação dessa separação em sua divulgação?

QUESTÃO 2: Conforme o CPC 22 (2009): "A entidade deve divulgar informações que permitam aos usuários das demonstrações contábeis avaliarem a natureza e os efeitos financeiros das atividades de negócio nos quais está envolvida e os ambientes econômicos em que opera".

A partir desse objetivo de divulgação das informações por segmento, discuta a importância das informações por segmento, especialmente em grupos econômicos.

QUESTÃO 3: Conforme a norma CPC 22 – Informações por Segmento, correspondente à norma IFRS 8 – *Operating Segments*, responda:

a) O que é um segmento operacional?
b) Selecione uma empresa do tipo sociedade anônima de capital aberto e, analisando suas demonstrações contábeis e notas explicativas, apresente exemplos de segmentos operacionais em suas atividades de negócios, analisando esses segmentos conforme a definição da norma.

QUESTÃO 4: Como apresentar informações por segmentos nos casos em que existam estruturas empresariais em que diferentes segmentos operacionais atuam em áreas geográficas diferentes e atendam aos mesmos clientes?

QUESTÃO 5: Uma operação descontinuada pode ter ativos não circulantes mantidos para venda no balanço patrimonial?

BIBLIOGRAFIA SUGERIDA

COMITÊ DE PRONUNCIAMENTOS CONTÁBEIS (CPC). *Pronunciamento técnico CPC 22 – Informações por Segmento*. Brasília: CPC, 2009. Disponível em: http://static.cpc.aatb.com.br/Documentos/292_CPC_22_rev%2008.pdf. Acesso em: 2 ago. 2020.

COMITÊ DE PRONUNCIAMENTOS CONTÁBEIS (CPC). *Pronunciamento técnico CPC 31 – Ativo Não Circulante Mantido para Venda e Operação Descontinuada*. Brasília: CPC, 2009. Disponível em: http://static.cpc.aatb.com.br/Documentos/336_CPC_31_rev%2012.pdf. Acesso em: 15 jul. 2020.

PARTE V

CONTABILIDADE DE GRUPOS EMPRESARIAIS

COMBINAÇÕES DE NEGÓCIOS

Carlos R. Godoy

OBJETIVOS DE APRENDIZAGEM

- Compreender o que é uma combinação de negócios.
- Compreender a sistemática contábil do método de aquisição para as transações de fusões e aquisições de empresas.
- Compreender a forma de mensuração e reconhecimento de ativos e passivos nas combinações de negócios.
- Compreender como se dá o tratamento da participação dos acionistas não controladores em uma operação de combinação.

1. APRESENTAÇÃO

Todos os anos, as operações de fusões e aquisições (*mergers and acquisitions* – M&A) de empresas envolvem centenas de bilhões de dólares em todo o mundo. O banco de investimento J. P. Morgan Chase (2016) estimou que em 2010 e em 2012 as operações de M&A globais envolveram 2,7 trilhões de dólares, em 2014 o valor de 3,7 trilhões de dólares, e em 2015 a cifra foi de 5 trilhões de dólares.

No Brasil, esse mercado ganhou maior importância a partir do começo dos anos 1990, com a efetiva abertura da economia brasileira ao mercado internacional e, sobretudo, as reformas econômicas do governo federal e o início do Programa Nacional de Desestatização (PND – Lei 8.031/1990), que arrecadou entre 1990 e 1994 quase 12 bilhões de dólares, e 80 bilhões de dólares, entre 1995 e 2002, durante o governo do presidente Fernando Henrique Cardoso (FHC).

Aglutinar dois negócios que tinham operações, proprietários e estratégias distintos passou a ser um grande problema para os gestores financeiros das empresas, haja vista as diferentes culturas e perspectivas de negócios em cada empresa agregada nas combinações. Como consequência disso, o mercado de capitais também sentiu que as grandes "ondas" das combinações de empresas e negócios no "mar" dos mercados financeiros também eram um evento demasiadamente robusto e que estes tinham a imensa capacidade de mudar o comportamento dos investidores e, portanto, dos preços dos ativos em todos os países. Assim, um conjunto consistente de divulgação de informações financeiras e operacionais dessas operações seria necessário para que investidores pudessem tomar decisões mais equilibradas diante do maior evento que uma empresa pode ter que evidenciar – uma fusão ou uma aquisição (combinação de negócios).

Qualquer empresa no mercado mundial precisa enfrentar perpetuamente a questão de que, se não estiver crescendo, se extinguirá, já que o mundo e os mercados assim estão. Em essência, uma empresa precisa escolher entre duas maneiras fundamentais de crescimento – interno ou externo.

Expandir internamente por meio dos lucros requer aplicação de capital em tecnologias superiores e/ou mercados em expansão com boas margens de lucro e aplicação da capacidade de contratar, treinar, organizar e controlar um crescente grupo de funcionários.

Expandir externamente por meio de fusões e aquisições algumas vezes requer grandes quantias de dinheiro e também de lucros excedentes (se bem que nas grandes transações o dinheiro é normalmente substituído pela emissão e troca de ações). Porém, deve ser observado que a taxa de fracasso dessas operações não deve ser desconsiderada. Entretanto, o constante surgimento de novos produtos e de novos mercados externos e a rapidez com que estes se modificam tornam as fusões e aquisições de empresas, muitas vezes, os meios mais rápidos e eficientes para atingir estes novos mercados.

Historicamente, o Brasil é um grande mercado das operações de fusões e aquisições de empresas. No último relatório de 2014 sobre esse mercado, a empresa de consultoria e auditoria PricewaterhouseCoopers divulgou os números em sua pesquisa mensal, mostrando a evolução desde 2002 (Figura 17.1).

Há diferentes termos usados no mercado para denominar uma operação de combinação de empresas, e muitas vezes esses termos recebem diferentes definições, no Brasil ou no exterior. No Brasil, as definições estão bastante associadas àquelas definidas pelas leis empresariais. Uma pequena amostra específica dos termos e a evolução do número dessas transações podem ser observadas na Figura 17.2.[1]

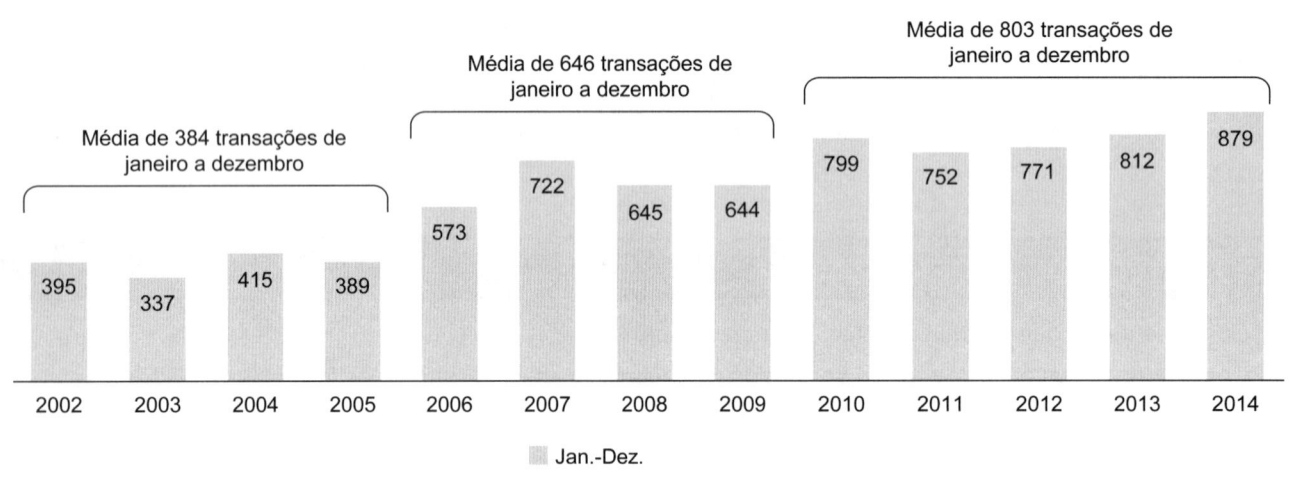

Figura 17.1 Número de operações de fusões e aquisições de empresas no Brasil

Fonte: PwC. *Fusões e aquisições no Brasil*. dez. 2014.

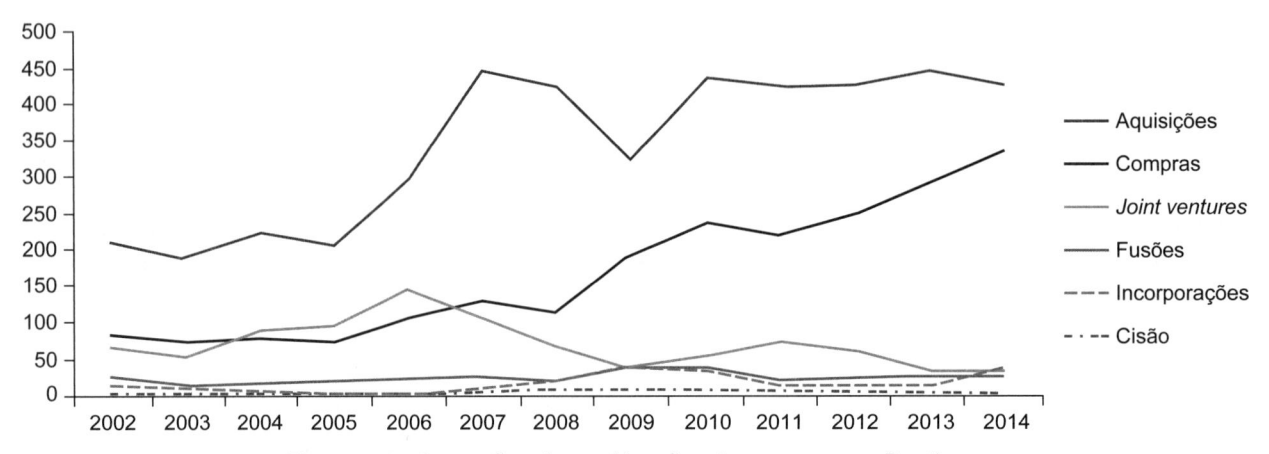

Figura 17.2 Operações de combinações de empresas no Brasil

Fonte: PwC. *Fusões e aquisições no Brasil*. dez. 2014.

---

[1] Neste relatório da PwC, as aquisições se referem à compra de controle, e as compras se referem à compra de participações não controladoras.

Este capítulo trata das questões que envolvem o tratamento contábil das combinações de empresas ou negócios[2] de acordo com as normas IFRS/CPC. O objetivo do capítulo é fazer com que o leitor possa compreender os fundamentos das operações de combinações de negócios e como esses conhecimentos se materializam ao reconhecer, mensurar e divulgar as informações financeiras envolvendo duas ou mais empresas que negociam uma fusão ou aquisição.

Esse tema não é um assunto que envolve operações corriqueiras nas empresas, mas historicamente já assume um papel importante nas estratégias, preocupações e decisões dos gestores e investidores no mundo inteiro, em face dos grandes valores envolvidos e das inúmeras operações realizadas no mercado nacional e internacional e, portanto, da especificidade que o tema requer. Diante disso, o capítulo se atenta em como a empresa que compra outro negócio (adquirente) mensura os ativos adquiridos e os passivos assumidos, e os reconhece e divulga em suas demonstrações contábeis.

Este capítulo apresenta primeiramente uma visão geral dos assuntos relacionados à norma contábil CPC 15 (R1) – Combinação de Negócios e sua congênere no *International Accounting Standards Board* (Iasb). Posteriormente, são apresentados os principais conceitos relacionados e as principais determinações da norma contábil. Depois disso, o capítulo lida com as questões práticas relacionadas ao assunto e os principais pontos em que as normas demandam interpretação.

Quadro 17.1 Pronunciamentos sobre combinações de negócios

CPC	IFRS/Iasb
CPC 15 (R1) – Combinação de Negócios	IFRS 3 – *Business Combinations*

2. CONCEITOS E DEFINIÇÕES RELEVANTES

Uma combinação de negócios (*business combination*) é uma transação em que as operações de duas ou mais empresas são colocadas sob controle comum, ou seja, é a junção de negócios distintos em uma única entidade econômica. No mercado e na imprensa, os termos "fusões" e "aquisições" são utilizados para indicar as combinações de empresas. Pela legislação societária e fiscal, o termo "combinação de empresas" é substituído pelos termos "fusões" e "incorporações".

Para o CPC 15 (R1):

> *Combinação de negócios* é uma operação ou outro evento por meio do qual um adquirente obtém o controle de um ou mais negócios, independentemente da forma jurídica da operação. Neste Pronunciamento, o termo abrange também as fusões que se dão entre partes independentes (inclusive as conhecidas por *true mergers* ou *merger of equals*).

No Brasil, a Lei 6.404/1976 (Lei das S.A.) não define o que seria uma aquisição, já que é um termo genérico da maioria das transações e a lei pretende apenas caracterizar as entidades jurídicas resultantes das combinações.

Internacionalmente, uma aquisição ocorre quando uma empresa adquire os ativos de outra entidade e os integra aos seus, ou compra a maioria das ações com direito a voto; assim, a empresa adquirida não precisa ser dissolvida para que ocorra uma aquisição.

Quadro 17.2 Representação de uma aquisição de empresa

Aquisição		
Antes da combinação		**Depois da combinação**
São Paulo (compradora)	Paraná (adquirida)	São Paulo (controladora)
		Paraná (subsidiária)

Fonte: Godoy (2000).

No Brasil, a Lei das S.A., em seu art. 228, define uma fusão quando duas ou mais empresas se combinam, e ambas são extintas juridicamente, formando uma nova entidade.

Quadro 17.3 Representação de uma fusão no Brasil

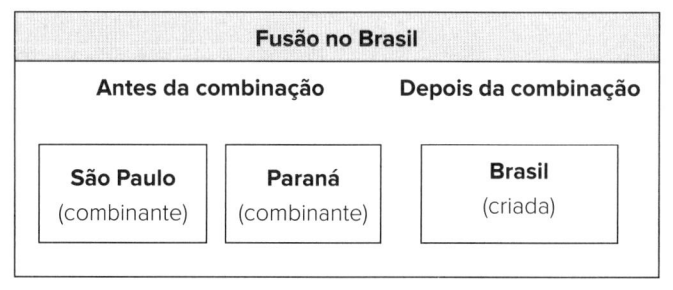

Fusão no Brasil		
Antes da combinação		**Depois da combinação**
São Paulo (combinante)	Paraná (combinante)	Brasil (criada)

Fonte: Godoy (2000).

---

[2] **Combinações de negócios** é a tradução literal do termo *business combinations*, usado pela contabilidade para se referir a um conjunto de procedimentos de registro, mensuração e evidenciação das operações de fusões e aquisições (*mergers and acquisitions* – M&A) de empresas. Neste capítulo, iremos usar os termos "negócios" e "empresas" como termos equivalentes. Uma explanação mais aprofundada sobre os termos usados no mercado de M&A pode ser encontrada em: GODOY, C. R. *Comparação teórica e prática entre os métodos de contabilidade para combinações de empresas*. São Paulo: FEA/USP, 2000.

Internacionalmente, uma fusão ocorre quando uma empresa (São Paulo) adquire todos os ativos líquidos de uma (Paraná) ou mais empresas por meio da troca de ações, pagamento em caixa ou outras formas de compensação, e a empresa adquirida (Paraná) deixa de existir juridicamente.

Quadro 17.4 Representação de uma fusão no mercado internacional

Fusão na perspectiva internacional	
Antes da combinação	Depois da combinação
São Paulo (compradora) Paraná (adquirida)	São Paulo (sobrevivente)

Fonte: Godoy (2000).

No Brasil, esse tipo de estrutura de combinação (A + B = A) é conhecido como *incorporação*, denominação encontrada na Lei das S.A., no art. 227. Portanto, aqui uma incorporação é a operação pela qual uma ou mais sociedades são absorvidas por outra, que lhes sucede em todos os direitos e obrigações.

Quadro 17.5 Representação de uma incorporação no Brasil

Incorporação no Brasil	
Antes da combinação	Depois da combinação
São Paulo (compradora) Paraná (adquirida)	São Paulo (sobrevivente)

Fonte: Godoy (2000).

A empresa adquirente é a entidade que obtém o controle da adquirida, normalmente ela transfere caixa, ações, outros ativos e/ou assume passivos da adquirida. Assim, a adquirente quem emite instrumentos financeiros de propriedade e participação societária para os acionistas da entidade adquirida.

Para tratamento contábil de todas as transações de combinações de negócios, o Comitê de Pronunciamentos Contábeis (CPC), com base no *International Financial Reporting Standards* (IFRS), exige a aplicação única do método de aquisição, também conhecido como método de compra.

Até pouco tempo atrás, outros métodos contábeis eram também utilizados e aceitos para as combinações, entre eles o método de união de participações (*pooling of interests*), em que a empresa a ser combinada mantinha seus ativos líquidos a custo histórico e, portanto, sem apuração de ágio ou compra vantajosa. Outro método era o método *push-down accounting* (sem tradução para o Brasil), em que a empresa a ser combinada permanecia como uma entidade jurídica distinta da controladora (compradora), porém esta passava a adotar uma nova base contábil (valor justo) para seus ativos e passivos, com o ágio reconhecido na própria contabilidade da empresa adquirida. Um último método utilizado no mercado internacional era o método *fresh-start* (sem tradução), em que ativos e passivos das empresas, compradora (controladora) e adquirida (controlada), eram reavaliados a valor justo (GODOY, 2000).

Depois dessas definições e do nosso já mencionado posicionamento do que seria uma combinação de negócio ou de empresas, vale esclarecer que o termo é apenas uma palavra empregada para caracterizar um conjunto de técnicas contábeis, usado nas operações mercadológicas e tradicionais de fusões e aquisições de empresas, os quais se referem às operações em que participações de controle são unidas (fusões) ou são compradas (aquisições).

Portanto, nos parece que a conotação jurídica nunca exerceu influência na confecção de normas contábeis superiores para tais operações, já que a definição jurídica tem outra conotação para cada um dos termos.

Outro ponto crítico é que o pronunciamento usa o próprio termo "negócio" para definir o que vem a ser uma combinação de "negócio".

A compra do controle é a base para a identificação se o pronunciamento técnico sobre combinações de negócios deve ser aplicado. Assim, é importante nos ater ao que o CPC 36 (R3) – Demonstrações Consolidadas (item 6) define sobre as circunstâncias em que o controle sobre outra empresa pode ser identificado:

> O investidor controla a investida quando está exposto a, ou tem direitos sobre, retornos variáveis decorrentes de seu envolvimento com a investida e tem a capacidade de afetar esses retornos por meio de seu poder sobre a investida.

O controle pode ser adquirido por meio de estágios, ou seja, a adquirente já possuía alguma participação na adquirida e após outra compra passou a ter o controle sobre a entidade.

Exemplo: controle adquirido em estágios

Em dezembro de 2014, a empresa São Paulo (SP) já possuía 20% do capital votante da empresa Rio de Janeiro (RJ), mas não a controlava. Em dezembro de 2018, a empresa SP comprou mais 60% de participação na RJ, agora sim, passando a obter o controle da empresa RJ.

Interessante destacar que quando uma empresa adquire mais de 50% das ações com direito a voto de outra empresa independente, e a relação controladora-controlada é estabelecida (combinação de negócios), quaisquer compras adicionais de partes dessa subsidiária não devem ser consideradas uma combinação. Em outras palavras, entidades separadas só podem se combinar uma única vez. O aumento de participações controladas é simplesmente um investimento adicional.

A preocupação do Iasb/CPC em relação ao pronunciamento sobre combinações de "empresas" em pormenorizar as situações em que a norma pode ser aplicada esbarra algumas vezes na tentativa de definir certos termos que não mereciam tal trabalho, haja vista o claro entendimento do significado da palavra ou do prolixo resultado alcançado. Um exemplo disso pode ser verificado quando se define o termo "negócio" no CPC 15 (R1), Apêndice A:

> Negócio é um conjunto integrado de atividades e ativos capaz de ser conduzido e gerenciado com o objetivo de fornecer bens ou serviços a clientes, gerando receita de investimento (como dividendos ou juros) ou gerando outras receitas de atividades ordinárias.

O CPC 15 (R1) usa o conceito oferecido pelo CPC 46 – Mensuração do Valor Justo para definir a forma com que devem ser avaliados os ativos e passivos envolvidos numa transação de combinação:

> Valor justo é o preço que seria recebido pela venda de um ativo ou pago pela transferência de um passivo em uma transação não forçada no mercado principal (ou mais vantajoso) na data de mensuração nas condições atuais de mercado (ou seja, um preço de saída), independentemente de esse preço ser diretamente observável ou estimado utilizando-se outra técnica de avaliação.

A fim de materializar essa definição de valor justo, o CPC 46 estabelece uma hierarquia de valor justo para que a mensuração seja, até certo ponto, consistente e comparável. Essa hierarquia estabelece maior prioridade aos preços cotados, na data da mensuração, em mercados ativos para ativos ou passivos idênticos (*nível 1*); *prioridade intermediária aos preços cotados para ativos ou passivos similares em mercados ativos ou que não sejam ativos* (*nível 2*); *e menor prioridade em situações* em que não existe um mercado para o ativo ou para o passivo, nesse caso técnicas de precificação são necessárias (*nível 3*).

PARA REFLETIR...

Uma empresa que possui apenas 20% de participação em outra companhia pode exercer controle sobre ela?

3. PROCEDIMENTOS CONTÁBEIS

A norma CPC 15 (R1) – Combinação de Negócios trata das definições, dos critérios de reconhecimento, dos princípios de mensuração aplicáveis e da forma de divulgação nas demonstrações contábeis das operações de fusões e aquisições de empresas, e define uma combinação de negócios como sendo uma operação por meio da qual um adquirente obtém o controle de um negócio, independentemente da conotação jurídica da operação, visto que a característica jurídica da entidade resultante e a forma de pagamento não devem influenciar a caracterização como uma combinação de negócios.

A norma destaca que combinações de negócios envolvendo entidades sob mesmo controle estão fora do alcance do pronunciamento, já que o controle irá permanecer o mesmo daquele verificado antes da combinação. Também não estão contempladas as operações de *joint ventures*, previstas no CPC 18 (R2) – Investimento em Coligada, em Controlada e em Empreendimento Controlado em Conjunto. O pronunciamento também não se aplica à aquisição de um ativo ou grupo de ativos que não representam um negócio em si.

Um ponto interessante da norma CPC 15 (R1) é que todas as transações de combinação devem ser contabilizadas pelo método de aquisição (compra), portanto sempre haverá uma entidade adquirente (comprador) e uma entidade adquirida (vendedor), excluindo assim outro método historicamente muito utilizado no Brasil e principalmente no exterior em transações envolvendo a emissão e a troca de ações.[3]

Um resultado prático disso é que o adquirente deve reconhecer, em suas demonstrações contábeis, os ativos adquiridos e os passivos assumidos pelos valores justos individuais de cada item na data de aquisição, e também o *goodwill* (ou ganho por compra vantajosa).

O uso do método de aquisição pela norma IFRS tenta eliminar certos tipos de manipulação que ocorriam com a possibilidade de escolha do método para uma combinação de negócios. Como o outro método não implicava o reconhecimento de *goodwill* e, portanto, de eventuais perdas por *impairment* de *goodwill* no futuro, a escolha poderia causar um viés na informação contábil.

Exemplo: alocação do preço aos ativos e passivos

Digamos que a empresa A comprou a empresa B por $ 1.000, e os registros da empresa B apontavam:

- Máquina: $ 600.
- Estoques: $ 100.
- Passivos: $ 0.

Porém os valores justos eram, respectivamente, $ 590 e $ 260. Assim, a empresa A deverá contabilizar esses ativos em suas demonstrações contábeis usando esses novos valores, apurando

---

[3] O método de união de participações (*pooling of interests*) surgiu da necessidade de criar um mecanismo contábil contra a manipulação de resultados envolvendo empresas que se fundiam unicamente para ganhar concorrências e licitações governamentais em redes de transmissões de energia nos Estados Unidos nos anos 1940 (ver GODOY, 2000).

assim um excesso de $ 150 do valor pago; $ 1.000, sobre o valor justo dos ativos líquidos; $ 850, que representa o ágio (*goodwill*) pela expectativa de rentabilidade futura.

Contabilizações na empresa A (adquirente):

	Débito	Crédito
Ativos identificáveis – estoques	$ 260	
Ativos identificáveis – máquinas	$ 590	
Goodwill	$ 150	
Caixa		$ 1.000
Alocação do preço na aquisição da empresa B aos ativos identificados e ágio		

A mensuração a valor justo (CPC 46 – Mensuração do Valor Justo) nesse caso irá representar o valor pago pelos ativos adquiridos e os passivos assumidos, eliminando, portanto, o custo histórico registrado na empresa adquirida, pois se supõe que esses itens estarão mais bem representados pelo valor relativo de compra, já que eles deverão ser comparados com os novos resultados obtidos por uma empresa agora "diferente". Assim, busca-se uma informação mais atualizada em relação ao que o mercado esperaria de retorno para investimentos nessa "nova" empresa.

Um ponto paralelo de interpretação da norma sobre combinações de empresas é que esses eventos representam uma típica operação de compra de um grande ativo "imobilizado" e para tal deveria receber o mesmo tratamento. Assim, na aquisição de uma empresa, como na aquisição de um imobilizado (CPC 27 – Ativo Imobilizado), os gastos administrativos e outros gastos indiretos não devem fazer parte do custo de aquisição desse ativo e, portanto, devem ser alocados diretamente ao resultado. Entretanto, entendemos que a norma sobre imobilizado parece adequada ao usar esse tratamento, dada a irrelevância dos valores indiretamente envolvidos com as aquisições e a trivialidade dessas operações de compra de ativos, mas, para as combinações de empresas, as cifras envolvidas montam milhões de reais em consultores, advogados, auditores e contadores contratados especificamente para a operação, além do que não nos parece que esses gastos possam ser considerados custos perdidos (*sunk costs*).

Segundo o CPC 15 (R1)/IFRS 3, a entidade deve contabilizar pelo método de aquisição (compra) todas as combinações de negócios, cuja aplicação exige:

(a) identificação do adquirente;
(b) determinação da data de aquisição;
(c) reconhecimento e mensuração dos ativos identificáveis adquiridos, dos passivos assumidos e das participações societárias de não controladores na adquirida; e
(d) reconhecimento e mensuração do ágio por expectativa de rentabilidade futura (*goodwill*) ou do ganho proveniente de uma compra vantajosa.

PARA REFLETIR...

Mesmo que em uma transação de combinação de empresas, em que apenas ações são trocadas como forma de pagamento, o método de aquisição deve ser utilizado?

3.1 Adquirente e data de aquisição

Intuitivamente, adquirente é aquela entidade (empresa) que realizou a transferência de caixa ou outros ativos ou incorre em passivos com o intuito de pagar pelo negócio recebido em troca. Entretanto, as fusões genuínas são realizadas com a troca de participações societárias, sem a tramitação de dinheiro. Nesse caso, a entidade adquirente é aquela que emite os instrumentos de participação para que novos sócios ingressem na "nova" e "maior" entidade adquirente. Porém, há de se considerar que a adquirente é aquela que retém ou recebe a maior parte dos direitos de voto na entidade combinada.

Um futuro adquirente pode obter o controle de uma entidade a ser adquirida através de alguns meios, elencados a seguir:

- Pela transferência de caixa ou equivalente de caixa.
- Pela assunção de passivos.
- Pela emissão e troca de instrumentos de participação.
- Por mais de um dos itens anteriores.
- Sem quaisquer transferências (itens acima), apenas com acordos contratuais.

Nos casos em que a empresa controlada compra a controladora, as chamadas aquisições reversas, porém, apresentam que a emissão dos instrumentos é feita pela adquirida.

Outra forma de se identificar o adquirente é pelo seu tamanho superior relativo às demais entidades envolvidas na combinação; receitas, ativos e lucros podem ser usados para essa comparação e determinação.

A data da obtenção do controle é normalmente a data em que o adquirente transfere a contraprestação pelo controle da entidade adquirida, porém a data da obtenção do controle pode ser diferente e esta deve prevalecer.

3.2 Reconhecimento e mensuração de ativos e passivos identificáveis

A partir da data de aquisição, a entidade adquirente deve reconhecer separadamente do *goodwill* os ativos e passivos identificáveis e quaisquer participações de não controladores na adquirida, observando o disposto no CPC 00 (R2) – Estrutura Conceitual para Relatório Financeiro.

Na aplicação do método de aquisição e dos preceitos do CPC 00 (R2), Estrutura Conceitual, os custos relativos à expectativa do adquirente em encerrar uma atividade ou desligar empregados da adquirida não devem fazer parte dos passivos na aquisição, porém o adquirente deve reconhecer ativos e passivos que não tenham sido reconhecidos pela adquirida, como uma marca que não foi reconhecida como ativo da adquirida por ter sido desenvolvida internamente.

De forma contrária ao CPC 25 – Provisões, Passivos Contingentes e Ativos Contingentes, na data da aquisição o adquirente deve reconhecer um passivo contingente originado de uma combinação de negócios se este for uma obrigação presente derivada de eventos passados e seu valor justo puder ser apurado confiavelmente. Normalmente, isso acontece quando a negociação entre as partes envolve a definição de valores desses passivos contingentes que serão assumidos pela entidade adquirente, no processo de negociação do preço de venda do negócio.

A entidade adquirente deve reconhecer também os efeitos fiscais originados de diferenças temporárias e de prejuízos fiscais da adquirida que existirem na data da combinação, conforme CPC 32 – Tributos sobre o Lucro, considerando a situação econômica presente na data da combinação. Isso significa que eventuais ativos fiscais diferidos decorrentes de prejuízos fiscais da adquirida só podem ser reconhecidos se, na data da combinação, for provável a obtenção de lucros tributáveis no futuro sem considerar os possíveis ganhos sinérgicos com a entidade adquirente.

Benefícios a empregados provindos da adquirida devem ser reconhecidos e mensurados conforme o CPC 33 (R1) – Benefícios a Empregados.

A entidade caracterizada como adquirente deve mensurar os ativos adquiridos identificáveis e os passivos assumidos pelos valores justos da data de aquisição do negócio.

A participação de "acionistas" não controladores na entidade adquirida, que lhes confere participação proporcional nos ativos líquidos da entidade ora adquirida, deve ser mensurada pelo valor justo dessa participação ou pela participação proporcional representada nos ativos líquidos identificáveis da adquirida.

Exemplo: participação de acionistas não controladores na entidade adquirida

A empresa São Paulo (SP) adquiriu 80% de participação no capital votante da empresa Rio de Janeiro (RJ) por $ 200.000. A SP comprou 50 mil *ações de posse dos controladores da RJ*, pagando $ 4 para cada uma das ações.

Na data da aquisição do controle, o valor justo dos ativos identificáveis da RJ era de $ 160.000, e as suas ações estavam cotadas na Bovespa a $ 3 cada uma, portanto a empresa SP pagou um prêmio de $ 50.000 [$ 200.000 – ($ 3 × 50.000 ações)] pelo controle da empresa RJ.

Se a SP decidiu mensurar a participação de não controladores na adquirida usando a participação proporcional, então o valor de $ 32.000 (20% × $ 160.000) deve ser atribuído a essa participação não controlada na RJ.

É relativamente comum em transações de fusões e aquisições o estabelecimento de acordos de desempenho futuros e de indenizações pelo resultado de incertezas ou contingências relativas ao todo ou parte de um ativo ou passivo específico. Nesses casos, o vendedor indeniza o comprador pelo valor relativo da perda ou por alguma fração desta; assim, a empresa adquirente deve registrar um ativo pela indenização tão logo ela reconheça o item (passivo) objeto da indenização, ambos mensurados da mesma forma.

Outras situações de indenizações indicam que o comprador pode concordar em fazer um pagamento na forma de uma contingência baseada nos lucros da empresa adquirida durante um período futuro especificado. Se durante esse período os lucros da empresa adquirida alcançarem ou excederem a quantia acordada, deve ser feito um pagamento ao final do período da contingência.

Em outra situação, na troca dos seus ativos, a empresa adquirida pode relutar em aceitar ações da compradora. Essa relutância da empresa adquirida é causada pela expectativa de um eventual declínio no valor de mercado das ações. Nesse caso, a compradora, para garantir o valor total das ações numa data futura, transfere ativos adicionais, ou seja, emite um número adicional de ações nessa data, na quantia pela qual o valor garantido exceder o valor de mercado em uma determinada data, pela compensação da expectativa desfavorável da vendedora.

A contraprestação transferida (preço pago) em troca do controle da adquirida em uma combinação de negócios deve ser mensurada pelo valor justo, calculado na data da aquisição, pela soma:

- Do valor justo dos ativos transferidos pela adquirente, como: caixa, outros ativos, um negócio, uma empresa, opções, opções não padronizadas (*warrants*).
- Do valor justo dos passivos incorridos pelo adquirente junto aos ex-proprietários da adquirida.
- Do valor justo das participações societárias emitidas pelo adquirente, como: ações ordinárias, ações preferenciais, quotas de capital, bônus de subscrição, e participações.

Nos casos em que a contrapartida transferida aos ex-proprietários da adquirida incluir itens do ativo ou do passivo da adquirente, esta deve ajustar esses valores ao valor justo, apurando um ganho ou perda a ser alocado no resultado. Já para aqueles casos em que os ativos e os passivos transferidos permanecem na entidade originada da combinação, estes devem ser mensurados pelo valor contábil antes da data de aquisição.

Nas situações em que a aquisição do controle é feita em estágios, ou seja, o adquirente já possuía uma participação na empresa adquirida, mas sem controlá-la, o adquirente deve mensurar, na data da aquisição, sua participação anterior na adquirida pelo valor justo e reconhecer um ganho ou perda no resultado ou em outros resultados abrangentes, conforme o destino dado aos ajustes anteriormente realizados no valor contábil de sua participação na adquirida.

Em todos esses casos, há uma contraprestação oferecida pelo controle adquirido pela adquirente, entretanto podemos nos deparar com uma combinação realizada sem a transferência de contraprestação. Mesmo nesses casos o método de compra se aplica:

- A adquirida recompra um volume de suas próprias ações, fazendo com que um investidor que possuía uma participação não controladora passe agora a ser o controlador.
- Perda do efeito de direito de veto de não controladores, que impedia a tomada do controle pela empresa adquirente.
- Combinação de negócios realizada apenas por meio de acordos contratuais.

3.3 Reconhecimento e mensuração do ágio (*goodwill*) ou compra vantajosa

Na situação em que uma empresa adquire o controle sobre outra empresa e os ativos da adquirida são incorporados aos ativos da adquirente, os ativos adquiridos devem ter seus valores ajustados, portanto é necessário fazer a identificação do valor justo dos ativos adquiridos e dos passivos assumidos. Assim, um ativo é identificável quando for possível separá-lo ou dividi-lo da entidade e negociá-lo individualmente ou em conjunto com outros ativos e passivos.

Com a identificação do valor justo dos ativos e passivos, surge a possibilidade de:

- **O preço pago ser maior que a soma dos ativos líquidos adquiridos**: neste caso, **há um ágio, ou mais especificamente um ágio por expectativa de rentabilidade futura** (*goodwill*), definido pelo CPC 15 (R1) como "um ativo que representa benefícios econômicos futuros resultantes de outros ativos adquiridos em uma combinação de negócios, os quais não são individualmente identificados e separadamente reconhecidos".
- **O preço pago ser menor que a soma dos ativos líquidos adquiridos**: neste caso, **há o que o CPC denominou de compra vantajosa**; aqui, o adquirente deve reconhecer esse ganho diretamente no resultado do exercício na data da aquisição.

Nos casos de aquisições em estágios, ou seja, nos casos em que a empresa já vem efetuando compras de participações sem obter o controle, quando a partir de certo momento passa a tê-lo,

o valor do ágio por expectativa de rentabilidade futura será o excesso da diferença entre a soma da contrapartida transferida, com o valor justo ou proporcional da participação de não controladores na adquirida, e com o valor justo da participação da adquirente na adquirida imediatamente antes da combinação, e os ativos líquidos adquiridos, assim:

+ Valor justo da contrapartida transferida pela adquirente
+ Valor justo da participação de não controladores na adquirida
+ Valor justo da participação anterior da adquirente na adquirida
− Valor justo dos ativos líquidos adquiridos
= (+) Ágio (ou *goodwill*); (−) compra vantajosa

Evidentemente, nos casos em que não houver participação anterior da adquirente na adquirida, esse item deve ser eliminado do cálculo.

Nos casos em que os ativos líquidos adquiridos superarem a soma da contrapartida transferida e as duas participações, a adquirente deve reconhecer uma compra vantajosa, já que pagou um preço inferior ao valor dos ativos líquidos adquiridos.

Exemplo: aquisição de 100% das ações com pagamento feito por ações emitidas

A empresa São Paulo adquiriu, em 31 de dezembro de 2015, todas as ações com direto a voto da empresa Paraná por meio da emissão de 3.500 ações com direito a voto aos seus acionistas, os quais transferiram para a empresa São Paulo todas as suas ações com direito a voto na empresa Paraná. Nesse caso, a empresa Paraná (adquirida) será extinta juridicamente, sobrevivendo apenas a empresa São Paulo (compradora).

O valor nominal unitário das ações de ambas as empresas é $ 10, e o valor de mercado unitário das ações da empresa São Paulo é $ 25.

Antes da combinação, em 31 de dezembro de 2015, os balanços patrimoniais das duas empresas e o valor justo dos ativos e passivos da empresa Paraná se apresentam conforme a Tabela 17.1.

Nas combinações tratadas pelo método de aquisição, a empresa que emitiu as ações (São Paulo) incorpora os ativos e passivos avaliados pelo valor justo da empresa adquirida (Paraná).

A empresa São Paulo adquiriu os ativos e assumiu os passivos da empresa Paraná, pagando por meio da emissão de 3.500 ações, cujo valor unitário de mercado na data da combinação é $ 25, totalizando um custo de aquisição inicial de $ 87.500 (3.500 × $ 25).

Tabela 17.1 Balanços patrimoniais e valor justo

BALANÇOS PATRIMONIAIS E VALOR JUSTO (Antes da combinação de 100% das ações: 31/12/2015)			
	São Paulo	Paraná Histórico	Paraná Valor justo
Ativo circulante	100.000	15.000	20.000
Imobilizado	160.000	60.000	75.000
Intangíveis	80.000	35.000	33.000
Total do ativo	**340.000**	**110.000**	**128.000**
Passivo circulante	50.000	40.000	40.000
Passivo não circulante	60.000	20.000	18.000
Total do passivo	**110.000**	**60.000**	**58.000**

(continua)

(continuação)

Capital social ($ 10 por ação)	140.000	35.000
Capital integralizado adicional	10.000	5.000
Total do capital integralizado	150.000	40.000
Reservas de lucros	80.000	10.000
Total do patrimônio líquido	**230.000**	**50.000**
Total do passivo e patrimônio líquido	340.000	110.000

O valor justo dos ativos adquiridos, dos passivos assumidos e do ativo líquido são, respectivamente, $ 128.000, $ 58.000 e $ 70.000 ($ 128.000 − $ 58.000).

Tabela 17.2 *Fair value* e *goodwill*

FAIR VALUE E GOODWILL Empresa Paraná			
	Fair value (A)	Histórico (A)	Excesso
Ativo circulante	20.000	15.000	(B) 5.000
Imobilizado	75.000	60.000	(C) 15.000
Intangíveis	33.000	35.000	(D) (2.000)
Total do ativo	**128.000**	**110.000**	**18.000**
Passivo circulante	40.000	40.000	(E) – 0 –
Passivo não circulante	18.000	20.000	(F) (2.000)
Total do passivo	**58.000**	**60.000**	**(2.000)**
Total do ativo líquido	(G) **70.000**	(G) **50.000**	(H) **20.000**
Custo total de aquisição	(I) **87.500**		
Goodwill	(J) **17.500**		

Observações:
(A) O valor justo e o valor histórico dos ativos e passivos da empresa Paraná foram transportados da tabela anterior.
(B) A diferença entre o valor justo e o valor histórico do ativo circulante ocorreu porque os estoques da empresa Paraná, avaliados pelo UEPS (último que entra, primeiro que sai), encontravam-se subavaliados na sua contabilidade.
(C) Os ativos imobilizados estavam contabilizados por valores inferiores ao valor de mercado.
(D) As marcas e patentes (adquiridas) da empresa Paraná foram avaliadas por valores inferiores ao registrado pela contabilidade.
(E) O valor contábil do passivo circulante da empresa Paraná estava de acordo com o seu valor justo.
(F) O passivo não circulante foi descontado por uma taxa de juros de mercado na data da combinação.
(G) Apurado pela diferença entre os ativos e passivos.
(H) Apurado pela diferença entre o valor justo, $ 70.000, e o valor histórico dos ativos líquidos, $ 50.000. Representa a parte do custo de aquisição atribuída (identificada) aos ativos e passivos.
(I) Valor de mercado das ações emitidas, $ 87.500.
(J) Calculado pela diferença entre o custo de aquisição total, $ 87.500, e o valor justo dos ativos líquidos da empresa Paraná, $ 70.000.

Apurado o valor do *goodwill*, a empresa São Paulo precisa fazer os lançamentos de incorporação dos ativos e passivos na empresa combinada, conforme Tabela 17.3.

Tabela 17.3 Lançamentos de incorporação dos ativos e passivos

	Débito	Crédito
Ativo circulante	20.000 (A)	
Imobilizado	75.000	
Intangíveis	33.000	
Goodwill	17.500 (B)	
Passivo circulante		40.000
Passivo não circulante		18.000
Capital social		35.000 (C)
Capital integralizado adicional		52.500 (D)
Registro pela incorporação dos ativos e assunção dos passivos da empresa Paraná, por meio da emissão de 3.500 ações aos acionistas da empresa Paraná. Valor unitário de mercado da ação emitida: $ 25.		

Observações:

(A) Os ativos, com exceção do *goodwill*, e os passivos foram lançados pelo valor justo.
(B) Calculado conforme demonstrado.
(C) Aumento do capital social por meio da emissão de 3.500 ações, com valor unitário nominal de $ 10, aos acionistas da empresa Paraná (3.500 × $ 10).
(D) Diferença entre o valor de mercado, $ 87.500 (3.500 ações × $ 25 de cotação unitária), e o valor nominal das ações emitidas, $ 35.000 (3.500 ações × $ 10 de valor nominal unitário).

Tabela 17.4 Balanço patrimonial combinado

BALANÇO PATRIMONIAL COMBINADO
(Depois da combinação de 100% das ações: 31/12/2015)

	São Paulo	Paraná	Ajustes na São Paulo Débito	Ajustes na São Paulo Crédito	São Paulo Combinada (A)
Ativo circulante	100.000	15.000	(B) 5.000		120.000
Imobilizado	160.000	60.000	(B) 15.000		235.000
Intangível	80.000	35.000		(B) 2.000	113.000
Goodwill	– 0 –	– 0 –	(C) 17.500		17.500
Total do ativo	**340.000**	**110.000**			**485.500**
Passivo circulante	50.000	40.000			90.000
Passivo não circulante	60.000	20.000	(B) 2.000		78.000
Passivo	**110.000**	**60.000**			**168.000**
Capital social	140.000	35.000		(D) 35.000	175.000
Capital integralizado adicional	10.000	5.000		(E) 52.500	62.500
Capital integralizado total	150.000	40.000			237.500
Reservas de lucros	80.000	10.000			80.000
Patrimônio líquido	**230.000**	**50.000**			(F) **317.500**
Total do passivo e patrimônio líquido	**340.000**	**110.000**			**485.500**

Observações:

(A) Os ativos e passivos da empresa adquirida, quando tratada pelo método de aquisição, devem ser incorporados aos ativos e passivos da empresa compradora avaliados pelo valor justo.
(B) Complementos aos valores históricos dos ativos e passivos da empresa Parará para adaptá-los ao valor justo.
(C) *Goodwill* apurado na combinação, conforme cálculo já demonstrado.
(D) Valor nominal das 3.500 ações emitidas (3.500 × $ 10).
(E) Valor de mercado das ações emitidas, $ 87.500 (3.500 × $ 25), menos o valor nominal das ações emitidas, $ 35.000 (3.500 × $ 10).
(F) Notar que os itens que compõem o patrimônio líquido não são somados, já que apenas os ativos líquidos (ativos – passivos) devem ser combinados.

PARA REFLETIR...

Qual a diferença básica entre a apuração de um ágio (*goodwill*) e de uma compra vantajosa em uma transação de combinação?

3.4 Aquisição reversa

De acordo com o CPC 15 (R1), diferentemente das aquisições tradicionais envolvendo troca de participações em que a combinação de negócios se dá pela adquirente emitindo instrumentos de participação para os ex-controladores da empresa adquirida, na aquisição reversa a emissão desses títulos de propriedade é feita pela adquirida. Assim, a entidade cuja participação societária tiver sido adquirida (adquirida legal) será considerada para fins contábeis como adquirente (adquirente contábil).

Nessas situações em que a adquirente contábil normalmente não transfere contraprestações para a adquirida contábil, sendo esta última quem emite os instrumentos de propriedade e os entrega aos sócios da adquirente contábil, como poderá ser determinado o valor justo atribuível a essa combinação?

O valor justo da contraprestação será atribuído pelo número de instrumentos de participação societária que a controladora legal (adquirida contábil) teria de emitir, se esta fosse também a controladora contábil (adquirida contábil), para conferir aos seus sócios o mesmo percentual de participação na entidade combinada resultante da aquisição reversa.

De acordo com nosso entendimento do CPC 15 (R1), as demonstrações contábeis consolidadas elaboradas após uma aquisição reversa deverão ser emitidas em nome da controladora legal (adquirida contábil). Nesses casos, uma nota explicativa deve ser feita descrevendo que essas demonstrações representam uma continuação das demonstrações contábeis da controlada legal (adquirente contábil), porém um ajuste deve ser feito – deve-se ajustar retroativamente o capital legal do adquirente contábil (controlada legal) para refletir o capital legal da adquirida contábil (controladora legal).

Assim, numa aquisição reversa, a entidade menor é normalmente uma empresa subsidiária que adquire a entidade maior; sua controladora continua a manter o controle sobre sua controlada após a aquisição.

3.5 Divulgação de informações

De acordo com o CPC 15 (R1), o adquirente deve divulgar informações que permitam aos usuários das demonstrações contábeis avaliarem a operação de combinação e os seus efeitos financeiros durante o período de reporte corrente ou após o final do período de reporte, mas antes de autorizada a emissão das demonstrações contábeis.

Portanto, o adquirente deve divulgar as informações qualitativas e quantitativas para cada combinação de negócios que ocorrer ao longo do período de reporte, permitindo aos usuários das demonstrações contábeis avaliar os efeitos financeiros dos ajustes reconhecidos no período de reporte corrente pertinentes às combinações de negócios que ocorreram no período corrente ou em períodos anteriores.

Para as combinações de negócios realizadas durante o período de reporte que individualmente são imateriais, mas que no conjunto apresentam valor material, o adquirente pode divulgar as informações que permitam aos usuários das demonstrações contábeis avaliarem a operação e os seus efeitos financeiros de modo agregado.

Quadro 17.6 Comparação entre aquisição normal e aquisição reversa

	Aquisição	
	Normal	Reversa
Entidade emissora dos instrumentos de participação	Adquirente	Adquirida
Adquirente (controladora) legal	Adquirente contábil	Adquirida contábil
Entidade que teve a participação adquirida	Adquirida	Adquirente
Adquirida (controlada) legal	Adquirida contábil	Adquirente contábil
Combinação de fato	Caixa ou troca de instrumentos de participação	Acordo contratual
Valor justo da contraprestação	Apurado pelo número de instrumentos de participação que a adquirente (legal/contábil) emitiu	Apurado pelo número de instrumentos de participação que a adquirente legal (adquirida contábil) teria de emitir para conferir aos seus proprietários o mesmo percentual de participação na entidade combinada

Dos relatórios financeiros da Cosan S.A de 2013, segue a nota explicativa sobre a combinação de negócios das empresas Cosan e Comgás, em que a primeira adquiriu 60,05% das ações do grupo BG na Comgás. Interessante observar que a contraprestação transferida alcançou o mesmo valor da soma do valor justo dos ativos líquidos e a participação dos acionistas não controladores, resultando na ausência de reconhecimento de *goodwill* ou compra vantajosa. Já a combinação com a Comma Oil apresentou um ágio de aproximadamente R$ 32 milhões.

A B2W, empresa controladora das Lojas Americanas e da loja eletrônica Submarino, apresentou em seus relatórios financeiros de 2014 várias operações de combinações de negócios, entre elas a aquisição da Uniconsult Sistemas e Serviços e da Click – Rodo Entregas. Diferentemente da transação envolvendo a Cosan, aqui nos dois casos a empresa apurou e reconheceu o valor do ágio por expectativa de rentabilidade futura, porém a curiosidade é de que as duas empresas adquiridas apresentavam passivos líquidos, ou seja, passivos maiores que ativos, ou patrimônio líquido negativo.

Cosan S.A. Indústria e Comércio
Notas explicativas às informações financeiras
Em 31 de março de 2013 e 2012 (em milhares de reais, exceto quando indicado de outra forma)

Combinação de negócio

(a) Companhia de Gás de São Paulo – COMGÁS

Em 5 de novembro de 2012, a Cosan, por meio de sua controlada Provence Participações S.A. ("Provence"), obteve o controle da COMGÁS por meio da aquisição de 60,05% das ações do grupo BG, pelo montante de R$ 3,4 bilhões, sendo que R$ 3,3 bilhões foram pagos por meio de financiamento.

A COMGÁS está localizada na cidade de São Paulo, estado de São Paulo, e tem como sua principal atividade a distribuição de gás natural canalizado em parte do território do estado de São Paulo (aproximadamente 180 municípios, inclusive a região denominada Grande São Paulo) para consumidores dos setores industrial, residencial, comercial, automotivo, termogeração e cogeração. Como resultado da aquisição, a Cosan diversifica o seu portfólio de investimentos em linha com o planejamento estratégico. No dia 19 de dezembro de 2012, a Assembleia Geral Extraordinária da controlada COMGÁS aprovou o Protocolo e Justificação de Incorporação, referente à incorporação da Provence Participações S.A. ("Provence") firmado pelas administrações da COMGÁS e da Provence em 3 de dezembro de 2012. A Provence tinha como principais ativos o investimento por ela detido no capital social da COMGÁS e o ágio fiscal no valor de R$ 2.482.767 apurado com base na expectativa de rentabilidade futura, a qual produzirá benefício fiscal futuro no montante de R$ 844.141, reconhecido como um ativo fiscal diferido na COMGÁS após a incorporação legal das duas entidades, momento esse que o ágio se tornará dedutível.

A demonstração a seguir resume a contraprestação paga e o valor justo dos ativos adquiridos e passivos assumidos na data da aquisição, bem como o valor justo na data da aquisição da participação não controladora na COMGÁS.

Em 5 de novembro de 2012	
Contraprestação transferida	3.400.000
Caixa recebido	(426.876)
Total da contraprestação líquida transferida	**2.973.124**
Valor justo de ativos identificáveis adquiridos e passivos assumidos	
Clientes	694.047
Provisão para crédito de liquidação duvidosa	(95.480)
Instrumentos financeiros	144.330
Estoques	99.424
Intangível	7.979.275

Outros créditos	351.333
Empréstimos e financiamentos	(2.544.953)
Fornecedores	(692.480)
Impostos a pagar	(208.489)
IR e CS diferido	(442.262)
Provisão para contingências	(51.592)
Outras obrigações	(391.193)
Total de ativos líquidos identificados	**4.841.960**
Participação de acionistas não controladores	(1.868.836)
Contraprestação transferida	**2.973.124**

O valor justo do intangível de R$ 7.979.275 contempla o efeito de alocação do direito de concessão no montante de R$ 4.425.252, apurado com base no fluxo de caixa descontado do contrato de concessão existente entre COMGÁS e poder concedente.

O valor justo das outras obrigações de R$ 391.193 contempla o efeito do reconhecimento do valor justo de obrigações com benefícios pós-empregos, no montante de R$ 126.594.

O valor justo do imposto de renda e contribuição social diferido de R$ 442.262 contempla o benefício fiscal gerado pela incorporação da Provence de R$ 844.141.

A Companhia elegeu mensurar a participação dos acionistas não controladores da COMGÁS de acordo com a proporção da participação dos acionistas não controladores no valor justo dos ativos líquidos identificáveis da COMGÁS.

A demonstração do resultado consolidada inclui, desde a data de aquisição, receitas e lucro líquido no montante de R$ 2.398.989 e R$ 159.190, respectivamente geradas pela COMGÁS.

Se a COMGÁS tivesse sido consolidada desde 1º de abril de 2012, a demonstração do resultado consolidada apresentaria uma receita líquida pro forma de R$ 5.606.912 e lucro líquido pro forma de R$ 284.456 (não auditados). Estas informações foram obtidas mediante agregação dos valores da empresa adquirida e da adquirente e não representam os valores reais consolidados para o exercício.

A controladora Cosan Limited cedeu opção de entrega de 30.917.231 ações da Cosan S.A. à Shell Brazil Holdings B.V. (acionista minoritária da COMGÁS), exercível em três parcelas anuais, vencendo a última em 15 de abril de 2017. Se exercida, a Cosan Limited receberá a totalidade das ações da COMGÁS detidas direta e indiretamente pela Shell Brazil Holdings B.V.

[...]

(c) Comma Oil and Chemicals Limited ("Comma")

Em 1º de julho de 2012, a Cosan, por meio de sua controlada Cosan Lubes Investments Limited ("Cosan Lubes"), adquiriu 100% das ações ordinárias da Comma pelo montante de £ 60.000, equivalente a R$ 190.234, sendo £ 54.000 liquidadas por meio de empréstimo captado pela Cosan Lubes.

A Comma está localizada na Inglaterra, e atua na fabricação e comercialização de produtos químicos automotivos, inclusive lubrificantes, por meio de canais específicos no Reino Unido e demais mercados europeu e asiático.

O valor justo na data de aquisição da contraprestação transferida totalizou R$ 152.919, que consistiu no seguinte:

Contraprestação transferida	190.234
Caixa recebido	(37.315)
Total contraprestação transferida	**152.919**

O valor justo dos ativos adquiridos e passivos assumidos na data de aquisição da Comma foi como segue:

Descrição	
Duplicatas a receber	46.468
Estoque	33.672
Outros créditos	472
Imobilizado	34.409
Intangível	49.493
Fornecedores	(21.284)
Impostos e contribuições sociais a pagar	(3.900)
Outras obrigações	(1.227)
Imposto de renda e contribuição social diferidos	(17.143)
Ativos líquidos adquiridos	**120.960**
Contraprestação transferida, líquida do caixa adquirido	152.919
Ágio	**31.959**

A alocação do preço de compra foi concluída pela Administração, sendo que com base no valor justo dos ativos adquiridos e passivos assumidos o ágio da operação foi alocado no segmento Cosan outros negócios. Os principais ativos intangíveis alocados são aqueles relacionados à Marca Comma (R$ 24.204) e relacionamento com clientes (R$ 25.289), além de mais valia dos ativos imobilizados (R$ 17.618). A aquisição da Comma reforça a estratégia da Cosan de entrar no mercado europeu de lubrificantes e especialidades. O ágio reconhecido dessa aquisição representa o acesso a um novo mercado e um aumento potencial na participação desse negócio.

A demonstração do resultado consolidada inclui, desde a data de aquisição, receitas e prejuízo líquido no montante de R$ 180.126 e R$ 5.338, respectivamente geradas pela Comma.

Se a Comma tivesse sido consolidada desde 1º de abril de 2012, a demonstração do resultado consolidada apresentaria uma receita líquida pro forma de R$ 232.634 e prejuízo pro forma de R$ 3.242 (não auditados). Estas informações foram obtidas mediante agregação dos valores da empresa adquirida e da adquirente e não representam os valores reais consolidados para o exercício.

Fonte: COSAN. *Demonstrações contábeis de 2013.*

B2W Companhia Digital
Notas explicativas da administração às demonstrações financeiras em 31 de dezembro de 2014
(em milhares de reais, exceto quando mencionado de outra forma)

Combinação de negócios
i) **Uniconsult Sistemas e Serviços Ltda.**

Em 30 de abril de 2013, a Companhia, através da 8M Participações Ltda. ("8M Participações"), concluiu a transação de aquisição de 100% da Uniconsult Sistemas e Serviços Ltda. ("Uniconsult"), empresa renomada no desenvolvimento de sistemas e soluções de supply chain para o comércio eletrônico, parceira da Companhia desde a criação da Americanas.com em 1999. Essa transação ocorreu em linha com a estratégia de investimentos da Companhia em ser referência no mercado de tecnologia e internet. A participação indireta da Companhia na Uniconsult foi adquirida por R$ 67.000. Sendo R$ 44.666 pagos à vista e R$ 11.167 um ano após assinatura do contrato, mais R$ 11.167 após dois anos da assinatura do contrato.

O ágio de R$ 67.480 foi pago principalmente em decorrência de expectativa de geração de lucro pela sinergia e eficiência geradas pelas soluções de sistemas e logísticas para o comércio eletrônico.

A alocação do preço de compra com base no valor justo dos ativos e passivos está apresentada conforme a seguir:

Valor justo do passivo líquido adquirido	(480)
Contraprestação paga	(67.000)
Ágio pago na transação por expectativa de rentabilidade futura	(67.480)

Os ativos adquiridos e passivos assumidos a valores de mercado na data de aquisição, conforme laudo de avaliação preparado por consultor externo, estão apresentados a seguir.

ATIVO	30 de abril de 2013	PASSIVO	30 de abril de 2013
Circulante		**Circulante**	
Caixa e equivalente	187	Imposto de renda e contribuição social a recolher	116
Clientes	808	Impostos a recolher	42
Impostos a recuperar	18	Obrigações sociais a recolher	303
Adiantamentos a fornecedores	164	Provisões trabalhistas	1.547
Outros circulantes	55	Contas a pagar circulante	53
Total do ativo circulante	**1.232**	**Total do passivo circulante**	**2.062**
Não circulante			
Imobilizado	260	Patrimônio líquido	(480)
Intangível	90		
Total do ativo não circulante	**350**	**Total do patrimônio líquido**	**(480)**
Total do ativo	**1.582**	**Total do passivo e do patrimônio líquido**	**1.582**

Em 31 de dezembro de 2013, a Companhia divulgou que o ágio calculado preliminarmente, antes da determinação do valor de mercado dos ativos e passivos, foi de R$ 61.569. Após a conclusão do estudo da alocação do preço de compra, esse ágio aumentou para R$ 67.480 em decorrência da eliminação de saldos de adiantamentos para distribuição de lucros aos antigos acionistas no montante de R$ 5.911.

ii) **Click – Rodo Entregas Ltda.**

Em 2 de julho de 2013, a Companhia, através da controlada 8M Participações Ltda. ("8M Participações"), concluiu a transação de aquisição da Click – Rodo Entregas Ltda. ("Click Rodo"), transportadora especializada em operação para o comércio eletrônico.

A participação indireta da Companhia na Click Rodo foi adquirida por R$ 13.700. Sendo R$ 3.000 à vista, cessão de mútuo no valor de R$ 3.000, R$ 940 por três anos consecutivos a partir do 1º ano de fechamento, R$ 1.440 e R$ 3.440 no 4º e 5º ano consecutivos ao fechamento. Nas demonstrações financeiras de 2013, foi divulgado o pagamento de R$ 12.700. Esse montante sofreu alteração para R$ 13.700 em 2014, em decorrência do acréscimo de dívida assumida pela Companhia no valor de R$ 1.000.

O ágio de R$ 19.426 foi pago principalmente pelo benefício estimado para a companhia das operações de transportes e armazenagem na região de atuação da Click Rodo, permitindo o incremento da sua eficiência operacional e geração de lucro.

A alocação do preço de compra com base no valor justo dos ativos e passivos está apresentada conforme segue:

Valor justo do passivo líquido adquirido	(5.726)
Contraprestação paga	(13.700)
Ágio pago na transação por expectativa de rentabilidade futura	(19.426)

Os ativos adquiridos e passivos assumidos a valores de mercado na data de aquisição, conforme laudo de avaliação preparado por consultor externo, estão apresentados a seguir.

ATIVO	02 de julho de 2013	PASSIVO	02 de julho de 2013
Circulante		**Circulante**	
Disponível	974	Fornecedores	3.009
Créditos com clientes	2.392	Empréstimos bancários	300
Outros créditos	199	Obrigações trabalhistas	558
Despesas antecipadas	12	Obrigações tributárias	3.272
Contratos de mútuo	123	Adiantamento de clientes	528
		Obrigações de terceiros	30
		Provisões	747
Total do ativo circulante	3.701	Total do passivo circulante	8.444
		Obrigações tributárias	1.398
Não circulante		Total do passivo não circulante	1.398
Imobilizado	405		
Intangível	10	Patrimônio líquido	(5.726)
Total do ativo não circulante	415	Total do patrimônio líquido	(5.726)
Total do ativo	4.116	Total do passivo e do patrimônio líquido	4.116

Fonte: B2W. *Demonstrações contábeis de 2014.*

DESTAQUES FINAIS

A decisão de se fazer uma fusão ou aquisição com outra empresa é com certeza uma das decisões mais relevantes para qualquer empreendimento. Sob o ponto de vista contábil, que culmina com a divulgação das informações financeiras da empresa combinada, alguns aspectos ganham destaque. São eles:

- O tipo de transação realizada entre as empresas.
- O valor justo dos ativos transacionados.
- O excesso do valor pago sobre os ativos líquidos individuais.
- O tratamento da participação dos acionistas não controladores.
- O uso das transações de combinações de negócios como forma de se esquivar de certos regulamentos fiscais, financeiros e setoriais.

A avaliação justa dos ativos e passivos identificáveis é fundamental no processo de combinação de negócios. Assim, a correta avaliação desses ativos líquidos e do valor da contraprestação oferecida em troca – dinheiro ou ações – oferece uma mensuração mais realista do *goodwill* e da participação dos acionistas não controladores da companhia.

Há tempos que as transações de fusões e aquisições de negócios são usadas para obtenção de algum benefício econômico diferente daquele efetivamente declarado – um novo empreendimento –, e os métodos contábeis até hoje utilizados foram a resposta do regulador do mercado financeiro a esse ardil. O próprio método recentemente abandonado – união de participações – foi, no passado, a resposta do regulador para transações artificiais que intencionavam inflar os balanços das empresas por meio do método de compra.

Importante destacar que temos agora apenas um método contábil aceito para combinação de negócios – método de compra – portanto, todas as transações assim devem ser caracterizadas. Porém, é fato que no ambiente empresarial muitas intenções e propósitos se apresentam, e eles devem prevalecer independentemente do modelo contábil sugerido pelo regulador.

RESUMO

- O termo *combinações de negócios* é usado para representar as operações envolvendo fusões e aquisições de empresas, principalmente sob os aspectos contábeis.
- As fusões e aquisições de empresas são as mais relevantes transações que podem ocorrer em uma entidade, e elas se dão de diferentes formas, principalmente quanto à(s) empresa(s) resultante(s).
- A compra do controle é o fundamento para a identificação se o pronunciamento técnico sobre combinações de negócios deve ser aplicado. O controle pode ser adquirido de uma única vez ou em estágios.
- A norma CPC 15 (R1) – Combinação de Negócios usa o conceito de valor justo do CPC 46 – Mensuração do Valor Justo para definir a forma com que devem ser

avaliados os ativos e passivos envolvidos numa transação de combinação.

- O valor justo individual dos ativos e passivos adquiridos deve ser apurado de modo que estes devem ser reconhecidos na empresa adquirente na data da aquisição.
- A empresa que adquire pode pagar um preço maior ou menor que o valor justo dos ativos adquiridos. Se este for maior, um ágio deve ser apurado e contabilizado; se for menor, uma compra vantajosa é apurada.
- O uso do método de aquisição pela norma IFRS tenta eliminar certos tipos de manipulação da informação que ocorria com a possibilidade de escolha do método para uma combinação de negócios.
- No Brasil, as transações de combinações de negócios também já foram utilizadas como forma de se esquivar de certos regulamentos tributários.

EXERCÍCIOS PROPOSTOS

QUESTÃO 1: Segundo o CPC 15 (R1) – Combinação de Negócios, a entidade deve contabilizar as operações de combinação de negócios pela aplicação do método de aquisição. Qual é a essência desse método? E por que este foi o método escolhido pelas normas como o único método aceito?

QUESTÃO 2: De forma geral, em quais situações podemos encontrar o *goodwill* e a compra vantajosa?

QUESTÃO 3: Quais as formas de contraprestação que uma entidade pode transferir a outra como compensação pela aquisição do controle de um negócio (empresa)?

QUESTÃO 4: A empresa Rio Preto apresentou os seguintes dados sobre uma combinação de negócios:

Ativos líquidos adquiridos	$ 18.000
Contrapartida transferida pela adquirente	$ 11.000
Participação de não controladores na adquirida	$ 2.000
Participação anterior da adquirente na adquirida	$ 6.000

Apure o valor do ágio (*goodwill*) ou compra vantajosa e argumente o motivo disso.

	$
	$
	$
	$
Ágio (*goodwill*)	$

QUESTÃO 5: A empresa São Paulo (SP) adquiriu 85% de participação no capital votante na empresa Rio de Janeiro (RJ) por $ 289.000. A SP comprou 72.250 ações de posse dos controladores da RJ pagando $ 4 para cada uma das ações. Na data da aquisição do controle, o valor justo dos ativos identificáveis da RJ era de $ 324.500, e suas ações estavam cotadas na Bovespa a $ 2 cada ação. Portanto, se a SP deseja avaliar a participação dos não controladores na RJ usando o valor justo das participações:

a) Qual o valor justo da participação dos não controladores na empresa RJ?
b) Qual o valor do prêmio pago pela empresa SP pela aquisição do controle da empresa RJ?
c) Qual o valor do *goodwill* ou da compra vantajosa a ser reconhecido na combinação?
d) Qual o valor do *goodwill* ou da compra vantajosa associado à participação controladora da SP na RJ, e aquele associado aos não controladores na RJ?

BIBLIOGRAFIA SUGERIDA

B2W. *Demonstrações contábeis de 2014*. B2W, 2014. Disponível em: https://static.b2wdigital.com/upload/dfp/00002604.pdf. Acesso em: 21 set. 2020.

COMITÊ DE PRONUNCIAMENTOS CONTÁBEIS (CPC). *Pronunciamento técnico CPC 15 (R1) – Combinação de Negócios*. Brasília: CPC, 2011. Disponível em: http://static.cpc.aatb.com.br/Documentos/235_CPC_15_R1_rev%2014.pdf. Acesso em: 3 ago. 2020.

COSAN. *Demonstrações contábeis de 2013*. Cosan, 2013. Disponível em: https://ri.cosan.com.br/informacoes-financeiras/central-de-resultados/. Acesso em: 21 set. 2020.

EPSTEIN, B. J.; JERMAKOWICZ, E. K. *Interpretation and application of International Financial Reporting Standards*. 7. ed. Nova Jersey: Wiley, 2010.

ERNST & YOUNG; FIPECAFI. *Manual de normas internacionais de contabilidade*: IFRS *versus* normas brasileiras. 2. ed. São Paulo: Atlas, 2010.

FIPECAFI. *Manual de contabilidade societária*: aplicável a todas as sociedades de acordo com as normas internacionais e do CPC. 2. ed. São Paulo: Atlas, 2013.

GODOY, C. R. *Comparação teórica e prática entre os métodos de contabilidade para combinações de empresas*. São Paulo: FEA-USP, 2000.

INTERNATIONAL ACCOUNTING STANDARDS BOARD (IASB). *International Financial Reporting Standards (IFRS) 3 – Business Combinations*. 2008.

J. P. MORGAN. *2016 M&A global outlook*. J. P. Morgan, 2016.

PWC. *Fusões e aquisições no Brasil*. dez. 2014. Disponível em: https://www.pwc.com.br/pt/publicacoes/servicos/assets/fusoes-aquisicoes/2014/pwc-fusoes-aquisicoes-dezembro-2014.pdf. Acesso em: 21 set. 2020.

18

INVESTIMENTOS EM COLIGADAS, CONTROLADAS E *JOINT VENTURES*

Carlos R. Godoy

OBJETIVOS DE APRENDIZAGEM

- Compreender o significado de investimentos em coligadas e controladas.
- Compreender a situação em que uma empresa exerce influência significativa sobre outra entidade investida.
- Familiarizar-se com a sistemática da avaliação de investimentos pelo método de equivalência patrimonial.
- Distinguir o método de avaliação de investimentos pelo vínculo criado entre a investidora e a investida.
- Compreender o fundamento econômico e o tratamento contábil para transações entre empresas de mesmo grupo econômico.

1. APRESENTAÇÃO

Quando foi privatizada em 1997, por meio do Programa Nacional de Desestatização do Governo Federal (PND-BNDES), a Cia. Vale do Rio Doce era uma grande empresa sob controle governamental que, semelhante a todas as empresas sob o "guarda-chuva" de controle estatal brasileiro, sofria de capacidade de gestão e governança. Hoje, a Vale é um conglomerado gigante de empresas controladas, coligadas e empresas controladas em conjunto (*joint ventures*) espalhadas em diferentes regiões do globo. Os principais investimentos em participações acionárias da Vale variam de 25% na mineradora chinesa Zhuhai e de 100% na Ferrovia Norte Sul. Os Quadros 18.1 e 18.2 apresentam as principais empresas ligadas à Vale.

O exemplo da Vale pode ser empregado para ilustrar que na maioria das vezes não é necessário que uma empresa seja proprietária de 100% do capital de outra empresa para que a primeira exerça o controle sobre a segunda. Também não é necessário que uma empresa tenha 25% de participação em outra entidade para que possa exercer influência relevante na empresa investida.

Empresas coligadas, empresas controladas e *joint ventures* são termos usados para identificar a forma como os investimentos em participações societárias são considerados diante da influência e da partição do controle sobre a empresa investida. Diante disso, a contabilidade e a evidenciação das informações sobre esses arranjos societários ganham aspectos particulares pela necessidade de representação coerente da situação da investida, da investidora e do grupo empresarial.

O CPC 18 (R2) – Investimento em Coligada, em Controlada e em Empreendimento Controlado em Conjunto é o pronunciamento de contabilidade financeira para se contabilizar e divulgar

Quadro 18.1 Empresas subsidiárias da Vale S.A.

	Localização	Atividade principal/Negócios	% de participação
Controladas diretas e indiretas			
Companhia Portuária da Baía de Sepetiba	Brasil	Minério de ferro	100,0%
Ferrous Resource Limited	Ilha de Man	Minério de ferro	100,0%
Mineração Corumbaense Reunida SA	Brasil	Minério de ferro e manganês	100,0%
Minerações Brasileiras Reunidas S.A. ("MSR")	Brasil	Minério de ferro	98,3%
New SteelGlobal	Holanda	Minério de ferro	100,0%
Salobo Metais S.A.	Brasil	Cobre	100,0%
PT Vale Indonesia	Indonésia	Níquel	59,2%
Vale Holdings B.V (i)	Holanda	*Holding* e pesquisa	100,0%
Vale Canada Limited	Canadá	Níquel	100,0%
Vale International S.A.	Suíça	*Trading* e *holding*	100,0%
Vale Malaysia Minerats Sdn. Bhd.	Malásia	Minério de ferro	100,0%
Vale Manganês S.A.	Brasil	Manganês e ferroligas	100,0%
Vale Moçambique S.A	Moçambique	Carvão	80,7%
Vale Nouvelle Caledonie S.A.S.	Nova Caledônia	Níquel	95,0%
Vale Newfoundland & Labrador Ltd	Canadá	Níquel	100,0%
Vale Oman Distribution Center LLC	Omã	Minério de ferro e pelotização	100,0%
Vale Oman Pelletizing Company LLC	Omã	Pelotização	70,0%
Vale Shipping Holding Pte. Ltd.	Cingapura	Minério de ferro	100,0%

Fonte: Vale S.A. – Demonstrações Financeiras (2019).

Quadro 18.2 Investimentos em coligadas e *joint ventures* da Vale S.A.

Coligadas e *joint ventures*	% de participação	% de capital votante
Minerais ferrosos		
Baovale Mineração S.A.	50,00	50,00
Companhia Coreano-Brasileira de Pelotização	50,00	50,00
Companhia Hispano-Brasileira de Pelotização (i)	50,89	50,89
Companhia Ítalo-Brasileira de Pelotização (i)	50,90	51,00
Companhia Nipo-Brasileira de Pelotização (i)	51,00	51,11
MRS Logística S.A.	48,16	46,75
VLI S.A.	37,60	37,60
Zhuhai YPM Pellet Co.	25,00	25,00
Carvão		
Henan Longyu Energy Resources Co., Ltd. (nota 14)	25,00	25,00
Metais básicos		
Korea Nickel Corp.	25,00	25,00
Outros		
Aliança Geração de Energia S.A. (i)	55,00	55,00
Aliança Norte Energia Participações S.A. (i)	51,00	51,00
California Steel Industries, Inc.	50,00	50,00
Companhia Siderúrgica do Pecém	50,00	50,00
Mineração Rio do Norte S.A.	40,00	40,00
Outras		

Fonte: Vale S.A. – Demonstrações Financeiras (2019).

os investimentos em participações societárias. O Quadro 18.3 apresenta esse pronunciamento nacional e o seu congênere internacional nos quais se baseia a norma nacional.

Quadro 18.3 Pronunciamentos sobre investimentos em controladas, coligadas e *joint ventures*

CPC	IFRS Iasb
CPC 18 (R2) – Investimento em Coligada, em Controlada e em Empreendimento Controlado em Conjunto	IAS 28 – *Investments in Associates and Joint Ventures*

O objetivo deste capítulo é fazer com que o leitor compreenda os fundamentos das operações de investimentos em participações societárias e como esses conhecimentos se materializam ao discriminar, reconhecer, mensurar e divulgar as informações financeiras envolvendo empresas associadas. Esse tema não é um assunto que envolve operações corriqueiras nas pequenas e médias empresas, mas a cada ano vem ganhando importância para essas empresas, já que para as grandes corporações isso é parte da rotina de analistas e contadores no mercado nacional e internacional. Diante disso, este capítulo se atenta em como a empresa que investe (investidora) em outra empresa (investida) avalia, reconhece e divulga os investimentos e resultados em suas participações societárias.

É importante destacar que esse tipo de investimento possui finalidade econômica de relacionamento de longo prazo, em que comumente existe integração entre as operações das empresas (investidora e investida), diferentemente da simples aquisição de ações de outra empresa como forma de investimento financeiro cuja finalidade econômica seja apenas o ganho proporcionado pela valorização da ação ou distribuição de dividendos por parte da investida. Esse segundo caso encontra-se dentro do escopo de instrumentos financeiros e é abordado no capítulo sobre contabilidade de instrumentos financeiros.

Este capítulo apresenta primeiramente uma visão geral dos assuntos relacionados à norma contábil nacional CPC 18 (R2) – Investimento em Coligada, em Controlada e em Empreendimento Controlado em Conjunto e sua congênere internacional IAS 28 – *Investments in Associates and Joint* Ventures, no *International Accounting Standards Board* (Iasb). Em seguida, são apresentados os principais conceitos relacionados e as principais determinações dessas normas contábeis. Na sequência, apresentamos questões práticas relacionadas ao assunto e os pontos em que as normas demandam maior interpretação.

> **PARA REFLETIR...**
>
> Quando uma entidade investidora faz um investimento em uma entidade investida, e o vínculo resultante entre elas for bem elevado ou muito pequeno, qual é o tratamento dado a esse investimento?

2. CONCEITOS E DEFINIÇÕES RELEVANTES

O CPC 18 (R2) trata basicamente do método de equivalência patrimonial. É um tratamento contábil empregado em empresas investidoras aos investimentos realizados em participações societárias em entidades que se pretende ter um relacionamento de longo prazo. A ideia básica é de que o custo histórico não traz uma representação plenamente apropriada dos interesses que as entidades têm sobre esses investimentos ao longo do tempo; assim, as participações societárias de empresas investidoras em empresas investidas são inicialmente reconhecidas pelo custo, e posteriormente ajustadas pela participação da investidora nos resultados da investida.

O método de equivalência patrimonial procura retratar as mudanças nos investimentos de maneira mais tempestiva, considerando os resultados à medida que são reconhecidos na entidade investida. Se a investida apresenta lucro em um determinado período, a investidora também reconhece que teve um aumento em sua riqueza, na proporção de sua participação societária.

Importante que façamos as definições de alguns termos usados nas operações de investimentos de uma empresa em outra. Entre essas definições, as mais gerais são aquelas ligadas ao investimento:

- Investidora é aquela que faz o investimento em outra entidade, independente da parcela adquirida.
- Investida é aquela que recebe o investimento e, portanto, será coligada ou controlada da investidora.

Por outro lado, essa denominação anterior ganha outro nome em função da importância relativa do investimento na investida. Se o investimento realizado pela investidora é tão relevante de modo a controlar a investida, seja pela participação societária adquirida ou pela influência nas decisões, a investidora será denominada controladora, já a investida será a controlada. Assim, o controle pode ser verificado se a investidora (controladora) tem poder para assegurar, de forma permanente, preponderância nas deliberações societárias e de eleger a maioria de seus administradores; evidentemente que não é uma condição, mas esse poder é usualmente exercido pela investidora quando esta possui mais de 50% de participação na investida. Nesses casos, a investidora (controladora) deve apresentar demonstrações consolidadas, para que estas reflitam a situação financeira do grupo econômico – controladora e suas controladas.

Entretanto, se o investimento não for tão relevante de modo a controlar, mas a investidora passar a ter influência significativa nas decisões na investida, esta será denominada coligada. Mas como medir essa influência? Ela deve ser representada pelo poder da investidora de participar nas decisões financeiras e operacionais na investida, usualmente representada por participação societária igual ou acima de 20% do direito de voto.

Segundo o CPC 18 (R2)/IAS 28, a influência significativa pode ser identificada se a investidora possuir direta ou indiretamente 20% ou mais do poder de voto na entidade investida.

Assim, se a empresa A possui 20% das ações ordinárias da empresa B, sugere-se que A tenha influência significativa em B.

Em outra situação, a empresa A possui 100% das ações da empresa C e da empresa D. As empresas C e D possuem cada uma 10% das ações ordinárias da empresa B. Portanto, indiretamente, a empresa A possui influência significativa na empresa B, já que ela é possuidora indireta de 20% das ações ordinárias de B.

O CPC 18 (R2), ao definir influência significativa, menciona, ainda, que: "A propriedade substancial ou majoritária da investida por outro investidor não necessariamente impede que um investidor tenha influência significativa sobre ela".

Ao refletir sobre isso, poderíamos pensar que poderíamos encontrar um caso hipotético em que uma investidora que possuísse 20% da Petrobras pudesse exercer influência significativa, mesmo com outro investidor, o Governo Federal, possuindo 80% da petrolífera. Entretanto, o mesmo pronunciamento menciona ainda situações em que a influência significativa pode ser perdida, com ou sem a alteração na participação societária: "Isso pode ocorrer, por exemplo, quando uma coligada torna-se sujeita ao controle de governo, tribunal, órgão administrador ou entidade reguladora".

O CPC 18 (R2) elenca algumas formas como a influência significativa pode ser constatada:

(a) representação no conselho de administração ou na diretoria da investida;
(b) participação nos processos de elaboração de políticas, inclusive em decisões sobre dividendos e outras distribuições;
(c) operações materiais entre o investidor e a investida;
(d) intercâmbio de diretores ou gerentes;
(e) fornecimento de informação técnica essencial.

Segundo o CPC 18 (R2), a entidade investidora perde a influência significativa sobre a investida quando ela perde o poder sobre as políticas financeiras e operacionais de sua investida. Essa perda da influência significativa pode ocorrer com ou sem mudança no nível de participação acionária absoluta ou relativa, nos casos de:

- A coligada tornar-se sujeita ao controle do governo ou de agência reguladora.
- Um acordo contratual.

Sistematicamente, a contabilização dos investimentos em participações societárias de outras entidades deve ser feita de acordo com o vínculo criado entre a investidora e a investida (Quadro 18.4). Esse vínculo pode ser tão forte a ponto de se criar a relação de controle; ou esse vínculo de controle pode ser feito de forma compartilhada – *joint venture*; ou, ainda, quando o vínculo não é tão forte a ponto de controle, mas a investidora exerce influência significativa; e, por último, quando há ausência de influência.

Quadro 18.4 Métodos de contabilização de participações societárias

Vínculo pelo investimento	Método de contabilização
Pequeno ou ausente	Instrumento financeiro
Significativo	Equivalência patrimonial
Controle conjunto	Equivalência patrimonial
Controle	Consolidação

O pronunciamento CPC 18 (R2) usa várias definições abordadas detalhadamente em outros pronunciamentos, entre eles:

- CPC 35 (R2) – Demonstrações Separadas.
- CPC 36 (R3) – Demonstrações Consolidadas.
- CPC 48 – Instrumentos Financeiros.

Diante do panorama e das definições apresentadas, cabe estabelecer que o CPC 18 (R2) deve ser aplicado a todas as empresas investidoras com controle individual ou conjunto ou com influência significativa sobre suas investidas. Assim, o objetivo central é indicar a forma de contabilização dos investimentos em coligadas e em controladas, além de prioritariamente definir os requisitos para aplicação e a forma de contabilização de investimentos em coligadas, em controladas e em empreendimentos controlados em conjunto (*joint ventures*) pelo método de equivalência patrimonial.

PARA REFLETIR...

Qual o fundamento econômico para não se usar o CPC 18 (R2) sobre investimentos em coligadas e controladas, quando uma entidade possui uma pequena quantidade de ações com direito a voto de outra empresa?

3. PROCEDIMENTOS CONTÁBEIS

A norma CPC 18 (R2) trata das definições, dos critérios de reconhecimento e de mensuração aplicáveis aos investimentos em empresas coligadas nas demonstrações contábeis individuais e consolidadas da empresa investidora, e em controladas e em empreendimentos controlados em conjunto nas demonstrações contábeis da investidora.

Interessante notar que a norma expressa que ela pode ser relaxada, e portanto não ser aplicada àqueles investimentos em empresas coligadas e controladas que forem mantidos por organizações de capital de risco, fundos mútuos, trustes e entidades similares, e que nesses casos deve ser aplicado o CPC 48 – Instrumentos Financeiros, o que leva a acreditar que para essas situações aqueles investimentos seriam considerados como típicos investimentos em ativos financeiros em face das características operacionais da investidora. Porém, a faculdade é dada à investidora, com o propósito de que esta opte por aquela situação que melhor represente as suas intenções diante daquele empreendimento que recebeu investimento. Assim, essa investidora teria a opção de usar o:

- CPC 18 (R2), que trata de investimentos em coligadas e controladas, usando a mensuração pelo método de equivalência patrimonial, estudado aqui neste capítulo.
- CPC 48, que trata de instrumentos financeiros, usando a mensuração do valor justo pelo resultado, estudado no capítulo sobre contabilidade de instrumentos financeiros.

A norma também exclui aqueles investimentos denominados instrumentos financeiros mantidos para negociação, em que também serão aplicados todos os preceitos do CPC 48 sobre instrumentos financeiros. O que pressupõe que, ao decidir pela intenção de negociar uma determinada participação empresarial em uma coligada ou controlada, a investidora deve automaticamente reclassificar esse investimento e passar a tratá-lo como um instrumento financeiro e, portanto, avaliá-lo pelo valor justo pelo resultado, já que o desempenho da empresa investida tem menos relevância para a investidora que seu valor de venda em caso de negociação.

De acordo com o CPC 18 (R2), os investimentos em coligadas, em empreendimentos controlados em conjunto (*joint ventures*) e em controladas devem ser contabilizados pelo método de equivalência patrimonial. Evidentemente, para aqueles investimentos em empresas controladas é necessária a elaboração de demonstrações contábeis consolidadas, para que possa refletir a situação financeira do grupo econômico. A exceção será quando esses empreendimentos estiverem mantidos para serem vendidos, conforme CPC 31 – Ativo Não Circulante Mantido para Venda e Operação Descontinuada.

Quando o método de equivalência patrimonial é empregado, o investimento é inicialmente reconhecido na investidora pelo custo, e em períodos seguintes, de acordo com a participação da investidora nos resultados da investida – coligada, controlada e/ou controlada em conjunto. Portanto, aquele procedimento anteriormente empregado, em que inicialmente registrávamos um investimento em uma coligada pelo custo de aquisição e com o passar do tempo esse custo se mantinha, diante da pequena relevância do investimento na coligada, deixou de existir, pois, com os novos pronunciamentos baseados nos *International Financial Reporting Standards* (IFRS/Iasb), estes devem ser classificados como um instrumento financeiro e devem seguir os procedimentos de mensuração e reconhecimento explanados no CPC 48 – Instrumentos Financeiros.

Quando um investimento de aquisição de participação societária é realizado em coligada, controlada, ou controlada em conjunto, é necessário apurar a diferença entre o valor pago pela investidora (custo) e a participação do investidor no valor justo dos ativos líquidos identificáveis da investida. Essa diferença pode ser positiva ou negativa. Assim:

- **Se o valor pago pela investidora for maior que o valor justo da parcela adquirida nos ativos líquidos da investida**: ágio por expectativa de rentabilidade futura – *goodwill* – e este deve ser incluído no valor contábil do investimento e não deve ser objeto de amortização, mas deve ser feito o teste de recuperabilidade – *impairment*.
- **Se o valor pago pela investidora for menor que o valor justo da parcela adquirida nos ativos líquidos da investida**: ganho por compra vantajosa – e este deve ser incluído como receita na determinação da participação da investidora nos resultados da empresa investida no período do investimento, assim:

+ Valor justo da contrapartida transferida pela investidora
+ Valor justo da participação preexistente da investidora na investida
− Valor justo da parcela dos ativos líquidos adquiridos
= (+) Ágio ou *goodwill*; (−) compra vantajosa

A diferença entre o valor justo da parcela dos ativos líquidos adquiridos e o seu valor contábil deve ser segregada para que esta seja baixada proporcionalmente a sua realização na investida.

3.1 Método de equivalência patrimonial

O método de equivalência patrimonial é a sistemática indicada para ser usada de acordo com o CPC 18 (R2)/IAS 28 para os investimentos em coligadas, em controladas e em empreendimentos controlados em conjunto. Para isso, os passos ou fatos econômicos importantes para o reconhecimento e mensuração desse investimento na investidora são:

1. Reconhecer inicialmente o investimento pelo custo.

	Débito	Crédito
Investimento em coligadas – Cia. X • Valor contábil da participação adquirida • Ajuste pela mais-valia dos ativos líquidos • *Goodwill*	$ $ $	
Caixa		$
Aquisição de participação societária na Cia. X		

No momento da realização do investimento na investida, a investidora deve avaliar a diferença entre o valor total inicialmente investido e o valor patrimonial da participação adquirida na investida, para se identificar o valor do *goodwill* ou compra vantajosa:

- $ Valor pago (investimento).
- (–) $ Valor da participação patrimonial adquirida (% × patrimônio líquido da adquirida).
- = Ágio ou ágil total.

Esse ágio (ágio total) pode ser atribuído na seguinte ordem:

1. Ao valor dos ativos identificáveis e dos passivos assumidos, em função da avaliação ao valor justo da parcela da investidora nos ativos líquidos da investida.
2. Como *goodwill* (se o valor do investimento for maior que o valor justo da participação nos ativos líquidos), ou compra vantajosa (se o valor do investimento for menor que o valor justo da participação nos ativos líquidos).

Importante observar que o valor desses dois itens acima já estará registrado (incorporado) ao valor inicialmente contabilizado quando do investimento inicial, no ativo, como investimentos em coligadas.

Assim, de acordo com o CPC 18 (R2)/IAS 28, a diferença entre o custo de aquisição do investimento na aquisição de participação societária em outra entidade e a participação da investida no valor justo dos ativos líquidos deve ser identificada e contabilizada (CPC 15 (R1) – Combinação de Negócios e IFRS 3 – *Business Combinations*) como:

- **Goodwill**: um ágio devido à expectativa de rentabilidade futura, contabilizado no ativo da investidora como parte do valor do investimento realizado para adquirir a investida; não deve ser amortizado, porém deve ser testado anualmente quanto à possiblidade de sua recuperabilidade – *impairment*.
- **Compra vantajosa**: um excedente do valor justo da participação da investidora nos ativos líquidos sobre o custo do investimento será contabilizado como receita por compra vantajosa na determinação da participação da investidora nos resultados da investida.

2. Reconhecer no resultado do período a participação da investidora nos lucros ou prejuízos alcançados pela investida, agregando esse resultado no investimento anteriormente contabilizado pelo custo "item 1".

	Débito	Crédito
Investimento em coligadas – Cia. X	$	
Ganho (perda) de equivalência patrimonial		$
Resultado de equivalência patrimonial na Cia. X		

3. Reconhecer uma redução dos investimentos quando receber distribuições da investida.

	Débito	Crédito
Caixa	$	
Investimento em coligadas – Cia. X		$
Ajuste do valor do investimento pela distribuição de lucros e dividendos pela Cia. X		

4. Reconhecer no patrimônio líquido, em outros resultados abrangentes, os ajustes do valor contábil do investimento na investida, provenientes de alterações de saldo de outros resultados abrangentes (patrimônio líquido) da investida, como reavaliações de ativos imobilizados e diferenças de conversão em moeda estrangeira.

	Débito	Crédito
Investimento em coligadas – Cia. X	$	
Outros resultados abrangentes (patrimônio líquido)		$
Ajuste do valor do investimento proveniente da mutação em outros resultados abrangentes no patrimônio líquido		

Exemplo: equivalência patrimonial

Em 2 de janeiro de 2015, a Cia. Brasil (BR) adquiriu 30% das ações ordinárias da Cia. Minas Gerais (MG) na Bovespa por $ 130.000. Nessa mesma data, o patrimônio líquido, o valor registrado e o valor justo dos ativos e passivos da Cia. MG apresentavam os seguintes valores (a seguir, os passos para aplicação do método):

Capital social – 300.000 ações ON	$ 300.000
Lucros acumulados	$ 50.000
Patrimônio líquido total	$ 350.000

1. Na data da aquisição, devemos identificar o valor justo dos ativos e dos passivos da investida.

	Custo histórico	Valor justo
Caixa	$ 20.000	$ 20.000
Contas a receber	$ 60.000	$ 60.000
Estoques	$ 70.000	$ 80.000
Terrenos	$ 80.000	$ 70.000
Máquinas e equipamentos	$ 150.000	$ 200.000
Total ativos	**$ 380.000**	**$ 430.000**
Passivos	$ (30.000)	$ (30.000)
Ativos líquidos	**$ 350.000**	**$ 400.000**

2. Na data da aquisição, devemos apurar o valor do ágio total, e contabilizar na investidora (Cia. BR) o valor do investimento realizado na investida (Cia. MG).

Investimento na aquisição de 30% das ações ordinárias da Cia. MG	$ 130.000
Participação da Cia. BR nos ativos líquidos da Cia. MG – 30%	$ 105.000
Ágio total	**$ 25.000**

	Débito	Crédito
Investimento em coligadas – Cia. MG	$ 130.000	
Caixa		$ 130.000
Investimento em participação societária na Cia. MG		

3. Atribuir parte do ágio total apurado na aquisição, correspondente ao ajuste para formar o valor justo dos ativos e dos passivos da investida.

	Custo histórico	Valor justo	Diferença	Participação da BR 30%
Estoques	$ 70.000	$ 80.000	$ 10.000	$ 3.000
Terrenos	$ 80.000	$ 70.000	($ 10.000)	($ 3.000)
Máquinas e equipamentos $ 150.000 $ 200.000			$ 50.000	$ 15.000
Total atribuído ao valor justo				**$ 15.000**

4. Identificar o *goodwill* ou compra vantajosa pela diferença entre o ágio total, $ 25.000, e o ágio atribuído ao valor justo dos ativos líquidos, $ 15.000, $ 10.000. Ou também pela diferença entre o investimento e a participação da investidora nos ativos líquidos da investida.

Investimento		$ 130.000
Valor justo dos ativos líquidos	$ 400.000	
Participação da BR no valor justo dos ativos líquidos	30%	($ 120.000)
Goodwill		**$ 10.000**

5. Ao final do ano de 2015, os ativos devem ser realizados por amortização, depreciação ou venda, em função de sua vida útil e da participação adquirida pela Cia. BR no valor justo.

	30% da BR	Vida útil	Realização
Estoques	$ 3.000	Vendido	$ 3.000
Terrenos	$ (3.000)	–	–
Máquinas e equipamentos	$ 15.000	10 anos	$ 1.500
Goodwill	$ 10.000	–	–
Total realizado	**$ 25.000**		**$ 4.500**

	Débito	Crédito
Ganho (perda) de equivalência patrimonial	$ 4.500	
Investimento em coligadas – Cia. MG		$ 4.500
Resultado de equivalência patrimonial na Cia. MG pela realização de ativos		

6. Ao final de 2015, a Cia. MG apresentou um lucro líquido de $ 20.000 e pagou $ 10.000 de dividendos. Assim, os valores atribuíveis e os lançamentos contábeis na empresa investidora BR são:

	Total	30% da BR
Lucro na MG	$ 20.000	$ 6.000
Dividendos pagos	$ 10.000	$ 3.000

	Débito	Crédito
Investimento em coligada – Cia. MG	$ 6.000	
Ganho (perda) de equivalência patrimonial		$ 6.000
Resultado de equivalência patrimonial na Cia. MG		

	Débito	Crédito
Caixa	$ 3.000	
Investimento em coligadas – Cia. MG		$ 3.000
Ajuste do valor do investimento pela distribuição de lucros e dividendos pela Cia. MG		

7. Uma conferência do saldo da conta de investimentos em coligada MG e o valor do patrimônio líquido da investida ao final de 2015.

Investimento em coligada – Cia. MG		$ 128.500[1]
Patrimônio líquido da MG	$ 360.000[2]	
Participação da BR na MG – 30%	30%	$ 108.000
Diferença em 31 dez. 2015		**$ 20.500**
Ágio total pago: 2 jan. 2015	$ 25.000	
Amortização (realização) do ágio: ano 2015	$ (4.500)	
Diferença não amortizada (realizada)		**$ 20.500**

[1] Saldo da conta de investimentos: $ 130.000 + $ 6.000 – $ 4.500 – $ 3.000.

[2] Lucro anterior + lucro do período – dividendos: $ 350.000 + $ 20.000 – $ 10.000.

Evidentemente, com o passar dos anos a conta de investimentos em coligada – Cia. MG irá se aproximando de 30% do valor registrado dos ativos líquidos (*book value*). Porém a persistência de alguma diferença deverá ser devido aos:

- Terrenos (– $ 3.000): a ser realizada na venda do imóvel.
- *Goodwill* (+ $ 10.000): a ser realizada na ocorrência de *impairment*.

PARA REFLETIR...

Em uma transação entre uma empresa investida e sua controladora, em que a controlada vendeu matéria-prima para a sua controladora, e esta não vendeu o produto resultante, como deve ser tratado o resultado comercial dessa transação?

3.2 Transações comerciais entre as companhias

Nas transações comerciais entre a investidora e suas coligadas, a investidora deve eliminar sua participação no resultado dessas transações, para que seja computado apenas o lucro ou prejuízo realizado com partes independentes ao grupo econômico da investidora, e assim se mantenha o fundamento econômico do método de equivalência patrimonial, reconhecendo apenas os resultados que efetivamente obteve com terceiros (e não com ela mesma).

O CPC 18 (R2) estabelece que os resultados de transações comerciais descendentes entre a controladora e sua controlada não devem ser reconhecidos nas demonstrações individuais da controladora enquanto os ativos transacionados estiverem ainda registrados na controlada.

O pronunciamento determina também que os resultados de transações comerciais ascendentes entre a controlada e a controladora, e de transações entre controladas do mesmo grupo empresarial, devem ser reconhecidos na controlada vendedora, entretanto os resultados não devem ser reconhecidos nas demonstrações contábeis individuais da controladora enquanto esses ativos não forem negociados com outra entidade independente do grupo econômico.

Em casos de patrimônio líquido negativo na coligada, o resultado dessa participação da investidora só é reconhecido caso a controladora se responsabilize legalmente em fazer pagamentos a terceiros por conta da coligada. Para os casos de controladas, a controladora deve reconhecer em seu balanço individual uma provisão devida a esse patrimônio líquido negativo, para que seu resultado e patrimônio sejam os mesmos que os apresentados nas demonstrações consolidadas.

O CPC 18 (R2) estabelece ainda que a defasagem entre as datas de encerramento das demonstrações contábeis das empresas envolvidas – investidora e investida – *não deve ser superior a dois meses, e os efeitos daquelas transações relevantes ocorridas entre es*sa defasagem devem ser considerados.

Exemplo: transação entre companhias do mesmo grupo empresarial

O CPC 18 (R2) estabelece que os resultados de transações comerciais entre a controlada e a controladora, e de transações entre controladas do mesmo grupo empresarial devem ser reconhecidos na investida (vendedora). Entretanto, os resultados não devem ser reconhecidos nas demonstrações contábeis individuais da investidora enquanto esses ativos não forem negociados com outra entidade independente do grupo econômico. Assim que esses ativos forem negociados com terceiros, deve-se ajustar o lucro da parte vendida, para que contemple no resultado da equivalência apenas a parte desse resultado que foi realizada externamente.

Vamos simular que a Cia. Brasil (BR) e a Cia. Minas Gerais (MG) do nosso exemplo realizaram uma transação entre elas. A Cia. MG vendeu em 2016 estoques para a Cia. BR com um lucro de $ 3.000 (transação ascendente). Porém, 20% dessas mercadorias ainda são mantidas na investidora ao final de 2016. Se o lucro líquido da investida (MG), já incluído o lucro na venda do estoque para a investidora (BR), este ano foi de $ 30.000, e a alíquota do imposto de renda de 35%, o lucro não realizado após o imposto pode ser apurado da seguinte forma:

	Total	30% da BR
Lucro na MG	$ 30.000	$ 9.000
Lucro na venda de mercadorias da MG para a BR	$ 3.000	$ 900
Lucro ainda não realizado em estoque na BR 20%	$ 600	$ 180
Imposto de renda sobre lucro não realizado 35%	$ 210	$ 63
Lucro não realizado depois do imposto de renda	$ 390	$ 117

1. Contabilização da participação da empresa BR no lucro total da empresa MG:

	Débito	Crédito
Investimento em coligada – Cia. MG	$ 9.000	
Ganho (perda) de equivalência patrimonial		$ 9.000
Resultado de equivalência patrimonial na empresa MG (30% × $ 30.000)		

Temos com isso que, dos $ 9.000 contabilizados pela empresa BR como participação no lucro da empresa MG, $ 3.000 se referem a uma transação ascendente entre ambas, em que 20% desse valor, $ 600, ainda não foi realizado com a venda a um terceiro fora do grupo empresarial. Portanto, essa quantia líquida do imposto de renda gerado deve ser eliminada do resultado de equivalência patrimonial anteriormente contabilizado. Resta, assim, o valor de $ 8.880 como resultado da equivalência patrimonial.

2. Contabilização da eliminação do lucro não realizado com terceiros na transação entre a investida MG e a investidora BR:

	Débito	Crédito
Ganho (perda) de equivalência patrimonial	$ 117	
Investimento em coligada – Cia. MG		$ 117
Referente à parte do lucro ainda não realizada com terceiros		

3.3 Divulgação de informações

Vejamos alguns exemplos de evidenciação de informações financeiras sobre investimentos em coligadas e controladas e *joint ventures*.

Neste primeiro exemplo, apresentamos no Quadro 18.5 a divulgação de parte da nota explicativa 12, que retrata a movimentação dos investimentos em coligadas e *joint ventures* na Vale S.A. em 2014.

Agora apresentamos uma explanação feita pela Natura em notas explicativas de seu relatório anual de 2014.

Investimentos em controladas, coligadas e controladas em conjunto

A Sociedade possui participações apenas em controladas. As controladas são empresas nas quais a Sociedade diretamente ou

Quadro 18.5 Nota explicativa 12 da Vale S.A. (2014)

12. Investimentos A movimentação dos investimentos em coligadas e *joint ventures* estão demonstradas como segue:			
Exercício findo em 31 de dezembro de			
	2014	2013	2012
Saldo inicial do exercício	3.584	6.384	8.013
Adições	220	378	474
Baixas	–	(98)	(32)
Transferências por aquisição de controle	79	–	–
Ajuste de conversão	(536)	(582)	(223)
Resultado de participações societárias	505	469	645
Ajustes de avaliação patrimonial	(2)	(204)	35
Dividendos declarados	(831)	(747)	(587)
Impairment (nota 15)	(31)	–	(1.941)
Transferências para mantidos para venda/ativos financeiros – investimentos (i)	(110)	(2.016)	–
Transferências de mantidos para venda (ii)	1.255	–	–
Saldo no fim do exercício	**4.133**	**3.584**	**6.384**

i. As transferências para mantidos para venda referem-se aos investimentos na Vale Florestar de US$ 110 em 2014 e referem-se aos investimentos na Hydro de US$ 2.016 em 2013.

ii. As transferências de mantidos para venda referem-se aos investimentos na VLI de US$ 1.255.

Fonte: Relatório Anual da Vale S.A.

através de outras controladas é titular de direitos de sócio que lhe assegurem, de modo permanente, preponderância nas deliberações sociais e o poder de eleger a maioria dos administradores. Controle é o poder de governar as políticas financeiras e operacionais de uma empresa, a fim de obter benefícios de suas atividades, o que em geral consiste na capacidade de exercer a maioria dos direitos de voto. Os potenciais direitos de voto são considerados na avaliação do controle exercido pela Sociedade sobre outra entidade, quando puderem ser exercidos no momento de tal avaliação. Os investimentos em controladas são contabilizados pelo método de equivalência patrimonial. As demonstrações financeiras das controladas são elaboradas para a mesma data-base de apresentação da controladora. Sempre que necessário, são realizados ajustes para adequar as práticas contábeis às da Sociedade. De acordo com o método da equivalência patrimonial, a parcela atribuível à Sociedade sobre o lucro ou prejuízo líquido do exercício desses investimentos é registrada na demonstração do resultado da controladora sob a rubrica "Resultado de equivalência patrimonial". Todos os saldos intragrupo, receitas e despesas e ganhos e perdas não realizados, oriundos de transações intragrupo, são eliminados por completo. Os outros resultados abrangentes de controladas são registrados diretamente no patrimônio líquido da Sociedade sob a rubrica "Outros resultados abrangentes".

DESTAQUES FINAIS

A entidade controladora está dispensada do uso do método de equivalência patrimonial para os investimentos que detenha controle individual ou conjunto, ou exerça influência significativa, se estiver legalmente dispensada de elaborar demonstrações contábeis consolidadas, e por se enquadrar na exceção prevista no CPC 36 (R3) – Demonstrações Consolidadas, ou se apresentar os seguintes itens:

(a) a entidade é controlada (integral ou parcial) de outra entidade, a qual, em conjunto com os demais acionistas ou sócios, incluindo aqueles sem direito a voto, foram informados a respeito e não fizerem objeção quanto à não aplicação do método da equivalência patrimonial;

(b) os instrumentos de dívida ou patrimoniais da entidade não são negociados publicamente (bolsas de valores domésticas ou estrangeiras ou mercado de balcão, incluindo mercados locais e regionais);

(c) a entidade não arquivou e não está em processo de arquivamento de suas demonstrações contábeis na Comissão de Valores Mobiliários (CVM) ou outro órgão regulador, visando à emissão e/ou distribuição pública de qualquer tipo ou classe de instrumentos no mercado de capitais; e

(d) a controladora final ou qualquer controladora intermediária da entidade disponibiliza ao público suas demonstrações contábeis, elaboradas em conformidade com os Pronunciamentos, Interpretações e Orientações do CPC, em que as controladas são consolidadas ou são mensurados ao valor justo por meio do resultado de acordo com o Pronunciamento Técnico CPC 36.

Após a aplicação do método da equivalência patrimonial, a investidora deve aplicar o CPC 48 – Instrumentos Financeiros, para determinar a necessidade de reconhecer perdas por redução ao valor recuperável do investimento na investida.

A equivalência patrimonial passou recentemente a ser modelo válido para aplicação nas demonstrações separadas. Conforme o CPC 35 (R2) – Demonstrações Separadas:

> Quando a entidade elaborar demonstrações separadas, ela deve contabilizar os seus investimentos em controladas, em coligadas e em empreendimentos controlados em conjunto com base em uma das seguintes alternativas, obedecida a legislação em vigor:
> (a) ao custo histórico;
> (b) em consonância com o Pronunciamento Técnico CPC 48; ou
> (c) utilizando o método da equivalência patrimonial, conforme descrito no Pronunciamento Técnico CPC 18.

Demonstrações separadas são aquelas apresentadas adicionalmente às demonstrações consolidadas ou adicionalmente às demonstrações contábeis da investidora que não possui investimentos em controladas, mas possui investimentos em coligadas ou em empreendimentos controlados em conjunto, contabilizados pelo método de equivalência patrimonial. O CPC 35 (R2) – Demonstrações Separadas destaca que não são consideradas demonstrações separadas aquelas emitidas por entidades que não possuem investimentos em controlada, em coligada ou em empreendimento controlado em conjunto. (Para maiores detalhes, consultar o capítulo sobre demonstrações separadas e demonstrações individuais.)

De maneira geral, as contabilizações dos investimentos em participações societárias são determinadas pela força do vínculo criado entre a investidora e a investida, conforme Quadro 18.6.

Quadro 18.6 Contabilização de acordo com a força do vínculo

Vínculo gerado no investimento	Método de contabilização	Avaliação	Pronunciamentos
Pequeno ou ausente	Investimento em ativo financeiro	Valor justo – valor de mercado ou intrínseco do investimento	CPC 48
Significativo	Equivalência patrimonial	Participação no resultado da investida	CPC 18 (R2)
Controle conjunto	Equivalência patrimonial	Participação no resultado da investida	CPC 18 (R2) e CPC 19 (R2)
Controle	Consolidação	Soma dos valores patrimoniais de entidade do grupo econômico	CPC 36 (R3)

RESUMO

- O método de equivalência patrimonial é a sistemática indicada para ser usada em investimentos em coligadas, em controladas e em empreendimentos controlados em conjunto.
- O método de equivalência patrimonial deve ser usado em investimentos com finalidade econômica de relacionamento de longo prazo, em que comumente existe integração entre as operações das empresas (investidora e investida).
- A forma de mensuração e apuração dos ganhos e perdas segue o método indicado para cada vínculo em pronunciamento específico, conforme o Quadro 18.6 nos destaques finais.
- Quando o vínculo gerado pelo investimento é significativo, deve-se usar o método de equivalência patrimonial, apurando o resultado levado pela investidora por meio de sua participação no resultado da investida (CPC 18 [R2]). Da mesma forma, essa sistemática se aplica em investimentos controlados em conjunto (CPC 18 [R2] e CPC 19 [R2]).
- Nas transações comerciais entre a investidora e suas coligadas, a investidora deve eliminar sua participação no resultado dessas transações, para que seja computado apenas o lucro ou prejuízo realizado com partes independentes ao grupo econômico da investidora.

EXERCÍCIOS PROPOSTOS

QUESTÃO 1: Na situação em que uma empresa possui participação societária de 30% sobre outra entidade, necessariamente aqui se caracteriza uma influência significativa na qual o método de equivalência patrimonial deve ser aplicado? Comente.

QUESTÃO 2: O CPC 18 (R2) aponta exceções à aplicação do método de equivalência patrimonial:

> Quando o investimento em coligada, em controlada ou em empreendimento controlado em conjunto for mantido, direta ou indiretamente, pela entidade que seja organização de capital de risco, essa entidade pode adotar a mensuração ao valor justo por meio do resultado para esses investimentos, em consonância com o CPC 48.

A partir desses apontamentos, quais os fundamentos econômicos que sustentariam essa não aplicação do método de equivalência patrimonial para essas entidades?

Dados para as Questões 3 a 5.

Em janeiro de 2014, a empresa São Paulo (SP) adquiriu 30% das ações ordinárias da empresa Rio de Janeiro (RJ) na Bovespa por $ 60.000. As demais ações ordinárias estão divididas entre mais cinco diferentes investidores que juntos possuem 50%, e o restante está disseminado no mercado de capitais.

Nessa data, o patrimônio líquido da RJ apresentava os seguintes valores:

Capital social – 170.000 ações ON	$ 170.000
Lucros acumulados	$ 30.000
Patrimônio líquido total	$ 200.000

Inicialmente, vamos assumir que o valor dos ativos líquidos da RJ é igual ao valor do seu patrimônio líquido.

Ao final de 2014, a empresa RJ apresentou um lucro líquido de $ 20.000 e pagou $ 5.000 de dividendos.

Ao final de 2014, a empresa SP aplicou o método de equivalência patrimonial sobre os resultados da RJ.

QUESTÃO 3:

a) Faça o lançamento contábil do investimento inicial da SP na RJ.

	Débito	Crédito
	$	
		$

b) Apure o valor do patrimônio líquido da RJ.

Capital social – 170.000 ações ON	$ 170.000
Lucros acumulados	$
Patrimônio líquido total	$

QUESTÃO 4:

a) Levante os valores apurados na equivalência patrimonial.

Patrimônio líquido da RJ	$
Participação da SP na RJ 30%	$
Investimento	$
Ajuste de equivalência patrimonial	$

b) Apure a composição do valor encontrado como ajuste de equivalência.

Ajuste de equivalência patrimonial	$
– Lucros	$
– Dividendos	$

▶ Assista ao **vídeo**

QUESTÃO 5:

a) Faça os lançamentos contábeis na SP, apurados pela equivalência patrimonial na RJ.

	Débito	Crédito
	$	
		$
	$	
		$

b) Verifique se o saldo da conta de investimentos na RJ é igual à participação de 30% no seu patrimônio líquido.

Patrimônio líquido da RJ	$
Participação da SP na RJ 30%	$
Saldo da conta de investimento na RJ	$

BIBLIOGRAFIA SUGERIDA

COMITÊ DE PRONUNCIAMENTOS CONTÁBEIS (CPC). *Interpretação técnica ICPC 09 (R2) – Demonstrações Contábeis Individuais, Demonstrações Separadas, Demonstrações Consolidadas e Aplicação do Método da Equivalência Patrimonial*. Brasília: CPC, 2014. Disponível em: http://static.cpc.aatb.com.br/Documentos/494_ICPC_09_(R2)_rev%2009.pdf. Acesso em: 4 ago. 2020.

COMITÊ DE PRONUNCIAMENTOS CONTÁBEIS (CPC). *Pronunciamento técnico CPC 18 (R2) – Investimento em Coligada, em Controlada e em Empreendimento Controlado em Conjunto*. Brasília: CPC, 2012. Disponível em: http://static.cpc.aatb.com.br/Documentos/263_CPC_18_(R2)_rev%2013.pdf. Acesso em: 4 ago. 2020.

COMITÊ DE PRONUNCIAMENTOS CONTÁBEIS (CPC). *Pronunciamento técnico CPC 35 (R2) – Demonstrações Separadas*. Brasília: CPC, 2012. Disponível em: http://static.cpc.aatb.com.br/Documentos/363_CPC_35_R2_rev%2007.pdf. Acesso em: 4 ago. 2020.

COMITÊ DE PRONUNCIAMENTOS CONTÁBEIS (CPC). *Pronunciamento técnico CPC 36 (R3) – Demonstrações Consolidadas*. Brasília: CPC, 2012. Disponível em: http://static.cpc.aatb.com.br/Documentos/448_CPC_36_R3_rev%2008.pdf. Acesso em: 4 ago. 2020.

COMITÊ DE PRONUNCIAMENTOS CONTÁBEIS (CPC). *Pronunciamento técnico CPC 48 – Instrumentos Financeiros*. Brasília: CPC, 2016. Disponível em: http://static.cpc.aatb.com.br/Documentos/530_CPC_48_Rev%2015.pdf. Acesso em: 4 ago. 2020.

EPSTEIN, B. J.; JERMAKOWICZ, E. K. *Interpretation and application of International Financial Reporting Standards*. 7. ed. Nova Jersey: Wiley, 2010.

ERNST & YOUNG; FIPECAFI. *Manual de normas internacionais de contabilidade*: IFRS *versus* normas brasileiras. 2. ed. São Paulo: Atlas, 2010.

FIPECAFI. *Manual de contabilidade societária*: aplicável a todas as sociedades de acordo com as normas internacionais e do CPC. 2. ed. São Paulo: Atlas, 2013.

VALE S.A. Relatório Anual 2014.

VALE S.A. Demonstrações Financeiras 2019.

19

DEMONSTRAÇÕES CONSOLIDADAS

Carlos R. Godoy

OBJETIVOS DE APRENDIZAGEM

- Compreender os fundamentos de apresentação e elaboração das demonstrações financeiras consolidadas de grupos empresariais, que controlam uma ou mais entidades.
- Identificar o momento e a aplicação do controle de uma entidade sobre uma ou mais empresas.
- Identificar e segregar a participação dos acionistas não controladores dos controladores.
- Aplicar os procedimentos de consolidação das demonstrações financeiras em algumas situações.

1. APRESENTAÇÃO

Com operações em 17 países da América do Sul, América Central e América do Norte, o grupo Ambev é a cervejaria líder no mercado latino-americano. Além da cerveja, a empresa comercializa também refrigerantes e outras bebidas não alcoólicas. A Ambev produz a sexta cerveja mais consumida no mundo, a Skol, além de comercializar os produtos da PepsiCo e da Anheuser-Busch InBev. No final do ano de 2014, o grupo possuía aproximadamente 52 mil funcionários espalhados pelas suas regiões de atuação, e consolidava em suas demonstrações financeiras 38 empresas controladas[1] (Tabela 19.1).

Pelas informações em suas demonstrações financeiras padronizadas, a Ambev afirma, copiando o CPC sobre o assunto, que controla uma entidade quando ela está exposta ou possui direito a retornos variáveis em decorrência de seu envolvimento com a entidade investida e é capaz de afetar esses retornos por meio de sua influência na entidade. A empresa aponta que a existência do controle se dá quando ela detém, direta ou indiretamente, mais da metade dos direitos de voto.

O exemplo da Ambev pode ser empregado para ilustrar que, para apresentar demonstrações financeiras de um grupo empresarial, é necessário um conjunto de conhecimentos sobre operações, participações e regulamentos contábeis para que os relatórios econômico-financeiros possam ser divulgados ao mercado financeiro, e usados pelos investidores e credores para embasar suas decisões econômicas sobre esses grandes ativos – o grupo empresarial (Tabela 19.2).

Empresa controlada é o termo usado para identificar as entidades que estão sob o controle de uma determinada empresa controladora, que investe recursos nas suas empresas investidas.

Novamente, a forma como os investimentos em participações societárias é considerada diante da influência e da partição do controle sobre a empresa investida é fator importante para consolidar as demonstrações contábeis das empresas controladas na controladora. Diante disso, a contabilidade e a evidenciação das informações sobre esses arranjos societários ganham aspectos particulares, em face da necessidade de representação coerente da situação das controladas, da controladora e do grupo empresarial que integram.

---

[1] A empresa Ambev consolidou 39 empresas em 2013 e 57 em 2012.

Tabela 19.1 Principais empresas consolidadas do Grupo Ambev

Argentina CERVECERÍA Y MALTERÍA QUILMES SAICA Y G – Av. Del Libertador, 498, 26º andar – Buenos Aires	99,74%
Bolívia CERVECERÍA BOLIVIANA NACIONAL S.A. – Av. Montes, 400 e Rua Chuquisaca – La Paz	85,67%
Brasil AMBEV S.A. – Rua Dr. Renato Paes de Barros, 1.017, 3º andar – Itaim Bibi, São Paulo	Companhia consolidadora
AMBEV BRASIL BEBIDAS S.A. – Av. Antarctica, 1.891 – Fazenda Santa Úrsula – Jaguariúna – SP	99,99%
AROSUCO AROMAS E SUCOS LTDA. – Av. Buriti, 5.385 – Distrito Industrial – Manaus – AM	100,00%
CRBS S.A. – Av. Antarctica, 1.891 – Fazenda Santa Úrsula – Jaguariúna – SP	99,93%
EAGLE DISTRIBUIDORA DE BEBIDAS S.A. – Av. Antarctica, 1.891 – Fazenda Santa Úrsula – Jaguariúna – SP	100,00%
Canadá LABATT BREWING COMPANY LIMITED – 207 Queens Quay West, Suite 299 – M5J 1A7 – Toronto	100,00%
Chile CERVECERÍA CHILE S.A. – Av. Presidente Eduardo Frei Montalva, 9.600 – Comuna de Quilicura – Santiago	100,00%
Espanha JALUA SPAIN, S.L – Juan Vara Terán, 14 – Ilhas Canarias	100,00%
Equador COMPAÑÍA CERVECERA AMBEV ECUADOR S.A. – Km 14,5 Via Dauley, Av. Las Iguanas – Guayaquil	100,00%
Guatemala INDUSTRIAS DEL ATLÁNTICO, SOCIEDAD ANÓNIMA – 43 Calle 1-10 Clzd. Aguilar Bartres Zona 12, Edificio Mariposa, nivel 4 – 01012 – Zacapa	50,00%
Luxemburgo AMBEV LUXEMBOURG – 5, Gabriel Lippmann, L – 5365 Munsbach	100,00%
Paraguai CERVECERÍA PARAGUAY S.A. – Ruta Villeta KM 30 – Ypané	87,34%
Peru COMPAÑÍA CERVECERA AMBEV PERU S.A.C. – Av. República de Panamá, 3.659 – San Isidro – Lima 41 – Lima	100,00%
República Dominicana COMPAÑÍA CERVECERA AMBEV DOMINICANA, C. POR A. – Av. San Martín, 279 – Apartado Postal 723 – Santo Domingo	56,84%
CND – CERVECERÍA NACIONAL DOMINICANA, Autopista 30 de Mayo, Distrito Nacional	55,00%
Uruguai LINTHAL S.A. – 25 de Mayo 444, office # 401 – Montevideo	99,99%
CERVECERÍA Y MALTERÍA PAYSSANDU S.A. – Rambla Baltasar Brum, 2.933 – 11.800 – Paysandu	98,62%
MONTHIERS SOCIEDAD ANÓNIMA – Juncal 1.327, ap. 2.201 – Montevideo	100,00%

Fonte: Ambev S.A. – Relatório Anual SEC 2014.

Tabela 19.2 Balanços patrimoniais consolidados do Grupo Ambev (milhares de reais)

Ativo	Nota	Controladora			Consolidado		
		2013	2012	2011	2013	2012	2011
Caixa e equivalentes a caixa	5	137.021	48.155	69.454	11.285.833	8.974.320	8.145.695
Aplicações financeiras	6	–	–	–	288.604	476.607	193.385
Contas a receber e demais contas a receber	7	9.570	21.490	9.906	5.443.725	4.268.013	3.875.314
Estoques	8	–	–	–	2.795.490	2.466.341	2.238.517
Imposto de renda e contribuição social a recuperar		2.639	1.996	2.601	656.361	116.498	293.928
Ativos mantidos para venda		–	–	–	–	4.086	400
Ativo circulante		**149.230**	**71.641**	**81.961**	**20.470.013**	**16.305.865**	**14.747.239**
Aplicações financeiras	6	–	–	–	63.796	249.379	242.106
Contas a receber e demais contas a receber	7	–	–	–	2.260.208	1.855.013	1.231.992
Imposto de renda e contribuição social diferidos	9	837.111	9.665	–	1.646.530	1.428.180	1.447.135
Imposto de renda e contribuição social a recuperar		280	–	–	11.123	12.316	16.295
Benefícios a funcionários	17	–	–	–	23.456	25.480	18.506
Investimentos	10	42.896.213	25.155.553	23.034.389	26.452	24.012	21.681
Imobilizado	11	–	–	–	13.937.759	12.351.284	10.375.502
Ativo intangível	12	–	–	–	3.213.551	2.936.101	1.912.815
Ágio	13	–	–	–	27.021.131	26.645.245	23.814.172
Ativo não circulante		**43.733.604**	**25.165.218**	**23.034.389**	**48.204.006**	**45.527.010**	**39.080.204**
Total do ativo		**43.882.834**	**25.236.859**	**23.116.350**	**68.674.019**	**61.832.875**	**53.827.443**

Passivo e patrimônio líquido	Nota	Controladora			Consolidado		
		2013	2012	2011	2013	2012	2011
Contas a pagar de demais contas a pagar	14	957.641	30.259	28.259	15.107.467	13.579.337	11.302.117
Empréstimos e financiamentos	15	–	–	–	1.040.603	837.772	2.212.078
Conta garantida	5	–	–	–	–	123	12.306
Imposto de renda e contribuição social a pagar		–	–	–	887.554	972.556	793.864
Provisões	16	–	–	–	144.958	137.452	101.645
Passivo circulante		**957.641**	**30.259**	**28.259**	**17.180.582**	**15.527.240**	**14.422.010**

(continua)

(continuação)

Passivo e patrimônio líquido	Nota	Controladora			Consolidado		
		2013	2012	2011	2013	2012	2011
Contas a pagar e demais contas a pagar	14	–	–	–	1.556.947	3.063.988	1.196.609
Empréstimos e financiamentos	15	86.415	–	–	1.853.452	2.305.957	1.890.208
Imposto de renda e contribuição social diferidos	9	–	–	–	2.095.686	1.367.708	1.111.986
Provisões	16	–	–	–	431.693	518.076	478.418
Benefícios e funcionários	17	–	–	–	1.558.261	1.780.908	1.602.941
Passivo não circulante		**86.415**	**–**	**–**	**7.496.039**	**9.036.637**	**6.280.162**
Total do passivo		**1.044.056**	**30.259**	**28.259**	**24.676.621**	**24.563.877**	**20.702.172**
Patrimônio líquido	18						
Capital social		57.000.790	249.061	249.061	57.000.790	249.061	249.601
Reservas		61.220.284	51.649	54.304	61.220.284	51.649	54.304
Ajuste de avaliação patrimonial		(75.382.296)	24.905.890	22.784.726	(75.382.296)	24.905.890	22.784.726
Patrimônio líquido de controladores		**42.838.778**	**25.206.600**	**23.088.091**	**42.838.788**	**25.206.600**	**23.088.091**
Participação de não controladores		–	–	–	1.158.620	12.062.398	10.037.180
Total do patrimônio líquido		**42.838.778**	**25.206.600**	**23.088.091**	**43.997.398**	**37.268.998**	**33.125.271**
Total do passivo e patrimônio líquido		**43.882.834**	**25.236.859**	**23.116.350**	**68.674.019**	**61.832.875**	**53.827.443**

Fonte: Ambev S.A. – Demonstrações Financeiras 2013.

O CPC 36 (R3) – Demonstrações Consolidadas (2012) é o pronunciamento de contabilidade financeira que normatiza a sistemática de elaboração e de divulgação das demonstrações consolidadas quando a entidade controladora controla uma ou mais entidades. O Quadro 19.1 apresenta o pronunciamento nacional e o seu congênere internacional nos quais se baseia a norma nacional.

O objetivo do capítulo é fazer com que o leitor possa compreender os fundamentos de apresentação e elaboração das demonstrações financeiras consolidadas de grupos empresariais, que controlam uma ou mais entidades, sem se ater detalhadamente às exigências do CPC 15 (R1) – Combinação de Negócios (2011), tratado em capítulos anteriores.

Quadro 19.1 Pronunciamentos sobre demonstrações consolidadas

CPC	IFRS Iasb
CPC 36 (R3) – Demonstrações Consolidadas	IFRS 10 – *Consolidated Financial Statements*

A apresentação de demonstrações financeiras consolidadas é um importante instrumento de transparência das empresas, pois a apresentação da controladora e das controladas separadamente poderia não revelar informações importantes de todo o grupo. Por exemplo, se fossem apresentadas apenas as demonstrações financeiras da controladora, mesmo com os investimentos em controladas mensurados por equivalência patrimonial, o endividamento do grupo econômico poderia ficar "escondido" nas controladas. Assim, a consolidação é um importante mecanismo para prover informação relevante aos credores e acionistas.

Esse tema também não é um assunto que envolve operações corriqueiras nas pequenas e médias empresas, mas a cada ano vem ganhando importância para essas empresas, já que para as médias e grandes corporações isso é parte da rotina de analistas e contadores no mercado nacional e internacional. Diante disso, este capítulo se atenta em como a empresa que investe (investidora) em outra empresa (investida) elabora e apresenta suas demonstrações financeiras consolidadas quando esta (controladora) controla uma ou mais empresas (controladas).

Este capítulo apresenta primeiramente uma visão geral dos assuntos relacionados à norma contábil CPC 36 (R3) – Demonstrações Consolidadas, e sua congênere no *International Accounting Standards Board* (Iasb)/IFRS 10 – *Consolidated Financial Statements*. Posteriormente, serão apresentados os principais conceitos relacionados e as principais determinações dessas normas contábeis. Depois, o capítulo lida com as questões práticas relacionadas ao assunto e os principais pontos em que as normas demandam maior interpretação.

PARA REFLETIR...

Equivalência patrimonial ou consolidação das demonstrações financeiras: em quais situações podemos usá-las?

2. CONCEITOS E DEFINIÇÕES RELEVANTES

O pronunciamento CPC 36 (R3) usa, além de suas próprias definições, também definições abordadas detalhadamente em outros pronunciamentos, entre eles:

- CPC 05 (R1) – Divulgação sobre Partes Relacionadas (2010).
- CPC 18 (R2) – Investimento em Coligada, em Controlada e em Empreendimento Controlado em Conjunto (2012).
- CPC 19 (R2) – Negócios em Conjunto (2012).
- CPC 45 – Divulgação de Participações em Outras Entidades (2012).

As demonstrações consolidadas são relatórios financeiros que procuram refletir a situação econômica e financeira de uma empresa controladora e suas controladas na forma de uma única entidade econômica – grupo empresarial.

Vale novamente lembrar que a empresa controladora é a entidade que controla, por influência nas decisões ou por elevada participação societária, outras entidades, nas quais a controladora tem poder para assegurar, de forma permanente, preponderância nas deliberações societárias e para eleger a maioria de seus administradores. Evidentemente que não é uma condição, mas esse poder é usualmente exercido com mais de 50% de participação na investida. De outra forma, uma investidora deve controlar a empresa investida quando estiver exposta aos, ou tem direitos sobre, retornos variáveis decorrentes de seu envolvimento com a investida e tem a capacidade de afetar esses retornos por meio de seu poder sobre a investida (CPC 36 [R3]).

Diferentemente da definição de controle e controlada, as coligadas são aquelas empresas que recebem o investimento societário da empresa investidora, e esta possui poder de participar nas decisões financeiras e operacionais na investida, ou seja, possui influência significativa, porém sem exercer o controle sobre a investida.

De maneira geral, as contabilizações dos investimentos em participações societárias são determinadas pela força do vínculo criado entre a investidora e a investida, e o controle é o mais forte desses vínculos (Quadro 19.2).

Diante do panorama e das definições já apresentadas, cabe estabelecer que o CPC 36 (R3) – Demonstrações Consolidadas deve ser aplicado a todas as empresas que sejam controladoras, exceto aos casos em que a controladora satisfaça todas as seguintes condições previstas no pronunciamento e, portanto, ficando desobrigada da apresentação das demonstrações consolidadas:

Quadro 19.2 Contabilização de acordo com a força do vínculo entre investidora e investida

Vínculo gerado no investimento	Método de contabilização	Avaliação	Pronunciamentos
Pequeno ou ausente	Investimento em ativo financeiro	Valor justo – valor de mercado ou intrínseco do investimento	CPC 38 e, a partir de 2018, CPC 48
Significativo	Equivalência patrimonial	Participação no resultado da investida	CPC 18 (R2)
Controle conjunto	Equivalência patrimonial	Participação no resultado da investida	CPC 18 (R2) e CPC 19 (R2)
Controle	**Consolidação**	**Soma dos valores patrimoniais das entidades do grupo econômico**	**CPC 36 (R3) e CPC 15 (R1)**

- For legalmente permitido que não apresente tal tipo de relatório.
- A controladora é ela própria uma controlada (integral ou parcial) de outra entidade, a qual, em conjunto com os demais proprietários, incluindo aqueles sem direito a voto, foi consultada e não fez objeção quanto à não apresentação das demonstrações financeiras consolidadas pela controladora.
- Seus instrumentos de dívida ou patrimoniais não são negociados publicamente (bolsa de valores nacional ou estrangeira ou mercado de balcão, incluindo mercados locais e regionais).
- Ela não tiver arquivado nem estiver em processo de arquivamento de suas demonstrações financeiras junto à Comissão de Valores Mobiliários (CVM) ou outro órgão regulador, visando à distribuição pública de qualquer tipo ou classe de instrumento financeiro (valor mobiliário) no mercado de capitais.
- A controladora final, ou qualquer controladora intermediária da controladora, disponibiliza ao público suas demonstrações financeiras consolidadas em conformidade com os pronunciamentos do Comitê de Pronunciamentos Contábeis (CPC).

Também estão fora do alcance do pronunciamento sobre demonstrações financeiras consolidadas os planos de benefícios pós-emprego, sujeitos ao CPC 33 (R1) – Benefícios a Empregados (2012), e as entidades de investimentos, que deverão se utilizar do valor justo por meio do resultado para tratar seus investimentos em controladas que não possuam atividade-fim semelhante.

3. PROCEDIMENTOS CONTÁBEIS

A norma CPC 36 (R3) – Demonstrações Consolidadas estabelece os princípios gerais para confecção e divulgação das demonstrações financeiras consolidadas para a entidade econômica que controla uma ou mais entidades (controladas). Assim, o pronunciamento estabelece:

- Que a controladora deve apresentar demonstrações financeiras consolidadas, para refletir a situação econômica de todo o grupo econômico estabelecido por ela e todas as suas controladas.
- Que o controle é a base para se realizar a consolidação das demonstrações financeiras das entidades do grupo.
- Como aplicar a definição oferecida de controle, para identificar se existe tal condição e consolidar as demonstrações financeiras.
- Os requisitos de contabilidade aplicados na elaboração das demonstrações financeiras consolidadas.

Interessante ainda destacar que a norma expressa que ela não trata dos requisitos contábeis das operações de combinações de negócios e os efeitos dessas transações na consolidação das demonstrações financeiras.

O pronunciamento menciona ainda que o investidor controla a investida quando este tem direitos sobre os rendimentos variáveis gerados pela investida, até aí nada que possa indicar que um tem controle sobre o outro, mas a norma completa que esses rendimentos podem ser afetados por meio do poder da investidora sobre a entidade investida. Assim, além de possuir direitos residuais (retorno variável), a investidora ainda exerce influência para afetar esses retornos.

Na apresentação dos balanços patrimoniais consolidados, a controladora deve apresentar no patrimônio líquido, destacadamente de sua participação, todas as participações societárias fora de sua posse – participação de não controladores.

Nos casos em que a controladora venha porventura perder o controle sobre a controlada, a controladora deve necessariamente:

- Eliminar do balanço patrimonial consolidado os ativos e passivos da empresa que controlava.
- Nos casos em que ainda existir participação societária remanescente nesta investida, reconhecer esse investimento pelo valor justo ao se considerar esse investimento no reconhecimento inicial como um ativo financeiro ou como custo de investimento em coligada ou controlada em conjunto.
- Reconhecer o resultado gerado pela perda do controle.

Importante observar que ambas, controladora e controlada, devem se utilizar de práticas uniformes de contabilidade e de apresentação das transações, e, nos casos em que isso não ocorrer, a controladora deve refazer as demonstrações financeiras da controlada de modo a padronizar e apresentar as demonstrações consolidadas.

Outro ponto importante da norma diz respeito à lógica da eliminação dos efeitos e os saldos de transações entre entidades do mesmo grupo econômico, ou seja, nas transações comerciais entre a investidora e suas controladas, a investidora deve eliminar sua participação no resultado dessas transações, para que seja computado apenas o lucro ou prejuízo com partes independentes ao grupo econômico da investidora.

O CPC 36 (R3) estabelece ainda que a defasagem entre as datas de encerramento das demonstrações contábeis das empresas envolvidas – controladora e controlada – não deve ser superior a dois meses, e os efeitos daquelas transações relevantes ocorridas entre essa defasagem devem ser considerados.

Além de outros tópicos, a entidade deve divulgar informações que esclareçam a relação existente entre a controladora e as suas controladas, como no caso apresentado da Ambev (Tabela 19.1).

PARA REFLETIR...

Para propósito de consolidação das demonstrações financeiras, o controle da controladora sobre a controlada pode ser exercido de forma indireta?

3.1 Controle

Pela interpretação do CPC 36 (R3) – Demonstrações Consolidadas/IFRS 10 – *Consolidated Financial Statements*, o controle da investidora sobre a investida é estabelecido se a investidora possui direitos residuais sobre os resultados obtidos pela investida, mas, sobretudo, se esses resultados são afetados pelo poder exercido pela investidora.

Para propósito da aplicação do CPC 36 (R3) e, portanto, da confecção de demonstrações financeiras consolidadas pelas empresas, o controle só pode ser estabelecido de forma individual, pois controles estabelecidos coletivamente com outros investidores representam que quaisquer dos investidores podem dirigir ou controlar individualmente a entidade investida.

Evidentemente, pode acontecer de dois ou mais investidores possuírem capacidade para dirigir diferentes atividades relevantes dentro da empresa investida; nesses casos, o investidor com poder será aquele que apresentar maior capacidade de dirigir as atividades que afetam mais contundentemente o retorno da empresa.

Para propósito da definição se controla ou não a empresa investida, o investidor deve considerar todos os fatos e circunstâncias que impactam em seu poder sobre a investida, seus direitos sobre os retornos e sua capacidade de afetar o valor dos retornos.

Para avaliar se os direitos de voto do investidor são suficientes para controlar a empresa investida, também este deve considerar todos os fatos e circunstâncias que analisem a extensão dos seus direitos de voto e a dispersão dos votos dos demais investidores, ressaltando que, quanto maior o número de investidores que precisam se associar para superar o poder do investidor (controlador), maior é a probabilidade de que esse investidor possua direitos que lhe assegurem dirigir atividades relevantes dentro da investida.

O controle da controladora sobre a controlada pode ser estabelecido também de forma indireta, em que a investidora, por possuir investimentos em uma terceira empresa, consegue poder de votos suficientes para o controle.

Exemplo 1: controle indireto

Observe a Figura 19.1. A empresa Brasil tem 60% de participação na empresa Amazônia e 25% na empresa Manaus. Assim, a empresa Amazônia é controlada da empresa Brasil.

A empresa Amazônia tem 30% de participação na empresa Manaus. Assim, a empresa Manaus é coligada da empresa Amazônia.

E a empresa Brasil possui 43% do patrimônio da empresa Manaus [25% + (60% × 30%)], mas controla 55% dos votos (25% + 30%). Portanto, a empresa Brasil é controladora da empresa Manaus.

A participação de outros investidores na empresa controlada – participação de não controladores – deve ser apresentada separadamente da participação dos controladores, no patrimônio líquido do balanço patrimonial consolidado.

Interessante observar que, na situação em que a controladora perde o controle sobre determinada investida, a investidora deve desreconhecer (baixar) todos os ativos e passivos da empresa que era sua controlada, e reconhecer o investimento que ainda for mantido pelo seu valor justo, de acordo com os pronunciamentos

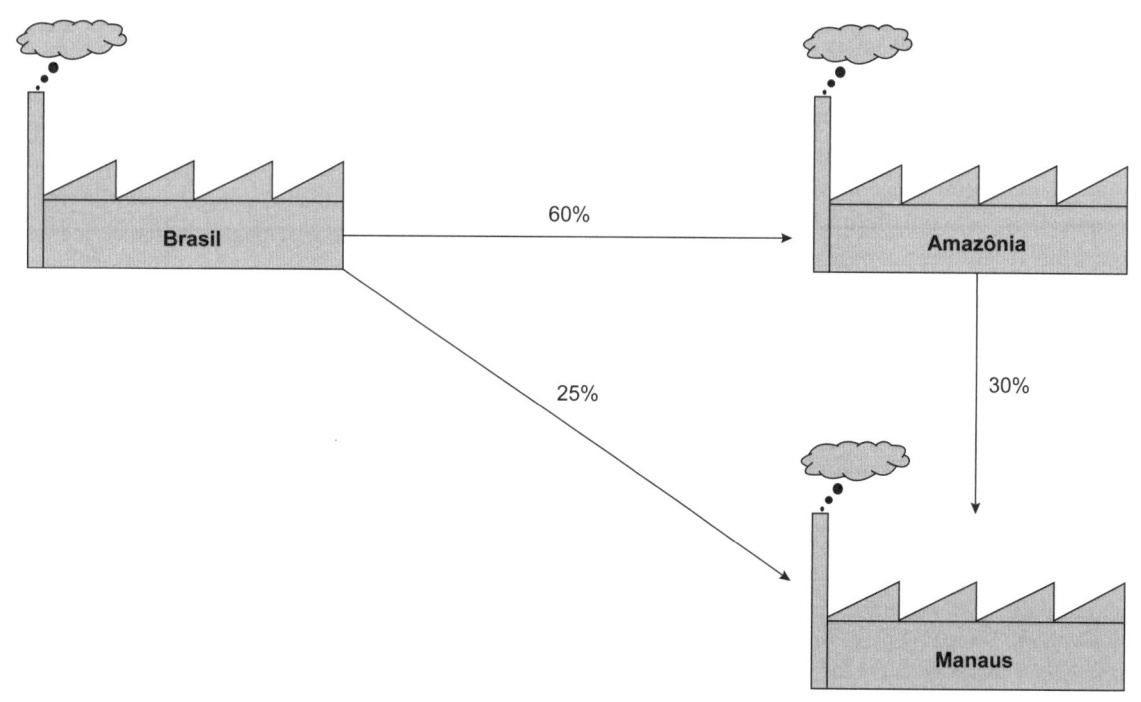

Figura 19.1 Controle indireto

sobre instrumentos financeiros, CPC 38, ou CPC 18 (R2), sobre investimentos em coligadas.

Nas situações em que a controladora perde o controle sobre a controlada, para propósito de consolidação das demonstrações financeiras, a investidora deve:

- Baixar os ativos e os passivos da controlada pelo valor contábil.
- Baixar o valor contábil das participações de não controladores na investida.
- Reconhecer o valor justo do investimento realizado.
- Reconhecer a distribuição de ações da controlada, caso a transação tenha sido feita com troca de ações.
- Reconhecer pelo valor justo o investimento retido na ex-controlada.
- Reclassificar para o resultado ou para lucros acumulados os valores reconhecidos em outros resultados abrangentes em relação à controlada.
- Reconhecer qualquer diferença resultante como ganho ou perda no resultado atribuível à controladora.

3.2 Participação dos não controladores

As demonstrações financeiras das empresas controladas devem ser ajustadas de modo a contemplar as políticas contábeis usadas nas demonstrações financeiras consolidadas, de modo a garantir que transações similares sejam tratadas da mesma forma em todas as empresas consolidadas do grupo empresarial.

Em um grupo empresarial, pode ocorrer que a empresa controladora não possua a totalidade de uma de suas controladas. Nesse caso, teremos a figura da participação dos não controladores, e, como anteriormente mencionado, item 22 do CPC 36 (R3), essa participação deve ser apresentada no balanço patrimonial consolidado, dentro do patrimônio líquido e segregada da participação dos controladores.

O item 23 do CPC 36 (R3) estabelece que, havendo uma transação que resulte na mudança na participação societária detida pela controladora em uma controlada e que não acarrete a perda de controle da empresa controladora na empresa controlada, esta constitui apenas uma transação patrimonial entre sócios e, portanto, será integralmente ajustada no patrimônio líquido das demonstrações financeiras consolidadas.

Assim, quando a proporção na participação societária dos não controladores sofrer alterações, a entidade deve ajustar os valores contábeis das participações dos não controladores e da controlada para refletir essas alterações, e qualquer diferença entre o valor pago e o valor da participação transacionada deve ser contabilizada diretamente no patrimônio líquido, já que são apenas transações patrimoniais entre sócios e, portanto, não envolvendo qualquer alteração no resultado consolidado do exercício.

Ao perder o controle sobre a controlada, a controladora deve contabilizar os valores anteriormente reconhecidos em outros resultados abrangentes da mesma forma se a controladora tivesse vendido diretamente os respectivos ativos ou passivos.

3.3 Consolidação das demonstrações financeiras

A consolidação das demonstrações financeiras pode se dar quando a controladora possui 100% de participação em uma controlada, como no caso da Ambev e a Cervejaria Chile (Tabela 19.1). Entretanto, na maioria dos casos, o que se verifica é uma controladora com grande participação societária, mas sem deter a totalidade do capital da controlada, como no caso da Ambev e a Cervejaria Paraguay (Tabela 19.1); neste caso, surge a figura da participação dos não controladores no balanço consolidado. Muito embora no primeiro caso a Ambev tenha 100% e no segundo caso em torno de 87%, nos dois casos 100% dos ativos e passivos serão consolidados em um mesmo conjunto de demonstrações contábeis.

Para o propósito de elaboração de demonstrações financeiras consolidadas, a empresa controladora deve:

- Combinar os ativos, passivos, patrimônio líquido, receitas, despesas e os fluxos de caixa de suas empresas controladas, formando assim a posição financeira e patrimonial do grupo econômico.
- Eliminar o investimento e a parcela no patrimônio líquido da empresa controladora em suas controladas.
- Eliminar os ativos, passivos, patrimônio líquido, receitas, despesas e fluxos de caixa decorrentes de transações entre as entidades pertencentes ao mesmo grupo econômico.

Exemplo 2: eliminação de investimento

Depois de realizada a combinação entre ativos, passivos e patrimônio líquido, é necessário realizar a eliminação do investimento (ativo) da empresa controladora na controlada, e a contrapartida disso no capital e lucros (patrimônio líquido).

A empresa Brasil (BR) possuía investimento de $ 120.000 pela totalidade da participação societária na empresa Bahia (BA), e, portanto, para consolidar as demonstrações financeiras da controladora BR com sua empresa controlada BA, precisa eliminar esse investimento.

	Débito	Crédito
Capital social (patrimônio líquido)	$ 100.000	
Lucros retidos (patrimônio líquido)	$ 20.000	
Investimentos em controladas BA (ativo)		$ 120.000
Baixa de investimento em controlada BA para ajuste de consolidação		

Contas	Controladora BR	Controlada BA	Ajustes		Balanço patrimonial consolidado
			Débito	Crédito	
Ativo					
Disponível	40.000				60.000
Clientes	60.000	20.000			90.000
Clientes – controlada	5.000	30.000		120.000	5.000
Estoques	75.000	50.000			125.000
Investimentos controlada	120.000	100.000			–
Imobilizado	200.000				300.000
Total	**500.000**	**200.000**	**–**	**120.000**	**580.000**
Passivo e patrimônio líquido					
Fornecedores	100.000	75.000			175.000
Fornecedores – controlada	–	5.000	100.000		5.000
Capital	300.000	100.000	20.000		300.000
Lucros retidos	100.000	20.000			100.000
Não controladores					
Total	**500.000**	**200.000**	**120.000**	**–**	**580.000**

O CPC 36 (R3) estabelece ainda que os resultados decorrentes de transações entre as companhias do mesmo grupo econômico que sejam reconhecidos no ativo – estoques, investimentos, imobilizados, devem ser eliminados em sua totalidade.

PARA REFLETIR...

Qual o fundamento econômico para se eliminar o investimento da controladora nas controladas quando se aplica a consolidação das demonstrações financeiras?

3.4 Transações entre empresas do mesmo grupo empresarial

As empresas de mesmo grupo empresarial, de modo geral, fazem negócios com as demais empresas do mercado – comprando, vendendo, lucrando, assumindo compromissos e/ou obtendo direitos –, mas é também trivial que elas operem com as empresas de mesmo grupo econômico.

Neste segundo caso, em que as empresas transacionam com entidades do mesmo grupo, pode acontecer que os resultados dessas operações afetem os relatórios consolidados quando a mercadoria ou o ativo negociado ainda permanecem na empresa que o adquiriu. Nesses casos, ajustes são necessários para não ocorrer uma dupla consideração de lucros nos relatórios consolidados.

Exemplo 3: transação com lucro realizado

Depois de realizada a combinação de ativos, passivos e patrimônio líquido, e a eliminação do investimento, agora é necessário fazer a eliminação da transação entre as empresas do grupo.

A empresa Brasil (BR) vendeu mercadorias a prazo por $ 5.000 para a empresa Bahia (BA), sua controlada, ao custo de $ 4.000 e, portanto, um lucro de $ 1.000 para a BR. A empresa BA vendeu toda a mercadoria, com um valor agregado superior, a uma terceira empresa fora do grupo econômico, por $ 6.500, lucro de $ 1.500. Assim, a empresa BR possui um saldo na conta de clientes originado da transação com a empresa BA, que possui um saldo na conta de fornecedores com a BR.

Na consolidação, é necessário eliminar essa transação entre as empresas do mesmo grupo econômico, já que devem permanecer nas demonstrações consolidadas apenas as transações entre a controladora ou a controlada com terceiros – outra empresa fora do grupo econômico.

Eliminação no balanço consolidado:

	Débito	Crédito
Fornecedores empresa BA (passivo)	$ 5.000	
Clientes empresa BR (ativo)		$ 5.000
Baixa pela consolidação de transação entre empresas do grupo BR × BA		

Contas	Controladora BR	Controlada BA	Ajustes		Balanço patrimonial consolidado
			Débito	Crédito	
Ativo					
Disponível	40.000	20.000			60.000
Clientes	60.000	30.000			90.000
Clientes – controlada	5.000			5.000	–
Estoques	75.000	50.000			125.000
Investimentos controlada	120.000			120.000	–
Imobilizado	200.000	100.000			300.000
Total	500.000	200.000	–	125.000	575.000
Passivo e patrimônio líquido					
Fornecedores	100.000	75.000			175.000
Fornecedores – controlada	–	5.000	5.000		–
Capital	300.000	100.000	100.000		300.000
Lucros retidos	100.000	20.000	20.000		100.000
Não controladores					–
Total	500.000	200.000	125.000	–	575.000

Eliminação na demonstração do resultado consolidado:

	Débito	Crédito
Receita de vendas BR (resultado)	$ 5.000	
Custo das Mercadorias Vendidas (CMV) BA (resultado)		$ 5.000
Baixa pela consolidação de transação entre empresas do grupo BR × BA		

Contas	Controladora BR	Controlada BA	Ajustes		DRE consolidada
			Débito	Crédito	
Receita de vendas	200.000	50.000	5.000		245.000
(–) CMV	–120.000	–20.000		5.000	–135.000
Lucro bruto	**80.000**	**30.000**	5.000	5.000	**110.000**
Despesas	–30.000	–10.000			–40.000
Total	50.000	20.000	5.000	5.000	70.000

Repare que a mercadoria vendida pela empresa controladora BR à empresa controlada BA entrou na investida BA por um custo de $ 5.000, e é esse valor que está sendo eliminado acima, já que não há saldo dessa mercadoria em estoque, pois foi toda vendida a terceiros.

A outra eliminação se refere aos $ 5.000 de receita de vendas da transação intergrupo, já que esta não foi realizada com terceiros fora do grupo empresarial.

Após as duas eliminações restaram apenas os $ 6.500 de receita de vendas da controlada BA com terceiros e $ 4.000 de custo da mercadoria adquirida com terceiros pela BR, totalizando um lucro de $ 2.500 realizado com entidades fora do grupo.

Exemplo 4: transação com lucro não realizado no estoque

Nas transações envolvendo mercadorias entre as empresas do grupo, pode acontecer de a empresa que adquiriu a mercadoria ainda não ter realizado integralmente a venda do seu produto elaborado com aquela mercadoria, gerando assim um resultado ainda não realizado que permanece nos estoques.

As demonstrações iniciais da controladora empresa Pernambuco (PE) e de sua controlada integral empresa Recife (RF), juntamente com a eliminação apenas do investimento de PE em RF e a proposta do balanço consolidado, são apresentadas a seguir:

Contas	Controladora PE	Controlada RF	Ajustes		DRE consolidada
			Débito	Crédito	
Receita de vendas	200.000	50.000			250.000
(–) CMV	–120.000	–20.000			–140.000
Lucro bruto	**80.000**	**30.000**			**110.000**
Despesas	–30.000	–10.000			–40.000
Total	**50.000**	**20.000**			**70.000**

Contas	Controladora PE	Controlada RF	Ajustes		Balanço patrimonial consolidado
			Débito	Crédito	
Ativo					
Disponível	40.000	20.000			60.000
Clientes	60.000	30.000			90.000
Estoques	70.000	50.000			120.000
Investimento controlada RF	150.000			150.000	–
Imobilizado	130.000	100.000			230.000
Total	**450.000**	**200.000**	**–**	**150.000**	**500.000**
Passivo e patrimônio líquido					
Fornecedores	90.000	50.000			140.000
Capital	250.000	100.000	100.000		250.000
Lucros retidos	60.000	30.000	30.000		60.000
Lucro do exercício	50.000	20.000	20.000		50.000
Total	**450.000**	**200.000**	**150.000**	**–**	**500.000**

No momento seguinte, a empresa Recife (RF) vendeu mercadorias para a empresa Pernambuco (PE), sua controladora, por $ 6.000. O custo dessas mercadorias estava registrado nos estoques da controlada RF por $ 5.000. Supondo que a controladora PE não tenha vendido a terceiros as mercadorias adquiridas da RF, então todas as mercadorias ainda se encontram no estoque da controladora e as demonstrações após essa transação são as do quadro ao lado:

Contas	Controladora PE	Controlada RF
Receita de vendas	200.000	56.000
(–) CMV	–120.000	–25.000
Lucro bruto	**80.000**	**31.000**
Despesas	–30.000	–10.000
Total	**50.000**	**21.000**

Na demonstração do resultado do exercício (DRE) da controladora, nada foi alterado, já que ela não vendeu a mercadoria adquirida. Entretanto, na DRE da controlada, a receita de vendas foi elevada em $ 6.000 e o CMV subiu mais $ 5.000.

No balanço patrimonial da controladora, o disponível foi reduzido em $ 6.000 e o estoque foi elevado na mesma quantia, ambos devido *à* compra da mercadoria da controlada. Já na controlada RF, seu caixa foi elevado em $ 6.000, o estoque reduzido em $ 5.000, e o lucro do exercício subiu $ 1.000, referente ao lucro na transação com a sua controladora PE.

Contas	Controladora PE	Controlada RF
Ativo		
Disponível	34.000	26.000
Clientes	60.000	30.000
Estoques	76.000	45.000
Investimento controlada RF	150.000	
Imobilizado	130.000	100.000
Total	**450.000**	**201.000**
Passivo e patrimônio líquido		
Fornecedores	90.000	50.000
Capital	250.000	100.000
Lucros retidos	60.000	30.000
Lucro de exercício	50.000	21.000
Total	**450.000**	**201.000**

Precisamos realizar agora as eliminações da transação entre as duas empresas do grupo, para que as demonstrações contábeis possam, de fato, representar a situação econômica e financeira do grupo.

Lançamentos de ajustes na DRE e no balanço patrimonial consolidados:

	Débito	Crédito
Receita de vendas (RF)	$ 6.000	
CMV (RF)		$ 5.000
Estoques (PE)		$ 1.000
Baixa pela consolidação de transação com lucro nos estoques entre BA × BR		

Eliminação na DRE dos valores envolvidos na transação entre as empresas do grupo:

| Contas | Controladora PE | Controlada RF | Ajustes | | DRE consolidada |
			Débito	Crédito	
Receita de vendas	200.000	56.000	6.000		250.000
(–) CMV	–120.000	–25.000		5.000	–140.000
Lucro bruto	**80.000**	**31.000**	6.000	5.000	**110.000**
Despesas	–30.000	–10.000			–40.000
Total	**50.000**	**21.000**	**6.000**	**5.000**	**70.000**

Repare que com a eliminação da venda da controlada RF para a controladora PE, $ 6.000, e a eliminação do CMV, $ 5.000, a DRE consolidada ficou igual àquela que resultaria se a transação entre elas não tivesse existido, como apresentado anteriormente.

A eliminação no balanço patrimonial dos valores envolvidos na transação entre as empresas do grupo está apresentada no quadro a seguir.

Contas	Controladora PE	Controlada RF	Ajustes		Balanço patrimonial consolidado
			Débito	Crédito	
Ativo					
Disponível	34.000	26.000			60.000
Clientes	60.000	30.000			90.000
Estoques	76.000	45.000		1.000	120.000
Investimento controlada RF	150.000			150.000	–
Imobilizado	130.000	100.000			230.000
Total	**450.000**	**201.000**	**–**	**151.000**	**500.000**
Passivo e patrimônio líquido					
Fornecedores	90.000	50.000			140.000
Capital	250.000	100.000	100.000		250.000
Lucros retidos	60.000	30.000	30.000		60.000
Lucro do exercício	50.000	21.000	21.000		50.000
Total	**450.000**	**201.000**	**151.000**	**–**	**500.000**

Exemplo 5: transação com lucro não realizado no imobilizado

Menos comum, mais ainda possível, são as transações com imobilizados entre empresa do mesmo grupo empresarial.

As demonstrações iniciais da controladora empresa Ceará (CE) e de sua controlada integral empresa Fortaleza (FZ), juntamente com a eliminação apenas do investimento da CE na FZ e a proposta inicial do balanço consolidado, são apresentadas no quadro a seguir:

Contas	Controladora CE	Controlada FZ	Ajustes		Balanço patrimonial consolidado
			Débito	Crédito	
Ativo					
Disponível	44.000	19.000			63.000
Clientes	74.000	30.000			104.000
Estoques	70.000	20.000			90.000
Investimento controlada FZ	100.000			100.000	–
Imobilizado	140.000	90.000			230.000
Depreciação acumulada	– 28.000	– 9.000			– 37.000
Total	**400.000**	**150.000**	**–**	**100.000**	**450.000**
Passivo e patrimônio líquido					
Fornecedores	80.000	49.100			129.100
Capital	200.000	70.000	70.000		200.000
Lucros retidos	70.000	20.000	20.000		70.000
Lucro do exercício	50.000	10.900	10.900		50.000
Total	**400.000**	**150.000**	**100.900**	**–**	**449.100**

Importante observar que os valores dos ajustes não são iguais para os débitos e os créditos. Essa diferença é a base para a explanação que se segue, pois haverá um lucro não realizado no imobilizado da empresa controladora Ceará (CE).

No momento seguinte, a controlada Fortaleza (FZ) vendeu uma máquina para a controladora CE por $ 11.000. Esse ativo estava registrado por $ 12.000, havia $ 2.000 de depreciação acumulada, vida útil restante de 10 anos e $ 2.000 de valor residual esperado.

No período, a empresa CE deve considerar o lucro da FZ no seu imobilizado.

Apuração do resultado entre as empresas		
Preço pago pela CE		11.000
Custo da máquina	12.000	
Depreciação	–2.000	
Valor contábil		10.000
Resultado da operação		1.000

Lucro da FZ no imobilizado da CE		
Lucro não realizado		1.000
(–) Realização	10%	–100
Lucro FZ no imobilizado CE		900

A controladora CE apura os valores dessa máquina, registrando:

- Custo: $ 11.000.
- Depreciação: $ 900 = [($ 11.000 – $ 2.000) × 10%)].
- Valor contábil líquido: $ 10.100.

Há, portanto, um ganho pela venda do imobilizado da controlada FZ para a controladora CE. A seguir, temos a eliminação desse ganho, $ 1.000, e da realização pela depreciação, $ 100.

Contas	Controladora CE	Controlada FZ	Ajustes		DRE consolidada
			Débito	Crédito	
Receita de vendas	200.000	56.000			256.000
(–) CMV	–120.000	–25.000			–145.000
Lucro bruto	**80.000**	**31.000**	–	–	**111.000**
Despesas	–30.000	–21.100		100	–51.200
Ganho de capital		1.000	1.000		–
Total	**50.000**	**10.900**	**1.000**	**100**	**59.800**

Para ajuste no balanço patrimonial consolidado, são eliminados:

- O valor do investimento na controlada FZ, $ 100.000.
- O valor do ganho que está no imobilizado da controladora CE, $ 1.000.
- O valor da depreciação sobre esse ganho no imobilizado, $ 100.
- O valor total do patrimônio líquido da FZ, já que a CE é sua controladora integral.

Contas	Controladora CE	Controlada FZ	Ajustes		Balanço patrimonial consolidado
			Débito	Crédito	
Ativo					
Disponível	44.000	19.000			63.000
Clientes	74.000	30.000			104.000
Estoques	70.000	20.000			90.000
Investimento controlada FZ	100.000			100.000	–
Imobilizado	140.000	90.000		1.000	229.000
Depreciação acumulada	–28.000	–9.000	100		–36.900
Total	**400.000**	**150.000**	**100**	**101.000**	**450.000**
Passivo e patrimônio líquido					
Fornecedores	80.000	49.100			129.100
Capital	200.000	70.000	70.000		200.000
Lucros retidos	70.000	20.000	20.000		70.000
Lucro do exercício	50.000	10.900	10.900		50.000
Total	**400.000**	**150.000**	**100.900**	–	**449.100**

3.5 Mudança na participação

Exemplo 6: mudança na participação sem perda de controle

A empresa São Paulo (SP) é proprietária de 80% da participação societária na empresa Campinas (CA), sua controlada.

Para propósito de demonstrações financeiras consolidadas, a participação dos não controladores deve ser destacada e criada simultaneamente com a eliminação do investimento do controlador na empresa controlada.

Contas	Controladora SP	Controlada CA	Ajustes Débito	Ajustes Crédito	Balanço patrimonial consolidado
Ativo					
Disponível	40.000	20.000			60.000
Clientes	84.000	30.000			114.000
Clientes – controlada					–
Estoques	80.000	50.000			130.000
Investimentos controlada	96.000			96.000	–
Imobilizado	200.000	100.000			300.000
Total	**500.000**	**200.000**	**–**	**96.000**	**604.000**
Passivo e patrimônio líquido					
Fornecedores	100.000	80.000			180.000
Fornecedores – controlada	–				–
Capital	300.000	100.000	100.000		300.000
Lucros retidos	100.000	20.000	20.000		100.000
Não controladores				24.000	24.000
Total	**500.000**	**200.000**	**120.000**	**24.000**	**604.000**

A SP acaba de pagar $ 30.000 aos não controladores da CA pela aquisição de mais 10% na participação da controlada. A CA tem ativos líquidos de $ 120.000 ($ 200.000 – $ 80.000).

O registro dessa transação nas demonstrações financeiras consolidadas ficaria assim:

	Débito	Crédito
Participação de não controladores (patrimônio líquido)	$ 12.000[1]	
Ágio transação de capital (patrimônio líquido)	$ 18.000[2]	
Caixa		$ 30.000
Transação de aquisição de participação entre sócios: controladora e controlada		

[1] Refere-se à participação adquirida pela empresa controladora SP junto aos não controladores da CA, 10% × $ 120.000 = $ 12.000. Aqui, portanto, o valor da participação dos não controladores foi obtido pelo critério do valor justo dos ativos líquidos identificáveis; assim, *há uma redução de $ 12.000 da participação dos não controladores na empresa CA, restando apenas mais 10% de participação dos não controladores na controlada CA. Note também que não há um aumento nos ativos consolidados pelas ações adquiridas, pois*, novamente, se referem apenas a uma transação de capital entre sócios, semelhante às tradicionais compras de ações para manutenção em tesouraria – que resultam apenas numa redução do patrimônio líquido.

[2] Este valor se refere ao excesso do valor pago pela controladora aos sócios não controladores da controlada sobre o valor da participação alienada (*mais-valia*). Também aqui não se registra um ativo intangível, já que a transação em nada afeta as perspectivas futuras para uma investida quase completamente controlada e integralmente consolidada.

Contas	Valores consolidados	Ajustes		Balanço patrimonial consolidado
		Débito	Crédito	
Ativo				
Disponível	60.000		30.000	30.000
Clientes	114.000			114.000
Clientes – controlada	–			–
Estoques	130.000			130.000
Investimentos controlada	–			–
Imobilizado	300.000			300.000
Total	**604.000**	**–**	**30.000**	**574.000**
Passivo e patrimônio líquido				
Fornecedores	180.000			180.000
Fornecedores – controlada	–			–
Capital	300.000			300.000
Ágio transação de capital		18.000		–18.000
Lucros retidos	100.000			100.000
Não controladores	24.000	12.000		12.000
Total	**604.000**	**30.000**	**-**	**574.000**

Exemplo 7: mudança na participação com perda de controle

A empresa Minas Gerais (MG) é proprietária de 100% da participação societária na empresa Uberaba (UB). Em 31/12/2014, as demonstrações financeiras consolidadas do grupo apresentavam $ 120.000 em ativos líquidos da UB. Em 02/01/2015, a MG vendeu a outro investidor 80% da participação na UB por $ 170.000, perdendo assim o controle sobre a UB, mas restando ainda 20% de participação na ex-controlada, avaliada em $ 42.500.

Contas	Controladora MG	Controlada UB	Ajustes		Balanço patrimonial consolidado
			Débito	Crédito	
Ativo					
Disponível	40.000		170.000		210.000
Clientes	60.000				60.000
Clientes – controlada					–
Estoques	80.000				80.000
Investimentos controlada	120.000		18.500	96.000	42.500
Imobilizado	200.000				200.000
Total	**500.000**		**188.500**	**96.000**	**592.500**
Passivo e patrimônio líquido					
Fornecedores	100.000				100.000
Fornecedores – controlada	–				–
Capital	300.000				300.000
Lucros retidos	100.000		96.000	188.500	192.500
Não controladores					–
Total	**500.000**	**200.000**	**96.000**	**188.500**	**592.500**

Assim, o ganho ou perda na venda de 80% na participação da UB pode ser calculado da seguinte forma:

- Valor justo recebido.
- + Valor justo da participação retida.
- + Valor contabilizado da participação de não controladores.
- – Valor contabilizado dos ativos líquidos da ex--controladora.

Assim:

Caixa recebido	$ 170.000
Valor justo da participação retida	$ 42.500
	$ 212.500
(–) Valor registrado dos ativos líquidos	$ 120.000
Ganho (perda) na transação	**$ 92.500**

DESTAQUES FINAIS

Como forma de crescimento e sobrevivência, no Brasil e no exterior, as empresas têm diversificado seus negócios, seja internamente por meio de linhas adicionais de negócios ou por aquisições de outros negócios e/ou empresas. Por outro lado, há outras empresas que estão buscando se concentrar em seu negócio principal (*core business*) ou em negócios mais lucrativos. Empresas de quase todos os tamanhos estão procurando se expandir interna ou externamente pela formação de novas entidades, fato que vem tornando a estrutura corporativa mais e mais complexa, exigindo assim que reguladores do mercado de capitais e normalizadores contábeis proponham soluções para que os contadores consigam por meio das demonstrações contábeis informar a real situação dos grupos empresariais, para que investidores e credores possam tomar suas decisões, investir e desinvestir, amparados em um conjunto consistente e competente de informações financeiras.

A essência da sistemática de eliminação dos investimentos e das transações entre empresas do mesmo grupo, além da aglutinação dos ativos e passivos da controladora e suas controladas, é de que as informações apresentadas nas demonstrações financeiras consolidadas reflitam a situação financeira e patrimonial do grupo econômico como uma única entidade, que realiza operações comerciais de compra e venda com terceiros, e destes obtém seus resultados.

Para propósito de elaboração das demonstrações financeiras consolidadas, é necessário observar ainda os casos de transações entre empresas do mesmo grupo em que a mercadoria negociada ainda está presente nos estoques da empresa compradora. Caso a mercadoria esteja totalmente em estoques, não há lucro a ser apurado, visto que não se efetivou a transação com terceiros. Para os casos em que ainda resta uma parte das mercadorias no estoque da compradora, deve-se apurar a margem de lucro embutida no preço de venda que será a base do custo para a empresa compradora e aplicar essa margem ao saldo em estoque de modo a se eliminar o lucro presente nos estoques.

Vale lembrar ainda que os procedimentos de consolidação e a própria consolidação em si são procedimentos que frequentemente sucedem uma operação de combinação de negócios, portanto os procedimentos descritos no capítulo sobre esse tema devem ser atentamente compreendidos para que a consolidação das demonstrações seja realizada de forma mais substancial.

RESUMO

- Empresa controlada é a entidade que está sob o controle de uma determinada empresa controladora.
- A forma como os investimentos em participações societárias é considerada diante da influência e da participação do controle sobre a empresa investida é o fator mais importante para consolidar as demonstrações contábeis das empresas controladas na controladora.
- O objetivo da consolidação é realizar a representação coerente da situação das controladas, da controladora e, principalmente, do grupo empresarial formado entre elas.
- Nas transações comerciais entre a investidora e suas controladas, a investidora deve eliminar sua participação no resultado dessas transações, para que seja computado apenas o lucro ou prejuízo com partes independentes ao grupo econômico da investidora.
- Nas demonstrações consolidadas, a participação de não controladores deve ser apresentada separadamente da participação dos controladores.
- O controle da controladora sobre a controlada pode ser estabelecido também de forma indireta; para esta e demais situações, o investidor deve considerar todos os fatos e circunstâncias que impactam em seu poder sobre a investida, seus direitos sobre os retornos e sua capacidade de afetar o valor dos retornos.

EXERCÍCIOS PROPOSTOS

QUESTÃO 1: Aponte e descreva as três principais etapas da elaboração de demonstrações consolidadas.

QUESTÃO 2: Procedimentos de consolidação

Na situação em que uma empresa prepara demonstrações consolidadas entre a controladora e uma controlada, a controlada vendeu com lucro mercadorias para a controladora, e esta última vendeu com lucro todas essas mercadorias a terceiros. Qual o procedimento para consolidação das demonstrações financeiras e qual o fundamento econômico para tal procedimento?

QUESTÃO 3: Aplicação do CPC 36 (R3)

Um investidor X detém 41% dos direitos de voto em uma empresa investida, outros dois investidores independentes possuem 27% cada um, e o restante está dividido igualitariamente entre cinco outros investidores. Nesse caso, a participação do investidor X e sua participação acionária relativa aos demais investidores são suficientes para concluir que esse investidor tem poder sobre a empresa investida?

Assista ao vídeo

QUESTÃO 4: A empresa Brasil (BR) é proprietária de 70% da participação societária na empresa São Paulo (SP). A BR acaba de pagar $ 400.000 aos não controladores da SP por mais 5% na controlada, e a SP tem ativos líquidos de $ 5.000.000. Quais os lançamentos de registro dessa transação nas demonstrações financeiras consolidadas?

	Débito	Crédito

QUESTÃO 5: A empresa Europa é detentora de 90% das ações com direito a voto na companhia França, e os balanços das duas empresas são apresentados a seguir:

Contas	Controladora Europa	Controlada França
Ativo		
Disponível	40.000	20.000
Clientes	80.000	30.000
Clientes – controlada	20.000	
Estoques	70.000	50.000
Investimentos controlada	90.000	
Imobilizado	200.000	100.000
Total	**500.000**	**200.000**
Passivo e patrimônio líquido		
Fornecedores	100.000	80.000
Fornecedores – controlada	–	20.000
Capital	300.000	80.000
Lucros retidos	100.000	20.000
Não controladores		
Total	**500.000**	**200.000**

Dadas as evidências apresentadas nos balanços das duas empresas, faça os ajustes necessários e monte o balanço patrimonial consolidado.

Contas	Controladora Europa	Controlada França	Ajustes Débito	Ajustes Crédito	Balanço patrimonial consolidado
Ativo					
Disponível	40.000	20.000			
Clientes	80.000	30.000			
Clientes – controlada	20.000				
Estoques	70.000	50.000			
Investimentos controlada	90.000				
Imobilizado	200.000	100.000			
Total	**500.000**	**200.000**			
Passivo e patrimônio líquido					
Fornecedores	100.000	80.000			
Fornecedores – controlada	–	20.000			
Capital	300.000	80.000			
Lucros retidos	100.000	20.000			
Não controladores					
Total	**500.000**	**200.000**			

BIBLIOGRAFIA SUGERIDA

AMBEV S.A. Relatório Anual SEC 2014.

AMBEV S.A. Demonstrações Financeiras 2014.

COMITÊ DE PRONUNCIAMENTOS CONTÁBEIS (CPC). *Interpretação técnica ICPC 09 (R2) – Demonstrações Contábeis Individuais, Demonstrações Separadas, Demonstrações Consolidadas e Aplicação do Método de Equivalência Patrimonial.* Brasília: CPC, 2014. Disponível em: http://static.cpc.aatb.com.br/Documentos/494_ICPC_09_(R2)_rev%2009.pdf. Acesso em: 10 ago. 2020.

COMITÊ DE PRONUNCIAMENTOS CONTÁBEIS (CPC). *Pronunciamento técnico CPC 36 (R3) – Demonstrações Consolidadas.* Brasília: CPC, 2012. Disponível em: http://static.cpc.aatb.com.br/Documentos/448_CPC_36_R3_rev%2008.pdf. Acesso em: 10 ago. 2020.

EPSTEIN, B. J.; JERMAKOWICZ, E. K. *Interpretation and application of International Financial Reporting Standards.* 7. ed. Nova Jersey: Wiley, 2010.

ERNST & YOUNG; FIPECAFI. *Manual de normas internacionais de contabilidade*: IFRS *versus* normas brasileiras. 2. ed. São Paulo: Atlas, 2010.

FIPECAFI. *Manual de contabilidade societária*: aplicável a todas as sociedades de acordo com as normas internacionais e do CPC. 2. ed. São Paulo: Atlas, 2013.

20

DEMONSTRAÇÕES SEPARADAS E DEMONSTRAÇÕES INDIVIDUAIS

Carlos R. Godoy

OBJETIVOS DE APRENDIZAGEM

- Compreender os fundamentos de apresentação e elaboração das demonstrações financeiras separadas.
- Entender os fundamentos econômicos para se aplicar o conceito de valor justo e de custo para avaliar algumas situações de investimentos em outras entidades.
- Compreender por que, no Brasil, a legislação societária e alguns órgãos reguladores determinam a divulgação das demonstrações contábeis individuais de entidades que contêm investimentos em controladas.
- Compreender as alternativas para se avaliar e contabilizar os investimentos de participações societárias em controladas, coligadas e empreendimentos controlados em conjunto.

1. APRESENTAÇÃO

Logo pela manhã do dia 25 de março de 2015, as rádios locais dos Estados Unidos anunciavam a todo momento a compra da tradicionalíssima empresa norte-americana de alimentos Kraft Foods pela empresa brasileira 3G Capital e a norte-americana Berkshire Hathaway, ambas controladoras da Heinz.

Essas duas empresas de investimento, a 3G Capital e a Berkshire, são empresas cujo objetivo é investir em empresas e/ou negócios com marcas reconhecidas e com forte potencial mercadológico. Elas levantam recursos financeiros por meio de fundos de investimentos e, juntamente com capital próprio, investem em empresas de diferentes atividades e regiões, e sua estratégia é identificar e investir em oportunidades bem posicionadas e lucrativas, com potencial de crescimento e sucesso em uma variedade de setores e regiões.

Dada a miscelânea de investimentos que a empresa brasileira 3G Capital possui (como na empresa de bebidas InBev, na companhia de alimentos Heinz ou no setor de transportes na ALL), em alguns desses investimentos, a 3G possui participação significativa, mas sem exercer o controle (coligadas); em outros, ela de fato controla as empresas (controladas), que são de diferentes segmentos, com gerenciamento totalmente individualizado.

Quando os investimentos em coligadas e controladas realizados por uma investidora não são considerados por esta como sendo uma extensão ou complemento da sua atividade, mas sim como investimentos geridos de forma individual ao invés de coletiva, como em uma entidade econômica distinta, melhor seria se os relatórios financeiros fossem elaborados e divulgados de modo a apresentar essa característica predominante. Portanto, avaliar os investimentos pelo valor justo ou pelo custo poderia representar uma alternativa mais adequada para esse tipo de situação, como no caso da 3G Capital. Diante disso, o *International Accounting Standards Board* (Iasb) e, posteriormente, o Comitê de Pronunciamentos Contábeis (CPC), para se adequar ao normatizador internacional, propuseram a elaboração e a divulgação de demonstrações contábeis separadas com a adoção dessas outras bases de mensuração de investimentos de participações societárias em coligadas, controladas ou em empreendimentos controlados em conjunto – valor justo ou custo, e mais recentemente no Brasil, devido à legislação societária, também passou a permitir o uso do método de equivalência patrimonial para as demonstrações financeiras separadas.

O exemplo da 3G Capital pode de certa forma ser empregado para ilustrar que, para apresentar demonstrações financeiras separadas, é necessário um conjunto de conhecimentos sobre operações, participações e regulamentos contábeis, para que os relatórios contábeis possam ser divulgados ao mercado financeiro de forma a refletir a natureza da relação entre a entidade investidora e suas investidas e os motivos pelos quais essas informações são evidenciadas de forma separada, com o intuito de permitir que acionistas e credores embasem suas decisões econômicas sobre essas empresas. Assim, pelos pronunciamentos de contabilidade para relatórios de grupos de empresas até aqui estudados (CPC 15 [R1], sobre combinações de negócios; CPC 18 (R2), sobre investimentos em coligadas; e CPC 36 [R3], sobre as demonstrações consolidadas), ou utilizamos o método de aquisição para as combinações de negócios, o método de equivalência patrimonial para as coligadas, ou a consolidação das demonstrações contábeis para as controladas, porém todos estão, respectivamente, baseados no valor justo e valor contábil do patrimônio ou nas demonstrações contábeis das investidas, sem considerar a forma de gestão utilizada pela empresa investidora para com esses investimentos. Entretanto, o CPC 35 (R2) (2012) e o IAS 27 (2011), que tratam de demonstrações separadas, não obrigam a elaboração ou divulgação de demonstrações separadas, sendo opcional a qualquer entidade que possua investimento em empresas coligadas, controladas, ou em empreendimentos controlados em conjunto. Porém, acredita-se que, ao elaborar demonstrações separadas, na maioria das vezes estas apresentam informações adicionais àquelas emitidas de acordo com o método de equivalência patrimonial[1] ou às demonstrações consolidadas.

O CPC 35 (R2) – Demonstrações Separadas é o pronunciamento de contabilidade financeira que normatiza a sistemática de elaboração e de divulgação das demonstrações financeiras separadas quando a entidade investidora controla ou tem participação relevante em uma ou mais entidades, mas se faz necessário por opção, por exigência legal, ou pela dispensa da aplicação da consolidação ou do método de equivalência patrimonial, divulgar informações distintas daquelas tradicionalmente elaboradas, mas mensuradas pelo custo ou pelo valor justo.

Interessante observar que, no caso brasileiro, a legislação societária não exige que esses tipos de investimentos sejam mensurados pelo custo ou pelo valor justo, mas também não dispensa a aplicação do método de equivalência patrimonial.

O Quadro 20.1 apresenta os pronunciamentos nacionais e o seu congênere internacional nos quais se baseiam as normas nacionais.

Quadro 20.1 Pronunciamentos sobre demonstrações separadas e demonstrações individuais

CPC	IFRS Iasb
CPC 35 (R2) – Demonstrações Separadas	IAS 27 – *Separate Financial Statements*
ICPC 09 (R2) – Demonstrações Contábeis Individuais, Demonstrações Separadas, Demonstrações Consolidadas e Aplicação do Método de Equivalência Patrimonial	Não há correspondente

Interessante notar que o IAS 27 do Iasb foi reemitido em janeiro de 2008 e até maio de 2011 a sua denominação era *Consolidated and Separate Financial Statements*, ou seja, o pronunciamento tratava simultaneamente de demonstrações financeiras consolidadas e de demonstrações financeiras separadas. A partir daí, o pronunciamento foi desmembrado em dois, com as seguintes denominações:

- IAS 27 – *Separate Financial Statements*.
- IFRS 10 – *Consolidated Financial Statements*.

Já o ICPC 09 (R2) – Demonstrações Contábeis Individuais, Demonstrações Separadas, Demonstrações Consolidadas e Aplicação do Método de Equivalência Patrimonial apresenta os detalhes sobre investimentos em participações societárias em coligadas e controladas, além das demonstrações separadas tratadas também no CPC 35 (R2).

O objetivo do capítulo é contribuir para que o leitor possa compreender os fundamentos de apresentação e elaboração das demonstrações financeiras separadas da investidora que controla ou tem participação significativa, respectivamente, em uma ou mais entidades controladas ou investidas.

Este capítulo apresenta primeiramente uma visão geral dos assuntos relacionados à norma contábil CPC 35 (R2) – Demonstrações Separadas, e sua congênere no Iasb, IAS 27 – *Separate Financial Statements*, além da discussão sobre demonstrações individuais contidas na ICPC 09 (R2). Em seguida, serão apresentados os principais conceitos relacionados e as principais determinações dessas normas contábeis. Depois, o capítulo lida

---

[1] Vale novamente ressaltar que a legislação societária brasileira (Lei 6.404/1976, art. 248) exige que investimentos em coligadas ou em controladas e em outras sociedades que façam parte de mesmo grupo ou estejam sob controle comum sejam avaliados com o uso do método de equivalência patrimonial.

com as questões práticas relacionadas ao assunto e os principais pontos em que as normas demandam maior interpretação.

O capítulo se completa com a discussão sobre demonstrações individuais, aplicadas ao caso brasileiro, mas, de certa forma, parece mais um contrassenso à formulação dos pronunciamentos contábeis.

PARA REFLETIR...

Uma empresa que possui investimentos em empresas controladas deve divulgar suas demonstrações financeiras individuais mesmo quando divulga demonstrações consolidadas?

2. CONCEITOS E DEFINIÇÕES RELEVANTES

Segundo a ICPC 09 (R2) – Demonstrações Contábeis Individuais, Demonstrações Separadas, Demonstrações Consolidadas e Aplicação do Método de Equivalência Patrimonial, as demonstrações financeiras que constituem o conjunto completo de informações (CPC 26 [R1] – Apresentação das Demonstrações Contábeis) compreendem:

- Balanço patrimonial.
- Demonstração do resultado do exercício (DRE).
- Demonstração do resultado abrangente (DRA).
- Demonstração das mutações do patrimônio líquido (DMPL).
- Demonstração dos fluxos de caixa (DFC).
- Demonstração do valor adicionado (DVA).
- Notas explicativas às demonstrações contábeis.

Essas demonstrações contábeis podem ser apresentadas como:

- Demonstrações contábeis individuais de uma empresa única, ou de uma controladora.
- Demonstrações consolidadas de um grupo empresarial.
- Demonstrações separadas, de empresas investidoras que assim melhor refletiriam a situação dos negócios.

Parece razoável que, conceitualmente, as demonstrações individuais só deveriam ser divulgadas caso a entidade não tivesse investimentos em controladas. Caso contrário da existência desses investimentos, a entidade deveria reportar sua situação econômica e financeira por meio das demonstrações consolidadas, conforme preconizam as normas internacionais de contabilidade emitidas pelo Iasb. Entretanto, no Brasil, a legislação societária e alguns órgãos reguladores determinam a divulgação das demonstrações contábeis individuais de entidades que contêm investimentos em controladas, mesmo quando elas divulgam suas demonstrações consolidadas – é o caso das controladoras. Como se não bastasse, a legislação societária requer ainda que as demonstrações contábeis individuais sejam a base de diversos cálculos com efeitos societários relevantes para os acionistas:

- Determinação dos dividendos mínimos obrigatórios e total.
- Determinação do valor patrimonial da ação.

Diante disso, enquanto estiverem vigentes as determinações legais para divulgação das demonstrações financeiras individuais da controladora, haverá procedimentos contábeis específicos para as demonstrações individuais das controladoras, que deverão ser divulgadas em conjunto com as demonstrações financeiras consolidadas.

De acordo com o ICPC 09 (R2) (2014) e as adaptações sugeridas após essa interpretação, um investimento ou uma participação de uma entidade em instrumentos patrimoniais (ações ou cotas do capital social) de outra entidade pode se qualificar como um:

- **Investimento em controlada (CPC 36 [R3], CPC 18 [R2] e CPC 15 [R1])**: avaliado pelo método da equivalência patrimonial no balanço individual conforme o CPC, mas não pelas normas do Iasb, já que as normas emitidas pelo normatizador internacional não tratam das demonstrações contábeis individuais da controladora.
- **Investimento em coligada e em empreendimento controlado em conjunto (CPC 18 [R2])**: avaliado pelo método da equivalência patrimonial, tanto no balanço individual quanto no balanço consolidado da controladora quando esta tiver, direta ou indiretamente, influência significativa ou controle conjunto sobre outra sociedade (seja pelo CPC e as normas internacionais de contabilidade).
- **Investimento em controlada, em empreendimento controlado em conjunto ou em coligada, mantido por entidades de investimento (conforme definição neste capítulo) (CPC 36 [R3])**: avaliado ao valor justo pelo resultado, como um ativo financeiro (CPC 48).
- **Investimento tratado como ativo financeiro (CPC 48)**: avaliado ao valor justo, ou ao custo quando não for possível uma mensuração confiável a valor justo, tanto no balanço individual da investidora quanto no consolidado e nunca pela equivalência patrimonial (CPC e normatizador internacional).
- **Investimento em coligada, em controlada ou em empreendimento controlado em conjunto apresentado em demonstração separada (CPC 35 [R2])**: avaliado ao valor justo, ao custo, ou pela equivalência patrimonial, (CPC e as normas internacionais de contabilidade do Iasb).

As demonstrações separadas são aquelas apresentadas adicionalmente às demonstrações consolidadas ou adicionalmente às demonstrações contábeis da investidora que não possui investimentos em controladas, mas possui investimentos em coligadas ou em empreendimentos controlados em conjunto, contabilizados pelo método de equivalência patrimonial.

O CPC 35 (R2) destaca que não são consideradas demonstrações separadas aquelas emitidas por entidades que não possuem investimentos em controlada, em coligada ou em empreendimento controlado em conjunto.

Como relatado no CPC 35 (R2), conceitualmente as demonstrações separadas só deveriam ser apresentadas nas circunstâncias em que os investimentos societários mensurados pela equivalência patrimonial da coligada ou apresentados na forma de demonstrações consolidadas entre a controladora e a controlada não representem de forma completa a razão e a destinação desses investimentos, portanto são poucos os casos que justificariam o emprego das demonstrações separadas; entre eles, a norma internacional menciona as situações em que:

- A empresa decide assim divulgar.
- Há uma exigência legal em sua área de atuação.
- A empresa foi dispensada da aplicação do método de equivalência patrimonial ou da consolidação.

Como no Brasil a lei não dispensa o uso da aplicação do método de equivalência em investimentos em coligadas, em controladas e em empreendimentos controlados em conjunto, aqui em situações legalmente não impositivas, a empresa, ao divulgar demonstrações separadas, terá sempre que usar o método de equivalência patrimonial.

A partir de 2014, as práticas contábeis adotadas no Brasil aplicadas às demonstrações financeiras individuais se igualaram àquelas relacionadas às demonstrações financeiras separadas do Iasb (IFRS), pois este passou a permitir a aplicação do método de equivalência patrimonial em controladas, coligadas e em negócios controlados em conjunto nas demonstrações financeiras separadas. Para ilustrar, veja a nota das demonstrações financeiras individuais de 2014 da Gol Linhas Aéreas:

> **b) Demonstrações financeiras individuais da Controladora**
> As demonstrações financeiras individuais da Controladora foram preparadas conforme as práticas contábeis adotadas no Brasil, que compreendem as disposições da legislação societária, previstas na Lei n. 6.404/76 com alterações na Lei n. 11.638/07 e na Lei n. 11.941/09, e os pronunciamentos contábeis, interpretações e orientações emitidos pelo CPC, aprovados pela CVM. Até 31 de dezembro de 2013, essas práticas diferiam do IFRS, aplicável às demonstrações financeiras separadas, somente no que se refere à avaliação de investimentos em controladas, coligadas e controladas em conjunto pelo método de equivalência patrimonial, enquanto que para fins de IFRS seria custo ou valor justo.

> Com a emissão do pronunciamento IAS 27 ("Separate Financial Statements") revisado pelo Iasb em 2014, as demonstrações separadas de acordo com as IFRS passaram a permitir o uso do método da equivalência patrimonial para avaliação de investimentos em controladas, coligadas e controladas em conjunto. Em dezembro de 2014, a CVM emitiu a Deliberação n. 733/14, que aprovou o Documento de Revisão de Pronunciamentos Técnicos n. 07 referente aos Pronunciamentos CPC 18, CPC 35 e CPC 37, recepcionando a citada revisão do IAS 27, e permitindo sua adoção a partir dos exercícios findos em 31 de dezembro de 2014. Dessa forma, as demonstrações financeiras individuais da Controladora passaram a estar em conformidade com as IFRS a partir deste exercício.

De acordo com o CPC 36 (R3), as entidades de investimentos não precisam apresentar demonstrações financeiras consolidadas e, portanto, devem mensurar suas controladas a valor justo por meio do resultado, como previsto no CPC 48, e apresentar demonstrações individuais, tornando-se desnecessária a preparação de demonstrações separadas. Porém, excetuam a isso o caso em que a entidade de investimento possui uma controlada que preste serviços que estejam relacionados com as atividades de investimento e, portanto, neste caso deve ser feita a consolidação.

Uma entidade de investimento é uma entidade que:

- Obtém recursos de investidores com o intuito de prestar a estes serviços de gestão de investimento.
- Compromete-se com os seus investidores a investir com o intuito de obter valorização do capital investido.
- Mensura e avalia o desempenho de seus investimentos com base no valor justo.

3. PROCEDIMENTOS CONTÁBEIS

Pelo que já estudamos sobre demonstrações consolidadas, notamos que o CPC 36 (R3) – Demonstrações Consolidadas deve ser aplicado a todas as empresas que sejam controladoras, exceto aos casos em que a controladora satisfizer todas as seguintes condições previstas no pronunciamento e, portanto, ficando desobrigada da apresentação das demonstrações consolidadas (item 4.a):

- For legalmente permitido que não apresente tal tipo de relatório.
- A controladora é ela própria uma controlada (integral ou parcial) de outra entidade, a qual, em conjunto com os demais proprietários, incluindo aqueles sem direito a voto, foi consultada e não fez objeção quanto à não apresentação das demonstrações consolidadas pela controladora.

- Seus instrumentos de dívida ou patrimoniais não são negociados publicamente (bolsa de valores nacional ou estrangeira ou mercado de balcão, incluindo mercados locais e regionais).
- Ela não tiver arquivado nem estiver em processo de arquivamento de suas demonstrações contábeis junto à Comissão de Valores Mobiliários (CVM) ou outro órgão regulador, visando à distribuição pública de qualquer tipo ou classe de instrumento no mercado de capitais.
- A controladora final (ou qualquer controladora intermediária da controladora) disponibiliza suas demonstrações consolidadas ao público em conformidade com os pronunciamentos do CPC, em que as controladas são consolidadas ou tratadas como investimentos avaliados pelo valor justo pelo resultado.

Outro contraponto é necessário se fazer sobre investimentos em coligadas, pois, de acordo com o CPC 18 (R2) (item 17), a entidade investidora está dispensada do uso do método de equivalência patrimonial para os investimentos que detenha controle individual ou conjunto, ou exerça influência significativa, se estiver legalmente dispensada de elaborar demonstrações contábeis consolidadas, e por se enquadrar na exceção prevista no CPC 36 (R3) – Demonstrações Consolidadas, ou se apresente os seguintes itens:

- A entidade é controlada (integral ou parcial) de outra entidade que, junto com os demais acionistas ou sócios (incluindo aqueles sem direito a voto), foram informados a respeito e não fizeram objeção quanto à não aplicação do método da equivalência patrimonial.
- Os instrumentos de dívida ou patrimoniais da entidade não são negociados publicamente (bolsas de valores domésticas ou estrangeiras ou mercado de balcão, incluindo mercados locais e regionais).
- A entidade não arquivou e não está em processo de arquivamento de suas demonstrações contábeis na CVM ou outro órgão regulador, visando à emissão e/ou distribuição pública de qualquer tipo ou classe de instrumentos no mercado de capitais.
- A controladora final ou qualquer controladora intermediária da entidade disponibiliza ao público suas demonstrações contábeis consolidadas, elaboradas em conformidade com os pronunciamentos, interpretações e orientações do CPC.

Diante das duas exceções, a aplicação do CPC 36 (R3) e do CPC 18 (R2) apresentados acima, em que a entidade está dispensada de consolidar suas demonstrações contábeis ou de aplicar o método de equivalência patrimonial,[2] a investidora pode apresentar demonstrações separadas[3] como sendo suas únicas demonstrações contábeis a serem divulgadas e, portanto, apresentá-las também pelo custo ou valor justo.

A norma CPC 35 (R2) – Demonstrações Separadas estabelece os princípios gerais para confecção e divulgação das demonstrações contábeis separadas para os casos em que a avaliação das participações societárias em coligadas pelo método de equivalência patrimonial, e em controladas ou em empreendimentos controlados em conjunto pela consolidação, mostra-se relativamente inadequada para espelhar a visão gerencial da investidora, como no caso da 3G Capital, que possui investimentos tão variados que vão desde uma rede de lanchonetes (Burger King) até uma empresa de logística ferroviária (ALL). Assim, o pronunciamento sugere o uso do conceito de valor justo e em alguns casos do custo para avaliar os investimentos em outras entidades. Assim, o pronunciamento estabelece:

- As circunstâncias em que a entidade deve elaborar e apresentar as demonstrações contábeis separadas.
- Como devem ser contabilizados os investimentos em controladas, controladas em conjunto (*joint ventures*) e coligadas.
- Como a entidade deve divulgar a informação para permitir que usuários das demonstrações contábeis avaliem a natureza da relação entre a entidade e suas investidas e os motivos pelos quais essas demonstrações estão apresentadas separadas.

Interessante ainda destacar que a norma revela que as demonstrações financeiras separadas são apresentadas em complemento às demonstrações financeiras consolidadas. Complementarmente, até pouco tempo atrás, apenas a avaliação pelo custo e pelo valor justo eram permitidas para elaboração de demonstrações separadas. Porém, a equivalência patrimonial passou recentemente a ser uma sistemática válida para confecção desse tipo de relatório. Isso fez com que as demonstrações financeiras apresentadas por imposição da legislação societária no Brasil como as demonstrações da entidade controladora, com seus investimentos em controladas mensurados pela equivalência patrimonial, passassem a estar em conformidade com as normas *International Financial Reporting Standards* (IFRS).

O CPC 35 (R2) não exige que a entidade apresente suas demonstrações separadas. Portanto, trata-se de uma opção da investidora perante a necessidade de transparência de sua situação econômica e financeira aos investidores e credores. Para os casos em que o regulador exige que a investidora apresente demonstrações financeiras separadas, os investimentos

---

[2] Em ambos os casos, é essencial que a legislação local assim permita.

[3] Importante frisar a observação apontada pelo CPC 35 (R2), de que "as demonstrações contábeis em que a entidade não possui investimentos em controlada, em coligada ou em empreendimento controlado em conjunto não são consideradas demonstrações separadas". Portanto, a entidade teria apenas demonstrações individuais.

em coligadas, controladas e controladas em conjunto devem ser contabilizados usando o conceito de valor justo, conforme previsto no CPC 48 – Instrumentos Financeiros, pelo custo, ou como de acordo com a remissão do IAS 27, também pelo método de equivalência patrimonial.

Quando os investimentos em participações forem avaliados pelo custo, os ganhos acontecerão pela distribuição de resultados da investida. Nesses casos, haverá a necessidade de realização de testes periódicos de *impairment*.

Quando avaliados pelo conceito de valor justo, os ganhos e perdas acontecerão pela variação do valor justo do investimento de participação societária, e a distribuição de resultados da investida será considerada uma redução do investimento.

Para propósito de divulgação, a investidora deve evidenciar se as demonstrações divulgadas são demonstrações contábeis separadas, além de apresentar:

- Os motivos pela apresentação de tais relatórios.
- A relação dos investimentos relevantes realizados em coligadas, controlada e controladas em conjunto.
- O método para avaliar e contabilizar os investimentos.
- A razão para a escolha do método de avaliação e contabilização dos investimentos em participações.

PARA REFLETIR...

Quais seriam os métodos permitidos de avaliação e contabilização dos investimentos em empresas coligadas e controladas em uma empresa investidora quando da confecção de suas demonstrações financeiras separadas?

4. DEMONSTRAÇÕES SEPARADAS

Pela explanação taxativa do CPC 35 (R2), as demonstrações separadas devem ser apresentadas de acordo com todos os pronunciamentos e interpretações emitidos pelo CPC. Entretanto, a investidora pode, desde que seguida a legislação em vigor local, contabilizar seus investimentos de participações societárias em controladas, coligadas e empreendimentos controlados em conjunto, usando uma das seguintes alternativas:

- Pelo custo histórico.
- Pelo valor justo, de acordo com o CPC 48 – Instrumentos Financeiros.
- Mais recentemente, pelo método de equivalência patrimonial, de acordo com o CPC 18 (R2) – Investimento em Coligada, em Controlada e em Empreendimento Controlado em Conjunto.

Controladoras que mensuram seus investimentos de participações em controladas pelo valor justo por meio do resultado (CPC 48), seja por uma imposição legal ou por ela ser uma entidade de investimento, como um fundo de investimento de participação, devem contabilizar da mesma forma em suas demonstrações contábeis individuais e separadas.

Quando a investidora deixar de ser uma entidade de investimento, esta deve contabilizar o investimento em controladas de acordo com um dos três critérios apontados anteriormente – custo, valor justo ou equivalência. Assim, o valor justo da controlada na aquisição será a contraprestação a ser considerada para propósito de contabilização do investimento de participação.

Quando a investidora vir a se tornar uma entidade de investimento, esta deve contabilizar o investimento em controladas de acordo com o CPC 48, ou seja, pelo valor justo por meio do resultado.

Segundo o CPC 35 (R2), na data de aplicação inicial, a entidade de investimento que tenha anteriormente mensurado seu investimento em controlada ao custo deve passar a mensurar esse investimento ao valor justo por meio do resultado como se os requisitos desse pronunciamento técnico sempre tivessem estado em vigor. A entidade de investimento deve ajustar retrospectivamente o período anual imediatamente anterior à data de aplicação inicial e ajustar os lucros acumulados no início do período imediatamente anterior para refletir qualquer diferença entre:

- O valor contábil anterior do investimento.
- O valor justo do investimento do investidor na controlada.

As distribuições de resultados de controladas, coligadas ou de empreendimentos controlados em conjunto devem ser reconhecidas no resultado do período nas demonstrações separadas da investidora, exceto nos casos em que o método de equivalência patrimonial for o utilizado, já que neste as distribuições serão reconhecidas reduzindo o valor contábil do investimento.

De acordo com o CPC 35 (R2):

> 13. Quando a sociedade controladora reorganizar a estrutura societária do grupo de tal modo a estabelecer uma nova entidade como sociedade controladora do grupo, de maneira a satisfazer os seguintes critérios:
>
> (a) a nova sociedade controladora obtém o controle da controladora original por meio da emissão de instrumentos patrimoniais em troca de instrumentos patrimoniais existentes da controladora original;
>
> (b) os ativos e os passivos do novo grupo e do grupo original são os mesmos, ao se compará-los imediatamente antes e depois da reorganização; e
>
> (c) os proprietários da sociedade controladora original antes da reorganização têm os mesmos interesses absolutos e relativos nos ativos líquidos do grupo original e do novo grupo ao se comparar esses interesses imediatamente antes e depois da reorganização;

e a nova sociedade controladora contabiliza seus investimentos na controladora original de acordo com o item 10(a) [pelo custo histórico] em suas demonstrações separadas, a nova sociedade controladora deve mensurar ao custo histórico o montante contábil de sua participação nos itens de patrimônio líquido evidenciados nas demonstrações separadas da sociedade controladora original na data da reorganização.

PARA REFLETIR...

Qual o argumento usado para que no Brasil seja exigida a divulgação de demonstrações financeiras individuais da investidora de grupos econômicos que já elaboram suas demonstrações financeiras consolidadas?

5. DEMONSTRAÇÕES INDIVIDUAIS

Economicamente, a divulgação de demonstrações contábeis individuais parece sem fundamento ao serem exigidas de grupos empresariais, os quais evidentemente elaboram demonstrações consolidadas; assim, essas demonstrações individuais deveriam ser divulgadas apenas por investidoras que não tivessem investimentos em controladas. Entretanto, como frisa a ICPC 09 (R2) – Demonstrações Contábeis Individuais, Demonstrações Separadas, Demonstrações Consolidadas e Aplicação do Método de Equivalência Patrimonial, leis e reguladores brasileiros determinam a divulgação das demonstrações contábeis individuais de investidoras que já divulgam as suas demonstrações consolidadas.

Ainda, a legislação societária no Brasil prevê que o cálculo dos dividendos mínimos obrigatórios e total, além do valor patrimonial das ações, seja determinado com base nas demonstrações financeiras individuais das empresas, mesmo quando forem controladas de um grupo econômico, o que parece em total choque com os preceitos de normatização contábil à evidenciação da situação econômica dos negócios, perseguida pelos pronunciamentos do Iasb e também do CPC. Porém, a ICPC 09 (R2) esclarece que, enquanto essa situação existir, as demonstrações individuais devem ser emitidas em conjunto com as demonstrações consolidadas.

A ICPC 09 (R2) estabelece que, a fim de eliminar as diferenças que possam existir entre os lucros líquidos e patrimônios líquidos individual e consolidado na elaboração de demonstrações individuais e demonstrações consolidadas, devem prevalecer as orientações previstas no CPC 43 (R1) – Adoção Inicial dos Pronunciamentos Técnicos CPCs 15 a 41.

A Tabela 20.1 apresenta uma parte do balanço patrimonial da ACEF S.A. (Cruzeiro do Sul Educacional) do ano de 2016.

Tabela 20.1 Balanço patrimonial da ACEF S.A. do ano de 2016.

ACEF S.A.
Balanços patrimoniais
Em 31 dezembro de 2016 e 2015
(em milhares de reais)

	Notas	Controladora		Consolidado	
		31/12/2016	31/12/2015	31/12/2016	31/12/2015
Ativo					
Circulante					
Caixa e equivalentes de caixa	5	**10.016**	7.370	**13.523**	8.059
Contas a receber	6	**22.693**	27.366	**28.267**	30.839
Tributos a recuperar		**821**	835	**861**	835
Outros créditos		**521**	462	**3.575**	5.030
Total do ativo circulante		**34.051**	36.033	**46.226**	44.763
Não circulante					
Contas a receber	6	**146**	–	**146**	–
Depósitos judiciais		**682**	814	**1.565**	1.873
Investimentos	7	**142.769**	136.590	**42**	–
Imobilizado, líquido	8	**13.966**	13.385	**56.669**	54.059
Intangível, líquido	9	**507**	474	**93.606**	96.728
Total do ativo não circulante		**158.070**	151.263	**152.028**	152.660

Nela, a empresa divulga a posição patrimonial da empresa individual controladora e do grupo consolidado. Destaque para o relatório da empresa controladora, que individualmente demonstra seu desempenho, com seus investimentos tradicionais em participação de empresas avaliados pelo método de equivalência patrimonial.

6. EVIDENCIAÇÃO

Nas situações de exceção já discutidas do CPC 36 (R3) e neste capítulo, quando a controladora estiver desobrigada de apresentar demonstrações consolidadas, e a controladora desejar apresentar apenas demonstrações separadas, desde que dispensada legalmente de elaborar demonstrações consolidadas, ela deve divulgar em suas demonstrações separadas:

- Se tratar de demonstrações separadas.
- Qualificar o motivo da dispensa de consolidação.
- O nome e endereço de sua entidade controladora que apresentou demonstrações consolidadas.
- A localização onde podem ser obtidas as referidas demonstrações consolidadas.
- Uma lista dos investimentos relevantes em participações societárias – controladas, empreendimentos controlados em conjunto e coligadas, com informações do nome da investida, endereço e a participação.
- A identificação do método utilizado para contabilizar os investimentos listados.

O CPC 35 (R2) aponta que, nos casos em que uma entidade de investimento que for controladora e, desde que permitido, elabora demonstrações contábeis separadas como suas únicas demonstrações contábeis, ela deve divulgar esse fato e também as divulgações relativas a entidades de investimento exigidas pelo Pronunciamento Técnico CPC 45 – Divulgação de Participações em Outras Entidades.

Quando a investidora com controle conjunto ou influência significativa em investida elaborar demonstrações separadas, esta deve identificar as demonstrações contábeis elaboradas em consonância com o CPC 36 (R3), CPC 19 (R2) e CPC 18 (R2). A controladora ou o investidor devem também divulgar em suas demonstrações separadas, conforme CPC 35 (R2), item 17:

- (a) o fato de tratar-se de demonstrações separadas e as razões do porquê de essas demonstrações contábeis terem sido elaboradas, caso não sejam requeridas por lei;
- (b) uma lista dos investimentos significativos em controladas, em empreendimentos controlados em conjunto e em coligadas, incluindo:
    - (i) o nome de referidas investidas;
    - (ii) o endereço principal de referidas investidas (e o país de constituição da investida, caso seja diferente);
    - (iii) a proporção dos interesses de propriedade da investidora na investida (e a proporção do capital votante, caso seja diferente);
- (c) a descrição do método utilizado para contabilizar os investimentos listados de acordo com o item 17(b).

Como originalmente, até 2013, os métodos aceitos pelo Iasb para mensuração de investimentos em controladas, coligadas e controladas em conjunto para as demonstrações separadas eram apenas os métodos de custo e de valor justo, aquelas empresas brasileiras que usassem o método de equivalência patrimonial para apurar o resultado desses investimentos societários eram alertadas pelas empresas de auditoria independentes em seu parecer, quanto à divergência à norma internacional do Iasb.

No relatório da auditoria da Petrobras de 2013, ainda constava um destaque quanto à forma de mensuração dos investimentos em controladas, coligadas e controladas em conjunto. Porém, em 2014, diante da inclusão pelo Iasb do método de equivalência patrimonial como modelo permitido para as demonstrações separadas, no relatório da auditoria já não mais havia tal ênfase sobre os investimentos societários.

Relatório dos auditores independentes sobre as demonstrações contábeis – Petróleo Brasileiro S.A. – Petrobras (2013)

Ênfase – Base de preparação

Conforme descrito na nota 2, as demonstrações contábeis individuais foram elaboradas de acordo com as práticas contábeis adotadas no Brasil. No caso da Petróleo Brasileiro S.A. – Petrobras, essas práticas diferem das IFRS, aplicáveis às demonstrações contábeis separadas, somente no que se refere à avaliação dos investimentos em controladas, coligadas e controladas em conjunto pelo método de equivalência patrimonial, uma vez que para fins de IFRS seria custo ou valor justo, e pela manutenção do saldo de ativo diferido existente em 31 de dezembro de 2008, que vem sendo amortizado. Nossa opinião não está ressalvada em função desse assunto.

A seguir, a nota explicativa n. 2 da Petrobras, a que se refere o parecer dos auditores independentes.

2. Base de apresentação das demonstrações contábeis

As demonstrações contábeis incluem:

Demonstrações contábeis consolidadas

- As demonstrações contábeis consolidadas estão sendo apresentadas de acordo com os padrões internacionais de demonstrações contábeis (IFRS) emitidos pelo International Accounting Standards Board – Iasb e também de acordo com práticas contábeis adotadas no Brasil.

Demonstrações contábeis individuais

- As demonstrações contábeis individuais estão sendo apresentadas de acordo com as práticas contábeis adotadas no Brasil, em observância às disposições contidas na Lei das Sociedades por Ações, e incorporam as mudanças introduzidas por intermédio das Leis 11.638/07 e 11.941/09, complementadas pelos pronunciamentos, interpretações e orientações do Comitê de Pronunciamentos Contábeis (CPC), aprovados por resoluções do Conselho Federal de Contabilidade (CFC) e por normas da Comissão de Valores Mobiliários(CVM).

- Os pronunciamentos, interpretações e orientações do CPC estão convergentes às normas internacionais de contabilidade emitidas pelo Iasb. Dessa forma, as demonstrações contábeis individuais não apresentam diferenças em relação às consolidadas em IFRS, exceto pela manutenção do ativo diferido, conforme previsto no CPC 43 (R1), aprovado pela Deliberação CVM 651/10. As reconciliações do patrimônio líquido e resultado da controladora com o consolidado estão na nota explicativa 3.1.1.

As demonstrações contábeis foram preparadas utilizando o custo histórico como base de valor, exceto para os ativos financeiros disponíveis para venda, ativos e passivos financeiros mensurados ao justo valor e determinadas classes de ativos e passivos circulantes e não circulantes, conforme apresentado na nota explicativa de políticas contábeis.

O Conselho de Administração da Companhia, em reunião realizada em 25 de fevereiro de 2014, autorizou a divulgação destas demonstrações contábeis.

Relatório dos auditores independentes sobre as demonstrações contábeis – Petróleo Brasileiro S.A. – Petrobras (2014)

Ênfase – Base de preparação

Conforme descrito na nota explicativa 2, as demonstrações contábeis individuais foram elaboradas de acordo com as práticas contábeis adotadas no Brasil. No caso da Petróleo Brasileiro S.A. – Petrobras, essas práticas diferem das IFRS, aplicáveis às demonstrações contábeis separadas, somente no que se refere à manutenção do saldo de ativo diferido existente em 31 de dezembro de 2008, o qual foi integralmente amortizado durante o exercício findo em 31 de dezembro de 2014. Nossa opinião não está ressalvada em função desse assunto.

DESTAQUES FINAIS

O Quadro 20.2 tenta fazer um paralelo entre as sistemáticas apresentadas como forma de tratamento das demonstrações contábeis quando há investimentos em participações societárias.

Importante frisar que o CPC 43 (R1) ainda contempla a divergência entre a exigência brasileira do uso do método de equivalência patrimonial para demonstrações individuais e da normatização do Iasb do uso do custo e do valor justo apenas para demonstrações separadas. Entretanto, na revisão do IAS 27 – *Separate Financial Statements* em agosto de 2014, o órgão internacional de regulação contábil passou a admitir também o uso da equivalência patrimonial, da mesma forma como se exigia o uso do valor justo e do custo como forma de avaliar investimentos de investidora em controladas, mas apenas em demonstrações separadas.

Quadro 20.2 Comparação das formas de avaliação de participações societárias

Participação societária	Sistemática de avaliação
Investimentos em coligadas.	Agregação à investidora do resultado contábil equivalente da investida.
Controladas com consolidação.	Pela aglutinação às controladas dos valores das demonstrações financeiras da investida.
Influência significativa, mas sem participação relevante ou participação em negócios controlados individualmente (entidades de participação) em demonstrações financeiras separadas.	Valor justo ou custo e, mais recentemente, pela equivalência do investimento.1

Um ponto interessante e de certa forma esclarecedor quanto às conclusões e menos quanto ao exemplo da transação (ICPC 09 [R2]) menciona que, nas demonstrações contábeis individuais da controladora, as transações de capital, ou seja, as mudanças na participação relativa da controladora sobre uma controlada que não resultem na perda de controle, devem refletir a situação dessa controladora individual, mas sem perder de vista o conceito de entidade econômica como um todo e que preserva individualmente as figuras dos patrimônios da controladora e da controlada, haja vista a aplicação do método da equivalência patrimonial. Assim, no balanço individual, não se espera conseguir a reprodução isolada da controladora, o que só se conseguiria se este fosse apresentado nas demonstrações separadas. Porém, essa interpretação técnica notadamente ainda não contemplou a possibilidade da aplicação do método de equivalência patrimonial em demonstrações separadas, apenas o custo e o valor justo, pois se o método de equivalência patrimonial estivesse contemplado, chegaríamos a uma controladora com demonstrações individuais semelhantes às demonstrações separadas. Assim, a possibilidade e/ou obrigação da aplicação do método de equivalência patrimonial em demonstrações separadas "joga por terra" a ideia de evidenciar uma controladora pura, simples e totalmente isolada do grupo empresarial.

Por fim, os modelos de gestão empregados nas empresas aqui no Brasil e também no mercado internacional, talvez influenciados em cada época pelas novas teorias de administração, foram implementados para atender a determinadas estratégias de crescimento das empresas. Em um primeiro momento, buscou-se o domínio de determinadas atividades, com a formação de conglomerados gigantescos por meio da ampliação das atividades, seja pela compra de concorrentes ou de empresas fornecedoras de matérias-primas. Em um segundo momento, passou-se a acreditar que o melhor seria a diversificação das atividades, já que colocar todos os "ovos" (negócios) na mesma "cesta" (atividade) parecia algo mais arriscado que os distribuir em diferentes "recipientes" (indústria ou região geográfica). Em um terceiro momento, a concentração em negócios mais rentáveis, dentro da especialidade da empresa e independentemente da região do globo, parece predominar nos dias de hoje. Independentemente do seu ponto de vista, o fato é que: concentrada ou diversificada, a empresa precisa apresentar de forma competente um conjunto de informações que reflita a real situação econômica e financeira da empresa.

RESUMO

- Quando os investimentos em coligadas e controladas realizados por uma investidora são geridos de forma individual ao invés de coletiva, como em uma entidade econômica totalmente distinta, avaliar essas participações pelo valor justo ou pelo custo deveria representar a alternativa mais adequada para essas situações.

- Quando uma entidade possui investimentos em outras companhias com influência significativa, sejam relevantes ou não essas participações, a empresa pode contabilizar esses investimentos pelo custo, valor justo, ou pelo método de equivalência patrimonial.

- Após um período divergente, as normas nacionais e internacionais passaram a se igualar na possibilidade de utilização do método de equivalência patrimonial em demonstrações financeiras separadas de investidoras que já divulgassem relatórios consolidados do grupo empresarial.

- A legislação societária brasileira prevê que o cálculo dos dividendos mínimos obrigatórios e total, além do valor patrimonial das ações, seja determinado com base nas demonstrações financeiras individuais das empresas, mesmo quando forem controladas de um grupo econômico.

EXERCÍCIOS PROPOSTOS

QUESTÃO 1: Aponte e descreva situações que justifiquem a elaboração de demonstrações contábeis separadas.

QUESTÃO 2: Nas demonstrações separadas, quais são métodos permitidos para se contabilizar na investidora os investimentos de participações societárias em controladas, coligadas e empreendimentos controlados em conjunto?

QUESTÃO 3: Qual motivo justificou a "ênfase" das empresas de auditorias independentes nas demonstrações financeiras das empresas auditadas até 2013, quanto às demonstrações separadas?

QUESTÃO 4: No que consiste e o que justifica que no Brasil seja exigida a divulgação de demonstrações financeiras individuais?

▶ Assista ao **vídeo**

QUESTÃO 5: Um grupo empresarial possui investimentos em empresas de diferentes ramos industriais: alimentos e bebidas, rede de lanchonetes e empresa de aviação. Na empresa de alimentos, possui investimento relevante, mas não tem controle; na rede de lanchonetes, não possui investimento relevante; na empresa de aviação, possui investimento relevante, mas a gerencia de forma totalmente individual. Assim, quais seriam os métodos de avaliação desses investimentos?

BIBLIOGRAFIA SUGERIDA

COMITÊ DE PRONUNCIAMENTOS CONTÁBEIS (CPC). *Interpretação técnica ICPC 09 (R2) – Demonstrações Contábeis Individuais, Demonstrações Separadas, Demonstrações Consolidadas e Aplicação do Método de Equivalência Patrimonial.* Brasília: CPC, 2014. Disponível em: http://static.cpc.aatb.com.br/Documentos/494_ICPC_09_(R2)_rev%2009.pdf. Acesso em: 10 ago. 2020.

COMITÊ DE PRONUNCIAMENTOS CONTÁBEIS (CPC). *Pronunciamento técnico CPC 18 (R2) – Investimento em Coligada, em Controlada e em Empreendimento Controlado em Conjunto.* Brasília: CPC, 2012. Disponível em: http://static.cpc.aatb.com.br/Documentos/263_CPC_18_(R2)_rev%2013.pdf. Acesso em: 4 ago. 2020.

COMITÊ DE PRONUNCIAMENTOS CONTÁBEIS (CPC). *Pronunciamento técnico CPC 35 (R2) – Demonstrações Separadas.* Brasília: CPC, 2012. Disponível em: http://static.cpc.aatb.com.br/Documentos/363_CPC_35_R2_rev%2007.pdf. Acesso em: 4 ago. 2020.

COMITÊ DE PRONUNCIAMENTOS CONTÁBEIS (CPC). *Pronunciamento técnico CPC 36 (R3) – Demonstrações Consolidadas.* Brasília: CPC, 2012. Disponível em: http://static.cpc.aatb.com.br/Documentos/448_CPC_36_R3_rev%2008.pdf. Acesso em: 4 ago. 2020.

COMITÊ DE PRONUNCIAMENTOS CONTÁBEIS (CPC). *Pronunciamento técnico CPC 43 (R1) – Adoção Inicial dos Pronunciamentos Técnicos CPCs 15 a 41.* Brasília: CPC, 2010. Disponível em: http://static.cpc.aatb.com.br/Documentos/426_CPC43_R1.pdf. Acesso em: 11 ago. 2020.

EPSTEIN, B. J.; JERMAKOWICZ, E. K. *Interpretation and application of International Financial Reporting Standards.* 7. ed. Nova Jersey: Wiley, 2010.

ERNST & YOUNG; FIPECAFI. *Manual de normas internacionais de contabilidade*: IFRS *versus* normas brasileiras. 2. ed. São Paulo: Atlas, 2010.

FIPECAFI. *Manual de contabilidade societária*: aplicável a todas as sociedades de acordo com as normas internacionais e do CPC. 2. ed. São Paulo: Atlas, 2013.

INTERNATIONAL ACCOUNTING STANDARDS BOARD (IASB). IAS 27 – *Separate Financial Statement*. 2014.

GOL LINHAS ÁREAS INTELIGENTES S. A. *Demonstrações Financeiras* 2014.

CRUZEIRO DO SUL EDUCACIONAL S. A. *Demonstrações Financeiras* 2016.

PETRÓLEO BRASILEIRO S. A. *Demonstrações Financeiras* 2013.

PETRÓLEO BRASILEIRO S. A. *Demonstrações Financeiras* 2014.

PARTE VI
TRIBUTAÇÃO E INSTRUMENTOS FINANCEIROS

21

TRIBUTAÇÃO BRASILEIRA SOBRE O LUCRO

Sílvio Hiroshi Nakao

OBJETIVOS DE APRENDIZAGEM

- Compreender quais são os mecanismos contábeis utilizados pelo fisco para a proteção dos interesses do governo na apuração do lucro tributável para fins de imposto de renda (IR) e contribuição social sobre o lucro (CSL) no Brasil.
- Compreender a necessidade de haver a neutralidade tributária para fins de apuração do lucro conforme as normas *International Financial Reporting Standards* (IFRS)/Comitê de Pronunciamentos Contábeis (CPC).
- Observar os principais pontos da legislação tributária que representam diferenças entre o lucro tributável e o lucro para divulgação.

1. APRESENTAÇÃO

A reportagem de Flávia Lima, da *Folha de S.Paulo*, de 28 de janeiro de 2018, revela alguns dados a respeito da tributação sobre o lucro:

> [...] Dados da consultoria EY indicam que o imposto médio corporativo no grupo da OCDE (que reúne países em sua maioria desenvolvidos) era de 32% em 2000 e caiu para 24% neste ano – bem abaixo dos 34% cobrados hoje pelo Brasil. Na América Latina, já é certo que o país vai perder espaço até para a Colômbia. Hoje a tarifa total está em 37% e vai cair a 33% até 2019.
>
> Se quiser entrar na competição tributária mundial, o Brasil terá que rever a cobrança sobre o lucro corporativo, diz Bernard Appy, diretor do CCiF (Centro de Cidadania Fiscal). "Não é uma questão de o Brasil querer ou não mudar, mas de ser competitivo como um polo de atração de investimentos", diz Appy.
>
> Na reforma americana, além da alíquota menor para quem produz internamente, os EUA isentaram o lucro obtido por empresas americanas no exterior. Antes, quando empresas americanas repatriavam o lucro auferido em outros países, pagavam a diferença em relação à alíquota dos EUA, de 35%.
>
> Assim, uma empresa americana que produzia no Brasil pagava 34% por aqui mais uma diferença de 1%, se enviasse o lucro aos EUA. Com a isenção nos EUA, o peso de produzir no Brasil cresceu. [...].

A reportagem trata das alíquotas nominais cobradas pelos países sobre o lucro das empresas. Entretanto, a tributação não é realizada apenas considerando a alíquota; há uma série de outros detalhes que afetam o valor que de fato a empresa paga aos cofres públicos. Por exemplo, outros países tributam os dividendos distribuídos, mas, no Brasil, os dividendos são isentos. Assim, é preciso entender quais são os diversos mecanismos que formam a tributação sobre o lucro.

Este capítulo trata das questões envolvendo a tributação brasileira sobre o lucro, mais particularmente os aspectos que possuem maior relação com a contabilidade para fins de divulgação. A intenção é trazer uma base de conhecimento para se discutir a contabilidade de tributos sobre o lucro conforme o CPC 32, que será trabalhado no Capítulo 22.

O objetivo do capítulo é fazer com que o leitor possa entender os mecanismos utilizados pela legislação tributária para proteger os interesses do fisco e como isso provoca diferenças na mensuração do lucro para fins de divulgação e para fins de apuração dos tributos sobre o lucro.

Este capítulo apresenta primeiramente uma visão geral dos assuntos relacionados. Em seguida, é realizada uma caracterização do modelo de tributação do lucro no Brasil. Depois, o capítulo procura tratar da formação do lucro tributável e de alguns pontos específicos importantes do ponto de vista contábil em relação ao seu tratamento tributário.

Conforme discutido no Capítulo 1 – Conceitos contábeis e governança corporativa, as normas contábeis para fins de divulgação procuram proteger investidores e credores da ação do gestor na busca de seus próprios interesses econômicos em detrimento dos interesses daqueles. O resultado disso é que as normas para fins de divulgação buscam o retrato da realidade econômica, mas evitando a superavaliação do lucro.

Do mesmo modo, a legislação tributária busca a proteção do fisco contra a assimetria informacional, estabelecendo regras que também procuram retratar a realidade econômica. Entretanto, a legislação tributária evita a subavaliação do lucro.

Assim, os mecanismos contábeis que visam proteger os interesses de acionistas e credores agem em sentido contrário ao dos mecanismos de proteção dos interesses do fisco. Como agem em sentidos opostos, é natural que haja dois conjuntos diferentes de normas contábeis: uma voltada para investidores e outra para o fisco.

A aplicação desses dois conjuntos de normas ao mesmo tempo resulta em diferenças nos lucros apurados. Parte dessas diferenças ocorre apenas de forma temporária. Por exemplo, digamos que a norma para divulgação determine a avaliação a valor justo para um determinado ativo, mas a legislação tributária determine que esse ativo seja mensurado a custo histórico. Eventual ganho ou perda a valor justo seria reconhecido para fins de divulgação, o que não ocorreria para fins de tributação, nesse primeiro momento. Porém, quando o ativo for vendido, esse mesmo ganho ou perda será reconhecido para fins tributários.

A Lei 11.638/2007 trouxe a neutralidade tributária, o que foi definitivamente confirmado com a Lei 12.973/2014, após um período sob o Regime Tributário de Transição (RTT). A neutralidade tributária assegura que a aplicação de métodos e critérios contábeis para fins de divulgação não tem impacto tributário. Assim, é possível, por exemplo, adotar vidas úteis mais extensas de ativo imobilizado do que as previstas pela legislação tributária e mesmo assim deduzir da base de cálculo do IR a depreciação conforme a taxa prevista na regra tributária.

Entretanto, não são apurados dois lucros com base em duas contabilidades separadas. Os registros contábeis devem ser feitos com base nas normas contábeis IFRS/CPC, e o lucro antes do IR/CSL deve então ser ajustado no livro de apuração do lucro real (Lalur) para fins de apuração do lucro tributável. Assim, podem ocorrer ajustes que aumentam (adições) ou diminuem (exclusões) o lucro tributável em relação ao lucro contábil para divulgação.

Desse modo, há diversas diferenças nos critérios de reconhecimento e mensuração de ativos e passivos nas normas de divulgação e de tributação que levam a lucros diferentes em cada período. Este capítulo procura mostrar as principais diferenças que ocorrem na apuração desses lucros.

2. MODELO DE TRIBUTAÇÃO DO LUCRO NO BRASIL

No Brasil, há dois tributos em específico que incidem sobre o lucro: IR e CSL. A apuração desses tributos depende do regime de tributação em que a empresa está enquadrada. Há quatro regimes de tributação federal envolvendo a tributação sobre o lucro:

- Lucro real.
- Lucro presumido.
- Lucro arbitrado.
- Simples Nacional.

O Simples Nacional é voltado para microempresas e empresas de pequeno porte. Assim, a opção por esse regime tributário só pode ser exercida se a empresa se enquadrar nos critérios exigidos pelo governo, que inclui o seu tamanho, medido pela receita bruta: até R$ 4,8 milhões por ano. Nessa opção, a empresa paga sobre uma alíquota única sobre a receita mensal, alíquota essa que é definida conforme a sua atividade (comércio, indústria ou prestação de serviços) e seu nível de receitas nos últimos 12 meses. Essa alíquota inclui, além de IR e CSL, Programa Integração Social (PIS), Contribuição para o Financiamento da Seguridade Social (Cofins), Contribuição Previdenciária Patronal (CPP) e Imposto sobre Circulação de Mercadorias e Serviços (ICMS).

A opção do lucro presumido é voltada para empresas pequenas e médias, que faturam até R$ 78 milhões por ano, com menores restrições para a sua opção do que para a do Simples Nacional. A opção ocorre para IR, mas na verdade ela é feita para um "pacote" de tributação, envolvendo vários tributos. Imposto sobre Serviços (ISS), PIS, Cofins, IR e CSL são preponderantemente incidentes sobre a receita bruta, e Imposto sobre Produtos Industrializados (IPI) e ICMS são incidentes sobre o valor agregado da empresa. PIS e Cofins são calculados sobre a receita bruta com alíquota combinada de 3,65%. O IR é calculado sobre um percentual que o fisco presume ser de margem de lucro, somado a outras receitas, como as financeiras. Por exemplo, se a receita de um trimestre de uma empresa comercial é de R$ 100.000, o fisco presume um percentual de lucro de 8%. Com alíquota de 15% de IR, o valor do tributo é de R$ 1.200 (100.000 × 0,08 × 0,15), independentemente de qual foi o valor do lucro que a empresa obteve de fato. A CSL segue a mesma lógica, mas com percentuais de presunção do lucro diferentes.

O lucro arbitrado é faculdade do fisco e pode ser aplicado nos casos em que a pessoa jurídica não mantém escrituração na forma das leis comerciais e fiscais, com escrituração desclassificada pela fiscalização, que optou indevidamente pela tributação no lucro presumido ou que não mantém arquivo de documentos.

A opção do lucro real pode ser feita por qualquer empresa, mesmo por uma microempresa, mas também implica a "aquisição de um pacote tributário". ISS é incidente sobre a receita de serviços, mas PIS e Cofins são incidentes sobre o valor agregado, tal como IPI e ICMS. IR e CSL são incidentes sobre o lucro realmente apurado com base nos lançamentos contábeis.

O chamado lucro real é calculado no Lalur a partir de ajustes de adições, exclusões e compensações sobre o lucro antes do IR/CSL, apurado contabilmente. As adições são ajustes que aumentam o lucro tributável em função, por exemplo, de despesas que sejam indedutíveis. As exclusões são ajustes que reduzem o lucro tributável, por exemplo, por receitas que sejam não tributáveis e por despesas que passaram a ser dedutíveis. As compensações ocorrem em função da existência de prejuízos fiscais anteriores, reduzindo o valor do lucro tributável. As compensações podem ocorrer em até 30% do lucro antes das compensações, mas não há prazo para expiração dos prejuízos fiscais acumulados.

Os ajustes de adições, exclusões e compensações de cada período de apuração são feitos na parte A do Lalur. A parte B do Lalur é utilizada para controlar os saldos que ficam para a frente, como o valor dos prejuízos fiscais que serão compensados no futuro ou as despesas que são indedutíveis apenas temporariamente, como é o caso das provisões.

IR e CSL são apurados no tempo, segundo duas opções que o contribuinte pode fazer: apuração trimestral ou apuração anual. Na opção da apuração trimestral, o pagamento dos tributos é feito trimestralmente, mas o período considerado para fins de compensação de prejuízos fiscais também é trimestral, passando pela regra de compensação de até 30% do lucro do trimestre. Na opção de apuração anual, o pagamento dos tributos é feito mensalmente, pela sistemática de adiantamentos mensais por estimativa ou por balancetes de suspensão/redução. Nessa sistemática, são feitos adiantamentos mensais calculados com base nos percentuais do lucro presumido, podendo ser reduzidos ou suspensos caso se comprove, por meio do levantamento de balancetes mensais e da apuração do lucro real, que o valor pago no ano é maior do que o devido.

Em um processo relativamente recente de mudanças na legislação societária e tributária, houve a adoção das normas internacionais de contabilidade e, ao mesmo tempo, a chamada neutralidade tributária, com o advento da Lei 11.638/2007. Com isso, as mudanças trazidas pelas novas normas contábeis não têm impacto sobre a apuração do lucro tributável, havendo desvinculação da contabilidade financeira para divulgação da contabilidade para fins de tributação.

PARA REFLETIR...

Por que a adoção de IFRS precisou ser acompanhada da neutralidade tributária?

Até a promulgação da Lei 11.638/2007, o Brasil possuía uma forte influência da legislação tributária sobre a divulgação contábil, visto que se utilizavam taxas de depreciação determinadas pela Receita Federal do Brasil (RFB) em vez da vida útil econômica de fato, por exemplo. A adoção de IFRS precisou ser acompanhada da neutralidade tributária, porque havia o risco de ganhos pela mensuração a valor justo de ativos serem tributados, por exemplo, pois a aplicação da legislação tributária como estava à época levaria a isso.

O lucro para fins de divulgação é apurado conforme as normas internacionais e posteriormente é ajustado no Lalur por meio de adições e exclusões. No período de 2008 a 2014, esses ajustes foram feitos em duas partes: uma parte como ajustes do RTT, em que se apurava o lucro segundo a legislação vigente até 2007, e a outra parte como ajustes do Lalur que se fazia normalmente até então. Essas duas partes foram unificadas e todos os ajustes são feitos diretamente no Lalur, conforme a Lei 12.973/2014.

Esse é o modelo geral de tributação do lucro no Brasil. As especificações ficam por conta do que a legislação considera como receita tributável e despesa dedutível, além de outras especificações em termos de incentivos fiscais e de distribuição de lucros, que vamos tratar na sequência.

3. LUCRO NA LEGISLAÇÃO TRIBUTÁRIA BRASILEIRA

A legislação tributária estabelece uma série de regras envolvendo a definição dos componentes do lucro. Por vezes, o texto da lei dá a impressão de que está tratando da definição dos componentes do lucro contábil; outras vezes, dá a impressão de que está definindo se a receita é tributável ou se a despesa é dedutível. Provavelmente, é uma mistura das duas coisas: afinal, antes da Lei 11.638/2007, havia uma forte influência da legislação tributária sobre a prática contábil.

Com isso, há definições de receitas, custos e despesas, mas há também a definição de resultados tributáveis e dedutíveis. É importante ver essas definições do ponto de vista do fisco, que visa proteger seus interesses de arrecadação dos tributos.

3.1 Receitas

A legislação tributária brasileira possui uma série de definições relevantes que compreendem a informação contábil utilizada como base para a apuração dos tributos sobre o lucro. Diferentemente da norma contábil para divulgação, que estabelece seus princípios a partir de ativos e passivos, a legislação tributária foca suas definições nas contas de resultado. Não há nenhum problema nisso, já que um é a contrapartida do outro. Assim, vamos seguir a lógica da legislação tributária para tratar dos conceitos e definições neste capítulo.

É importante lembrar que as definições também são mecanismos de proteção do usuário da informação, neste caso o fisco. Assim, é possível depreender que as definições das contas de resultado, por parte da legislação tributária, possuem um "viés" de evitar que o lucro tributável seja subavaliado por parte do contribuinte. Isso poderia acontecer por meio da omissão de receitas ou de apresentação de despesas que não sejam da própria entidade, por exemplo. Perceba que as normas contábeis para divulgação não possuem esses mecanismos.

Primeiramente, vamos tratar das receitas. De acordo com o *caput* do art. 12 do Decreto-lei 1.598/1977, alterado pela Lei 12.973/2014, a receita bruta compreende:

> I – o produto da venda de bens nas operações de conta própria;
> II – o preço da prestação de serviços em geral;
> III – o resultado auferido nas operações de conta alheia; e
> IV – as receitas da atividade ou objeto principal da pessoa jurídica não compreendidas nos incisos I a III.

Assim, essa definição de receita abrange as suas naturezas, obtidas por meio de venda de mercadorias e produtos, de prestação de serviços, de comissão de agentes (operações de conta alheia) e as demais atividades principais da entidade, como as receitas de aluguel (que não são tratadas na legislação brasileira como prestação de serviços), quando for o caso.

Como a legislação trata a receita com produtos e mercadorias como o "produto da venda de bens", perceba que o critério que define o reconhecimento dessa receita é a "venda". Assim, se a venda ocorreu, a receita para fins tributários ocorre nesse momento. Isso significa que pode haver diferença em relação aos critérios de reconhecimento da receita de acordo com IFRS/CPC. Pegue, por exemplo, o caso de uma venda para entrega futura de mercadoria disponível em estoque. Se a mercadoria foi vendida, o valor vendido está sujeito à tributação, mas a receita não deve ser reconhecida para fins de divulgação, pois ainda não foi atendido o critério de transferência de riscos e benefícios inerentes à propriedade dos bens e de envolvimento continuado na gestão dos bens vendidos. Afinal, é possível que a vendedora entregue a unidade disponível em estoque a outro cliente e reponha a mercadoria para a entrega para aquele cliente.

Ainda de acordo com o Decreto-lei 1.598/1977, art. 12, § 1º, a receita líquida será a receita bruta diminuída de:

> I – devoluções e vendas canceladas;
> II – descontos concedidos incondicionalmente;
> III – tributos sobre ela incidentes; e
> IV – valores decorrentes do ajuste a valor presente [...] das operações vinculadas à receita bruta.

Cabe destacar que a receita de vendas apresentada na demonstração do resultado do exercício (DRE) para divulgação corresponde à definição de receita líquida da legislação tributária. O CPC 47 exige que seja feita a divulgação da conciliação entre a receita bruta tributável e a receita apresentada na DRE. Provavelmente, essa exigência, que não existe no respectivo IFRS original, seja decorrente do costume de apresentação da receita bruta de vendas antes da adoção das normas internacionais.

Como se pode perceber, a legislação tributária, por meio da Lei 12.973/2014, ajustou a composição da receita líquida, incluindo o ajuste a valor presente, que não existia antes da adoção de IFRS no Brasil.

3.2 Custos

De acordo com o art. 13 do Decreto-lei 1.598/1977, o custo de aquisição de mercadorias destinadas à revenda compreenderá os de transporte e seguro até o estabelecimento do contribuinte e os tributos devidos na aquisição ou importação. Essa definição remete à avaliação dos estoques, que quando baixados devem compor o custo da mercadoria vendida. Essa definição de custo de aquisição corresponde aos critérios de mensuração de estoques definidos no CPC 16 (R1) sobre custos de aquisição de mercadorias, o que não deve gerar diferenças materiais em relação ao custo das mercadorias vendidas para fins tributários.

Se a entidade for indústria ou prestadora de serviços, o custo de produção dos bens ou serviços vendidos compreenderá, obrigatoriamente:

- O custo de aquisição de matérias-primas e quaisquer outros bens ou serviços aplicados ou consumidos na produção.
- O custo do pessoal aplicado na produção, inclusive de supervisão direta, manutenção e guarda das instalações de produção.
- Os custos de locação, manutenção e reparo e os encargos de depreciação dos bens aplicados na produção.
- Os encargos de amortização diretamente relacionados com a produção.
- Os encargos de exaustão dos recursos naturais utilizados na produção.

Os custos de pessoal, locação, manutenção, depreciação etc., em geral, são fixos, não variam conforme a quantidade produzida. Assim, o método de custeio a ser utilizado no cômputo dos custos dos produtos em estoque é o método de custeio por absorção. Nesse método, os custos diretos/variáveis são alocados diretamente a cada unidade produzida e os custos indiretos/fixos são alocados aos produtos por meio do uso de critérios de rateio estabelecidos pela própria entidade. Esse método também é empregado pelas normas IFRS/CPC, o que em si não gera diferenças.

Entretanto, o CPC 16 (R1) possui o princípio contábil que determina que os custos fixos devem ser alocados conforme um nível normal de produção, no caso de períodos de baixa produção, provocando uma alocação direta ao resultado da diferença. Esse princípio não existe na legislação tributária. Pelo contrário, a legislação apresenta barreiras para o reconhecimento direto de custos no resultado.

Na legislação tributária, a apuração do custo de aquisição ou de produção de produtos e serviços deve ocorrer com base em registro permanente de estoques ou no valor dos estoques existentes, de acordo com o livro de inventário, no fim do período. Nesse caso, o saldo final dos estoques poderá ser calculado pelo custo médio ou pelo PEPS (primeiro que entra, primeiro que sai), sendo admitida também a avaliação com base no preço de venda, subtraída a margem de lucro.

O pronunciamento CPC 16 (R1) estabelece que os estoques devem ser mensurados a custo ou ao seu valor realizável líquido, dos dois o menor. Entretanto, essas reduções no valor dos estoques não são permitidas pela legislação tributária. Assim, essas perdas seriam reconhecidas apenas na efetiva venda do produto que sofreu redução de valor, gerando uma diferença entre o lucro contábil e o lucro tributável.

O referido decreto-lei também estabelece que a aquisição de bens de consumo eventual, cujo valor não exceda 5% do custo total dos produtos vendidos no exercício social anterior, poderá ser registrada diretamente como custo. Essa regra de materialidade não existe dessa forma em IFRS, o que pode gerar diferenças na mensuração dos estoques e do custo dos produtos vendidos.

Outro dispositivo que pode gerar diferenças entre o lucro contábil e tributável em relação aos custos é o tratamento dado às operações de arrendamento mercantil. Os itens "c", "d" e "e" que compõem o custo do produto não alcançam os encargos de depreciação, amortização e exaustão gerados por bem objeto de arrendamento mercantil, na pessoa jurídica arrendatária. Isso ocorre porque o valor dedutível de IR/CSL é o da contraprestação de arrendamento, o que pode gerar diferenças quando a operação for classificada como arrendamento mercantil, em que o ativo e o passivo devem ser reconhecidos no balanço patrimonial para fins de divulgação. Em consequência, o resultado contábil conterá despesas de depreciação e de juros, mas o valor dedutível corresponde ao valor da contraprestação, cuja diferença deverá ser ajustada no Lalur por meio de adição ou exclusão.

3.3 Despesas operacionais

A legislação tributária estabelece uma definição para as despesas operacionais. É importante lembrar a motivação para a existência dessa definição: evitar manipulação para reduzir o lucro tributável. A legislação define que "são operacionais as despesas não computadas nos custos, necessárias à atividade da empresa e a manutenção da respectiva fonte produtora" (Lei 4.506/1964, art. 47). É uma definição que exige interpretação, pois o que se pode considerar como despesas necessárias? O texto da lei prossegue: "são necessárias as despesas pagas ou incorridas para a realização das transações ou operações exigidas pela atividade da empresa" e "as despesas operacionais admitidas são as usuais ou normais no tipo de transações, operações ou atividades da empresa".

O que se pode depreender é que essas definições procuram estabelecer limites para o que pode ser considerado como despesa da própria entidade, afastando as despesas que não sejam dela. Por exemplo, um dono de uma empresa poderia ter a ideia de considerar os gastos com supermercado para sua família como despesas da empresa para reduzir o lucro tributável, mas essa ideia ficaria afastada por meio dessa definição, pois não há como justificar que esses gastos com supermercado sejam necessários para a operação da empresa.

Assim, podem ser consideradas como despesas operacionais as despesas com vendas e administrativas da empresa, compreendendo gastos com pessoal, materiais, depreciação etc.

A definição de despesas operacionais não implica necessariamente que elas são dedutíveis. É possível que uma determinada despesa seja considerada operacional, como a decorrente do reconhecimento de uma provisão no passivo, mas que é indedutível no momento em que é reconhecida.

É interessante lembrar que a norma contábil para divulgação não possui uma definição para despesa operacional, com o objetivo de definir limites para a contabilização de despesas, já que, em situações normais, o gestor tenderia a realizar o contrário: evitar a contabilização de despesas adicionais, para não reduzir o lucro divulgado.

3.4 Depreciação, amortização e exaustão

A legislação tributária define depreciação como a importância correspondente à diminuição do valor dos bens do ativo resultante do desgaste pelo uso, ação da natureza e obsolescência normal. Ela permite deduzir o custo ou despesa de depreciação a partir da época em que o bem é instalado, posto em serviço ou em condições de produzir, não podendo ultrapassar o custo de aquisição do bem.

Apesar de definir que a taxa anual de depreciação será fixada em função do prazo durante o qual se possa esperar utilização econômica do bem pelo contribuinte, a legislação atribui à RFB a incumbência de estabelecer o prazo de vida útil admissível, em condições normais ou médias, para cada espécie de bem. Do ponto de vista do fisco, o prazo de vida útil admissível é o prazo mínimo que o contribuinte tem para depreciar o ativo, pois o seu interesse seria o de computar a despesa dedutível o mais rápido possível. Com isso, a RFB utiliza a Nomenclatura Comum do Mercosul (NCM) para estabelecer os prazos de vida útil admissível, fixando assim as taxas de depreciação anuais.

Com isso, a depreciação dedutível pode ser diferente da depreciação contábil reconhecida em função da vida útil econômica do ativo em conformidade com o pronunciamento CPC 27.

Por exemplo, se um ativo foi adquirido por $ 100.000 e a vida útil é de cinco anos, mas a taxa de depreciação dedutível é de 25%, a despesa contábil anual reconhecida seria de $ 20.000, mas o valor dedutível seria de $ 25.000. Isso geraria um ajuste de exclusão no Lalur de $ 5.000 nos primeiros quatro anos. No quinto ano, não haverá mais despesa de depreciação dedutível, pois todo o ativo já terá depreciado para fins fiscais. Com isso, a despesa de depreciação precisa ser ajustada no Lalur, por meio de uma adição de $ 20.000, conforme Tabela 21.1.

Perceba que as diferenças entre a despesa de depreciação contábil e a despesa dedutível, representadas pelas adições e exclusões feitas ano a ano, são apenas temporárias, pois todo o valor de $ 100.000 do ativo foi lançado à despesa de depreciação e também deduzidos do IR ao final dos cinco anos.

> **PARA REFLETIR...**
>
> Caso uma empresa decidisse utilizar as taxas de depreciação definidas pela RFB para o cômputo da despesa de depreciação na contabilidade para fins de divulgação, nenhum ajuste seria feito no Lalur, mas isso poderia afetar a tomada de decisão de investidores?

A fixação de percentuais de depreciação por parte do fisco reduz a possibilidade de manipulação por parte do contribuinte na dedutibilidade das despesas. Porém, isso não significa que essa política também seria benéfica para a qualidade da informação divulgada a investidores. O uso do critério de vida útil por parte da norma IFRS procura produzir uma informação que permite uma avaliação mais realista da recuperação (ou não) ao longo do tempo dos investimentos que foram feitos pela entidade e, portanto, uma melhor avaliação do seu desempenho. Isso não seria garantido se a entidade utilizasse os critérios fiscais para fins de divulgação.

A amortização para ativos com prazo legal ou contratualmente limitado dedutível para fins fiscais em cada período de apuração será determinada pela aplicação da taxa anual de amortização. Essa taxa será fixada tendo em vista o número de anos restantes de existência do direito e o número de períodos de apuração em que deverão ser usufruídos os benefícios, não podendo ser inferior a cinco anos. Na prática, isso significa que os ativos que têm vida útil definida devem calcular a amortização com base em seu prazo legal ou contratualmente limitado. Os demais são amortizados em cinco anos.

A legislação tributária trata de exaustão de recursos minerais e florestais, sendo que o montante da cota de exaustão será determinado tendo em vista o volume de produção no período e sua relação com a possança conhecida da mina, ou em função do prazo de concessão, no caso de recursos minerais, e o volume de recursos florestais utilizados ou a quantidade de árvores extraídas em relação ao volume ou à quantidade que no início do período de apuração compunham a floresta, no caso de recursos florestais.

3.5 Provisões

De acordo com a legislação tributária, as provisões são indedutíveis, exceto as provisões técnicas, de férias, décimo terceiro salário e de perdas no recebimento de créditos. As referências ao termo provisão incluem tanto as provisões do passivo como as perdas com *impairment*, e até mesmo passivos como férias e décimo terceiro salário, que não são mais considerados provisões.

Assim, se uma provisão é reconhecida contabilmente no passivo, a correspondente despesa é indedutível, gerando uma adição no Lalur nesse momento. Entretanto, quando a provisão é paga, a despesa passa a ser indedutível, gerando uma exclusão no Lalur.

No caso das perdas no recebimento de créditos, há um critério estabelecido para a dedutibilidade das perdas. Se o crédito foi concedido sem garantia, valores até R$ 15 mil, por operação, vencidos há mais de seis meses, ou entre R$ 15 mil e R$ 100 mil vencidos há mais de um ano com cobrança administrativa,

Tabela 21.1 Ajuste da despesa de depreciação no Lalur

DRE	1	2	3	4	5	Total
Despesa depreciação	−20.000	−20.000	−20.000	−20.000	−20.000	−100.000
Lalur						
Adições					20.000	20.000
Exclusões	−5.000	−5.000	−5.000	−5.000		−20.000
	−25.000	−25.000	−25.000	−25.000	−	−100.000

podem ser deduzidos. Se o valor da operação for maior que R$ 100 mil, vencida há mais de um ano, podem ser deduzidos, desde que iniciados e mantidos procedimentos judiciais.

3.6 Resultados não operacionais

De acordo com a legislação tributária, consideram-se não operacionais os resultados decorrentes da alienação de bens e direitos do ativo não circulante imobilizado, investimento e intangível, ainda que reclassificados para o ativo circulante com a intenção de venda.

Os ganhos ou perdas de capital devem ser computados na determinação do lucro real, o que inclui os resultados na alienação, inclusive por desapropriação, baixa por perecimento, extinção, desgaste, obsolescência ou exaustão, ou na liquidação de bens do ativo não circulante, classificados como investimentos, imobilizado ou intangível.

O resultado não operacional será igual à diferença, positiva ou negativa, entre valor pelo qual o bem ou direito houver sido alienado e o seu valor contábil, assim entendido o que estiver registrado na escrituração do contribuinte, diminuído, se for o caso, da depreciação, amortização ou exaustão acumulada e das perdas estimadas no valor de ativos.

4. PONTOS ESPECÍFICOS

4.1 Valor justo

Pela legislação tributária, os ativos e passivos são mensurados a custo histórico amortizado. Assim, reduções nos ativos são dedutíveis por depreciação, amortização e exaustão, por alienação ou baixa. Aumentos nos ativos são tributáveis por alienação. Desse modo, variações nos ativos em função de avaliação a valor justo antes da alienação não devem ter impacto tributário.

Assim, um aumento no valor justo do ativo com contrapartida na DRE deve ser ajustado no Lalur por meio de uma exclusão. Uma redução no valor justo com contrapartida na DRE também deve ser ajustada no Lalur por meio de uma adição.

Se a contrapartida do aumento ou redução do ativo for patrimônio líquido, não há ajuste no Lalur, uma vez que o Lalur ajusta apenas o lucro contábil da DRE. Por conta disso, os ajustes a valor justo precisam ser controlados em subconta contábil, para que se rastreiem com mais facilidade os ajustes efetuados para fins tributários. Esse controle é necessário para que o ganho ou perda seja ajustado no Lalur. Para que isso ocorra, é necessário manter em uma subconta o valor de acordo com a mensuração a custo histórico e uma segunda subconta com o valor dos ajustes a valor justo.

PARA REFLETIR...

Por que o mecanismo de mensuração a valor justo não é aceito para fins fiscais?

Mecanismos como a mensuração a valor justo, assim como *impairment* e provisão, são utilizados pela norma IFRS para ajustar o valor de ativos e passivos às expectativas de benefícios econômicos a serem obtidos ou pagos no futuro. Com isso, há uma melhor capacidade dos investidores de fazer suas próprias projeções de fluxos de caixa futuros e assim tomarem suas decisões. Porém, o fisco não tem como objetivo tomar decisões a partir das informações contábeis, mas apenas verificar o montante a ser arrecadado sobre o resultado do período passado. Assim, projeções ou expectativas não são importantes para o fisco e podem até representar margem para manipulação da informação por parte dos contribuintes.

4.2 *Impairment*

Como os ativos são mensurados a custo histórico para fins tributários, qualquer redução no seu valor que não seja por depreciação, amortização ou exaustão ou por alienação ou baixa não gera dedução na apuração do lucro real. Assim, perdas por *impairment* (perda por redução ao valor recuperável de ativos) não são dedutíveis, quando reconhecidas.

Com isso, se uma perda por *impairment* for reconhecida, deve ser adicionada no Lalur. Se houver uma reversão da perda, uma adição deve ser realizada, de modo a não haver impacto tributário desse dispositivo que tem por objetivo a proteção dos interesses de investidores e credores.

Se ocorrer alienação de ativo que compõe uma unidade geradora de caixa que tenha sofrido perda por *impairment*, o valor do custo dedutível do ativo deve ser proporcional à relação entre o valor contábil desse ativo e o total dos ativos da unidade geradora de caixa à data em que foi realizado o teste de recuperabilidade.

Uma vez ajustada a perda por meio de adição, no momento do reconhecimento do *impairment*, o valor da adição passa a ser controlado na parte B do Lalur. Quando o ativo for alienado, haverá uma exclusão, porque a perda passa a ser dedutível.

4.3 Investimentos

De acordo com a legislação tributária, investimentos em entidades controladas, coligadas e controladas em conjunto são mensurados de acordo com o método de equivalência patrimonial, considerando como contribuinte de IR/CSL a empresa controladora, já que não há consolidação para fins tributários.

Nesses casos, o valor pago em sua aquisição deve ser separado em três partes. A primeira parte refere-se à proporção da participação da investidora no patrimônio líquido da coligada, que é a parte mensurada por equivalência patrimonial. A segunda parte corresponde à proporção sobre a mais-valia decorrente do valor justo dos ativos da coligada, mas que não estão assim mensurados na coligada ou controlada (se estivessem, estariam com contrapartida no patrimônio líquido da coligada). A terceira parte corresponde ao *goodwill* pago na aquisição da coligada.

O resultado de equivalência patrimonial não é computado na determinação do lucro real da investidora. Afinal, o resultado já foi tributado na coligada ou controlada. Isso significa que, se houver um resultado positivo, haverá uma exclusão, e, se houver um resultado negativo, haverá uma adição.

Em relação à mais-valia paga, ganhos ou perdas por variação de valor justo devem ser controlados em subconta, mas não são computados na determinação do lucro real. Sobre o *goodwill* pago, a contrapartida de redução do valor, por *impairment*, não é computada na determinação do lucro real.

Com isso, na alienação do investimento, o valor contábil para efeito de determinar o ganho ou perda de capital é composto pelo investimento mensurado por equivalência, somado ao valor da mais-valia original paga na aquisição do investimento e do valor do *goodwill* original.

4.4 Combinação de negócios

Na legislação tributária, a combinação de negócios é tratada como reorganização societária. A reorganização societária ocorre por meio de incorporação, fusão ou cisão. Na incorporação, os ativos líquidos de uma sociedade são transferidos para a adquirente. Na fusão, duas sociedades formam uma nova. Na cisão, uma sociedade transfere o patrimônio para outras sociedades.

Na reorganização societária, o valor pago corresponde aos ativos líquidos, mensurados pelo valor justo mais o *goodwill*. A legislação identifica o ágio por mais-valia, que corresponde à diferença entre o valor justo do ativo para o seu valor contábil antes da reorganização. Assim, a mais-valia na aquisição de participação societária entre partes não dependentes deve integrar o custo do ativo que lhe deu causa. Com isso, está sujeito à depreciação, amortização e exaustão, dedutíveis conforme a legislação societária, e o custo é dedutível na alienação. Se o valor justo é menor que o valor contábil do ativo, há a chamada menos-valia, que também é integrante do custo do ativo que lhe deu causa.

O *goodwill* surgido em aquisição de participação societária entre partes não dependentes é amortizável e dedutível em no mínimo cinco anos. Isso significa que pode haver uma diferença para o valor do *goodwill* na contabilidade para fins de divulgação ao longo do tempo, já que esse *goodwill* não é amortizável e tem seu valor reduzido apenas por perdas por *impairment*. Assim, se a empresa reconhecer uma perda contábil por *impairment* de $ 1.000 e ao mesmo tempo ela puder amortizar $ 4.000 de *goodwill* para fins fiscais, ela deve fazer uma adição de $ 1.000 e uma exclusão de $ 4.000.

Se houver um ganho por compra vantajosa, o ganho é tributável em até cinco anos. Assim, no momento em que o ganho é reconhecido contabilmente, deve haver uma exclusão de mesmo valor, e, à medida que o tempo passa, são feitas adições anuais no Lalur.

Os prejuízos fiscais da empresa que sofreu incorporação ou fusão não podem ser compensados com lucros da sucessora. No caso de cisão parcial, a sociedade pode apenas compensar seus próprios prejuízos proporcionalmente ao patrimônio líquido remanescente.

4.5 Distribuição de lucros e juros sobre capital próprio

De acordo com a legislação tributária, a pessoa jurídica poderá deduzir como despesa operacional as participações atribuídas aos empregados nos lucros ou resultados dentro do próprio exercício de sua constituição. Isso significa que essas participações de empregados nos lucros são dedutíveis para fins de imposto de renda e contribuição social.

Os lucros ou dividendos distribuídos aos sócios ou acionistas não ficam sujeitos à incidência de imposto de renda retido na fonte (IRRF) e são isentos para o beneficiário, seja ele pessoa jurídica ou física.

Outra forma de distribuição de lucros utilizada pelas empresas brasileiras é a realizada por meio de pagamento de juros sobre capital próprio (JCP). Os JCP são uma figura tributária, criada para reduzir os efeitos da extinção da correção monetária no cômputo do lucro tributável. Os JCP são dedutíveis quando pagos ou creditados individualmente a titular, sócios ou acionistas. Têm relação com o conceito econômico de custo de capital próprio apenas pelo fato de serem calculados a partir do valor do patrimônio líquido e de remunerar os proprietários. Porém, o objetivo e a forma de cálculo são diferentes.

Para fins de cálculo de JCP, devem ser consideradas exclusivamente as seguintes contas do patrimônio líquido:

- Capital social.
- Reservas de capital.
- Reservas de lucros.
- Ações em tesouraria.
- Prejuízos acumulados.

Fica de fora a conta de outros resultados abrangentes (ajuste de avaliação patrimonial), que contém resultados não realizados.

Os JCP são o valor dessas contas do patrimônio líquido vezes a taxa de juros de longo prazo (TJLP), divulgada pelo Banco Central do Brasil. Porém, há um limitador de disponibilidade de lucro: os JCP não podem ser maiores do que 50% do lucro antes dos JCP ou 50% dos lucros acumulados e reservas de lucros.

Apesar de o valor dos JCP ser dedutível, há uma retenção na fonte de IR de 15% na data do pagamento ou crédito ao beneficiário. Se o beneficiário for pessoa física ou pessoa jurídica isenta, a retenção na fonte representa tributação definitiva (exclusivamente na fonte). Com isso, se os JCP são dedutíveis para

IR, adicional de IR e CSL e há uma retenção na fonte de 15%, há um benefício de 9% referente à CSL e, se for o caso, de 10% de adicional de IR. Se o beneficiário for pessoa jurídica, o IRRF é compensável com o IR do lucro real, presumido ou arbitrado, não havendo benefício fiscal com a distribuição de JCP.

Por exemplo, digamos que o lucro antes do imposto de renda (Lair) de uma empresa seja de $ 100.000 e que o JCP seja de $ 50.000, estando dentro do limite de 50% do lucro. Conforme demonstrado a seguir, IR e CSL dariam $ 12.000. Se a empresa não distribuísse JCP, IR e CSL dariam $ 24.000.

Lalur	Com JCP	Sem JCP
Lair	100.000	100.000
Exclusão JCP	−50.000	
Lucro real	50.000	100.000
IR 15%	7.500	15.000
CSL 9%	4.500	9.000
	12.000	24.000

DRE	Com JCP	Sem JCP
Lair	100.000	100.000
Despesa IR/CSL	−12.000	−24.000
Lucro líquido	88.000	76.000

O lucro líquido seria de $ 88 mil, pagando JCP, sendo $ 50 mil distribuídos via JCP, e a diferença, $ 38 mil, via dividendos. Considerando um beneficiário pessoa física, o valor recebido teria retenção na fonte, resultando em um total recebido de $ 80.500.

	Com JCP	Sem JCP
JCP	50.000	0
Dividendos	38.000	76.000
Total distribuído	88.000	152.000

	Com JCP	Sem JCP
Dividendos	38.000	76.000
JCP	50.000	0
(−) IRRF	−7.500	0
Total recebido	80.500	76.000
Diferença	4.500	= 9% JCP

Caso não houvesse o pagamento de JCP, o total recebido pelo proprietário seria de $ 76.000, o que resultaria em uma diferença de $ 4.500, o que equivale a 9% dos JCP, que é exatamente a alíquota de CSL. Isso representa o benefício do pagamento de JCP, que poderia ser ainda maior, caso houvesse incidência de adicional de IR.

Como é uma forma de distribuição de lucros, a contabilização do crédito de JCP é:

	Débito	Crédito
Reserva de lucros	$	
Passivo circulante		$
IRRF a pagar		$

4.6 Incentivos fiscais

Na tributação sobre o lucro no Brasil, há duas formas de funcionamento dos incentivos fiscais: por meio de redução de base de cálculo dos tributos ou por redução do valor dos tributos devidos.

A redução da base de cálculo pode ocorrer por exclusão definitiva no Lalur, como a que ocorre com o incentivo fiscal por inovação tecnológica, mas também pode ocorrer por exclusão temporária, como é o caso da depreciação acelerada, em que posteriormente ocorrem adições para ajustar a despesa de depreciação ao montante dedutível.

Existem diversos incentivos fiscais concedidos pelo governo federal na tributação sobre o lucro: inovação tecnológica, Programa Universidade para Todos (ProUni), Programa de Alimentação do Trabalhador (PAT), atividades culturais, doações ao Fundo da Criança e Adolescente, incentivo aos esportes e incentivos regionais. Cada um deles possui uma forma diferente de se calcular.

Por exemplo, no incentivo à inovação tecnológica, as despesas operacionais são dedutíveis de IR e CSL, com o incentivo de depreciação e amortização acelerada integral. Assim, na aquisição de imobilizado ou intangível ligado à inovação tecnológica, é feita uma exclusão do valor investido. Posteriormente, quando a despesa de depreciação ou amortização efetivamente ocorre, deve ser adicionada, pois todo o investimento já havia sido deduzido. Além disso, é possível excluir do IR e da CSL até 60% dos dispêndios realizados no período, podendo chegar a 80% em função do número de empregados pesquisadores e mais 20% se houver patente concedida.

No caso do incentivo à cultura, por meio da Lei Rouanet, com projetos aprovados de acordo com o Programa Nacional de Apoio à Cultura (Pronac), as despesas com doações e patrocínios são dedutíveis do IR. Depois de calculado o valor do IR sobre o lucro real, o incentivo fiscal ocorre por meio da dedução do valor devido. É possível deduzir do valor devido até 40% do valor da doação ou até 30% do valor do patrocínio, limitado a 4% do imposto devido.

DESTAQUES FINAIS

É importante destacar que o modelo de tributação sobre o lucro no Brasil possui opções para empresas menores, mais simplificadas, mas não necessariamente mais vantajosas em todas as situações. O modelo de apuração do lucro real é predominante nas empresas maiores e é efetivamente baseado em resultados contábeis.

Entretanto, há diferenças em termos de reconhecimento e mensuração de receitas e despesas para fins de divulgação, de acordo com o CPC, e para fins de tributação, de acordo com a legislação brasileira. Essas diferenças são todas ajustadas no Lalur, havendo neutralidade tributária.

Algumas dessas diferenças, como é o caso da depreciação, são apenas temporárias: em um primeiro momento, é feito um ajuste de adição, mas em um segundo momento é feito um ajuste de exclusão. Outras diferenças, como é o caso dos JCP, são permanentes, havendo uma exclusão ou adição sem posterior ajuste ao contrário. Esse entendimento é importante para fins de contabilização de imposto de renda diferido, que será estudado no próximo capítulo.

RESUMO

- A legislação tributária brasileira procura proteger os interesses do fisco estabelecendo regras que procuram retratar a realidade econômica, mas evitando a subavaliação do lucro.
- A neutralidade tributária, estabelecida pela Lei 11.638/2007, assegura que as regras tributárias não têm efeito sobre a determinação do lucro para fins de divulgação, conforme as normas IFRS/CPC.
- O lucro real, base para a tributação de IR e CSL, é calculado a partir do lucro apurado contabilmente conforme as normas IFRS/CPC e ajustado no Lalur por meio de adições, exclusões e compensações.
- Os ajustes no Lalur são feitos a partir de receitas consideradas não tributáveis e de despesas indedutíveis, em função de políticas tributárias e de resultados que embutem expectativas futuras.

EXERCÍCIOS PROPOSTOS

Assista ao vídeo

QUESTÃO 1: Na sua opinião, como a neutralidade tributária trazida pela Lei 11.638/2007 contribui para a informação contábil para fins de divulgação?

QUESTÃO 2: Cite resultados ou situações que podem gerar diferenças entre o lucro contábil e o lucro tributável.

QUESTÃO 3: Em 31/12/20x9, uma empresa possui em seu ativo, dentre outros, os seguintes itens:

- Um torno CNC de peças metálicas que trabalha durante dois turnos. Foi adquirido em 31/12/20x7 por $ 200.000. Sua vida útil estimada é de 4 anos, com valor residual de $ 50.000.
- Um terreno classificado no imobilizado, com valor contábil de $ 800.000. Foi realizado um teste de *impairment* em função de mudanças na legislação local sobre o uso da área. Foi reconhecida uma perda de $ 300.000 no período de 20x9.
- Uma patente adquirida de seu inventor em 31/12/20x8, na época com duração ainda restante de 18 anos, pelo valor original de $ 180.000.

A empresa apresentou um lucro antes do imposto de renda e contribuição social de $ 5.500.000, já incluindo a contabilização dos resultados relacionados aos itens acima conforme as normas do CPC.

Pede-se: faça os ajustes necessários no livro de apuração do lucro real e apure o valor do lucro tributável, desconsiderando outros ajustes além dos decorrentes dos itens apresentados.

QUESTÃO 4: Um produtor rural realiza a atividade de engorda de bois em confinamento. Em 31 de maio de 20x1, a empresa comprou 1.000 cabeças de boi magro de 12 arrobas, ao preço de $ 2.000 por cabeça. Em 31 de julho de 20x1, a arroba do boi magro estava valendo $ 144, mas o plantel está pesando em média o equivalente a 16 arrobas por cabeça. Os custos acumulados até a data foram equivalentes a $ 102 por arroba de ganho de peso. Em 15 de setembro de 20x1, a empresa está pronta para vender as 1.000 cabeças de boi gordo, com peso médio de 18 arrobas por cabeça, ao preço de $ 178 por arroba. Os custos acumulados desde 31 de julho até a data foram equivalentes a $ 110 por arroba de ganho de peso. Quais são os valores dos ativos em 31 de julho e 15 de setembro de 20x1? Demonstre os devidos ajustes no livro de apuração do lucro real.

QUESTÃO 5: A Júris Ltda. foi criada em 31/12/20x0 por dois sócios. Durante o ano de 20x1, a empresa obteve os seguintes resultados antes dos juros sobre capital próprio e do imposto de renda e contribuição social:

DRE	20x1
Receita de vendas	90.000
Custos	(62.000)
Lucro bruto	28.000
Despesas operacionais	(22.000)
Lucro antes JCP e IR	6.000

Assim, o balanço patrimonial, antes do cômputo dos juros sobre capital próprio e do imposto de renda e contribuição social, ficou da seguinte maneira:

Balanço patrimonial		
	31/12/20x0	31/12/20x1
Caixa	100	200
Clientes	–	5.000
Estoques	5.000	6.000
Terrenos	10.000	10.000
	15.100	21.200
Fornecedores	2.100	2.200
Capital	13.000	13.000
Reserva de lucros	–	6.000
	15.100	21.200

Pede-se: faça os cálculos e verifique se é melhor distribuir juros sobre capital próprio ou apenas dividendos, considerando taxa de juros de longo prazo de 7,5% a.a. e imposto de renda retido na fonte de 15%.

BIBLIOGRAFIA SUGERIDA

BRASIL. *Decreto 3.000, de 26 de março de 1999*. Disponível em: http://www.planalto.gov.br/ccivil_03/decreto/d3000.htm. Acesso em: 11 ago. 2020.

BRASIL. *Decreto-lei 1.598, de 26 de dezembro de 1977*. Disponível em: http://www.planalto.gov.br/ccivil_03/Decreto-Lei/Del1598.htm#ar31. Acesso em: 11 go. 2020.

BRASIL. *Instrução Normativa RFB 1.515, de 24 de novembro de 2014*. Disponível em: http://normas.receita.fazenda.gov.br/sijut2consulta/link.action?visao=anotado&idAto=58604. Acesso em: 11 ago. 2020.

BRASIL. *Lei 11.638, de 28 de dezembro de 2007*. Disponível em: https://www.planalto.gov.br/ccivil_03/_ato2007-2010/2007/lei/l11638.htm. Acesso em: 11 ago. 2020.

BRASIL. *Lei 11.941, de 27 de maio de 2009*. Disponível em: http://www.planalto.gov.br/ccivil_03/_ato2007-2010/2009/lei/l11941.htm. Acesso em: 11 ago. 2020.

BRASIL. *Lei 12.973, de 13 de maio de 2014*. Disponível em: http://www.planalto.gov.br/ccivil_03/_ato2011-2014/2014/Lei/L12973.htm. Acesso em: 11 ago. 2020.

22

TRIBUTOS SOBRE O LUCRO

Sílvio Hiroshi Nakao

OBJETIVOS DE APRENDIZAGEM

- Compreender os mecanismos utilizados pela norma contábil para a divulgação de resultados, ativos e passivos de tributos sobre o lucro.
- Compreender como o ajuste representado pelo resultado de tributos diferidos, por meio das escolhas do normatizador, pode melhorar a informação divulgada.
- Compreender as escolhas contábeis que o gestor pode fazer para refletir melhor a realidade econômica da entidade.

1. APRESENTAÇÃO

Em 1º de fevereiro de 2018, o *Estadão Conteúdo*[1] publicou a seguinte notícia:

> Nova York – A ConocoPhillips apresentou lucro de US$ 1,6 bilhão no quarto trimestre de 2017, ou US$ 1,32 por ação, revertendo o prejuízo de US$ 35 milhões registrado no mesmo período em 2016.
>
> O lucro ajustado por ação foi de US$ 0,45, acima da estimativa de US$ 0,44 do FactSet. A empresa não publicou a receita obtida no trimestre.
>
> De acordo com a ConocoPhillips, o balanço foi impulsionado por um benefício fiscal de US$ 900 milhões, resultante da reavaliação de impostos diferidos após a reforma tributária.

Repare na magnitude do impacto da redução da alíquota nominal de 35% para 21% promovida pelos Estados Unidos no final de 2017: US$ 900 milhões, dentro de um lucro de US$ de 1,6 bilhão! Como isso pode acontecer? Isso está relacionado com os tributos diferidos que são apresentados nos balanços patrimoniais.

Este capítulo trata das questões relacionadas à contabilidade dos tributos sobre o lucro. Isso envolve a contabilização das despesas de imposto de renda (IR) e contribuição social sobre o lucro (CSL) das entidades optantes do lucro real.

O que há de especial na contabilidade dos tributos sobre o lucro? A ideia surge da constatação de que a simples contabilização de débito em despesa e crédito em tributos a pagar não é suficiente para fazer a alocação correta da despesa desses tributos em base competência, considerando os resultados que estão reconhecidos em determinado período.

Por exemplo, digamos que um ganho por aumento do valor justo de um ativo biológico tenha sido reconhecido no resultado do período. Esse ganho não é tributável no momento em que é reconhecido, mas tributável quando o ativo for vendido. Isso significa que a tributação é apenas uma questão de tempo. Sendo assim, entende-se que o tributo correspondente

---

[1] Divulgado em: https://exame.com/negocios/com-reforma-tributaria-conocophillips-reverte-prejuizo-no-4o-tri/.

deve ser reconhecido no mesmo período em que o ganho é reconhecido, de modo a fazer uma melhor alocação no tempo dessa despesa com tributos. Se o ganho é de $ 1.000, há uma despesa de tributos a ser alocada de $ 340 ao mesmo período, considerando uma alíquota de 34%, mesmo que a receita não seja tributável no período.

O objetivo do capítulo é fazer com que o leitor possa entender os mecanismos utilizados pela norma contábil CPC 32 – Tributos sobre o Lucro (correspondente ao IAS 12).

Apesar de essa norma aplicar-se a qualquer país do mundo que possua tributação sobre o lucro, vamos focar na legislação tributária brasileira, para facilitar a compreensão dos seus dispositivos. Neste capítulo, vamos usar o termo imposto de renda englobando a contribuição social sobre o lucro.

Conforme discutido no Capítulo 21 – Tributação brasileira sobre o lucro, a legislação tributária possui mecanismos de proteção do fisco que são diferentes dos mecanismos utilizados pelas normas contábeis para divulgação.

Isso resulta em diferenças entre o lucro contábil apurado e o lucro tributável de um período. Essas diferenças podem ser temporárias ou permanentes. Por exemplo, juros sobre capital próprio não são despesas (são distribuição de lucro), mas são dedutíveis de IR e CSL em um período e não voltam a ser tributados em período posterior, representando assim uma diferença permanente. Por outro lado, uma perda por *impairment* não é dedutível no período em que é reconhecida, mas é dedutível em período posterior, quando for realizada. Com isso, a diferença entre o lucro contábil e o lucro tributável é apenas temporária, pois a perda contábil é reconhecida em um determinado momento e é dedutível em outro momento.

Para que essas diferenças tenham tratamento adequado de modo a alocar a despesa de tributos sobre o lucro em confronto com os resultados reconhecidos, as normas separam a despesa de tributos em duas partes: a despesa corrente e a despesa diferida.

A despesa (ou receita) corrente corresponde ao valor dos tributos devidos conforme o que determina a legislação tributária do país. A despesa (ou receita) diferida funciona como um ajuste da despesa (ou receita) corrente, de modo a considerar os tributos a pagar ou a recuperar sobre as diferenças temporárias e os prejuízos fiscais (ou pagos ou recuperados no período, referente a períodos anteriores).

Como contrapartida, são reconhecidos ativos ou passivos de tributos diferidos, representando os montantes de tributos que serão compensados ou recuperados no futuro ou pagos no futuro, respectivamente.

O pronunciamento CPC 32 trata da forma como as diferenças temporárias devem ser reconhecidas, quais são os princípios de reconhecimento de ativos e de passivos de tributos diferidos, assim como quais são os princípios de mensuração e de divulgação dos tributos sobre o lucro.

O Quadro 22.1 apresenta o pronunciamento nacional e seu congênere internacional no qual se baseia.

Quadro 22.1 Pronunciamentos sobre tributos sobre o lucro

CPC	IFRS Iasb
CPC 32 – Tributos sobre o Lucro	IAS 12 – *Income Taxes*

Este capítulo apresenta primeiramente uma visão geral dos assuntos relacionados e uma análise da norma contábil CPC 32 – Tributos sobre o Lucro. Posteriormente, são apresentadas as principais determinações da norma contábil e os conceitos que estão envolvidos, juntamente com as questões práticas relacionadas ao assunto e os principais pontos em que as normas demandam interpretação.

2. CONCEITOS E DEFINIÇÕES RELEVANTES

Tendo em vista que a norma trata somente de tributos sobre o lucro, a primeira definição importante é a de lucro tributável. De acordo com o CPC 32, "**Lucro tributável (prejuízo fiscal)** é o lucro (prejuízo) para um período, determinado de acordo com as regras estabelecidas pelas autoridades tributárias, sobre o qual os tributos sobre o lucro são devidos (recuperáveis)". Assim, o lucro tributável é determinado pela legislação tributária e é a base para o cálculo dos tributos devidos, correspondendo assim ao lucro real e à base de cálculo da CSL no Brasil. É importante destacar que essa definição também abrange o prejuízo fiscal de um período, que é recuperável em períodos futuros.

Em sequência à definição de lucro tributável, vem a de tributo corrente, que é definido no CPC 32 como "o valor do tributo devido (recuperável) sobre o lucro tributável (prejuízo fiscal) do período". Assim, o tributo corrente é o valor do tributo calculado a partir do lucro tributável, basicamente com a aplicação das alíquotas dos tributos.

O tributo corrente é a primeira parte da despesa tributária (ou receita tributária), definida pelo mesmo pronunciamento como "o valor total incluído na determinação do lucro ou prejuízo para o período relacionado com o tributo sobre o lucro corrente ou diferido". Assim, a despesa ou receita tributária é dividida em duas partes: a despesa tributária corrente (ou receita tributária corrente) e a despesa tributária diferida (ou receita tributária diferida).

A despesa (ou receita) tributária diferida pode ser entendida como um ajuste à despesa (ou receita) tributária corrente, de modo a resultar em uma alocação do tributo no tempo que confronte com as receitas e despesas reconhecidas no resultado contábil. A despesa (ou receita) tributária diferida é resultante da contrapartida de ativos e passivos fiscais diferidos.

Ainda segundo o CPC 32, o passivo fiscal diferido é definido como "o valor do tributo sobre o lucro devido em período futuro relacionado às diferenças temporárias tributáveis". Assim, um passivo fiscal diferido surge com diferenças entre o lucro contábil e o lucro tributável que sejam temporárias e tributáveis.

Já um ativo fiscal diferido é definido no CPC 32 como "o valor do tributo sobre o lucro recuperável em período futuro relacionado a: (a) diferenças temporárias dedutíveis; (b) compensação futura de prejuízos fiscais não utilizados; e (c) compensação futura de créditos fiscais não utilizados". Com isso, além de surgir a partir de diferenças temporárias que sejam dedutíveis, o ativo fiscal diferido também pode surgir com a ocorrência de prejuízos fiscais e créditos fiscais.

Entretanto, apesar de a diferença temporária referir-se à diferença entre o valor do lucro contábil e do valor do lucro tributável, a norma CPC 32 utiliza outra abordagem, que é a de balanço, examinando a diferença temporária pela contrapartida das contas de resultado. Pela abordagem de balanço, as diferenças temporárias são observadas pelo valor contábil de ativos e passivos, e suas respectivas bases fiscais, que podem ser entendidos como os ativos e passivos para fins tributários. De acordo com o CPC 32, base fiscal de ativo ou passivo é "o valor atribuído àquele ativo ou passivo para fins fiscais". Sendo assim, diferença temporária é "a diferença entre o valor contábil de ativo ou passivo no balanço e sua base fiscal", que pode ser tributável ou dedutível.

A diferença temporária tributável é "a diferença temporária que resulta em valores tributáveis para determinar o lucro tributável (prejuízo fiscal) de períodos futuros quando o valor contábil de ativo ou passivo é recuperado ou liquidado", segundo o CPC 32. Essa definição requer cuidados para que seja interpretada. Imagine que uma receita financeira seja tributada apenas quando a aplicação financeira for resgatada. Quando a receita financeira é reconhecida, surge uma diferença temporária em função de ela não ser tributada neste momento. Quando a aplicação financeira for resgatada em período futuro, ou seja, recuperada no futuro, essa receita financeira será incluída no lucro tributável desse período futuro. Assim, essa diferença temporária é tributável.

Ainda segundo o CPC 32, a diferença temporária dedutível é "a diferença temporária que resulta em valores que são dedutíveis para determinar o lucro tributável (prejuízo fiscal) de futuros períodos quando o valor contábil do ativo ou passivo é recuperado ou liquidado". Seguindo a mesma lógica, se um ativo sofreu uma perda por *impairment*, por exemplo, o valor da despesa é indedutível quando é reconhecida, gerando uma adição no livro de apuração do lucro real (Lalur). Se o ativo for alienado em um período futuro, momento em que o valor do ativo é recuperado, a perda passa a ser dedutível na determinação do lucro tributável (ou prejuízo fiscal) desse período futuro.

Para quem está vendo isso pela primeira vez, é muito comum haver confusão para definir se é diferença temporária dedutível ou tributável, pois a diferença tributável, por exemplo, é excluída no Lalur no primeiro momento, para ser adicionada no momento seguinte em que é tributada. Alguns confundem essa exclusão como uma dedução e acham que a diferença é dedutível. Porém, é preciso sempre ter em mente que o que define se uma diferença é tributável ou dedutível é o que vai ocorrer no **futuro**: se a diferença será tributada no *futuro*, ela é tributável; se a diferença será deduzida no **futuro**, é dedutível.

3. PROCEDIMENTOS CONTÁBEIS

3.1 Despesa tributária corrente

Elencamos a seguir os pontos fundamentais sobre a contabilização dos tributos sobre o lucro. Começamos com a despesa tributária corrente, que é a primeira parte de toda a despesa com tributos sobre o lucro, e depois tratamos da despesa diferida.

A despesa tributária corrente é definida pela legislação tributária. No Brasil, a partir do lucro antes do imposto de renda (Lair), são feitos os ajustes no Lalur e no livro de apuração da base da CSL (LACS), com adições, exclusões e compensações. As alíquotas de IR e adicional de IR são aplicadas sobre o lucro real e a alíquota de CSL é aplicada sobre a sua base de cálculo. Eventuais ajustes podem ser feitos em função de incentivos fiscais, para se chegar então ao valor devido de tributos. Os valores de tributos devidos são o valor da despesa tributária corrente.

Por exemplo, digamos que o Lair seja de $ 1.000.000 e que haja um único ajuste no Lalur referente a uma provisão reconhecida, no valor de $ 200.000. Assim, haverá uma adição no Lalur desse valor, chegando a um lucro real de $ 1.200.000. Aplicando-se a alíquota de 15% de IR, o valor devido do período é de $ 180.000. O adicional de IR é de ($ 1.200.000 – $ 240.000) × 10% = $ 96.000. A CSL é de $ 108.000 (alíquota de 9%). Somando, a despesa tributária corrente total é de $ 384.000. Assim, o lançamento contábil é:

	Débito	Crédito
Despesa tributária corrente	$ 384.000	
Tributos sobre o lucro a pagar		$ 384.000
Reconhecimento da despesa tributária corrente do período		

Quando ocorre prejuízo fiscal, apesar de não haver tributo devido, o valor da despesa corrente não é zero. Como a legislação tributária brasileira permite a compensação de prejuízos fiscais com lucros no futuro, a norma contábil entende que há um benefício fiscal sobre o prejuízo fiscal obtido no período. Com isso, reconhece-se uma receita tributária corrente, com contrapartida em ativo fiscal diferido.

Por exemplo, digamos que o prejuízo fiscal apurado tenha sido de $ 100.000 no período, mas que é provável que será compensado no futuro a uma alíquota total de 34%. Assim, o benefício de compensar o prejuízo fiscal no futuro por meio da redução do lucro tributável é de $ 34.000. O lançamento contábil é:

	Débito	Crédito
Receita tributária corrente	$ 34.000	
Ativo fiscal diferido		$ 34.000
Reconhecimento de ativo fiscal diferido sobre prejuízo fiscal do período		

Quando o prejuízo for compensado, há uma baixa no ativo fiscal diferido contra uma despesa tributária diferida, como no seguinte lançamento:

	Débito	Crédito
Ativo fiscal diferido	$ 34.000	
Despesa tributária diferida		$ 34.000
Redução do ativo fiscal diferido por compensação de prejuízo fiscal no período		

Ainda em relação à despesa tributária corrente, os tributos que ainda não estejam pagos devem ser reconhecidos como passivos de IR/CSL a pagar. No caso da tributação brasileira, com a opção do lucro real anual, há a opção de se fazer os adiantamentos mensais por meio do pagamento por estimativa. Esses adiantamentos geram um ativo, que é compensado com o passivo do tributo devido mensalmente. A diferença entre os tributos devidos e os pagos por meio dos adiantamentos mensais ficará reconhecida como passivo. Porém, é possível que haja pagamento maior que o devido. Caso o valor pago seja maior que o devido, o excesso permanece reconhecido como ativo.

PARA REFLETIR...

Por que o resultado com tributos sobre o lucro divulgado a investidores não pode ser apenas o resultado corrente?

Como visto anteriormente, a legislação tributária que estabelece as regras para a apuração dos tributos sobre o lucro possui mecanismos que procuram proteger os interesses do fisco, que muitas vezes funcionam ao contrário da norma contábil para divulgação. Isso significa que podem haver diferenças entre os lucros para divulgação e para tributação. Porém, um ganho a valor justo, por exemplo, pode ser reconhecido em um período, mas o tributo não é incidente no mesmo período. Será que não seria mais correto mostrar ao investidor qual a carga tributária incidente sobre esse resultado, mesmo que não seja devido nesse período? Esse ajuste é feito por meio do mecanismo de diferimento, que será tratado adiante.

3.2 Despesa tributária diferida

Passamos agora a falar sobre os princípios contábeis que envolvem a contabilização da despesa tributária diferida, que é a segunda parte da despesa com tributos sobre o lucro de uma entidade.

Como explicado anteriormente na seção sobre as definições, a norma contábil define a despesa tributária diferida por meio de suas contrapartidas: há definições de ativos e passivos fiscais diferidos. Um passivo fiscal diferido é reconhecido sempre quando surge uma diferença temporária tributável. Assim, o lançamento contábil é: débito em despesa tributária diferida e crédito em passivo fiscal diferido. Quando a diferença temporária tributável deixa de existir, o lançamento contábil ocorre ao contrário.

Para tentar deixar mais claro o efeito dessa contabilização, digamos que uma receita de juros de $ 1.000 seja apenas tributada quando a aplicação financeira for resgatada. Somado a outros resultados, o Lair de 20x1 da empresa é de $ 80.000. Em 20x2, a aplicação financeira é resgatada, sem que nova receita financeira tenha sido reconhecida. Por coincidência, o Lair de 20x2 é também de $ 80.000, conforme segue:

DRE	20x1	20x2
...		
Receita financeira	1.000,00	0,00
...		
Lair	80.000,00	80.000,00

Lalur		
Lair	80.000,00	80.000,00
Adição		1.000,00
Exclusão	−1.000,00	
Lucro real	79.000,00	81.000,00

Despesa tributária		
Despesa tributária corrente	−23.700,00	−24.300,00
Despesa tributária diferida	−300,00	300,00
	−24.000,00	−24.000,00

Como a receita não é tributada em 20x1, é feita uma exclusão no Lalur no valor de $ 1.000, resultando em um lucro real de $ 79.000. Aplicando-se uma alíquota de 30% (por simplificação), chega-se a uma despesa tributária corrente de $ 23.700. Como essa diferença de $ 1.000 será tributada no futuro, tem-se uma diferença tributável, o que gera uma despesa tributária diferida de $ 300 ($ 1.000 × 30%), com contrapartida em passivo fiscal diferido. Então, os lançamentos ficam da seguinte forma:

	Débito	Crédito
Despesa tributária corrente	$ 23.700	
Tributos sobre o lucro a pagar		$ 23.700
Reconhecimento de despesa tributária corrente do período		

	Débito	Crédito
Despesa tributária diferida	$ 300	
Passivo fiscal diferido		$ 300
Reconhecimento de passivo fiscal diferido sobre diferença temporária		

Essa despesa tributária diferida ajusta a despesa tributária corrente, para que a despesa total represente a carga tributária efetivamente incidente sobre as receitas e despesas reconhecidas contabilmente e que serão tributadas, tanto agora como no futuro, incluindo a receita financeira. Assim, perceba que a despesa total de $ 24.000 representa 30% dos $ 80.000 de Lair.

No período seguinte, a receita financeira é tributada, gerando uma adição no Lalur de $ 1.000 e lucro real de $ 81.000. A despesa tributária corrente de $ 24.300 é ajustada agora por uma receita tributária diferida de $ 300, resultando em uma despesa total de $ 24.000, que corresponde a 30% do Lair de $ 80.000. Com isso, o passivo fiscal diferido fica zerado. Os lançamentos são os seguintes:

	Débito	Crédito
Despesa tributária corrente	$ 24.300	
Tributos sobre o lucro a pagar		$ 24.300
Reconhecimento de despesa tributária corrente do período		

	Débito	Crédito
Passivo fiscal diferido	$ 300	
Receita tributária diferida		$ 300
Desreconhecimento de passivo fiscal diferido sobre diferença temporária		

A despesa tributária diferida também ocorre por contrapartida de um ativo fiscal diferido. O seu reconhecimento ocorre com base em diferenças temporárias dedutíveis, prejuízos fiscais e créditos fiscais. Posteriormente, trataremos a respeito dos princípios de reconhecimento de ativos fiscais diferidos. Por ora, vamos tratar das diferenças temporárias dedutíveis.

Quando ocorre uma diferença temporária dedutível, como é o caso do reconhecimento de uma provisão no passivo, o lançamento contábil é: débito em ativo fiscal diferido e crédito em despesa tributária diferida (desde que o ativo possa ser reconhecido). Quando a diferença temporária dedutível deixa de existir, o lançamento contábil ocorre ao contrário.

Conforme comentado anteriormente, as diferenças temporárias tributáveis e dedutíveis são apuradas, conforme o CPC 32, por meio das diferenças entre os valores contábeis dos ativos e passivos e suas respectivas bases fiscais, em vez de apuradas pelas diferenças dos resultados do período. Essa forma de apuração é chamada de método de balanço.

PARA REFLETIR...

Por que as diferenças temporárias não podem ser apuradas diretamente pela comparação do lucro contábil e do lucro tributável?

O método de balanço permite o reconhecimento de mais diferenças temporárias do que pelo método de resultado. Algumas diferenças temporárias podem surgir também no patrimônio líquido, em outros resultados abrangentes, como é o caso de ativos financeiros que são mensurados a valor justo por meio de outros resultados abrangentes. Essa diferença temporária não seria capturada pelo método de resultado.

Vamos começar pela base fiscal de ativo. De acordo com o CPC 32, "a base fiscal de um ativo é o valor que será dedutível para fins fiscais contra quaisquer benefícios econômicos tributáveis que fluirão para a entidade quando ela recuperar o valor contábil desse ativo".

Vamos interpretar essa definição usando um exemplo. Digamos que a entidade possua um imobilizado que deprecie. Seu valor contábil é definido a cada período pelo valor do custo menos a depreciação acumulada, que por sua vez é definida pela vida útil. Entretanto, o critério tributário para depreciação pode ser diferente, fazendo com que o valor dedutível de cada período também possa ser diferente. Se a depreciação dedutível a cada período é maior, por exemplo, do que a despesa de depreciação contábil, o saldo dedutível no futuro será menor do que o valor contábil ao final de um determinado período. Esse saldo dedutível é a base fiscal, segundo o CPC 32: "a base fiscal de um ativo é o valor que será dedutível para fins fiscais".

Esse saldo será dedutível para fins fiscais no futuro enquanto o ativo estiver sendo usado, contra os resultados gerados por meio de seu uso. Esse saldo será dedutível por meio de depreciação ao longo do tempo ou pela baixa do ativo ao final da vida útil. O uso do ativo proporciona a geração de benefícios econômicos, que naturalmente são tributados à medida que vão ocorrendo. Assim, o uso do ativo gera receitas (em conjunto com outras despesas) que serão tributadas, contra as quais a despesa de depreciação será deduzida. Esses benefícios econômicos representam a recuperação do investimento feito no ativo ("contra quaisquer benefícios econômicos tributáveis que fluirão para a entidade quando ela recuperar o valor contábil desse ativo" [CPC 32]).

Entretanto, conforme a norma, se aqueles benefícios econômicos não serão tributáveis, a base fiscal do ativo é igual ao seu valor contábil. Por exemplo, digamos que o ativo seja contas a receber de clientes. O benefício econômico, que é o recebimento do seu valor, não será tributado novamente, pois já o foi na venda. Sendo assim, com a base fiscal do ativo igual ao seu valor contábil, não há nenhuma diferença temporária.

Vamos a um exemplo: digamos que um ativo imobilizado tenha vida útil de 15 anos, sem valor residual, mas que possa ser deduzido do IR em dez anos. Já se passaram quatro anos. O valor contábil e a base fiscal são os seguintes:

	Valor contábil	Base fiscal
Imobilizado	100.000	100.000
(–) Depreciação acumulada	–16.000	–40.000
	84.000	60.000

Com uma depreciação mais acelerada para fins fiscais, a base fiscal tem um valor menor do que o valor contábil. Assim, a diferença entre o valor contábil e a base fiscal, de $ 24.000, é uma diferença temporária tributável. Ela é tributável porque o ativo irá gerar benefícios econômicos de pelo menos $ 84.000 (se fosse menos, teria que reconhecer uma perda por *impairment*). Esses benefícios econômicos serão tributados no futuro, mas contra eles poderão ser deduzidos apenas $ 60.000 (que é o quanto falta para ser deduzido de depreciação até o final). Assim, os $ 24.000 de diferença serão tributados no futuro.

Se o valor da base fiscal fosse maior que o valor contábil, significaria que a dedução que ainda resta a ser feita no futuro é maior que o benefício econômico que será gerado pelo ativo (considerando que o valor contábil é o valor do benefício econômico a ser obtido no futuro). Com isso, a diferença temporária seria dedutível.

A base fiscal de um passivo é definida pelo CPC 32 como: "o seu valor contábil, menos qualquer valor que será dedutível para fins fiscais relacionado àquele passivo em períodos futuros". Vamos usar uma provisão como exemplo: digamos que o valor da provisão seja de $ 1.000. Quando ela for paga, poderá ser deduzida para fins fiscais. Assim, o valor a ser deduzido no futuro é também de $ 1.000. Com isso, o valor da base fiscal é zero. Comparando o valor contábil da provisão de $ 1.000 com a base fiscal de $ 0, a diferença temporária (dedutível) é de $ 1.000.

A norma ainda coloca que, no caso de receita que é recebida antecipadamente, "a base fiscal do passivo resultante é o seu valor contábil, menos qualquer valor da receita que não será tributável em períodos futuros" (CPC 32). É o caso de um adiantamento de clientes. Quando a receita é reconhecida pela entrega da mercadoria ou serviço, normalmente ela é tributada. Sendo assim, a base fiscal será o valor desse passivo menos zero, pois toda a receita será tributada no futuro. Comparando a base fiscal com o valor contábil, a diferença temporária será zero. Assim, só ocorrerá diferença temporária se ao menos uma parte da receita não for tributada.

Como se trata de um método de apuração das diferenças temporárias por meio dos saldos de balanço, alguns itens podem possuir base fiscal, mas não são reconhecidos como ativos ou passivos no balanço patrimonial. É o caso das despesas com pesquisa, que podem não ser dedutíveis quando incorridas, mas apenas por meio de amortização ao longo do tempo. Com isso, não há ativo contábil, mas há base fiscal a partir do momento em que os gastos são incorridos. A diferença entre o valor contábil do ativo, que é zero, e a base fiscal, correspondente aos gastos incorridos, é uma diferença temporária dedutível, que pode gerar um ativo fiscal diferido.

3.3 Reconhecimento de passivos fiscais diferidos

De acordo com o CPC 32, um passivo fiscal diferido deve ser reconhecido para todas as diferenças temporárias tributáveis. Assim, se houver uma diferença temporária tributável advinda da diferença entre ativos e passivos e suas respectivas bases fiscais, o passivo fiscal diferido deve ser reconhecido.

Além da depreciação, que pode gerar diferença temporária tributável, há outras situações: quando a receita de juros é tributada apenas no resgate da aplicação financeira; gastos de desenvolvimento que são ativados, mas deduzidos do imposto de renda quando incorridos; valorização de ativos mensurados a valor justo, mas cujo ganho tem sua tributação postergada.

Por exemplo, digamos que um terreno classificado como propriedade para investimento tenha sido valorizado no mercado em 20%. Como essa valorização não é tributada antes da sua venda, a base fiscal permanece no mesmo valor. Isso gera uma diferença temporária tributável no mesmo valor do ganho e um passivo fiscal diferido deve ser reconhecido, conforme segue:

Propriedade investimento	20x1	20x2
Valor contábil	100.000	120.000
Base fiscal	100.000	100.000
Diferença temporária	0	20.000
Passivo fiscal diferido (34%)	0	6.800

A contrapartida do passivo é uma despesa tributária diferida, conforme lançamento a seguir:

	Débito	Crédito
Despesa tributária diferida	$ 6.800	
Passivo fiscal diferido		$ 6.800
Reconhecimento de passivo fiscal diferido sobre diferença temporária em propriedade para investimento		

Com isso, a demonstração do resultado do exercício (DRE) ficaria da seguinte forma:

DRE	20x1	20x2
...		
Ganho ajuste valor justo	0	20.000
...		
Lair	0	20.000
Despesa tributária corrente	0	0
Despesa tributária diferida	0	−6.800
Lucro líquido	0	13.200

Repare que a despesa tributária diferida ajusta a despesa tributária corrente para o valor do tributo incidente sobre o ganho reconhecido em 20x2, que será pago quando houver a venda do terreno. Essa obrigação de pagar é o passivo fiscal diferido. O lucro líquido fica assim ajustado, refletindo o que efetivamente sobra, considerando a carga tributária incidente sobre o ganho, e não apenas o ganho bruto.

As exceções para o reconhecimento de passivo fiscal diferido ficam por conta das situações de reconhecimento inicial de *goodwill* e de reconhecimento inicial de ativo ou passivo em transação que não é combinação de negócios e, no momento da transação, não afeta nem o lucro contábil nem o lucro tributável (prejuízo fiscal). No reconhecimento inicial de *goodwill*, pode haver diferença entre seu valor e sua respectiva base fiscal, em função do tratamento tributário para esse ágio. Se essa diferença for tributável, geraria um passivo a princípio, mas sua contrapartida a débito teria que ser no próprio valor de *goodwill*, o que não é apropriado, já que seu valor aumentaria.

A segunda exceção ocorre de maneira semelhante ao *goodwill*. Em geral, quando um ativo ou passivo são reconhecidos, os valores de suas respectivas bases fiscais são iguais. Entretanto, há situações em que eles podem ser diferentes. Imagine um ativo adquirido em uma condição (não usual no Brasil) em que nem a depreciação nem a perda de capital são dedutíveis do IR. Assim, há valor contábil, mas base fiscal zero, gerando uma diferença temporária tributável. Entretanto, a norma não permite o reconhecimento de passivo fiscal diferido, pois a contrapartida a débito teria que ser na própria conta do ativo. O valor do ativo não é maior, em função da impossibilidade de dedução no futuro de seu custo.

3.4 Reconhecimento de ativos fiscais diferidos

A norma contábil CPC 32 impõe uma condição conservadora ao reconhecimento de ativo fiscal diferido em função de diferença temporária dedutível. O ativo fiscal diferido deve ser reconhecido para todas as diferenças temporárias dedutíveis, mas apenas na medida em que for provável a existência de lucro tributável no futuro. O lucro tributável deve ser suficiente para que a diferença dedutível seja deduzida.

Se uma perda por *impairment* é reconhecida, por exemplo, o valor contábil do ativo ficará menor que sua base fiscal, gerando uma diferença temporária dedutível (supondo que a perda não seja dedutível no momento do seu reconhecimento). Assim, a entidade deve reconhecer um ativo fiscal diferido a partir dessa diferença temporária dedutível, desde que seja provável que haja lucro tributável.

Digamos que um terreno esteja classificado no imobilizado desde 20x1 e em 20x2 houve o reconhecimento de uma perda por *impairment*, gerando uma diferença temporária dedutível de $ 10.000. Há o reconhecimento de um ativo fiscal diferido, considerando que é provável que haja lucro tributável no futuro, debitando o ativo e creditando a despesa tributária diferida, conforme segue:

Imobilizado	**20x1**	**20x2**
Valor contábil	50.000	40.000
Base fiscal	50.000	50.000
Diferença temporária	0	−10.000
Ativo fiscal diferido (34%)	0	3.400

Na DRE, a perda por *impairment* não gera despesa tributária corrente, pois o valor não é dedutível até que o terreno seja vendido. Porém, a despesa tributária diferida ajusta a corrente para que o benefício da dedução futura seja alocado junto à perda reconhecida contabilmente, de modo a fazer com que o prejuízo líquido represente a efetiva perda, líquida do efeito tributário.

Se uma provisão, por exemplo, é reconhecida no passivo, mas dedutível apenas quando for paga, o ativo fiscal diferido só pode ser reconhecido neste momento se for provável que haja lucro tributável quando essa diferença temporária for revertida, ou seja, quando a provisão for paga. Se não houvesse lucro tributável e o ativo fiscal diferido fosse reconhecido, haveria a sua baixa quando a provisão fosse paga. O valor da dedução da provisão aumentaria o prejuízo fiscal. O prejuízo fiscal geraria um ativo fiscal diferido, o que faria com que esse valor baixado retornasse ao ativo. Isso significa que o ativo fiscal diferido referente à provisão não geraria benefícios econômicos.

Sendo assim, de acordo com o CPC 32, para que se considere que seja provável que haverá lucro tributável no futuro para deduzir uma diferença temporária dedutível (realizar uma exclusão no Lalur), a norma exige que seja verificado se haverá diferenças temporárias tributáveis e/ou lucros tributáveis suficientes.

No caso das diferenças temporárias tributáveis, a norma considera que é provável que o lucro tributável esteja disponível para deduzir a diferença temporária dedutível quando houver diferenças temporárias tributáveis suficientes relacionadas com a mesma autoridade tributável e a mesma entidade tributável, a qual se espera reverter no mesmo período em que seja escriturada a exclusão no Lalur, ou em períodos nos quais a perda fiscal advinda do ativo fiscal diferido possa ser compensada em períodos anteriores ou futuros.

Assim, suponha que se espera que a reversão de uma diferença temporária dedutível referente a uma provisão para garantia ocorra no próximo ano, por exemplo. Para reconhecer o ativo fiscal diferido, um dos indicadores é haver uma diferença temporária tributável que também seja revertida no próximo ano, como uma diferença de depreciação. Assim, haveria uma adição no Lalur referente à reversão da diferença temporária tributável, permitindo a exclusão da diferença temporária dedutível.

Entretanto, se não houver diferenças temporárias tributáveis suficientes com a mesma autoridade tributária e a mesma entidade tributável, segundo o CPC 32, o ativo fiscal diferido pode ser reconhecido na medida em que:

(a) seja provável que a entidade terá lucro tributável suficiente relacionado com a mesma autoridade tributária e a mesma entidade tributável no mesmo período em que seja escriturada a reversão da diferença temporária dedutível (ou em períodos nos quais surja prejuízo fiscal proveniente do ativo fiscal diferido que possa ser compensado em períodos futuros ou anteriores). Ao avaliar se ela terá lucro tributável suficiente em períodos futuros, a entidade deve:

(i) comparar as diferenças temporárias dedutíveis com lucro tributável futuro que permite excluir as deduções fiscais resultantes da reversão dessas diferenças temporárias dedutíveis. Essa comparação mostrará a extensão em que o lucro tributável futuro será suficiente para a entidade poder deduzir os montantes resultantes da reversão dessas diferenças temporárias dedutíveis; e

(ii) ignorar os valores tributáveis advindos de diferenças temporárias dedutíveis que se espera que se originem em períodos futuros, porque o ativo fiscal diferido advindo dessas diferenças temporárias dedutíveis irá exigir futuros lucros tributáveis para poder ser utilizado; ou

(b) estejam disponíveis para a entidade as oportunidades de planejamento tributário que criarão o lucro tributável em períodos apropriados.

Assim, o mesmo raciocínio em relação à reversão da diferença temporária tributável aplica-se à existência de lucro tributável suficiente no futuro – é preciso ter lucros tributáveis para que se possa fazer a exclusão no Lalur da diferença temporária dedutível no futuro, mesmo que esse lucro surja em função da implantação de medida de planejamento tributário (ao contrário do que normalmente ocorre, quando visa à redução do lucro tributável).

Para reconhecer ativo fiscal diferido em função de prejuízos fiscais, também é necessário que seja provável que estarão disponíveis lucros tributáveis no futuro, para que esses prejuízos possam ser compensados. Os critérios são basicamente os mesmos utilizados para verificar se um ativo fiscal diferido pode ser reconhecido em função de diferenças temporárias dedutíveis (CPC 32):

(a) se a entidade tem diferenças temporárias tributáveis suficientes relacionadas com a mesma autoridade tributária e a mesma entidade tributável que resultarão em valores tributáveis contra os quais os prejuízos fiscais ou créditos fiscais não utilizados podem ser utilizados antes que expirem;

(b) se for provável que a entidade terá lucros tributáveis antes que os prejuízos fiscais ou créditos fiscais não utilizados expirem;

(c) se os prejuízos fiscais não utilizados resultarem de causas identificáveis que são improváveis de ocorrer novamente; e

(d) se estiverem disponíveis para a entidade oportunidades de planejamento tributário [...] que criarão lucro tributável no período em que prejuízos fiscais ou créditos fiscais não utilizados possam ser utilizados.

Entretanto, a norma "endurece" o reconhecimento de ativo fiscal diferido no caso de existência de prejuízos fiscais. A norma cita que a existência de prejuízos fiscais não utilizados é uma forte evidência de que futuros lucros tributáveis podem não estar disponíveis. Ela coloca que, quando a entidade tem um histórico de perdas recentes, o reconhecimento do ativo fiscal somente deve ocorrer na medida em que tenha diferenças temporárias tributáveis suficientes ou que existam outras evidências convincentes de que haverá disponibilidade de lucro tributável suficiente para compensação futura dos prejuízos fiscais ou créditos fiscais não utilizados. Assim, a exigência de evidência convincente pode fazer com que o ativo não seja reconhecido. Uma evidência poderia ser, por exemplo, um novo contrato já fechado com cliente, que provavelmente trará lucro.

O ativo fiscal diferido também não pode ser reconhecido quando a diferença temporária surgir do reconhecimento inicial de ativo ou passivo na transação que não é uma combinação de negócios e, no momento da transação, não afeta nem o lucro contábil nem o lucro tributável (ou prejuízo fiscal). Por exemplo, digamos que uma subvenção governamental é reconhecida no passivo e que não será tributada no futuro. A base fiscal desse passivo é zero, pois é o seu valor contábil menos o valor da receita que não será tributável em períodos futuros. Assim, confrontando valor contábil com base fiscal, há uma diferença temporária dedutível, mas a norma não permite que o ativo fiscal diferido seja reconhecido, pois isso aumentaria o valor do passivo.

A cada data de balanço, a entidade precisa verificar se os ativos fiscais diferidos não reconhecidos previamente podem passar a ser reconhecidos, em função de mudanças na probabilidade de obtenção de lucros tributáveis no futuro.

Devem ser especialmente notados na aplicação prática alguns aspectos relacionados às exigências e aos julgamentos por parte da administração da entidade. Um ponto em que a gestão precisa exercer julgamento é em relação à probabilidade de obtenção de lucros tributáveis no futuro. É preciso fazer projeções e analisar se haverá não apenas lucro contábil, mas lucro tributável no futuro, para que se faça o reconhecimento de ativo fiscal diferido em função de diferenças temporárias dedutíveis e prejuízos fiscais.

Apesar de, no Brasil, não haver tempo de expiração do lucro tributável, o que aparentemente leva à possibilidade de compensação dos prejuízos ao infinito, é preciso avaliar se há evidência convincente de que o prejuízo será mesmo compensado dentro de um horizonte de provável continuidade da entidade.

Na prática de levantamento das diferenças temporárias dedutíveis e tributáveis, a parte B do Lalur tem papel importante, pois auxilia na determinação da base fiscal dos ativos e passivos, desde que elaborada de maneira a permitir isso.

PARA REFLETIR...

Por que, ao contrário dos passivos fiscais diferidos, a norma contábil impõe restrições ao reconhecimento de ativos fiscais diferidos?

As restrições de reconhecimento de ativos fiscais diferidos sobre diferenças temporárias e prejuízos fiscais são um mecanismo de proteção dos interesses dos investidores. Caso não houvesse restrição, os gestores poderiam divulgar ativos que provavelmente não trariam benefícios econômicos no futuro, divulgando em consequência lucros maiores.

3.5 Diferenças temporárias em agrupamentos de entidades

Podem surgir diferenças temporárias em investimentos em controladas (para demonstrações separadas), coligadas e *joint ventures*, quando o valor contábil se torna diferente da base fiscal. Por exemplo, se houver uma perda por *impairment* reconhecida, surgirá uma diferença temporária dedutível. Mudanças nas taxas de câmbio, no caso de entidades investidas no exterior, também podem gerar diferenças temporárias.

Nesse caso, a entidade deve reconhecer passivo fiscal diferido para todas as diferenças temporárias tributáveis associadas com investimentos em controladas, filiais e coligadas e participações em negócios em conjunto, exceto quando ambas as seguintes condições sejam atendidas (CPC 32):

(a) a empresa controladora, o investidor, o empreendedor em conjunto ou o operador em conjunto seja capaz de controlar a periodicidade da reversão da diferença temporária; e

(b) seja provável que a diferença temporária não se reverterá em futuro previsível.

Essa exceção evita que um passivo fiscal diferido seja reconhecido e divulgado. Se o investidor consegue controlar a reversão da diferença temporária, em geral por meio da distribuição de dividendos, não é preciso reconhecer o passivo.

Na elaboração de demonstrações contábeis consolidadas, é possível que surjam diferenças temporárias, pois a base fiscal é determinada a partir da declaração de IR de cada empresa que faz parte do grupo, incluindo empresas no exterior. Assim, digamos que uma controlada no exterior tenha remetido unidades de estoque à matriz pelo preço de $ 1.000, com lucro de $ 200, ainda não realizado. O valor contábil no consolidado será de $ 800, mas a base fiscal será de $ 1.000, pois esse é o valor dedutível de IR na matriz quando o estoque for vendido por algum preço. Digamos que a controlada seja tributada a 30%, e a matriz, a 40%. Haverá uma despesa de tributo corrente no consolidado de $ 60 ($ 200 × 30%) e uma receita de tributo diferido de $ 80 ($ 200 × 40%). A diferença de $ 20 representa o quanto o grupo perdeu por remeter um estoque para ser tributado em um país com alíquota maior.

No evento de combinação de negócios, conforme o CPC 15 (R1) – Combinação de Negócios, a entidade deve reconhecer quaisquer ativos fiscais diferidos ou passivos fiscais diferidos como ativos e passivos identificáveis na data de aquisição. Assim, se um ativo foi mensurado a valor justo por um valor maior do que seu custo de aquisição, que é o valor dedutível para fins fiscais, haverá uma diferença temporária tributável e um passivo fiscal diferido a ser reconhecido. Esse passivo é identificável e é levado em conta no cálculo do *goodwill*, afetando assim o seu valor.

Entretanto, o *goodwill* reconhecido pode não ser dedutível em algum país. Com isso, sua base fiscal seria zero, gerando uma diferença temporária tributável no reconhecimento inicial do *goodwill*. A norma não permite o reconhecimento de passivo fiscal diferido, pois a contrapartida a débito iria aumentar o valor do próprio *goodwill*.

É importante salientar que, na data da aquisição, devem ser levadas em conta as informações disponíveis nessa data. Assim, se o negócio adquirido mostrava ser improvável a compensação de prejuízos fiscais e nenhum ativo fiscal diferido poderia ser reconhecido, assim ficará no balanço da combinação. Se a aquisição tornar provável a compensação de prejuízos fiscais em função da sinergia com as demais operações, por exemplo, essa informação é considerada nova e não deve afetar a mensuração do *goodwill*. O ativo fiscal diferido pode ser reconhecido posteriormente à data da combinação.

3.6 Mensuração de ativos e passivos fiscais diferidos

De acordo com o CPC 32, passivos de tributos correntes referentes aos períodos correntes e anteriores devem ser mensurados pelo valor esperado a ser pago para as autoridades tributárias, utilizando as alíquotas de tributos (e legislação fiscal) que estejam promulgadas até o final do período que está sendo reportado. Isso significa que uma mudança na alíquota aplicável só será aplicada se a lei já tiver sido promulgada. O mesmo ocorre em relação a ativos de tributos correntes que serão recuperados, por exemplo, os tributos retidos na fonte.

Os ativos e passivos fiscais diferidos devem ser mensurados pelas alíquotas que se espera que sejam aplicáveis no período quando for realizado o ativo ou liquidado o passivo, com base nas alíquotas (e legislação fiscal) que estejam em vigor ao final do período em que está sendo reportado. Por exemplo, digamos que a entidade tenha apresentado prejuízo fiscal no período. Se a entidade prevê que o prejuízo fiscal será compensado com lucros menores do que o piso para a tributação de adicional de IR no Brasil, a alíquota aplicável na mensuração do ativo fiscal diferido é 24%, sem a alíquota de 10% do adicional de IR. Veja também os exemplos trazidos pelo CPC 32.

De acordo com o CPC 32, ativos e passivos fiscais diferidos não devem ser descontados (ajustados a valor presente), pois isso exigiria a programação detalhada de periodicidade da reversão de cada diferença temporária, o que é impraticável e complexo.

3.7 Reconhecimento do resultado

A contabilização de tributo diferido e corrente deve ser consistente com a contabilização da própria transação ou evento relacionado. Assim, se a receita ou despesa está reconhecida no resultado do período, tributos diferidos e correntes também serão apresentados no resultado do período. Se a transação ou evento é reconhecido em outros resultados abrangentes ou diretamente no patrimônio líquido, tributos diferidos e correntes também serão apresentados em confrontação a esses resultados. Se os tributos diferidos resultam de combinação de negócios, a contrapartida do ativo ou passivo reconhecido é o *goodwill*.

4. APRESENTAÇÃO E DIVULGAÇÃO

De acordo com o CPC 26 (R1) – Apresentação das Demonstrações Contábeis, os ativos e passivos fiscais diferidos não devem ser apresentados no ativo ou passivo circulante. Assim, mesmo que haja diferenças temporárias que serão revertidas no curto prazo, o ativo e o passivo fiscal diferido devem ser apresentados no não circulante.

A compensação de ativos com passivos fiscais é limitada pela norma. A entidade deve compensar os ativos fiscais correntes e os passivos fiscais correntes se, e somente se, ela tiver o direito legalmente executável para compensar os valores reconhecidos e pretender liquidar em bases líquidas, ou realizar o ativo e liquidar o passivo simultaneamente. A entidade deve compensar os ativos fiscais diferidos e os passivos fiscais diferidos se, e somente se, ela tem o direito legalmente executável de compensar os ativos fiscais correntes contra os passivos fiscais correntes, e se os ativos fiscais diferidos e os passivos fiscais diferidos estão relacionados com tributos sobre o lucro lançados pela mesma autoridade tributária, na mesma entidade tributável ou nas entidades tributáveis diferentes que pretendem liquidar os passivos e os ativos fiscais correntes em bases líquidas, ou realizar os ativos e liquidar os passivos simultaneamente, em cada período futuro no qual se espera que valores significativos dos ativos ou passivos fiscais diferidos sejam liquidados ou recuperados.

Há uma série de exigências de divulgação. As principais são:

- A conciliação entre o lucro contábil e a despesa tributária.
- O valor dos ativos e passivos fiscais diferidos resultantes de cada tipo de diferenças temporárias e prejuízos fiscais.
- A natureza da evidência que comprova o reconhecimento de ativo fiscal diferido que dependa de lucros tributáveis no futuro.

DESTAQUES FINAIS

O pronunciamento CPC 32 – Tributos sobre o Lucro traz uma interessante visão a respeito de como devem ser tratados os tributos sobre o lucro. A despesa de tributos sobre o lucro não representa apenas o valor devido no período: ela mostra efetivamente a carga tributária incidente sobre o lucro, considerando as receitas e despesas reconhecidas no período e seus efeitos fiscais. Essas receitas e despesas podem ser tributadas ou deduzidas no futuro, mas seus efeitos tributários são considerados em confrontação. Assim, o que a norma faz é uma apropriação por competência da despesa de tributos sobre o lucro.

Entretanto, a norma usa de mecanismos para evitar oportunismo do agente, evitando o reconhecimento de ativo fiscal diferido quando não é provável a obtenção de lucros tributáveis no futuro para deduzir as diferenças temporárias dedutíveis e os prejuízos fiscais.

RESUMO

- O objetivo da contabilidade dos tributos sobre o lucro é fazer uma melhor alocação no tempo dos resultados referentes aos tributos sobre o lucro, uma vez que há diferenças entre o lucro contábil e o lucro tributável.
- A despesa (receita) de tributo corrente é o valor apurado conforme a legislação tributária do país, que por sua vez

é ajustada pela despesa (receita) de tributo diferido para que a despesa (receita) total represente a carga tributária incidente sobre os resultados reconhecidos na DRE.

- O resultado de tributos diferidos é apurado a partir das diferenças temporárias entre os lucros, mas também pode ser afetado pelo reconhecimento e mensuração dos ativos e passivos fiscais diferidos.
- O ativo fiscal diferido representa o benefício econômico de redução da carga tributária sobre os resultados no futuro em função de diferenças temporárias e de prejuízos fiscais.
- O passivo fiscal diferido representa o tributo a ser pago no futuro sobre um resultado reconhecido.

EXERCÍCIOS PROPOSTOS

QUESTÃO 1: Por que as diferenças temporárias dedutíveis e tributáveis possuem papel relevante na determinação do lucro contábil para fins de divulgação?

QUESTÃO 2: Como as contas de ativo e passivo fiscal diferido e da despesa tributária corrente e diferida podem melhorar o poder de análise e tomada de decisões de analistas, investidores e credores?

QUESTÃO 3: Em 31/12/20x9, uma empresa apresenta os seguintes itens, entre outros:

- Uma máquina adquirida em 31/12/20x6 por $ 180.000. Sua vida útil estimada é de 4 anos, com valor residual de $ 60.000. Para fins fiscais, a taxa de depreciação é de 10% a.a.
- Constituição de provisão para ações trabalhistas no valor de $ 90.000, no ano de 20x9, e uma reversão na mesma provisão, também em 20x9, no valor de $ 20.000, referente a uma provisão constituída em 20x7. Não há outras provisões reconhecidas.
- Um terreno classificado como propriedade para investimento foi adquirido no início de 20x9 por $ 300.000, e está mensurado a valor justo. Houve uma valorização no mercado e o terreno está valendo $ 330.000 em 31/12/20x9.
- Juros sobre capital próprio do período no valor de $ 40.000.

A empresa apresentou um lucro antes do imposto de renda e contribuição social de $ 200.000, já incluindo a contabilização dos resultados relacionados aos itens acima conforme as normas do Comitê de Pronunciamentos Contábeis (CPC).

Faça os ajustes necessários no Lalur e apure as diferenças temporárias dedutíveis e tributáveis desse período, os respectivos ativos e passivos fiscais diferidos e as respectivas despesas tributárias correntes e diferidas. Considere que a empresa espera que provavelmente apresente lucro tributável no futuro, mas que não pagará adicional de IR nos próximos períodos. Assim, considere a alíquota de IR de 15% e de CSL de 9%.

QUESTÃO 4: A empresa Futuramo Ltda. realizou em 20x1 uma operação de venda para entrega futura, com receita reconhecida para fins tributários no valor de $ 70.000. O recebimento pela venda ocorrerá no momento da entrega das mercadorias. Os estoques negociados somam $ 46.000. A entrega das mercadorias ocorrerá no próximo ano, quando a receita será reconhecida para fins de divulgação, conforme *International Financial Reporting Standards* (IFRS)/CPC.

Apure as diferenças temporárias decorrentes dessa operação pelo método de balanço.

QUESTÃO 5: A Provisa S/A reconheceu duas provisões em 20x1. A primeira, para riscos trabalhistas no valor de $ 50.000, deverá ser paga em 20x2. A segunda, para riscos ambientais no valor de $ 130.000, deverá ser paga em 20x3. O Lair de 20x1 é de $ 540.000. O Lair previsto para 20x2 é de $ 90.000 e o de 20x3 é de $ 410.000. Faça a mensuração do ativo fiscal diferido de 20x1.

BIBLIOGRAFIA SUGERIDA

COMITÊ DE PRONUNCIAMENTOS CONTÁBEIS (CPC). *Pronunciamento técnico CPC 15 (R1) – Combinação de Negócios*. Brasília: CPC, 2011. Disponível em: http://static.cpc.aatb.com.br/Documentos/235_CPC_15_R1_rev%2014.pdf. Acesso em: 13 ago. 2020.

COMITÊ DE PRONUNCIAMENTOS CONTÁBEIS (CPC). *Pronunciamento técnico CPC 26 (R1) – Apresentação das Demonstrações Contábeis*. Brasília: CPC, 2011. Disponível em: http://static.cpc.aatb.com.br/Documentos/312_CPC_26_R1_rev%2014.pdf. Acesso em: 13 ago. 2020.

COMITÊ DE PRONUNCIAMENTOS CONTÁBEIS (CPC). *Pronunciamento técnico CPC 32 – Tributos sobre o Lucro*. Brasília: CPC, 2009. Disponível em: http://static.cpc.aatb.com.br/Documentos/340_CPC_32_rev%2014.pdf. Acesso em: 13 ago. 2020.

ESTADÃO CONTEÚDO. Com reforma tributária, ConocoPhillips reverte prejuízo no 4º tri. Exame, 01/02/2018. Disponível em: https://exame.com/negocios/com-reforma-tributaria-conocophillips-reverte-prejuizo-no-4o-tri/. Acesso em: 13 ago. 2020.

23

MERCADOS FINANCEIROS

Carlos R. Godoy

OBJETIVOS DE APRENDIZAGEM

- Entender o processo de intermediação financeira presente no mercado financeiro.
- Fixar os conceitos e compreender as diferenças entre títulos de renda fixa e títulos de renda variável.
- Compreender o papel da autoridade monetária maior de um país (Banco Central) e conhecer os principais títulos públicos negociados no mercado financeiro e como se dá o processo de formação de preço desses títulos.
- Compreender como a taxa de juros influencia os preços dos títulos de renda fixa.
- Compreender os fundamentos do mercado de renda variável e como as ações são avaliadas.
- Compreender o mercado de câmbio.

1. APRESENTAÇÃO

Em meio a uma enxurrada de notícias envolvendo aspectos políticos e econômicos no Brasil em meados de 2015, os principais jornais brasileiros e o principal jornal de economia e negócios do Brasil anunciavam, entre tantas manchetes, que:

- O ministro da fazenda brasileiro afirmou que sem o ajuste fiscal o Brasil poderia perder rapidamente o grau de investimento.
- Na espera pelas decisões e informações originadas das reuniões periódicas do Banco Central Norte-Americano (FED) e do Banco Central Brasileiro (BCB), as bolsas de valores caíram e o dólar atingiu R$ 2,94.
- Estaleiros demitem 10 mil trabalhadores desde dezembro de 2014, e afirmam que a crise na indústria da construção naval brasileira pode se agravar ainda mais.

Essas três diferentes manchetes refletem situações também diferentes sobre:

- A necessidade de gestão financeira equilibrada de um país, pois dívidas elevadas podem comprometer a capacidade de um governo para captar recursos no mercado financeiro internacional.
- A interconexão entre os mercados financeiros e os reflexos das decisões sobre políticas econômicas no mercado de capitais, no mercado de câmbio e consequentemente no dia a dia das empresas ao redor do mundo.
- Decisões erradas do governo refletem no dia a dia dos mercados, consequentemente nas decisões de investimentos e financiamentos das empresas, e sobretudo na vida dos trabalhadores e das famílias.

As decisões políticas e econômicas exercidas pelo governo federal refletem nos mercados financeiros, nas empresas e nas famílias. Uma decisão de política fiscal do governo, por exemplo, um aumento no imposto sobre os combustíveis, afeta a viabilidade econômica de projetos, envolvendo desde a exploração do petróleo na Bacia de Campos, no Rio de Janeiro, até o uso de colheitadeiras no campo de soja na cidade de Sorriso, no estado de Mato Grosso. Uma decisão de política cambial do Banco Central quanto ao sistema de câmbio usado no país, por exemplo, passando do sistema de flutuação livre para o sistema fixo, alterará o endividamento em moeda estrangeira tomado pelas empresas e, certamente, afetará o consumo de produtos importados. Por fim, uma decisão de política monetária do Banco Central que sugere a elevação da taxa básica de juros da economia fatalmente afetará as decisões de financiamentos das empresas, e aquela troca da geladeira pela dona de casa deverá ser repensada.

Situações como as que mencionamos são realizadas dentro de um ambiente de competição por recursos, em que agentes deficitários interessados em captar recursos competem entre si pelo capital dos agentes superavitários possuidores de recursos em excesso e que necessitam distribuir equilibradamente o seu fluxo de caixa e seu risco ao longo do tempo.

Este capítulo apresenta primeiramente uma visão geral dos mercados e dos instrumentos financeiros. Em seguida, são apresentados os conceitos relacionados aos principais instrumentos financeiros e sua relação com normas específicas do Comitê de Pronunciamentos Contábeis (CPC) e do *International Accounting Standards Board* (Iasb) para cada instrumento e capítulos associados. Depois, o capítulo trata do papel do Banco Central e seus instrumentos de política monetária; em seguida, trata dos títulos de renda fixa, dos títulos de renda variável, e do câmbio. O capítulo se completa com a discussão sobre o panorama dos mercados financeiros brasileiro e internacional.

2. CONCEITOS E DEFINIÇÕES RELEVANTES

O rol de definições e as discussões aqui apresentados não são exaustivos, mas refletem um conteúdo mínimo de conceitos sobre os mercados e os instrumentos financeiros geralmente utilizados no sistema financeiro nacional (SFN). Algumas dessas definições serão apropriadamente retomadas e tratadas nos próximos três capítulos, sobre:

- Instrumentos financeiros.
- Contabilidade de instrumentos financeiros – reconhecimento e mensuração.
- Contabilidade de instrumentos financeiros – apresentação e evidenciação.

Importante observar que um instrumento financeiro é um valor mobiliário representado por um direito sobre um ganho ou um ativo no futuro. Muitas vezes, ele é denominado apenas como "título", e em outras vezes confundido com um de seus tipos, os derivativos.

Os derivativos são instrumentos financeiros cujo valor montante depende do comportamento de preço de outro ativo. Esses instrumentos são também alocados em um mercado denominado mercado de futuros, em que basicamente se negociam instrumentos voltados para a transferência de riscos. Nesse mercado, as operações são realizadas no presente, mas as liquidações dessas transações se dão em data futura; alguns exemplos de instrumentos derivativos são: termo, futuro, opções e *swaps*.

Os contratos a termo são instrumentos financeiros derivativos que garantem ao comprador a compra e ao vendedor a venda, em uma data futura, de um determinado ativo por um preço previamente estabelecido. Por exemplo, uma empresa que precise pagar uma dívida em dólares em dezembro a um fornecedor norte-americano; a empresa procura uma instituição financeira e acerta a compra da quantidade de dólares necessária para pagar a dívida a uma taxa de câmbio predefinida para liquidação apenas em dezembro.

Os contratos futuros são instrumentos financeiros derivativos que garantem ao comprador a compra e ao vendedor a venda, em uma data futura, de um determinado ativo por um preço previamente estabelecido. Representam uma sofisticação dos contratos a termo, já que aqueles são desprovidos de um conjunto de garantias e especificações que foram incorporadas aos contratos futuros. Por exemplo, uma empresa que precise pagar uma dívida em dólares em dezembro a um fornecedor norte-americano; a empresa procura uma corretora que opera na bolsa de mercadorias e futuros e acerta a compra da quantidade de dólares necessária para pagar a dívida a uma taxa de câmbio predefinida para liquidação em qualquer data até dezembro.

As opções são instrumentos financeiros derivativos que dão ao seu possuidor o direito de comprar (opção de compra) ou vender (opção de venda) um determinado ativo no futuro por um preço previamente estabelecido. Por exemplo, uma empresa que precise pagar uma dívida em dólares em dezembro a um fornecedor norte-americano; a empresa procura uma corretora que opera na bolsa de mercadorias, futuros e opções e acerta a compra de uma opção de compra que lhe dá o direto de adquirir a quantidade de dólares necessária para pagar a dívida a uma taxa de câmbio predefinida para liquidação em qualquer data até dezembro (opção tipo americana) ou apenas em dezembro (opção tipo europeia).

Já os *swaps* também são instrumentos financeiros derivativos que garantem a troca de fluxos de caixa entre as partes envolvidas em uma transação de mudança de posições. Por exemplo, uma empresa que precise pagar uma dívida em dólares em dezembro a um fornecedor norte-americano, porém essa empresa possui recebíveis em reais para dezembro; a empresa procura uma instituição financeira e acerta um contrato de *swap* que prevê a troca dos fluxos originados pela relação entre a paridade entre o dólar e o real. Assim, quando o dólar se valorizar, a empresa, tradicionalmente a cada trimestre, recebe a diferença pela flutuação do câmbio multiplicada pelo montante estipulado no contrato, comportamento inverso faz com que a empresa pague ao banco.

Dentro do mercado financeiro, os agentes deficitários são os captadores de recursos, já aqueles agentes superavitários são os poupadores de recursos. Em ambos os lados, temos governos, empresas e famílias. As empresas e as famílias sabem muito bem como controlar seu fluxo de caixa, por vezes tomam decisões intertemporais equivocadas quanto à distribuição do seu fluxo de caixa, mas o reflexo tende a ser breve. Já pelo lado do governo, via de regra ele toma decisões equivocadas da mesma forma que as empresas e as famílias, porém os tomadores dessas decisões raramente sentem os efeitos de suas opções.

Assim, de um lado temos poupadores e do outro captadores de recursos, que possuem desejos antagônicos de consumo. Portanto, a combinação ótima desses desejos contribui para viabilizar a atividade econômica dos governos, empresas e famílias. É o encontro de poupadores e tomadores, em situações antagônicas, que faz com que se combinem as necessidades de consumo e poupança. Diante desse problema da falta de um "agendamento" entre os agentes, surgiram os intermediários financeiros – agentes responsáveis por combinar os desejos de poupadores e captadores de recursos em transações sistematizadas de forma a reduzir os riscos comprometidos entre as partes e o agente intermediário (Figura 23.1).

Figura 23.1 Intermediários financeiros

Os intermediários financeiros possuem a função de facilitar a canalização de recursos dos agentes superavitários para os agentes deficitários, realizando isso basicamente por meio de dois mercados: o mercado de dívidas e o mercado de patrimônio.

No mercado de dívidas, também denominado mercado de crédito, existem duas formas para se realizar as transações de captação de recursos. Elas podem ser feitas de forma indireta, por meio dos intermediários financeiros (empréstimos bancários), ou de forma direta, com captação por meio de emissão de títulos e valores mobiliários de dívidas (debêntures, notas promissórias, certificados de recebíveis imobiliários, certificados de recebíveis do agronegócio, *bonds*). Esses títulos também podem ser denominados instrumentos financeiros de crédito, em que na maioria das vezes constituem-se como de renda fixa, pois representam uma promessa de pagamento futura acrescida de juros e com períodos definidos.

Já no mercado de títulos patrimoniais, negociam-se valores mobiliários que representam a propriedade das empresas

Quadro 23.1 Instrumentos e mercados

INSTRUMENTOS	MERCADOS					
	Tipo de renda		Forma de financiamento		Futuros	Câmbio
	Fixa	Variável	Patrimônio	Dívidas		
Financiamento bancário	X			X		
Ações		X	X		X	
Bonds	X			X		
Debêntures	X			X		
Fundos de investimentos	X	X				
Juros	X			X	X	
Moedas		X			X	X
Poupança	X					
Opções		X			X	X
Termo e futuros		X			X	X
Títulos públicos	X			X		

(ações, direitos de subscrições),[1] por isso são também denominados títulos de propriedade. Esses instrumentos financeiros patrimoniais são, portanto, títulos de propriedade, na maioria das vezes com renda variável, que oferecem direitos sobre os resultados das empresas.

Muitos autores e agentes do mercado costumam classificar as ações e as dívidas captadas de forma direta como instrumentos integrantes do mercado de capitais. Já dentro do mercado de dívidas, existe um "submercado" denominado mercado monetário, que teoricamente representa aqueles instrumentos de dívida de curto prazo negociados basicamente pelos bancos e estes com os bancos centrais. Porém, vale observar que a classificação dos instrumentos nesses mercados e em outros mercados elencados neste capítulo é uma tarefa acessória, já que existem diferentes classificações oferecidas e muitas delas acabam se conflitando. Resta mencionar que dentro do mercado financeiro existem ainda o mercado de câmbio e o mercado de futuros.

O importante das classificações existentes dos mercados financeiros, para o propósito deste livro, é que precisamos estar cientes de como as empresas levantam recursos, como elas gerenciam suas exposições ao risco de seus ativos, passivos e seus fluxos de caixa futuro e, não menos importante, as características dos instrumentos financeiros usados para tais finalidades.

Assim, o mercado financeiro é o ambiente em que se realizam transações financeiras, em que os recursos são transferidos de agentes superavitários e canalizados para agentes deficitários de recursos. Nesse mercado, transacionam-se valores mobiliários de diferentes características e prazos – dívidas, ações, moedas, opções etc. É composto por vários submercados – mercado de crédito, mercado de capitais, mercado de câmbio, mercado de futuros e outros. Como esses mercados estão sistematicamente organizados, por meio das funções, operações e agentes, são denominados sistema financeiro nacional (SFN).

No mercado monetário, ou seja, no mercado em que se negocia dinheiro no curto prazo, nas operações entre agentes com necessidades de prazos extremamente curtos, surge a taxa básica do mercado financeiro. São juros cobrados nas transações entre instituições financeiras, daí a denominação certificado de depósito interfinanceiro (CDI), ou, simplesmente, DI. Ela possui relação direta com a taxa básica da economia brasileira, a Selic, já que o DI funciona como custo de oportunidade para as operações compromissadas (um dia) entre os bancos, e estes com o Banco Central.

Já a taxa básica de juros da economia brasileira (Selic) é determinada pelo Banco Central do Brasil (BCB) nas reuniões de seu Comitê de Política Monetária (Copom), Selic Meta. É uma taxa anual que serve de referência para todas as demais taxas de juros do mercado financeiro nacional, usada para remunerar um dos principais títulos de dívidas emitidos pelo Tesouro Nacional – Tesouro Selic (LFT).

Os títulos de dívidas pós-fixados, assim como as letras financeiras do Tesouro (LFTs), são valores mobiliários de crédito cujo rendimento está atrelado ao comportamento de um determinado indexador: juros, índice de preços, câmbio. De forma oposta, os títulos prefixados referem-se a títulos de dívidas cujo rendimento já é conhecido no ato da negociação.

No mercado de câmbio, negociam-se moedas – moedas de diferentes países ou blocos de países –, e o preço na moeda local para compra de uma determinada moeda estrangeira é denominado taxa de câmbio. No Brasil e em grande parte dos países, a taxa de câmbio é definida pelas operações de compra e venda da moeda de referência, ou seja, é a oferta e a procura pela moeda que determina a taxa de câmbio, apesar da constante atuação do BCB.

PARA REFLETIR...

Como distinguir um instrumento financeiro de renda fixa de outro de renda variável?

3. O PAPEL DO BANCO CENTRAL NO MERCADO FINANCEIRO

Os bancos centrais são as autoridades máximas em qualquer SFN. Eles são responsáveis pela condução da política monetária e de câmbio de um país, cujo objetivo central é proteger o valor da moeda nacional por meio da gestão do volume de recursos em circulação e do gerenciamento da taxa básica de juros. Os denominados bancos centrais exercem também a função de agente dos governos para executar suas políticas econômicas. Da mesma forma, o BCB exerce papel fundamental na execução de suas políticas, seja por meio dos juros (mercado monetário e de dívidas) ou da taxa de câmbio (mercado de câmbio).

Com essas atribuições, os bancos centrais podem afetar as taxas de juros do mercado financeiro, influenciando as operações de financiamento das empresas e o orçamento das famílias. No Brasil, desde 1999, durante o segundo mandato do governo do presidente Fernando Henrique Cardoso, o sistema de câmbio definido pela autoridade monetária (BCB) é o de câmbio livre (flexível), ou seja, aquele sistema em que a taxa de câmbio é um reflexo da oferta e da procura pelas moedas estrangeiras. Portanto, no mercado de câmbio, investidores e captadores de recursos podem ver seus ganhos e compromissos se elevarem ou reduzirem em função única do comportamento do mercado.

No tocante à execução da política monetária, no BCB, os instrumentos mais tradicionais são:

---

[1] Direito de subscrição representa a possibilidade que um acionista possui de contribuir com o aumento de capital de uma determinada empresa; de outra forma, representa o direito de preferência do atual acionista em adquirir novas ações ou outro instrumento que possa ser conversível em ações de uma companhia.

- Emissão de papel-moeda.
- Empréstimos de liquidez (redesconto).
- Controle de reservas bancárias (compulsórios).
- Operações com títulos públicos no mercado aberto (*open market*).

A emissão de moeda é um instrumento usado pelo BCB para condução da política monetária, que se utiliza da confecção pela Casa da Moeda e da colocação pelo BCB de mais dinheiro na economia, inevitavelmente causando inflação.

Os empréstimos para liquidez são usados pelo BCB com o propósito de reduzir ou aumentar a quantidade de dinheiro em circulação na economia, afetando as reservas bancárias. Com o intuito de reduzir essas reservas, o BCB pode aumentar a taxa de redesconto, reduzir o prazo de resgate, estipular limites operacionais e também estabelecer restrições aos títulos permitidos para ser descontáveis.

Para aumentar o dinheiro em circulação, o BCB pode reduzir a taxa de redesconto, aumentar o prazo de resgate, aumentar os limites operacionais e afrouxar restrições de títulos usados no redesconto. Este é um instrumento existente, mas pouco eficaz quanto a sua aplicação, já que depende que as instituições financeiras busquem o BCB para realizar tal tipo de socorro para suas operações.

Os depósitos compulsórios são recolhimentos obrigatórios que as instituições financeiras fazem ao BCB. Podem incidir sobre depósitos à vista, depósitos de longo prazo e a poupança. Assim, o BCB pode alterar as taxas dos compulsórios com o intuito de expandir ou reduzir a atividade econômica. Desde março de 2014, as modalidades e as taxas de depósitos compulsórios são efetuadas sobre:

- Recursos à vista, 44%.
- Recursos a prazo, 20%, remunerados pela Selic.
- Recursos de depósitos de poupança, 20%, remunerados efetivamente pela taxa referencial (TR) + 6,17% a.a., quando a meta da taxa Selic for maior que 8,5% ao ano, ou 70% da Selic quando esta for menor que 8,5%.
- Recursos de depósitos e de garantias realizadas, 45%.

Igual aos demais agentes do mercado financeiro, o BCB compra e vende títulos públicos de dívidas emitidos pelo Tesouro Nacional no mercado aberto. Este é seu principal instrumento de política monetária, pois com isso consegue alterar o volume de dinheiro em circulação na economia, reduzindo as reservas dos bancos e ainda influenciando as taxas de juros em todo o mercado financeiro.

3.1 Títulos públicos

O BCB é o operador e executor das políticas traçadas pelo Conselho Monetário Nacional (CMN), que, entre outras coisas, deve se preocupar com as finanças do país. Assim, o BCB se encarrega de colocar à venda e recomprar os títulos públicos de dívidas emitidos pelo Tesouro Nacional, com o objetivo de atender às necessidades do governo federal perante seu orçamento, além de ser uma ferramenta do BCB para colocar e retirar dinheiro de circulação na economia. No Brasil, atualmente, os principais títulos públicos negociados são:

- Tesouro Prefixado (LTN).
- Tesouro Prefixado com Juros Semestrais (NTN-F).
- Tesouro Selic (LFT).
- Tesouro IPCA (NTN-B Principal).
- Tesouro IPCA com Juros Semestrais (NTN-B Principal).

Assim como os demais títulos de dívidas, os títulos públicos apresentam um preço de compra (valor investido), um valor de mercado e um valor no vencimento (valor nominal). Assim, um investidor que pagou no mês passado R$ 900 por um título prefixado, que hoje vale R$ 920, com vencimento em 2020 e valor no vencimento de R$ 1.000, apresenta:

- Preço de compra: R$ 900.
- Preço de mercado: R$ 920.
- Valor no vencimento: R$ 1.000.

Esses diferentes preços refletem os diferentes valores de rentabilidade que o investidor pode alcançar. O governo federal garante o rendimento prometido na compra somente se o investidor resgatar seu título no vencimento; antes desse prazo, o investidor será remunerado pela diferença entre o valor de mercado[2] na venda e o preço pago, reduzido do imposto sobre renda fixa calculado com base no tempo de permanência no investimento:

- De 0 a 180 dias, alíquota de 22,5%.
- De 181 a 360 dias, alíquota de 20%.
- De 361 a 720 dias, alíquota de 17,5%.
- Mais de 720 dias, alíquota de 15%.

3.2 Tesouro Prefixado (LTN)

O título Tesouro Prefixado é um título de renda fixa que garante ao investidor o recebimento de R$ 1.000 ao final de seu vencimento. Assim, o comprador adquire o título por um preço menor que os R$ 1.000 a ser recebido no futuro, por exemplo,

---

[2] É importante esclarecer que o preço de mercado reflete as expectativas dos investidores quanto à taxa de juros no futuro, e esta deve ser isenta da passagem do tempo e, assim, da mudança do valor do dinheiro no tempo. Portanto, o ganho e perda se dá pela mudança das expectativas na taxa de juros, e não pela aproximação do vencimento dos investimentos.

R$ 800. Daí a sua rentabilidade será a diferença entre o valor resgatado e o valor aplicado, R$ 200 (R$ 1.000 – R$ 800).

Importante observar que, sobre o valor do rendimento, R$ 200, será aplicada a tributação dos títulos de renda fixa. Portanto, o rendimento líquido desse investidor será:

- R$ 155, se ficar com o dinheiro investido até 180 dias (R$ 200 – 22,5%).
- R$ 160, se ficar entre 181 e 360 dias (R$ 200 – 20%).
- R$ 165, se ficar entre 361 e 720 dias (R$ 200 – 17,5%).
- R$ 170, se ficar mais que 720 dias (R$ 200 – 15%).

Assim, a rentabilidade efetiva para 720 dias será de 20,63% (R$ 165 / R$ 800).

3.3 Tesouro Prefixado com juros semestrais (NTN-F)

O título Tesouro Prefixado com juros semestrais é um título de renda fixa que garante ao investidor o recebimento do seu valor nominal em seu vencimento, R$ 1.000. Porém, diferentemente das LTNs, as NTN-Fs pagam periodicamente juros semestrais. Assim, o rendimento é dividido em duas partes: os juros recebidos (cupons) e o ganho de capital (diferencial de preços) – ambos os rendimentos são tributados de acordo com o período de recebimento, comercialização ou resgate do título público.

3.4 Tesouro Selic (LFT)

O Tesouro Selic é um título pós-fixado cujo rendimento está atrelado à taxa Selic. O rendimento desse título se dá pela variação da taxa diária de juros básica da economia entre a data da liquidação da compra e data de vencimento do título, mais algum ágio ou deságio apresentado no momento da compra.

Também para esses títulos a rentabilidade será a diferença entre o valor no resgate e o preço pago, menos o imposto sobre o rendimento conforme o prazo aplicado.

Importante observar que, para os títulos pós-fixados, o seu preço é sempre formado pelo valor nominal base no ano de 2000, mais a atualização pela variação do indexador atrelado. Para as LFTs, é a variação da taxa Selic desde julho de 2000 até a data da liquidação (compra) que compõe a base do preço. É por isso que esses títulos públicos são negociados por um valor bem superior ao seu valor nominal, R$ 1.000, valor definido para uma unidade em 1º de julho de 2000.

3.5 Tesouro IPCA (NTN-B Principal)

O Tesouro IPCA é um título pós-fixado cujo rendimento é composto por um rendimento prefixado mais a variação da inflação medida pelo Índice de Preço do Consumidor Amplo (IPCA) do Instituto Brasileiro de Geografia e Estatística (IBGE). Assim, esses títulos sempre remunerarão alguma taxa acima da inflação, a taxa real de juros.

Diferentemente do Tesouro IPCA com juros semestrais (NTN-B), que paga juros periódicos, esse título paga todo o rendimento ao final do vencimento do título. Sua data-base para apuração de seu valor nominal atualizado (VNA) é 15/07/2000. Assim, R$ 1.000, que foi o preço estipulado de uma unidade do título em julho de 2000, deve ser atualizado pelo IPCA acumulado desde essa data até a data de negociação, mais a taxa de juros pactuada na negociação, medida por um deságio ou ágio sobre o VNA.

3.6 Tesouro IPCA com juros semestrais (NTN-B)

O Tesouro IPCA com juros semestrais é um título pós-fixado cujo rendimento é composto por um rendimento prefixado mais a variação da inflação também medida pelo IPCA. Assim, estes títulos sempre remunerarão alguma taxa acima da inflação – taxa real de juros.

Diferentemente de sua congênere, NTN-B Principal, que não paga juros periódicos, esse título paga juros semestrais de 6% ao ano (cupom). Sua data-base para apuração de seu VNA também é 15/07/2000. Assim, R$ 1.000 deve ser atualizado pelo IPCA acumulado desde essa data até a data de negociação, acrescido da taxa de juros pactuada na negociação (taxa interna de retorno do fluxo de cupons e do deságio ou ágio sobre o VNA do título).

Os títulos públicos brasileiros são investimentos mais específicos para instituições financeiras, mas o pequeno investidor já se utiliza deles para fazer sua poupança. As empresas também lançam títulos de dívidas com remunerações atreladas ao comportamento desses títulos federais, daí sua discussão neste capítulo. Eles exemplificam diferentes formas que um título privado pode ser emitido, negociado no mercado ou remunerado.

PARA REFLETIR...

Como a taxa de juros afeta os preços dos títulos com rendimento fixo?

4. RENDA FIXA E TAXA DE JUROS

Conforme definido anteriormente,[3] os juros representam a remuneração pelo empréstimo do capital. Assim, o valor futuro

---
[3] Sobre as sistemáticas de agregação de juros, juros simples e juros compostos, ver Capítulo 3 – Matemática financeira aplicada à mensuração contábil.

Quadro 23.2 Títulos públicos disponíveis para compra no Tesouro Direto

Preços e taxas dos títulos públicos disponíveis para compra					
Título	Vencimento	Taxa % a.a.		Preço unitário (dia)	
		Compra	Venda	Compra	Venda
Indexados ao IPCA					
Tesouro IPCA+ 2019 (NTN-B Principal)	15/05/2019	6,06	–	R$ 2.533,46	–
Tesouro IPCA+ 2024 (NTN-B Principal)	15/08/2024	5,73	–	R$ 1.906,69	–
Tesouro IPCA+ com Juros Semestrais 2026 (NTN-B)	15/08/2026	5,76	–	R$ 3.028,61	–
Tesouro IPCA+ com Juros Semestrais 2035 (NTN-B)	15/05/2035	5,60	–	R$ 3.156,66	–
Tesouro IPCA+ 2035 (NTN-B Principal)	15/05/2035	5,55	–	R$ 1.083,38	–
Tesouro IPCA+ com Juros Semestrais 2050 (NTN-B)	15/08/2050	5,56	–	R$ 3.175,04	–
Prefixados					
Tesouro Prefixado 2019 (LTN)	1º/01/2019	11,49	–	R$ 790,39	–
Tesouro Prefixado 2023 (LTN)	1º/01/2023	11,23	–	R$ 519,41	–
Tesouro Prefixado com Juros Semestrais 2027 (NTN-F)	1º/01/2027	11,11	–	R$ 969,37	–
Indexados à taxa Selic					
Tesouro Selic 2021 (LFT)	1º/03/2021	0,04	–	R$ 8.235,48	–

Fonte: Tesouro Nacional. *Site* do Tesouro Direto. Acesso em: 25 out. 2016.

de um título de renda fixa será o resultado da multiplicação do valor investido pelo fator de valor futuro.

$$FV = PV(1+i)n$$

De forma análoga, o valor presente será o resultado do fluxo futuro dividido pelo fator de valor presente:

$$PV = \frac{FV}{(1+i)^n}$$

Esse fator tempo, comum às duas equações, deverá ser adequado para contemplar a distância temporal entre a data da transação de compra e a data do resgate.

Assim, se temos um título de dívida (renda fixa)[4] sem pagamento de juros periódicos (cupons)[5] com vencimento para um ano e que está cotado hoje a $ 900,09, qual o rendimento até o vencimento (*yield to maturity* – YTM)?[6]

$$\$\,909{,}09 = \frac{\$\,1.000}{(1+i)^1} \quad i = 10\%$$

---
[4] Os títulos de renda fixa prefixados normalmente apresentam um valor de resgate (valor de face ou valor nominal) de $ 1.000.
[5] Estes títulos recebem o nome de cupom zero, pois não pagam cupons (juros) periódicos.
[6] Em determinados locais, e mesmo no Brasil, o termo em língua inglesa é muito mais utilizado que em língua portuguesa.

Esse conceito de rendimento até o vencimento (YTM) é extremamente importante para o entendimento de negociações e preços de títulos atrelados a uma taxa de juros, sejam eles títulos de dívidas ou derivativos de juros.

Para aqueles instrumentos em que pagamentos periódicos ocorrem, o fluxo de caixa é mais extenso, porém prevalece a mesma ideia de valor no tempo e de valor de face do título ($ 1.000).

$$PV = \frac{PMT}{(1+i)^1} + \frac{PMT}{(1+i)^2} + \frac{PMT}{(1+i)^3} + \frac{PMT}{(1+i)^4} + \ldots + \frac{PMT}{(1+i)^n}$$

Depois desses dois exemplos de títulos com diferentes tipos de cupons (juros), resta apresentar aquele cujo pagamento de juros se dá infinitamente (perpétuo). No caso dos títulos perpétuos, o pagamento de juros ocorre sequencialmente e de forma perpétua. Assim, o preço desses títulos teria a seguinte representação:

$$PV = \frac{PMT}{i}$$

Se um título de dívida paga juros perpétuos de $ 100 e a taxa de mercado é de 5%, qual seria o valor desse título?

$$\$\,2.000 = \frac{\$100}{0{,}05}$$

Quando analisamos a relação matemática entre a taxa de juros e os preços dos títulos de renda fixa, podemos observar

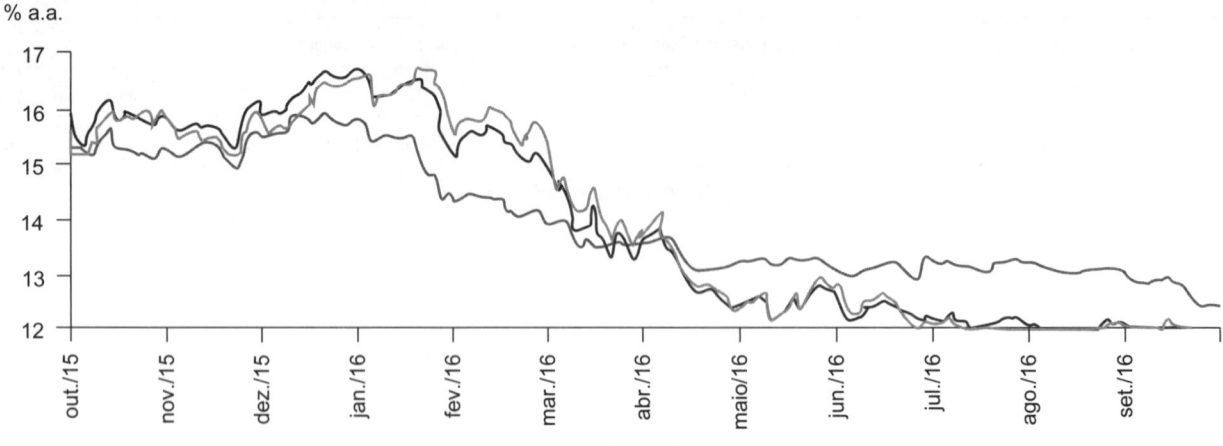

Figura 23.2 Taxas de juros

Fonte: Anbima.

que, já que os cupons são fixos até a maturidade, a variação nos juros de mercado afeta os preços. Assim:

- Quando as taxas de mercado se elevam, isso afeta negativamente os preços dos títulos de renda fixa.
- Quando as taxas de juros se reduzem, isso afeta positivamente os preços dos títulos de renda fixa.

Essa possibilidade de os preços dos títulos de renda fixa, normalmente dívidas, flutuarem é denominada risco de mercado, ou seja, o risco de o preço do título mudar de valor. Outros dois tipos de riscos ocorrem nos títulos de crédito: o risco de liquidez – a possibilidade de sair ou de vender o instrumento; e o risco de crédito – a possibilidade de o emissor e/ou devedor não honrar o pagamento dos juros e/ou do principal.

As taxas de rendimentos apresentadas até agora sempre foram taxas de juros nominais, pois foram ignorados os efeitos da inflação. Essa taxa de juros (I_N) é formada pela composição de uma taxa de juros real (I_r) mais o efeito das expectativas de mudança no nível de preços (inflação – Inf).[7]

$$I_N = I_r \times Inf$$

Um título de renda fixa que paga 10% de juros nominais (efetiva) em um determinado período cuja taxa de inflação é de 5% remunera uma taxa real de 4,76%.

$$(1+I_r) = \frac{(1+0,10)}{(1+0,05)} \quad I_r = 4,76\%$$

No Brasil, a taxa de juros amplamente usada no mercado financeiro é a taxa que remunera os depósitos interfinanceiros (DI), negociados por meio dos CDIs. Os CDIs são títulos de dívidas de um dia negociados entre as instituições financeiras brasileiras para suprir necessidades imediatas de liquidez. Portanto, os CDIs passam a ser quase uma taxa mínima de atratividade para as operações envolvendo instituições financeiras, já que estas conseguem essa remuneração em operações com reduzido nível de risco.

As operações no mercado interfinanceiro são realizadas com prazo de um dia – *overnight*, essas transações são abertas em um dia e as partes se comprometem a encerrá-las no dia seguinte, por isso a denominação "operações compromissadas". Para essas operações, uma taxa de juros de curtíssimo prazo é necessária, a taxa *over*.

A taxa *over* é uma taxa nominal expressa ao mês para operações de um dia, válida apenas para os dias úteis.

$$Over = \left[(1+\text{Taxa Efetiva})^{\frac{1}{d_u}} - 1\right] \times 30$$

$$\text{Taxa Efetiva} = \left(1 + \frac{over}{30}\right)^{d_u} - 1$$

A taxa DI é uma taxa *over*, mas anual, e com dias úteis determinados pelo Banco Central: 252. Ela é composta efetivamente, ou seja, capitalizada exponencialmente com os dias úteis da operação e de referência. Então, quando falamos de DI ou CDI, estamos falando de uma taxa efetiva anual que equivale a 252 dias (dias úteis).

No mercado financeiro, as taxas de juros podem ser negociadas no mercado à vista do interbancário e no mercado futuro de DIs da B3. Nessas transações com futuros, são negociadas as expectativas para a taxa DI futura. Assim, empresas e instituições financeiras que precisam se proteger da alta taxa de juros, por possuírem dívidas atreladas ao DI, compram juros a futuro. De forma análoga, as empresas vendem juros quando possuem ativos que são remunerados pela taxa de juros e precisam se proteger da queda dos juros futuros.

---

[7] Em países com nível de preços mais estabilizados, a equação apresenta uma soma entre a taxa real de juros e a taxa de inflação.

5. RENDA VARIÁVEL E AÇÕES

O mercado de renda variável é basicamente formado pelo mercado de ações e pelo mercado de futuros. Sua principal característica é a de que o valor investido pode se transformar em ganhos, perdas, ou permanecer o mesmo ao final de um determinado período de investimento.

Uma empresa que precisa financiar suas atividades tem duas opções básicas: levantar recursos emitindo ou assumindo dívidas ou captar recursos dividindo seu capital por meio da emissão de ações.

PARA REFLETIR...

Qual o efeito do pagamento de dividendos no preço de mercado de uma ação? E como esse pagamento afeta o valor intrínseco dessa ação?

5.1 Ações

As ações são instrumentos financeiros patrimoniais negociados no mercado de capitais, representam parte da propriedade de uma empresa, e por isso seu retorno está atrelado ao desempenho da empresa. Quando negociada pela empresa em uma oferta pública inicial (*initial public offering* – IPO), o valor envolvido representa um financiamento via capital próprio para a empresa (mercado primário), porém, quando as ações são negociadas e trocadas de propriedade, o montante não representa recursos para a companhia emissora (mercado secundário).

Dois tipos básicos de ações podem ser emitidos pelas empresas: as ações preferenciais e as ações ordinárias. As ações preferenciais apresentam algumas características similares a um instrumento de dívida, já que garantem um rendimento mínimo ou fixo, porém elas não possuem um vencimento, como a outra classe de ações – ordinárias, e também não dão direito a voto, mas possuem preferência aos demais acionistas em caso de dissolução da empresa.

Já as ações ordinárias garantem o poder de decisão por meio do voto, e seu dividendo poderá ser igual ou inferior àqueles recebidos pelos acionistas preferencialistas, além dos direitos que são residuais.

Até 2001, data da "nova" Lei das Sociedades Anônimas (S.A.) (Lei 10.303/2001), o capital social das empresas no Brasil poderia ser composto por até dois terços de ações preferenciais e, portanto, com um limite mínimo de um terço de ações ordinárias. Dessa forma, uma empresa com 100 ações poderia ter 66 ações preferenciais e 34 ordinárias. Consequentemente, o controle absoluto dessa empresa poderia ser exercido com a posse de 18 ações ordinárias, ou seja, 18% do capital total.

Vale lembrar que várias corporações norte-americanas são controladas com menos de 10% do capital do total, pois o restante do capital está amplamente diluído entre pequenos investidores individuais e grandes investidores institucionais, e o controle pode ser adquirido diretamente nas bolsas de valores ou com os detentores de participações superiores – algo impensável aqui.

Com a nova versão da Lei das S.A., esse percentual limite de preferenciais passou para 50%, restando um mínimo de 50% para as ordinárias. Com isso, nos últimos anos, é perfeitamente possível encontrar empresas com 100% do capital formado apenas por ações ordinárias, como ocorre nas empresas listadas no Novo Mercado da bolsa paulista (B3), mas isso não significa que na prática o controle possa ser adquirido via ambiente de bolsa, como no caso norte-americano.

Interessante observar que essa mudança reflete uma demanda do momento, já que o elevado percentual máximo existente até 2001 para as ações preferenciais foi também na sua época objeto de uma adaptação necessária àquele momento, já que os controladores, possuidores de elevada participação de ordinárias, se recusavam a distribuir capital via dividendos, pois os minoritários – donos de ações ordinárias fora do bloco que formava o controle – estavam fora da gestão.

Esses instrumentos financeiros podem se transformar em lucros para o investidor de duas formas: por meio dos dividendos (Div) ou pela valorização do seu preço ($P_n = P_1 - P_0$) em um mercado organizado – bolsas de valores.

$$P_0 = \sum_{t=1}^{n} \frac{Div_t}{(1+r)^n} + \frac{P_n}{(1+r)^n}$$

Teoricamente, há modelos mais simplificados de avaliação do preço das ações (P0) que consideram que os dividendos futuros por ação (*DPS*) crescem a uma taxa constante eternamente, e que essa taxa de crescimento (g) deve ser menor que o custo de capital exigido (r) para o investimento. Myron Gordon desenvolveu um modelo que considerou essas premissas bastante aceitáveis, já que no longo prazo as empresas tendem a crescer e a reduzir seu crescimento quando atingem a maturidade do negócio. Isso significa que, para negócios inovadores e de rápido crescimento, o modelo sugerido por Gordon não é apropriado, mas sugere que:

$$P_0 = \frac{DPS_1}{r_e - g_n}$$

Para ilustrar o modelo de Gordon, supondo uma empresa que tenha pago $ 1,5 de dividendos por ação, que a sua expectativa de crescimento dos dividendos seja de 10% ao período, e a taxa de retorno exigida para esse investimento seja de 12%, qual a expectativa de preço das ações (P_0) dessa empresa?

$$P_0 = \frac{DPS_0 \times (1+g)}{r_e - g_n} \qquad P_0 = \frac{\$1,5 \times (1+0,10)}{0,12 - 0,10} \qquad P_0 = \$82,50$$

Uma confusão corriqueira que se faz quanto ao valor do dividendo por ação é: qual valor usar, $ 1,50, o dividendo pago ou a expectativa de dividendo futura? A resposta a essa indagação é simples e direta, pois a fórmula para cálculo do preço, igualmente a qualquer outro ativo, usa a técnica de valor presente de fluxos futuros de caixa, portanto o valor do período seguinte deve ser usado.

5.2 Índice preço/lucro (P/L)

A proposta do modelo de Gordon soa demasiadamente simples, entretanto, se a empresa não paga dividendos, ou se sua taxa de crescimento é maior que o retorno exigido, ou ainda se a taxa de crescimento não é constante, o modelo perde sentido. Diante disso, outras abordagens podem ser aplicadas, como o índice preço (P) sobre o lucro (L) comumente usado por analistas para verificar se há coerência no preço (P_0) de determinada ação, perante seus lucros realizados.

$$\text{Índice } PL = \frac{\text{Preço}}{\text{Lucro}}$$

O índice P/L indica quanto o mercado atribui de valor para cada unidade de lucro. Assim, a interpretação poder ser:

- Um índice P/L acima da média (setor ou empresa comparável) pode indicar que o mercado tem uma expectativa de elevação de lucros no futuro.
- Um índice P/L elevado pode indicar também que o mercado acredita que os lucros da empresa são de baixo risco e aceita pagar um prêmio maior por eles.
- Porém, uma visão contrária a isso seria a de que índices P/L baixos indicam potencial de valorização dos preços das ações.

O indicador pode também ser usado para se estimar o valor da ação de uma empresa, já que a multiplicação do índice pelo lucro resulta no preço da ação.

$$P_0 = \frac{P}{L} xL$$

A expectativa para o indicador é a de que empresas de mesmo setor tenham índices P/L similares a longo prazo. Assim, o indicador pode ser usado como um múltiplo para avaliar uma ação e/ou uma empresa de capital fechado. Para isso, precisamos apenas multiplicar o índice P/L médio da indústria pela expectativa de lucros da empresa analisada.

5.3 Ibovespa

No mercado brasileiro, o Ibovespa é o indicador que mede a rentabilidade média das principais ações negociadas na bolsa paulista (antes, BM&FBovespa e, mais recentemente, B3).[8] Para que uma ação faça parte do indicador, o ativo deve atender cumulativamente aos critérios a seguir:

- **Negociabilidade**: ser altamente negociada, medida pela participação de seu índice de negociabilidade, que represente em conjunto 85% do somatório total desses indicadores.
- **Presença**: ter 95% de presença em pregão no período de vigência das três carteiras anteriores.
- **Volume financeiro**: representatividade igual ou maior a 0,1% no mercado à vista para o período de vigência das três carteiras anteriores.

Nos últimos anos, o Ibovespa tem apresentado retornos inferiores às principais alternativas de investimentos, mas em um ano o retorno do índice tem superado todos.

Ibovespa 2016

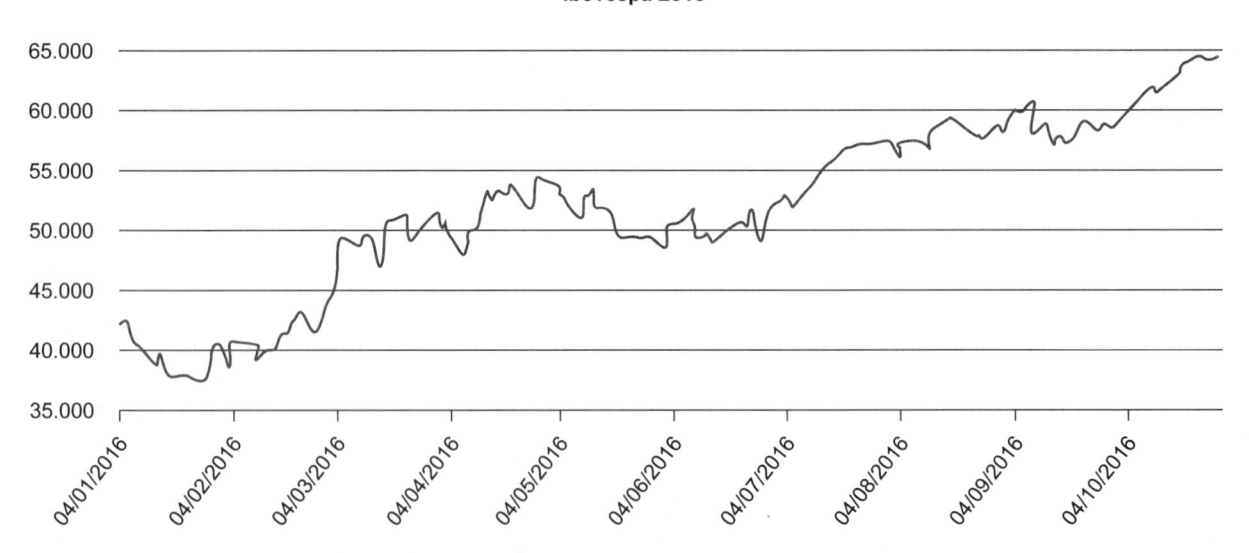

Figura 23.3 Ibovespa

Fonte: Ibovespa.

---

[8] Em torno das 60 ações mais negociadas e representativas da B3.

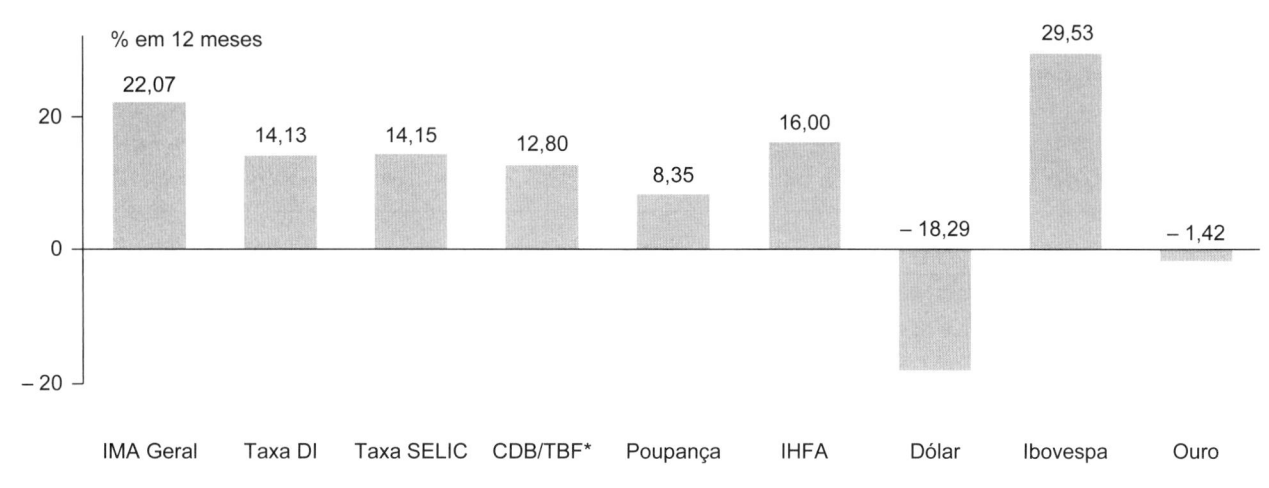

Figura 23.4 Rentabilidade dos ativos em 12 meses (%)

Fonte: Anbima.

6. CÂMBIO

A competitividade entre países e empresas localizadas em diferentes países é diretamente afetada pela taxa de câmbio entre essas nações. Quando o dólar se valoriza em relação ao real, produtos brasileiros no mercado internacional tornam-se mais baratos e, portanto, mais competitivos, enquanto os produtos americanos importados pelo Brasil ficam mais caros. De forma inversa são os efeitos no caso de valorização do real sobre o dólar. Assim, o preço em reais de um produto americano importado pelo Brasil é determinado pela interação de dois fatores: o preço em dólares do produto americano, e a taxa de câmbio entre o dólar e o real.

No Brasil, atualmente o sistema de câmbio é flutuante,[9] ou seja, a taxa de câmbio é determinada pela interação de compras e vendas, demanda e oferta da moeda estrangeira, sendo o principal negociador o BCB, autoridade máxima no sistema financeiro, que tem a prerrogativa de proteger o valor da moeda nacional diante das demais moedas, mas sem perder a relação entre a taxa e o ritmo da atividade econômica local. Assim:

Com o real desvalorizado em relação ao dólar, teremos:

- Maior competitividade dos produtos nacionais vendidos no exterior.
- Elevação dos preços dos produtos importados.
- Estímulo para que investidores estrangeiros realizem investimentos no país.
- Elevação do custo efetivo das transações de empréstimos no exterior.

Por outro lado, se a moeda nacional está valorizada diante do dólar, teremos:

- Maior competitividade dos produtos estrangeiros vendidos aqui.
- Redução dos preços dos produtos importados.
- Desestímulo para que investidores estrangeiros realizem investimentos no país.
- Redução do custo efetivo das transações de empréstimos no exterior.

Em operações em que a remuneração do título (I_N) está atrelada à variação do câmbio (C) mais uma determinada taxa real de juros (I_r), a taxa efetiva da operação será o resultado da multiplicação da taxa de câmbio pela taxa de juros.

$$I_N = I_r \times C$$

Exemplo: uma empresa realizou uma operação que previa o pagamento de 4% de juros mais a variação cambial em determinado período. Qual a remuneração total dessa operação se a taxa de câmbio passou de R$ 2,00 para R$ 2,10?

$$(1 + I_N) = (1 + 00,4) \times (1 + 0,05) \quad I_n = 9,20\%$$

As operações envolvendo moedas podem ser realizadas à vista e em operações com câmbio futuro. Em transações com futuros, são negociadas as expectativas para a taxa de câmbio futura; assim, empresas e instituições financeiras que precisam se proteger da alta do dólar, por possuírem dívidas atreladas à moeda norte-americana, compram dólar a futuro. De forma análoga, as empresas vendem dólar futuro quando possuem ativos que são remunerados pela taxa de câmbio, e precisam se proteger da queda da taxa de câmbio.

---

[9] Porém, na devida proporção, a flutuação é rotineiramente afetada pelas operações do regulador do mercado financeiro brasileiro – Banco Central.

Trajetória das taxas de câmbio: maio a out. 2016 – R$/US$

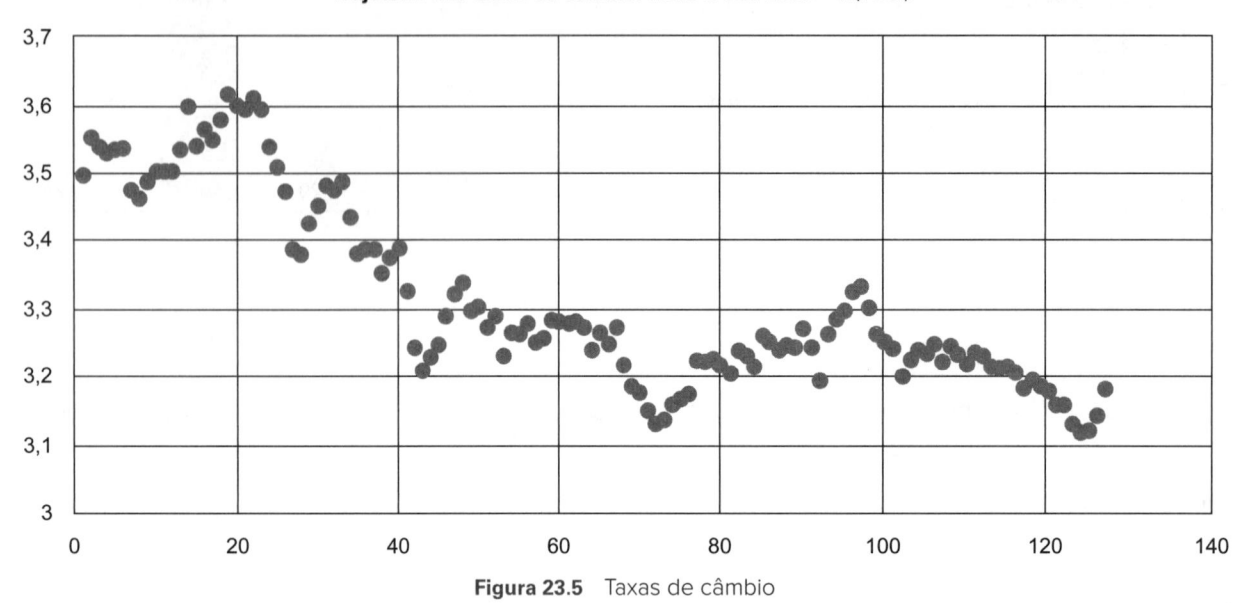

Figura 23.5 Taxas de câmbio

Fonte: Banco Central do Brasil.

DESTAQUES FINAIS

O mercado financeiro é um conjunto de instituições e instrumentos usados para canalizar recursos dos agentes superavitários para os agentes que necessitam de recursos para financiar suas atividades. Nesse sistema, os bancos centrais exercem papel fundamental na condução das políticas monetárias e cambiais dos governos federais, além de serem os principais reguladores do sistema financeiro de qualquer país.

No mercado financeiro, há outros mercados ou segmentos, divididos em função do prazo das transações ou das especificidades dos instrumentos financeiros lá negociados. Assim, diferentes tipos de classificações são apresentados, mas acreditamos que a mais relevante é aquela que segrega os instrumentos financeiros quanto à forma de levantamento de recursos das empresas – mercado de dívidas (crédito) e mercado de patrimônio (propriedade).

Para a contabilidade, é fundamental distinguir um instrumento de renda fixa de outro de renda variável, além da segregação entre dívida e patrimônio, mas também:

Quadro 23.3 Mercados financeiros

Segmentos do mercado financeiro	Operações, prazos e fins

Monetário	▪ Operações de curto e curtíssimo prazos.
	▪ Agentes:
	  ▪ Autoridades monetárias e instituições financeiras.
	  ▪ Demais agentes econômicos.
	  ▪ Finalidade: regular a liquidez da economia.

Crédito	▪ Operações de curto, médio e longo prazos.
	▪ Finalidade: suprir necessidades de caixa, operações correntes e investimentos.
	▪ Atende a todos os agentes econômicos:
	  ▪ Famílias (crédito direto ao consumidor).
	  ▪ Empresas (crédito rural, industrial, imobiliário e de giro).
	  ▪ Governo (crédito para cobertura de déficits correntes e de capital).

Capitais	▪ Operações sem prazos definidos. ▪ Não envolvem exigíveis (empréstimos e financiamentos). Transacionam quotas de participação do capital de empresas. ▪ Riscos maiores de que no mercado de crédito: credoras são preferenciais aos acionistas. ▪ Finalidade: suprir necessidades de recursos não exigíveis.
Cambial	▪ Operações de compra e venda de moedas estrangeiras. ▪ Destinam-se a converter ativos monetários para transações com o exterior: ▪ Reais: transações com mercadorias e serviços. ▪ Financeiras: interligação de mercados internacionais de crédito e de capitais.

- A composição do preço e valor de ativos e passivos, seja pela passagem do tempo, seja pela mudança das expectativas dos investidores.
- A clara percepção do tempo e sua influência na composição e expurgo no valor de instrumentos de renda fixa e de renda variável.
- A identificação de ganhos e perdas reais e sua alocação nos relatórios financeiros.
- A tradução das inovações financeiras em lançamentos contábeis que reflitam melhor os relatórios aos investidores.
- Como as notícias econômicas podem impactar no comportamento dos preços e valores dos instrumentos de renda fixa e renda variável e, claro, como evidenciar esse resultado nos relatórios financeiros.

Com o desenvolvimento e inovação dos mercados financeiros, a complexidade dos instrumentos criados vem dificultando esta que parecia ser uma tarefa fácil para a contabilidade: mensurar, reconhecer e divulgar esses instrumentos financeiros, mas ultimamente nos últimos 20 anos um grupo de produtos financeiros vem se destacando no cenário nacional e internacional – os instrumentos financeiros derivativos negociados principalmente no mercado de futuros.[10]

RESUMO

- O processo de intermediação financeira é formado por agentes deficitários captadores de recursos (governos, empresas, famílias) e agentes superavitários poupadores de recursos (governos, empresas, famílias).
- O mercado financeiro é o ambiente em que se realizam as transações entre agentes superavitários e agentes deficitários de recursos.
- O Banco Central é a principal autoridade monetária em qualquer país. Ele tem a prerrogativa de definir a taxa básica de juros da economia e servir de agente negociador dos títulos de dívidas emitidos pelo Tesouro Nacional, para financiar as operações do governo federal.
- Os derivativos são instrumentos financeiros, negociados no mercado de futuros, cujo valor depende do comportamento de preço de outro ativo. O principal objetivo da utilização dos derivativos é a proteção contra risco de preços.
- Quando as taxas de mercado se elevam, isso afeta negativamente os preços dos títulos de renda fixa. Por outro lado, quando as taxas de juros se reduzem, isso afeta positivamente os preços dos títulos de renda fixa.
- As ações são títulos patrimoniais negociados no mercado financeiro. Representam a menor fração da propriedade de uma empresa, e seu rendimento está atrelado ao desempenho da empresa – ganho de capital (preço) e caixa distribuído (dividendos).

[10] Este será o tema dos próximos capítulos.

EXERCÍCIOS PROPOSTOS

Assista ao vídeo

QUESTÃO 1: Os títulos de renda fixa (dívidas) quando emitidos por uma empresa representam uma dívida e uma forma de captação de recursos. Esses títulos geralmente são emitidos com duas diferentes características das taxas de juros. Quais são elas? Qual o risco de mercado para cada uma delas? Em qual delas um investidor tenderia a preferir diante de uma economia instável?

QUESTÃO 2: Quando títulos de renda fixa são emitidos pelas empresas, eles representam uma dívida e uma forma de captação de recursos para essas companhias. Para os investidores que os compram, eles representam ativos cujo rendimento está atrelado a uma determinada taxa de juros do instrumento. Para os títulos prefixados, o risco de mercado se altera a cada mudança na taxa de juros do mercado. Quais os efeitos que a elevação e a redução na taxa de juros causam nos preços dos títulos de dívidas prefixados?

QUESTÃO 3: Qual a decisão mais racional em termos de rentabilidade, quando investidores estrangeiros que possuem capital aplicado no mercado brasileiro se veem diante de uma eminente desvalorização cambial do real frente ao dólar?

QUESTÃO 4: Os títulos de dívida da São Tomás de Aquino Fertilizantes têm quatro anos restantes até o vencimento. Os juros são pagos anualmente; esses títulos têm valor nominal de $ 1.000; e a taxa de juros de cupom é de 9% a.a. Qual a taxa de retorno até o vencimento a um preço atual de mercado de $ 829 ou $ 1.104?

QUESTÃO 5: Um investidor comprou cinco diferentes títulos de dívidas com taxa de retorno até o vencimento de 8% a.a. Imediatamente após ter comprado os títulos de dívida, as taxas de juros caíram para 7% a.a. Qual a mudança em porcentagem no preço de cada título após o declínio nas taxas de juros? Confeccione um resumo dos resultados, como apresentado a seguir (cupom anual é o pagamento realizado a cada final de ano como forma de "antecipação" da rentabilidade do título):

	Taxa 8%	Taxa 7%	Mudança % no preço
10 anos, 10% de cupom anual			
10 anos, zero cupom			
5 anos, zero cupom			
30 anos, zero cupom			
Perpétuo, $ 100 de cupom anual			

BIBLIOGRAFIA SUGERIDA

ANBIMA. *Boletim Anbima Mercado de Capitais*, n. 125, out. 2016.

ANBIMA. *Boletim Anbima Mercado de Renda Fixa*, n. 70, out. 2016.

ASSAF NETO, A. *Mercado financeiro*. 12. ed. São Paulo: Atlas, 2014.

BOVESPA. *Mercado de capitais – introdução*. 2008.

COMISSÃO DE VALORES MOBILIÁRIOS (CVM). *O mercado de valores mobiliários brasileiro*. 3. ed. Rio de Janeiro: CVM, 2014.

FIPECAFI. *Curso de mercado financeiro*. 2. ed. São Paulo: Atlas, 2012.

MISHKIN, F. S.; EAKINS, S. G. *Financial markets & institutions*. 6. ed. Upper Saddle River: Pearson Prentice Hall, 2009.

24

INSTRUMENTOS FINANCEIROS

Carlos R. Godoy

OBJETIVOS DE APRENDIZAGEM

- Compreender o funcionamento do mercado de derivativos e a lógica embutida em cada um dos principais instrumentos.
- Familiarizar-se com as diferenças entre o mercado à vista e o mercado de futuros.
- Apurar o resultado das operações envolvendo contratos futuros e de opções.
- Distinguir o risco envolvendo o titular e o lançador de opções de compra e de opções de venda.
- Entender os fundamentos e a fórmula de cálculo para se apurar o valor intrínseco das opções.
- Compreender como se dão os ajustes diários dos contratos futuros e como as opções podem se tornar alternativas aos contratos futuros para operações de *hedge*.

1. APRESENTAÇÃO

No final do mês de maio de 2015, o dólar futuro na BM&F, atual B3, voltou a subir diante da procura pela moeda norte-americana. No mercado à vista de câmbio, a negociação da moeda estrangeira naquela data cotava uma unidade de dólar a R$ 3,17, mas a bolsa de futuros paulista indicava o dólar futuro para junho de 2015 a R$ 3,18.

Nesse mesmo dia, diante da divulgação do péssimo resultado primário do governo federal para o mês de abril do mesmo ano (superávit de R$ 10 bilhões), a taxa de juros (DI) futuro para janeiro de 2017 caia para 13,28%.[1]

Duas notícias sobre ativos financeiros, respectivamente sobre câmbio e juros, poderiam ser perfeitamente aplicadas ao comportamento dos preços das *commodities* agrícolas ou de ações de empresas brasileiras. O destaque a essas notícias é de que o mercado à vista (*spot*) e o mercado de futuro caminham juntos, seja para formação de capital, seja para transferência de riscos, e, da mesma forma que outros ativos, eles sofrem influências dos mercados internacionais, das decisões de política monetária e cambial do Banco Central e da política fiscal do governo central.

Duas notícias, duas situações, dois mercados, dois momentos de negociação. No mercado financeiro, os instrumentos financeiros podem ser separados em duas grandes categorias – renda fixa e renda variável. Para a renda fixa, o ativo (instrumento) precisa garantir alguma lucratividade, ou seja, o valor resgatado deve ser nominalmente superior ao valor investido; por outro lado, os ativos de renda variável não asseguram qualquer rentabilidade: muitas vezes o valor final é menor que o valor inicialmente aplicado.

Alguns ativos de renda fixa:

- Poupança.
- Debêntures.

---

[1] O motivo é que o mercado esperava um resultado ainda pior.

- Certificados de depósito bancário (CDBs).
- Notas promissórias.
- Letras financeiras.
- Títulos do Tesouro Nacional.

Para renda variável, aqui alguns ativos:

- Ações.
- Ativos atrelados ao câmbio.
- Derivativos.

O mercado pode ser também dividido em mercado à vista e mercado de futuros, em que no primeiro os ativos são negociados e liquidados imediatamente ou em um prazo extremamente curto. Já no mercado de futuros, os ativos são negociados hoje, mas liquidados em datas futuras previamente definidas e com resultados isolados indefinidos, haja vista o comportamento do preço do ativo vinculado. Por essa vinculação entre um contrato financeiro e outro ativo, denominado ativo subjacente, esses contratos (instrumentos financeiros) são denominados "derivativos".

No mercado de futuros, alguns derivativos são mais utilizados e conhecidos para a estratégia de transferência de riscos para alguém que deseja obter algum lucro devido às expectativas antagônicas àquele que deseja se livrar do risco. Os derivativos (contratos) mais tradicionais são:

- Termo.
- Futuro.
- Opções.
- *Swaps*.

Portanto, esses instrumentos são classificados dentro do mercado de futuros e recebem o nome genérico de instrumentos financeiros derivativos. O termo "derivativo" provém da situação em que esses instrumentos têm seu preço derivado de algum outro ativo – real ou financeiro.

Em um número não pequeno de vezes, aos instrumentos financeiros derivativos são imputadas culpas por erros de estratégia, ganância, ou quando gestores se colocam na figura de torcedores.[2]

Para este capítulo, o foco será nesses instrumentos financeiros derivativos tradicionais, já que são os mais usuais, e não naqueles mais exóticos, como opções asiáticas e combinações de mais de um instrumento.

Importante destacar que esses instrumentos financeiros podem ser negociados em mercado de balcão (termo e *swaps*), mercado de bolsa (futuro e opções), e podem também estar embutidos em contratos de compra e venda de mercadorias, serviços e em outros produtos financeiros, ativos ou passivos.

---

[2] O termo "torcedor" se aplica àquelas situações em que investidor abandona a racionalidade do mercado financeiro e passa a torcer por um determinado comportamento do preço dos ativos.

2. CONCEITOS E DEFINIÇÕES RELEVANTES

Ao buscarem financiamentos para investir em suas atividades, as empresas levantam recursos por meio do mercado de renda fixa de duas formas: indiretamente pela captação de uma instituição financeira, ou de forma direta pelo lançamento de títulos de dívidas no mercado de capitais. Elas também podem captar dinheiro pela via do mercado de renda variável – ações.

Ao realizar uma captação de recursos via empréstimo bancário,[3] a empresa irá se deparar com uma determinada quantidade de risco, já que:

- Se os juros dos empréstimos forem prefixados, uma possível queda da taxa básica de juros do mercado financeiro seria similar a uma perda na operação, já que haveria uma distância maior entre os juros contratados e os juros do mercado financeiro.
- Por outro lado, uma alta na taxa de juros deixaria a empresa em melhor situação aos novos empréstimos, já que fixou o custo do empréstimo em uma taxa inferior.
- Se os juros dos empréstimos forem pós-fixados, uma possível alta da taxa básica de juros do mercado financeiro seria uma perda na operação, já que os juros daquele empréstimo acarretariam um desembolso superior de recursos.
- Se os juros dos empréstimos forem pós-fixados, uma possível queda da taxa básica de juros do mercado financeiro seria um ganho na operação, já que os juros daquele empréstimo acarretariam um desembolso menor de recursos.

Em outra situação, a empresa realiza a venda ao exterior de seus produtos, o importador norte-americano se compromete a pagar em dólares pelas mercadorias, e a empresa brasileira novamente se deparará com uma "dose" de risco, já que:

- Se a taxa de câmbio (dólar) reduzir, a empresa receberá um volume menor de recursos (real) pelos produtos exportados.
- Se a taxa de câmbio subir, a empresa terá um ganho pela variação cambial favorável, já que receberá mais reais pela conversão dos dólares a ela remetidos.

Em uma terceira situação, a empresa possui estoques de produtos agrícolas cujos preços são influenciados pelas transações de compra e venda em todas as partes do globo. Mesmo diante de tal situação, a empresa possuidora da referida *commodity* terá que enfrentar o risco do preço da mercadoria. Assim:

---

[3] De forma análoga, a situação também se aplicaria a uma captação direta via títulos de dívidas.

- Se o preço da *commodity* reduzir, a empresa terá um estoque de menor valor em seus armazéns.
- Se o preço da *commodity* subir, a empresa terá um estoque de maior valor em seus armazéns.

Imagine sua empresa em quaisquer das oito situações apresentadas, e diante dos recentes comportamentos dos juros e do câmbio (dólar) no Brasil nos últimos meses (Figura 24.1). Como você poderia gerir suas operações e financiamentos diante de tamanha evolução da taxa de câmbio e/ou da taxa de juros?

Juros, câmbio, índices, preços de *commodities* agrícolas, minerais, energia, certamente são os ativos financeiros e reais que mais despontam como fatores de risco para as empresas no Brasil (Figuras 24.1 e 24.2). Diante disso, uma "família" de produtos financeiros foi criada para atender à grande demanda de proteção contra as oscilações dos preços dos juros, câmbio, ações e *commodities* – termo, futuro, opções e *swaps*. Para ajudar no entendimento, podemos vincular esses quatro instrumentos financeiros a alguma palavra que nos remeterá ao seu entendimento. Assim, temos:

- Termo – obrigação (de comprar ou vender algo).
- Futuro – obrigação (de comprar ou vender algo).
- Opção – direito (de comprar ou vender algo).
- *Swap* – troca (de fluxos de caixa).

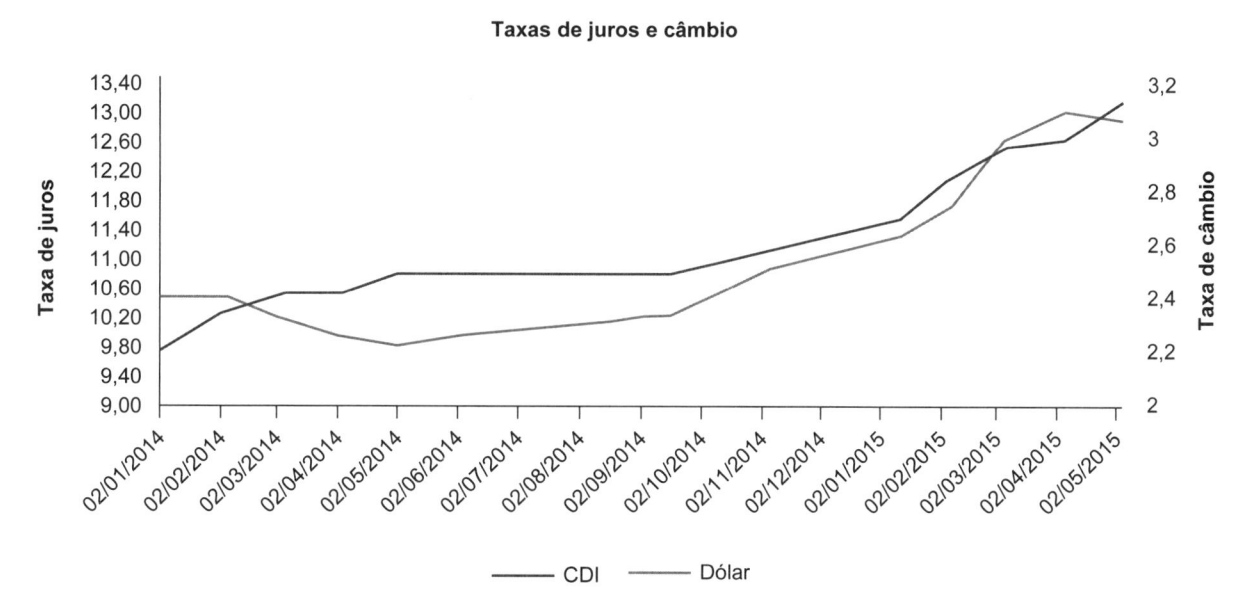

Figura 24.1 Comportamento dos juros (DI) e do câmbio

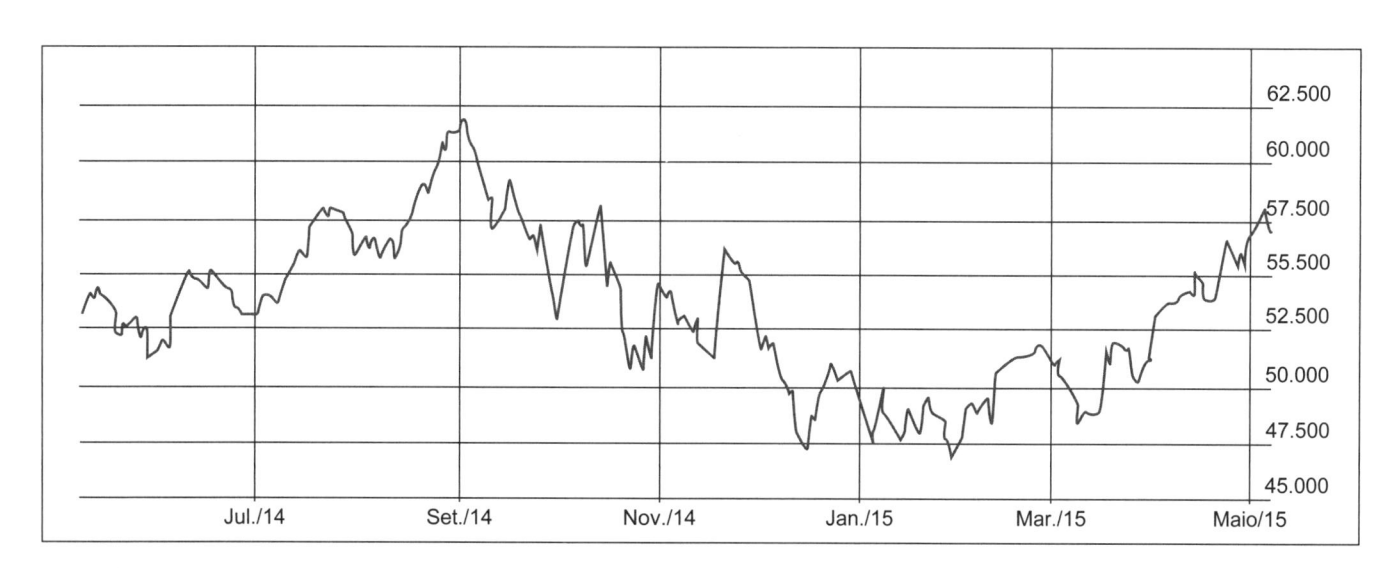

Figura 24.2 Ibovespa

Fonte: BM&FBovespa – Ibovespa 12 meses.

Duas ideias centrais cercam o funcionamento desses instrumentos: primeiro, sempre existirá algum outro investidor disposto a aceitar o risco verificado por um lado da negociação em troca de uma proteção ou da possibilidade de ganhos superiores; segundo, o preço do ativo no futuro converge para o preço à vista. Assim, no mercado financeiro como um todo, e no mercado de futuros de forma mais evidente, rótulos são atribuídos aos investidores quando se colocam em cada uma destas duas posições – proteção e busca de ganhos superiores (Figura 24.3).

```
┌──────────┐      ┌───────────┐      ┌─────────────┐
│  Hedger  │ ←─── │ Investidor│ ───→ │ Especulador │
│(Proteção)│      │           │      │(Lucros superiores)│
└──────────┘      └───────────┘      └─────────────┘
```

Figura 24.3 Posição do investidor

Assim, especulador é a posição "ocupada" pelo investidor em determinada operação. Em outra operação, esse mesmo investidor pode ocupar a posição de *hedger* – aquele que busca a proteção de preços dos seus ativos e/ou passivos.

Nas operações com instrumentos financeiros derivativos, via de regra, o investidor se colocará como *hedger*, buscando se proteger das variações de preços, ou se posicionará como especulador, para ganhar com as variações dos preços (Quadro 24.1).

Quadro 24.1 *Hedgers* e especuladores

Hedgers	**Especuladores**
Evitam o risco	Aceitam o risco
Protegem-se contra mudanças nos preços	Visam ao lucro com as mudanças nos preços
Possuem posição no mercado *spot*	Não possuem posição no mercado *spot*
Visam ao lucro comercial	Visam ao lucro financeiro

O termo *hedge* significa proteção. Uma empresa faz *hedge* quando deseja proteger um ativo, um passivo, ou uma transação futura contra oscilações de preços, tentando preservar o seu lucro comercial e eliminando ou reduzindo o risco. Assim, o *hedger* é aquele investidor que faz uma operação de *hedge* e, portanto, transfere o seu risco para aquele que especula.

Por outro lado, uma transação especulativa é uma operação realizada por um investidor que deseja obter lucros elevados, mas que não possui o ativo, o passivo ou não espera realizar uma transação futura que referencie a operação original. Esse tipo de operação envolve a aceitação do risco, mas com a possibilidade de obtenção de maiores lucros. Assim, o especulador é aquele investidor que realiza uma transação especulativa e, portanto, assume o risco transferido pelo *hedger*.

Já o arbitrador é aquele investidor que faz uma operação de arbitragem visando obter lucro, mas sem incorrer em risco, por meio das discrepâncias de preços entre dois mercados diferentes para o mesmo ativo. Nesse sentido, a arbitragem é o ato de negociar um ativo quando o investidor verifica um diferencial de preço entre dois mercados (*spot* ou futuro, ou entre diferentes praças [bolsas] de negociação) inconsistente com os fundamentos econômicos. Dessa forma, ao comprar com preços reduzidos e vender com preços elevados, o arbitrador ajuda a equilibrar o mercado.

As transações entre *hedger* e especulador podem estar associadas a determinados comportamentos de preços de uma *commodity* ou mesmo um ativo financeiro de dívida ou de patrimônio. Os instrumentos financeiros de crédito ou de dívida são instrumentos financeiros que refletem uma promessa de pagamento acrescida de juros em um período definido. Assim, o risco está associado à disponibilidade do tomador em devolver os recursos a ele emprestados. Por outro lado, os instrumentos financeiros de patrimônio são aqueles que oferecem direitos sobre o resultado das empresas; assim, o risco está associado à capacidade da empresa em gerar lucros.

Os instrumentos financeiros de dívidas ou de patrimônio, assim como as *commodities*, podem ser negociados no mercado à vista (*spot*) e no mercado de futuros. No mercado de futuros, basicamente se negociam instrumentos voltados para a transferência de risco, e a sua liquidação se dá em data futura. Como exemplo, estão os instrumentos financeiros derivativos – instrumentos financeiros cujo preço depende do valor de outro ativo. Os derivativos mais tradicionais são: contrato a termo, contrato futuro, contrato de opções e *swaps*.

Os contratos a termo são instrumentos financeiros derivativos que representam um acordo entre um comprador e um vendedor que se comprometem a comprar e vender em uma data específica no futuro uma quantidade determinada de um ativo por um preço previamente estabelecido. São liquidados de forma física e integralmente, e são negociados mais comumente no ambiente informal de balcão.

Os contratos futuros são instrumentos financeiros derivativos que representam um acordo entre um comprador e um vendedor que se comprometem a comprar e vender em até uma data específica no futuro uma quantidade determinada de um ativo por um preço previamente estabelecido. Os futuros representam uma evolução dos contratos a termo, porém são liquidados em sua quase totalidade de forma financeira. São negociados em mercados organizados de bolsa, possuem padrões estabelecidos de qualidade, local de entrega, quantidade, e exigem o cumprimento de margens para garantia das operações.

A margem é o valor depositado pelo comprador e pelo vendedor para poderem realizar transações no mercado futuro. Ela representa uma fração do preço do produto; quanto mais volátil o preço do ativo, maior é a margem. Para aglutinar as margens, a bolsa estabelece uma conta de margem, que funciona como uma espécie de conta corrente do investidor junto à bolsa de mercadorias e futuros, mantida no sistema de compensação das operações com derivativos no ambiente de bolsa.

Além da margem inicial determinada, a bolsa estabelece também uma margem mínima ou de manutenção das operações. Essas margens servem como uma barreira de proteção para as operações com futuros, já que, ao ser ultrapassada, a bolsa exige do investidor com a margem comprometida – abaixo do mínimo – que restabeleça a margem ao saldo original. Caso o investidor não deposite mais recursos suficientes, a bolsa encerra o contrato, e os dois participantes resgatam seus saldos de margem.

O problema das margens é que, ao entrar numa operação com futuros, o investidor deve possuir caixa, ou ativos de alta liquidez, que possam ser dados como margem, e ainda deve possuir recursos e/ou linhas de financiamento para assegurar o cumprimento das chamadas de margens que a bolsa realiza para restabelecer o saldo abaixo da margem de manutenção.

A liquidação física ocorre quando a transação é finalizada por meio da entrega do ativo negociado; já a liquidação financeira se dá quando a transação é finalizada por meio do ajuste pela diferença financeira entre o preço acertado e o preço de referência do dia, sem que ocorra a entrega física do produto negociado.

Para as operações em mercado de futuros, tanto a termo como em futuros propriamente ditos, é muito comum se referir à posição do investidor pela sua situação de ganho ou de desejo para o preço esperado do ativo. Assim, um investidor está vendido quando ele vendeu a futuro, ou quando em determinada situação ele ganha com a queda dos preços. Por outro lado, o investidor está comprado quando ele comprou a futuro, ou quando em determinada situação ele ganha com a elevação dos preços.

Assim, se em janeiro de 2019 uma torrefadora de café comprou na bolsa de mercadorias 500 sacas de café futuro para dezembro de 2019 a R$ 400, e em setembro de 2019 o preço do café gira em torno de R$ 500, diz-se que a empresa está comprada, já que tem um ganho potencial pela elevação do preço da *commodity*.

Situação análoga se dá quando um produtor de soja vende 1.000 sacas de soja por R$ 300 a saca, para entrega futura a uma esmagadora de soja. Esse contrato a termo estabelece a liquidação da operação ao final do prazo estabelecido no contrato a termo, e o produtor está, portanto, vendido em soja.

Os contratos de *swaps* são instrumentos financeiros derivativos que garantem a troca de fluxos de caixa entre partes envolvidas que se apresentam em posições opostas quanto a determinados comportamentos de preço.

Já as opções, ou contratos de opções, são instrumentos derivativos que dão ao seu possuidor (titular) o direito de comprar (opção de compra) ou de vender (opção de venda) ao vendedor da opção (lançador) um determinado ativo (ativo objeto) no futuro por preço previamente estabelecido (preço de exercício).

O titular é aquele investidor que pagou (prêmio) pelo direito de comprar (opção de compra) ou de vender (opção de venda) ao lançador um determinado ativo. Então o lançador é o investidor que vendeu ao titular o direito de comprar ou vender um ativo, assumindo assim o compromisso de vender ou de comprar caso o titular assim deseje.

Nos contratos de opções, o preço pago pelo titular ao lançador por uma opção é denominado prêmio. O prêmio é bastante volátil e flutua em função da variabilidade do preço do ativo objeto do contrato, já que o preço de exercício é estipulado no contrato de opção, e do qual o titular pode exercer seu direito de comprar ou de vender.

3. MERCADOS FUTUROS

O termo "mercados de futuros" é o termo genérico usado para expressar os mercados em que são negociados os principais instrumentos financeiros derivativos: termo, futuro, opções e *swaps*.

Sob o prisma do momento de entrega de um determinado ativo negociado, os ativos podem ser transacionados em basicamente dois tipos de mercados:

- Mercado à vista (*spot* – local).
- Mercado de futuros.

A diferença entre esses mercados é que no mercado à vista o investidor irá receber o preço do dia da negociação do seu produto, numa transação trivial com uma única possibilidade de venda e preço. Oposto a isso, no mercado de futuros, a transação é realizada para entrega do produto no futuro, com a quantidade e a qualidade especificada e no prazo e preço estabelecidos; assim, os preços são travados e protegidos contra queda e alta, conforme Quadro 24.2.

Quadro 24.2 Mercado à vista e mercado de futuros

	Mercado à vista (*spot*)	Mercado de futuros
Objetivo	Formação de capital	Transferência de risco
Oferta	Controlável	Incerta
Alavancagem	Não	Alta
Alteração dos preços	Lenta	Rápida
Tempo	Indefinido	Definido
Limite de preço	Não	Pode existir
Limite de posição	Não	Sim
Estoque de títulos	Limitado	Sem limites

O mercado de futuros surgiu inicialmente na modalidade de contratos a termo, com a necessidade de produtores rurais eliminarem as incertezas de suas rendas recebidas com a venda de seus produtos agrícolas, uma vez que a decisão do plantio se dava em condição de preço diferente daquela verificada em data futura de colheita.

Passadas centenas de anos após o surgimento dos primeiros contratos a termo, hoje temos os contratos futuros como uma sofisticação daqueles contratos. Então, podemos dizer que os contratos futuros são uma variante refinada dos contratos a termo.[4]

> A definição é semelhante, tendo como principal diferença a liquidação de seus compromissos somente na data de vencimento, no caso do mercado a termo. Já no mercado futuro, os compromissos são ajustados financeiramente às expectativas do mercado referentes ao preço futuro daquele bem, por meio do ajuste diário (mecanismo que apura perdas e ganhos). Além disso, os contratos futuros são negociados somente em bolsas. (BM&F, s.d.)

Quando um investidor compra ou vende um contrato derivativo, usa-se a expressão "abrir uma posição". Essa mesma posição pode ser fechada, realizando a operação inversa àquela feita na abertura da posição, como podemos observar na Figura 24.4.

Abertura de posição → **Fechamento de posição**

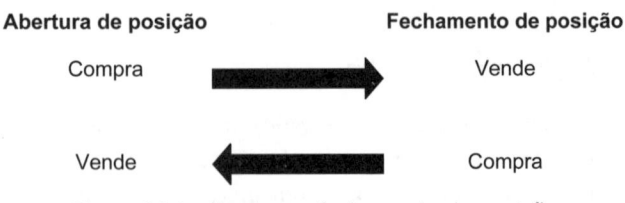

Compra → Vende

Vende ← Compra

Figura 24.4 Abertura e fechamento de posição

Quando os instrumentos financeiros derivativos são negociados em mercados de balcão (não padronizados), as partes envolvidas na negociação definem preço, quantidade e local de entrega da mercadoria. Assim, devido a essas especificidades do acordo, eles normalmente não são intercambiáveis e são liquidados ao final do prazo, diretamente entre comprador e vendedor.

Já as operações com derivativos padronizados (negociados em bolsa) são liquidadas por meio de sistemas de compensação que garantem o cumprimento de todas as obrigações assumidas pelos vendedores e compradores em todas as transações.[5]

Exemplo 1:

Se um investidor comprou 10 contratos futuros de soja na bolsa de mercadorias a $ 200 a saca, para entrega em dez. 2015, como ele deve encerrar a posição?

- Ele deve vender 10 contratos de soja para dez. 2015.

Exemplo 2:

Dois investidores negociaram 5 contratos a termo de soja a $ 200 a saca, e a entrega será em dez. 2015. Cada contrato previa a entrega de 100 sacas, e no vencimento a saca da soja estava cotada a $ 210. Qual o resultado para o comprador e para o vendedor?

- Comprador: (5 contratos (cts) × 100 sacas (scs) × $ 210) − (5 cts × 100 scs × $ 200) = $ 5.000.
- Vendedor: (5 cts × 100 scs × $ 200) − (5 cts × 100 scs × $ 210) = −$ 5.000.
- O vendedor terá que pagar $ 5.000 ao comprador (liquidação financeira).

Mas, se o preço no vencimento atingisse $ 195:

- Comprador: (5 cts × 100 scs × $ 195) − (5 cts × 100 scs × $ 200) = −$ 2.500.
- Vendedor: (5 cts × 100 scs × $ 200) − (5 cts × 100 scs × $ 195) = + $ 2.500.
- O comprador terá que pagar $ 2.500 ao vendedor (liquidação financeira).

Se os investidores do Exemplo 2 estivessem negociando contratos futuros e não contratos a termo, essa comparação de preço se daria diariamente, calculando e transferindo o valor do ganho ou perda de cada participante.

Preço de ajuste D ← Ajuste diário → Preço do negócio | Preço de ajuste D_n

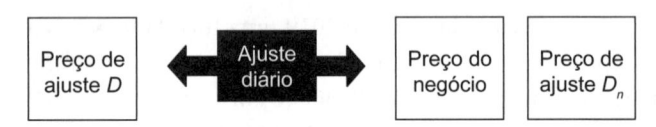

Figura 24.5 Ajustes em futuros

Exemplo 3:

Um investidor comprou contratos de café para jan. 20x6 no dia 1º/06/20x5, a $ 500 a saca. Ao final desse dia (1º jun.), o preço do negócio ($ 500) será comparado ao preço de ajuste do dia (ajuste D):

- Se o preço de ajuste do dia 1º jun. for menor que $ 500, por exemplo $ 490, a câmara de compensação transferirá $ 10 da conta de margem do comprador para a conta de margem do vendedor (−$ 500 + $ 490).

Para o segundo dia da operação (02 jun.), o preço de ajuste do dia anterior, 1º jun. (ajuste D), será comparado ao preço de ajuste do dia 02 jun.:

---

[4] Muitas vezes, no mercado financeiro e nos manuais sobre estes produtos, eles são denominados por mercado a termo, mercados futuros, mercado de opções e mercado de *swaps*.

[5] Esmagadoramente, essas transações são encerradas financeiramente.

- Se o preço de ajuste do dia 02 jun. for maior que $ 490, por exemplo $ 505, a câmara de compensação transferirá $ 15 da conta de margem do vendedor para a conta de margem do comprador (–$ 490 + $ 505).

Para os demais dias, esse ritual se repete diariamente até o vencimento do contrato, em que basicamente todos os ajustes de preços já foram realizados, restando apenas a diferença da variação de um único dia para ser transferida da conta de margem de cada parte envolvida.

Outro fator importante nos contratos futuros é que o investidor pode sair da posição a qualquer momento da operação (Quadro 24.2), o que não ocorre tradicionalmente nos contratos a termo. Isso só é possível porque compradores e vendedores mantêm uma conta de margem na câmara de compensação, que define o valor de cada margem de abertura e margem mínima para manutenção das operações.

No mercado brasileiro, os principais contratos (futuros e opções) negociados na B3 são (Tabela 24.1):

- **Financeiros**: taxa de câmbio, taxa de juros e Ibovespa.
- **Agrícolas**: boi gordo, milho, café arábica, soja e ouro.
- **Energia**: etanol.
- **Metais**: ouro.

PARA REFLETIR...

Quando a bolsa de mercadorias e futuros chama um investidor para completar o seu saldo de margem em um contrato futuro, quais as consequências para o investidor caso ele não o deposite?

4. MERCADO DE OPÇÕES

As opções representam um direito de comprar ou vender uma quantidade de um ativo em uma data fixada a um preço previamente determinado. De forma análoga aos contratos futuros, as opções têm a função de servir como um instrumento de proteção contra variações de preços dos ativos – *hedge*. Evidentemente, seu uso pode acarretar elevados prejuízos devido à grande possibilidade de alavancagem, que, combinada com uma oscilação desfavorável do preço do ativo de referência e da opção negociada, pode em um único dia reduzir um patrimônio a sua metade.

4.1 Opção de compra

Na opção de compra, o investidor adquire o direito de comprar um ativo, denominado ativo-objeto, pelo preço de exercício até a data de vencimento (opção americana) ou no vencimento (opção europeia), pagando um prêmio por essa opção.

O titular de uma opção de compra espera que o preço do ativo suba, para que possa aproveitar a valorização da opção, influenciada pela abertura da diferença entre o preço à vista do ativo e o preço de exercício.

O titular da opção de compra paga um preço (prêmio) ao lançador, e só conseguirá recuperar totalmente esse valor se o preço do ativo (S_t) subir e ficar acima da soma do preço de exercício (X) e o prêmio (P_r).

$$Lucro_{OC} = S_t > (X + P_r)$$

Tabela 24.1 Principais ativos negociados

Mercado/*Commodity*	Contratos negociados		Volume total
	Quantidade	(R$)	(US$)
Pregão eletrônico – 1º/10/2020			
Índice	160.279	15.487.324.519	2.743.900.848
Taxas de juro	3.732.336	427.855.973.747	75.805.881.098
Taxas de câmbio	347.838	92.217.783.328	18.598.730.685
Títulos de dívida externa	72	56.707.328	10047.187
Commodities	19.230	798.212.298	141.347.643
Futuro de ações	1.963.000	43.515.237	7.709.855
Subtotal pregão eletrônico	6.222.7555	536.459.516.457	97.307.617.316
Mercado de balcão – 1º/10/2020			
Swaps	107.111	5.355.541.931	946.874.389
Opções flexíveis	74.484.157	1.921.060.609	340.366.203
Termo	9	2.679.073	474.667
Subtotal balcão	74.591.277	536.459.516.457	1.289.715.259

Fonte: B3 – Boletim Diário 1º/10/2020.

Diante disso, temos que o titular de uma opção de compra já começa um contrato com uma perda, o prêmio, que pode ser recuperado à medida que o tempo passa e que o preço do ativo-objeto suba e ultrapasse o preço de exercício (conforme a Figura 24.6).

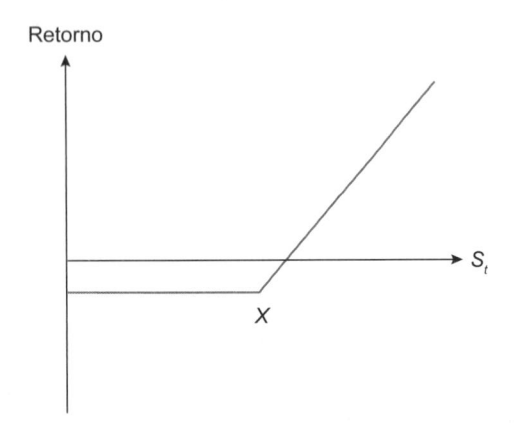

Figura 24.6 Retorno do titular de uma opção de compra

As empresas também podem usar as opções, porém com limitações, como forma de fazer proteção contra oscilações de preços de seus ativos e passivos. A vantagem do uso das opções frente aos futuros é que neste último o cumprimento das chamadas de margens da bolsa exige a disponibilidade de recursos para sua cobertura, o que não ocorre com as opções.

O lançador de uma opção de compra espera que o preço do ativo decline, para que o prêmio recebido seja inteiramente realizado com o não exercício da opção pelo titular. Para esse investidor, o ganho máximo é o prêmio inicialmente recebido. Observe a Figura 24.7.

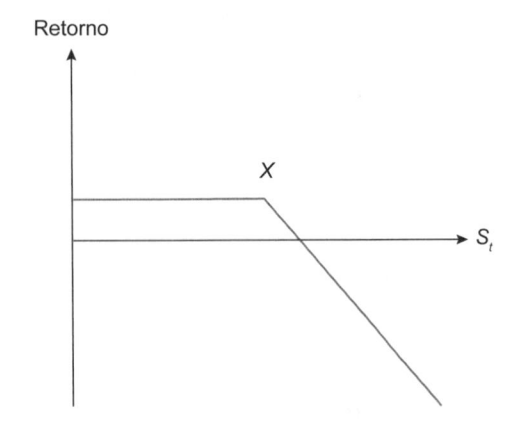

Figura 24.7 Retorno do lançador de uma opção de compra

Numa observação atenta aos possíveis resultados esperados do titular e do lançador de uma opção de compra (Figuras 24.6 e 24.7), é possível claramente identificar que o *hedge* só é conseguido quando o *hedger* adquire a opção de compra (titular), já que nas situações de elevação ou de redução de preços, o resultado do lançador (Figura 24.7) não acompanha a posição oposta no mercado à vista. De forma diferente, um investidor que deseja fazer uma proteção contra a alta do preço de um determinado ativo pode comprar uma opção de compra do ativo, e toda vez que seu ativo no mercado à vista se elevar, ele pode exercer seu direito de comprar por um preço preestabelecido na opção. Por outro lado, a queda do preço, que facilita a compra no mercado à vista, faz com que o investidor abandone a possiblidade de exercício da opção.

Assim, um investidor que adquiriu (titular) por R$ 1 uma opção de compra de café arábica a R$ 400 para dezembro de 2019 espera que o preço da saca se eleve, estimulando o exercício da opção e naturalmente valorizando a sua opção de compra. Por outro lado, aquele que vendeu a opção de compra (lançador) e recebeu o prêmio de R$ 1 espera que o preço da saca de café fique abaixo de R$ 400, desencorajando o direito ao exercício de compra. Nessas situações, o preço atinge:

- R$ 405, a opção de compra se valoriza, já que o titular pode exercer seu direito de comprar por R$ 400 um ativo que está cotado a R$ 405. Se nesse caso o preço da opção adquirida por R$ 1 passar para R$ 2, há de se registrar uma valorização de 100% no ativo financeiro (opção de compra). Note que o ativo é o direito de compra, ou seja, a opção. Ocorrendo o exercício da opção de compra, apura-se o resultado pela diferença entre o preço do ativo e o preço de exercício (R$ 405 – R$ 400), portanto um ganho de R$ 5 para o titular e uma perda de R$ 5 para o lançador da opção.
- R$ 398, a opção de compra se desvaloriza, já que o titular não deve exercer seu direito de compra, pois o ativo está cotado a um preço inferior àquele previsto na opção. Se nesse caso o preço da opção cair para R$ 0,50, o investidor deve apurar uma perda de 50% no seu instrumento financeiro (opção de compra).

4.2 Opção de venda

Na opção de venda, o investidor adquire o direito de vender um ativo-objeto pelo preço de exercício até a data de vencimento (opção americana) ou no vencimento (opção europeia), pagando um prêmio por essa opção.

O titular de uma opção de venda espera que o preço do ativo decline, para que possa aproveitar a valorização da opção, influenciada pela abertura da diferença entre o preço de exercício e o preço à vista do ativo.

O titular de uma opção de venda paga um prêmio ao lançador, e só conseguirá recuperar totalmente esse valor se o preço do ativo (S_t) cair, e o preço de exercício (E) for maior que a soma do preço do ativo e o prêmio (P_r).

$$Lucro_{OV} = E > (S_t + P_r)$$

Diante disso, temos que o titular de uma opção de venda já começa um contrato com uma perda, o prêmio, que pode ser recuperado à medida que o tempo passa e que o preço do ativo-objeto caia e ultrapasse o piso do preço de exercício (Figura 24.8).

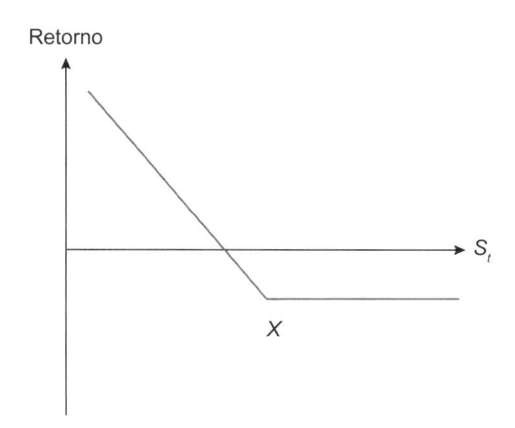

Figura 24.8 Retorno do titular de uma opção de venda

O lançador de uma opção de venda espera que o preço do ativo suba para que o prêmio recebido seja inteiramente realizado com o não exercício da opção pelo titular. Para esse investidor, o ganho máximo é o prêmio inicialmente recebido (Figura 24.9).

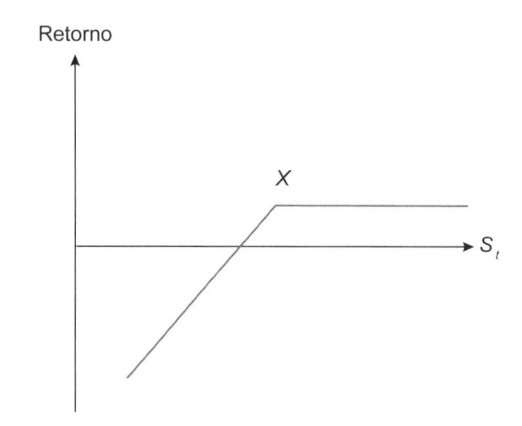

Figura 24.9 Retorno do lançador de uma opção de venda

Da mesma forma que nas opções de compra, nas opções de venda apenas o titular busca diretamente fazer *hedge*, já que como lançador os possíveis impactos na elevação de preços do ativo-objeto não são compensados pelo instrumento (opção) e a redução de preços.

Visualmente, é possível notar que as expectativas e o retorno do lançador e do titular de qualquer das opções são opostos, como sintetiza o Quadro 24.3.

> **PARA REFLETIR...**
>
> É possível realizar um *hedge* apenas como lançador de opção de compra ou opção de venda?

Quadro 24.3 Opções de compra e de venda por posição

Posição	Opção de compra	Opção de venda
Titular	Direito de comprar	Direito de vender
Lançador	Obrigação de vender	Obrigação de comprar
Expectativa do titular	Que o preço do ativo suba	Que o preço do ativo caia
Expectativa do lançador	Que o preço do ativo caia	Que o preço do ativo suba

5. OPERAÇÕES DE *HEDGE*

Alguns exemplos de operações de *hedge* com futuros e opções são apresentados para ilustrar o uso trivial desses instrumentos financeiros derivativos.

Exemplo 4: *hedge* com futuros

Em maio de 2015, a empresa Vale do Rio Preto (VRP) fez um empréstimo no exterior de US$ 100.000 para pagamento em dois anos, e com juros de 3% ao ano pagos ao final de cada ano. Temendo que o câmbio eleve exageradamente o valor a ser desembolsado na quitação, já que a VRP considera que os juros sejam pouco relevantes, a empresa buscou o mercado de futuros para realizar uma operação de *hedge* com o intuito de travar o câmbio mais próximo da cotação atual, R$ 3,00.

Sintetizando a operação, temos:

- Dívida: US$ 100.000.
- Vencimento: maio 2017.
- Tamanho de um contrato futuro na B3: US$ 50.000.
- Cotação do dia: R$ 3,00.
- Cotação dólar futuro maio 2017: R$ 3,10.

Decisão da empresa no tempo T_0: comprar dois contratos de dólar futuro na B3 para maio 2017 a R$ 3,10.

No tempo T_1, o dólar atinge R$ 2,95:

- A empresa está comprada em dois contratos (cts): −R$ 3,10 + R$ 2,95 = −R$ 0,15 × 2 cts × US$ 50.000 = −R$ 15.000.
- A bolsa irá retirar R$ 15.000 da conta de margem da VRP, ou seja, a empresa perdeu R$ 15.000 na operação com futuros.
- A dívida da empresa, exceto juros, monta: US$ 100.000 × R$ 2,95 = R$ 295.000. Ganho de R$ 15.000 na operação com o financiamento exterior.

- *Hedge* com futuro de câmbio: –R$ 15.000 (mercado futuro) + R$ 15.000 (mercado à vista).

No tempo T_2, o dólar atinge R$ 3,25:

- A empresa está comprada em dois contratos: –R$ 2,95 + R$ 3,25 = – R$ 0,30 × 2 cts × US$ 50.000 = + R$ 30.000.
- A bolsa irá depositar R$ 30.000 na conta de margem da VRP, ou seja, a empresa ganhou R$ 30.000 na operação com futuros.
- A dívida da empresa, exceto juros, monta: US$ 100.000 × R$ 3,25 = R$ 325.000. Perda de R$ 30.000 na operação com o financiamento exterior.
- *Hedge* com futuro de câmbio: + R$ 30.000 (mercado futuro) – R$ 30.000 (mercado à vista).

Até o tempo T_2, o resultado da VRP no mercado futuro soma: + R$ 15.000 (– R$ 15.000 + R$ 30.000).

Essa sistemática segue até o vencimento da operação, maio 2017, ou no momento em que a empresa decida abandonar sua posição, por não suportar financeiramente a chamada da bolsa para que faça um novo depósito em sua conta de margem. No abandono, a empresa retira o saldo depositado após todos os ajustes, realizando assim um prejuízo.

Exemplo 5: *hedge* com opções de compra

Em maio de 2015, a empresa Vale do Rio Preto (VRP) fez um empréstimo no exterior de US$ 100.000, para pagamento em um ano, com juros de 3% ao ano e pagos ao final do ano. Temendo que o câmbio eleve exageradamente o valor a ser desembolsado na quitação, já que a VRP considera que os juros sejam pouco relevantes, a empresa buscou o mercado de opções para realizar uma operação de *hedge* com o intuito de travar o câmbio mais próximo da cotação atual, R$ 3,00. A empresa quer ter a possibilidade de se retirar rapidamente da posição caso o dólar caia muito, já que ela está enfrentando dificuldades de caixa.

Sintetizando a operação, temos:

- Dívida: US$ 100.000.
- Vencimento: maio 2016.
- Tamanho de um contrato na BM&F (hoje B3): US$ 50.000.
- Cotação do dia: R$ 3,00.
- Preço de exercício maio 2016: R$ 3,05.
- Prêmio: R$ 150 para cada US$ 1.000 ou R$ 0,15 para cada US$ 1.

Decisão da empresa no tempo T_0: comprar por R$ 15.000 dois contratos ou US$ 100.000 de opções de compra de dólar na bolsa para maio 2016 a R$ 3,05.

No tempo T_1, o dólar atinge R$ 2,95:

- A empresa está comprada em US$ 100.000 (2 contratos): –R$ 3,05 + R$ 2,95 = –R$ 0,10 × US$ 100.000 = –R$ 10.000. Com essa cotação, a empresa não irá exercer a opção, já tem o direito de comprar dólar a R$ 3,05, mas o preço está R$ 2,95.
- Na bolsa de futuros, o preço da opção caiu para R$ 0,10, já que a opção perdeu atratividade.
- A dívida da empresa, exceto juros, monta: US$ 100.000 × R$ 2,95 = R$ 295.000. Ganho de R$ 5.000 na operação com o financiamento exterior.
- *Hedge* com opção de compra de câmbio: – R$ 15.000 (prêmio) + R$ 5.000 (dívida) + R$ 10.000 (valor da cotação da opção = R$ 0,10 × US$ 100.000).

No tempo T_2, o dólar atinge R$ 3,25:

- A empresa está comprada em US$ 100.000 (2 contratos): –R$ 3,05 + R$ 3,25 = +R$ 0,20 × US$ 100.000 = +R$ 20.000. Com essa cotação, a empresa pode exercer a opção, já tem o direito de comprar dólar a R$ 3,05, e o preço está R$ 3,25.
- Na bolsa de futuros, o preço da opção subiu para R$ 0,50, já que a opção ganhou atratividade.
- A dívida da empresa, exceto juros, monta: US$ 100.000 × R$ 3,25 = R$ 325.000. Perda de R$ 25.000 na operação com o financiamento exterior.
- *Hedge* com opção de compra de câmbio: –R$ 15.000 (prêmio) – R$ 25.000 (dívida) + R$ 50.000 (valor da cotação da opção = R$ 0,50 × US$ 100.000).

Essa sistemática segue até o vencimento da operação, maio 2016, ou no momento em que a empresa decida abandonar sua posição vendendo a opção na B3.

6. AVALIAÇÃO DE DERIVATIVOS

A interação entre compradores e vendedores no mercado financeiro e, claro, no mercado à vista (*spot*) revela as expectativas do mercado quanto ao valor de um ativo no futuro. Com a percepção do custo de oportunidade do capital investido refletida de forma geral na taxa de juros (i) básica do mercado financeiro, o preço futuro de um ativo (PF) é o resultado da capitalização do preço à vista (PV) pela taxa de juros e o tempo até o vencimento (n), mais um fator que representa o custo de "carregar" (frete e estocagem) esse ativo até o seu vencimento (CC).

$$PF = PV \times (1 + i)^n + CC \times n$$

A ideia central é a de que o preço futuro de um ativo negociado hoje para entrega futura reflita essas interações. Havendo diferença entre o preço aqui calculado e o preço de fato negociado para um determinado contrato futuro de um ativo, arbitradores entrarão nesse mercado de forma a equilibrar novamente a relação entre o preço futuro e a estimativa para o valor futuro.

Quando ativos reais ou outros ativos financeiros são avaliados pelo seu valor justo, a primeira forma de apurar esse valor é pelo seu valor de mercado, porém existem casos em que o preço de mercado não é possível de se obter, então a técnica de fluxo de caixa futuro descontado deve ser aplicada. Da mesma forma, para certas opções em que não exista um preço de mercado, por exemplo em opções embutidas em contratos de financiamento bancário, é necessário aplicar uma técnica de avaliação para se chegar a uma estimativa de valor justo do ativo financeiro – a opção. Para as opções, o modelo clássico utilizado para avaliar opções recebe o nome de dois pesquisadores: F. Black e M. Scholes, ou simplesmente Black-Scholes, ou ainda B&S.[6]

O modelo considera que o valor de uma opção de compra (C, Call) é resultado da diferença entre o preço à vista do ativo-objeto (S) e o valor presente do preço de exercício da opção (X):

$$C = SN(d_1) - Xe^{-rt} N(d_2)$$

Em que:

$$d_1 = \frac{ln\left(\frac{S}{X}\right) + \left(r + \frac{\sigma^2}{2}\right)T}{\sqrt{\sigma^2 T}}$$

$$d_2 = d_1 - \sqrt{\sigma^2 T}$$

Onde:

- r: taxa de juros livre de risco
- t: tempo até o vencimento da opção
- N: estatisticamente refere-se a distribuição normal dos preços
- e: número de Euler, 2,718281828
- d: medida de probabilidade de uma variável com distribuição normal

O modelo considera que o valor de uma opção de venda (P, Put) é resultado da diferença entre o valor presente do preço de exercício da opção (X) e o preço à vista do ativo-objeto (S):

$$P = Xe^{-rt} N(-d_2) - SN(-d_1)$$

PARA REFLETIR...

Quais são os fundamentos econômicos presentes no modelo B&S para avaliar opções?

---

[6] O modelo B&S será apenas apresentado aqui sem o propósito de aprofundamento, já que o seu desenvolvimento e explanação tomariam grande parte dos capítulos destinados aos pronunciamentos contábeis. Para aqueles que desejarem se aprofundar no modelo, há boas referências ao final do capítulo.

DESTAQUES FINAIS

Os instrumentos financeiros derivativos têm como principal função a transferência e eliminação de riscos, então aqueles ativos cujo preço tem relativa oscilação podem ser objeto de um contrato de futuro, termo ou opções. Porém, apenas a oscilação de preços não garante a existência de contratos com derivativos. Por exemplo, no mercado internacional, provavelmente a principal e uma das mais voláteis *commodities* negociadas é o petróleo. Mas por que então no Brasil o petróleo não tem negociação no mercado de futuros, se é o produto mais demandado e utilizado como fonte de energia aqui e em todos os demais países?

A nossa possível resposta a essa indagação passa primeiro pelo entendimento da existência dos mercados de futuros – eles existem para transferência de risco. Isso não nos parece ajudar, já que o preço do produto em questão sofre constantes oscilações em função de notícias políticas e econômicas ao redor do mundo.

A segunda observação é a de que, além de sofrer oscilações de preços, o ativo-objeto de um contrato de futuros precisa estar isento do poder de um agente dominante que conduza o preço à sua decisão, o que não ocorre no Brasil, já a empresa estatal de petróleo dita o caminho do preço local.

Acontece que, em mercados financeiros mais desenvolvidos, os derivativos são amplamente utilizados para seu propósito, facilitando as transações com ativos reais e financeiros por meio de:

- Menores custos de transações.
- Agilidade e flexibilidade para completar transações comerciais e financeiras.
- Aumento da liquidez dos ativos.

Com esses propósitos, tanto os contratos futuros como as opções cada vez mais estão ganhando espaço nas transações de *hedge* entre instituições financeiras, indústrias e empresas agropecuárias.

Assim como os contratos futuros, as opções também podem ser usadas como instrumentos de *hedge* para proteção de risco de preços. A diferença básica é que nas opções é necessário realizar uma despesa inicial – o prêmio, mas que garante ao comprador a possibilidade de não comprar ou vender o ativo-objeto no vencimento, caso as condições de mercado não o favoreçam. De forma oposta, nos contratos futuros o investidor precisa fazer jus às margens necessárias para entrar e se manter na operação, já que os ajustes diários de preços representam uma garantia da transação para compradores e vendedores e, portanto, exigem disponibilidade de caixa para sustentar as chamadas de margens pela bolsa.

Esses instrumentos financeiros – derivativos –, a cada ano que passa, ganham diferentes aplicações no mercado financeiro, e a contabilidade precisa, primeiro, entender o seu funcionamento básico, para poder encaixar a melhor forma de representar o impacto no patrimônio e no resultado das empresas e, de forma mais apurada, divulgar os efeitos conjuntos das transações especulativas e de proteção.

RESUMO

- No mercado à vista, os ativos são negociados e liquidados imediatamente ou em um prazo extremamente curto. No mercado de futuros, os ativos são liquidados em datas futuras previamente definidas.
- Os derivativos são ativos financeiros cujo preço deriva de outro ativo. Os derivativos mais comuns são: futuros, termo, opções e *swaps*.
- Nos contratos futuros e a termo, o investidor tem a obrigação de comprar ou vender no futuro um ativo por um preço previamente estipulado.
- Nas opções, o investidor tem o direito de comprar ou de vender um ativo por um preço previamente determinado.
- Uma das grandes diferenças entre contratos futuros e de opções é que nos contratos futuros a bolsa de futuros exige margens para dar segurança à operação, e quando essa margem se encontra em valor mínimo, determinado pela bolsa, o investidor deve fazer depósitos para complementar as perdas ocorridas em função dos ajustes diários de preços e resultados.

EXERCÍCIOS PROPOSTOS

QUESTÃO 1: Assinale todas as condições necessárias para o sucesso de um contrato futuro.

a) O mercado à vista do ativo-objeto do contrato futuro deve ter pouca negociação.
b) A formação de preços do ativo-objeto do contrato futuro deve ser livre, não sofrendo atuação do governo.
c) O ativo-objeto do contrato deve ser perecível.
d) O preço do ativo-objeto deve ter baixa volatilidade.
e) O ativo deve ter seu preço cotado em dólar.

QUESTÃO 2: Quais as diferenças básicas entre os mercados futuro e a termo quanto aos seguintes itens: negociação, vencimento, contrato, objetivo, liquidação?

- Negociação: _____
- Vencimento: _____
- Contrato: _____
- Objetivo: _____
- Liquidação: _____

QUESTÃO 3: Um pecuarista comprou dez contratos futuros de boi gordo com vencimento em abril na B3, a R$ 54,00/arroba. No dia da operação, o preço de ajuste foi de R$ 54,20/arroba e nos três dias posteriores foi de R$ 54,30/arroba, R$ 53,70/arroba e R$ 53,00. Sabendo que cada contrato de boi gordo da B3 equivale a 330 arrobas, aponte os valores dos ajustes diários da posição nesses quatro dias.

- 1º dia:
- 2º dia:
- 3º dia:
- 4º dia:

QUESTÃO 4: Analise a seguinte afirmação: "Um cafeicultor naturalmente faz *hedge* na B3 buscando gerenciar o risco de preço de sua atividade. Assim, podemos concluir que esse agente está vendido em contratos futuros e receberá ajuste diário com a alta dos preços futuros do café".

1. Aponte se a afirmação está correta.
2. Reproduza a afirmação corrigindo-a, caso não esteja correta.
3. Faça comentários sobre a afirmação correta – original ou nova.

QUESTÃO 5: Analise a seguinte situação de um ativo qualquer, que apresenta as condições abaixo:

- Preço à vista: $ 100
- Preço no mercado futuro: $ 105
- Data atual: 1º/05/2016
- Data de vencimento: 1º/06/2016
- Margem necessária: $ 5

Um investidor dispõe de $ 100, suficientes para comprar uma unidade do ativo à vista. Como se analisam a posição e o resultado no vencimento do contrato futuro desse investidor no mercado à vista e futuro, e do vendedor no mercado futuro, com o preço podendo chegar a $ 102, $ 105 ou $ 110?

Preço	Comprador à vista	Comprador a futuro	Vendedor a futuro
102			
105			
110			

BIBLIOGRAFIA SUGERIDA

ASSAF NETO, A. *Mercado financeiro.* 12. ed. São Paulo: Atlas, 2014.

BM&F. *Mercados derivativos.* [s.d.].

B3BOVESPA. *Boletim Diário do Segmento BM&F*, 28 maio 2015.

COMISSÃO DE VALORES MOBILIÁRIOS (CVM). *O mercado de valores mobiliários brasileiro.* 3. ed. Rio de Janeiro: CVM, 2014.

FIPECAFI. *Curso de mercado financeiro.* 2. ed. São Paulo: Atlas, 2012.

MISHKIN, F. S.; EAKINS, S. G. *Financial markets & institutions.* 6. ed. Upper Saddle River: Pearson Prentice Hall, 2009.

25

CONTABILIDADE DE INSTRUMENTOS FINANCEIROS – RECONHECIMENTO E MENSURAÇÃO

Carlos R. Godoy

OBJETIVOS DE APRENDIZAGEM

- Compreender as formas de contabilização dos instrumentos financeiros.
- Entender os fundamentos das três classificações contábeis dos instrumentos financeiros não usados para *hedge*.
- Identificar as diferenças das classificações pelo custo amortizado, pelo valor justo pelo resultado e pelo valor justo pelo patrimônio líquido.
- Entender os fundamentos da aplicação da contabilidade de *hedge*.
- Aplicar a contabilidade de *hedge* de valor justo e de *hedge* de fluxo de caixa.

1. APRESENTAÇÃO

No mês de maio de 2016, a Petrobras anunciou ao mercado um lucro líquido de R$ 5,33 bilhões no primeiro trimestre de 2015, valor bem acima da média esperada pelos analistas, porém abaixo do valor registrado no mesmo período do ano passado. A queda registrada no lucro líquido foi influenciada pela desvalorização cambial ocorrida no período, pois a empresa possui elevado financiamento em moeda estrangeira e a dívida bruta da companhia teve uma alta de quase R$ 50 bilhões, porém o impacto da alta do dólar poderia ter sido ainda pior, já que o resultado das operações de *hedge* das dívidas em moeda estrangeira foi alocado ao patrimônio líquido – uma sistemática permitida pela contabilidade do *hedge* (*hedge accounting*).

A explicação (selecionada) da empresa em suas demonstrações é apresentada a seguir. Nela, a empresa justifica seu gerenciamento de risco cambial e o uso da modalidade de *hedge* de fluxo de caixa em uma tentativa ou estratégia para minimizar o efeito do câmbio sobre a dívida da empresa.

Petróleo Brasileiro S.A. – Petrobras

Notas explicativas

(em milhões de reais, exceto quando indicado em contrário)

30.2. Gerenciamento de risco cambial

No que se refere ao gerenciamento de riscos cambiais, a Petrobras busca identificá-los e tratá-los em uma análise integrada de proteções (*hedges*) naturais, beneficiando-se das correlações entre suas receitas e despesas. No curto prazo, a gestão de risco envolve a alocação das aplicações do caixa entre real, dólar ou outra moeda. Nesse contexto, a estratégia pode envolver o uso de instrumentos financeiros derivativos para minimizar a exposição cambial de certas obrigações da Companhia.

a) ***Hedge* de fluxo de caixa envolvendo as exportações futuras altamente prováveis da Companhia**

A Companhia designa relações de *hedge* entre exportações e obrigações em USD para que os efeitos da proteção cambial natural existente entre essas operações sejam reconhecidos simultaneamente nas demonstrações contábeis.

A relação de *hedge* entre dívida e exportações foi estabelecida na proporção de 1/1, ou seja, para a parcela de exportação de cada mês foi designada uma relação de *hedge* individual, protegida por uma parcela do endividamento da Petrobras.

O prazo médio de vencimento das dívidas consideradas é de aproximadamente 5,66 anos.

Os valores de referência (principal) e valor justo em 31 de março de 2015, além da realização anual do saldo da variação cambial registrada em outros resultados abrangentes tomando como base uma taxa BRL/USD de 3,208, no patrimônio líquido são apresentados [no quadro] a seguir:

Petróleo Brasileiro S.A. – Petrobras
Notas explicativas
(em milhões de reais, exceto quando indicado em contrário)

Instrumento de *hedge*	Objeto de *hedge*	Tipo de risco protegido	Período de proteção	Valor principal (US$ milhões)	Valor dos instrumentos de proteção em 31/03/2015
Instrumentos financeiros não derivativos	Parte das exportações mensais futuras altamente prováveis	Cambial – taxa *spot* R$ × US$	Abril de 2015 a novembro de 2023	52.072	167.047

Fonte: ITR Petrobras, primeiro trimestre de 2015.

Mas que modalidade é essa – *hedge* de fluxo de caixa? Que outras formas as empresas que preparam e divulgam suas demonstrações em IFRS (CPCs) possuem para apresentar ao mercado suas estratégias e resultados de gerenciamento de riscos, ou mesmo do uso de instrumentos financeiros tradicionais ou derivativos em suas operações triviais ou de *trading*?[1]

Para aquelas operações com instrumentos financeiros, realizadas com o intuito de proteção de preço (*hedge*), o pronunciamento do regulador contábil prevê um conjunto de procedimentos específicos para mensurar, reconhecer e divulgar tais transações – contabilidade de *hedge* (*hedge accounting*), desde que atendida uma série de requisitos quanto à comprovação da operação e sua eficácia como instrumento de *hedge*, sendo essa a sistemática usada pela Petrobras para contabilizar os efeitos do câmbio sobre suas dívidas, ou exportações futuras.

Até 2017, o CPC 38 – Instrumentos Financeiros: Reconhecimento e Mensuração foi o pronunciamento de contabilidade financeira que normatizava toda a sistemática de reconhecimento e mensuração das operações com instrumentos financeiros, porém em julho de 2014 o *International Accounting Standards Board* (Iasb) publicou a versão completa do novo normativo para instrumentos financeiros (IFRS 9) que passará a ser aplicado pelas empresas a partir do exercício de 2018. No Brasil, o CPC 48 – Instrumentos Financeiros passou a ser a referência nacional para a norma de contabilidade de instrumentos financeiros para todas as empresas.

Quadro 25.1 Pronunciamentos sobre instrumentos financeiros

CPC	IFRS Iasb
CPC 48 – Instrumentos Financeiros	IFRS 9 – *Financial Instruments*

O novo pronunciamento – CPC 48 (IFRS 9) – substitui o anterior – CPC 38 (IAS 39) – e traz como principais mudanças a classificação dos ativos financeiros e o reconhecimento de *impairment*, além de um novo modelo, porém ainda incompleto, para a contabilidade de *hedge*, que procura, segundo o Iasb, alinhar a gestão de risco das companhias com a divulgação contábil ao mercado financeiro.

O CPC 48 juntamente com o CPC 39 – Instrumentos Financeiros: Apresentação e o CPC 40 (R1) – Instrumentos Financeiros: Evidenciação formam o conjunto de pronunciamentos sobre a contabilização e evidenciação das operações com instrumentos financeiros ativos e passivos, derivativos e não derivativos, para cobertura de riscos (*hedge*) e para negociação.

O objetivo do capítulo é fazer com que o leitor possa compreender os fundamentos de reconhecimento e mensuração das operações com instrumentos financeiros, para que no capítulo seguinte essas transações sejam, de acordo com as referidas normas, apresentadas e divulgadas.

Este capítulo apresenta primeiramente uma visão geral dos assuntos relacionados à norma contábil CPC 48 – Instrumentos Financeiros e sua congênere IFRS 9 – *Financial Instruments*. Em seguida, serão apresentados os principais conceitos relacionados

---

[1] O termo *trading* pode ser entendido como uma operação que visa obter lucro sem a preocupação de proteção de algum ativo e/ou passivo.

e as principais determinações dessas normas contábeis. Depois, o capítulo lida com as questões práticas relacionadas ao assunto e os principais pontos em que as normas demandam maior interpretação.

> **PARA REFLETIR...**
>
> O CPC 38 para contabilização de instrumentos financeiros não foi ainda totalmente substituído pelo CPC 48. Quais os pontos que ainda precisam ser conjugados e como as empresas devem aplicar os preceitos do novo pronunciamento diante de tópicos ainda não abordados pelo CPC 48?

2. CONCEITOS E DEFINIÇÕES RELEVANTES

A ideia central do CPC 48 é tratar sobre o reconhecimento e a mensuração de transações envolvendo os instrumentos financeiros ativos e passivos, derivativos e não derivativos, cujos critérios de reconhecimento estão alicerçados no conceito de transferência de riscos e benefícios dos ativos.

A mensuração inicial para esses instrumentos financeiros deve ser feita pelo seu valor justo, já a mensuração subsequente irá depender da classificação realizada para o instrumento financeiro em análise. Entretanto, para os instrumentos derivativos, sua mensuração inicial e subsequente será sempre pelo seu valor justo.

Da mesma forma que em outros tipos de ativos, a entidade deve avaliar ao final de cada exercício se existem evidências de perda no valor recuperável dos ativos. Evidentemente que, para aqueles ativos mensurados ao valor justo, tais procedimentos já serão feitos a cada período de análise do seu valor justo.

A classificação das operações com instrumentos financeiros depende das características de cada fluxo de caixa contratual dos investimentos e de como a empresa gerencia seus investimentos, portanto não mais estritamente pela intenção de uso individual do instrumento pela entidade, mas ainda a intenção predomina para diferenciar as atividades e grupos de instrumentos seguindo o modelo de gestão dos ativos financeiros, seja para a especulação (*trading*), seja para a proteção (*hedge*) (Figura 25.1).

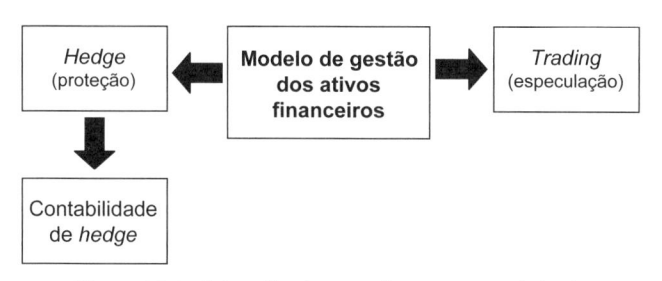

Figura 25.1 Intenção de acordo com o modelo de gestão da entidade

Os ativos financeiros que não sejam utilizados para *hedge* são reconhecidos de acordo com o CPC 48 (IFRS 9) em três diferentes categorias:

- Custo amortizado.
- Valor justo por outros resultados abrangentes.
- Valor justo pelo resultado.

Anteriormente, pelo CPC 38 (IAS 39), essas categorias de classificação eram:

- Valor justo pelo resultado.
- Mantidos até o vencimento.
- Empréstimos e recebíveis.
- Disponíveis para venda.

Comparativamente, as mudanças entre os pronunciamentos ficaram conforme podemos ver no Quadro 25.2.

Quadro 25.2 Comparação das classificações dos ativos financeiros

CPC 38	CPC 48
Valor justo pelo resultado	Valor justo pelo resultado
Mantidos até o vencimento	Custo amortizado
Empréstimos e recebíveis	Custo amortizado
Disponíveis para venda	Valor justo por outros resultados abrangentes

Interessante notar que, pelo CPC 38, das quatro categorias de classificação dos ativos, apenas uma – valor justo pelo resultado – não se caracterizava como uma denominação para o ativo, e sim como uma forma de avaliar e descarregar a variação de seu valor, diferentemente das outras três, que de fato caracterizavam nominando os ativos pela sua intenção: mantidos até a maturidade ou disponíveis para vender; ou pela sua característica: um empréstimo cedido ou uma conta a receber.

Diferentemente do que predominava no CPC 38, pelo CPC 48 as classificações passaram a caracterizar a forma de avaliar e de descarregar a variação do valor dos ativos; assim, a classificação pelo novo pronunciamento já carrega em sua denominação a forma de avaliar os ativos e o destino de suas variações.

Um ponto fundamental do novo pronunciamento diz respeito às características dos fluxos de caixa dos ativos, para propósito de classificação nas três categorias. A diferenciação se dará pelas características desses fluxos – se fluxos contratuais ou originados na negociação dos ativos.

O termo "fluxo de caixa contratual" tem o propósito de identificar aqueles ativos que a entidade espera receber futuramente caixa proveniente de juros ou da devolução do principal, em data estabelecida na aquisição do instrumento financeiro de dívida. Instrumento financeiro de dívida, pois são esses ativos que adequadamente se encaixam nessa condição, já que instrumentos patrimoniais raramente apresentam tais condições de estabelecimento prévio de pagamentos.

Os termos "principal" e "juros" se referem, respectivamente, ao valor nominal do instrumento e/ou àquele valor que será devolvido, mas livre de qualquer remuneração; já os juros são as remunerações provindas da disponibilidade do principal pelo investidor ao tomador dos recursos em data pretérita.

> **PARA REFLETIR...**
>
> O modelo de gestão da entidade pode ter como propósito manter ativos financeiros para realização quando o preço de mercado for conveniente, e também para acumulação de fluxos contratuais?

2.1 Modelo (plano) de negócio

O CPC 48 (IFRS 9) preconiza que o modelo de negócio para gestão e as características dos fluxos de caixa contratuais dos ativos financeiros sejam os elementos norteadores das três classificações recomendadas: custo amortizado, valor justo por outros resultados abrangentes e valor justo pelo resultado.

Esse modelo de negócio deve ser determinado pelo nível que reflita como os grupos de ativos financeiros são geridos conjuntamente para atingir um objetivo específico, e não de forma individualizada para cada instrumento financeiro. Assim, uma mesma entidade poderia:

- Ter ativos financeiros que fossem simplesmente mantidos com o objetivo de acumulação de fluxos de caixa contratuais, originados de juros e de retorno do principal.
- Ter uma carteira de investimentos em instrumentos que seriam realizados pelas mudanças dos seus valores justos.
- Manter ativos financeiros com o propósito de sustentar a gestão em caso de cenários de crise (*stress case*), em que os ativos são mantidos para obter recebimentos de fluxos de caixa contratuais, mas para satisfazer necessidades diárias de caixa em momentos críticos, e a entidade, recorrentemente, realiza a venda desses ativos.

Então poderíamos ter ativos financeiros que deveriam ser segregados e aqueles que são mantidos:

- Para acumular fluxos de caixa contratuais.
- Para negociação.
- Para ambos – acumular fluxos de caixa contratuais e para negociação.

Assim, dependendo da intenção e do modelo para gestão dos ativos, um mesmo tipo de instrumento financeiro poderia ser naturalmente classificado em quaisquer das três classificações anteriormente elencadas: custo amortizado, valor justo por outros resultados abrangentes e valor justo pelo resultado.

O modelo de negócio não deve ser determinado por um simples fator ou atividade que caracterize uma operação com um ativo financeiro, mas sim com todas as evidências relevantes disponíveis no momento da determinação do modelo de negócio da entidade, entre elas:

- Como o desempenho do modelo de negócio é avaliado e reportado para as pessoas-chave na gestão da entidade.
- Os riscos que afetam o desempenho do negócio e a forma como esses riscos são geridos pela entidade.
- Como os gestores são recompensados pelo desempenho dos instrumentos.

2.2 Contabilidade de *hedge*

O termo *hedge* tem significado de "proteção" e normalmente está vinculado à proteção de alterações no preço de ativos ou passivos. Assim, uma empresa faz *hedge* quando deseja proteger um ativo, um passivo, ou uma transação futura contra oscilações de preços, tentando preservar seu lucro comercial, eliminando ou reduzindo o risco. Para isso, ela se utiliza de instrumentos de *hedge*, usados para realizar a proteção contra as oscilações de preço (valor) de um item objeto de *hedge*, ou seja, um ativo, um passivo, um compromisso firme, ou uma transação futura provável que se deseja proteger.

O termo "objeto de *hedge*" também pode ser denominado item de *hedge* (*hedgeado*) ou posição protegida, cuja eficácia do *hedge* mede a capacidade do instrumento de *hedge* em proteger o objeto de *hedge* contra suas oscilações de preço (valor).

O oposto de uma operação de *hedge* seria uma transação especulativa. Essas transações especulativas são normalmente realizadas por um investidor que deseja obter lucros elevados, mas sem possuir o ativo, o passivo, ou se espera realizar uma transação futura que referencie a operação original. É uma operação que envolve a aceitação do risco, mas com a possibilidade de obtenção de maiores lucros. No mercado financeiro, esse tipo de transação também recebe o nome de "operação de *trading*".

O Capítulo 6 do CPC 48 aborda a contabilidade de *hedge* para as atividades de gerenciamento de riscos da entidade que utiliza instrumentos financeiros para gerenciar suas exposições de risco que possam afetar seu resultado.

O projeto do Iasb para a contabilidade de instrumentos financeiros que objetiva substituir o IAS 39 previa uma segregação em três fases para a finalização da norma:

- Classificação e mensuração.
- *Impairment*.
- Contabilidade de *hedge*.

Para a contabilidade de *hedge*, o conselho do órgão internacional dividiu o tema em duas partes: contabilidade geral para *hedge*; e contabilidade para *hedge* de valor justo da exposição de taxa de juros de uma carteira de ativos financeiros ou passivos financeiros (*macro-hedge*). Porém, para o *macro-hedge*, o órgão internacional ainda não finalizou o trabalho. Diante disso, até que o tópico *macro-hedge* seja finalizado, o IFRS 9 (CPC 48) permite que a entidade faça uma escolha entre continuar usando a contabilidade de *hedge* do IAS 39 (CPC 38) ou usar a contabilidade de *hedge* prevista no IFRS 9 (CPC 48), acompanhando as exigências para valor justo de *macro-hedge* previstas no IAS 39 (CPC 38). Assim, transitoriamente, o IFRS 9 (CPC 48) permite que na aplicação inicial do novo pronunciamento a entidade faça a escolha entre a contabilidade de *hedge* por ele ou pelo IAS 39 (CPC 38).

Para as operações com a finalidade de realizar *hedge*, um conjunto de procedimentos deve ser seguido para que a contabilidade de *hedge* possa ser aplicada, mas sempre considerando que o regime de competência irá alicerçar tais operações. Essas operações são classificadas pela contabilidade de *hedge* em três diferentes sistemáticas, denominadas (Figura 25.2):

- *Hedge* de valor justo.
- *Hedge* de fluxo de caixa.
- *Hedge* de investimento no exterior.

Figura 25.2 Síntese da contabilidade de *hedge*

3. PROCEDIMENTOS CONTÁBEIS

Como poucos pronunciamentos já tratados, o CPC 48, assim como era o CPC 38, é amplo e detalhado, mas o nível de detalhes acaba atuando como um entrave ao entendimento de sua aplicação nas operações das empresas. Diante disso, uma tentativa de justapor seu alcance se torna necessária, porém a análise do extenso pronunciamento será preferível a este material, já que constantemente o CPC 48 nos remete à leitura dos demais pronunciamentos que de alguma forma a ele se relacionam.

O CPC 48 será aplicado a todas as entidades e instrumentos financeiros, exceto:

- Aos instrumentos representados por participações em outras entidades e que sejam contabilizados de acordo com: CPC 35 (R2) – Demonstrações Separadas; CPC 36 (R3) – Demonstrações Consolidadas; CPC 18 (R2) – Investimento em Coligada, em Controlada e em Empreendimento Controlado em Conjunto. Porém, há casos específicos desses pronunciamentos que sugerem a aplicação do CPC 48.
- Aos direitos e obrigações relativos às operações de *leasing*: CPC 06 (R2) – Arrendamentos.
- Aos planos de benefícios dos empregados: CPC 33 (R1) – Benefícios a Empregados.
- Aos instrumentos financeiros patrimoniais emitidos pela entidade.
- Aos contratos de seguros: CPC 11 – Contratos de Seguros.
- Aos contratos a termo celebrados com o intuito de efetivação de uma combinação de negócios: CPC 15 (R1) – Combinação de Negócios.
- Compromissos de empréstimos, porém deve ser aplicado para identificação dos requisitos de redução ao valor recuperável e de desreconhecimento.
- As transações de pagamento baseado em ações: CPC 10 (R1) – Pagamento Baseado em Ações.
- Direitos a pagamentos para reembolso a entidade, por gastos incorridos para liquidar passivos que a entidade tenha reconhecido como provisão: CPC 25 – Provisões, Passivos Contingentes e Ativos Contingentes.
- Direitos e obrigações previstos no novo CPC 47 – Receita de Contrato com Cliente.

Os casos acima em que existam derivativos que estejam embutidos nas operações, e as disposições sobre desreconhecimento e a irrecuperabilidade estão sujeitos aos preceitos do pronunciamento CPC 48.

O pronunciamento abrange os seguintes compromissos com empréstimos:

- Compromissos de empréstimos que a entidade classifica como passivos financeiros ao valor justo pelo resultado.
- Compromissos de empréstimos que podem ser liquidados pelo valor líquido à vista ou pela troca por outro instrumento financeiro.
- Compromissos para conceder empréstimos à taxa de juros inferior àquela praticada no mercado.

Parte significativa do pronunciamento trata do reconhecimento, classificação e mensuração dos ativos e passivos financeiros. Esses tópicos estão presentes mais diretamente nos itens relacionados no Quadro 25.3.

Quadro 25.3 Tratamento dos ativos e passivos financeiros

	Ativo	Passivo
Reconhecimento	3.1.1 e B3.1.1 e B3.1.2	3.1.1 e B3.1.1 e B3.1.2
Desreconhecimento	3.2	3.3
Classificação	4.1.1 a 4.1.5	4.2.1 e 4.2.2
Mensuração	5.1.1 a 5.1.3	5.1.1 e 5.3

3.1 Reconhecimento

A entidade deve reconhecer um ativo financeiro ou passivo financeiro em sua contabilidade quando esta for parte das disposições contratuais do instrumento. Portanto, a entidade deve reconhecer:

- A totalidade de seus direitos e obrigações contratuais com instrumentos derivativos, porém é importante destacar que, no momento em que a entidade se torna parte do contrato, o valor justo do instrumento é igual a zero, pois os valores dos direitos e das obrigações são iguais.
- O direito legal de receber ou a obrigação legal de pagar, respectivamente, contas a receber e contas a pagar.
- Os compromissos firmes em que ao menos uma das partes tenha cumprido o contrato.
- Os contratos a termo que apresentam valor justo diferente de zero, como um direito (ativo) ou como uma obrigação (passivo).
- A titularidade dos contratos de opções (ativo) e a venda de opções (passivo).

Nos termos do pronunciamento, a entidade deve reconhecer inicialmente um ativo ou passivo financeiro nas suas demonstrações contábeis pelo seu valor justo, mais os custos diretamente atribuíveis à transação, exceto para instrumentos financeiros reconhecidos pelo valor justo pelo resultado, que são reconhecidos pelo valor justo.

3.2 Desreconhecimento

Um ativo financeiro é desreconhecido somente quando a entidade transfere os direitos contratuais de receber os fluxos de caixa do ativo financeiro, ou eles expiram.

A entidade deve desreconhecer um ativo financeiro se todos os riscos e benefícios da propriedade foram substancialmente transferidos, ou se a entidade não reteve e nem transferiu substancialmente todos os riscos e benefícios da propriedade, e ela não manteve o controle do ativo financeiro.

A entidade deve continuar a reconhecer um ativo financeiro até sua extensão se a entidade não reteve e nem transferiu substancialmente todos os riscos e benefícios da propriedade, e ela manteve o controle do ativo financeiro.

Um passivo financeiro deve ser desreconhecido das demonstrações contábeis da entidade quando ele se extinguir ou quando os termos contratuais forem substancialmente modificados.

3.3 Classificação de ativos financeiros

Ao reconhecer inicialmente um instrumento financeiro, a empresa deve classificá-lo de acordo com o modelo de gestão dos ativos financeiros e as características dos fluxos de caixa contratuais para o instrumento em uma das três categorias previstas no CPC 48 (Figura 25.3):

- Custo amortizado.
- Valor justo por outros resultados abrangentes.
- Valor justo pelo resultado.

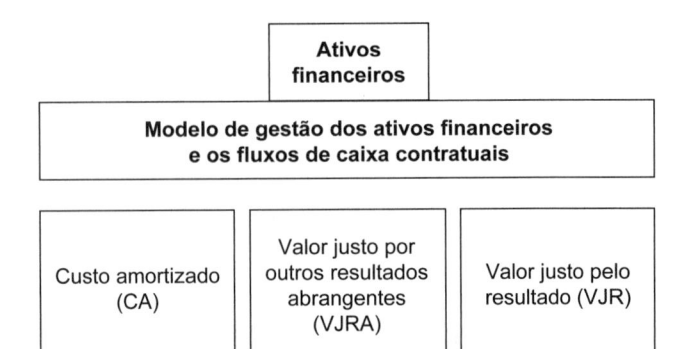

Figura 25.3 Classificação dos instrumentos financeiros (*trading*)

No reconhecimento inicial, a entidade pode, de modo irrevogável, classificar um ativo financeiro como ao valor justo pelo resultado, se dessa forma puder reduzir de maneira significativa alguma inconsistência de mensuração ou de reconhecimento.

O que se pode notar com o CPC 48 é que a classificação de valor justo pelo resultado é uma identificação residual, pois será aplicada em opções negativas às classificações de custo amortizado ou de valor justo por outros resultados abrangentes.

Todos os investimentos em títulos patrimoniais mantidos para negociação, mesmo que não cotados em mercado organizados, deverão ser classificados como valor justo pelo resultado (Figura 25.4), porém irrevogavelmente pode ser classificado inicialmente como valor justo por outros resultados abrangentes se o investimento não for mantido para negociação.

A classificação dos investimentos em instrumentos de dívidas é determinada pelo modelo de negócios da entidade para gerenciamento de ativos financeiros e suas características contratuais de fluxos de caixa (Figura 25.4).

Deve-se notar que, na Figura 25.4, a primeira questão se refere ao tipo de investimento realizado pela entidade: se em um instrumento financeiro de dívida (crédito) ou em um instrumento patrimonial. Portanto, não se refere a instrumentos híbridos que de fato negariam a primeira resposta do esquema de classificação presente na referida figura.

3.3.1 Custo amortizado

Para os ativos financeiros mantidos, seguindo o modelo de negócio, com o objetivo de acumular fluxos de caixa contratuais e que esses fluxos incluam apenas pagamentos, em datas determinadas, de juros e de principal, a classificação recomendada do novo normativo é pelo custo amortizado – a mesma classificação recebida para aqueles ativos que anteriormente eram denominados

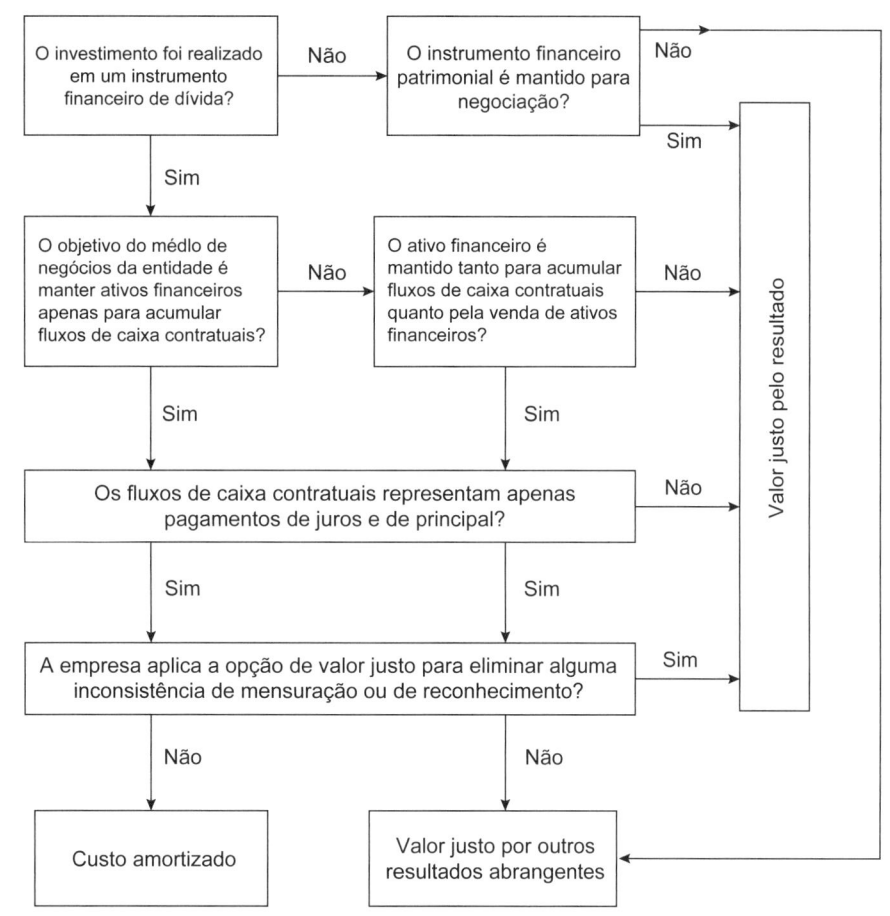

Figura 25.4 Classificação de investimentos em títulos de dívidas ou títulos patrimoniais

pela sua intenção como "mantidos até o vencimento" (CPC 38), pois esses investimentos em instrumentos de crédito, contratualmente remunerados pelos juros de cupom e pelo principal, eram realizados para obter fluxos periódicos de juros e a devolução do valor originalmente emprestado ao emissor. Da mesma forma para aqueles empréstimos e recebíveis, que em seus contratos preveem a transferência de fluxos de caixa, em datas determinadas, para pagamentos de juros e de principal.

Os ativos financeiros classificados pelo custo amortizado são inicialmente reconhecidos pelo valor justo e subsequentemente são mensurados pelo custo amortizado por meio do uso da taxa efetiva da operação.

O custo amortizado, uma das principais classificações dos instrumentos financeiros, refere-se à quantia líquida, apurada pelo método que aloca os ganhos ou as perdas de juros efetivos no período pelo qual um ativo ou passivo financeiro é avaliado no seu reconhecimento inicial.

3.3.2 Valor justo por outros resultados abrangentes

Os ativos financeiros são classificados pelo valor justo por outros resultados abrangentes se ambos os critérios a seguir são reunidos:

- O objetivo do modelo de negócios da empresa é alcançado tanto pela acumulação de fluxos de caixa contratuais quanto pela venda de ativos financeiros.
- Os fluxos de caixa contratuais representam apenas pagamentos, em datas especificadas, de juros e de principal.

Os ativos financeiros classificados como valor justo por outros resultados abrangentes são inicialmente e posteriormente mensurados ao valor justo e as mudanças no valor são alocadas em outros resultados abrangentes no patrimônio líquido da entidade, porém os ganhos ou perdas por redução no valor recuperável (*impairment*), as receitas de juros e os ganhos ou perdas cambiais devem ser reconhecidos diretamente no resultado.

No desreconhecimento dos ativos financeiros classificados como valor justo por outros resultados abrangentes, o ganho ou perda acumulado anteriormente reconhecido em outros resultados abrangentes (patrimônio líquido) deve ser reclassificado do patrimônio líquido para o resultado.

3.3.3 Valor justo pelo resultado

Assim, sob o novo modelo previsto no CPC 48, a classificação de valor justo pelo resultado é uma categoria residual, em que os ativos financeiros são nela classificados apenas se não atenderem aos requisitos das categorias de valor justo por outros resultados abrangentes e de custo amortizado. Entretanto, a entidade pode eleger essa classificação se for para reduzir ou eliminar inconsistências na mensuração ou no reconhecimento.

Os ativos financeiros classificados como valor justo pelo resultado são inicialmente e posteriormente mensurados ao valor justo e todas as alterações são alocadas diretamente no resultado, assim como os ganhos e perdas associados a esses ativos. Porém, para os casos de proteção contra risco, deve ser verificado o item que trata da contabilidade de *hedge*.

3.4 Classificação de passivos financeiros

Pelo CPC 48, inicialmente os passivos são mensurados pelo valor justo, mas, ainda nos termos do pronunciamento, a entidade deve classificar subsequentemente todos os passivos financeiros pelo custo amortizado. Porém, as exceções são:

- Passivos financeiros avaliados a valor justo pelo resultado, como as posições passivas em derivativos.
- Contratos de garantia financeira, em que após o reconhecimento inicial deve ser mensurado pelo maior valor entre o valor da provisão para perdas e o valor inicialmente reconhecido menos o valor acumulado da receita já reconhecida.
- Compromissos de conceder empréstimo com taxa de juros abaixo daquelas praticadas pelo mercado, em que após o reconhecimento inicial deve ser mensurado pelo maior valor entre o valor da provisão para perdas e o valor inicialmente reconhecido menos o valor acumulado da receita já reconhecida.
- Contraprestação contingente reconhecida por adquirente em combinação de empresas, que, de acordo com o CPC 15 (R1), deve ser mensurada pelo valor justo pelo resultado.

Da mesma forma que para os ativos financeiros, no reconhecimento inicial a entidade pode, de modo irrevogável, classificar um passivo financeiro como ao valor justo pelo resultado, se:

- Dessa forma puder reduzir de maneira significativa alguma inconsistência de mensuração ou de reconhecimento.
- Um grupo de passivos financeiros ou ativos e passivos financeiros for administrado e seu desempenho for avaliado pelo valor justo seguindo uma estratégia comprovada de gerenciamento de risco ou de investimento.

A entidade também pode classificar um passivo financeiro ao valor justo pelo resultado se esta mantém o instrumento para negociação no curto prazo ou é um derivativo diferente daqueles usados para *hedge* ou como contrato de garantia financeira.

Os instrumentos financeiros internacionalmente conhecidos como *credit default swap* (CDS) são um tipo de contrato de garantia financeira. Esses contratos normalmente são celebrados entre uma instituição financeira bancária ou uma seguradora e um investidor que deseja se proteger do risco de crédito de um terceiro, tomador de recursos desse investidor. A seguradora irá indenizar o investidor caso o tomador dos recursos não cumpra com os pagamentos pactuados no instrumento de dívida.

3.5 Classificação de derivativos embutidos

Um derivativo é um instrumento financeiro ou um contrato cujo valor sofre alterações em função da variabilidade do valor de outro ativo ou contrato. Apresenta investimento inicial reduzido ou ausente e sua liquidação se dá em data futura.

Já um derivativo embutido é um componente de um contrato híbrido (derivativo + não derivativo) que afeta o fluxo de caixa desse contrato híbrido de uma maneira semelhante se o derivativo estivesse sozinho. A identificação é percebida quando esse derivativo afeta o fluxo de caixa do instrumento combinado por meio da variação de preço de outra variável exógena ao contrato celebrado do instrumento. Um exemplo poderia ser uma empresa petrolífera que emitiu um título de dívida (*bond*) no mercado internacional com valor de face de $ 1.000, prometendo aos investidores a devolução desse mesmo valor ao final de cinco anos. Porém, naturalmente para viabilizar a colocação do instrumento financeiro de crédito, a companhia oferecia um adicional de 150 vezes o excesso entre o preço do barril do petróleo no vencimento e o preço atual do mineral, que era de $ 25. Assim, ao contrato não derivativo, o *bond*, havia um derivativo embutido – uma opção de compra, que dava ao investidor a possibilidade de comprar 150 barris de petróleo a $ 25.

Outro exemplo clássico de contrato híbrido é o título de crédito que dá ao titular (investidor) o direito de revender ao emissor (captador de recursos) o instrumento financeiro pelo valor atual ou pelo valor de outros ativos financeiros que tenham seu valor alterado de acordo com um índice de ações ou uma *commodity*.

A possibilidade de transferência de um derivativo que esteja aglutinado a outro instrumento ou a existência de contrapartes diferentes desqualificam o instrumento derivativo como um derivativo embutido.

Como mencionado, um contrato híbrido pode ser composto de um instrumento financeiro derivativo, mais um instrumento não derivativo. Assim, duas composições podem se apresentar:

- **Derivativo embutido + ativo financeiro**: nesses casos, aplicam-se as determinações de classificação de ativo financeiro do CPC 48 para todo o contrato híbrido.
- **Derivativo embutido + ativo não financeiro**: nesses casos, se o componente principal não for um ativo financeiro ou aqueles instrumentos financeiros excluídos do CPC 48, o derivativo embutido deve ser separado

do outro ativo e contabilizado como um derivativo, de acordo com os preceitos do referido pronunciamento – CPC 48 – somente se conjuntamente: atender à definição de derivativo; o contrato híbrido não for mensurado ao valor justo pelo resultado; e as características e os riscos do derivativo embutido não estiverem fortemente relacionados às características e aos riscos do contrato principal.

De outra forma, quando o derivativo embutido for separado, o contrato principal deve ser contabilizado de acordo com o pronunciamento relacionado.

A entidade pode ainda designar todo o contrato híbrido, contendo o derivativo embutido e o ativo não contemplado pelo CPC 48, como valor justo pelo resultado, exceto:

- Se o "derivativo embutido" não modificar significativamente os fluxos de caixa exigidos pelo contrato.
- Ou se ficar claro que é proibida a separação do derivativo embutido em um contrato híbrido similar considerado em sua primeira vez.

Nos casos em que a entidade não conseguir mensurar separadamente o derivativo embutido, ela deve classificar todo o contrato híbrido como ao valor justo pelo resultado. Porém, a empresa pode ainda tentar mensurar o derivativo embutido pela diferença entre o valor justo do contrato híbrido e o valor justo do contrato principal.

PARA REFLETIR...

Os derivativos devem ser contabilizados incialmente pelo valor justo, como grande parte dos instrumentos financeiros, mas como deve ser sua forma de mensuração subsequente, já que vários instrumentos têm sua mensuração alterada?

3.6 Mensuração

No reconhecimento inicial, os ativos financeiros e os passivos financeiros devem ser mensurados pelo valor justo, mais os efeitos dos custos de transação diretamente atribuíveis à negociação quando o instrumento não for classificado pelo valor justo pelo resultado. Assim:

- **Ativo financeiro**: mensurado pelo valor justo mais os custos de aquisição.
- **Passivo financeiro**: mensurado pelo valor justo menos os custos de emissão.

Após o reconhecimento inicial, os ativos financeiros devem ser mensurados:

- Ao custo amortizado.
- Ao valor justo por outros resultados abrangentes.
- Ou ao valor justo pelo resultado.

Com intuito de reconhecer as perdas de crédito esperadas para os instrumentos financeiros que tiveram seu nível de risco individual ou coletivo significativamente elevados do reconhecimento inicial até a data do balanço, para as duas primeiras formas de mensuração – custo amortizado e valor justo por outros resultados abrangentes – a entidade deve realizar o acompanhamento e testes de redução ao valor recuperável (*impairment*), e, portanto, nesses casos deve reconhecer uma provisão para perdas de crédito esperadas em ativo financeiro. Assim, em cada data do balanço, a entidade deve avaliar se o nível de risco de crédito do instrumento financeiro aumentou significativamente desde seu reconhecimento inicial.

Para os ativos mensurados ao valor justo por outros resultados abrangentes, o reconhecimento de provisão para perdas por redução do valor recuperável deve ser feito em outros resultados abrangentes e não deve alterar o valor contábil do ativo financeiro no balanço patrimonial.

Para o método do custo amortizado, a entidade deve empregar a técnica de juros efetivos, em que a receita dos juros é apurada utilizando a taxa de juros efetiva da operação, e não a taxa contratada, pois pode haver uma diferença entre elas em função de custos de transação na aquisição de ativos financeiros ou na emissão de passivos financeiros. Portanto, devem ser calculadas a receita periódica e a alocação de juros de ativos financeiros e as despesas de juros de passivos financeiros, utilizando a taxa efetiva da transação.

Pelo custo amortizado, a receita de juros é calculada aplicando a taxa de juros efetiva da transação ao valor contábil bruto do ativo financeiro, exceto nos casos em que:

- Os ativos financeiros comprados ou concedidos tenham problemas de recuperação de crédito, em que se usa a taxa de juros efetiva ajustada ao crédito ao custo amortizado do ativo financeiro.
- Os ativos financeiros se tornaram problemáticos quanto à recuperação do crédito, em que se usa a taxa de juros efetiva ao custo amortizado do ativo financeiro em períodos contábeis subsequentes, e na melhora dessa condição, volta-se a aplicar a taxa de juros sobre o valor contábil bruto.

Nos casos de alteração no fluxo de caixa contratual do ativo financeiro, a entidade deve recalcular o valor contábil bruto do ativo financeiro e reconhecer o ganho ou a perda na alteração diretamente no resultado. Porém, deve ser observado que quaisquer gastos incorridos devem ser incorporados ao valor contábil do ativo financeiro modificado e, naturalmente, amortizados pelo prazo restante do ativo financeiro que teve seu fluxo de caixa modificado.

Após o reconhecimento inicial, os passivos financeiros devem ser mensurados ao:

- Custo amortizado.
- Valor justo pelo resultado.
- Maior valor entre o valor da provisão para perdas e o valor inicialmente reconhecido menos o valor acumulado da receita reconhecida, para contratos de garantia financeira e compromissos de conceder empréstimos com taxas de juros abaixo do mercado.

3.7 Reclassificação

As reclassificações entre as três categorias – custo amortizado, valor justo por outros resultados abrangentes e valor justo pelo resultado – são permitidas, porém não são incentivadas. Entretanto, a entidade deve reclassificar todos os seus ativos financeiros afetados quando ela mudar seu modelo de negócios para a gestão de ativos financeiros.

A entidade não deve reclassificar seus passivos financeiros.

Caso a empresa reclassifique um ativo financeiro da categoria de mensurado ao custo amortizado para mensurado ao valor justo pelo resultado, o valor justo admitido para o ativo deve ser verificado na data da reclassificação e a diferença lançada diretamente no resultado.

Se a entidade decide reclassificar um ativo financeiro mensurado ao valor justo pelo resultado para custo amortizado, o valor justo do ativo na data da reclassificação passa a ser seu valor contábil bruto.

Na reclassificação de um ativo financeiro de mensurado ao custo amortizado para valor justo por outros resultados abrangentes, seu valor justo também será aquele verificado na data da reclassificação, com os ganhos ou perdas da diferença alocados no patrimônio líquido, em outros resultados abrangentes.

Para reclassificar um ativo financeiro mensurado pelo valor justo por outros resultados abrangentes para custo amortizado, o valor do ativo deve ser seu valor justo na data da reclassificação. Porém, os ganhos ou perdas já acumulados devem ser transferidos do patrimônio líquido para o valor justo do ativo financeiro na data da reclassificação.

Evidentemente que na reclassificação de um ativo financeiro mensurado ao valor justo pelo resultado para valor justo por outros resultados abrangentes, ou de forma inversa, o ativo deve continuar ao valor justo. Porém, para o segundo caso – de valor justo por outros resultados abrangentes para valor justo pelo resultado –, os ganhos e perdas acumulados já reconhecidos no patrimônio líquido devem ser transferidos para o resultado.

3.8 Tratamento dos ganhos e perdas

O tratamento dos ganhos e perdas associados com ativos e passivos financeiros mensurados pelo valor justo tem como regra geral a alocação deles ao resultado, porém para alguns casos um tratamento específico se aplica:

- Nos casos de cobertura de risco (*hedge*), deve ser observado o tratamento no item que trata desse tópico.
- Um instrumento patrimonial deve ter seus ganhos e perdas alocados no resultado, porém a entidade pode, como já mencionado, desde que não mantidos para negociação no curto prazo, escolher apresentá-los no patrimônio líquido, em outros resultados abrangentes.
- Em um passivo financeiro classificado como valor justo pelo resultado, deve-se alocar os efeitos das alterações do seu risco de crédito em outros resultados abrangentes, no patrimônio líquido; porém a parte de alteração de seu valor justo não vinculada ao risco de crédito deve ser alocada no resultado. Importante ressaltar que, se essa alocação criar ou elevar o descasamento contábil no resultado, a entidade deve apresentar todos os ganhos ou as perdas nesse passivo no resultado.
- Ativos financeiros mensurados ao valor justo por outros resultados abrangentes apresentam algumas alterações no valor justo que devem ser alocadas no patrimônio líquido, em outros resultados abrangentes, já que outras alterações não são ali contabilizadas até que o ativo financeiro seja reclassificado ou desreconhecido, como: ganhos ou perdas por redução do valor recuperável; e ganhos e perdas por variação cambial, que, de acordo com o CPC 02 (R2), devem ser reconhecidos no resultado.

Os ganhos e perdas em ativos mensurados pelo custo amortizado, que não sejam objeto ou instrumento de *hedge*, devem ser reconhecidos no resultado quando o ativo financeiro for desreconhecido, reclassificado para categoria de valor justo pelo resultado, amortizado ou pela redução do valor recuperável.

Para aqueles compromissos de empréstimos e contratos de garantia financeira designados ao valor justo pelo resultado, a entidade deve contabilizar todos os ganhos e as perdas associados no resultado.

4. CONTABILIDADE DE *HEDGE*

Quando a entidade realiza o *hedge* de um ativo específico, por exemplo, faz a cobertura do valor de um ativo que está atrelado à taxa de juros, esse risco de variação da taxa de juros pode ser coberto pela venda de contratos futuros de juros; assim, temos aqui o chamado *micro-hedge* – *hedge* de um ativo específico. Outro tipo de *hedge*, denominado *macro-hedge*, ocorre quando a entidade faz a cobertura contra risco de toda a sua carteira de ativos ou passivos. Por exemplo, uma instituição financeira pode ser mais sensível *à* variação do valor de seus passivos;[2] assim, na elevação da taxa de juros, o valor total do patrimônio da instituição reduz, podendo causar uma perda dos parâmetros necessários de capital mínimo para os bancos.

Diante disso, é importante observar novamente que, para os casos de *hedge* de valor justo da exposição da taxa de juros da carteira de ativos financeiros ou passivos financeiros, o chamado *macro-hedge*, a entidade tem a prerrogativa de aplicar a contabilidade de *hedge* prevista no CPC 38 (IAS 39).

De acordo com o CPC 48, a contabilidade de *hedge* objetiva representar nas demonstrações contábeis os efeitos da gestão de riscos da entidade que se utiliza de instrumentos financeiros para gerenciar as exposições a riscos que possam afetar o desempenho do negócio, seja pela deterioração do resultado ou do patrimônio líquido.

O uso da contabilidade de *hedge* continua sendo voluntário pelo CPC 48, cabendo à entidade avaliar os custos e benefícios de sua aplicação, porém sua aplicação é permitida quando a entidade reúne condições de documentar a operação e de atender *às* exigências de eficácia do instrumento em proteger o valor ou os fluxos de caixa do objeto de *hedge*.

4.1 Instrumentos de *hedge*

Para atender ao propósito do pronunciamento, devem ser contabilizados como instrumentos de *hedge* apenas aqueles contratos realizados externamente à entidade.

Os derivativos são tradicionalmente os principais instrumentos de proteção contra riscos de mercado (preços), sejam estes riscos da taxa de juros, do câmbio, de *commodities*, ou de preço de ações, e, portanto, os derivativos mensurados ao valor justo pelo resultado naturalmente se qualificam como um instrumento de *hedge* para propósito da contabilidade de *hedge*. Entretanto, vale observar que a maioria das opções lançadas, sozinhas, não apresentam força suficiente para promover a cobertura da perda pela variação de preço dos ativos ou passivos, se é que elas têm a função de proteção.

O componente de risco de moeda estrangeira de ativos financeiros não derivativos ou passivos financeiros não derivativos pode ser designado como um instrumento de *hedge* de risco de câmbio. Para isso, é necessário que o instrumento não seja um instrumento patrimonial com alterações de valor alocadas em outros resultados abrangentes, no patrimônio líquido.

Em alguns instrumentos que se qualificam para *hedge*, é permitido que parte de seu valor não seja designada para cobertura. Entre eles, estão:

- Em opções, a parte da alteração do valor devido *à* passagem do tempo, ficando apenas aquela variação do valor intrínseco do derivativo. Para esses casos, a entidade deve contabilizar a alteração do valor referente *à* passagem do tempo em outros resultados abrangentes (patrimônio líquido).
- Em contratos a termo, a alteração do valor a termo do ativo, ficando apenas a variação do ativo *à* vista. Para esses casos, a entidade deve contabilizar a alteração do valor a termo em outros resultados abrangentes (patrimônio líquido).
- Uma fração do instrumento de *hedge* como um todo.

As opções lançadas não se qualificam como instrumentos de *hedge*, exceto nos casos em que se combinam opções lançadas com opções compradas (*collar*) em que o prêmio recebido pelo lançamento representa apenas uma redução do prêmio pago pela opção comprada – opção comprada líquida, já que o CPC 48 veda, naturalmente, o uso de opções combinadas em que o resultado é uma opção lançada líquida, para uso como instrumento de *hedge*.

4.2 Itens objeto de *hedge*

Além dos itens do ativo e do passivo reconhecidos, também podem ser objetos de *hedge* itens que sejam mensuráveis confiavelmente, como um compromisso firme ainda que não reconhecido, uma transação habitual e altamente provável prevista ou mesmo um investimento líquido realizado em uma operação no exterior, todos realizados com parte externa à entidade.

Aquelas transações realizadas com entidades do mesmo grupo devem ser contabilizadas apenas nas demonstrações contábeis individuais ou separadas das entidades envolvidas, exceto quando uma delas for uma entidade de investimento, conforme previsto pelo CPC 36 (R3). Exceção também pode ser verificada na cobertura de risco cambial em item monetário intragrupo (contas a pagar ou a receber entre empresas do mesmo grupo econômico), que pode ser contabilizado nas demonstrações contábeis consolidadas se a exposição não for totalmente eliminada na consolidação, conforme previsto no CPC 02 (R2) – Efeitos das Mudança nas Taxas de Câmbio e Conversão de Demonstrações Contábeis.

4.3 Critérios de qualificação para contabilidade de *hedge*

Para a contabilização do *hedge*, a relação de proteção deve atender a todos os critérios a seguir:

- Haja documentação formal da relação de proteção, o objetivo e a estratégia de gestão de risco da entidade, constando a identificação do instrumento, do objeto de *hedge*, da natureza do risco e como a entidade pretende avaliar se a proteção atende *à* efetividade de *hedge*.
- Existe relação econômica futura esperada, ou seja, valores que se movem em direções opostas, entre o item protegido e o instrumento usado para proteção.

---

[2] Isso pode ser identificado pelo descasamento das *durations* dos ativos e dos passivos.

- O efeito do risco de crédito não influencia as alterações no valor dessa relação econômica, já que o risco de crédito pode dominar as alterações de valor do item objeto ou do instrumento de *hedge*, como nos casos em que uma exposição de risco de preço é coberta por um derivativo não garantido e a situação de crédito da contraparte sofre deterioração de crédito, com efeito superior no valor do instrumento ao valor justo do item protegido.
- O índice de *hedge* da relação de proteção é o mesmo que aquele originado da relação entre a quantidade do item protegido e a quantidade do instrumento de *hedge* usado para proteger a quantidade do item protegido.

4.4 Contabilização das relações de proteção

Para propósito do IFRS 9 e do CPC 48, existem três tipos de relações de proteção:

- ***Hedge* de valor justo**: representa a proteção da exposição a um risco específico a alterações no valor justo de ativo ou passivo reconhecido ou compromisso firme não reconhecido, que possa afetar o resultado da entidade.
- ***Hedge* de fluxo de caixa**: representa a proteção da exposição a um risco específico à variabilidade nos fluxos de caixa associados à totalidade ou componente de ativo ou passivo reconhecido, a um compromisso firme não reconhecido com risco cambial, ou a transação prevista altamente provável, que possa afetar o resultado da entidade.
- ***Hedge* de investimento líquido em operações no exterior**: conforme o CPC 02 (R2), representa a proteção contra a exposição ao risco cambial da conversão dos investimentos em participação em outras empresas estrangeiras.

O risco cambial de um compromisso firme pode ser contabilizado tanto em *hedge* de valor justo como em *hedge* de fluxo de caixa.

4.4.1 *Hedge* de valor justo

As alterações no valor justo de ativos e passivos reconhecidos ou compromissos firmes não reconhecidos podem se dar pela variação das taxas de juros ou das taxas de câmbio, dos preços das *commodities* ou de ações.

De forma geral, no *hedge* de valor justo, o valor de um item protegido deve ser ajustado pelas mudanças no seu valor justo, com as alterações no valor alocadas no resultado. Para o instrumento de *hedge*, este deve ser mensurado pelo valor justo, com as alterações contabilizadas no resultado. Assim, a não efetividade do *hedge* acontece para qualquer situação de excesso da alteração do valor do instrumento de *hedge* sobre a alteração do valor do item protegido, bem como o excesso da alteração do valor do item protegido sobre a alteração do valor do instrumento de *hedge*.

Para o *hedge* de valor justo, o ganho ou a perda no instrumento de *hedge* deve ser reconhecido no resultado, porém, nos casos em que a entidade tenha optado por apresentar as alterações no valor justo de um instrumento patrimonial protegido em outros resultados abrangentes (patrimônio líquido), a exposição protegida assim como o ganho ou perda com o instrumento de *hedge* devem ser contabilizados em outros resultados abrangentes. Importante ressaltar que somente nesse caso a não efetividade de *hedge* será apresentada em outros resultados abrangentes.

Exemplo 1:

Em jan. 2019, uma empresa adquiriu ações de outra companhia por $ 100.000, que fora contabilizado pelo valor justo pelo resultado. Como os rendimentos desse título são incertos (dividendos), a empresa pretende proteger seu investimento nesse título. Assim, a entidade realiza um *hedge*, contrato a termo de venda futura a $ 102.000, para proteger o valor justo do instrumento patrimonial das oscilações do mercado. Supondo que não haja custo para fazer o *hedge*, e que em fev. 2019 o valor justo das ações caiu para $ 99.000, temos:

- **Objeto de *hedge***: instrumento patrimonial avaliado pelo valor justo pelo resultado (VJR).
- **Instrumento de *hedge***: contrato a termo para venda futura, fixando o preço futuro das ações.
- **Tipo de *hedge***: valor justo.

	Débito	Crédito
Instrumentos financeiros VJR (ativo)	$ 100.000	
Bancos (ativo)		$ 100.000
Aquisição de ações de outras companhias		

	Débito	Crédito
Ajuste do valor justo de instrumento financeiro (resultado)	$ 1.000	
Instrumentos financeiros VJR (ativo)		$ 1.000
Redução do valor justo do instrumento patrimonial		

	Débito	Crédito
Hedge de instrumentos financeiros VJR (ativo)	$ 3.000	
Resultado com *hedge* valor justo		$ 3.000
Resultado com *hedge*		

O ganho ou perda no item protegido, reconhecido no resultado, tem o propósito de ajustar o valor contábil do objeto de *hedge*. Porém:

- Se o item protegido for ativo financeiro mensurado ao valor justo por outros resultados abrangentes, o ganho ou perda no item protegido deve ser reconhecido no resultado.
- Se o item protegido for um instrumento patrimonial para o qual a entidade tenha optado em apresentar as alterações por meio de outros resultados abrangentes, o ganho ou a perda no item protegido também deve ser reconhecido em outros resultados abrangentes no patrimônio líquido.
- Se o item protegido for um compromisso firme não reconhecido, a alteração acumulada no valor justo do objeto de *hedge* após sua designação deve ser reconhecida como ativo ou passivo com o ganho ou a perda reconhecido no resultado.
- Se o item protegido for um instrumento financeiro mensurado ao custo amortizado, qualquer ajuste deve ser amortizado no resultado. A amortização deve ser baseada na taxa efetiva de juros da data em que começar a amortização.
- Se o item protegido for um compromisso firme com o propósito de adquirir um ativo ou assumir um passivo, o valor a ser contabilizado inicialmente pelo atendimento do compromisso firme deve ser ajustado para contemplar toda a alteração no valor justo do item protegido a ser reconhecido no balanço patrimonial.

Exemplo 2:

A empresa Vale do Rio Preto tem um investimento em renda fixa. Os juros a receber são conhecidos, mas com a mudança no DI, se altera o valor justo do ativo; assim, ela faz um *hedge*:

- **Hedge**: travar o valor do instrumento.
- **Objeto**: o valor justo do título.
- **Instrumentos**: compra DI futuro; *swap* de juros pagando taxa fixa; recebível em DI.
- **Contabilização**: *hedge* de valor justo.

4.4.2 *Hedge* de fluxo de caixa

As alterações no fluxo futuro de caixa podem se dar por várias formas, entre elas: pela variação das taxas de juros ou das taxas de câmbio; pela variação dos preços das *commodities* ou dos preços de ações e índices de ações.

O risco associado ao *hedge* de fluxo de caixa se refere à variabilidade no fluxo futuro de caixa relacionado a:

- Ativos e passivos, como recebimentos e pagamentos de juros de títulos de dívidas com taxas pós-fixadas.
- Vendas ou compras projetadas em moedas estrangeiras.
- Transações futuras altamente prováveis.

Para o *hedge* de fluxo de caixa, o ganho ou a perda no instrumento de *hedge* deve ser reconhecido em outros resultados abrangentes (patrimônio líquido), porém aquela parcela de ganho ou perda no instrumento de *hedge não compensada pela alteração no item protegido deve ser reconhecida no resultado*, já que se trata da não efetividade de *hedge*.

O valor acumulado de reserva de *hedge* de fluxo de caixa (patrimônio líquido) associado ao item objeto de *hedge* deve ser ajustado ao menor valor entre:

- O ganho ou a perda acumulado no instrumento de *hedge* desde o início da operação de proteção.
- A alteração acumulada no valor justo do item objeto de *hedge* desde o início da operação de proteção.

Portanto, quando o valor do item A for maior que do item B, ocorre a não efetividade de *hedge* e, portanto, essa deve ser reconhecida no resultado. Porém, se o item A for menor que o item B, não há o reconhecimento da não efetividade do *hedge*.

Essa alteração acumulada é representada pelo valor presente da alteração acumulada nos fluxos de caixa futuros esperados protegidos.

Esse valor acumulado na reserva de *hedge* de fluxo de caixa no patrimônio líquido deve ser contabilizado da seguinte forma:

- **Se a transação prevista protegida resultar no reconhecimento de ativo ou passivo não financeiro (como imobilizados ou estoques)**: a entidade deve transferir o valor associado da reserva de *hedge* de fluxo de caixa para o custo inicial do ativo ou do passivo.
- **Se a transação prevista protegida de ativo ou passivo não financeiro resultar em um compromisso firme para o qual a contabilização de *hedge* de valor justo deve ser aplicada**: a entidade deve transferir o valor associado da reserva de *hedge* de fluxo de caixa para o custo inicial do ativo ou do passivo.
- **Para os demais casos de *hedge* de fluxo de caixa**: a entidade deve reclassificar o valor da reserva de *hedge* de fluxo de caixa para o resultado como ajuste de reclassificação (CPC 26 [R1] – Apresentação das Demonstração Contábeis) no mesmo momento em que os fluxos de caixa futuros esperados protegidos afetem o resultado. Porém, se o valor for representado por uma perda que a entidade espera não recuperar, ela deve imediatamente reclassificar no resultado (CPC 26 [R1]).

Importante observar que, sob o CPC 38 (IAS 39), uma transação prevista que estivesse protegida por um *hedge* de fluxo de caixa poderia subsequentemente resultar no reconhecimento:

- De ativos ou passivos não financeiros, com os ganhos e perdas associados acumulados em ajustes de avaliação patrimonial (patrimônio líquido) reclassificados do patrimônio líquido para o resultado, ou, à escolha da entidade, alocar os ganhos e perdas associados acumulados no custo inicial do ativo ou passivo não financeiro.
- Se a transação prevista protegida de ativo ou passivo não financeiro resultar em um compromisso firme para o qual a contabilização de *hedge* de valor justo deve ser aplicada, a entidade pode optar em transferir o valor associado da reserva de *hedge* de fluxo de caixa (patrimônio líquido) para o custo inicial do ativo ou do passivo ou transferir para o resultado, da mesma forma que o item anterior.
- De ativos ou passivos financeiros, com os ganhos e perdas associados acumulados em ajustes de avaliação patrimonial (patrimônio líquido) reclassificados do patrimônio líquido para o resultado.

Assim, notamos que há uma diferença básica aqui, pois sob o novo CPC 48 não existe uma alternativa para os dois primeiros itens acima, já que a reserva no patrimônio líquido deve necessariamente compor o custo inicial do ativo ou passivo resultante. Contrariamente, sob o CPC 38 havia uma escolha contábil entre a reserva do patrimônio líquido: compor o custo inicial do ativo ou passivo resultante; ou alocar ao resultado.

Exemplo 3:

Em jan. 2019, com a saca da soja a $ 320, uma empresa tem uma venda projetada de 1.000 sacas de soja a preço de mercado de mar. 2019. A empresa realiza um *hedge* com a compra, por $ 1.000, de opções de venda de soja a $ 320 a saca, para proteger sua exposição ao risco de receber menos caixa se o preço de mercado da soja cair.

Em fev. 2019, o preço da soja caiu, $ 300, e as opções passaram a valer $ 20.000.

Em mar. 2019, o preço da soja voltou a cair, $ 290, e as opções atingiram $ 30.000.

- **Objeto de *hedge***: venda projetada de soja no final do ano a um preço flutuante.
- **Instrumento de *hedge***: opções de venda, fixando um preço mínimo de venda da soja.
- **Tipo de *hedge***: fluxo de caixa.

	Débito	Crédito
Opção de venda (ativo)	$ 1.000	
Caixa (ativo)		$ 1.000
Aquisição de opções de venda		

	Débito	Crédito
Opção de venda (ativo)	$ 19.000	
Outros resultados abrangentes (patrimônio líquido)		$ 19.000
Elevação no valor das opções de venda pela queda da soja		

	Débito	Crédito
Opção de venda (ativo)	$ 10.000	
Outros resultados abrangentes (patrimônio líquido)		$ 10.000
Elevação no valor das opções de venda pela queda da soja		

	Débito	Crédito
Caixa (ativo)	$ 30.000	
Opção de venda (ativo)		$ 30.000
Realização do resultado com as opções de venda		

	Débito	Crédito
Caixa (ativo)	$ 290.000	
Receita de vendas (resultado)		$ 290.000
Reconhecimento da venda de 1.000 sacas de soja ao preço corrente		

	Débito	Crédito
Outros resultados abrangentes (patrimônio líquido)	$ 29.000	
Receita de vendas (resultado)		$ 29.000
Reclassificação de outros resultados abrangentes para o resultado		

Note que o valor total recebido pela venda é de $ 319.000, que corresponde ao valor das 1.000 sacas ao valor travado de $ 320, $ 320.000, menos o custo do *hedge* com opções de venda, $ 1.000.

Exemplo 4:

A empresa Vale do Rio Preto tem uma dívida atrelada ao CDI, e deseja proteger os fluxos de saída de caixa; assim, ela faz um *hedge*:

- ***Hedge***: travar a taxa de juros.
- **Objeto**: saídas de fluxos de caixa futuros.

- **Instrumentos**: compra DI futuro; *swap* de juros pagando taxa fixa; recebível em DI.
- **Contabilização**: *hedge* de fluxo de caixa.

4.4.3 *Hedge* de investimento líquido em operações no exterior

Uma operação no exterior pode ser caracterizada por uma subsidiária, uma associada, uma *joint venture* ou uma filial da entidade, cujas atividades são baseadas em um país ou moeda diferente daquela da entidade que está reportando suas demonstrações contábeis.

Frequentemente, nesses casos de investimentos no exterior, as operações entre as entidades ocorrem em forma de empréstimos e recebíveis, cuja data de liquidação é incerta, haja vista a associação entre as entidades.

Para o *hedge* de investimento líquido em operações no exterior, aplicam-se os mesmos critérios de contabilização previstos no *hedge* de fluxo de caixa:

- O ganho ou a perda no instrumento de *hedge* deve ser reconhecido em outros resultados abrangentes (patrimônio líquido), porém aquela parcela de ganho ou perda não compensada pela alteração no item protegido deve ser reconhecida no resultado, já que se trata da não efetividade de *hedge*.
- O ganho ou a perda acumulado no instrumento de *hedge* deve ser reclassificado da reserva de *hedge* de conversão de moeda estrangeira (patrimônio líquido) para o resultado como ajuste de reclassificação (CPC 26 [R1]) no momento da alienação da operação no exterior (itens 48 e 49 do CPC 02 [R2] – Efeitos das Mudanças nas Taxas de Câmbio e Conversão de Demonstrações Contábeis).

5. PONTOS COMPLEMENTARES DA NOVA NORMA

Como já mencionado, a entidade deve aplicar os preceitos do CPC 48 para os exercícios iniciados em 1º de janeiro de 2018. Entretanto, a entidade deve aplicar o pronunciamento retrospectivamente, de acordo com o CPC 23 – Políticas Contábeis, Mudança de Estimativa e Retificação de Erro, exceto em situações especificadas pelo CPC 48, nos itens 7.2.4 a 7.2.26 e 7.2.28.

Na data de aplicação inicial, a entidade deve avaliar se o ativo financeiro é mantido dentro do modelo de negócio com o propósito de receber fluxos de caixa contratuais (mensurados ao custo amortizado), ou tanto de receber fluxos de caixa contratuais quanto de receber caixa pela venda de ativos financeiros (valor justo por outros resultados abrangentes) com base nas características existentes na data da aplicação.

Na data inicial de aplicação, a entidade pode designar de forma irrevogável:

- O ativo financeiro como mensurado ao valor justo pelo resultado, se puder reduzir uma inconsistência de mensuração ou de reconhecimento.
- O investimento em instrumento patrimonial como ao valor justo por outros resultados abrangentes (patrimônio líquido), desde que não seja mantido para negociação.

Vale ressaltar que, na aplicação inicial do CPC 48, a entidade deve revogar sua designação anterior de ativo financeiro como mensurado ao valor justo pelo resultado, se este não tiver o propósito de reduzir uma inconsistência de mensuração ou de reconhecimento. Entretanto, ela pode revogar essa designação se atender ao referido propósito de melhoria informacional.

DESTAQUES FINAIS

Simplificadamente, a contabilidade para instrumentos financeiros pode ser dividida em duas:

- Contabilidade de instrumentos financeiros para *trading*.
- Contabilidade de instrumentos financeiros para *hedge*.

A primeira se refere às transações habituais da empresa com seus ativos e passivos financeiros, já a segunda se refere estritamente àquelas operações de *hedge* que a empresa tem a faculdade de utilizar em suas demonstrações financeiras, desde que siga os preceitos determinados para a contabilidade de *hedge*.

A complexidade de muitas operações acaba por influenciar negativamente a confecção das normas contábeis para o tema, pois resultam em textos rebuscados e de difícil entendimento. Porém, acreditamos que essas normas reflitam a melhor tentativa para capturar a essência das transações com os instrumentos financeiros rotineiramente usados pelas empresas, e aqueles instrumentos financeiros derivativos usados cada vez mais pelas médias e grandes empresas para proteção do valor de ativos e passivos específicos ou do fluxo futuro de caixa associado.

Para completar esta discussão sobre instrumentos financeiros, restam ainda o CPC 39 e o CPC 40 (R1), que tratam da apresentação e da evidenciação das operações com os instrumentos.

RESUMO

- A contabilidade para instrumentos financeiros está centrada nas determinações do CPC 48, que passou a ser aplicado no início de 2018. Porém, o antigo CPC 38 ainda pode ser aplicado, diante da não tratativa do *macro-hedge* no novo pronunciamento.
- Os instrumentos financeiros não usados para *hedge* podem ser classificados em uma das três categorias: custo amortizado, valor justo pelo resultado e valor justo por outros resultados abrangentes.

- Pelo novo pronunciamento, o modelo de negócios e a forma como a empresa gere seus investimentos são fundamentais para determinar a classificação dos instrumentos financeiros de dívidas. O instrumento pode ser usado: para acumular fluxos de caixa contratuais (custo amortizado); para negociação em situações em que o preço de mercado seja atrativo para a empresa (valor justo pelo resultado) ou ambos, para acumular fluxos contratuais e para negociação (valor justo por outros resultados abrangentes).

- No reconhecimento inicial, a entidade pode, de modo irrevogável, classificar um ativo financeiro como ao valor justo pelo resultado.

- Os investimentos em títulos patrimoniais devem ser mensurados e classificados pelo valor justo. Se mantidos para negociação, pelo resultado; do contrário, por outros resultados abrangentes.

- A aplicação da contabilidade de *hedge* é uma faculdade oferecida à entidade, desde que ela tenha operações de *hedge* e reúna as condições necessárias para comprovar a efetividade do *hedge*.

- Para aqueles instrumentos usados para *hedge* e que a entidade decida aplicar a contabilidade de *hedge*, também são três as categorias possíveis de classificações dessas operações: *hedge* de valor justo, *hedge* de fluxo de caixa e *hedge* de investimentos no exterior.

EXERCÍCIOS PROPOSTOS

QUESTÃO 1: Segundo as normas de contabilidade do Comitê de Pronunciamentos Contábeis (CPC), na contabilidade de *hedge* prevista no CPC 48 há três classificações que demandam dois diferentes procedimentos quanto à contabilização. Quais são esses três tipos (classificações)? No que consistem os dois diferentes procedimentos?

QUESTÃO 2: Quais são as três formas de classificação dos instrumentos financeiros previstas no CPC 48?

QUESTÃO 3: Qual dessas três formas de classificação dos instrumentos financeiros apresenta maior flexibilidade para a empresa em suas decisões gerenciais sobre o instrumento? Por quê?

QUESTÃO 4: Em qual situação um instrumento financeiro de dívida e um instrumento financeiro patrimonial receberão a mesma classificação de valor justo por outros resultados abrangentes (patrimônio líquido)?

QUESTÃO 5:
Para esta questão, leia o texto a seguir sobre a Petrobras:

Petrobras

Demonstrações Financeiras da Petrobras: Apêndice 6 – Ativos e Passivos sujeitos à variação cambial

A Companhia possui ativos e passivos sujeitos a variações de moedas estrangeiras, cujas principais exposições são do real em relação ao dólar norte-americano e do dólar norte-americano em relação ao euro. A partir de meados de maio de 2013 a Companhia estendeu a contabilidade de *hedge* para proteção de exportações futuras altamente prováveis.

A Companhia designa relações de *hedge* entre exportações e obrigações em dólares norte-americanos para que os efeitos da proteção cambial natural existentes entre essas operações sejam reconhecidos simultaneamente nas demonstrações contábeis. No caso da Petrobras, esse mecanismo contemplou, inicialmente, cerca de 70% do total das dívidas líquidas expostas à variação cambial, protegendo parte das exportações, por um período de sete anos.

Com a extensão da contabilidade de *hedge*, os ganhos ou perdas oriundos das dívidas em dólares norte-americanos, provocados por variações cambiais, somente afetam o resultado da Companhia à medida que as exportações são realizadas. Até que essas exportações sejam realizadas, as referidas variações serão acumuladas em conta do patrimônio líquido.

Os saldos de ativos e passivos em moeda estrangeira de empresas controladas no exterior não são inseridos na exposição abaixo, quando realizados em moedas equivalentes às suas respectivas moedas funcionais. Em 31 de março de 2015, a exposição cambial líquida da Companhia é passiva. Portanto, uma apreciação do real frente às demais moedas gera receita de variação cambial, enquanto que uma depreciação do real representa uma despesa de variação cambial. (Fonte: ITR Petrobras, primeiro trimestre 2015.)

Faça uma síntese da operação, expondo e criticando:

a) Como essa situação poderia se relacionar com instrumentos de política econômica do governo federal quanto a uma possível tentativa de amenizar os efeitos negativos de suas decisões nos resultados da Petrobras.

b) O objeto de *hedge* declarado pela empresa.

c) O instrumento de *hedge* declarado pela empresa.

d) A modalidade da contabilidade de *hedge* e como ela se diferencia da outra modalidade usada para proteger o valor dos ativos.

e) O fundamento econômico desta modalidade de contabilidade de *hedge*.

f) O mecanismo contábil desta contabilidade de *hedge*, e por que o resultado deste tipo de *hedge* não afeta o resultado da empresa.

BIBLIOGRAFIA SUGERIDA

COMITÊ DE PRONUNCIAMENTOS CONTÁBEIS (CPC). *Pronunciamento técnico CPC 38 – Instrumentos Financeiros: Reconhecimento e Mensuração*. Brasília: CPC, 2009. Disponível em: http://static.cpc.aatb.com.br/Documentos/406_CPC_38_rev%2015.pdf. Acesso em: 19 ago. 2020.

COMITÊ DE PRONUNCIAMENTOS CONTÁBEIS (CPC). *Pronunciamento técnico CPC 48 – Instrumentos Financeiros*. Brasília: CPC, 2016. Disponível em: http://static.cpc.aatb.com.br/Documentos/530_CPC_48_Rev%2015.pdf. Acesso em: 19 ago. 2020.

ERNST & YOUNG; FIPECAFI. *Manual de normas internacionais de contabilidade*: IFRS *versus* normas brasileiras. 2. ed. São Paulo: Atlas, 2010.

FIPECAFI. *Manual de contabilidade e tributação de instrumentos financeiros e derivativos*. 2. ed. São Paulo: Atlas, 2011.

FIPECAFI. *Manual de contabilidade societária*: aplicável a todas as sociedades de acordo com as normas internacionais e do CPC. São Paulo: Atlas, 2010.

INTERNATIONAL ACCOUNTING STANDARDS BOARD (Iasb). *IFRS*: normas internacionais de relatório financeiro. São Paulo: Ibracon, 2011.

MOURAD, N. A.; PARASKEVOPOULOS, A. *IFRS*: normas internacionais de contabilidade para instrumentos financeiros – IAS 32, IAS 39 e IFRS 7. São Paulo: Atlas, 2010.

26

CONTABILIDADE DE INSTRUMENTOS FINANCEIROS: APRESENTAÇÃO E EVIDENCIAÇÃO

Carlos R. Godoy

OBJETIVOS DE APRENDIZAGEM

- Elencar as informações que devem ser evidenciadas pelas empresas que se utilizam de instrumentos financeiros.
- Conhecer os princípios para apresentação pelo emissor dos instrumentos financeiros, como passivo ou patrimônio líquido, e para compensação de ativos e passivos financeiros.
- Reconhecer se um instrumento financeiro é um instrumento de dívida ou um instrumento patrimonial.
- Identificar, desmembrar e reconhecer um instrumento financeiro composto.
- Conhecer os principais itens a serem divulgados pelas entidades que possuem instrumentos financeiros.
- Conhecer as exigências de evidenciação de informações da contabilidade de *hedge*.

1. APRESENTAÇÃO

A Vale do Rio Doce, ou simplesmente Vale, é uma das maiores empresas do Brasil e uma das maiores mineradoras do mundo. Uma empresa tão grande quanto a Vale precisa gerenciar suas atividades financeiras de modo a contemplar os planos traçados pela companhia diante das oscilações dos preços de *commodities*, juros e câmbio no mercado nacional e internacional. Para isso, a empresa se utiliza de vários instrumentos financeiros, derivativos ou não derivativos; quanto aos derivativos e às operações de *hedge*, a companhia evidencia:

> A Companhia utiliza instrumentos derivativos na gestão dos seus riscos financeiros, não sendo utilizados instrumentos derivativos com o objetivo de especulação. Os instrumentos financeiros derivativos são ativos financeiros mensurados a valor justo e são reconhecidos como ativos ou passivos no balanço patrimonial. Mudanças no valor justo dos derivativos são registradas em cada exercício como ganhos ou perdas no resultado do exercício ou no patrimônio líquido, quando a transação for elegível e caracterizada como um *hedge* efetivo na modalidade de fluxo de caixa, e que tenha sido efetivo durante o período relacionado. A Companhia documenta, no início da operação, a relação entre os instrumentos de *hedge* e os itens protegidos por *hedge*, com o objetivo da gestão de risco e a estratégia para a realização de operações de *hedge*. A Companhia também documenta sua avaliação, tanto no início quanto de forma contínua, de que os derivativos usados nas operações de *hedge* são, ou não, altamente eficazes nas suas variações no valor justo ou nos fluxos de caixa dos itens protegidos por *hedge*. As variações no valor justo dos instrumentos financeiros derivativos designados como *hedge* efetivo de fluxo de caixa têm seu componente eficaz registrado contabilmente no patrimônio líquido e o componente ineficaz registrado no resultado do exercício. Os valores registrados no patrimônio líquido somente são transferidos para resultado do exercício em conta apropriada (custo, despesa operacional ou despesa financeira) quando

o item protegido for efetivamente realizado. (Nota 2 sobre Sumário das Práticas e Estimativas Contábeis das Demonstrações Contábeis em IFRS da Vale S.A. de 31/12/2013.)

De acordo com o CPC 40 (R1) – Instrumentos Financeiros: Evidenciação, as empresas devem divulgar a análise da sensibilidade dos riscos com seus instrumentos financeiros, e a Vale faz isso, como apresentado a seguir, em parte de sua divulgação sobre os fundamentos à sensibilidade do impacto da flutuação do dólar frente ao real para dívidas, investimentos de caixa e derivativos:

> **Análise de sensibilidade**: os quadros a seguir apresentam os ganhos/perdas potenciais de todas as posições em aberto em 31 de dezembro de 2013 considerando os seguintes cenários de *stress*:
> - **Valor justo**: cálculo do valor justo considerando as curvas de mercado de 31 de dezembro de 2013.
> - **Cenário I**: variação potencial do valor justo de cada posição de instrumentos financeiros da Vale considerando um cenário de deterioração de 25% das curvas de mercado dos fatores de risco de mercado para precificação.
> - **Cenário II**: variação potencial do valor justo de cada posição de instrumentos financeiros da Vale, considerando um cenário de evolução de 25% das curvas de mercado dos fatores de risco de mercado para precificação.
> - **Cenário III**: variação potencial do valor justo de cada posição de instrumentos financeiros da Vale, considerando um cenário de deterioração de 50% das curvas de mercado dos fatores de risco de mercado para precificação.
> - **Cenário IV**: variação potencial do valor justo de cada posição de instrumentos financeiros da Vale, considerando um cenário de evolução de 50% das curvas de mercado dos fatores de risco de mercado para precificação.
>
> **Análise de sensibilidade – quadro-resumo do impacto da flutuação do USD/BRL – dívida, investimentos de caixa e derivativos**
>
> As operações financeiras de investimento de caixa, captação e derivativos são principalmente impactadas pela variação da taxa de câmbio USD/BRL [ver quadro a seguir].

Análise de sensibilidade – Quadro-resumo do impacto da flutuação do USD/BRL			Valores em US$ milhões			
Programa	Instrumento	Risco	Cenário I	Cenário II	Cenário III	Cenário IV
Financiamento	Dívida denominada em BRL	Sem flutuação	–	–	–	–
Financiamento	Dívida denominada em USD	Flutuação do USD/BRL	5.210	(5.210)	10.419	(10.419)
Investimentos de caixa	Investimentos denominados USD/BRL	Flutuação do USD/BRL	1	(1)	2	(2)
Investimentos de caixa	Investimentos denominados USD/BRL	Flutuação do USD/BRL	0	0	0	0
Derivativos	Carteira consolidada de derivativos	Flutuação do USD/BRL	(1.740)	1.710	(3.481)	3.481
Resultado líquido			**3.470**	**(3.470)**	**6.941**	**(6.941)**

(Nota 25 sobre Instrumentos Financeiros Derivativos das Demonstrações Contábeis em IFRS da Vale S.A. de 31/12/2013.)

O CPC 48 – Instrumentos Financeiros, juntamente com o CPC 39 – Instrumentos Financeiros: Apresentação e o CPC 40 (R1) – Instrumentos Financeiros: Evidenciação formam o conjunto de pronunciamentos sobre a contabilização e evidenciação das operações com instrumentos financeiros ativos e passivos, derivativos e não derivativos, para *hedge* e para *trading* (Quadro 26.1). Porém, neste capítulo estudaremos apenas o CPC 39 e o CPC 40, já que o CPC 48 foi apresentado no capítulo anterior.

Quadro 26.1 Pronunciamentos sobre instrumentos financeiros – apresentação e evidenciação

CPC	IFRS Iasb
CPC 39 – Instrumentos Financeiros: Apresentação	IAS 32 – *Financial Instruments: Presentation*
CPC 40 (R1) – Instrumentos Financeiros: Evidenciação	IFRS 7 – *Financial Instruments: Disclosures*

O objetivo do capítulo é fazer com que o leitor possa compreender as nuances quanto à apresentação dos instrumentos financeiros (CPC 39) e tenha uma visão geral sobre os elementos a serem divulgados pelas entidades quanto aos instrumentos financeiros (CPC 39).

1.1 Apresentação de instrumentos financeiros

O IAS 32 – *Financial Instruments: Presentation* (CPC 39 – Instrumentos Financeiros: Apresentação) é o pronunciamento internacional para tratar da apresentação dos instrumentos financeiros. No Brasil, esse pronunciamento se equipara ao CPC 39, que prevê:

- A distinção entre passivos financeiros e instrumentos financeiros patrimoniais.
- O reconhecimento de instrumentos compostos.
- A apresentação das ações em tesouraria.
- O reconhecimento de juros, dividendos, ganhos e perdas.
- A compensação entre ativos e passivos financeiros.

Importante notar que, sob o CPC 39, os instrumentos financeiros são vistos sempre pela perspectiva do emissor, e considerando sua essência econômica, por exemplo um instrumento patrimonial, cuja substância implícita é de que o instrumento:

- Não obrigue a entidade a entregar caixa ou outro ativo financeiro.
- Não obrigue a entidade a trocar ativos ou passivos financeiros em condições desfavoráveis.
- Possa ser liquidado em ações da própria entidade.

Podem ocorrer casos em que o instrumento financeiro carrega consigo as características de um instrumento patrimonial e de um instrumento de dívida – instrumento composto, que deve ser segregado de modo que sua apresentação demonstre essa distinção. As debêntures conversíveis em número fixo de ações da própria empresa são exemplos disso, porém é importante notar que aquelas debêntures permutáveis por ações de outras companhias não se encaixam nesse contexto, já que serão liquidadas com ações de outras empresas, portanto com caixa dispendido pela companhia emissora das debêntures.

Em outras situações em que a empresa adquire no mercado ações de sua própria emissão, com um intuito qualquer, de distribuir resultados ou de tentar adequar o valor justo de seu preço – ações em tesouraria, estas devem ser classificadas em contas redutoras do capital e o resultado gerado por esses títulos não deve ser reconhecido e, portanto, não devem ser classificadas pelo valor justo pelo resultado.

Naqueles casos em que a empresa possa e tenha a intenção de financeiramente compensar ativos financeiros com passivos financeiros, estes podem ser apresentados de forma líquida.

1.2 Evidenciação de instrumentos financeiros

Para propósito de evidenciação, o CPC 40 (R1) estabelece que a entidade deve divulgar em suas demonstrações contábeis informações que permitam aos usuários avaliarem:

- A importância dos instrumentos financeiros para impactar na posição econômica e financeira da entidade.
- A natureza e a extensão dos riscos provenientes dos instrumentos financeiros aos quais a empresa está exposta.
- A política de gerenciamento dos riscos desses instrumentos.

Para isso, a entidade deve realizar evidenciações qualitativas e quantitativas da extensão dos riscos com instrumentos financeiros, no tocante aos riscos de crédito, de liquidez, de mercado, e outros, além da análise de sensibilidade para os riscos de mercado.

Ao reconhecer inicialmente se um instrumento financeiro é um instrumento de dívida ou um instrumento patrimonial, a empresa deve classificá-lo de acordo com o modelo de gestão dos ativos financeiros e as características dos fluxos de caixa contratuais se estes forem instrumentos de dívidas; já para os investimentos em instrumentos patrimoniais, a entidade deve observar se foram mantidos para negociação (CPC 48) e deve evidenciar no balanço patrimonial, ou em notas explicativas, o valor contábil de cada categoria de mensuração:

- Instrumentos financeiros ao custo amortizado.
- Instrumentos financeiros ao valor justo pelo resultado.
- Instrumentos financeiros ao valor justo por outros resultados abrangentes.

Quando uma empresa classifica um empréstimo ou um recebível na categoria de valor justo pelo resultado, a entidade deve evidenciar os riscos de crédito e os instrumentos usados para eliminar esses riscos associados.

Ao classificar um passivo financeiro na categoria de valor justo pelo resultado, a entidade deve evidenciar como as variações no risco de crédito impactam nos preços dos instrumentos.

Para aquelas reclassificações previstas no CPC 48, a entidade deve fazer evidenciações detalhadas para refletir os motivos e os efeitos de tal decisão.

O pronunciamento também determina a evidenciação:

- Das características e fundamentos usados para as provisões para perdas na recuperação do valor dos ativos.
- Das características dos derivativos embutidos nos instrumentos financeiros.
- Dos elementos componentes do resultado com os instrumentos financeiros.

- Dos detalhes das operações de *hedge* para cada categoria realizada: *hedge* de valor justo, *hedge* de fluxo de caixa e *hedge* de investimentos em operações no exterior.
- Dos ativos financeiros transferidos, desreconhecidos ou não.

Enfim, a adequada apresentação dos ativos e passivos financeiros e os instrumentos patrimoniais, juntamente com a evidenciação da significância dos instrumentos financeiros para a posição patrimonial e a performance da entidade diante da natureza e extensão dos riscos oriundos dos instrumentos financeiros, são o cerne deste material, regido pelo CPC 39 e pelo CPC 40 (R1).

PARA REFLETIR...

O que seria um instrumento financeiro composto? Será que temos exemplos deles no mercado financeiro brasileiro?

2. CONCEITOS E DEFINIÇÕES RELEVANTES

O objetivo central do CPC 39 é estabelecer os princípios para apresentação pelo emissor dos instrumentos financeiros como passivo ou patrimônio líquido, e para compensação de ativos e passivos financeiros.

Já o CPC 40 (R1) tem o propósito de exigir para aquelas empresas que seguem os CPCs e os IFRSs que divulguem informações que permitam aos usuários avaliarem a significância dos instrumentos financeiros para a posição patrimonial, financeira e quanto ao desempenho da entidade diante da natureza e da extensão dos riscos dos instrumentos financeiros, bem como o modelo de gestão de risco utilizado.

O CPC 39 trata da apresentação dos instrumentos financeiros, e o CPC 40 (R1) aborda a evidenciação. Ambos completam os princípios para reconhecimento e mensuração do CPC 48 e, em alguns casos, do CPC 38. Aqueles devem ser aplicados a todas as entidades e instrumentos financeiros, exceto:

- Aos instrumentos representados por participações em outras entidades e que sejam contabilizados de acordo com: CPC 35 (R2) – Demonstrações Separadas; CPC 36 (R3) – Demonstrações Consolidadas; CPC 18 (R2) – Investimento em Coligada, em Controlada e em Empreendimento Controlado em Conjunto. Porém, há casos específicos desses pronunciamentos que sugerem a aplicação do CPC 48.
- Os direitos e as obrigações da entidade empregadora oriundos de planos de benefícios dos empregados: CPC 33 (R1) – Benefícios a Empregados.
- Aos contratos de seguros: CPC 11 – Contratos de Seguro.
- As transações de pagamento baseado em ações: CPC 10 (R1) – Pagamento Baseado em Ações. Exceto para os casos em que a entidade adquire suas próprias ações – ações em tesouraria.

O CPC 39 deve ser aplicado também aos contratos de compra e venda de item não financeiro que permita contratualmente ser liquidado por seu valor líquido em caixa ou com outro instrumento financeiro, ou pela troca de instrumentos financeiros, equiparando-os aos instrumentos financeiros.

Já que um instrumento financeiro é um acordo ou contrato que dá origem a um ativo financeiro para a entidade investidora e a um passivo financeiro ou instrumento patrimonial para a entidade emissora captadora de recursos, e que o pronunciamento sobre apresentação de instrumentos financeiros preconiza a perspectiva do emissor quanto à segregação dos instrumentos de dívidas e dos instrumento patrimoniais, é importante observar que um passivo financeiro é um passivo que representa uma obrigação contratual de entrega de um ativo financeiro, ou um contrato que possa ser liquidado por instrumentos patrimoniais da própria entidade. Por outro lado, um instrumento patrimonial é um instrumento financeiro que ofereça direitos sobre os ativos e/ou resultados das empresas, mas não obrigue a entidade a entregar caixa ou outro ativo financeiro nem a troca de ativos ou passivos financeiros em condições desfavoráveis, além da possiblidade de liquidação em ações da própria empresa.

Em outras situações, a entidade pode emitir instrumentos que reúnem as características de instrumentos patrimoniais e de dívidas, os chamados instrumentos compostos. Para esses casos, a empresa deve segregá-los e apresentá-los separadamente, por exemplo uma debênture conversível em um número fixo de ações.

Já um ativo financeiro é um ativo que seja caixa, instrumento patrimonial de outra entidade, um direto contratual de receber outro ativo financeiro ou de troca de ativos ou passivos financeiros em condições favoráveis, ou um contrato que possa ser liquidado por instrumento patrimonial da própria entidade.

3. INSTRUMENTOS FINANCEIROS: APRESENTAÇÃO

De acordo com o CPC 39, baseado na substância econômica da transação, um emissor de um instrumento financeiro deve classificar no reconhecimento inicial se o instrumento é:

- Um ativo financeiro.
- Um passivo financeiro.
- Um instrumento patrimonial.

3.1 Ativos financeiros

Segundo o CPC 39, um instrumento financeiro é qualquer contrato que dê origem a um ativo financeiro para a entidade e a um passivo financeiro ou instrumento patrimonial para outra entidade; já um ativo financeiro é qualquer ativo que seja:

- Caixa, um instrumento patrimonial de outra entidade.
- Um direito contratual de receber caixa ou outro ativo financeiro de outra entidade; ou de troca de ativos financeiros ou passivos financeiros com outra entidade em condições favoráveis.
- Um contrato que possa ser liquidado por instrumentos patrimoniais da própria entidade, e que: não é um derivativo no qual a entidade é ou pode ser obrigada a receber um número variável de instrumentos patrimoniais da própria entidade; ou um derivativo que será ou poderá ser liquidado de outra forma que não pela troca de um montante fixo de caixa ou outro ativo financeiro, por número fixo de instrumentos patrimoniais da própria entidade.

3.2 Passivos financeiros

Um passivo financeiro possui características fundamentais que o diferenciam de um instrumento patrimonial:

- Representa uma obrigação contratual do emissor do instrumento, de entregar um ativo financeiro para o investidor sob condições potencialmente desfavoráveis para o emissor.
- Representa uma obrigação contratual de o emissor trocar ativos ou passivos financeiros com o investidor.
- Um contrato que pode ser liquidado por instrumentos patrimoniais do emissor, e seja: um derivativo a ser liquidado pelo emissor de forma diferente que pela troca de um montante fixo de ativos financeiros por um número fixo de seus instrumentos patrimoniais; ou um não derivativo no qual a entidade pode ser obrigada a entregar um número variável de seus próprios instrumentos patrimoniais.

3.3 Instrumentos patrimoniais

Já os instrumentos patrimoniais são aqueles que reúnem as duas condições a seguir:

- O instrumento não possui obrigação contratual de entregar um ativo financeiro ao investidor, ou trocar ativos e passivos financeiros.
- O instrumento pode ser liquidado por instrumentos patrimoniais do próprio emissor apenas se: for um derivativo a ser liquidado pelo emissor pela troca de um montante fixo de ativos financeiros por um número fixo de seus instrumentos patrimoniais; ou for um não derivativo sem quaisquer obrigações contratuais para o emissor entregar um número variável de seus próprios instrumentos patrimoniais.

Os dividendos são pagamentos originados de instrumentos patrimoniais, em que não há uma obrigação da entidade para pagá-los. Entretanto, quando o emissor tiver uma obrigação de distribuir dividendos ou devolver o capital investido, o instrumento deve ser classificado como um passivo financeiro, como as ações preferenciais que apresentam dividendos mínimos obrigatórios.

Um instrumento financeiro que possui uma opção de ser vendido pelo investidor ao emissor quando aquele assim desejar, recebendo um ativo financeiro em troca, pode ser classificado como um instrumento patrimonial se apresentar todas as seguintes características:

- Dá ao detentor uma parte dos ativos líquidos da entidade em caso de sua liquidação.
- É um instrumento subordinado a todas as demais classes de instrumentos da entidade emissora.
- Todos os instrumentos da classe (desde os subordinados até as demais classes) possuem características idênticas.
- Não inclui qualquer obrigação em condição desfavorável à entidade e não pode ser liquidado por instrumentos patrimoniais da entidade, conforme condições para os passivos financeiros apresentados anteriormente.
- O fluxo de caixa esperado do instrumento é baseado substancialmente no resultado, na mudança no reconhecimento dos ativos líquidos da entidade ou na mudança do valor justo dos ativos líquidos da entidade.

Algumas operações merecem destaque quanto ao tratamento contábil recomendado pela norma. São elas:

- Ações em tesouraria.
- Juros e dividendos.
- Compensação de ativos e passivos.

3.3.1 Ações em tesouraria

Quando a entidade adquire ações (instrumentos patrimoniais – ações em tesouraria) de sua própria emissão, estas devem ser deduzidas do patrimônio e nenhum ganho ou perda deve ser reconhecido no resultado, porém as quantias pagas ou recebidas devem ser contabilizadas no patrimônio líquido.

O valor total em ações mantidas em tesouraria pela entidade deve ser divulgado separadamente no balanço patrimonial ou em notas explicativas.

3.3.2 Juros, dividendos, perdas e ganhos

Os resultados oriundos de instrumentos financeiros como juros, dividendos, perdas e ganhos devem ser reconhecidos como receita ou despesa no resultado. Já as distribuições aos proprietários de títulos patrimoniais devem ser debitadas diretamente no patrimônio líquido da entidade.

Os custos de transação com instrumentos patrimoniais devem ser contabilizados como redução do patrimônio líquido, líquido de qualquer benefício fiscal.

Assim, a classificação de um instrumento financeiro como passivo financeiro ou instrumento patrimonial é o que determina como devem ser reconhecidos os juros, dividendos, perdas e ganhos oriundos do instrumento (Quadro 26.2).

Quadro 26.2 Exemplos de reconhecimento de operações

Operações	Reconhecimento como
Dividendos a pagar de ações reconhecidas como passivos	Despesas
Juros pagos de títulos de dívidas	Despesas
Ganhos e perdas com refinanciamentos de passivos financeiros	Despesas
Resgate de instrumentos patrimoniais	Patrimônio líquido
Alteração no valor justo de instrumento patrimonial	Não reconhecido
Alteração no valor contábil de passivo financeiro	Resultado
Custo de transação de instrumento patrimonial	Redução do patrimônio líquido
Custo de transação de instrumento composto	Componentes do patrimônio líquido e do passivo financeiro, em uma base lógica e consistente de alocação

3.3.3 Compensação de ativo e passivo financeiro

Um ativo financeiro e um passivo financeiro podem ser compensados, com a apresentação líquida nas demonstrações contábeis, quando a entidade:

- Tiver o direito para realizar essa compensação.
- Tiver a intenção de liquidar pela diferença, ou de realizar o ativo e liquidar o passivo simultaneamente.

O ato de compensar um ativo com um passivo não se confunde com a reversão do reconhecimento de ativo e passivo financeiro, já que na reversão do reconhecimento de um instrumento financeiro, além da remoção do item, uma perda ou um ganho pode ser reconhecido.

Como exemplos de situações em que a compensação é inadequada, podemos citar:

- Ativos e passivos financeiros com diferentes níveis de risco.
- Ativos e passivos financeiros com mesmo nível de risco, porém com diferentes contrapartes.

4. INSTRUMENTOS FINANCEIROS COMPOSTOS

Os instrumentos financeiros compostos (híbridos) são aqueles instrumentos que contêm tanto um passivo quanto um instrumento patrimonial. Na existência destes, a entidade deve reconhecer separadamente os componentes do instrumento financeiro que contenha:

- Um passivo financeiro da entidade.
- Uma opção ao titular do instrumento de convertê-lo em instrumento patrimonial do emissor.

Uma debênture conversível com opção do investidor de trocar o instrumento de dívida por um número fixo de ações ordinárias da entidade é um instrumento composto e, portanto, deve ter sua classificação segregada em:

- **Passivo financeiro**: acordo de devolver o capital investido e juros por meio de um instrumento financeiro.
- **Instrumento patrimonial**: opção de compra que concede ao investidor o direito de convertê-la em um número fixo de ações ordinárias da entidade.

Uma observação interessante do pronunciamento quanto à classificação de um instrumento conversível é de que a possibilidade ou não de exercício da opção não deve resultar em revisão de suas classificações. Isso parece inicialmente um contrassenso à ideia central dos pronunciamentos, de que a intenção é que deve ser levada em conta ao classificar instrumentos financeiros, porém não podemos esquecer que a opção de conversão é do investidor.

Na existência de um instrumento financeiro composto, que deve ter seus registros segregados em passivo financeiro e instrumento patrimonial, a mensuração do item patrimonial deve ser feita pela diferença entre o valor justo total do instrumento e o valor do componente passivo. Nesses casos, o valor contábil do instrumento patrimonial é representado por uma opção de conversão do instrumento em ações ordinárias.

5. INSTRUMENTOS FINANCEIROS: EVIDENCIAÇÃO

O IFRS 7 – *Financial Instruments: Disclosures* e seu congênere brasileiro, CPC 40 (R1) – Instrumentos Financeiros: Evidenciação, são os pronunciamentos de contabilidade para a descrição das informações financeiras exigidas para evidenciação ao mercado. Eles exigem que a entidade deve prover evidenciação em seus relatórios financeiros que permitam aos usuários avaliarem:

- A relevância dos instrumentos financeiros em afetar a posição financeira e o desempenho da entidade.
- A natureza e a extensão dos riscos dos instrumentos financeiros, e como a entidade realiza seu gerenciamento de riscos.

O pronunciamento se aplica a todos os tipos de riscos originados de todos os instrumentos financeiros e entidades, contemplados pelo conjunto de pronunciamentos sobre instrumentos financeiros – CPC 48, CPC 39 e CPC 40 (R1).

O CPC 40 (R1) prevê que as entidades façam a divulgação sobre:

- A relevância dos instrumentos financeiros para a situação patrimonial e para o desempenho financeiro da entidade.
- Informações qualitativas e quantitativas sobre a exposição dos riscos de crédito, risco de liquidez e risco de mercado relacionados aos instrumentos financeiros.

5.1 Balanço patrimonial

O valor acumulado em cada uma das categorias de ativos e passivos financeiros (CPC 48) deve ser divulgado no balanço patrimonial ou em notas explicativas:

- Ativos financeiros mensurados pelo valor justo pelo resultado, segregando: aqueles assim designados no reconhecimento inicial ou subsequente conforme o item 6.7.1 do CPC 48, ou seja, aqueles ativos financeiros objeto de cobertura total ou parcial contra risco de crédito por meio de um derivativo de crédito mensurado ao valor justo pelo resultado; e aqueles obrigatoriamente mensurados pelo valor justo pelo resultado, conforme o CPC 48.
- Ativos financeiros mensurados pelo custo amortizado.
- Ativos financeiros mensurados pelo valor justo por outros resultados abrangentes, segregando: ativos financeiros mensurados pelo valor justo por outros resultados abrangentes vinculados ao modelo de negócios da entidade e que prevejam a flexibilidade na geração dos fluxos de caixa associados, seja pelo recebimento de fluxos contratuais, seja pela negociação desses ativos financeiros; e investimentos em instrumentos patrimoniais designados assim no reconhecimento inicial, como uma escolha irrevogável para aqueles ativos financeiros não mantidos para negociação.
- Passivos financeiros mensurados pelo valor justo pelo resultado, segregando: aqueles assim designados no reconhecimento inicial ou subsequente conforme o item 6.7.1 do CPC 48, ou seja, aqueles passivos financeiros objeto de cobertura total ou parcial contra risco de crédito por meio de um derivativo de crédito mensurado ao valor justo pelo resultado; e aqueles que atendem à definição de mantidos para negociação e naturalmente são mensurados pelo valor justo pelo resultado, conforme o CPC 48.
- Passivos financeiros mensurados pelo custo amortizado.

5.2 Ativos financeiros mensurados pelo valor justo pelo resultado

De acordo com o CPC 40 (R1), se a entidade tiver designado ativos financeiros mensurados pelo valor justo pelo resultado que poderiam ser mensurados ao valor justo por outros resultados abrangentes ou ao custo amortizado, ela deve divulgar:

- A exposição máxima ao risco de crédito dos ativos financeiros no final do período contábil.
- O montante pelo qual um derivativo de crédito ou outro instrumento elimina a exposição máxima ao risco de crédito.
- O montante da variação, durante o período e acumulado, no valor justo dos ativos financeiros que sejam atribuíveis a mudanças no risco de crédito de ativos financeiros determinados, tanto:
  - como a quantia da alteração do valor justo que não é vinculada a mudanças nas condições de mercado que dão origem ao chamado risco de mercado, ou risco de preços; entre elas: alterações na taxa de juros, no preço de *commodity*, na taxa de câmbio, nos índices de preços; ou
  - o montante que representa a quantia da variação em seu valor justo atribuível a mudanças no risco de crédito do ativo, apurado por meio de método alternativo, porém mais confiável para a entidade.

De acordo com o CPC 40 (R1), se a entidade tiver designado de forma irrevogável um passivo financeiro pelo valor justo pelo resultado, e for obrigada a apresentar os efeitos das alterações no risco de crédito desse passivo em outros resultados abrangentes, ela deve divulgar:

- O valor total acumulado da alteração no valor justo do passivo financeiro que seja atribuível a mudanças no risco de crédito desse passivo financeiro.

- A diferença entre o valor contabilizado do passivo financeiro e o valor que a entidade seria obrigada a pagar no vencimento ao credor da obrigação.
- As transferências de ganho ou perda acumulado dentro do patrimônio líquido, e as justificativas dessas transferências.
- O montante da alteração no período e acumulada no valor justo de derivativo de crédito.

De acordo com o CPC 40 (R1), se a entidade tiver designado de forma irrevogável um passivo financeiro pelo valor justo pelo resultado, e for obrigada a apresentar os efeitos das alterações no risco de crédito desse passivo no resultado, ela deve divulgar:

- O valor total acumulado da alteração no valor justo do passivo financeiro que seja atribuível a mudanças no risco de crédito desse passivo financeiro.
- A diferença entre o valor contabilizado do passivo financeiro e o valor que a entidade seria obrigada a pagar no vencimento ao credor da obrigação.

A entidade deve ainda divulgar:

- A descrição detalhada e as razões pela escolha do método empregado para apurar a mudança no risco de crédito de ativo financeiro e de passivo financeiro mensurados ao valor justo pelo resultado.
- A descrição completa da metodologia empregada para determinar se a apresentação dos efeitos das mudanças no risco de crédito do passivo em outros resultados abrangentes resultaria em descasamento contábil no resultado.

5.3 Investimento em instrumento patrimonial designado ao valor justo por outros resultados abrangentes

As entidades com investimentos em instrumentos patrimoniais mensurados ao valor justo por outros resultados abrangentes devem divulgar:

- Os investimentos que foram assim designados.
- As motivações de utilizar essa alternativa de apresentação.
- O valor justo de cada um desses instrumentos.
- Os dividendos reconhecidos durante o período de relatório, separados para aqueles investimentos desreconhecidos durante o período e aqueles mantidos ao final do período.
- As transferências de ganho e perda acumulado no patrimônio líquido, e as justificativas dessas transferências.
- As razões, o valor justo na data e o ganho ou perda incorrido em caso de alienação do investimento.

5.4 Reclassificação

Caso a entidade tenha feito alguma reclassificação de um ativo financeiro, ela deve divulgar:

- A data da reclassificação.
- A explicação completa da alteração no modelo de negócio e a descrição qualitativa dos efeitos sobre as demonstrações contábeis.
- O valor reclassificado.

Para os casos em que a entidade tenha reclassificado da categoria de valor justo pelo resultado para a categoria de custo amortizado ou ao valor justo por outros resultados abrangentes, ela deve evidenciar para cada período até o desreconhecimento:

- A taxa de juros efetiva na data da reclassificação.
- A receita de juros reconhecida.

Para os casos em que a entidade tenha reclassificado ativos financeiros da categoria de valor justo por outros resultados abrangentes para a categoria de custo amortizado; ou da categoria de valor justo pelo resultado para custo amortizado ou ao valor justo por outros resultados abrangentes, ela deve divulgar:

- O valor justo dos ativos financeiros.
- O ganho ou perda no valor justo reconhecido no resultado ou no patrimônio líquido durante o período de relatório se os ativos financeiros não tiverem sido reclassificados.

5.5 Compensação de ativos financeiros e passivos financeiros

Para os casos de compensação de ativos e passivos financeiros, a entidade deve divulgar informações que possibilitem aos usuários das demonstrações contábeis avaliar o efeito potencial dos acordos de liquidação de posições financeiras da entidade por meio de compensações com ativos financeiros reconhecidos e passivos financeiros reconhecidos. Para esses casos, conforme o item 13C do CPC 40 (R1), ela deve divulgar:

1) Os valores brutos dos ativos e passivos financeiros envolvidos.
2) Os valores compensados.
3) Os valores líquidos apresentados no balanço patrimonial.
4) Os valores sujeitos a acordo de liquidação executável, não incluídos na letra c), como valores relativos às garantias financeiras e outros que não atendam a algum ou todos os critérios de compensação.
5) O valor líquido após deduzir os valores da letra d) dos valores da letra c).

Para as garantias, a entidade deve divulgar:

- O valor contábil do ativo financeiro que é usado como garantia para passivos ou passivos contingentes.
- Os termos e condições da garantia.
- O valor justo da garantia possuída, o valor justo da garantia vendida ou renovada, e os termos vinculados ao uso da garantia, para os casos em que a entidade possua garantias e esteja autorizada a vender a garantia na ausência de descumprimento pelo detentor da garantia.

5.6 Provisão para perda com crédito

O valor contábil de ativos financeiros mensurados ao valor justo por outros resultados abrangentes não deve ter seus valores reduzidos pela provisão para perdas, porém a entidade deve divulgar a provisão para perdas em notas explicativas.

Caso a entidade possua empréstimos a pagar, ela deve divulgar:

- Os detalhes de descumprimentos contratuais.
- O valor contábil da dívida em atraso.
- Os termos de renegociações realizadas.

5.7 Demonstração do resultado e do resultado abrangente

A entidade deve divulgar na demonstração do resultado, na demonstração do resultado abrangente (DRA) ou nas notas explicativas:

- Ganhos líquidos ou perdas líquidas em ativos e passivos financeiros mensurados pelo valor justo pelo resultado.
- Ganhos líquidos ou perdas líquidas em passivos financeiros mensurados pelo custo amortizado.
- Ganhos líquidos ou perdas líquidas em investimentos em ativos financeiros mensurados pelo custo amortizado.
- Ganhos líquidos ou perdas líquidas em investimentos em instrumentos patrimoniais mensurados pelo valor justo por outros resultados abrangentes.
- Ganhos líquidos ou perdas líquidas em ativos financeiros mensurados pelo valor justo por outros resultados abrangentes, segregando os valores reconhecidos no patrimônio líquido daqueles valores reclassificados do patrimônio líquido para o resultado.
- Receita e despesa totais de juros calculados pelo método de taxa efetiva para os ativos financeiros mensurados ao custo amortizado ou ao valor justo por outros resultados abrangentes.
- Receita e despesa totais de juros calculados pelo método de taxa efetiva para os passivos financeiros mensurados ao custo amortizado ou ao valor justo por outros resultados abrangentes.
- Receitas e despesas não incluídas na apuração da taxa efetiva de juros, provindas de: ativos ou passivos financeiros não mensurados ao valor justo por meio do resultado; e trustes e atividades fiduciárias.

5.8 Valor justo

De forma geral, a entidade que reporta deve divulgar informações para auxiliar os usuários das demonstrações a montar seu próprio modelo de julgamento e decisão sobre as diferenças entre o valor justo e o valor contábil para cada classe de instrumentos financeiro.

5.9 Transferência de ativos financeiros

A entidade deve divulgar para todos os ativos financeiros transferidos que não são desreconhecidos e para qualquer envolvimento contínuo em ativo transferido, de forma a permitir que os usuários das demonstrações contábeis possam compreender a relação entre os ativos financeiros transferidos que não são desreconhecidos em sua totalidade e os passivos associados, além de avaliar a natureza e os riscos associados do envolvimento contínuo da entidade em ativos financeiros desreconhecidos.

Para a divulgação de informações vinculadas à transferência de ativos financeiros, a entidade transfere um ativo financeiro somente:

- Se transferir os direitos contratuais de receber fluxos de caixa desse ativo.
- Ou se retiver os direitos contratuais de receber os fluxos de caixa desse ativo, mas assumir a obrigação de pagar os fluxos de caixa a outro beneficiário.

PARA REFLETIR...

Qual a essência da evidenciação das operações de *hedge* pela contabilidade de *hedge*?

6. CONTABILIDADE DE *HEDGE*

As divulgações necessárias para aquelas entidades que se utilizam da contabilidade de *hedge* são centradas nas exposições a risco que a entidade de fato protege, evidenciando para cada categoria de risco. Assim, ela deve divulgar:

- A estratégia de gestão de risco e como ela é operacionalizada para gerenciar os riscos.
- Como o *hedge* pode afetar o valor e a incerteza dos seus fluxos de caixa futuros.
- O efeito nas suas demonstrações contábeis.
- A descrição dos instrumentos utilizados para *hedge*.

- Como a entidade determina a relação econômica para a efetividade de *hedge*.
- Como a entidade estabelece o índice de *hedge* e quais as fontes de inefetividade de *hedge*.

A entidade também deve divulgar por categoria de risco informações quantitativas e qualitativas para possibilitar que os usuários de suas demonstrações avaliem os termos dos instrumentos de *hedge* e como eles afetam o valor e a incerteza dos fluxos futuros de caixa. Para isso, ela deve divulgar:

- Como a entidade determinou o item protegido.
- O valor nominal do instrumento de *hedge*.
- O preço ou taxa média do instrumento de *hedge*.
- A descrição das fontes de inefetividade de *hedge*.

A entidade também deve divulgar tabelas com os valores referentes aos instrumentos de *hedge* por categoria de risco e para cada tipo de *hedge* – *hedge* de valor justo, *hedge* de fluxo de caixa e *hedge* de investimento líquido em operações no exterior –, contendo:

- O valor contábil do instrumento de *hedge*.
- A descrição utilizada no balanço patrimonial.
- A mudança no valor justo do instrumento de *hedge* utilizado para reconhecer a inefetividade do *hedge*.
- O valor nominal do instrumento de *hedge*.

A entidade deve divulgar tabelas com os valores referentes aos itens objetos de *hedge*, por categoria de risco e para cada tipo de *hedge*.

Para o *hedge* de valor justo, ela deve evidenciar:

- O valor contábil do item objeto de *hedge*.
- O valor acumulado de ajustes no *hedge* de valor justo do objeto de *hedge*.
- A descrição utilizada no balanço patrimonial.
- A mudança no valor justo do objeto de hedge utilizado para reconhecer a inefetividade do *hedge*.

Para *hedge* de fluxo de caixa e para *hedge* de investimentos em operações no exterior, a entidade deve evidenciar:

- A mudança no valor justo do objeto de *hedge* utilizado para reconhecer a inefetividade do *hedge*.
- Os saldos da reserva de *hedge* em outros resultados abrangentes, no patrimônio líquido.

Também em forma de tabela, a entidade deve evidenciar valores separados por categoria de risco e para cada tipo de *hedge*. Para *hedge* de valor justo, ela deve divulgar:

- A diferença entre os ganhos ou perdas de *hedge* do instrumento e do item objeto de *hedge*, que perfazem a inefetividade de *hedge*.
- A descrição utilizada no balanço patrimonial.

Para *hedge* de fluxo de caixa e *hedge* de investimento líquido em operações no exterior, a entidade deve divulgar:

- Os ganhos ou perdas de *hedge* reconhecidos em outros resultados abrangentes.
- A inefetividade de *hedge* alocada no resultado.
- As descrições utilizadas na demonstração do resultado abrangente que inclui a inefetividade de *hedge* reconhecida e os ajustes de reclassificação.
- O valor reclassificado da reserva de *hedge* para o resultado.

PARA REFLETIR...

É notório que há uma aproximação das informações a serem divulgadas pela contabilidade financeira daquelas geradas internamente nas empresas pela controladoria quanto aos instrumentos financeiros. Para você, qual seria o ponto central que simboliza essa afirmativa?

6.1 Riscos

Como já mencionado, a entidade deve divulgar as informações que possibilitem que os usuários das demonstrações contábeis avaliem a natureza e a extensão dos riscos decorrentes dos instrumentos financeiros.

Para cada tipo de risco originado dos instrumentos financeiros, a entidade deve divulgar:

- A origem e a exposição ao risco.
- Os objetivos e as políticas de gerenciamento dos riscos.
- As alterações nas exposições e na gestão dos riscos.
- Os valores envolvidos na exposição aos riscos.

De forma geral, as divulgações de riscos estão concentradas nos riscos e na gestão desses riscos de instrumentos financeiros, entre eles: risco de crédito, risco de liquidez e risco de mercado. Para cada um desses riscos, a entidade deve divulgar:

- A qualificação da exposição ao risco e como ele surge.
- As políticas de análise e gestão dos riscos.
- Os dados quantitativos sobre a exposição aos riscos em cada período.
- Informações específicas para cada tipo de risco.

6.2 Risco de crédito

Para o risco de crédito, a entidade deve divulgar, por classe de instrumento financeiro:

- A quantia que representa sua exposição máxima ao risco de crédito.
- A descrição das garantias mantidas como títulos e valores mobiliários e de outros instrumentos de melhoria de crédito.

6.3 Risco de liquidez

Para o risco de liquidez, a entidade deve divulgar:

- A análise dos vencimentos para passivos financeiros não derivativos.
- A análise dos vencimentos para instrumentos financeiros derivativos passivos.
- A política de gerenciamento de risco de liquidez.

6.4 Risco de mercado

Para o risco de mercado, ou seja, para o risco de preços, a entidade deve divulgar:

- A análise da sensibilidade para cada tipo de risco de mercado aos quais a entidade está exposta, evidenciado os efeitos no resultado e no patrimônio líquido.
- Os fundamentos na elaboração da análise da sensibilidade.
- As alterações nos fundamentos apontados no item logo acima.

A entidade pode usar sua análise de valor em risco (*value at risk*) para suprir a necessidade de divulgar a análise de sensibilidade conforme apontado. Se isso ocorrer, ela deve divulgar também:

- A explicação do método utilizado e os parâmetros e pressupostos dos dados fornecidos.
- A explicação do objetivo do método empregado e as limitações para refletir o valor justo dos ativos e passivos.

DESTAQUES FINAIS

A contabilidade para instrumentos financeiros é finalizada com o estudo da evidenciação necessária para que os usuários das demonstrações contábeis possam realizar suas avaliações e decisões sobre os efeitos dos ativos e passivos financeiros na situação patrimonial e no desempenho da entidade.

Para atender a esse objetivo, a entidade deve divulgar um conjunto sistematizado de informações sobre os grupos de instrumentos financeiros em suas classes, que são apropriadamente apresentadas por sua natureza e características, provendo informações suficientes para facilitar a reconciliação entre os itens divulgados e a posição financeira da companhia.

Recentemente, o pronunciamento CPC 48 sobre instrumentos financeiros alterou a essência e a sistematização para considerar as classificações dos instrumentos financeiros, sobretudo quanto à aproximação da contabilidade financeira à contabilidade gerencial ou controladoria, divulgando informações sobre o modelo de negócios da organização e como ela analisa e gerencia seus riscos financeiros: de crédito, de liquidez e de mercado. Para isso, o conjunto de informações a serem divulgadas desses instrumentos financeiros foi alterado para contemplar essas mudanças.

RESUMO

- Um instrumento financeiro é um acordo que dá origem a um ativo financeiro para a entidade investidora e a um passivo financeiro ou instrumento patrimonial para a entidade emissora que capta os recursos.
- Um passivo financeiro é um passivo que representa uma obrigação contratual de entrega de um ativo financeiro, ou um contrato que possa ser liquidado por instrumentos patrimoniais da própria entidade.
- Um instrumento patrimonial é um instrumento financeiro que oferece direitos sobre os ativos e/ou resultado da empresa.
- Um instrumento financeiro composto ou híbrido é um instrumento que contém tanto um passivo quanto um instrumento patrimonial.
- O pronunciamento sobre evidenciações de instrumentos financeiros exige que a entidade deve fornecer informações em seus relatórios financeiros que permitam aos usuários avaliar a relevância dos instrumentos financeiros em afetar sua posição financeira, demonstrando também a natureza e a extensão dos riscos associados e como ela gerencia esses riscos.
- As divulgações necessárias para as entidades que usam a contabilidade de *hedge* são focadas nas exposições a riscos que a entidade protege, fazendo evidenciações para cada categoria de risco.

EXERCÍCIOS PROPOSTOS

QUESTÃO 1: Faça uma comparação dos aspectos conceituais entre um instrumento patrimonial e um passivo financeiro.

QUESTÃO 2: Identifique a natureza (passivos financeiros ou instrumentos patrimoniais) dos instrumentos financeiros da empresa hipotética Companhia Vale do Rio Preto (CVRP) a seguir:

a) A CVRP emitiu 10.000 ações ordinárias com valor nominal de $ 10 cada uma.

b) A CVRP tem um contrato de recompra de 1.000 ações de sua emissão por $ 8 cada uma.

c) A CVRP tem um contrato de recompra de aproximadamente 1.000 ações de sua emissão da Companhia PetroGas. O preço da ação hoje é de $ 10 e o valor fixado é de $ 10.000, mas o número de ações a ser entregue pela PetroGas será apurado baseado no preço de fechamento das ações na B3 do dia 02/01/2016.

d) A CVRP emitiu debêntures perpétuas (que não têm vencimento) que pagam 10% ao ano de juros.

QUESTÃO 3: Uma debênture conversível em um número fixo de ações ordinárias do próprio emissor é um instrumento composto. Pela perspectiva do emissor, um título de dívida conversível tem dois componentes. Quais são eles? Analise-os individualmente dentro desse instrumento composto.

QUESTÃO 4: Qual é a principal informação a ser fornecida pelas empresas quanto ao risco de mercado?

QUESTÃO 5: Quais as principais informações que as empresas devem divulgar para as operações de: *hedge* de valor justo; de fluxo de caixa; e de investimentos no exterior para os instrumentos de *hedge*?

BIBLIOGRAFIA SUGERIDA

COMITÊ DE PRONUNCIAMENTOS CONTÁBEIS (CPC). *Pronunciamento técnico CPC 38 – Instrumentos Financeiros: Reconhecimento e Mensuração*. Brasília: CPC, 2009. Disponível em: http://static.cpc.aatb.com.br/Documentos/406_CPC_38_rev%2015.pdf. Acesso em: 19 ago. 2020.

COMITÊ DE PRONUNCIAMENTOS CONTÁBEIS (CPC). *Pronunciamento técnico CPC 39 – Instrumentos Financeiros: Apresentação*. Brasília: CPC, 2009. Disponível em: http://static.cpc.aatb.com.br/Documentos/410_CPC_39_rev%2013.pdf. Acesso em: 19 ago. 2020.

COMITÊ DE PRONUNCIAMENTOS CONTÁBEIS (CPC). *Pronunciamento técnico CPC 40 (R1) – Instrumentos Financeiros: Evidenciação*. Brasília: CPC, 2012. Disponível em: http://static.cpc.aatb.com.br/Documentos/567_CPC_40_R1_rev%2015.pdf. Acesso em: 19 ago. 2020.

COMITÊ DE PRONUNCIAMENTOS CONTÁBEIS (CPC). *Pronunciamento técnico CPC 48 – Instrumentos Financeiros*. Brasília: CPC, 2016. Disponível em: http://static.cpc.aatb.com.br/Documentos/530_CPC_48_Rev%2015.pdf. Acesso em: 19 ago. 2020.

FIPECAFI. *Manual de contabilidade societária*: aplicável a todas as sociedades – de acordo com as normas internacionais e do CPC. 2. ed. São Paulo: Atlas, 2013. Capítulo 8.

PARTE VII

OUTRAS NORMAS CONTÁBEIS RELEVANTES

27

EFEITOS DAS MUDANÇAS DAS TAXAS DE CÂMBIO E CONVERSÃO DAS DEMONSTRAÇÕES FINANCEIRAS

Marcelo Botelho da Costa Moraes

OBJETIVOS DE APRENDIZAGEM

- Compreender o tratamento contábil do Comitê de Pronunciamentos Contábeis (CPC)/*International Financial Reporting Standards* (IFRS), dispensado desde as transações com moeda estrangeira e a conversão para moeda funcional, até a conversão para moeda de apresentação.
- Compreender as razões para a apresentação das demonstrações financeiras em moeda funcional e em moeda de apresentação.
- Observar as implicações em termos de qualidade da informação contábil com o tratamento dado pela norma contábil.

1. APRESENTAÇÃO

Notícia da *InfoMoney* de 31 de março de 2019:

> **Suzano tinha tudo para "brilhar", mas foi a pior ação do Ibovespa em maio: o que aconteceu?**
>
> *Mês conhecido por ser de forte aversão ao risco nos mercados (vide a expressão sell in may and go away), maio sempre foi visto com cautela pelos agentes. Afinal, nos últimos 25 anos, o Ibovespa só havia subido no período em 8 ocasiões.*
>
> Com isso, mal começou o mês e os investidores já foram em busca de proteção para enfrentar o período, ainda mais levando em conta o cenário bastante complicado para a aprovação de reformas no Brasil, o que também levaria a um impacto no mercado de câmbio com uma perspectiva de alta do dólar frente o real.
>
> Neste ambiente, para quem estivesse de olho em uma opção de investimento no mercado acionário, as ações da Suzano (SUZB3 (/SUZB3)) apareciam como uma alternativa interessante. **Afinal, boa parte da receita da companhia é de exportação – ou seja, quanto mais o dólar subisse, maior seria o impacto positivo para essa linha do balanço.** Além disso, trata-se de uma empresa bem gerida e com boas perspectivas de crescimento em meio à fusão com a Fibria.
>
> Contudo, contrariando as expectativas, a Suzano foi a pior ação do Ibovespa no mês de maio, com baixa de mais de 21%, e decepcionando muitos investidores, enquanto o *benchmark* **da bolsa subiu 0,7%. A explicação para que isso aconteça é o forte movimento de queda dos preços da celulose, um movimento parecido com o ocorrido no final do ano passado** – e que corrobora a tese é de que não adianta tudo parecer a favor da companhia se a cotação da *commodity* não ajudar. (Grifo nosso.)

Por essa notícia, é possível perceber que o câmbio é um importante fator que afeta a análise das demonstrações financeiras, pois gera expectativas em relação aos resultados a serem apresentados periodicamente, como é o caso da receita de exportação da empresa Suzano. Assim, é preciso que as normas contábeis estabeleçam princípios contábeis que permitam uma representação fidedigna dos efeitos das variações cambiais nas demonstrações financeiras.

Neste capítulo, vamos tratar desse tema de grande importância para organizações que atuam com operações relacionadas a diferentes países, seja ao manter transações em moedas estrangeiras ou, ainda, por possuir operações no exterior. Assim, essa entidade pode apresentar suas demonstrações financeiras em uma moeda estrangeira. Para isso, vamos tratar do Pronunciamento Técnico CPC 02 (R2) – Efeitos das Mudanças nas Taxas de Câmbio e Conversão de Demonstrações Contábeis, cujo conteúdo da norma trata de como incluir transações em moeda estrangeira e operações no exterior nas demonstrações financeiras da entidade em relação à moeda funcional e como converter demonstrações financeiras para moeda de apresentação.

PARA REFLETIR...

Qual a necessidade de uma norma contábil sobre conversão para moeda estrangeira?

A norma contábil procura proteger os interesses de investidores na medida em que estabelece princípios contábeis para o reconhecimento de variações cambiais e para a apresentação das demonstrações financeiras em diferentes moedas.

Assim, a norma apresenta os principais pontos que envolvem quais taxas de câmbio devem ser usadas e como demonstrar os efeitos das mudanças nas taxas de câmbio e seus reflexos nos relatórios econômico-financeiros da entidade.

É importante observar que os efeitos de transações e saldos em moedas estrangeiras, relativos a instrumentos financeiros em moeda estrangeira, inclusive derivativos, que estejam dentro do escopo do Pronunciamento Técnico CPC 48 – Instrumentos Financeiros, via de regra estão fora da aplicação da norma CPC 02 (R2). Porém, os casos que não estejam previstos no CPC 48 são tratados na norma, assim como as operações no exterior que venham a ser consolidadas ou apresentadas pelo método da equivalência patrimonial também estão sujeitas ao CPC 02 (R2).

O Quadro 27.1 apresenta o pronunciamento nacional e seu congênere internacional nos quais se baseia a norma nacional.

Quadro 27.1 Pronunciamentos sobre os efeitos das mudanças nas taxas de câmbio e conversão de demonstrações contábeis

CPC	IFRS Iasb
CPC 02 (R2) – Efeitos das Mudanças nas Taxas de Câmbio e Conversão de Demonstrações Contábeis	IAS 21 – *The Effects of Changes in Foreign Exchange Rates*

2. CONCEITOS E DEFINIÇÕES RELEVANTES

2.1 Definições de moedas

A primeira definição a ser apresentada é a de moeda funcional. Pelo CPC 02 (R2), é a "moeda do ambiente econômico principal no qual a entidade opera". Em geral, é a moeda do próprio país em que ela está sediada, mas nem sempre isso acontece, pois é possível que uma empresa esteja sediada no Brasil, por exemplo, e seja preponderantemente exportadora de seus produtos e importadora de seus principais insumos, além de se financiar em dólar.

O CPC 02 (R2), em seu item 9, traz os seguintes fatores que devem ser levados em conta para a definição da moeda funcional a ser utilizada:

(a) a moeda:
  (i) que mais influencia os preços de venda de bens e serviços (geralmente é a moeda na qual os preços de venda para seus bens e serviços estão expressos e são liquidados); e
  (ii) do país cujas forças competitivas e regulações mais influenciam na determinação dos preços de venda para seus bens e serviços;
(b) a moeda que mais influencia fatores como mão de obra, matéria-prima e outros custos para o fornecimento de bens ou serviços (geralmente é a moeda na qual tais custos estão expressos e são liquidados).

De forma complementar, também podem ser observadas a moeda na qual a entidade se financia, com emissão de títulos de dívida ou ações, bem como a moeda na qual a entidade costuma acumular os recursos gerados por suas atividades operacionais.

Assim, se uma empresa opera no Brasil, não importa e nem exporta e se financia em reais, sua moeda funcional é o real. Porém, se ela é fortemente inserida no mercado internacional a ponto de ter seus produtos com preços fixados em dólar, sua moeda funcional é o dólar, mesmo que ela pague sua mão de obra em reais, por exemplo. Perceba que, neste caso, a "língua falada" na empresa é o dólar e é natural que suas demonstrações sejam elaboradas nessa moeda.

Observe que a norma busca identificar uma moeda que se destaque na atividade da organização, como forma de apresentar adequadamente os efeitos que a variação nas taxas de câmbio das demais moedas em relação a esta produz na entidade, e para que o conjunto de demonstrações financeiras seja apresentado na moeda que efetivamente melhor representa a situação patrimonial e financeira. Para observar isso, a norma CPC 02 (R2), no item 13, destaca:

> A moeda funcional da entidade reflete as transações, os eventos e as condições subjacentes que são relevantes para ela. Assim, uma vez determinada, a moeda funcional

não deve ser alterada a menos que tenha ocorrido mudança nas transações, nos eventos e nas condições subjacentes.

Nos casos em que a determinação da moeda funcional não é um processo tão fácil, ou mesmo óbvio, a administração deve se valer de julgamento para determinar a moeda funcional que representa com maior fidedignidade os efeitos econômicos das transações, eventos e condições subjacentes, de forma a priorizar os indicadores apresentados inicialmente antes de levar em consideração os demais indicadores, que devem ser considerados como evidência adicional para determinação da moeda funcional da entidade.

A segunda definição importante do CPC 02 (R2) é a de moeda estrangeira. De acordo com a norma, "moeda estrangeira é qualquer moeda diferente da moeda funcional da entidade". Dado que as demonstrações financeiras devem ser elaboradas em moeda funcional, toda moeda que não é esta deve ser considerada uma moeda estrangeira, devendo então ser convertida para moeda funcional. Por exemplo, se a moeda funcional da empresa é o real e ela faz uma transação de empréstimo em dólar, esta moeda é estrangeira e é preciso converter o valor desse empréstimo para reais.

É interessante notar que, se a empresa está sediada no Brasil, mas a moeda funcional é o dólar, em função de suas operações, o real será considerado moeda estrangeira. Assim, toda transação que ocorra em reais, como despesas com pessoal, deve ser convertida para dólar.

A terceira definição importante é a de moeda de apresentação. Segundo o CPC 02 (R2), "é a moeda na qual as demonstrações contábeis são apresentadas". Percebe-se que é possível que a moeda de apresentação não seja a moeda funcional.

Assim, se a moeda funcional de uma empresa sediada no Brasil é o real, é possível que a empresa faça transações em moeda estrangeira dólar, mas tenha que apresentar suas demonstrações financeiras na moeda de apresentação euro, por exemplo, em função de sua controladora ser europeia.

Nesse caso, é preciso que as demonstrações financeiras sejam elaboradas em moeda funcional, convertendo todas as transações em moeda estrangeira para moeda funcional e, em seguida, tomar as demonstrações em moeda funcional para convertê-las integralmente em moeda de apresentação. Vamos ver esses procedimentos a seguir.

3. PROCEDIMENTOS CONTÁBEIS

O procedimento de conversão das demonstrações financeiras é um processo que deve ser realizado de maneira bastante cuidadosa, dada a dificuldade em utilizar muitos valores financeiros, bem como taxas de câmbio com diferentes cotações ao longo do tempo.

Há basicamente dois processos envolvidos para a divulgação das demonstrações financeiras relacionados ao câmbio. O primeiro é a elaboração das demonstrações em moeda funcional. O segundo é a conversão das demonstrações em moeda estrangeira.

Se todas as transações da entidade são realizadas em moeda local, nada há a fazer, pois as demonstrações financeiras já estarão elaboradas em moeda funcional. Porém, se houver transações em moeda estrangeira, é preciso aplicar os procedimentos para conversão das transações e saldos de balanços, conforme será visto na próxima seção.

Uma vez elaboradas as demonstrações financeiras em moeda funcional, pode haver a necessidade de convertê-las para alguma moeda estrangeira. Assim, essa conversão deve ocorrer apenas em caso de ser necessária para fins de arquivamento em bolsas de valores de outros países, por exemplo. Nesse caso, é preciso adotar os procedimentos descritos na seção posterior.

3.1 Elaboração das demonstrações financeiras em moeda funcional

A elaboração das demonstrações financeiras em moeda funcional é, na verdade, um procedimento de conversão das transações em moeda estrangeira para moeda funcional, uma vez que as principais transações da entidade já são realizadas em moeda funcional (é o que pressupõe sua definição). Assim, o mesmo entendimento que é dado para uma única transação em moeda estrangeira é aplicável a todo o conjunto das demonstrações financeiras.

Considerando que a moeda em que as demonstrações financeiras devem ser elaboradas é a moeda funcional, todas as demais são consideradas estrangeiras, mesmo que essa seja a moeda do próprio país em que a entidade está sediada. Assim, se uma empresa está sediada no Brasil, mas a moeda funcional é o dólar, todas as transações que são feitas em real devem ser convertidas para dólar, já que o real é considerado uma moeda estrangeira.

Conforme a norma CPC 02 (R2), no item 20, uma transação em moeda estrangeira é aquela cuja liquidação é fixada ou requerida em moeda estrangeira, incluindo transações que são originadas quando a entidade:

(a) compra ou vende bens ou serviços cujo preço é fixado em moeda estrangeira;
(b) obtém ou concede empréstimos, quando os valores a pagar ou a receber são fixados em moeda estrangeira; ou
(c) de alguma outra forma, adquire ou desfaz-se de ativos, ou assume ou liquida passivos fixados em moeda estrangeira.

O reconhecimento inicial de uma transação deve ser pela moeda funcional, utilizando a taxa de câmbio à vista entre a moeda funcional e a moeda estrangeira, na data da transação.

Por exemplo, se a moeda funcional é o real e houve uma transação de venda de produto que será recebida em moeda estrangeira no montante de € 1.000, é preciso converter o valor em euros para reais pela cotação do dia em que ocorreu a venda. Supondo que a cotação do euro esteja em R$ 4,40, a transação será registrada em moeda funcional por R$ 4.400 na data da venda.

Por motivos práticos, tendo em vista que podem ocorrer muitas transações no período, a taxa de câmbio que se aproxima da taxa vigente na data da transação é normalmente adotada, por exemplo a taxa de câmbio média semanal ou mensal que pode ser aplicada a todas as transações em cada moeda estrangeira, ocorridas durante o período. Porém, se as taxas de câmbio flutuarem significativamente, a adoção da taxa de câmbio média para o período não é recomendada.

Uma vez que a transação realizada em moeda estrangeira foi reconhecida inicialmente em moeda funcional, é preciso apurar o efeito da variação cambial decorrente de a transação ter ocorrido em moeda diferente da funcional.

Entretanto, a norma separa o tratamento dado a itens monetários do tratamento dado a itens não monetários. A razão é simples: como a variação cambial afeta os resultados relacionados a transações de recebimentos e pagamentos em outra moeda, apenas os itens monetários é que estão expostos a essas variações.

Como descrito anteriormente, os itens monetários são convertidos para moeda funcional na cotação da data da transação. Na data do balanço, são convertidos novamente pela cotação da data, e a diferença para o primeiro valor é reconhecida no resultado, como receita ou despesa de variação cambial. Novamente, no recebimento ou pagamento, é feita nova conversão pela cotação do dia, reconhecendo a diferença para o valor anterior como receita ou despesa de variação cambial.

Para os itens não monetários avaliados a custo histórico, como imobilizado ou estoque, é feita a conversão apenas uma vez, na data da transação inicial. Consequentemente, não há variação cambial reconhecida ao longo do tempo. Se o item não monetário for avaliado a valor justo, novas avaliações do valor justo ao longo do tempo devem ser convertidas para moeda funcional na data da mensuração, com variações sendo reconhecidas como receita ou despesa de variação cambial no resultado ou no patrimônio líquido, dependendo do que estabelece a norma específica do item em relação ao reconhecimento do resultado da variação do valor justo.

Assim, conforme a norma contábil, ao término de cada período (CPC 02 [R2], item 23):

(a) os itens monetários em moeda estrangeira devem ser convertidos, usando-se a taxa de câmbio de fechamento;
(b) os itens não monetários que são mensurados pelo custo histórico em moeda estrangeira devem ser convertidos, usando-se a taxa de câmbio vigente na data da transação; e
(c) os itens não monetários que são mensurados pelo valor justo em moeda estrangeira devem ser convertidos, usando-se as taxas de câmbio vigentes nas datas em que o valor justo tiver sido mensurado.

A determinação do valor contábil deve seguir a norma contábil referente a ele, por exemplo, imobilizado, estoques, intangível etc. Assim, a determinação contábil segue a norma específica, e a conversão da moeda segue a norma CPC 02 (R2).

Em relação aos itens não monetários, a norma (CPC 02 [R2], item 25) ainda coloca que:

> [...] Quando esse ativo for item não monetário e for mensurado em moeda estrangeira, o valor contábil é determinado comparando-se:
>
> (a) o custo ou o valor contábil, conforme apropriado, convertido à taxa de câmbio vigente na data em que o valor for determinado (exemplo: a taxa na data da transação para um item mensurado em termos de custo histórico como base de valor); e
>
> (b) o valor líquido de realização ou o valor recuperável, conforme apropriado, convertido à taxa de câmbio vigente na data em que o valor for determinado (exemplo: a taxa de câmbio de fechamento ao término do período de reporte).
>
> O efeito dessa comparação pode ensejar o reconhecimento de perda por desvalorização na moeda funcional sem que enseje o seu reconhecimento na moeda estrangeira ou vice-versa.

Existindo várias taxas de câmbio, a taxa a ser utilizada é aquela a partir da qual os futuros fluxos de caixa representados pela transação ou pelos saldos poderiam ser liquidados se esses fluxos de caixa tivessem ocorrido na data da mensuração. Caso não exista câmbio entre duas moedas, a taxa a ser utilizada é a primeira taxa de câmbio subsequente a partir da qual operações de câmbio podem ser feitas.

Os efeitos das variações cambiais advindas da liquidação de itens monetários ou da conversão de itens monetários por taxas diferentes daquelas pelas quais foram convertidos quando da mensuração inicial, durante o período ou em demonstrações financeiras anteriores, devem ser reconhecidos na demonstração do resultado no período em que surgirem.

Por exemplo, se aquela transação de venda de € 1.000 foi registrada por R$ 4.400 no momento da venda e a cotação do euro mudou para R$ 4,20, na data do fechamento do balanço, é preciso reconhecer uma perda de variação cambial de R$ 200 na demonstração do resultado do exercício (DRE), com contrapartida no contas a receber. Se o valor for recebido posteriormente, supondo uma cotação de R$ 4,30, será reconhecido um ganho na DRE de R$ 100.

Assim, quando o efeito das mudanças nas taxas de câmbio ocorre, temos uma variação cambial. Se a variação cambial ocorre com todos os seus efeitos em um mesmo período (realização de toda a operação), então deve ser reconhecida no resultado do período. Se sua liquidação ocorre em período subsequente, então seus efeitos devem ser reconhecidos em cada período até sua realização.

PARA REFLETIR...

Por que as variações cambiais decorrentes da conversão para moeda funcional devem ser reconhecidas no resultado do período? São resultados efetivamente realizados?

O reconhecimento de receitas ou despesas de variações cambiais no resultado demonstra que o normatizador entende que esses resultados são considerados realizados, mesmo que os ativos ou passivos monetários ainda não tenham sido recebidos ou pagos. Com esses ativos e passivos sendo mensurados pela taxa de câmbio da data do balanço, as variações ocorridas no período anterior à data do balanço são alocadas para o período, refletindo que efetivamente se ganhou ou perdeu no período, sendo novamente ajustado nos períodos seguintes até a liquidação da operação. Esses resultados podem refletir a exposição da empresa ao câmbio e podem auxiliar melhor a tomada de decisão do investidor, em comparação com a alternativa descartada pelo normatizador de apenas reconhecer a variação cambial quando a operação é liquidada.

Outras normas específicas podem requerer esse reconhecimento da variação cambial em procedimento específico, como é o caso da norma de ativo imobilizado para a situação de variação cambial em ativos reavaliados, com tratamento pelo resultado abrangente. Lembrando que, no caso brasileiro, a reavaliação de ativos não é permitida por lei (Lei 11.638/2007).

Assim, para sintetizar o processo de conversão, temos o Quadro 27.2.

3.2 Conversão das demonstrações financeiras em moeda de apresentação

Tendo elaborado as demonstrações financeiras em moeda funcional e havendo a necessidade de fazer a conversão dessas demonstrações para moeda de apresentação, há um segundo conjunto de procedimentos previstos na norma contábil.

Veja que a intenção é apenas apresentar as demonstrações financeiras da entidade, que já estão prontas, em uma moeda que não é a moeda funcional. Assim, basicamente, o procedimento é transformar os valores que estão apresentados nas demonstrações financeiras em moeda funcional para qualquer moeda que seja diferente desta.

Entretanto, há alguns detalhes que precisam ser observados nessa conversão. O primeiro detalhe é que receitas e despesas que compõem o resultado são obtidas ao longo do período, expostas a diferentes taxas de câmbio. Assim, a norma determina que receitas e despesas sejam convertidas pela taxa histórica, ou seja, pela taxa em que os resultados foram reconhecidos, ou pela taxa média que reproduza, aproximadamente, os mesmos montantes que teriam sido calculados. Ao final, o lucro líquido é o valor resultante da soma de cada uma das receitas e despesas convertidas em moeda estrangeira.

Para converter o balanço patrimonial, é preciso converter todas as contas de ativos e passivos pela taxa de câmbio corrente, ou seja, a taxa de câmbio da data de fechamento do balanço. Veja que é um procedimento bastante simplificado, mas o objetivo é apenas a apresentação em moeda estrangeira.

Porém, como o lucro líquido foi apurado tendo por base receitas e despesas convertidas pela taxa histórica, o patrimônio líquido precisa ter um tratamento diferente. Se ativos e passivos são convertidos pelas taxas de câmbio do fechamento do balanço, há uma variação cambial entre o balanço atual e o anterior. Há também uma diferença cambial decorrente da conversão de receitas e despesas pela taxa de câmbio em que ocorreram tais transações e a taxa de câmbio da data do balanço. Todas essas variações cambiais devem ficar em outros resultados abrangentes no patrimônio líquido, que usualmente são identificadas como ajustes acumulados de conversão.

Vamos a um exemplo. A Cia. IFRS foi constituída em 30/10/20x0 como uma subsidiária no Brasil de uma empresa estrangeira, com capital de US$ 60.000,00. Sua moeda funcional é o real e há a necessidade de converter suas demonstrações financeiras para dólares.

Nessa data, a cotação do dólar era de R$ 2,50, totalizando um investimento de R$ 150.000,00. Na mesma data, R$ 146.000,00 foram investidos em imobilizado.

Quadro 27.2 Processo de conversão pela taxa de câmbio da data da transação

	Inicialmente: converter pela taxa de câmbio da data da transação (histórica)		
	Itens	Taxa de câmbio	Variação cambial
Balanços posteriores	Monetários	Fechamento do balanço	Resultado (exceto investimentos líquidos no exterior)
	Não monetários		
	A custo histórico	Data da aquisição	Sem variação
	A valor justo	Data da determinação do valor justo	Resultado ou patrimônio líquido

Para facilitar os cálculos, vejamos as taxas de câmbio do período:

Data	Dólar
30/10/20x0	R$ 2,50
31/12/20x0	R$ 2,60
31/12/20x1	R$ 2,80

Agora, no Quadro 27.3 temos as demonstrações financeiras em 31/12/20x1, que serão convertidas para dólar.

Quadro 27.3 Demonstrações financeiras convertidas em dólar

Balanço patrimonial Cia. IFRS S.A. (em R$)			
ATIVO	**31/12/20x1**	**PASSIVO**	**31/12/20x1**
Ativo circulante	204.000	**Passivo circulante**	127.000
Disponível	86.000	Fornecedores	65.000
Clientes	64.000	Empréstimos	12.000
Estoques	54.000	Impostos a pagar	30.000
		Dividendos a pagar	20.000
Ativo não circulante	146.000	**Passivo não circulante**	23.000
Imobilizado	146.000	Empréstimos	23.000
		PATRIMÔNIO LÍQUIDO	200.000
		Capital social	150.000
		Reservas de lucros	50.000
Total	350.000	Total	350.000

DRE – Cia. IFRS S.A. (em R$)	
DRE – ano 20x1	
(=) Receita líquida de vendas	140.250
(–) Custo das Mercadorias Vendidas (CMV)	(50.300)
(=) Lucro bruto	89.950
(–) Despesas gerais	(12.050)
(–) Despesas financeiras	(15.000)
(–) Despesas de depreciação	(12.900)
(=) Lucro líquido	50.000

Para simplificar o cálculo, vamos considerar a taxa média do ano de 20x1, porém lembramos que o uso da taxa média é normalmente empregado, mas recomendamos observar a oscilação da taxa de câmbio e o período de definição da média, na qual um ano pode ser demasiadamente grande. Neste exemplo, a taxa média é de R$ 2,70.

Primeiro, apuramos a DRE em moeda de apresentação dólar, convertida pela taxa média, ver o quadro ao lado.

DRE – Cia. IFRS S.A. (em US$)	
DRE – ano 20x1	
(=) Receita líquida de vendas	51,944
(–) CMV	(18,630)
(=) Lucro bruto	33,315
(–) Despesas gerais	(4,463)
(–) Despesas financeiras	(5,556)
(–) Despesas de depreciação	(4,778)
(=) Lucro líquido	18,519

Para apurar o balanço patrimonial, todos os ativos e passivos são convertidos pela taxa de fechamento do balanço (R$ 2,80 em 31/12/20x1). O capital social é mantido pela taxa da ocorrência da transação (R$ 2,50 em 30/10/20x0). A conta de reserva de lucros advém do lucro líquido apurado na DRE. Por diferença, apura-se o ajuste acumulado de conversão, classificado em outros resultados abrangentes, conforme Quadro 27.4.

O item 39 do CPC 02 (R2) apresenta os procedimentos necessários para conversão da posição financeira da entidade para moeda de apresentação:

(a) ativos e passivos para cada balanço patrimonial apresentado (incluindo os balanços comparativos) devem ser convertidos, utilizando-se a taxa de câmbio de fechamento na data do respectivo balanço;
(b) receitas e despesas para cada demonstração do resultado abrangente ou demonstração do resultado apresentada (incluindo as demonstrações comparativas) devem ser convertidas pelas taxas de câmbio vigentes nas datas de ocorrência das transações; e
(c) todas as variações cambiais resultantes devem ser reconhecidas em outros resultados abrangentes.

Já o item 41 do CPC 02 (R2) esclarece a origem das variações cambiais apontadas no item 39(c):

(a) conversão de receitas e despesas pelas taxas de câmbio vigentes nas datas de ocorrência das transações e conversão de ativos e passivos pela taxa de câmbio de fechamento;
(b) conversão dos saldos de abertura de ativos líquidos (patrimônio líquido) pela taxa de câmbio de fechamento atual, que difere da taxa de câmbio de fechamento anterior.

No Quadro 27.5, tem-se a conversão dos itens do balanço patrimonial e da DRE.

Quadro 27.4 Apuração do ajuste acumulado de conversão

Balanço patrimonial Cia. IFRS S.A. (em US$)			
ATIVO	**31/12/20x1**	**PASSIVO**	**31/12/20x1**
Ativo circulante	72,857	**Passivo circulante**	45,357
Disponível	30,714	Fornecedores	23,214
Clientes	22,857	Empréstimos	4,286
Estoques	19,286	Impostos a pagar	10,714
		Dividendos a pagar	7,143
Ativo não circulante	52,143		
Imobilizado	52,143	**Passivo não circulante**	8,214
		Empréstimos	8,214
		PATRIMÔNIO LÍQUIDO	71,429
		Capital social	60,000
		Reservas de lucros	18,519
		Ajuste acumulado de conversão	**(7,090)**
Total	125,000	Total	125,000

Quadro 27.5 Conversão dos itens do balanço patrimonial e da DRE

	R$	Taxas de conversão	US$
Capital social	150.000	2,50	60,000
Ativos	350.000	2,80	125,000
Passivos	150.000	2,80	53,571
Receitas	140.250	2,70	51,945
Despesas	90.250	2,70	33,426
Resultado do exercício	50.000	2,70	18,519

No Quadro 27.6, tem-se a demonstração do cálculo do ajuste de variação cambial pela conversão das demonstrações financeiras.

Quadro 27.6 Demonstração do cálculo do ajuste de variação cambial

Contas com ajustes	Cálculo	Ajuste
Ativos líquidos	(R$ 150.000 / 2,8) – (R$ 150.000 / 2,5)	($ 6.429)
Resultado do exercício	(R$ 50.000 / 2,8) – (R$ 50.000 / 2,70)	($ 661)
Ajuste de variação cambial		($ 7.090)

Como houve uma desvalorização cambial do real frente ao dólar, a empresa apresenta um ajuste acumulado de conversão negativo, $ 7.090, refletindo o quanto a empresa perde de valor patrimonial em função de estar operando em reais e não em dólar. Porém, caso a cotação passe a ser favorável, o ajuste pode até passar a ser positivo. O mesmo pode acontecer caso a moeda de apresentação seja menos valorizada do que o real.

PARA REFLETIR...

Por que o método de conversão para moeda de apresentação não leva ao reconhecimento de variações cambiais no resultado do período?

Perceba que o ajuste acumulado de conversão é feito apenas no patrimônio líquido, o que significa que as variações cambiais não são reconhecidas no resultado do período. Isso ocorre porque o objetivo é apenas apresentar os resultados que foram realizados em moeda funcional, incluindo as variações cambiais decorrentes das transações em moedas estrangeiras. Assim, entende-se que as diferenças cambiais decorrentes da conversão para uma moeda de apresentação não são consideradas resultados realizados e dependem apenas das diferenças cambiais entre a moeda funcional e a moeda de apresentação.

3.3 Variações cambiais de investimentos no exterior

Uma entidade pode ter participações na propriedade de outras entidades no exterior, por exemplo uma controlada. De acordo com o CPC 02 (R2), uma entidade no exterior:

> [...] é uma entidade que pode ser controlada, coligada, empreendimento controlado em conjunto ou filial, sucursal ou agência de uma entidade que reporta informação, por meio da qual são desenvolvidas atividades que estão baseadas ou são conduzidas em um país ou em moeda diferente daquelas da entidade que reporta a informação.

A primeira avaliação que deve ser feita é se a moeda funcional da entidade no exterior é a mesma da entidade que reporta a informação ou não. Basicamente, isso depende de o quanto essa entidade no exterior possui autonomia própria para realizar suas operações. Caso a moeda funcional seja diferente, é preciso apurar suas demonstrações financeiras separadas de acordo com esta moeda e, em seguida, fazer o procedimento para conversão para moeda de apresentação, que é a moeda da entidade que reporta a informação.

Quando a participação é reportada como um investimento, a ideia é semelhante, mas como um ativo da entidade que reporta a informação. Conforme a norma CPC 02 (R2), "investimento líquido em entidade no exterior é o montante que representa o interesse (participação na maior parte das vezes) da entidade que reporta a informação nos ativos líquidos dessa entidade".

Como a entidade pode possuir itens monetários do tipo recebível ou de contas a pagar junto a uma entidade no exterior em que ela faça investimentos, então devemos considerar que sua liquidação não é provável de ocorrer, tampouco está planejada para um futuro previsível, ou seja, faz parte do investimento líquido da entidade nessa entidade no exterior. Esses itens monetários podem contemplar contas a receber de longo prazo e empréstimos de longo prazo, porém não contemplam contas a receber e contas a pagar relacionados a operações comerciais normais.

Ainda sobre os investimentos no exterior, a norma coloca (CPC 02 [R2], item 32):

> As variações cambiais advindas de itens monetários que fazem parte do investimento líquido em entidade no exterior da entidade que reporta a informação [...] devem ser reconhecidas no resultado nas demonstrações contábeis separadas da entidade que reporta a informação ou nas demonstrações contábeis individuais da entidade no exterior, conforme apropriado. Nas demonstrações contábeis que incluem a entidade no exterior e a entidade que reporta a informação (por exemplo: demonstrações contábeis individuais com avaliação das investidas por equivalência patrimonial, ou demonstrações contábeis consolidadas quando a entidade no exterior é uma controlada), tais variações cambiais devem ser reconhecidas, inicialmente, em outros resultados abrangentes em conta específica do patrimônio líquido, e devem ser transferidas do patrimônio líquido para a demonstração do resultado quando da baixa do investimento líquido [...].

Quando as demonstrações financeiras da entidade no exterior são apresentadas em data diferente da data em que são levantadas as demonstrações financeiras da entidade que reporta a informação, normalmente a entidade no exterior deve elaborar demonstrações adicionais referentes à mesma data das demonstrações financeiras da entidade que reporta a informação. Quando isso não for feito, o Pronunciamento Técnico CPC 36 (R3) – Demonstrações Consolidadas permite a utilização de data diferente, desde que a diferença não seja maior do que dois meses e que ajustes sejam feitos para os efeitos de quaisquer transações significativas ou outros eventos que possam ocorrer entre as datas.

Nesta situação, ativos e passivos da entidade no exterior devem ser convertidos pela taxa de câmbio em vigor na data de encerramento do período da entidade no exterior. Os ajustes devem ser feitos para mudanças significativas nas taxas cambiais até a data de encerramento do período de reporte da entidade que reporta a informação. A mesma abordagem deve ser adotada ao aplicar o método da equivalência patrimonial para coligadas, controladas e empreendimentos controlados em conjunto.

O ágio por expectativa de rentabilidade futura (*goodwill*) que tenha sido originado da aquisição de entidade no exterior e quaisquer ajustes de valor justo nos valores contábeis de ativos e passivos originados da aquisição dessa entidade no exterior devem ser tratados como ativos e passivos da entidade no exterior, devendo ser expressos na moeda funcional da entidade no exterior e ser convertidos pela taxa de câmbio de fechamento.

3.4 Evidenciação dos efeitos das taxas de câmbio e conversão

De acordo com o CPC 02 (R2), item 52:

> A entidade deve divulgar:
>
> (a) o montante das variações cambiais reconhecidas na demonstração do resultado, com exceção daquelas originadas de instrumentos financeiros mensurados ao valor justo por meio do resultado, de acordo com o CPC 48; e
>
> (b) variações cambiais líquidas reconhecidas em outros resultados abrangentes e registradas em conta específica do patrimônio líquido, e a conciliação do montante de tais variações cambiais, no início e no final do período.

Quando a moeda de apresentação das demonstrações financeiras for diferente da moeda funcional, isso deve ser relatado juntamente com a divulgação da moeda funcional e da razão para a utilização de moeda de apresentação diferente, bem como se houve alteração da moeda funcional e os motivos para a alteração.

Quando a entidade apresentar suas demonstrações financeiras ou outras informações financeiras em moeda que seja diferente da sua moeda funcional ou da moeda de apresentação das suas demonstrações financeiras, e não estando de acordo com todas as exigências de divulgação, a mesma entidade deve (CPC 02 [R2], item 57):

> (a) identificar claramente as informações como sendo informações suplementares para distingui-las das informações que estão de acordo com as práticas contábeis adotadas no Brasil;
>
> (b) divulgar a moeda utilizada para essas informações suplementares; e
>
> (c) divulgar a moeda funcional da entidade e o método de conversão utilizado para determinar as informações suplementares.

DESTAQUES FINAIS

O processo de conversão das demonstrações financeiras é dividido em etapas, dada a necessidade de agrupar uma série de informações e verificar os efeitos das mudanças nas taxas de câmbio, apurando o resultado gerado pela variação cambial, e de exibir as informações em diferentes moedas.

Esse processo deve ser realizado de maneira cuidadosa e, em geral, proporciona muitas dúvidas, além de uma gama de controles adicionais para as entidades e seus contadores. Porém, em organizações que realizam operações no exterior, obter informações corretas num denominador comum monetário que proporcione bases comparativas e os resultados realizados, já adequadamente segregados dos efeitos cambiais, é de fundamental importância.

Por isso, recomendamos que verifique nas demonstrações financeiras de grandes grupos econômicos os efeitos que a variação cambial gera, não apenas na mensuração dos ativos e passivos, como também na separação entre itens monetários e não monetários.

RESUMO

- Se a entidade realizou transações em moeda estrangeira, é preciso convertê-las para moeda funcional da entidade, que é a moeda do ambiente econômico principal na qual a entidade opera.
- Se há itens monetários a serem recebidos ou pagos em moeda estrangeira, há o reconhecimento de variações cambiais no resultado do período.
- É possível converter as demonstrações financeiras elaboradas em moeda funcional para qualquer moeda de apresentação.
- Na conversão para moeda de apresentação, receitas e despesas são convertidas pela taxa de câmbio da data de ocorrência das transações, ou pela média, e ativos e passivos são convertidos pela taxa de câmbio da data de fechamento do balanço.
- As entidades no exterior devem fazer suas demonstrações financeiras separadas em suas próprias moedas funcionais e convertidas para a moeda da entidade que reporta a informação.

EXERCÍCIOS PROPOSTOS

▶ Assista ao **vídeo**

QUESTÃO 1: "Moeda funcional é a moeda do ambiente econômico principal no qual a entidade opera".

A partir da definição apresentada no CPC 02 (R2), discuta a importância da definição da moeda funcional para a entidade (empresa ou grupo econômico) e os fatores que afetam essa definição.

QUESTÃO 2: Conforme o CPC 22, como deve ser o tratamento contábil quando houver mudança da moeda funcional ou, ainda, a entidade decida apresentar as demonstrações financeiras em moeda diferente da moeda funcional? Aproveite para discutir os benefícios e as dificuldades envolvidas nesse processo.

QUESTÃO 3: Observando as disposições do CPC 02 (R2), qual tratamento deve ser empregado quando as demonstrações de entidades em diferentes países no exterior são apresentadas em datas diferentes?

QUESTÃO 4: Com base nas demonstrações financeiras da Cia. Quênia, proceda à conversão de balanços do real (R$) para o dólar (US$).

Balanço patrimonial Cia. Quênia S.A. (em R$)			
ATIVO	31/12/20x7	PASSIVO	31/12/20x7
Ativo circulante	136.000	**Passivo circulante**	150.000
Disponível	86.000	Fornecedores	150.000
Clientes	50.000		
Ativo não circulante	214.000	**Passivo não circulante**	0
Imobilizado	214.000		
		PATRIMÔNIO LÍQUIDO	200.000
		Capital social	150.000
		Reservas de lucros	50.000
Total	350.000	**Total**	350.000

DRE – Cia Quênia S.A. (em R$)	
DRE – ano 20x7	
(=) Receita de vendas	140.250
(–) CMV	(50.300)
(=) Lucro bruto	**89.950**
(–) Despesas gerais	(39.950)
(=) Lucro líquido	**50.000**

Informações adicionais:

A empresa foi constituída (seu capital social) em 30/06/20x6.

Cotações:

Data	Dólar
30/06/20x6	R$ 2,05
31/12/20x6	R$ 1,90
31/12/20x7	R$ 1,75

Elabore:

1. Conversão dos ativos e passivos.
2. Conversão da DRE (pela taxa média de 20x7).
3. Conversão das contas do patrimônio líquido (apenas o capital social).
4. Ajustes acumulados de conversão.
5. Elaborar o balanço patrimonial em dólares (US$).

QUESTÃO 5: Explique o tratamento contábil dado pelo CPC 02 (R2), no momento inicial e ao término de cada período, quando há variação na taxa de câmbio de ativos e passivos.

BIBLIOGRAFIA SUGERIDA

COMITÊ DE PRONUNCIAMENTOS CONTÁBEIS (CPC). *Pronunciamento técnico CPC 02 (R2) – Efeitos das Mudanças nas Taxas de Câmbio e Conversão de Demonstrações Contábeis*. Brasília: CPC, 2010. Disponível em: http://static.cpc.aatb.com.br/Documentos/62_CPC_02_R2_rev%2013.pdf. Acesso em: 18 ago. 2020.

RIZÉRIO, L. Suzano tinha tudo para "brilhar", mas foi a pior ação do Ibovespa em maio: o que aconteceu? *InfoMoney*, São Paulo, 31 maio 2019.

28

ADOÇÃO INICIAL DAS NORMAS INTERNACIONAIS DE CONTABILIDADE E POLÍTICAS CONTÁBEIS, MUDANÇAS DE ESTIMATIVA E RETIFICAÇÃO DE ERRO

Marcelo Botelho da Costa Moraes

OBJETIVOS DE APRENDIZAGEM

- Compreender as necessidades de ajuste nas políticas contábeis para fazer a adoção inicial de IFRS.
- Compreender as razões para as escolhas do normatizador a respeito de princípios aplicáveis às mudanças nas políticas contábeis e nas estimativas e aos efeitos decorrentes de erro.
- Compreender as escolhas contábeis que a norma contábil permite que o gestor faça e suas implicações em termos de informação.

1. APRESENTAÇÃO

Matéria do jornal *Valor Econômico*, de 01/03/2011:

Suzano atribui queda do lucro em 2010 a câmbio e nova contabilidade

SÃO PAULO — A valorização da moeda brasileira e a adoção do padrão internacional de contabilidade (IFRS) foram os argumentos utilizados pela Suzano Papel e Celulose para explicar a queda de 18,8% no lucro líquido em 2010, na comparação com o ano anterior. O valor ficou em R$ 769 milhões.

"Do ponto de vista da geração de caixa, tivemos um ano muito forte, uma recuperação muito importante, mas não foi suficiente para compensar a valorização de 11% do real contra o dólar e os ajustes na adoção do IFRS", afirmou o presidente da companhia, Antonio Maciel Neto, destacando que metade da dívida da companhia é cotada em dólar.

Essa matéria foi elaborada a partir da divulgação das demonstrações financeiras da empresa Suzano Papel e Celulose, após o Brasil ter adotado de maneira completa as normas IFRS. Naturalmente, se uma demonstração financeira é elaborada de acordo com um conjunto diferente de normas contábeis, há efeito sobre a variação do lucro líquido da empresa, que pode ser positiva ou negativa. Essa variação do lucro líquido em decorrência da mudança de norma contábil deveria ser tratada com indiferença pelos investidores, pois não significa que a entidade tenha tido um aumento ou uma redução na sua riqueza. Houve apenas uma mudança no conjunto de critérios para medi-la. Porém, a adoção de IFRS visa uma melhoria significativa na qualidade da informação contábil para a tomada de decisão, o que significa que o lucro líquido divulgado tem uma maior capacidade de representar fidedignamente o incremento de riqueza da entidade.

A adoção de IFRS é, em si, uma mudança de política contábil. Porém, a própria norma IFRS possui um conjunto de princípios contábeis que norteiam os procedimentos a serem adotados quando há a adoção inicial de IFRS e outro conjunto de princípios que norteiam a conduta na ocorrência de uma mudança de política contábil, por exemplo, uma troca de base de mensuração. Possui ainda princípios contábeis para a mudança de estimativa, por exemplo de vida útil de um ativo imobilizado, e para a retificação de erro.

Inicialmente, vamos verificar os procedimentos para a adoção inicial das normas internacionais de contabilidade. Apesar de o processo de adoção das normas internacionais no Brasil ter sido concluído em 2010, com a adoção completa das IFRS, nem todas as empresas foram obrigadas a adotar os pronunciamentos técnicos emitidos pelo Comitê de Pronunciamentos Contábeis (CPC) no caso brasileiro. Para essas empresas, como as sociedades limitadas (Ltda.) que não sejam de grande porte, não há obrigatoriedade prática na adoção das normas internacionais; porém, caso queira se tornar uma sociedade anônima (S.A.), ou tenha interesse em emitir suas demonstrações financeiras de acordo com as normas internacionais IFRS, a empresa precisará realizar os procedimentos apresentados na norma de adoção inicial (CPC 37 [R1]).

Esse é o caso, por exemplo, de empresas pequenas que observam um grande crescimento e passam a demandar maior volume de capital, de terceiros ou próprio, para fomentar sua expansão. Surge a necessidade, mesmo que sem obrigatoriedade legal, de divulgar, privada ou publicamente, um conjunto de informações de melhor qualidade. Nesse caso, costuma-se realizar a adoção inicial das normas IFRS no Brasil.

Em seguida, trataremos do pronunciamento técnico CPC 23 – Políticas Contábeis, Mudança de Estimativa e Retificação de Erro, que trata dos procedimentos de definição de políticas contábeis, bem como mudanças nessas políticas, em estimativas, ou mesmo na retificação de erros. O conjunto de políticas contábeis apresenta grande importância com a adoção das normas internacionais, uma vez que esse conjunto de normas possibilita que a entidade tome definições sobre como contabilizar determinados eventos econômico-financeiros, de acordo com a norma.

O Quadro 28.1 apresenta os pronunciamentos nacionais e seus congêneres internacionais nos quais se baseia a norma nacional.

Quadro 28.1 Pronunciamentos sobre adoção inicial das normas internacionais de contabilidade e políticas contábeis, mudanças de estimativa e retificação de erros

CPC	IFRS Iasb
CPC 37 (R1) – Adoção Inicial das Normas Internacionais de Contabilidade	IFRS 1 – First-time Adoption of International Financial Reporting Standards
CPC 23 – Políticas Contábeis, Mudança de Estimativa e Retificação de Erro	IAS 8 – Accounting Policies, Changes in Accounting Estimates and Errors
ICPC 10 – Interpretação sobre a Aplicação Inicial ao Ativo Imobilizado e à Propriedade para Investimento dos Pronunciamentos Técnicos CPCs 27, 28, 37 e 43	Sem correspondente na norma internacional

2. CONCEITOS E DEFINIÇÕES RELEVANTES

2.1 Adoção inicial das normas contábeis

A primeira coisa a ser entendida é a definição de "adoção inicial de IFRS". Segundo o CPC 37 (R1), "adotante pela primeira vez é a entidade que apresenta suas primeiras demonstrações contábeis em IFRSs". Isso pode ocorrer de maneira mandatória, como foi o caso da exigência da Comissão de Valores Mobiliários (CVM) e da própria Lei 11.638/2007 para as companhias abertas, mas também de maneira voluntária. Isso significa que uma empresa que não está obrigada a elaborar suas demonstrações financeiras de acordo com as IFRS pode adotá-las pela primeira vez a qualquer momento.

PARA REFLETIR...

É possível adotar apenas em parte as normas CPC/IFRS?

Parte importante do Pronunciamento Técnico CPC 37 (R1) – Adoção Inicial das Normas Internacionais de Contabilidade é a indicação de que ele deve ser aplicado quando a entidade adota as normas IFRS pela primeira vez por meio de uma declaração explícita e sem reserva de cumprimento das normas IFRS. Ou seja, para que a organização possa se declarar como uma entidade que adota as normas sem ressalvas, ela precisa atender ao conjunto completo das normas IFRS. Assim, não é possível que uma entidade declare que adota IFRS ao aplicar apenas uma parte das normas CPC. Do mesmo modo, se ela estiver em plena conformidade com IFRS, mas ainda não declarou que adotou IFRS, ela não realizou a adoção inicial. Isso inclui os efeitos de todas as normas IFRS, independentemente da sua emissão pelo CPC.

Isso pode ser observado na norma CPC 37 (R1), que coloca que as demonstrações financeiras de acordo com as normas IFRS são as primeiras demonstrações financeiras da entidade quando a entidade, por exemplo:

(a) tiver apresentado suas demonstrações contábeis anteriores mais recentes:
   (i) de acordo com os requerimentos societários que não são consistentes com as IFRSs em todos os aspectos;
   (ii) em conformidade com as IFRSs em todos os aspectos, exceto pelo fato de que nessas demonstrações não está contida uma declaração explícita e sem ressalvas de que elas estão de acordo com as IFRSs;
   (iii) contenham uma declaração explícita de conformidade com algumas, porém não com todas as IFRSs;
   (iv) de acordo com exigências nacionais, inconsistentes com as IFRSs, usando isoladamente alguma norma internacional para contabilizar itens para os quais não existem exigências nacionais específicas; ou

(v) em conformidade com exigências nacionais, mas com conciliação de alguns valores em relação àqueles determinados de acordo com as IFRSs;

(b) tiver elaborado demonstrações contábeis de acordo com as IFRSs somente para uso interno, sem torná-las disponíveis aos proprietários da entidade ou outros usuários externos;

(c) tiver elaborado um conjunto de demonstrações contábeis de acordo com as IFRSs para fins de consolidação, mas que não é o conjunto completo de demonstrações contábeis elaboradas de acordo com a IAS 1 – Presentation of Financial Statements (Pronunciamento Técnico CPC 26 – Apresentação das Demonstrações Contábeis);

(d) não tenha apresentado demonstrações contábeis para períodos anteriores.

Basicamente, o CPC 37 (R1) requer que a entidade faça o seguinte no seu balanço patrimonial de abertura de acordo com as normas CPC/IFRS:

(a) reconheça todos os ativos e passivos cujo reconhecimento seja requerido pelas IFRSs;

(b) não reconheça itens como ativos e passivos se tal reconhecimento for vedado pelas IFRSs;

(c) reclassifique itens reconhecidos de acordo com o conjunto de políticas contábeis que vinha seguindo como um tipo de ativo, passivo ou componente do patrimônio líquido, mas que sejam um tipo diferente de ativo, passivo ou componente do patrimônio líquido de acordo com as IFRSs; e

(d) aplique as IFRSs na mensuração de todos os ativos e passivos reconhecidos.

Assim, o CPC 37 (R1) "requer divulgações que expliquem como a transição das políticas contábeis que vinham sendo seguidas para as IFRSs afetou a posição financeira (balanço patrimonial), o desempenho financeiro (resultado e resultado abrangente) e os fluxos de caixa da entidade", como forma de evidenciar os efeitos da adoção das normas internacionais na empresa.

Outro ponto de destaque é que esse pronunciamento trata apenas da adoção inicial, não devendo ser aplicado quando uma entidade que já adota as normas IFRS muda suas políticas contábeis, que trataremos também neste capítulo.

2.2 Políticas contábeis, estimativas e erros

O Pronunciamento Técnico CPC 23 – Políticas Contábeis, Mudança de Estimativa e Retificação de Erro tem como objetivo melhorar a relevância e a confiabilidade das demonstrações financeiras apresentadas pela entidade e permitir sua comparabilidade ao longo do tempo com as demonstrações de outras empresas.

Para isso, o CPC 23 trata do conjunto de políticas contábeis, que "são os princípios, as bases, as convenções, as regras e as práticas específicas aplicados pela entidade na elaboração e na apresentação de demonstrações contábeis".

Por exemplo, uma política contábil pode ser a de utilizar a alternativa de mensuração de uma propriedade para investimento pelo seu valor justo, em vez de custo. Essa política é específica da entidade, utilizada para refletir sua própria realidade econômica, em conformidade com as normas IFRS. Entretanto, uma política contábil também é um conjunto de princípios, como os aplicáveis a um arrendamento, por exemplo. Essas políticas contábeis podem sofrer alterações promovidas pelo órgão normatizador ao longo do tempo.

Uma política contábil pode levar à necessidade de fazer estimativas de reconhecimento e mensuração de ativos e passivos. Por exemplo, é preciso fazer uma estimativa para mensurar os créditos de liquidação duvidosa contidos em recebíveis. Para isso, é necessário estabelecer critérios que permitam projetar o não recebimento futuro desses créditos.

PARA REFLETIR...

E como lidar quando uma mudança nas informações disponíveis proporcione uma alteração das estimativas?

É importante destacar que uma estimativa é feita a partir de projeções sobre o futuro com base em informações presentes. Justamente por causa disso, pode haver mudanças na estimativa contábil ao longo do tempo, conforme o CPC 23 define:

> Mudança na estimativa contábil é um ajuste nos saldos contábeis de ativo ou de passivo, ou nos montantes relativos ao consumo periódico de ativo, que decorre da avaliação da situação atual e das obrigações e dos benefícios futuros esperados associados aos ativos e passivos. As alterações nas estimativas contábeis decorrem de nova informação ou inovações e, portanto, não são retificações de erros.

Perceba que uma mudança na estimativa de vida útil de um ativo imobilizado é enquadrada como uma mudança na estimativa contábil, pois há uma mudança nos montantes relativos ao consumo periódico de ativo.

Entretanto, como o próprio CPC 23 deixa claro, uma mudança de base de mensuração, de custo para valor justo, ou vice-versa, por exemplo, não pode ser considerada uma mudança de estimativa, mas sim uma mudança de política contábil.

Veja que o CPC 23 separa o que é mudança na estimativa contábil do que é erro, colocando a mudança na estimativa como decorrente de nova informação ou de inovações. Por decorrência, erro está relacionado ao passado, conforme se pode ver na seguinte definição:

> Erros de períodos anteriores são omissões e incorreções nas demonstrações contábeis da entidade de um ou mais períodos

anteriores decorrentes da falta de uso, ou uso incorreto, de informação confiável que:

(a) estava disponível quando da autorização para divulgação das demonstrações contábeis desses períodos; e
(b) pudesse ter sido razoavelmente obtida e levada em consideração na elaboração e na apresentação dessas demonstrações contábeis.

Tais erros incluem os efeitos de erros matemáticos, erros na aplicação de políticas contábeis, descuidos ou interpretações incorretas de fatos e fraudes.

Vamos analisar essas definições relacionadas a erro de períodos anteriores. Um erro pode ser uma omissão. Por exemplo, digamos que o gestor principal da entidade tenha omitido no passado que havia alta probabilidade de pagar multas e indenizações em função de falhas identificadas em obras realizadas. Uma provisão deveria ter sido reconhecida, mas não foi. Veja que era uma informação disponível no passado e que deveria ter sido levada em consideração na elaboração e apresentação das demonstrações financeiras. É um erro grave e que precisa ter tratamento contábil adequado (além de possíveis consequências pessoais para o gestor), conforme veremos na seção seguinte sobre procedimentos contábeis.

Um erro pode também ocorrer por incorreções nas demonstrações financeiras. Por exemplo, digamos que o gestor tenha interpretado que um imobilizado poderia deixar de ser depreciado enquanto permanece ocioso, o que não é permitido pelo CPC 27 – Ativo Imobilizado, e que o efeito disso ao longo do tempo tenha sido material, uma vez que as demonstrações financeiras deixaram de refletir o custo da ociosidade em períodos de baixo volume de produção, afetando a capacidade de tomada de decisão de investidores. Essa incorreção na aplicação de política contábil determinada pelas normas deve ser entendida como um erro material e ter o tratamento contábil adequado.

Perceba que são situações que podem ser graves, como na ocorrência de fraude contábil. De acordo com o Banco Mundial (2015), é prática fraudulenta:

Qualquer ato ou omissão, inclusive falsidade ideológica, que venha sabidamente e audaciosamente induzir ou tentar induzir uma das partes em erro a fim de obter benefício financeiro ou de outra natureza ou de se furtar a uma obrigação.

Isso pode ser observado na fraude ocorrida no Banco Panamericano, conforme reportagem do jornal *Folha de S. Paulo*, de 2018, intitulada "Justiça condena ex-diretores do banco Panamericano por fraude":

A fraude, segundo a decisão judicial, consistia na contabilização indevida de operações de cessões de crédito, induzindo ao erro sócios minoritários, investidores, o Banco Central e a CVM (Comissão de Valores Mobiliários).

Segundo a decisão, baseada em balanço elaborado pela nova administração do Panamericano, a fraude alcançou aproximadamente R$ 1,6 bilhão em novembro de 2010.

Segundo as investigações, a fraude começou em 2006 na venda de carteira de créditos para outras instituições financeiras. O Panamericano vendia esses créditos, mas continuava contabilizando os créditos vendidos como ativos do banco.

O banco também registrava os negócios com valor superior ao real e havia casos em que o mesmo crédito era vendido mais de uma vez, deixando os ativos do banco com valor acima da realidade.

Outra prática grave é a corrupção, definida pelo Banco Mundial (2015) como "Oferecer, dar, receber ou solicitar, direta ou indiretamente, qualquer coisa de valor para influenciar de maneira imprópria as ações de outra parte".

Apesar de ter uma definição diferente da prática fraudulenta e de não estar claramente prevista na norma, a Petrobras, em 2014, utilizou o CPC 23 para embasar o tratamento dado ao que foi chamado pela empresa de "Baixa de gastos adicionais capitalizados indevidamente" no valor de R$ 6,194 bilhões (PETROBRAS, 2015), decorrente das perdas que a empresa teve com os atos de corrupção investigados pela Operação Lava Jato.

Perceba a importância dessa norma contábil, uma vez que ela fornece tratamento para ocorrências que podem ser graves para a empresa e que precisam suscitar o fornecimento de informações relevantes para os investidores e credores.

3. PROCEDIMENTOS CONTÁBEIS

3.1 Procedimentos para a adoção inicial de IFRS

A adoção inicial de IFRS é formada por um conjunto de procedimentos para a elaboração e publicação de demonstrações financeiras em um determinado momento, aquele em que se declara que houve a adoção inicial de IFRS. A norma estabelece uma série de requisitos para que se possa fazer essa declaração. Esses requisitos precisam estar presentes nesse momento, que podem ser atendidos todos de uma vez, mas nada impede que sejam implementados ao longo do tempo até que todos estejam atendidos no momento da declaração de adoção de IFRS. Como nem sempre há tempo hábil para realizar esse processo aos poucos, é mais frequente a aplicação dos procedimentos em uma única vez.

A entidade deve elaborar e apresentar o balanço patrimonial de abertura de acordo com as normas IFRS na data de adoção (transição), uma vez que este é o marco inicial de sua contabilidade em conformidade com as normas internacionais. Além disso, a entidade deve usar as mesmas políticas contábeis para apresentar seu balanço patrimonial de abertura em IFRS e para todos os períodos apresentados em suas primeiras demonstrações financeiras, estando essas políticas de acordo com todas as normas internacionais, podendo ser diferentes das políticas contábeis anteriores à adoção, reconhecendo os efeitos (ajustes) diretamente na conta de lucros ou prejuízos acumulados, ou em outra conta do patrimônio líquido se for apropriado, na data da transição para as normas internacionais.

Por exemplo, no Brasil, é muito comum que as empresas estejam adotando critérios fiscais antes da adoção de IFRS e, às vezes em função disso, deixam de reconhecer provisões, por exemplo, deixando o reconhecimento da despesa apenas para o momento do seu pagamento. Assim, provisões não reconhecidas anteriormente no passivo devem ter sua despesa ajustada na conta de lucros ou prejuízos acumulados ou reserva de lucros.

As estimativas da entidade de acordo com as normas IFRS, na data de adoção, devem ser consistentes com as estimativas feitas para a mesma data pelos critérios contábeis anteriores, a não ser que exista evidência de que essas estimativas estão erradas.

No Brasil, isso pode ocorrer com a depreciação de imobilizado, por exemplo. Se a empresa estava adotando critérios fiscais para fazer a apropriação da depreciação, provavelmente a estimativa de vida útil está errada no momento da adoção inicial de IFRS.

Assim, o CPC permite (mas não obriga) as empresas a utilizarem o custo atribuído (*deemed cost*) para ativo imobilizado, propriedade para investimento e ativo de direito de uso. Para isso, a ICPC 10 – Interpretação sobre a Aplicação Inicial ao Ativo Imobilizado e à Propriedade para Investimento dos Pronunciamentos Técnicos CPCs 27, 28, 37 e 43 fornece um guia de aplicação. O custo atribuído não é permitido para ativos intangíveis, investimentos em controladas, controladas em conjunto, coligadas ou quaisquer outros ativos.

PARA REFLETIR...

O custo atribuído seria uma forma de reavaliação de ativos?

A ideia do custo atribuído é ajustar o valor desses ativos a uma realidade econômica, que foi distorcida em função do uso de critérios tributários. Por exemplo, é possível que um ativo imobilizado tenha sido totalmente depreciado já na aquisição, em função de um incentivo fiscal. Assim, o custo atribuído não deve ser confundido com a prática de reavaliação de ativos, que é permitida pelas normas IFRS, mas proibida no Brasil em função da Lei 11.638/2007. Essa distinção entre custo atribuído e reavaliação de ativos é importante, visto que o custo atribuído só é utilizado uma única vez, na adoção inicial das normas, enquanto a reavaliação de ativos (quando permitida) deve ser realizada periodicamente.

Com o custo atribuído, o valor do ativo pode ser ajustado ao seu valor justo, com contrapartida em patrimônio líquido, na conta de outros resultados abrangentes (ou ajuste de avaliação patrimonial). Esse ajuste só pode ser feito no momento da adoção inicial. Portanto, não é uma reavaliação, que é proibida no Brasil. A reavaliação é um ajuste a valor justo feito de maneira periódica. A mensuração a valor justo na adoção inicial de IFRS serve como uma medida de quanto custaria esse ativo caso fosse adquirido nesse momento; daí o nome "custo atribuído". A partir desse custo atribuído, devem ser feitas novas estimativas de vida útil do ativo e de valor residual. Desse modo, o custo atribuído "funciona" mesmo como um novo custo do ativo.

Em muitos casos, o uso do custo atribuído é o principal ajuste a ser feito nas empresas brasileiras para a adoção inicial de IFRS, pois pode ser uma tarefa extenuante, dado que é preciso levantar os valores justos de cada item do imobilizado e fazer, também para cada um, novas estimativas de vida útil e valor residual. Isso pode ser feito por avaliadores internos ou externos.

Entretanto, vale lembrar que o uso do custo atribuído é opcional. A alternativa é permanecer com o valor de custo amortizado que estava contabilizado até a data do balanço patrimonial de abertura em IFRS e, a partir disso, revisar suas estimativas de vida útil e de valor residual para o imobilizado. O mesmo vale para as propriedades para investimento e ativos de direito de uso. É bom lembrar que não parece apropriado manter as mesmas estimativas de vida útil que estavam baseadas nas tabelas da Receita Federal do Brasil.

Para estarem de acordo com o Pronunciamento Técnico CPC 26 (R1) – Apresentação das Demonstrações Contábeis, as primeiras demonstrações financeiras da entidade em padrões internacionais devem incluir pelo menos:

- Três balanços patrimoniais.
- Duas demonstrações do resultado.
- Duas demonstrações dos fluxos de caixa (DFC).
- Duas demonstrações das mutações do patrimônio líquido (DMPL).
- Duas demonstrações do resultado abrangente (DRA).
- Duas demonstrações do valor adicionado (DVA) – se requeridas pelo órgão regulador, como no caso brasileiro, ou, ainda, apresentadas espontaneamente.
- Respectivas notas explicativas, incluindo a informação comparativa com objetivo de traçar uma análise histórica da entidade sob o efeito das normas IFRS.

Algumas entidades apresentam resumos históricos de dados específicos para períodos anteriores à adoção inicial, apresentando informação comparativa integral de acordo com as normas IFRS, não sendo esse resumo obrigatório.

Nas demonstrações financeiras que contiverem resumos históricos ou informações comparativas de acordo com os critérios contábeis anteriores, a empresa deve, ainda:

(a) nominar destacadamente a informação gerada pelos critérios contábeis anteriores como não sendo elaborada de acordo com as IFRSs; e

(b) evidenciar a natureza dos principais ajustes que seriam feitos de acordo com as IFRSs. A entidade não precisa quantificar esses ajustes (CPC 37 [R1], item 22).

A norma busca evidenciar os efeitos da adoção de forma que a entidade deve explicar como a transição dos critérios contábeis anteriores para as normas IFRS afetou sua posição patrimonial divulgada (balanço patrimonial), bem como seu desempenho econômico (demonstração do resultado) e financeiro (DFC).

Para cumprir esse objetivo, as primeiras demonstrações financeiras da entidade em normas internacionais devem incluir:

(a) as conciliações do patrimônio líquido divulgado pelos critérios contábeis anteriores em relação ao patrimônio líquido de acordo com as IFRSs para as seguintes datas:
   (i) a data de transição para as IFRSs; e
   (ii) o fim do último período apresentado nas demonstrações contábeis anuais mais recentes da entidade pelos critérios contábeis anteriores;
(b) a conciliação do resultado de acordo com as IFRSs para o último período apresentado nas demonstrações contábeis anuais mais recentes da entidade. O ponto de partida para essa conciliação deve ser o resultado de acordo com os critérios contábeis anteriores para o mesmo período. Se houver sido divulgada a demonstração do resultado abrangente, o mesmo é aplicável a ela;
(c) se a entidade reconheceu ou reverteu qualquer perda por redução ao valor recuperável em sua primeira vez na elaboração do balanço patrimonial de abertura em IFRSs, as notas explicativas que a IAS 36 – *Impairment of Assets* (Pronunciamento Técnico CPC 01 – Redução ao Valor Recuperável de Ativos) teria requerido se a entidade tivesse reconhecido tais perdas ou reversões no período iniciado na data de transição para as IFRSs. (CPC 37 [R1], item 24)

Portanto, essas são as exigências para que se possa declarar como adotante de IFRS, que basicamente são requisitos de ajustes de políticas contábeis, de estimativas e de custo atribuído, definidos especificamente no CPC 37 (R1), que não se confundem com os procedimentos definidos no CPC 23, que veremos a seguir.

3.2 Procedimentos relativos às mudanças de políticas contábeis, estimativas e erro

Primeiramente, vamos analisar quando e como uma política contábil deve ser aplicada e, em seguida, vamos analisar como tratar uma mudança nessa política contábil.

As normas internacionais estabelecem que, quando um pronunciamento, interpretação ou orientação se aplica especificamente a um caso, seja esta uma transação ou outro tipo de evento, as políticas contábeis aplicadas a este devem ser determinadas pela aplicação do próprio pronunciamento, interpretação ou orientação.

Dessa forma, as normas (pronunciamentos, interpretações e orientações) estabelecem políticas contábeis que proporcionam melhores demonstrações financeiras, com informação relevante e confiável.

O CPC 23, item 8, ainda estabelece que "essas políticas não precisam ser aplicadas quando o efeito da sua aplicação for imaterial". Porém, a entidade não deve produzir, ou deixar de corrigir, incorreções imateriais em relação a esta para alcançar determinada situação em sua posição patrimonial e financeira (balanço patrimonial), de desempenho (demonstração do resultado) ou dos fluxos de caixa da entidade.

Não existindo pronunciamento, interpretação ou orientação que se aplique especificamente a uma transação, outro evento ou condição, a gestão deve fazer julgamentos no desenvolvimento e na aplicação de uma política contábil que resulte em informação com as seguintes características:

(a) relevante para a tomada de decisão econômica por parte dos usuários; e
(b) confiável, de tal modo que as demonstrações contábeis:
   (i) representem adequadamente a posição patrimonial e financeira, o desempenho financeiro e os fluxos de caixa da entidade;
   (ii) reflitam a essência econômica de transações, outros eventos e condições e, não, meramente a forma legal;
   (iii) sejam neutras, isto é, que estejam isentas de viés;
   (iv) sejam prudentes; e
   (v) sejam completas em todos os aspectos materiais. (CPC 23, item 10)

Ao fazer isso, a gestão da empresa deve consultar e considerar a aplicabilidade das seguintes fontes por ordem decrescente:

(a) os requisitos e a orientação de pronunciamentos, interpretações e orientações que tratem de assuntos semelhantes e relacionados; e
(b) as definições, os critérios de reconhecimento e os conceitos de mensuração para ativos, passivos, receitas e despesas contidos no CPC 00 – Estrutura Conceitual para Relatório Financeiro. (CPC 23, item 11)

Por exemplo, digamos que a empresa esteja sujeita a pagar tributos sobre valor adicionado, mas não há norma contábil específica para esse tipo de tributo. Porém, há norma para tratar dos tributos sobre o lucro e dos tributos sobre receita, além da própria Estrutura Conceitual para Relatório Financeiro. Por analogia, a empresa deve, segundo o CPC 23, utilizar os princípios contábeis dos pronunciamentos específicos e, quando isso não for suficiente, deve utilizar a Estrutura Conceitual para Relatório Financeiro.

Outro aspecto importante é a uniformidade, ou seja, a entidade deve selecionar e aplicar suas políticas contábeis de maneira uniforme para transações semelhantes, outros eventos e condições, a menos que pronunciamento, interpretação ou orientação especificamente exija ou permita a classificação de itens para os quais possam ser aplicadas diferentes políticas.

Por exemplo, a mesma política contábil aplicada a provisões trabalhistas deve ser aplicada a provisões cíveis ou tributárias.

PARA REFLETIR...

Quando devemos realizar uma mudança na política contábil da empresa?

Na maioria das vezes, uma mudança de política contábil é provocada pela própria norma contábil, ao editar mudanças no tratamento de determinados ativos, passivos ou resultados. Porém, a gestão também pode alterar uma política contábil, dentro dos limites dados pelas normas, ou seja, fazer uma outra escolha contábil.

Para o tratamento das mudanças nas políticas contábeis, conforme a norma CPC 23, item 14, a entidade deve alterar uma política contábil apenas se a mudança:

(a) for exigida por Pronunciamento, Interpretação ou Orientação; ou

(b) resultar em informação confiável e mais relevante nas demonstrações contábeis sobre os efeitos das transações, outros eventos ou condições acerca da posição patrimonial e financeira, do desempenho ou dos fluxos de caixa da entidade.

Assim, digamos que a empresa deve alterar sua política contábil quando uma norma IFRS é alterada, por exemplo, a mudança no tratamento para os arrendamentos. Entretanto, suponhamos que uma empresa possua propriedades para investimento mensuradas a custo, mas tenha ocorrido uma mudança na estratégia da empresa, mais inclinada para a venda dessas propriedades para investimento. A empresa poderia chegar ao entendimento de que a mudança para a mensuração a valor justo representaria mais fidedignamente sua realidade econômica.

Caso haja uma mudança de política contábil, o CPC 23, item 19, determina que:

(a) A entidade deve contabilizar uma mudança na política contábil resultante da adoção inicial de Pronunciamento, Interpretação ou Orientação, de acordo com as disposições transitórias específicas, se existirem, expressas nesse Pronunciamento, Interpretação ou Orientação.

(b) Quando a entidade muda uma política contábil na adoção inicial de Pronunciamento, Interpretação ou Orientação que não inclua disposições transitórias específicas que se apliquem a essa mudança, ou quando muda uma política contábil voluntariamente, ela deve aplicar a mudança retrospectivamente.

Assim, primeiramente é preciso verificar as disposições transitórias específicas na norma que está promovendo uma alteração na política contábil. Caso não haja, a mudança deve ser aplicada retrospectivamente, ou seja, deve afetar o próprio período em curso e os períodos anteriores que são apresentados comparativamente nas demonstrações financeiras. O mesmo acontece quando há uma mudança voluntária por parte da empresa.

Quando uma mudança na política contábil for aplicada, retrospectivamente, a entidade deve ajustar o saldo de abertura de cada componente do patrimônio líquido afetado para o período anterior apresentado (mais antigo) e os demais montantes comparativos divulgados para cada período anterior apresentado, como se a nova política contábil tivesse sempre sido aplicada. Assim, se a empresa está apresentando os balanços patrimoniais de 31 de dezembro de 20x1 e de 20x2, é preciso elaborar o balanço de abertura de 1º de janeiro de 20x2 com os efeitos das mudanças na política contábil.

Isso é exigido para que se permita a comparação dos anos e para que se possam fazer projeções futuras a partir da mesma política contábil.

A aplicação retrospectiva deve ser realizada exceto quando for impraticável determinar os efeitos específicos do período ou o efeito cumulativo da mudança. Quando for impraticável determinar o período no qual incorrem os efeitos específicos da mudança na política contábil na informação comparativa, a entidade deve aplicar a nova política contábil aos saldos de ativos e passivos de abertura do período mais antigo para o qual seja praticável a aplicação retrospectiva, podendo ser o período atual, e deve proceder ao ajuste correspondente no saldo de abertura de cada componente do patrimônio líquido desse período.

Caso seja impraticável determinar o efeito cumulativo da aplicação da nova política contábil a todos os períodos anteriores, a entidade deve ajustar a informação comparativa para aplicar a nova política contábil prospectivamente a partir do período mais antigo que for praticável.

Vamos tratar agora das mudanças nas estimativas contábeis. Como há efeitos das incertezas existentes na atividade empresarial, muitos itens nas demonstrações financeiras podem não ser mensurados com precisão, por se tratar de estimativas. Essas estimativas envolvem julgamentos baseados na última informação disponível e confiável.

Como exemplos disso, o CPC 23, item 32, apresenta casos em que podem ser exigidas estimativas de:

(a) créditos de liquidação duvidosa;
(b) obsolescência de estoque;
(c) valor justo de ativos financeiros ou passivos financeiros;
(d) vida útil de ativos depreciáveis ou o padrão esperado de consumo dos futuros benefícios econômicos incorporados nesses ativos; e
(e) obrigações decorrentes de garantias.

O uso dessas estimativas é parte essencial da elaboração de demonstrações financeiras e não reduz sua confiabilidade, desde que as estimativas sejam consideradas razoáveis.

É relativamente comum que a estimativa necessite de revisão, pois ocorreram alterações nas circunstâncias e premissas nas quais foi baseada. Dada sua natureza, a revisão da estimativa não se relaciona com períodos anteriores nem representa correção de erro.

Se a mudança na estimativa resultar em mudanças em saldos de ativos e passivos, ou relacionar-se a componente do patrimônio líquido, ela deve ser reconhecida pelo ajuste na respectiva conta no período da mudança. Assim, a mudança em uma estimativa contábil pode afetar apenas os resultados do período atual ou os resultados tanto do período corrente como de períodos futuros.

Por exemplo, digamos que a empresa tenha estimado no período anterior que 2% das vendas deveriam ser provisionados em função da concessão de garantias sobre produtos. Porém, em função de um aumento nos defeitos, a empresa precisou rever essa estimativa, passando para 2,5%. Essa mudança provoca uma modificação no valor da provisão reconhecida nesse período, mas não altera o montante reconhecido no período anterior.

Nem sempre é fácil determinar a diferença entre mudança na política e na estimativa contábil. "Quando for difícil distinguir uma mudança na política contábil de uma mudança na estimativa contábil, a mudança é tratada como mudança na estimativa contábil" (CPC 23, item 35).

A norma indica ainda que "a mudança na base de avaliação é uma mudança na política contábil e não uma mudança na estimativa contábil" (CPC 23, item 35). Assim, uma mudança de avaliação a custo para avaliação a valor justo deve ser tratada como uma mudança na política contábil, com efeitos retrospectivos.

Por fim, existe o procedimento de retificação de erros. As demonstrações financeiras não estarão em conformidade com as normas internacionais se contiverem erros materiais ou erros imateriais cometidos intencionalmente para alcançar determinado resultado seja na posição patrimonial e financeira, seja no desempenho ou nos fluxos de caixa da entidade.

Assim, "os potenciais erros do período corrente descobertos nesse período devem ser corrigidos antes de as demonstrações contábeis serem autorizadas para publicação" (CPC 23, item 41).

Porém, em geral, os erros materiais não são descobertos até um período subsequente e esses erros de períodos anteriores devem ser corrigidos na informação comparativa apresentada nas demonstrações financeiras desse período subsequente.

Dessa forma, a entidade deve corrigir os erros materiais de períodos anteriores retrospectivamente no primeiro conjunto de demonstrações financeiras cuja autorização para publicação ocorra após a descoberta de tais erros:

(a) por reapresentação dos valores comparativos para o período anterior apresentado em que tenha ocorrido o erro; ou
(b) se o erro ocorreu antes do período anterior mais antigo apresentado, da reapresentação dos saldos de abertura dos ativos, dos passivos e do patrimônio líquido para o período anterior mais antigo apresentado.

Limitação à reapresentação retrospectiva

43. Um erro de período anterior deve ser corrigido por reapresentação retrospectiva, salvo quando for impraticável determinar os efeitos específicos do período ou o efeito cumulativo do erro. (CPC 23, itens 42 e 43)

Caso seja impraticável determinar os efeitos de erro em um período específico na informação comparativa para um ou mais períodos anteriores apresentados, a entidade deve retificar os saldos de abertura de ativos, passivos e patrimônio líquido para o período mais antigo para o qual seja praticável a reapresentação, podendo ser o atual período.

Foi dessa maneira que considerou a Petrobras em suas demonstrações financeiras de 2014, ao contabilizar o efeito do erro decorrente de corrupção no resultado do próprio ano, pois considerou impraticável determinar os efeitos específicos em cada período no passado.

As correções de erro não devem ser interpretadas como mudanças nas estimativas contábeis e vice-versa. Por exemplo, um ganho ou perda na venda de imobilizado pode ter ocorrido em decorrência de falta de precisão na mensuração do valor residual, mas isso não representa um erro.

Portanto, sempre que praticável, o efeito do ajuste de um erro é retrospectivo aos períodos em que tenha ocorrido, mas caso não seja, deve afetar o resultado do período corrente.

DESTAQUES FINAIS

A adoção inicial das normas internacionais de contabilidade (*International Financial Reporting Standards* – IFRS) junto com as políticas contábeis, mudança de estimativa e retificação de erro são normas que devem ser minuciosamente compreendidas e aplicadas, uma vez que suas diretrizes proporcionam informação relevante ao mercado, seja ela no momento inicial da adoção das normas IFRS, seja nos períodos subsequentes, quando da apresentação das demonstrações financeiras.

A adoção inicial de IFRS implica a mudança de políticas contábeis em decorrência da aplicação das IFRS. Porém, os efeitos dessas mudanças são aplicados no balanço inicial divulgado, quando há a declaração de adotante inicial por parte da entidade. O normatizador procurou fazer com que os balanços trouxessem uma representação o mais próximo possível da realidade.

O normatizador também procurou diferenciar o que é uma mudança de políticas contábeis após a adoção inicial de IFRS, de uma mudança de estimativa e dos efeitos de um erro ocorrido no passado. Assim, ele procurou trazer comparabilidade ao determinar que uma mudança de política contábil deve ser retrospectiva; também procurou trazer valor preditivo ao determinar que uma mudança de estimativa é prospectiva; além disso, procurou gerar informação de *feedback* ao determinar que os efeitos de uma ocorrência de erro devem ser prospectivos quando praticáveis.

RESUMO

- A adoção inicial de IFRS é um processo de ajuste das políticas e dos saldos contábeis de maneira que estejam em conformidade com as normas IFRS.
- O custo atribuído de imobilizado, propriedade para investimento e direito de uso representa um ajuste relevante na adoção inicial de IFRS, ao se atribuir um novo custo a esses ativos com base no valor justo, tendo em vista que os saldos ficaram distantes da realidade em função de políticas contábeis anteriores.
- Uma política contábil pode ser alterada em função de uma mudança na norma contábil ou de maneira voluntária por parte da empresa. Essas mudanças devem seguir as disposições transitórias previstas na norma alterada ou retrospectivamente.
- Uma mudança de estimativa contábil provoca efeitos nos ativos, passivos e resultados do período corrente.
- Um erro deve ter seus efeitos reconhecidos em cada período retrospectivo em que ocorreu, quando for praticável. Caso não seja, deve afetar o período corrente.

EXERCÍCIOS PROPOSTOS

QUESTÃO 1: A publicação de informações comparativas da empresa é parte importante do processo de adoção inicial das normas IFRS. Dentro desse pressuposto, discuta quais informações comparativas devem ser divulgadas e a importância desse tipo de informação no momento da adoção inicial. Não deixe de discutir também as dificuldades envolvidas no processo.

QUESTÃO 2: Segundo o Pronunciamento Técnico CPC 23 – Políticas Contábeis, Mudança de Estimativa e Retificação de Erro (item 13):

> A entidade deve selecionar e aplicar suas políticas contábeis uniformemente para transações semelhantes, outros eventos e condições, a menos que Pronunciamento, Interpretação ou Orientação especificamente exija ou permita a classificação de itens para os quais possam ser aplicadas diferentes políticas. Se um Pronunciamento, Interpretação ou Orientação exigir ou permitir tal classificação, uma política contábil apropriada deve ser selecionada e aplicada uniformemente para cada categoria.

Qual a importância da aplicação uniforme de uma política contábil para transações semelhantes e, nos casos permitidos ou exigidos, quais as implicações da adoção de políticas diferentes?

QUESTÃO 3: Analisando o Pronunciamento Técnico CPC 23 – Políticas Contábeis, Mudanças de Estimativa e Retificação de Erro, discuta em quais casos a entidade pode realizar mudanças em suas políticas contábeis. Além disso, desenvolva um exemplo de uma situação em que isso pode acontecer.

QUESTÃO 4: A partir do exposto no Pronunciamento Técnico CPC 37 (R1) – Adoção Inicial das Normas Internacionais de Contabilidade, discuta a necessidade de elaboração do balanço patrimonial de abertura, de acordo com as normas CPC e IFRS.

QUESTÃO 5: Para atender aos objetivos das normas internacionais IFRS, apresente e discuta os procedimentos de evidenciação dos efeitos da adoção inicial nas demonstrações financeiras.

BIBLIOGRAFIA SUGERIDA

BANCO MUNDIAL. *Diretrizes sobre Prevenção e Combate à Fraude e à Corrupção no Financiamento de Programas para Resultados*. 2015. Disponível em: https://www.worldbank.org/pt/country/brazil/brief/guidelines-preventing-combating-fraud-corruption-program-for-results-financing. Acesso em: 25 ago. 2020.

CAMARGOS, Daniel; NUNES, Wálter. Justiça condena ex-diretores do banco Panamericano por fraude. *Folha de S.Paulo*, 8 fev. 2018.

COMITÊ DE PRONUNCIAMENTOS CONTÁBEIS (CPC). *Pronunciamento técnico CPC 23 – Políticas Contábeis, Mudança de Estimativa e Retificação de Erro*. Brasília: CPC, 2009. Disponível em: http://static.cpc.aatb.com.br/Documentos/296_CPC_23_rev%2014.pdf. Acesso em: 14 set. 2020.

COMITÊ DE PRONUNCIAMENTOS CONTÁBEIS (CPC). *Pronunciamento técnico CPC 37 (R1) – Adoção Inicial das Normas Internacionais de Contabilidade*. Brasília: CPC, 2010. Disponível em: http://static.cpc.aatb.com.br/Documentos/402_CPC_37_R1_rev%2014.pdf. Acesso em: 14 set. 2020.

PETROBRAS. *Demonstrações contábeis em 31 de dezembro de 2014 e 2013*. 22 abr. 2015. Disponível em: https://www.investidorpetrobras.com.br/resultados-e-comunicados/central-de-resultados/

SEABRA, Luciana. Suzano atribui queda do lucro em 2010 a câmbio e nova contabilidade. *Valor Econômico*, São Paulo, 1º mar. 2011.

29

CONTABILIDADE PARA PEQUENAS E MÉDIAS EMPRESAS

Carlos R. Godoy

OBJETIVOS DE APRENDIZAGEM

- Compreender as motivações que se assentam na contabilidade para pequenas e médias empresas (PMEs).
- Compreender a forma de mensuração e contabilização simplificada de algumas operações envolvendo o CPC PME (R1).
- Reconhecer algumas diferenças na mensuração e no reconhecimento da contabilidade de PMEs, previstos no CPC PME (R1), e de empresas que se utilizam dos pronunciamentos completos do Comitê de Pronunciamentos Contábeis (CPC).

1. APRESENTAÇÃO

Após a introdução das normas internacionais de contabilidade, quase de exclusividade para as grandes empresas, as pequenas e médias empresas (PMEs) receberam um destacado pronunciamento do Comitê de Pronunciamentos Contábeis (CPC), que visa sobretudo conduzir que essas empresas possam evidenciar suas atividades operacionais e financeiras de forma mais competente, como determina o *International Accounting Standards Board* (Iasb), ao considerar a necessidade de informações financeiras por economias emergentes e aquelas sociedades por ações fechadas e/ou PMEs, que por muitas vezes produzem demonstrações contábeis apenas para uso de seus proprietários e gestores, quando por muitas vezes apenas para fins de tributação. Assim, a apresentação e a evidenciação das informações financeiras das PMEs passarão a partir de agora a serem estudadas.

No Brasil, as PMEs são importantes fornecedoras de produtos e serviços para atender à demanda dos grandes negócios e à população em geral. Elas também são uma grande geradora de emprego e renda para o trabalhador brasileiro.

Diante da abertura dos mercados em países tradicionalmente fechados como o Brasil, criou-se a oportunidade para que as PMEs ampliassem seus negócios além das fronteiras geográficas impostas pela regulação comercial das operações, e pela regulação dos bancos centrais quanto às suas políticas cambiais. No Brasil, após a abertura ao comércio exterior e a mudança da política cambial, naturalmente todas as empresas se depararam com imensas oportunidades para se expandirem além do território nacional, porém para as PMEs esse processo de crescimento sempre foi dificultado por uma série de fatores, entre eles a possibilidade de obter financiamento para sustentar sua manutenção e desenvolvimento.

Assim, o CPC emitiu em 2009, separadamente aos demais pronunciamentos, o pronunciamento para aplicação às demonstrações contábeis para fins gerais de empresas de pequeno e médio porte (PMEs), ou seja, aquelas sociedades fechadas e sociedades que não sejam requeridas a fazer prestação pública de suas contas; o pronunciamento foi denominado "Contabilidade para Pequenas e Médias Empresas", ou simplesmente CPC PME, em sua mais recente revisão (R1) de 2011.

Apesar da clara definição do Iasb de empresas de pequeno e médio porte enquadradas no pronunciamento sobre contabilidade para PMEs, aqui no Brasil as empresas constituídas como sociedades limitadas, como sociedades por ações fechadas, e as demais sociedades comerciais, quando não enquadradas pela Lei 11.638/2007 como sociedades de grande porte, são abarcadas pelo pronunciamento para PMEs. Porém, certa confusão ainda acontece quando o órgão de regulação comercial no estado de São Paulo decide que as empresas de grande porte devem publicar suas demonstrações contábeis, conflitando com a lei acima referida.

As normas sobre PMEs possuem os mesmos princípios fundamentais das IFRSs (CPCs) completas, porém, em linguagem mais direta, com um pronunciamento único e independente (uma exceção é a opção de utilização do CPC 38). Contém em torno de 230 páginas contra 3 mil da versão completa.

O CPC PME (R1) é dividido em 35 seções. Entre as simplificações em relação aos pronunciamentos completos, destacamos:

- Omissão do tópico lucro por ação.
- Eliminação de opções, como custo e reavaliação para o ativo imobilizado.
- Simplificações de mensuração e reconhecimento, como instrumentos financeiros, subvenções e *goodwill*.
- Divulgações reduzidas, 300 itens contra 3 mil itens na versão completa.
- Omissão do tópico informação por segmento.
- Omissão do tópico relatório da administração.
- Omissão do tópico sobre demonstração do valor adicionado (DVA).

A norma não se aplica às instituições financeiras ou empresas que possuem títulos de dívidas ou ações negociadas em bolsa. Também estão fora do alcance do pronunciamento os fundos mútuos e as sociedades de grande porte.

O Pronunciamento Técnico PME – Contabilidade para Pequenas e Médias Empresas (CPC PME [R1]) é a norma nacional para a contabilidade das PMEs, sua congênere internacional é o *The International Financial Reporting Standard for Small and Medium-sized Entities* (*IFRS for SMEs*) (Quadro 29.1).

Quadro 29.1 Pronunciamentos sobre PMEs

CPC	IFRS Iasb
Pronunciamento Técnico PME – Contabilidade para Pequenas e Médias Empresas	*The International Financial Reporting Standard for Small and Medium-sized Entities (IFRS for SMEs)*

> **PARA REFLETIR...**
>
> Quais seriam as vantagens para as empresas de pequeno porte usarem as normas de contabilidade do CPC (Iasb)?

2. CONCEITOS E DEFINIÇÕES RELEVANTES

Para propósito desse pronunciamento, o objetivo das demonstrações contábeis de PMEs é oferecer informação sobre a posição financeira (balanço patrimonial), o desempenho (resultado e resultado abrangente) e fluxos de caixa da entidade que seja útil para a tomada de decisão por uma grande maioria de usuários que não estão em posições de exigir relatórios feitos sob medida para atender suas necessidades individuais de informação.

O termo "empresas de pequeno e médio porte" adotado no pronunciamento não incluiu:

- As companhias abertas reguladas pela Comissão de Valores Mobiliários (CVM).
- As sociedades de grande porte, como definido na Lei 11.638/2007.
- As sociedades reguladas pelo Banco Central do Brasil (BCB), pela Superintendência de Seguros Privados (Susep) e outras sociedades cuja prática contábil é ditada pelo órgão regulador setorial.

O CPC PME (R1), entretanto, descreve as PMEs como sendo aquelas que:

- Não têm obrigação pública de prestação de contas.
- Elaboram demonstrações contábeis para fins gerais para usuários externos, como os proprietários que não estão envolvidos na administração do negócio, os credores e as entidades que realizam avaliação de crédito.

Quanto às características qualitativas de informações nas demonstrações contábeis, o CPC PME (R1) estabelece que as informações apresentadas nas demonstrações devem atender a requisitos que sustentam sua utilidade aos seus usuários, como:

- Compreensibilidade.
- Relevância.
- Materialidade.
- Confiabilidade.
- Primazia da essência sobre a forma.
- Prudência.
- Integralidade.
- Comparabilidade.
- Tempestividade.
- Equilíbrio entre custo e benefício.

As definições apresentadas em capítulos anteriores também se aplicam aqui, já que os itens individualmente estudados nas divisões anteriores deste livro não sofrem qualquer alteração devido ao tamanho da empresa estudada. Porém, as alterações feitas nos pronunciamentos completos, grande parte deles estudados neste livro, não se aplicam a esse pronunciamento sobre contabilidade de PMEs, enquanto ele não for especificamente alterado.

PARA REFLETIR...

Qual a essência de ter um conjunto de procedimentos contábeis para PMEs?

3. PROCEDIMENTOS CONTÁBEIS

3.1 Apresentação das demonstrações contábeis

As demonstrações contábeis para PMEs devem adequadamente apresentar a posição patrimonial e financeira, o desempenho e os fluxos de caixa da entidade, de modo a representar fielmente os efeitos das transações, de acordo com as definições e critérios de reconhecimento dos itens que compõem o balanço patrimonial e o resultado.

Na elaboração das demonstrações contábeis, a administração da entidade deve fazer uma avaliação de a entidade continuar em funcionamento em um futuro que seja previsível. Quando as demonstrações não forem elaboradas no pressuposto de continuidade, a empresa deve divulgar esse fato e as bases utilizadas para elaborar as demonstrações contábeis.

A entidade deve divulgar informações comparativas entre os valores apresentados no período corrente e no período anterior.

Na busca pela evidenciação mais fiel das informações, as PMEs podem vir a ter que elaborar um conjunto completo de demonstrações contábeis; *são elas:*

- Balanço patrimonial.
- Demonstração do resultado.
- Demonstração do resultado abrangente (DRA).
- Demonstração das mutações do patrimônio líquido (DMPL).
- Demonstração do fluxo de caixa (DFC).
- Notas explicativas.

Pelas normas completas, nos casos em que a entidade realiza uma alteração de sua política contábil ou retificação de erro, ela deve realizar os ajustes retroativamente, e o balanço patrimonial do período mais antigo na aplicação retroativa deve ser reapresentado. Essa exigência não se aplica para PMEs.

A apresentação de informações por segmentos operacionais, lucro por ação e demonstrações contábeis intermediárias não *é* exigida para PMEs.

De forma oposta *às* normas completas, a norma para PMEs permite a apresentação dos lucros acumulados em substituição da DMPL quando as alterações patrimoniais forem apenas:

- O lucro do período.
- O pagamento de dividendos.
- A retificação de erros e alteração de política contábil.

3.1.1 Balanço patrimonial

Desde que apresentem valores, um conjunto mínimo de contas é previsto no balanço patrimonial das PMEs; *são elas:*

- Caixa e equivalentes de caixa.
- Contas a receber e outros recebíveis.
- Ativos financeiros.
- Estoques.
- Ativo imobilizado.
- Propriedade para investimento mensurada ao custo menos depreciação acumulada e perda acumulada por redução ao valor recuperável.
- Propriedade para investimento, mensurada pelo valor justo pelo resultado.
- Ativos intangíveis.
- Ativos biológicos, mensurados pelo custo menos depreciação acumulada e perdas por desvalorização.
- Ativos biológicos, mensurados pelo valor justo pelo resultado.
- Investimentos em coligadas e controladas.
- Investimentos em empreendimentos controlados em conjunto.
- Fornecedores e outras contas a pagar.
- Passivos financeiros.
- Passivos e ativos relativos a tributos correntes.
- Tributos diferidos ativos e passivos.
- Provisões.
- Participação de não controladores.
- Patrimônio líquido.

O balanço patrimonial permanece com o mesmo conteúdo previsto nas determinações do pronunciamento completo, CPC 26 (R1).

3.1.2 Demonstração do resultado do exercício (DRE)

Na elaboração da demonstração do resultado do exercício (DRE), a entidade deve apresentar no mínimo as seguintes contas que apresentem valores:

- Receitas.
- Custo dos produtos, das mercadorias ou dos serviços vendidos.
- Lucro bruto.
- Despesas com vendas, gerais, administrativas e outras despesas e receitas operacionais.
- Parcela do resultado de investimento em coligadas e empreendimentos controlados em conjunto.
- Resultado antes das receitas e despesas financeiras.
- Despesas e receitas financeiras.
- Resultado antes dos tributos sobre o lucro.
- Despesa com tributos sobre o lucro.
- Resultado líquido das operações continuadas.
- Resultado líquido após tributos das operações descontinuadas.
- Resultado após os tributos decorrentes da mensuração ao valor justo.
- Resultado após os tributos atribuíveis à redução ao valor recuperável.
- Resultado líquido do período.

Na DRE, é apurado o resultado com todos os itens de receitas e despesas que foram reconhecidos no período, ficando de fora aqueles itens que deverão ser reconhecidos na DRA. Portanto, igual para as demais empresas que publicam suas demonstrações contábeis.

3.1.3 Demonstração do resultado abrangente (DRA)

A demonstração do resultado abrangente (DRA) complementa a DRE e se inicia com a última linha da demonstração do resultado. Nelas são inseridos todos os itens de outros resultados abrangentes:

- Resultado do período, atribuível à participação de acionistas ou sócios não controladores e aos proprietários da entidade controladora.
- Resultado abrangente total do período, atribuível à participação de acionistas ou sócios não controladores e aos proprietários da entidade controladora.

Para PMEs, apenas três tipos de outros resultados abrangentes são reconhecidos como parte do resultado abrangente além da demonstração do resultado:

- Alguns ganhos e perdas provenientes da conversão de demonstrações contábeis de operação no exterior (CPC PME [R1], seção 30).
- Alguns ganhos e perdas atuariais (CPC PME [R1], seção 28).
- Algumas mudanças nos valores justos de instrumentos de *hedge* (CPC PME [R1], seção 12).

Não nos parece uma limitação, já que as PMEs contabilizam seus instrumentos financeiros de forma simplificada pelo pronunciamento contábil específico, mas, nos itens anteriores, há uma ausência dos resultados decorrentes das alterações do valor justo dos instrumentos financeiros disponíveis para venda (CPC 38), as quais são alocadas diretamente em outros resultados abrangentes no patrimônio líquido.

3.1.4 Demonstração de lucros e prejuízos acumulados

Na demonstração de lucros ou prejuízos acumulados, a entidade deve apresentar, adicionalmente às informações requeridas pela demonstração do resultado e DRA:

- Lucros ou prejuízos acumulados no início do período contábil.
- Dividendos ou outras formas de lucro declarados e pagos ou a pagar durante o período.
- Ajustes nos lucros ou prejuízos acumulados em razão de correção de erros de períodos anteriores.
- Ajustes nos lucros ou prejuízos acumulados em razão de mudanças de práticas contábeis.
- Lucros ou prejuízos acumulados no fim do período contábil.

No CPC PME (R1), as demonstrações de lucros ou prejuízos acumulados podem suprir a apresentação das DMPL quando as únicas alterações no patrimônio líquido naquele período se originarem:

- Do resultado.
- De pagamentos de dividendos.
- De outra forma de distribuição de lucros.
- De correção de erros anteriores.
- De mudanças de políticas contábeis.

Acreditamos que, para pequenas empresas, as variações no patrimônio líquido realmente se concentrem nos dois primeiros itens acima, portanto essa simplificação deve facilitar a divulgação das demonstrações contábeis para PMEs.

3.1.5 Demonstração dos fluxos de caixa (DFC)

A demonstração dos fluxos de caixa (DFC) deve fornecer informações referentes às alterações no caixa e equivalentes de caixa da entidade, de modo a evidenciar separadamente as mudanças nas atividades:

- Operacionais.
- De investimentos.
- De financiamentos.

Para a apresentação do fluxo de caixa proveniente das atividades operacionais, a entidade deve optar por um dos dois métodos permitidos:

- **Método indireto**: em que o resultado é ajustado pelos efeitos das transações que não afetaram o caixa.
- **Método direto**: apresentado pelas entradas e saídas de caixa.

A DFC permanece, em suas exigências, com o mesmo conteúdo das determinações do pronunciamento completo, CPC 03 (R2).

3.1.6 Notas explicativas

As notas explicativas devem conter informações adicionais àquelas apresentadas no balanço patrimonial, na demonstração do resultado, na DRA, na demonstração dos lucros ou prejuízos acumulados, na DMPL e na DFC.

Para complementar as informações presentes nas demonstrações contábeis, as notas explicativas devem fornecer descrições e detalhes de itens apresentados nas demonstrações. Para isso, elas devem:

- Apresentar informações acerca das bases de elaboração das demonstrações contábeis e das práticas contábeis específicas utilizadas pela entidade.
- Divulgar as informações exigidas pelo pronunciamento sobre contabilidade de PMEs e que não tenham sido apresentadas em outras partes das demonstrações contábeis da entidade.
- Prover informações aos usuários que não tenham sido apresentadas em outras partes das demonstrações contábeis, mas que sejam relevantes para compreendê-las.

3.1.7 Demonstrações consolidadas e separadas

Para os casos em que a empresa controladora não tem obrigatoriedade de prestação pública de contas, ela pode apresentar suas demonstrações contábeis separadas (CPC PME [R1]), mesmo se apresentar suas demonstrações contábeis consolidadas de acordo com os pronunciamentos completos. Entretanto, não se exige que as empresas controladoras, dispensadas de apresentar demonstrações consolidadas, apresentem suas demonstrações contábeis separadas.

Segundo o CPC PME (R1), é dispensada a confecção de demonstrações contábeis consolidadas para empresas que possuem apenas investimentos em controladas que foram adquiridas com a intenção de venda dentro do período de um ano, a partir da data que esta adquire o controle da empresa adquirida. Nesses casos, a controlada é contabilizada pelo valor justo pelo resultado como um investimento financeiro em ações.

As demonstrações contábeis consolidadas devem apresentar um conjunto de informações sobre o grupo de empresas como uma única entidade econômica. Quando elaborado tal conjunto de demonstrações, a entidade deve:

- Combinar suas demonstrações com as das controladas, somando itens a itens do ativo, passivo, patrimônio líquido, das receitas e das despesas.
- Eliminar o valor contabilizado de investimentos da controladora nas controladas e a participação da controladora no patrimônio líquido das controladas.
- Mensurar e apresentar a participação dos sócios não controladores no resultado das controladas consolidadas.
- Mensurar e apresentar a participação dos acionistas ou sócios não controladores no patrimônio líquido das controladas consolidadas.

3.1.8 Demonstrações combinadas

As demonstrações contábeis combinadas representam um único conjunto de demonstrações de duas ou mais empresas sob controle comum. Para PMEs, não se exige que elas sejam elaboradas para representar essa situação, porém, se as entidades decidirem elaborar tais demonstrações, estas devem seguir os procedimentos apresentados pelo pronunciamento de contabilidade para PMEs.

Alguns procedimentos a serem seguidos se as entidades decidirem por elaborar demonstrações contábeis combinadas:

- Transações e saldos entre as companhias combinadas devem ser eliminados.
- Lucros ou prejuízos resultantes de transações entre as empresas combinadas que estão reconhecidos nos ativos devem ser eliminados.
- As demonstrações contábeis das entidades incluídas nas demonstrações contábeis combinadas devem ser elaboradas na mesma data de divulgação.
- As empresas combinadas devem adotar práticas contábeis uniformes.

Além dos aspectos quantitativos, as demonstrações combinadas devem evidenciar aspectos qualitativos, tais como:

- A indicação de que as demonstrações são demonstrações contábeis combinadas.
- O motivo da confecção de demonstrações contábeis combinadas.
- As bases para determinação das entidades incluídas nas demonstrações contábeis combinadas.
- A base para elaboração das demonstrações contábeis combinadas.
- As divulgações de partes relacionadas.

3.2 Combinações de negócios

A combinação de negócios é a união de empresas ou negócios separados em uma única entidade. Normalmente, essas operações envolvem a compra de uma empresa por outra, portanto a transação é sempre tratada como se fosse uma compra de uma empresa por outra, formando uma entidade diferente. Portanto, todas essas transações são contabilizadas pelo método de aquisição.

O custo de combinação é a soma dos valores justos dos ativos concedidos, de passivos assumidos, dos instrumentos patrimoniais emitidos pela adquirente, e de todos os demais custos atribuíveis à operação, em troca do controle da empresa adquirida.

Na aquisição, a entidade adquirente deve alocar o custo de combinação pelo reconhecimento a valor justo dos ativos, dos passivos e dos passivos contingentes identificáveis da adquirida. Na existência de diferença entre o custo da combinação e a participação da adquirente no valor justo dos ativos líquidos, deve ser contabilizada como ágio por expectativa de rentabilidade futura – *goodwill*, ou como ganho de compra vantajosa – deságio.

Após o reconhecimento inicial, a entidade que adquire deve mensurar o *goodwill* pelo custo menos a amortização acumulada (como nos intangíveis) e perdas acumuladas por *impairment*, porém, se a vida útil do ágio não puder ser estimada, esta não deve ser superior a dez anos.

Para PMEs os custos diretamente atribuíveis à combinação de negócio como consultorias, advogados e tarifas cobradas pelo agente emissor devem ser reconhecidos no custo da combinação de negócio. Entretanto, para as normas completas, tais custos são considerados como despesa quando incorridos.

Pela norma para PMEs, a participação de não controladores deve ser reconhecida proporcionalmente aos ativos líquidos da entidade controlada. Pelas normas completas, a participação de não controladores pode ser reconhecida proporcionalmente aos ativos líquidos da entidade ou pelo seu valor justo.

> **PARA REFLETIR...**
>
> Na apuração do ágio em uma combinação de negócios envolvendo uma PME, a empresa compradora tem duas alternativas para tratamento desse ágio. Quais são elas?

3.3 Conversão das demonstrações contábeis

Os efeitos das variações cambiais em investimentos em empresas no exterior devem ser reconhecidos no resultado, porém quando uma empresa controla outra empresa sediada no exterior, na elaboração das demonstrações consolidadas, as variações cambiais originadas de itens monetários relacionados ao investimento líquido da entidade local na entidade estrangeira devem ser reconhecidas em outros resultados abrangentes no patrimônio líquido.

3.4 Instrumentos financeiros

Na norma sobre PMEs, a seção 11 – Instrumentos Financeiros Básicos e a seção 12 – Outros Tópicos sobre Instrumentos Financeiros, juntas, tratam do reconhecimento, desreconhecimento, mensuração e divulgação de instrumentos financeiros (ativos financeiros e passivos financeiros).

A seção 11 é aplicável a instrumentos financeiros básicos e é relevante a todas as entidades. Já a seção 12 é aplicável a outros mais complexos instrumentos e transações financeiras. Se a entidade entra apenas em transações de instrumento financeiro básico, então a seção 12 não é aplicável. Entretanto, mesmo entidades apenas com instrumentos financeiros básicos devem considerar o alcance da seção 12 para se certificar de que são isentas.

Diante dessa divisão, a entidade deve escolher entre aplicar:

- Ou o conteúdo integral, tanto da seção 11 quanto da seção 12.
- Ou os requerimentos de reconhecimento e mensuração dos instrumentos financeiros do Pronunciamento Técnico CPC 38 – Instrumentos Financeiros: Reconhecimento e Mensuração e os requisitos de divulgação das seções 11 e 12 para contabilizar todos os seus instrumentos financeiros.

Importante observar que o pronunciamento atual de contabilização de instrumentos financeiros é o CPC 48, que vem a substituir o CPC 38, porém as PMEs ainda podem se valer do CPC 38 para contabilizar suas transações com instrumentos financeiros.

A escolha por parte da entidade por uma ou outra das opções acima é uma escolha de política contábil. Porém, segundo o CPC PME (R1), a entidade deve mudar uma prática contábil somente se a mudança:

- For exigida por mudanças na norma para PMEs.
- Resultar em demonstrações contábeis que forneçam informação mais relevante e confiável sobre os efeitos de transações, de outros eventos ou condições, em relação à posição patrimonial e financeira, ao desempenho ou aos fluxos de caixa da entidade.

De acordo com a seção 11, a entidade deve contabilizar os seguintes instrumentos financeiros como instrumentos financeiros básicos:

- Caixa.
- Instrumento de dívida (uma conta, título ou empréstimo a receber ou a pagar).
- Compromisso de receber um empréstimo que: não pode ser liquidado em dinheiro; e quando o compromisso é executado.

- Investimento em ações preferenciais não conversíveis e ações ordinárias ou preferenciais não resgatáveis por ordem do portador.

A entidade deve aplicar a seção 12 do CPC PME (R1) a todos os instrumentos financeiros, exceto:

- Aqueles cobertos pela seção 11.
- Participações em controladas (seção 9), coligadas (seção 14) e empreendimentos controlados em conjunto (seção 15).
- Direitos e obrigações dos empregadores no âmbito dos planos de benefícios aos empregados (seção 28).
- Direitos no âmbito dos contratos de seguro, a não ser que o contrato de seguro possa resultar na perda para ambas as partes como resultado de termos contratuais que não estão relacionados a:
  - mudanças no risco segurado;
  - mudanças nas taxas de câmbio de moeda estrangeira; ou
  - inadimplência de uma das contrapartes.
- Instrumentos financeiros que satisfaçam a definição de patrimônio líquido da própria entidade (seções 22 e 26).
- Arrendamentos (seção 20) a menos que o arrendamento possa resultar na perda para o arrendador ou para o arrendatário como resultado de termos contratuais que não estão relacionados a:
  - mudanças no preço do ativo arrendado;
  - mudanças nas taxas de câmbio de moeda estrangeira; ou
  - inadimplência de uma das contrapartes.
- Contratos para contraprestação contingente em combinação de negócios (seção 19), em que essa exceção é aplicável apenas para o adquirente.

Quando a seção aplicada é a seção 12, existem diversas diferenças para com as normas completas; algumas delas são as mencionadas a seguir.

3.4.1 Classificação

De acordo com a seção 11, os instrumentos financeiros são mensurados pelo custo ou custo amortizado, com exceção de alguns instrumentos mensurados pelo valor justo pelo resultado.

As classificações em ativos disponíveis para venda e em ativos mantidos até o vencimento deixam de existir nas normas para PMEs. Assim, não é necessário avaliar a intenção da gestão da entidade em relação aos instrumentos financeiros.

Também não existem as penalidades pelas reclassificações de ativos mantidos até o vencimento.

3.4.2 Reconhecimento inicial

A seção 11 exige que o reconhecimento inicial dos instrumentos financeiros seja feito pelo valor da transação, que na prática representa seu valor justo.

3.4.3 Reconhecimento subsequente

Ao final de cada período, a entidade deve avaliar todos os instrumentos financeiros dentro do alcance da seção 12 da norma sobre PMEs pelo valor justo, e reconhecer as mudanças no valor justo no resultado, exceto nos casos a seguir:

- Instrumentos patrimoniais que não são comercializados publicamente e cujos valores justos não podem, de outra maneira, ser medidos de forma confiável.
- Contratos ligados a tais instrumentos, que, se exercidos, resultarão em entrega de tais instrumentos, são avaliados pelo custo menos redução ao seu valor recuperável.

3.4.4 Contabilidade de *hedge*

O CPC PME (R1) permite a utilização de contabilidade de *hedge* apenas para:

- Risco de taxa de juros de instrumento de dívida avaliado pelo custo amortizado.
- Risco com taxa de câmbio ou risco de taxa de juros em compromisso firme ou transação de previsão altamente provável.
- Risco de preço de mercadoria da qual é titular ou em compromisso firme ou transação de previsão altamente provável para comprar ou vender mercadoria.
- Risco de taxa de câmbio em investimento líquido em operação no exterior.

3.5 Ativo intangível

Para a norma de PMEs, todos os ativos intangíveis são tratados como tendo uma vida útil finita e, portanto, amortizados pela sua vida útil. Caso não seja possível determinar essa vida útil, utiliza-se o prazo de até dez anos. Já no uso das normas completas, não se realizam amortizações nos intangíveis para os intangíveis com vida útil indefinida, exceto para aqueles casos em que sua vida útil é limitada.

Pela norma completa, é obrigatória a revisão anual do ativo intangível quanto a sua vida útil, seu valor residual e o método de amortização empregado. Na norma para PMEs, essas revisões somente são obrigatórias caso existam fortes indicações de que condições se alteraram significativamente durante o ano.

A reavaliação é permitida pelas normas completas do IFRS para PMEs, contudo pelo CPC PME (R1) a reavaliação não é permitida.

Segundo a norma para PMEs, não são reconhecidos os ativos intangíveis que forem gerados internamente na companhia – ao contrário do que sugere a norma completa, que prevê o reconhecimento dos intangíveis adquiridos e aqueles desenvolvidos internamente.

3.6 Goodwill

Em uma combinação de negócios, é possível que o valor pago seja diferente do valor justo dos ativos líquidos adquiridos; assim, na existência de diferença positiva entre o custo da combinação e a participação da adquirente no valor justo dos ativos líquidos adquiridos, um ágio por expectativa de rentabilidade futura – *goodwill* – deve ser contabilizado. Entretanto, se a diferença for negativa, ocorre um ganho pela compra vantajosa – deságio.

O ágio por expectativa de rentabilidade futura (*goodwill*) também deve ser amortizado por sua vida útil, e quando não for possível defini-la com critérios objetivos a amortização deve ser feita em dez anos. Já para a norma completa, é vedada a amortização do *goodwill*, sendo sua baixa realizada apenas quando da aplicação do teste de *impairment*.

3.7 Ativo imobilizado

No IFRS completo do Iasb, a reavaliação do imobilizado é permitida; contudo, pela IFRS para PMEs, para o CPC 27 – Ativo Imobilizado e para o CPC PME (R1), a reavaliação não é permitida, já que no Brasil a lei proíbe tal prática.

Pela norma completa, é obrigatória a revisão anual do ativo imobilizado quanto a sua vida útil, seu valor residual e o método de depreciação empregado. Na norma para PMEs, essas revisões somente são obrigatórias caso existam fortes indicações de que condições se alteraram significativamente durante o ano.

Para as PMEs, os ativos mantidos para venda não possuem um tratamento especial, portanto são tratados como os outros ativos imobilizados. Diferentemente do que ocorre com o tratamento empregado nas normas completas, que requerem um tratamento separado para aqueles ativos mantidos para venda.

3.8 Ativos biológicos

Os ativos biológicos devem ser reconhecidos pelo seu valor justo, quando este puder ser mensurado sem custo ou esforço excessivo para obter tal informação. Para todos os demais casos, a entidade deve utilizar o método de custo, ou seja, pelo custo menos depreciação e quaisquer perdas acumuladas por redução do valor recuperável (*impairment*).

No reconhecimento inicial em cada balanço, a entidade deve reconhecer o ativo biológico pelo valor justo menos as despesas de venda, e as alterações no seu valor justo devem ser alocadas no resultado.

Para a produção agrícola colhida de seus ativos biológicos, a entidade deve mensurar pelo valor justo menos custos estimados para venda no momento da colheita.

Assim, diferentemente das normas completas, que exigem o uso do valor justo para ativos biológicos, exceto para casos em que esse valor não possa ser mensurado de forma confiável, para PMEs, o valor justo é utilizado para aqueles ativos biológicos cujo valor justo é facilmente determinável, sem custo ou esforço excessivo.

3.9 Propriedade para investimento

Pelas normas completas, as propriedades para investimento devem ser mensuradas pelo seu valor justo ou por seu custo, divulgando também seu valor justo. Já pelas normas para PMEs, a mensuração é definida pelas circunstâncias, em que o valor justo deve ser utilizado somente quando este puder ser obtido sem custo e esforço excessivo. Se não for apropriado usar o valor justo, então deve-se seguir a seção 17 – Ativo Imobilizado, utilizando o método custo, amortização, *impairment*; não sendo necessária a divulgação do valor justo.

3.10 Subvenções governamentais

Segundo o CPC PME (R1), a subvenção governamental é uma assistência pelo governo na forma de transferência de recursos financeiros ou econômicos para a entidade, em troca do cumprimento passado ou futuro de certas condições relacionadas às atividades operacionais da entidade.

Alguns exemplos de subvenções governamentais são:

- Isenções temporárias.
- Créditos de tributos sobre investimentos.
- Provisão para depreciação acelerada.
- Taxas reduzidas de tributos sobre o lucro.

A entidade que recebe os benefícios deve reconhecer as subvenções governamentais da seguinte forma:

- A subvenção que não impõe condições de desempenho futuro sobre a entidade é reconhecida como receita quando os valores da subvenção forem líquidos e certos.
- A subvenção que impõe determinadas condições de desempenho futuro sobre a entidade é reconhecida como receita apenas quando as condições de desempenho forem atendidas.
- As subvenções recebidas antes de os critérios de reconhecimento de receita serem satisfeitos são reconhecidas como um passivo.

Pelo CPC PME (R1), as subvenções governamentais devem ser mensuradas pelo valor justo do ativo recebido, e reconhecidas como receitas quando alguma situação for apresentada e as condições *supra* forem atendidas.

De outra forma, a norma completa exige que a receita seja reconhecida quando existir razoável segurança de que a entidade cumprirá todas as condições estabelecidas e relacionadas à subvenção e de que ela será recebida, e, enquanto não forem atendidos os requisitos para reconhecimento no resultado, as contrapartidas das subvenções governamentais registradas no ativo serão em conta específica do passivo.

3.11 Custo de empréstimos

Os custos de empréstimos são caracterizados pelos juros e outros custos em que a entidade incorre pela tomada de empréstimos de recursos. Esses custos incluem:

- Despesa de juros calculada pelo método da taxa efetiva de juros (seção 11).
- Encargos financeiros relativos aos arrendamentos mercantis (seção 20).
- Variações cambiais provenientes de empréstimos em moeda estrangeira.

Para PMEs, a entidade deve reconhecer todos os custos de empréstimos como despesas diretamente no resultado em que forem incorridos; diferentemente do que acontece quando se usam os pronunciamentos completos em tema previsto no CPC 20 (R1) – Custos de Empréstimos, que prevê a capitalização dos custos de empréstimos.

3.12 Ações ou quotas em tesouraria

Segundo o CPC PME (R1), as ações ou quotas em tesouraria são instrumentos patrimoniais da entidade que tenham sido emitidos e readquiridos posteriormente pela entidade.

Quando uma empresa adquire suas próprias ações ou quotas, a entidade deve deduzir do patrimônio líquido o valor justo dos recursos concedidos pelas ações ou quotas em tesouraria, ou seja, pelos valores distribuídos aos sócios que venderam suas quotas ou ações. Entretanto, a entidade não deve reconhecer qualquer ganho ou perda no resultado na aquisição, venda, emissão ou cancelamento de ações ou das quotas em tesouraria.

PARA REFLETIR...

Se normalmente as PMEs não possuem ações negociadas em mercados organizados (bolsas de valores) e nem possuem ações, apenas cotas de capital, como elas poderiam definir o valor justo das cotas que recompraram?

3.13 Benefícios a empregados

Pelas normas completas, o uso do crédito unitário projetado é obrigatório. Já para PMEs, este somente deve ser utilizado caso possa ser usado sem custo e sem esforço excessivo. Caso contrário, uma versão simplificada deve ser aplicada, em que aumentos de salários, serviços futuros de empregados atuais e mortalidade durante o serviço são ignorados.

Os ganhos e perdas atuais devem ser reconhecidos no resultado do exercício ou no patrimônio líquido, em outros resultados abrangentes.

Quaisquer mudanças nos planos de benefícios definidos devem ser reconhecidas no resultado do exercício, e não é permitido o diferimento para outros períodos. Também para PMEs, não existe a necessidade de revisão das premissas anualmente, sendo realizadas apenas quando existirem indicações robustas de alterações.

DESTAQUES FINAIS

A contabilidade para PMEs é uma versão simplificada dos pronunciamentos completos do CPC e Iasb. Possuem tratamento idêntico tanto nas PMEs quanto nas companhias de capital aberto nos itens como: a estrutura conceitual da contabilidade, as disponibilidades, as contas a receber, os estoques, fornecedores, e as despesas antecipadas.

As divulgações pelas empresas que seguem o pronunciamento sobre contabilidade para PMEs são bastante reduzidas, já que se acredita que os usuários dessas informações seriam usuários diferentes daqueles que investem em grandes companhias de capital aberto.

Apesar de todas as tentativas de padronização, as divergências de regulamentos existem; vale notar aquele referente à reavaliação no ativo imobilizado, em que no IFRS completo do Iasb ela é permitida, contudo pela IFRS para PMEs, para o CPC 27 – Ativo Imobilizado e para o CPC PME (R1), ela não é permitida.

RESUMO

- A contabilidade aplicada para PMEs que seguem o CPC PME (R1) tem o propósito de facilitar a implementação das normas internacionais em empresas de capital fechado, e aquelas não obrigadas a apresentar relatórios financeiros ao mercado.
- É grande a similaridade entre as normas completas e aquelas para PMEs previstas no CPC PME (R1). Entretanto, naturalmente, algumas diferenças de reconhecimento, mensuração e divulgação existem entre elas.
- Diferentemente do modelo completo, os custos de empréstimos no CPC PME (R1) são contabilizados diretamente no resultado.
- Desde que não haja gastos para apurar o valor justo, os ativos biológicos devem ser reconhecidos pelo seu valor justo.
- A reavaliação é um assunto extremamente divergente entre as normas que tratam do assunto: é permitida no IFRS; não é permitida no IFRS para PMEs, e nem para o CPC 27 e o CPC PME (R1).

- É permitido pelas PMEs a utilização do CPC 38, em vez do CPC 48, porém tais empresas ainda possuem a alternativa de usar as determinações do CPC PME (R1).

EXERCÍCIOS PROPOSTOS

QUESTÃO 1: Mencione ao menos três *tópicos não abordados pelo CPC PME* (R1), mas que são contemplados pelas normas completas do CPC e IFRS.

QUESTÃO 2: Quanto à amortização do *goodwill* e a amortização de intangíveis, como as normas completas se igualam ou diferenciam das normas do CPC PME (R1)?

QUESTÃO 3: A reavaliação de ativos imobilizados é permitida pelo CPC PME (R1)? Como ela é considerada no CPC completo (CPC 27), no IFRS para PMEs e no IFRS completo (IAS 16)?

QUESTÃO 4: Qual a diferença básica no tratamento de custos de empréstimos para o CPC PME (R1)?

QUESTÃO 5: Para instrumentos financeiros, existem os pronunciamentos CPC 48, o CPC 38 e as determinações previstas no CPC PME (R1). Qual o pronunciamento deve ser seguido pelas PMEs quanto ao tratamento de seus instrumentos financeiros?

BIBLIOGRAFIA SUGERIDA

COMITÊ DE PRONUNCIAMENTOS CONTÁBEIS (CPC). *Pronunciamento Técnico PME (R1) – Contabilidade para Pequenas e Médias Empresas*. Brasília: CPC, 2011. Disponível em: http://static.cpc.aatb.com.br/Documentos/392_CPC_PMEeGlossario_R1_rev%2014.pdf. Acesso em: 17 set. 2020.

CONSELHO REGIONAL DE CONTABILIDADE DO ESTADO DE SÃO PAULO (CRCSP). *Manual de técnicas e práticas de aplicação da Lei 11.638/07 nas pequenas e médias empresas*. São Paulo: CRCSP, 2011.

# 30

PAGAMENTO BASEADO EM AÇÕES E BENEFÍCIOS A EMPREGADOS

Marcelo Botelho da Costa Moraes

OBJETIVOS DE APRENDIZAGEM

- Conhecer as operações de pagamento baseado em ações e de benefícios a empregados.
- Compreender seu uso por parte das empresas.
- Proceder ao reconhecimento contábil dessas operações conforme sua competência.
- Realizar o reconhecimento dos passivos adequados ao pagamento dessas obrigações.
- Proceder aos ajustes necessários se houver mudança de expectativa.
- Apresentar essa operação adequadamente de acordo com as normas contábeis.

1. APRESENTAÇÃO

Neste capítulo, vamos tratar da contabilização de dois tipos de benefícios dados a empregados de organizações como parte de pacotes de benefícios. Esse tipo de incentivo costuma ser associado direta e indiretamente a maiores níveis de comprometimento com as metas organizacionais, especialmente no caso de pagamento baseado em ações em que existem condições de desempenho para obter o benefício e melhoria nos níveis de satisfação dos colaboradores.

Para isso, trataremos inicialmente do pagamento baseado em ações, também conhecido como *stock options*, em que as empresas proporcionam aos seus empregados o direito de adquirir ações, opções de ações, ou ainda o recebimento financeiro equivalente à valorização das ações, durante um determinado período. Geralmente, esse benefício está associado ao cumprimento de metas organizacionais (*vesting conditions*) e à manutenção do empregado na empresa durante o período de obtenção do benefício (*vesting period*).

O pacote de benefícios com pagamento baseado em ações assume a premissa de que os empregados irão tomar decisões que busquem a maximização do valor da empresa e, consequentemente, o aumento do valor de suas ações. Assim, esse mecanismo busca alinhar objetivos das companhias com os objetivos pessoais, uma vez que, se atendidas as condições do pacote, os empregados terão direito a obter ganhos com a valorização das ações, reduzindo o conflito de agência entre as partes. É comum que existam pacotes específicos para a diretoria e, em algumas empresas, para os demais empregados também.

Vejamos o exemplo da BRF em 2018:

> **3.19 Pagamento baseado em ações**: a Companhia oferece a seus executivos planos de opção de compra de ações e plano de compra de ações restritas de sua própria emissão. A Companhia adota as disposições do CPC 10/IFRS 02, reconhecendo como despesa, em base linear, o valor justo das opções ou ações, apurado na data da outorga, durante o período de serviço exigido pelo plano em contrapartida ao patrimônio líquido. A despesa acumulada reconhecida reflete

o período aquisitivo e a melhor estimativa da Companhia sobre o número de ações que serão adquiridas.

A despesa ou receita da movimentação ocorrida no exercício é reconhecida na demonstração do resultado de acordo com a função exercida pelo beneficiário. A despesa é revertida por falta de satisfação de uma condição de aquisição.

O efeito das opções em aberto é refletido como diluição adicional no cálculo do resultado por ação diluído.

Já os pacotes de benefícios a empregados estão relacionados a outros tipos de benefícios que a empresa dá aos funcionários como forma de incentivo também. Em geral, são benefícios de curto prazo, como licenças remuneradas e participação nos lucros, mas que, diferentemente das *stock options*, o ganho do empregado não está associado à valorização da empresa. Existem também os benefícios pós-emprego, como planos de aposentadoria com participação (patrocínio) do empregador e outros tipos que serão apresentados neste capítulo.

Também temos o exemplo da BRF em 2018:

> **3.20 Plano de benefícios a empregados**: a Companhia patrocina três planos de aposentadoria complementar de benefício definido e de contribuição definida, além de outros benefícios pós-emprego, para os quais, anualmente, são elaborados estudos atuariais por profissional independente e são revisados pela Administração. O custeio dos benefícios definidos é estabelecido individualmente para cada plano, tendo como base o método de crédito unitário projetado.
>
> As mensurações, que compreendem os ganhos e perdas atuariais, o efeito do limite dos ativos e o rendimento sobre os ativos do plano, são reconhecidos no balanço patrimonial em contrapartida a outros resultados abrangentes no exercício em que incorreram. As mensurações não são reclassificadas no resultado de exercícios subsequentes.
>
> A Companhia reconhece o ativo líquido de benefício definido quando:
> - Controla o recurso e tem a capacidade de utilizar o superávit para gerar benefícios futuros.
> - O controle é resultado de eventos passados.
> - Os benefícios econômicos futuros estão disponíveis para a Companhia na forma de redução nas contribuições futuras ou de restituição em dinheiro, seja diretamente à patrocinadora ou indiretamente para outro fundo deficitário. O efeito do limite dos ativos (superávit irrecuperável) é o valor presente desses benefícios futuros.
>
> Os custos de serviços passados são reconhecidos no resultado do exercício nas seguintes datas, a que ocorrer primeiro:
> - A data de alteração do plano ou redução significativa da expectativa do tempo de serviço.
> - A data em que a Companhia reconhece os custos relacionados com reestruturação.
>
> Os custos dos serviços e os juros líquidos sobre o valor do passivo ou ativo de benefício definido são reconhecidos no resultado do exercício.

Com esses exemplos, podemos verificar a importância das normas contábeis que tratam desses temas, a fim de representar fielmente a essência econômica das empresas que se utilizam de pagamento baseado em ações e de planos de benefícios a empregados.

O Quadro 30.1 apresenta os pronunciamentos nacionais e seus congêneres internacionais nos quais se baseia a norma nacional.

Quadro 30.1 Pronunciamentos sobre pagamento baseado em ações e benefícios a empregados

CPC	IFRS Iasb
CPC 10 (R1) – Pagamento Baseado em Ações	IFRS 2 – *Shared-based Payment*
CPC 33 (R1) – Benefícios a Empregados	IAS 19 – *Employee Benefits*

2. CONCEITOS E DEFINIÇÕES RELEVANTES

Como temos duas diferentes normas, ambas serão tratadas neste tópico.

2.1 Pagamento baseado em ações

Os pagamentos baseados em ações são operações contabilizadas pela entidade e devem incluir as seguintes transações:

- Transações com pagamento baseado em ações liquidadas pela entrega de instrumentos patrimoniais, ou seja, quitadas mediante entrega de ações ou de opções de compra de ações. Uma opção de compra é um tipo de derivativo já estudado.
- Transações com pagamento baseado em ações liquidadas em caixa, em que o pagamento corresponde ao ganho obtido pela valorização das ações, porém sendo pago em dinheiro.
- Transações por meio das quais a entidade recebe ou adquire produtos e serviços e cujos termos do acordo conferem à entidade ou ao fornecedor a escolha da forma de liquidação da transação, a qual pode ser em caixa (ou outros ativos) ou mediante a emissão de instrumentos patrimoniais (ações ou opções de ações).

A transação envolvendo empregado (ou outra parte, como fornecedores) quando ele já é detentor de instrumento patrimonial da entidade, como ações, não constitui transação com pagamento baseado em ação.

> [...] Por exemplo, se a entidade outorga a todos os detentores de uma classe específica de instrumentos patrimoniais o direito de adquirir instrumentos patrimoniais adicionais da entidade a um preço que é menor do que o valor justo desses instrumentos patrimoniais, e um empregado recebe tal direito por ser detentor dessa classe específica de instrumentos patrimoniais, a concessão ou exercício desse direito não estão sujeitos às exigências do presente Pronunciamento. (CPC 10 [R1], item 4)

Os produtos ou serviços que forem adquiridos a partir de uma transação com pagamento baseado em ações que não se qualifiquem como ativos devem ser reconhecidos como despesa do período.

2.2 Benefícios a empregados

Conforme já falamos, os benefícios a empregados são pacotes que buscam proporcionar melhorias aos empregados e, consequentemente, gerar benefícios diretos ou indiretos para a organização.

Conforme o item 5 do CPC 33 (R1), os benefícios a empregados incluem:

> (a) benefícios de curto prazo a empregados, como, por exemplo, os seguintes, desde que se espere que sejam integralmente liquidados em até doze meses após o período a que se referem as demonstrações contábeis em que os empregados prestarem os respectivos serviços:
>   (i) ordenados, salários e contribuições para a seguridade social;
>   (ii) licença anual remunerada e licença médica remunerada;
>   (iii) participação nos lucros e bônus; e
>   (iv) benefícios não monetários (tais como assistência médica, moradia, carros e bens ou serviços gratuitos ou subsidiados) para empregados atuais;
> (b) benefícios pós-emprego, como, por exemplo, os seguintes:
>   (i) benefícios de aposentadoria (por exemplo, pensões e pagamentos integrais por ocasião da aposentadoria); e
>   (ii) outros benefícios pós-emprego, tais como seguro de vida e assistência médica pós-emprego;
> (c) outros benefícios de longo prazo aos empregados, tais como:
>   (i) ausências remuneradas de longo prazo, tais como licenças por tempo de serviço ou sabáticas;
>   (ii) jubileu ou outros benefícios por tempo de serviço; e
>   (iii) benefícios por invalidez de longo prazo;
> (d) benefícios rescisórios.

Veremos a seguir o processo de reconhecimento e contabilização desses benefícios.

3. PROCEDIMENTOS CONTÁBEIS

Aqui também trataremos dos procedimentos contábeis das respectivas normas.

3.1 Pagamento baseado em ações liquidadas com entrega de instrumentos patrimoniais

Para transações com pagamento baseado em ações liquidadas com a entrega de ações ou opções, a transação deve ser mensurada com base no valor justo dos produtos ou serviços recebidos, e o aumento correspondente no patrimônio líquido, de forma direta, exceto se o valor justo não puder ser estimado com confiabilidade. Nesse caso, a empresa deve estabelecer o valor justo de forma indireta, a partir do valor justo dos instrumentos patrimoniais aos quais cedeu direito.

No caso de transações com empregados e outros prestadores de serviços similares, a entidade deve mensurar o valor justo dos serviços recebidos tomando como base o valor justo dos instrumentos patrimoniais outorgados, uma vez que normalmente não é possível estimar com confiabilidade o valor justo dos serviços recebidos, sendo o valor justo mensurado na data de outorga (CPC 10 [R1]).

Se o direito aos instrumentos patrimoniais for adquirido imediatamente, caso de *vest immediately*, então a outra parte não possui obrigações de um período de tempo para obter o direito. Nesse caso, como não há direitos da empresa ao longo do tempo, esta deve reconhecer a totalidade dos serviços recebidos, com o correspondente aumento do patrimônio líquido no momento da outorga.

> **PARA REFLETIR...**
>
> Como deve ser o tratamento contábil se a empresa desejar um maior envolvimento do empregado, como no caso de mantê-lo por um período de tempo?

Caso o direito aos instrumentos patrimoniais não seja adquirido até que a contraparte complete um período de tempo específico de prestação de serviços, a entidade deve presumir que os serviços a serem prestados pela contraparte, em contrapartida aos instrumentos patrimoniais outorgados, serão recebidos no futuro, ao longo do período de aquisição de direito (*vesting period*).

Assim, a organização deve contabilizar os serviços prestados à medida que estes são realizados, ao longo do período de aquisição de direito (*vesting period*), com o correspondente aumento do patrimônio líquido. Por exemplo:

> (a) se a um empregado forem outorgadas opções de ações condicionadas ao cumprimento de três anos de serviços, então a entidade deve presumir que os serviços a serem prestados pelo empregado, em contrapartida às opções

de ações, serão recebidos no futuro, ao longo dos três anos estabelecidos como período de aquisição de direito (*vesting period*);

(b) se a um empregado forem outorgadas opções de ações condicionadas ao alcance de metas de desempenho (*performance condition*) e à sua permanência nos quadros funcionais da entidade até que as metas de desempenho sejam alcançadas (*performance condition is satisfied*), e a duração do período de aquisição de direito (*vesting period*) variar dependendo de quando as metas de desempenho (*performance condition*) forem alcançadas, a entidade deve presumir que os serviços a serem prestados pelo empregado, em contrapartida às opções de ações outorgadas, serão recebidos no futuro, ao longo do período esperado de aquisição de direito (*vesting period*). A entidade deve, na data da outorga, estimar a duração do período de aquisição de direito (*vesting period*), com base no resultado mais provável da condição de desempenho. Se a condição de desempenho for uma condição de mercado, a estimativa da duração do período de aquisição de direito (*vesting period*) deve ser consistente com as premissas utilizadas na estimativa do valor justo das opções outorgadas, e não deve ser subsequentemente revisada. Se a condição de desempenho não for uma condição de mercado, a entidade, se necessário, deve revisar a estimativa da duração do período de aquisição de direito (*vesting period*), caso informações subsequentes indiquem que a duração desse período difere de estimativas anteriores. (CPC 10 [R1], item 15)

Nas transações mensuradas com base no valor justo dos instrumentos patrimoniais, este deve ser obtido na data da outorga. Se os preços de mercado não estiverem disponíveis, a entidade deve estimar o valor justo dos instrumentos patrimoniais utilizando técnica de avaliação para estimar a que preço os respectivos instrumentos patrimoniais poderiam ser negociados, na data da mensuração, em uma transação sem favorecimentos, entre partes conhecedoras do assunto e dispostas a negociar.

Após o reconhecimento dos produtos e serviços recebidos e correspondente aumento no patrimônio líquido, a entidade não deve fazer nenhum ajuste subsequente no patrimônio líquido após a data de aquisição de direito.

Em casos raros, nos quais a entidade não seja capaz de estimar com confiabilidade o valor justo dos instrumentos patrimoniais, a entidade deve alternativamente:

(a) mensurar os instrumentos patrimoniais pelo seu valor intrínseco, inicialmente na data em que a entidade obtém os produtos ou a contraparte presta os serviços e, posteriormente, ao término de cada período de reporte da entidade e na data da liquidação final, devendo ser reconhecida no resultado do período qualquer mudança no valor intrínseco. Na outorga de opções de ações, a liquidação final do acordo com pagamento baseado em ações ocorre quando as opções são efetivamente exercidas, quando têm o direito de exercício prescrito (por exemplo, quando há o desligamento do empregado) ou quando expiram (por exemplo, após o término do prazo fixado para exercício da opção); ou

(b) reconhecer os produtos ou serviços recebidos com base na quantidade de instrumentos patrimoniais que proporcionarem a aquisição de direito (*ultimately vest*) ou (se aplicável) que forem efetivamente exercidos. Ao aplicar essa exigência ao caso de opções de ações, por exemplo, a entidade deve reconhecer os produtos ou serviços recebidos durante o período de aquisição de direito (*vesting period*), se houver, em conformidade com o disposto nos itens 14 e 15, exceto as exigências contidas no item 15(b) sobre condições de mercado, que não são aplicáveis. O valor reconhecido para os produtos ou serviços recebidos durante o período de aquisição de direito (*vesting period*) deve ser apurado com base no número de opções de ações que tenha a expectativa de adquirir o direito (*expected to vest*). A entidade deve revisar sua estimativa sempre que informações subsequentes indicarem que o número esperado de opções de ações que proporcionará a aquisição de direito (*expected to vest*) divergir da estimativa anterior. Na data da aquisição de direito (*vesting date*), a entidade deve revisar sua estimativa para igualar o número de instrumentos patrimoniais que efetivamente proporcionou a aquisição de direito (*ultimately vested*). Após a data de aquisição de direito (*vesting date*), a entidade deve reverter o montante reconhecido para os produtos ou serviços recebidos se as opções de ações posteriormente tiverem o direito de exercício prescrito ou expirarem após o término do prazo fixado para exercício da opção. (CPC 10 [R1], item 24)

3.2 Pagamento baseado em ações liquidadas em caixa

Existe a possibilidade de este tipo de operação ser liquidada em caixa; nessa possibilidade, a entidade deve mensurar os produtos ou serviços adquiridos e o passivo incorrido pelo valor justo do passivo. Até que o passivo seja liquidado, a entidade deve remensurar o valor justo do passivo ao final de cada período e na data da liquidação, sendo que quaisquer mudanças no valor justo devem ser reconhecidas diretamente no resultado do período.

31. Por exemplo, a entidade pode outorgar direitos sobre a valorização de suas ações aos seus empregados como parte do pacote de remuneração destes. Assim, os empregados passam a ter o direito a receber futuros pagamentos de caixa (em vez de instrumento patrimonial), com base no aumento do preço das ações da entidade, a partir de um nível especificado, ao longo de período de tempo também especificado. Alternativamente, a entidade pode outorgar aos seus empregados o direito a receber futuros pagamentos em caixa, outorgando-lhes o direito às ações (incluindo as ações a serem emitidas por ocasião do exercício das opções de ações), que sejam resgatáveis, ou de forma compulsória (por exemplo, no término

do contrato de trabalho), ou por opção do empregado. Esses acordos são exemplos de transações de pagamento baseado em ações liquidadas em caixa. Os direitos de valorização das ações são utilizados para ilustrar alguns dos requisitos dos itens 32 a 33D. Contudo, os requisitos nesses itens devem ser aplicados a todas as transações de pagamento baseado em ações liquidadas em caixa. (CPC 10 [R1])

3.3 Pagamento baseado em ações liquidado com a entrega de instrumentos patrimoniais ou caixa

Em operações com pagamento baseado em ações cujos termos do acordo facultem à entidade ou à contraparte a opção de escolher se a liquidação será em caixa (ou mesmo outros ativos) ou, ainda, por meio da emissão de instrumentos patrimoniais, a entidade deve contabilizar essas transações como sendo de liquidação em caixa se a entidade tiver incorrido em passivo para ser liquidado em caixa ou outros ativos, ou como transação com liquidação em instrumentos patrimoniais se nenhum passivo tenha sido incorrido pela entidade.

No caso de a contraparte ter direito de escolha da forma de liquidação, a entidade terá outorgado um instrumento financeiro composto, o qual apresenta um componente de dívida (ou seja, o direito de a contraparte requerer o pagamento em caixa) e um componente de patrimônio líquido (ou seja, o direito de a contraparte demandar a liquidação em instrumentos patrimoniais em vez de caixa).

Nessa situação em que a operação não seja com empregados, por meio da qual o valor justo dos produtos ou serviços recebidos é diretamente mensurado, a entidade deve mensurar o componente de patrimônio líquido do instrumento financeiro composto pela diferença entre o valor justo dos produtos ou serviços recebidos e o valor justo do componente de dívida, na data em que os produtos ou serviços forem recebidos.

Já na situação em que entidade tem a escolha da forma de liquidação, ela deve avaliar se tem obrigação de liquidar em caixa e contabilizar a transação dessa forma; geralmente isso ocorre pelo fato de as ações ou opções não terem substância comercial, por exemplo no caso de a entidade estar legalmente proibida de emitir ações, ou caso seja sua prática liquidar em caixa sempre quando a contraparte solicitar.

3.4 Divulgações dos pagamentos baseados em ações

A entidade deve divulgar informações que permitam aos usuários das demonstrações financeiras entender a natureza e a extensão dos acordos com pagamento baseado em ações que existiram durante o período, sendo, no mínimo:

(a) descrição de cada tipo de acordo com pagamento baseado em ações que vigorou em algum momento do período, incluindo, para cada acordo, os termos e condições gerais, tais como os requisitos de aquisição de direito, o prazo máximo das opções outorgadas e o método de liquidação (por exemplo, se em caixa ou em instrumentos patrimoniais). A entidade com tipos substancialmente similares de acordos com pagamento baseado em ações pode agregar essa informação, a menos que a divulgação separada para cada acordo seja necessária para atender ao princípio contido no item 44;

(b) a quantidade e o preço médio ponderado de exercício das opções de ações para cada um dos seguintes grupos de opções:
  (i) em circulação no início do período;
  (ii) outorgadas durante o período;
  (iii) com direito prescrito durante o período;
  (iv) exercidas durante o período;
  (v) expiradas durante o período;
  (vi) em circulação no final do período; e
  (vii) exercíveis no final do período;

(c) para as opções de ações exercidas durante o período, o preço médio ponderado das ações na data do exercício. Se as opções forem exercidas em base regular durante todo o período, a entidade pode, em vez disso, divulgar o preço médio ponderado das ações durante o período;

(d) para as opções de ações em circulação no final do período, a faixa de preços de exercício e a média ponderada da vida contratual remanescente. Se a faixa de preços de exercício for muito ampla, as opções em circulação devem ser divididas em faixas que possuam um significado para avaliar a quantidade e o prazo em que ações adicionais possam ser emitidas e o montante em caixa que possa ser recebido por ocasião do exercício dessas opções. (CPC 10 [R1], item 45)

Dessa forma, o objetivo é de que a organização divulgue informações que permitam aos usuários das demonstrações financeiras entender como foi determinado o valor justo dos produtos ou serviços ou dos instrumentos patrimoniais outorgados, bem como os efeitos que as transações desse tipo geraram na posição patrimonial e financeira da empresa.

PARA REFLETIR...

Quais informações importantes devem ser divulgadas sobre as operações de pagamento baseado em ações?

A entidade deve divulgar informações que permitam aos usuários das demonstrações financeiras entender os efeitos das transações com pagamento baseado em ações sobre os resultados do período da entidade e sobre sua posição patrimonial e financeira. Conforme CPC 10 (R1), item 51, "a entidade deve divulgar no mínimo o que segue":

(a) o total da despesa reconhecida no período decorrente de transações com pagamento baseado em ações por meio das quais os produtos ou os serviços recebidos não tenham sido qualificados para reconhecimento como ativos e, por isso, foram reconhecidos imediatamente como despesa, incluindo a divulgação em separado de parte do total das despesas que decorre de transações contabilizadas como transações com pagamento baseado em ações liquidadas em instrumentos patrimoniais;

(b) para os passivos decorrentes de transações com pagamento baseado em ações:
  (i) saldo contábil no final do período; e
  (ii) valor intrínseco total no final do período dos passivos para os quais os direitos da contraparte ao recebimento em caixa ou em outros ativos tenham sido adquiridos (had vested) ao final do período (como, por exemplo, os direitos sobre a valorização das ações concedidas que tenham sido adquiridos).

3.5 Benefícios de curto prazo a empregados

Benefícios de curto prazo aos empregados incluem itens como os apresentados anteriormente, desde que se espere que sejam integralmente liquidados em até doze meses após o período a que se referem as demonstrações financeiras em que os empregados prestarem os respectivos serviços.

Quando o empregado tiver prestado serviços para a organização durante o período contábil de apuração, a entidade deve reconhecer o montante não descontado dos benefícios de curto prazo aos empregados, que se espera sejam pagos, em troca desse serviço:

(a) como passivo (despesa acumulada), após a dedução de qualquer quantia já paga. Se a quantia já paga exceder o valor não descontado dos benefícios, a entidade deve reconhecer o excesso como ativo (despesa paga antecipadamente), desde que a despesa antecipada conduza, por exemplo, a uma redução dos pagamentos futuros ou a uma restituição de caixa;

(b) como despesa, salvo se outro Pronunciamento Técnico exigir ou permitir a inclusão dos benefícios no custo de ativo (ver, por exemplo, os Pronunciamentos Técnicos CPC 16 – Estoques e CPC 27 – Ativo Imobilizado). (CPC 33 [R1], item 11)

A empresa deve reconhecer o custo esperado de benefícios de curto prazo do tipo de licenças remuneradas, podendo ser do tipo cumulativo, quando o serviço prestado pelos empregados aumenta seu direito a ausências remuneradas futuras e não cumulativas, quando as ausências ocorrerem.

No caso de lucros e bônus, deve ser reconhecido o custo esperado de pagamento quando a entidade tiver a obrigação legal desse pagamento ou a obrigação puder ser estimada de maneira confiável. Somente existe uma obrigação presente quando não há alternativa a não ser efetuar os pagamentos.

Em alguns planos de participação nos lucros, os empregados recebem uma parcela do lucro somente se permanecerem na entidade durante determinado período. Tais planos criam uma obrigação à medida que os empregados prestam serviço, que aumenta a quantia a ser paga se permanecerem na entidade até o final do período especificado. Assim como no caso do pagamento baseado em ações, sua mensuração deve considerar a possibilidade de alguns empregados se desligarem e não receberem a participação no lucro por não cumprirem os requisitos.

A entidade pode não ter obrigação legal de pagar bônus. Entretanto, se ela adota essa prática, então possui uma obrigação, pois não tem alternativa a não ser pagar a bonificação, também considerando os eventuais casos de não pagamento aos funcionários que não adquiriram o direito.

3.6 Benefícios pós-emprego

Benefícios pós-emprego podem ser dos seguintes tipos:

(a) benefícios de aposentadoria (por exemplo, pensões e pagamentos únicos por ocasião da aposentadoria); e
(b) outros benefícios pós-emprego, tais como seguro de vida e assistência médica pós-emprego. (CPC, 33 [R1], item 26)

Esses tipos de planos de benefício pós-emprego podem ser classificados como planos de contribuição definida ou de benefício definido, dependendo de seus termos e condições. Conforme o CPC 33 (R1):

> 28. Nos planos de contribuição definida, a obrigação legal ou construtiva da entidade está limitada à quantia que ela aceita contribuir para o fundo. Assim, o valor do benefício pós-emprego recebido pelo empregado deve ser determinado pelo montante de contribuições pagas pela entidade patrocinadora (e, em alguns casos, também pelo empregado) para um plano de benefícios pós-emprego ou para uma entidade à parte, juntamente com o retorno dos investimentos provenientes das contribuições. Em consequência, o risco atuarial (risco de que os benefícios sejam inferiores ao esperado) e o risco de investimento (risco de que os ativos investidos venham a ser insuficientes para cobrir os benefícios esperados) recaem sobre o empregado.

Em casos de plano multiempregador (mais de uma empresa que compõe um mesmo plano), ou de plano público de previdência social, estes podem ser do tipo plano de contribuição definida ou plano de benefício definido, de acordo com os termos do plano.

PARA REFLETIR...

Qual a diferença entre os planos de contribuição definida e de benefício definido?

Em geral, a diferença entre os planos é que naqueles com contribuição definida a entidade se compromete apenas com o pagamento da contribuição estabelecida para a formação do benefício, por exemplo, plano de saúde ou fundo de aposentadoria, sem nenhuma obrigação adicional.

Caso a entidade se comprometa a garantir um tipo de benefício ao empregado em que ela assume a possibilidade de pagamentos adicionais, então este é um plano de benefício definido.

Atualmente, dados os riscos atuariais decorrentes da incerteza sobre os potenciais passivos que podem ser gerados, as empresas têm optado por benefícios do tipo contribuição definida, uma vez que não gera passivos e, consequentemente, potenciais pagamentos futuros.

3.6.1 Planos de contribuição definida

A contabilização dos planos de contribuição definida é direta, porque a obrigação da entidade patrocinadora relativa a cada exercício é determinada pelos montantes a serem contribuídos no período, não sendo necessárias premissas atuariais para mensurar a obrigação ou a despesa, e não há possibilidade de qualquer ganho ou perda atuarial.

Quando o empregado tiver prestado serviços à entidade durante o período, a entidade deve reconhecer a respectiva obrigação para com o plano de contribuição definida em troca desses serviços:

> (a) como passivo (despesa acumulada), após a dedução de qualquer contribuição já paga. Se a contribuição já paga exceder a contribuição devida relativa ao serviço prestado antes do período contábil a que se referem as demonstrações contábeis, a entidade deve reconhecer esse excesso como ativo (despesa antecipada), na medida em que as antecipações conduzirão, por exemplo, a uma redução nos pagamentos futuros ou em um reembolso em dinheiro; e
>
> (b) como despesa, a menos que outro Pronunciamento exija ou permita a inclusão da contribuição no custo de ativo (ver, por exemplo, os Pronunciamentos Técnicos CPC 16 – Estoques e CPC 27 – Ativo Imobilizado). (CPC 33 [R1], item 51)

A entidade deve divulgar o montante reconhecido como despesa para os planos de contribuição definida, gerando apenas despesa no período em que ocorre.

3.6.2 Planos de benefício definido

Nesse tipo de plano, a contabilização é mais complexa, pois são necessárias premissas atuariais para mensurar a obrigação e a despesa do plano, existindo a possibilidade de ganhos e perdas atuariais. Além disso, as obrigações são mensuradas ao seu valor presente, porque, em geral, podem ser liquidadas muitos anos após a prestação dos serviços pelos empregados. Conforme CPC 33 (R1):

> 56. Planos de benefício definido podem não ter fundo constituído ou podem ser total ou parcialmente cobertos por contribuições da entidade e, algumas vezes, dos seus empregados, para a entidade ou fundo legalmente separado da entidade patrocinadora, e a partir do qual são pagos os benefícios a empregados. O pagamento dos benefícios concedidos depende não somente da situação financeira e do desempenho dos investimentos do fundo, mas também da capacidade e do interesse da entidade de suprir qualquer insuficiência nos ativos do fundo. Portanto, a entidade assume, na essência, os riscos atuariais e de investimento associados ao plano. Consequentemente, a despesa reconhecida de plano de benefício definido não é necessariamente o montante da contribuição devida relativa ao período.

A contabilização de planos desse tipo segue as etapas a seguir:

1. Determinar o déficit ou superávit a partir de técnicas atuariais, utilizando o método de crédito unitário projetado, de forma a determinar o quanto do benefício deve ser atribuível aos períodos corrente e anteriores utilizando estimativas sobre variáveis demográficas (tais como rotatividade e mortalidade de empregados) e variáveis financeiras (tais como futuros aumentos nos salários e nos custos médicos), que afetarão o custo do benefício.

2. Depois, deve ser descontado o benefício para determinar o valor presente da obrigação e o custo do serviço. Em seguida, é deduzido o valor justo dos ativos do plano do valor presente da obrigação de benefício definido, visando identificar o valor líquido de passivo, caso o saldo das obrigações seja superior ao dos ativos, ou de ativo quando os ativos sejam superiores às obrigações esperadas, sendo essa diferença um valor de déficit ou superávit determinado e ajustado por qualquer efeito de limitação de ativo líquido ao teto de ativo (*asset ceiling*).

3. Posteriormente, são determinados os valores a serem reconhecidos em resultado:
   - Custo do serviço corrente.
   - Qualquer custo do serviço passado e ganho ou perda na liquidação.
   - Juros líquidos sobre o valor líquido de passivo (ativo) de benefício definido.

4. E, por fim, determinam-se as remensurações do valor líquido de passivo (ou ativo), a serem reconhecidas em outros resultados abrangentes, compreendendo:
   - Ganhos e perdas atuariais.
   - Retorno sobre os ativos do plano, excluindo valores considerados nos juros líquidos sobre o valor líquido de passivo (ou de ativo) de benefício definido.
   - Qualquer mudança no efeito do teto de ativo (*asset ceiling*), excluindo os valores considerados nos juros líquidos sobre o valor líquido de passivo (ou de ativo).

Quando a entidade obtiver um superávit no plano de benefício definido, ela deve mensurar o valor líquido de ativo como sendo o menor dentre:

(a) o superávit no plano de benefício definido; e
(b) o teto de ativo (*asset ceiling*), determinado pela aplicação da taxa de desconto especificada [...]. (CPC 33 [R1], item 64)

Quanto à divulgação, a entidade deve divulgar informações que:

(a) expliquem as características de seus planos de benefício definido e os riscos a eles associados [...];
(b) identifiquem e expliquem os montantes em suas demonstrações contábeis decorrentes de seus planos de benefício definido [...]; e
(c) descrevam como seus planos de benefício definido podem afetar o valor, o prazo e a incerteza dos fluxos de caixa futuros da entidade [...]. (CPC 33 [R1], item 135)

3.6.3 Outros benefícios de longo prazo a empregados

Conforme o item 153 do CPC 33 (R1), outros benefícios incluem:

(a) ausências remuneradas de longo prazo, como, por exemplo, licença por tempo de serviço ou licença sabática;
(b) jubileu ou outros benefícios por tempo de serviço;
(c) benefícios de invalidez de longo prazo;
(d) participação nos lucros e bônus; e
(e) remuneração diferida.

A mensuração desses outros benefícios normalmente não está sujeita ao mesmo grau de incerteza que a mensuração de benefícios pós-emprego; por isso, a norma requer um método simplificado de contabilização, sem remensurações em outros resultados abrangentes.

3.7 Benefícios de desligamento

Esse tipo de benefício rescisório é tratado separadamente, pois seu fato gerador é a rescisão do contrato de trabalho e não a prestação do serviço pelo empregado, não incluindo benefícios aos empregados decorrentes da rescisão do contrato de trabalho a pedido do empregado sem uma oferta da entidade, ou como resultado de aposentadoria compulsória, uma vez que esses benefícios são benefícios pós-emprego. Conforme CPC 33 (R1), item 160:

[...] Algumas entidades fornecem um nível menor de benefício para rescisão do contrato de trabalho a pedido do empregado (na essência, benefício pós-emprego) do que para a rescisão do contrato de trabalho a pedido da entidade. A diferença entre o benefício fornecido pela rescisão do contrato de trabalho a pedido do empregado e o benefício maior fornecido por rescisão a pedido da entidade constitui benefício rescisório.

Em geral, esse tipo de benefício possui pagamento em parcela única, mas, algumas vezes, inclui também:

(a) melhoria de benefícios pós-emprego, seja indiretamente, por meio de plano de benefícios aos empregados, ou diretamente;
(b) salário até o final do período de aviso específico, se o empregado não mais prestar serviços que proporcionem benefícios econômicos à entidade. (CPC 33 [R1], item 161)

DESTAQUES FINAIS

A existência de pacotes de benefícios a empregados é uma estratégia importante na gestão de pessoas e no alinhamento de objetivos organizacionais; porém, devido a condições impostas no tipo de relacionamento entre empresas e empregados, existem, em geral, incertezas sobre a realização dos pagamentos decorrentes desses benefícios, uma vez que as condições são impostas previamente e estão sujeitas a condições mercadológicas, como a variação do preço das ações no pagamento baseado em ações, ou a premissas atuariais, em benefícios que envolvem pós-emprego ou planos de saúde.

Dessa forma, a contabilidade deve atender à necessidade de seus usuários, proporcionando uma informação que dimensione o valor justo do benefício que será dado aos empregados no pagamento baseado em ações, bem como na expectativa de seu desembolso e, principalmente, no reconhecimento da competência conforme essas despesas são incorridas ao longo do período em que o direito é adquirido.

Já no caso dos benefícios a empregados, especialmente na situação em que o benefício é do tipo "benefício definido", existe um alto grau de incerteza se o fundo atuarial existente por meio dos ativos será suficiente para atender às expectativas de desembolsos futuros (passivos), por isso a importância da aplicação do adequado método de mensuração e o reconhecimento do déficit ou superávit, para que um possível rombo (déficit) não seja acumulado ao longo do tempo até que se torne comprometedor para a entidade e não seja reconhecido adequadamente quanto à sua competência.

RESUMO

- Pagamento baseado em ações é uma forma de as empresas gerarem alinhamento de objetivos com seus empregados por meio de remuneração variável.
- O pagamento baseado em ações pode ser realizado com a emissão/compra de ações, com o uso de opções de compra ou ainda com o pagamento em dinheiro.
- Em geral, existem cláusulas para a obtenção do direito do empregado a esse recebimento.

- Os planos de benefícios a empregados também são uma forma de compensação aos empregados, porém, na sua aposentadora.
- Os planos de benefício podem ser de contribuição definida, mais comum, em que a empresa se compromete a contribuir com uma parte, ou de benefícios definidos, em que a empresa se compromete a manter um determinado benefício na aposentadoria.
- Ambas as normas estão relacionadas com remuneração de empregados e possuem alguma subjetividade na definição da obrigação a ser paga.

EXERCÍCIOS PROPOSTOS

QUESTÃO 1: Discuta a situação a seguir e elabore novas situações com base em casos de que tenha conhecimento, e discuta esse mesmo problema de reconhecimento.

> Uma empresa possui um pacote de remuneração variável para sua diretoria, baseada em metas, por meio do pagamento baseado em ações, cujo pagamento é efetivamente realizado com a entrega das ações, em que não é possível estabelecer o valor justo dos serviços prestados pela diretoria devido a sua alta especificidade, já que a função dos diretores dificilmente encontra paralelo para contratação no mercado. Como deve ser o tratamento contábil de reconhecimento dessa transação?

QUESTÃO 2: É comum que as empresas – especialmente grandes empresas – possuam planos de participação nos lucros e bônus para seus empregados. Dessa forma, responda:

- Qual o tratamento contábil caso a empresa não tenha obrigação legal de pagar participação nos lucros ou bônus aos seus empregados, porém adota essa prática?
- Como fica a situação em que a empresa apenas distribui esse benefício aos empregados que permanecem na empresa durante certo período de tempo?

Posteriormente, discuta outras situações em que a prática de planos de participação nos lucros e bônus ocorra.

QUESTÃO 3: A empresa Alpha IFRS estabelece em 1º de janeiro de 20x2, por meio de seu conselho de administração, um benefício de pagamento baseado em ações aos seus 30 diretores, dando o direito de 1.000 opções de compra de ações por $ 15 cada uma em 31 de dezembro de 20x3, sujeitas à condição de permanência no cargo até 31 de dezembro de 20x3 e de que a cotação das ações de Alpha IFRS seja pelo menos de $ 20 por ação. O valor nominal de cada ação é $ 1. A seguir, são apresentadas algumas informações adicionais.

- Em 1º de janeiro de 20x2, o conselho de administração estima que 6 diretores irão se desligar durante o período de acumulação do direito. Durante o ano de 20x2, dos 30 diretores, 4 se desligaram; assim, o conselho revisou sua estimativa e agora espera que mais 4 diretores se desliguem durante o ano de 20x3.
- Em 1º de janeiro de 20x2, as ações da Alpha IFRS estavam cotadas a $ 15. Durante 2012, a cotação das ações se elevou para $ 19. O conselho está confiante de que a cotação em 31 de dezembro de 20x3 superará $ 20 por ação.
- Em 1º de janeiro de 20x2, o conselho estimou o valor justo das opções em $ 10, e em 31 de dezembro de 20x2 a estimativa aumentou para $ 12.

Sobre as demonstrações financeiras de 31 de dezembro de 20x3, o número de diretores que se desligaram mostrou-se correto. E, ainda, 20 dos diretores exerceram seus direitos em 31 de dezembro de 20x3.

Pede-se: a contabilização do plano de pagamento baseado em ações em 31 de dezembro de 20x2 e 20x3.

QUESTÃO 4: Conforme o Pronunciamento Técnico CPC 33 (R1) – Benefícios a Empregados, em que consiste um plano de benefício definido? Explique sua forma de contabilização.

QUESTÃO 5: Nas transações de pagamento baseado em ações liquidadas em dinheiro, a entidade irá mensurar o passivo pelo seu valor justo do passivo. Explique como se dá o reconhecimento e mensuração dessa operação e apresente um exemplo.

BIBLIOGRAFIA SUGERIDA

BRF. *Demonstrações Financeiras 2018*. Disponível em: https://ri.brf-global.com/informacoes-financeiras/resultados-trimestrais/. Acesso em: 02 nov. 2020.

COMITÊ DE PRONUNCIAMENTOS CONTÁBEIS (CPC). *Pronunciamento técnico CPC 10 (R1) – Pagamento Baseado em Ações*. Brasília: CPC, 2010. Disponível em: http://static.cpc.aatb.com.br/Documentos/211_CPC_10_R1_rev%2014.pdf. Acesso em: 17 set. 2020.

COMITÊ DE PRONUNCIAMENTOS CONTÁBEIS (CPC). *Pronunciamento técnico CPC 33 (R1) – Benefícios a Empregados*. Brasília: CPC, 2012. Disponível em: http://static.cpc.aatb.com.br/Documentos/350_CPC_33_R1_rev%2013.pdf. Acesso em: 17 set. 2020.

ÍNDICE ALFABÉTICO

A

Abordagem
    de custo, 57
    de mercado, 57
    de receita ou lucros futuros, 57
Accounting mismatch, 30
Accrual
    accounting, 21, 182
    basis, 21
Ações, 309, 316, 389
    em tesouraria, 284, 351
Adoção
    das normas IFRS no Brasil, 8
    inicial das normas
        contábeis, 372
        internacionais de contabilidade e políticas contábeis, mudanças de estimativa e retificação de erro, 371
Adquirente, 218
Ajuste(s)
    a valor presente (AVP), 47
        procedimentos contábeis do, 52
    das demonstrações em virtude de eventos subsequentes, 196
    de avaliação patrimonial, 14, 26
Alocação
    de custos fixos indiretos às unidades produzidas, 152
    do preço
        aos ativos e passivos, 217
        da transação à obrigação de desempenho, 146
Ambev, 243
Amortização, 83, 131, 281
    para intangíveis de vida útil limitada, 80
Análise de sensibilidade, 348
Antecipado, 40
Aplicações financeiras, 24
Apresentação
    das demonstrações
        contábeis, 383
        financeiras, 159, 160
    das informações por segmento, 205
    de instrumentos financeiros, 349
Arbitrador, 318
Arrendador, 132
Arrendamento(s), 123, 124, 125
    em um contrato, 127
    mercantis, 81, 389
    operacional, 72, 133
Assimetria de informação, 5
Atividade agrícola, 89, 96
Ativo(s), 10, 24
    atrelados ao câmbio, 316
    biológico, 87, 88, 89, 388
        da entidade, 90
    circulante, 24, 162
    classificados como não circulantes para venda, 207
    contingentes, 113, 116, 118
    de contas a receber, 10
    de direito de uso, 125
    de renda fixa, 315
    financeiro, 337, 350
        classificação de, 334
        mensurados pelo valor justo pelo resultado, 353
    fiscal diferido, 291
        reconhecimento, 295
    imobilizado, 65, 68, 90, 218, 388
    intangível, 77, 78, 79, 387
    mantido para venda, 204
    não circulante, 25, 162
        mantido para venda, 201, 202, 235
        para venda classificação de, 204
    realizável em longo prazo, 25
Atribuição de custos, 153
Aumento
    de ativo, 190
    de passivo, 190

Avaliação
  a custo, 66
  a valor justo, 66
  de derivativos, 324

B

Balanço patrimonial, 162, 353, 383
Banco Central
  do Brasil, 8
  no mercado financeiro, 304
Benefícios
  a empregados, 393
  de curto prazo a empregados, 396
  de desligamento, 398
  de longo prazo a empregados, 398
  pós-emprego, 396
Berkshire Hathaway, 263
Big bath accounting, 7

C

Caixa(s), 183
  e equivalentes de caixa, 24
Câmbio, 311
Capacidade de verificação, 22
Capital, 173
  social, 26, 284
Certificados de depósito bancário (CDBs), 316
Cessação da depreciação ou amortização, 207
Ciência contábil, 8
Clientes, 24, 138
Coligadas, 231
Combinações de negócios, 213, 215, 264, 284, 386
Comitê de Pronunciamentos Contábeis (CPC), 7
Comparabilidade, 22
Compensação de ativo e passivo financeiro, 352, 354
Componente de financiamento, 146
Compra(s)
  e vendas a prazo, 52
  vantajosa, 220, 236
Compreensibilidade, 23
Compulsórios, 305
Conceitos contábeis, 3
Confiabilidade da mensuração, 27
Conjunto de políticas contábeis, 373
Consistência da apresentação, 161
Contabilidade, 5, 6
  conceitos fundamentais de, 9
  de *hedge*, 332, 338, 355, 387
    critérios de qualificação para, 339
  de instrumentos, 329
    financeiros, 302, 347
  para pequenas e médias empresas, 381
Contabilização das relações de proteção, 340
Contas do passivo, 25
Contraprestação variável, 145
Contrato(s)
  a termo, 302, 318
  de arrendamento, 125
  de *swaps*, 319
  futuros, 302, 318
Controladas, 231
Controlado em conjunto, 231

Controladora, 248
Controle
  adquirido em estágios, 216
  de reservas bancárias, 305
  do ativo, 142
  indireto, 249
  sobre a controlada, 248
Conversão
  da obrigação em item do patrimônio líquido, 26
  das demonstrações
    contábeis, 386
    financeiras, 361
      em moeda de apresentação, 365
Corrupção, 374
Credit default swap (CDS), 336
Credores, 4, 7, 19
Custo(s), 280
  amortizado, 11, 331, 334, 338
  conjuntos, 152
  corrente, 29
  de aquisição dos estoques, 151
  de empréstimos, 123, 126, 133, 389
  de itens específicos, 152
  de transformação de estoques, 151
  do ativo intangível, 83
  histórico, 28
    depreciado ou amortizado, 11
  indiretos de produção, 151
  médio ponderado, 153
  para cumprir o contrato, 150

D

Dados
  não observáveis, 57
  observáveis, 57
Data de aquisição, 218
Debêntures, 315
Declaração do presidente, 115
Decreto-lei 1.598/1977, 8
Demonstração(ões)
  combinadas, 385
  consolidadas, 234, 243, 246
  das mutações do patrimônio líquido, 167, 195
  de lucros e prejuízos acumulados, 384
  do resultado
    abrangente (DRA), 195, 355, 384
    do exercício (DRE), 165, 383
    do período, 163, 355
  do valor adicionado (DVA), 159, 170, 173
  dos fluxos de caixa, 167, 181, 384
  financeiras, 23, 159, 193
    apresentação das, 160
    consolidação das, 250
    elementos das, 24
    frequência de apresentação de, 160
    individuais da controladora, 266
    objetivo das, 20, 159
  individuais, 263, 269
  intermediária, 193, 194, 195
  retrospectiva, 161
  separadas, 234, 263, 268, 385
Depreciação, 68, 281

acumulada, 293
   e gastos de administração da fábrica, 151
Derivativo, 316
   embutido, 337
Desenvolvimento, 82
Despesa(s), 13, 27, 34, 290
   antecipadas, 25
   operacionais, 281
   tributária
      corrente, 291
      diferida, 292
Desreconhecimento, 27, 334
Destinações do lucro, 26
Determinação do preço da transação, 144, 145
Diferenças temporárias em agrupamentos de entidades, 297
Diferenciação, 72
Diferido, 25, 40
Disponíveis para venda, 331
Distribuição de lucros e juros sobre capital próprio, 284
Dividendos, 351
Divulgação(ões), 120
   de informações, 239
   de políticas contábeis, 170
   dos pagamentos baseados em ações, 395
   no arrendatário, 129
Duração, 40
   indeterminada, 43

E

Elaboração
   das demonstrações financeiras em moeda funcional, 363
   e divulgação de relatório financeiro, 19
Eliminação de investimento, 250
Emissão de papel-moeda, 305
Empresas
   coligadas, 231
   controladas, 231
   de pequeno e médio porte, 382
Empréstimos, 52, 331
   de liquidez, 305
   e financiamentos, 26
Endividamento da entidade, 125, 126
Entidade, 23, 73
   de reporte, 23
Equidade, 6
Equivalentes de caixa, 183
Erros, 373
Especulador, 318
Estimativas, 373
Estoques, 24, 150
   de produtos agrícolas, 95
   e custos, 149
Estrutura conceitual para relatório financeiro, 9, 17, 18, 21
Evento
   passado, 116, 117
   subsequente, 193
Evidenciação
   de instrumentos financeiros, 349
   dos efeitos das taxas de câmbio e conversão, 369
   em notas explicativas, 197
Evolução da riqueza, 10
Exaustão, 281

F

Fair value, 47
Fator de valor
   futuro, 41
   presente, 41
*Financial instruments
   disclosures*, 353
   presentation, 349
Financiamento(s), 52
   fora do balanço, 126
Fisco, 7
Fluxo(s)
   de caixa, 14
      contratual, 331
      de financiamento, 182
      de investimento, 182
      em moeda estrangeira, 190
      operacional, 182
   não periódicos, 44
Fontes da incerteza das estimativas, 173
Fornecedores, 25
Fraude contábil, 374
Futuro, 302, 317
   da entidade, 4

G

Ganho, 34, 351
Gastos com pesquisa, 82
Gerenciamento de risco cambial, 329
Gestores, 4
Goodwill, 12, 81, 220, 236, 284, 295, 388
Governança corporativa, 3, 5, 6
Governo, 4, 20

H

Hedge, 318
   com futuros, 323
   com opções de compra, 324
   de fluxo de caixa, 329, 330, 333, 340
   de investimento
      líquido em operações no exterior, 343
      no exterior, 333
   de valor justo, 333, 340
   tipo de, 340
Hedger, 318
Hierarquia do valor justo, 57

I

Ibovespa, 310
Identificação
   da obrigação de desempenho, 141
   do contrato, 140
      de arrendamento, 127
Imobilizado, 25, 73
Impairment, 102, 283, 332
Imposto(s)
   a pagar (ou a recolher), 26
   de renda diferido, 81
Incentivos fiscais, 285
Incerteza das estimativas, 173
Indicações da perda por *impairment*, 103

Índice preço/lucro (*P/L*), 310
Inflação, 34, 40
Influência significativa, 234
Informação(ões), 23
    acerca dos recursos econômicos da entidade, 20
    comparativa, 161
    contábil, 3, 9
    contábil-financeira, 19
        características qualitativas da, 21
    de nível
        1, 58
        2, 58
        3, 59
    financeira, 4
    gerais, 206
    por segmento, 201
    sobre área geográfica, 207
    sobre lucro ou prejuízo, ativo e passivo, 206
    sobre os principais clientes, 207
    sobre produto e serviço, 207
Instrumento(s)
    de *hedge*, 339, 340
    derivativos, 302
    financeiros, 234, 268, 302, 315, 330, 350, 353, 386
        com opção de venda classificados no patrimônio líquido, 173
        compostos, 352
        de dívidas ou de patrimônio, 318
    patrimoniais, 351, 352
Intangível, 25, 77, 79
    resultante da fase de desenvolvimento, 83
International
    Accounting Standards Board (Iasb), 8
    Financial Reporting Standards (IFRS), 7
Investida, 233
Investidora, 233
Investidores, 7, 19
Investimento(s), 25, 283
    em coligada(s), 264, 265
        controladas e *joint ventures*, 231, 235, 265
    em empreendimento controlado em conjunto, 265
        apresentado em demonstração separada, 265
    em instrumentos patrimoniais, 183
        designado ao valor justo por outros resultados abrangentes, 354
    mantido por entidades de investimento, 265
    tratado como ativo financeiro, 265
Itens
    monetários, 364
    não monetários, 364
    objeto de *hedge*, 339

J
Joint ventures, 231
Juros, 351
    compostos, 37
    simples, 35

L
Leaseback, 133
Lei
    6.404/1976, 8, 26, 49
    11.638/2007, 25, 26, 49, 71
    11.941/2009, 26
    12.973/2014, 80
Letras financeiras, 316
Lucro, 14, 34
    arbitrado, 278, 279
    contábil para divulgação maior, 7
    na legislação tributária brasileira, 279
    presumido, 278
    real, 278, 279
    tributável, 290
        menor, 7

M
Manipulação da informação contábil, 6
Mantidos até o vencimento, 331
Margem, 318
Matemática financeira, 33
Materialidade, 21
Mecanismos de governança internos à empresa, 6
Medida de valor justo, 101
Mensuração, 28, 337
    a valor justo, 72
    contábil, 33
    das receitas, 144
    de arrendamento, 129
    de ativo(s), 8, 11
        biológico, 91, 95
        e passivos fiscais diferidos, 298
    de estoque, 151
    de intangível, 80
    de produto agrícola, 94, 96
    de provisão, 118
    de valor
        em uso, 105, 106
        justo, 50, 56, 218
Mercado(s)
    de câmbio, 304
    de opções, 321
    de títulos patrimoniais, 303
    financeiro, 301, 304
    futuros, 319
    monetário, 304
Método(s)
    de equivalência patrimonial, 235
    de insumos, 143
    de união de participações, 217
    PEPS, 153
    UEPS, 153
Modelo(s)
    de negócio, 332
    de tributação do lucro no Brasil, 278
Moeda(s)
    definições de, 362
    funcional, 362
Mudança(s)
    das taxas de câmbio, 361
    de estimativa, 371
    na política contábil, 161

N

Não periódico, 40
Negociabilidade, 310
Normas contábeis, 5, 7
    IFRS, 7
        adoção, 8
Normatizador, 73
Notas promissórias, 316

O

Objeto de *hedge*, 340
Obrigação
    de desempenho, 142
    não formalizada, 115
Opção(ões), 302, 317
    de compra, 321
    de venda, 173, 322
Open market, 305
Operação(ões)
    com títulos públicos no mercado aberto, 305
    de arrendamento, 123
        mercantil, 52
    de combinação de empresas, 214
    de fusões e aquisições, 213
    de *hedge*, 323
    descontinuadas, 201, 202, 205, 235
    financeiras, 52
Outros resultados abrangentes, 14

P

Pagamento(s)
    baseado em ações, 391, 392
        e benefícios a empregados, 391
        liquidadas
            com entrega de instrumentos patrimoniais, 393, 395
            em caixa, 394
    contingentes, 131
    do arrendamento, 130
    em caixa, 26
    mínimos, 131
Participação
    de acionistas não controladores na entidade adquirida, 219
    dos não controladores, 250
Passado da entidade, 4
Passivo, 12, 24, 25, 114
    circulante, 25, 163
    contingente, 113, 114, 115, 118
    decorrentes, 114
    financeiro, 337, 351, 352
        classificação de, 336
    fiscal diferido, 290
    não circulante, 26
    reconhecido, 115
Patrimônio, 9
    líquido, 9, 24, 173
Pequenas e médias empresas (PMEs), 381
Perdas, 351
Periodicidade, 40
    do reconhecimento, 198
Periódico, 40
Período
    antecipado, 42
    de ocorrência, 40
    diferido, 43
Permuta, 146
Pesquisa, 82
Planos
    de benefícios
        definido, 397
        a empregados, 81, 392
    de contribuição definida, 397
Políticas contábeis, 371, 373
Posição patrimonial e financeira da entidade, 20
Postecipado, 40
Poupador de recursos, 34
Poupança, 315
Prática fraudulenta, 374
Prazo de arrendamento, 129, 128
Preço de transação, 144
Prejuízo(s)
    acumulados, 26, 284
    fiscal, 290
Presença, 310
Present value, 47
Prestação
    de contas, 6
    de serviços, 26
Primeiro a entrar, primeiro a sair (PEPS), 153
Probabilidade de futuros benefícios econômicos, 27
Problema da informação potencialmente enganosa, 22
Procedimentos
    contábeis do ajuste a valor presente, 52
    para a adoção inicial de IFRS, 374
    relativos às mudanças de políticas contábeis, estimativas e erro, 376
Processo de mensuração de ativos não financeiros, 51
Produto agrícola, 87, 88, 89
Pronunciamento
    conceitual básico, 17
    técnico CPC, 195
Propriedade para investimento, 65, 68, 72, 388
Provisão(ões), 113, 114, 282
    para perda com crédito, 355

Q

Quotas em tesouraria, 389

R

Recebíveis, 331
Receita(s), 13, 26, 139, 280
    constante, 138
    de contratos com clientes, 137
    recebidas sazonal, cíclica ou ocasionalmente, 198
Reclassificação, 161, 338, 354
Reconhecimento, 27, 334
    de arrendamento, 129
    de ativo(s)
        biológico, 91
        fiscais diferidos, 295
    de estoque, 151
    de intangíveis, 79
    de passivos fiscais diferidos, 294
    de produto agrícola, 94

de provisão, 116, 117
de receita, 143
　com clientes, 139
do resultado, 298
e mensuração
　de ativos e passivos identificáveis, 218
　do ágio, 220
Recursos econômicos da entidade, 20
Redesconto, 305
Redução
　ao valor recuperável dos ativos, 99
　de ativo, 190
　de passivo circulante, 190
Regime de competência, 21
Reivindicações contra a entidade, 20
Relatório financeiro, 19
Relevância, 21
Renda
　fixa, 306
　variável, 309, 316
Representação fidedigna, 21
Reserva(s)
　de capital, 26, 284
　estatutária, 26
　legal, 26
　para contingências, 26
Responsabilidade corporativa, 6
Resultados, 13
　não operacionais, 283
Retificação de erro, 371
Reversão da perda por *impairment*, 107
Risco(s), 33, 356
　de crédito, 356
　de descumprimento, 52
　de liquidez, 357
　de mercado, 357

S

Salários a pagar, 25
Satisfação da obrigação de desempenho, 140, 142
Segmentação, 203
Segmento operacional, 203
Séries de capitais, 40
　convencionais, 40
　não convencionais, 42
Simples Nacional, 278
Stakeholders, 4, 20
Subavaliação do lucro, 7
Substituição da obrigação por outra, 26
Subvenções governamentais, 388
Superavaliação dos estoques, 152
Swaps, 302, 317

T

Taxa(s)
　básica de juros da economia brasileira, 304
　de câmbio, 316, 369
　de desconto, 106
　de juros, 96, 306
　　implícita, 130
　de conversão, 369
Tempestividade, 22

Teoria da agência, 5, 6
Termo, 302, 317
Tesouro
　IPCA, 306
　　com juros semestrais, 306
　prefixado, 305
　　com juros semestrais, 306
　Selic, 306
Teste de *impairment*, 85, 80, 104
Títulos
　de dívidas pós-fixados, 304
　do Tesouro Nacional, 316
　públicos, 305
Tomador de recursos, 34
Transação(ões)
　com lucro
　　não realizado no estoque, 253
　　realizado, 251
　comerciais entre as companhias, 238
　entre companhias do mesmo grupo empresarial, 238
　entre empresas do mesmo grupo empresarial, 251
　entre *hedger* e especulador, 318
Transferência
　de ativos financeiros, 355
　de outros ativos, 26
Transparência, 6
Tratamento
　de operações descontinuadas, 208
　dos ganhos e perdas, 338
Tributação sobre o lucro, 277, 289

U

Último a entrar, primeiro a sair (UEPS), 153
Unidade
　de contabilização para o ativo ou passivo, 51
　geradora de caixa, 102, 106

V

Valor(es), 40
　amortizável, 80
　　de um ativo, 84
　atual, 29
　contábil, 293
　　de um item do ativo imobilizado, 71
　de cumprimento, 29
　depreciável de um ativo, 69
　do custo, 293
　em uso, 29
　justo, 8, 29, 47, 50, 283, 355
　　pelo resultado, 331, 335, 338
　　por outros resultados abrangentes, 331, 335
　presente, 47
　recuperável, 101
　variáveis, 44
Variações cambiais, 364
Venda, 133
Vida útil, 69
　de um ativo, 71, 84
Volume financeiro, 310